새로운 도서,
다양한 자료
동양북스
홈페이지에서
만나보세요!

www.dongyangbooks.com
m.dongyangbooks.com

홈페이지 도서 자료실에서 학습자료 및 MP3 무료 다운로드

PC

❶ 홈페이지 접속 후 도서 자료실 클릭
❷ 하단 검색 창에 검색어 입력
❸ MP3, 정답과 해설, 부가자료 등 첨부파일 다운로드

* 원하는 자료가 없는 경우 '요청하기' 클릭!

MOBILE

* 반드시 '인터넷, Safari, Chrome' App을 이용하여 홈페이지에 접속해주세요. (네이버, 다음 App 이용 시 첨부파일의 확장자명이 변경되어 저장되는 오류가 발생할 수 있습니다.)

❶ 홈페이지 접속 후 ☰ 터치

❷ 도서 자료실 터치

❸ 하단 검색창에 검색어 입력
❹ MP3, 정답과 해설, 부가자료 등 첨부파일 다운로드

* 압축 해제 방법은 '다운로드 Tip' 참고

미래와 통하는 책

가장 쉬운 독학
일본어 첫걸음
14,000원

버전업! 굿모닝
독학 일본어 첫걸음
14,500원

일단 합격하고 오겠습니다
JLPT 일본어능력시험 N3
26,000원

일본어 100문장 암기하고
왕초보 탈출하기
13,500원

가장 쉬운 독학
중국어 첫걸음
14,000원

가장 쉬운 중국어
첫걸음의 모든 것
14,500원

일단 합격 新HSK
한 권이면 끝! 4급
24,000원

중국어
지금 시작해
14,500원

영어를 해석하지 않고
읽는 법
15,500원

미국식
영작문 수업
14,500원

세상에서 제일 쉬운
10문장 영어회화
13,500원

영어회화
순간패턴 200
14,500원

가장 쉬운 독학
베트남어 첫걸음
15,000원

가장 쉬운 독학
프랑스어 첫걸음
16,500원

가장 쉬운 독학
스페인어 첫걸음
15,000원

가장 쉬운 독학
독일어 첫걸음
17,000원

동양북스 베스트 도서

THE
GOAL 1
22,000원

인스타
브레인
15,000원

직장인, 100만 원으로
주식투자 하기
17,500원

당신의 어린 시절이
울고 있다
13,800원

놀면서 스마트해지는 두뇌 자극
플레이북 딴짓거리 EASY
12,500원

죽기 전까지
병원 갈 일 없는 스트레칭
13,500원

가장 쉬운 독학
이세돌 바둑 첫걸음
16,500원

누가 봐도 괜찮은 손글씨 쓰는
법을 하나씩 하나씩 알기 쉽게
13,500원

가장 쉬운 초등 필수 파닉스
하루 한 장의 기적
14,000원

가장 쉬운 알파벳 쓰기
하루 한 장의 기적
12,000원

가장 쉬운 영어 발음기호
하루 한 장의 기적
12,500원

가장 쉬운 초등한자 따라쓰기
하루 한 장의 기적
9,500원

세상에서 제일 쉬운
엄마표 생활영어
12,500원

세상에서 제일 쉬운
엄마표 영어놀이
13,500원

창의쑥쑥 환이맘의
엄마표 놀이육아
14,500원

 동양북스
www.dongyangbooks.com
m.dongyangbooks.com

▶ **YouTube** 　동양북스　🔍 **를 검색하세요**

https://www.youtube.com/channel/UC3VPg0Hbtxz7squ78S16i1g

JLPT

HSK

제2
외국어

동양북스는 모든 외국어 강의영상을 무료로 제공하고 있습니다.
동양북스를 구독하시고 여러가지 강의 영상 혜택을 받으세요.

https://m.post.naver.com/my.nhn?memberNo=856655

NAVER 　동양북스 포스트　🔍

를 팔로잉하세요

동양북스 포스트에서 다양한 도서 이벤트와
흥미로운 콘텐츠를 독자분들에게 제공합니다.

일단 합격하고 오겠습니다

JPT

실전모의고사

1250제

김기범 지음

동양북스

일단 합격하고 오겠습니다
JPT
실전모의고사
1250제

초판 인쇄 | 2021년 6월 23일
초판 발행 | 2021년 7월 5일

지은이 | 김기범
발행인 | 김태웅
책임 편집 | 이선민
디자인 | 남은혜, 신효선
마케팅 | 나재승
제 작 | 현대순

발행처 | (주)동양북스
등 록 | 제 2014-000055호
주 소 | 서울시 마포구 동교로22길 14 (04030)
구입 문의 | 전화 (02)337-1737   팩스 (02)334-6624
내용 문의 | 전화 (02)337-1762   dybooks2@gmail.com

ISBN 979-11-5768-719-0   13730

머리말

국내 기업체나 학교, 그리고 공기업 등에서 요구하는 일본어 능력 평가 시험에서 JPT 시험이 차지하는 비중은 해마다 커져가고 있습니다. 그렇기 때문에 JPT 시험에 응시하는 수험생도 해마다 증가 추세에 있습니다. 하지만, 시험이 평소 실력의 100% 반영이라고 보기에는 다소 어려운 면도 있습니다. 실력보다 점수가 너무 낮게 나오는 경우가 비일비재하기 때문이죠.

그렇다면, 평소의 자신의 실력을 실제의 시험에서도 십분 발휘할 수 있는 방법은 없는 것일까?

'지피지기백전불태[知彼知己百戰不殆](상대를 알고 나를 알면 백 번 싸워도 위태롭지 않다는 뜻으로, 상대편과 나의 약점과 강점을 충분히 알고 승산이 있을 때 싸움에 임하면, 이길 수 있다는 말)'이라고 합니다. JPT 시험의 최신 출제 경향과 난이도를 제대로 알고 대비한다면, 실제 시험에서도 결코 손해 보지 않고, 본인의 실력 이상의 점수를 얻을 수 있을 겁니다.

JPT 시험은 고도의 집중력과 순발력을 필요로 하는 시험입니다. 100문항이나 되는 청해 문제를 45분 정도의 제한된 시간과 100문항이나 되는 독해 문제를 50분에 모두 풀어야 하는 압박감을 이겨내기 위해서는 일본어 실력은 물론이거니와 끊임없는 연습이 필요합니다.

본 교재는 가능한 한 실제 시험과 유사하게 그리고 가장 최신의 난이도와 출제 경향을 토대로 다음과 같은 사항에 중점을 두면서 구성하였습니다.

- 이 책을 새롭게 재구성하면서 초급과 중급자를 위한 정리 자료를 추가하여 500~600 점수를 목표로 하는 수험자들에게 특별히 많은 도움이 될 수 있도록 하였습니다.
- 많은 문제가 수록되어 있기 때문에, 문제를 풀면서 스스로 JPT 시험의 난이도와 출제 경향을 저절로 습득할 수 있게 하였습니다.
- 실전 대비 모의고사 문제는 가장 최신의 출제 경향과 난이도를 고려해서 만들었기 때문에 실제 JPT 시험에서 당황하는 일이 없도록 하였습니다.
- 모르는 문제와 이해할 수 없는 내용은 인터넷 김기범의 일본어 능력시험(JPT&JLPT) : http://cafe.naver.com/kingjpt에서 저자에게 직접 질문하여 문제점을 해결할 수 있도록 하였습니다.

끝으로 본 교재를 통하여 JPT 시험에 자신감을 가질 수 있기를 바라며, 여러분들의 고득점을 기원합니다.

저자 김기범

이 책의 구성과 특징

① JPT 학습 방법 전격 공개

올바른 학습 방법을 정리하면 다음과 같다.

··→ JPT 점수를 올리는 지름길
··→ JPT 청해 학습 방법에 대하여
··→ JPT 독해 학습 방법에 대하여

수년간 학생들을 지도하면서, 많은 학습자들의 잘못된 학습 방법을 알게 되었다. 옷을 입을 때 첫 단추를 잘못 끼우게 되면, 나중에는 아무리 고치려고 해도 쉽게 고칠 수가 없게 된다. 본인의 일본어 학습 방법에 문제점이 있는 것은 아닌지 다시 한 번 확인해야 할 것이다. 이제부터라도 올바른 일본어 학습 방법을 제대로 인식하고, 몸에 익히도록 하자.

② JPT 시험 노하우 전격 공개

단기간에 최대의 효과를 얻을 수 있는 방법을 정리하면 다음과 같다.

··→ JPT 최신 출제경향 분석 및 대책
··→ JPT 문제풀기 요령

일본어능력시험(JLPT)을 응시한 김에 JPT 시험도 응시하고 싶겠지만, 새롭게 공부해야 할 분량과 시간을 할애하기가 쉽지 않다. 좋은 방법은 없는 것인가? 걱정과 스트레스만 쌓여간다.
"지피지기백전불태[知彼知己百戰不殆](상대를 알고 나를 알면 백 번 싸워도 위태롭지 않다는 뜻으로, 상대편과 나의 약점과 강점을 충분히 알고 승산이 있을 때 싸움에 임하면, 이길 수 있다는 말)"라고 했다. JPT 시험의 최신 출제 경향과 난이도를 제대로 알고 대비를 한다면 실제 시험에서도 결코 손해를 보지 않을 것이며, 본인의 실력 이상의 점수를 얻을 수도 있다.
요령도 실력이다. JPT 시험을 100회 이상 응시하면서, 축적된 노하우를 공개한다.

③ 실제 시험과 같은 모의고사 10회분의 효과

JPT 시험의 응시자들이 가장 어려워하는 청해의 질의응답(Part2)과 독해의 오문정정(Part6)이 각각 5회분씩 수록되어 있기 때문에 총10회분의 모의고사를 푼 것과 같은 효과를 기대할 수 있다. 실제 시험과 동일한 모의고사를 풀어보면서, 학습자 스스로 실제 시험의 난이도와 출제 방식을 체험할 수 있도록 하였다. JPT 시험은 시간과 집중력의 싸움이다. 시간이 부족해서 자신의 실력을 제대로 발휘하지 못해 안타까워하거나 분해하는 응시자가 없기를 바란다.

④ 김기범의 일본어능력시험 (JPT-JLPT) 카페를 활용

네이버에서 일본어능력시험관련 카페를 운영하고 있다. 일본어능력시험과 JPT뿐만 아니라 한자, 어휘, 경어, 무료동영상, 드라마 등 관련된 방대한 양의 자료가 있으니 적극적으로 활용할 수 있으며, 교재 및 일본어능력시험과 관련된 의문 사항은 저자에게 직접 질문할 수 있다.

聞くは一時の恥聞かぬは一生の恥。 묻는 것은 한 때의 창피, 묻지 않는 것은 평생의 창피.

★ 김기범의 일본어능력시험(JPT-JLPT) http://cafe.naver.com/kingjpt

⑤ 기출 포인트에 맞춘 자세하고 풍부한 해설과 부록

해설집은 단순한 번역에서만 그치지 않고 문제를 풀기 위한 정답 포인트, 어휘력을 늘릴 수 있는 낱말과 표현 등을 함께 실어 자세하고 풍부한 설명으로 해설집의 기능을 최대화하였다. 또한 부록에서는 실전에 필요한 4가지의 공략비법을 담고 있어, 이 해설집만 있으면 고득점 또는 만점을 결코 어려운 일이 아니다.

목차

Chapter 01 　점수 UP 학습 비법

Chapter 02 　단숨에 실력 UP

Chapter 03 실전모의고사 (5회분)

JPT시험 개요 및 각 Part에 대하여

JPT 시험에 대하여

JPT 시험(JPT日本語能力試驗, Japanese Proficiency Test)은 YBM/si-sa, 한국토익위원회에서 주관/시행 중인 일본어 시험이다. 학문적인 일본어 지식의 정도를 측정하기 위한 시험이 아니라, 언어 본래의 기능인 커뮤니케이션 능력을 측정할 목적으로 시행한다. 따라서 사용빈도가 낮고, 지역적이며, 관용적·학문적 어휘는 배제하고, 도쿄[東京]를 중심으로 한 표준어를 대상으로 출제한다.

문제 유형

크게 청해와 독해로 구분되고, 총 200문항이 출제되며, 990점이 만점이다.

구분	파트		문항수	시간	배점
청해	PART 1 사진묘사	20문항	100문항	45분	495점
	PART 2 질의응답	30문항			
	PART 3 회화문	30문항			
	PART 4 설명문	20문항			
독해	PART 5 정답 찾기	20문항	100문항	50분	495점
	PART 6 오문정정	20문항			
	PART 7 공란메우기	30문항			
	PART 8 독해	30문항			
계			200문항	95분	990점

등급(레벨)

초급 레벨(E등급)에서 상급 레벨(A등급)까지 총5등급으로 나뉜다.

Level	JPT Score	평가 (GUIDELINE)
A	880 이상	880점 이상으로, 어떠한 상황에서도 적절한 대응이 가능할 만큼 커뮤니케이션 능력이 뛰어난 수준이다.
B	740 이상	740점 이상으로, 일상적인 상황에서 충분히 커뮤니케이션이 가능한 수준이다.
C	460 이상	460점 이상으로, 일상적인 회화 정도의 제한된 범위 안에서 커뮤니케이션이 가능한 수준이다.
D	220 이상	220점 이상으로, 일상생활에서 최소한의 커뮤니케이션이 가능한 수준이다.
E	220 미만	220점 미만으로, 커뮤니케이션이 도저히 불가능한 수준이다.

① 청해와 독해시험만으로도 말하고 쓰는 능력을 간접적으로 평가한다.

② 각각의 문제에 대한 객관성·실용성·신뢰성을 유지해 수험자의 언어 구사 능력을 정확하게 측정할 수 있다.

③ 컴퓨터 분석을 통해 문항별 난이도·변별도·타당도를 측정함으로써 결과를 객관적으로 입증받을 수 있다.

④ 각 폼(form)마다 상관관계와 연관성을 조사해 성적환산표를 작성함으로써 공정성과 신뢰성을 기할 수 있다. 시험은 한 해에 일본과 중국에서 각각 6회(홀수 월), 한국에서 12회(매월) 실시한다. (단, 특별한 경우에는 한 해에 16번까지 실시하는 경우도 있다.)

각 PART에 대하여

1교시 : 청해 (100문항) 45분

Part 1 사진묘사(20문항)

청해의 첫 도입부로 대상자가 Non-native인 점을 염두에 두고 의도적으로 사진이라는 시각적인 수단과 음성 언어를 통하여 응시자의 청취에 대한 심적 부담을 덜어줌과 동시에 음성이 귀에 익숙해지도록 하기 위한 것으로, 청취력 및 순간적인 판단력을 평가한다.

Part 2 질의응답(30문항)

질의응답 문제는 간단한 회화 문장으로 연이어 이어지는 문장의 의미를 파악, 순간적인 판단 능력을 요구하는 것으로써 자신이 대화에 직접 참여하여 상대방의 말이나 물음에 적절한 대답을 하거나 긍정 또는 부정을 나타내어 자신의 생각을 상대방에게 전달할 수 있는 능력까지 평가한다.

Part 3 회화문(30문항)

회화문을 들으며 동시에 그 회화가 진행되고 있는 장면, 이야기 내용 등의 개괄적 혹은 구체적인 정보나 사실을 짧은 대화 중에서 정확하게 청취하는 능력과 대화에서 결론을 추론해내는 능력을 평가한다.

Part 4 설명문(20문항)

설명문은 청해 문제 중 가장 어려운 부분에 속한다. PART 1, 2에서는 간단한 구어체로써 일본어의 이해도를 테스트하고, 이어서 PART 3에서는 일상의 회화 능력을 시험할 수 있으며, PART 4에 이르러서는 설명문을 읽어주고 그것을 바탕으로 한 3~4개의 질문을 제시함으로써 상당한 수준의 종합적인 일본어 능력을 테스트할 수 있다.

Part 5 정답 찾기(20문항)

일본어에 있어 기본이 되는 한자 및 표기 능력을 통해 한자의 자체와 음, 훈에 관한 올바른 이해와 전반적인 문법, 어휘를 통한 일본어 문장 작성의 기초적인 능력을 평가함으로써 일본어 전반에 걸친 지식이 골고루 학습되어 있는가를 평가한다.

Part 6 오문정정(20문항)

틀린 곳이나 부적절한 부분을 지적한다는 것은 잘못된 부분이 왜 잘못되어 있는가를 모르고서는 정확히 틀린 곳을 지적할 수 없으므로, 단순한 독해력 테스트가 아닌 표현 능력, 즉 간접적인 작문 능력을 평가한다.

Part 7 공란메우기(30문항)

불완전한 문장을 문장 속에서 전후 관계를 정확히 파악해 완전한 문장으로 완성시킬 수 있는가를 평가함으로써 표현력과 문법 그리고 간접적인 작문 능력을 평가한다.

Part 8 독해(30문항)

표면적인 이해력보다는 일상생활 속에서 문자를 매체로 정보를 얼마나 빨리 그리고 정확하게 파악할 수 있는가를 평가할 수 있습니다. 또한 독해력의 종합적인 면으로써 그 내용에서 결론을 추론해낼 수 있는가 즉, 그 글이 지향하는 바가 무엇인가를 파악함으로써 사고력, 판단력, 분석력을 종합적으로 평가한다.

JPT 점수대별 능력

880점 이상

☞ 어떠한 상황에서도 정확한 의사소통이 가능할 만큼 우수한 일본어 능력을 갖추고 있다.

【청해】
- 표현의 미묘한 차이를 간파할 수 있으며, 정확한 의사 전달과 이해가 가능하다.
- 회의, 교섭, 전화 응대 등 상대방이 말하는 내용을 정확히 이해할 수 있다.
- 대인 관계에 맞게 유창하고 적절한 언어 표현 사용이 가능하다.
- 어휘와 대화 내용에 정확성이 있다.

【독해】
- 일어에 대한 정확한 지식과 운용 능력이 있다.
- 어떠한 비즈니스 문서라도 정확한 이해가 가능하다.
- 문법, 어휘에 관한 지식이 풍부하다.
- 문법상 오류는 거의 없다.

740점 이상

☞ 일본어와 접할 수 있는 여러 상황 하에서 완벽하지는 않지만, 적절히 대응할 수 있는 커뮤니케이션 능력을 갖고 있다.

【청해】
– 다수의 사람들이 최근의 시사 문제에 대해 토론하는 것을 듣고 이해할 수 있다.
– 관심 있는 주제에 관해 미리 준비된 원고를 여러 사람 앞에서 발표할 수 있다.
– 회의, 교섭, 전화 응대 등 상대방이 말하는 내용을 거의 이해하고 답할 수 있다.

【독해】
– 어휘와 문법에 대한 지식은 풍부하지만, 약간의 오류는 있다.
– 최근에 참석했던 회의의 주요 내용을 요약하여 적을 수 있다.
– 상반되는 의견이나 견해 차이를 파악하고 이해할 수 있다.

610점 이상

☞ 제한적 범위에서 이루어지는 일상 회화 정도의 의사소통이라면 무리 없이 진행할 수 있다.

【청해】
– 일상 회화를 대강 이해할 수 있다.
– 회의 진행이나 교섭 등 복잡한 문제에 대해 곤란을 겪을 수 있다.
– 상황에 어울리지 않는 부적절한 표현을 사용하는 경우가 있을 수 있다.

【독해】
– 지시문이나 문서를 이해함에 있어 정확한 해석에 곤란을 겪을 수 있다.
– 부분적으로 일본어다운 표현과 어휘 선택에 미숙함이 있을 수 있다.
– 문법 지식이 다소 부족하다.

460점 이상

☞ 단순한 내용을 소재로 하는 대화를 진행할 수 있으나, 듣고 말하는 데 있어 정확성 등에 오류가 발생한다.

【청해】
– 일상 회화에 있어 간단한 내용만 이해 가능하다.
– 취미, 가족, 날씨 등 일반적인 화제에 대해서 쉬운 일본어로 표현이 가능하다.
– 자신과 관련된 분야에 대해 간략한 소개 정도는 가능하다.

【독해】
– 쉽고 간단하게 작성된 지시문이나 문서 등을 읽고 이해할 수 있다.
– 자신에게 필요한 자료를 찾거나 문서를 작성하기에는 무리가 있다.
– 어휘, 문법, 한자 등의 학습을 좀 더 필요로 한다.

☞ 기본적인 인사말과 자기소개가 가능하며, 의사소통 능력은 초보 수준이다.

【청해】
− 취미, 가족 등 상대방이 배려하여 천천히 말하면 이해할 수 있다.
− 만날 때나 헤어질 때 사용하는 기본적인 인사말을 할 수 있다.
− 자신의 일상 생활을 간단히 이야기할 수 있다.

【독해】
− 기본적인 단어와 구문에 대해서만 인지하고 있다.
− 단편적인 일본어 지식밖에 없다.
− 간단한 메모 등의 이해만 가능하다.

220점 미만

☞ 의사소통 및 독해는 불가능한 수준이다.

점수 UP 학습 비법

독해 시간이 부족하다고 호소하는 학습자들이 많은데, 주된 원인은 대부분 모르는 한자/어휘가 많기 때문에 문장을 제대로 이해하기 위해서 같은 문장을 수차례 반복해서 읽으면서 모르는 단어의 앞뒤 문맥을 토대로 그 단어의 뜻을 유추해 가면서 읽으려고 하기 때문에 시간이 부족할 수 밖에 없다.

JPT 점수를 올리는 지름길

❶ 자신을 속이지 말 것

자기 자신을 과대평가하거나 과소평가하는 일이 없도록 하자.

현재 자기 자신의 일본어 능력을 다시 한 번 객관적으로 평가해 보기 바란다. 올바른 학습 계획을 세울 수가 없다. 자신의 능력에 맞는 학습 목표를 먼저 세우고, 공부를 시작하자. 학습 목표를 세우는 이유는 학습에 의욕도 생기고 성취감도 생기므로 슬럼프에 빠지는 것을 미연에 방지해 주기도 하기 때문이다. 하지만, 무리한 학습 계획은 오히려 역효과를 초래할 수 있으므로 각별히 주의하길 바란다.

❷ JPT 시험에 대하여 철저하게 알아 둘 것

JPT 시험은 일본어 능력시험과 비교해 출제 형태가 많이 다르다. JPT 시험의 출제 형태와 최근의 출제 경향에 민감하게 대처해야 한다.

모든 시험이 다 그렇겠지만, 특히 JPT 시험은 집중력과 순발력을 필요로 한다. 따라서 새로운 출제 경향에 당황하는 일이 없도록 해야 한다. 아무리 일본어 실력이 뛰어나더라도 JPT 시험의 유형과 포인트를 짚어내지 못한다면, 궁극적인 점수 향상은 기대하기 어려울 것이다.

❸ 수준에 맞는 학습 계획을 세울 것

예를 들어, 700점을 목표로 공부하는 수험생이 200~300개나 되는 의성어 / 의태어 등을 암기해야 할 필요가 있을까?

고득점을 목표로 공부하는 것이 아니라면, 사용 빈도가 낮고 지역적이며 관용적, 학문적 어휘는 배제하기 바란다. 수준에 맞는 학습 계획을 세우자. 기본적인 문법과 기본 어휘만 확실하게 공부하여도 700점대를 받을 수 있다. 참고로, JPT 시험에서는 일본어 능력시험 N3, N4, N5의 레벨에 해당하는 문제가 반드시 50퍼센트 이상 출제된다.

④ 자신만의 문제 푸는 요령을 익혀 둘 것

몰라서 문제를 풀 수 없다면 어쩔 수 없지만, 시간이 모자라서 문제를 풀 수 없는 일이 없도록 하자.

사람의 얼굴이 각각 다르듯이 개인의 성격과 실력은 천차만별이다. 많은 실전 문제 혹은 실전 대비 모의고사 문제를 풀어보고, 확실하게 맞출 수 있는 문제는 주어진 시간 내에 전부 풀 수 있도록 연습을 해야 한다. 실전 문제를 풀 때는 반드시 시간을 엄수하기 바란다.

⑤ 모르는 것은 과감하게 포기할 것

고득점을 목표로 한다면 얘기가 달라지겠지만, 파트별로 1~2문제는 포기한다는 각오로 시험에 임하자.

모든 시험에는 변별력이 생기도록 하기 위해 반드시 한두 문제는 아주 어려운 문제가 출제된다. JPT 시험 또한 마찬가지이다. 한두 문제에 지나치게 집착하여 아까운 시간을 낭비하는 일이 없도록 하자. 참고로, JPT 시험 점수는 총 정답수로 채점되는 것이 아니라 특정한 통계 처리에 의한 상대평가 방식으로 채점된다고 한다.

⑥ JPT 시험의 테크닉을 익혀 둘 것

모든 어학 시험은 사고력과 어휘력 등의 종합적인 능력을 필요로 하지만, JPT 시험은 고도의 집 중력과 순발력을 필요로 한다.

JPT 시험은 주어진 시간을 얼마만큼 잘 활용하느냐에 따라 점수가 달라진다. 파본 검사 시간과 예제 문제 시간을 최대한으로 활용하자. 그리고 뾰족하게 깎지 않은 연필을 준비하여 마킹 시간을 줄이는 것도 좋은 방법 중 하나이다.

⑦ 오답 노트를 만들어 둘 것

평소에 공부하면서 자주 틀리는 부분과 헷갈리는 내용을 별도로 정리해 두어야 한다. 즉, 오답 노트를 만들기 바란다.

시험 보기 2~3일 전부터는 오답 노트를 중심으로 지금까지 공부한 내용을 총정리해야 하기 때문에 가급적 간단명료하게 정리를 하도록 한다. 그리고 시험장에서도 시험 보기 직전까지 오답 노트로 최종 점검을 해야 할 것이다.

JPT 청해 학습 방법에 대하여

잘못된 청해 학습의 대표적인 예

사례 1 테이프를 틀고 이어폰으로 들으면서 답을 체크하고 틀린 것만 스크립트를 보면서 확인을 한다.

이런 식으로 청해 공부를 한다면, 시중에 나와 있는 JPT 교재(청해만 공부할 경우)는 일본어 실력에 따라 다소 차이는 있겠지만 3일 정도면 책 한 권 정도는 가볍게 끝낼 수가 있다.

이어폰으로 들으면서 문제를 풀면, 실제 시험장에서 들을 때보다 집중도 잘 되고 실질적으로 훨씬 더 잘 되지만, 실제 시험은 스피커로 듣게 된다.

사례 2 청해 공부를 열심히 하고 시험을 봤는데, 오히려 독해 점수가 올라가고 청해 점수는 변동이 없거나 오히려 내려간다.

스크립트 위주로 청해 공부를 했기 때문에 청해 공부를 위한 것이 아니라, 독해 공부를 한 것이 되므로 당연히 독해 점수가 오르기 마련이다. 스크립트를 보면서 하는 것은, 청해 공부에 거의 도움이 되지 않는다. 오히려 독해 공부를 한 셈이 되는 것이다.

사례 3 이어폰을 귀에 꽂고 전철 안이나 걸으면서 청해 듣는 연습을 한다.

일반적으로 보면, 집중해서 듣지 않고 건성으로 듣기 때문에 청력만 나빠지고 듣기 연습에는 거의 도움이 되지 않는다. 단, 암기한 내용을 듣는다거나 들으면서 같이 암송할 수 있을 정도로 집중을 할 수 있다면 많은 도움이 된다.

올바른 청해 학습 방법

❶ 테이프를 듣고 문제를 푼다.

　실전 시험과 같은 방식으로 풀어야 한다.

❷ 정답을 확인하고 틀린 것은 체크를 한다.

　찍어서 맞춘 것도 틀린 것으로 간주하여, 체크를 해야 한다.

❸ 다시 한 번 들으면서 안 들리는 부분을 반복해서 듣는다.

　절대로 스크립트를 봐서는 안 된다.

❹ 또 다시 들으면서 모르는 단어나 이해가 안 가는 문장을 받아 적는다.

이때도 절대로 스크립트를 봐서는 안 된다.

❺ 또, 또 다시 들으면서 재생(마음속으로 따라서 말을 해 봄)을 해 본다.

절대로 스크립트를 봐서는 안 된다.

❻ 마지막 단계로 스크립트를 보고 확인을 해 본다.

10번 이상을 반복해서 듣게 되는 경우도 있다. 절대로 포기하지 말자

청해 학습의 성공 비법

 성공의 열쇠

청해 실력은 단기간에 절대로 향상되지 않는다는 것을 항상 염두에 두어야 한다.

주변에 특출나게 청해를 잘하는 사람들을 볼 수 있는데, 선천적으로 듣는 것에 강점을 지니고 있는 경우도 있겠지만 대부분의 경우는 많은 훈련과 연습을 했기 때문에 가능한 것이다.

예를 들어 일본 드라마나 영화 등을 수없이 많이 본다거나, 일본인 친구가 있어서 거의 매일 같이 일본어로 대화를 하거나 하는 경우이다.

🔑 **성공의 열쇠**

어떻게 해서든지 단기간에 청해 실력을 키우고 싶다면, 평소에 즐겨 보거나 즐겨 듣는 것을 중심으로 쉐도잉(따라서 읽는 연습)을 해 보거나 받아쓰기를 해 보는 것이 가장 좋다.

어렵고 힘든 만큼, 하루 1시간 이상씩 꾸준히 2~3개월 동안 지속적으로 한다면 좋은 성과를 얻을 수 있다. 단, 억지로 하다 보면 일본어를 듣는 것 자체에 싫증을 느끼게 되는 등의 부작용도 생길 수 있으니 주의하자.

🔑 **성공의 열쇠**

개인적으로 가장 좋게 생각되는 듣기 훈련은 드라마를 보면서 연습을 하는 것이다.

평소 재미있게 본 드라마 중에 내용이 건전하고 대사가 많은 드라마를 선별해서 수차례 반복하여 보면서 드라마 속의 주인공처럼 똑같이 대사를 흉내내본다. 재미도 있고 나름대로 즐기면서 할 수 있기 때문에 듣기는 물론이고, 말하기 연습도 되는 一擧兩得(일거양득)의 효과를 볼 수 있다.

JPT 독해 학습 방법에 대하여

독해 시간이 부족하다고 호소하는 학습자들이 많은데, 주된 원인은 대부분 모르는 한자/어휘로 인해 문장을 제대로 이해하려고 같은 문장을 수차례 반복해서 읽으면서 모르는 단어의 앞뒤 문맥을 토대로 그 단어의 뜻을 유추해 가면서 읽으려고 하기 때문에 시간이 부족할 수밖에 없다.

통상적으로 독해 점수는 문자/어휘 성적에 비례해서 독해 점수가 나오기 마련이다. 예를 들면 문자/어휘에서 80퍼센트의 성적이라면, 독해 성적도 80퍼센트의 성적이 나오게 된다.

그러나 실제로는 문자/어휘 성적에 비해서 독해 성적이 현저하게 낮은 경우를 종종 보게 되는데, 왜 그러한 일이 벌어지는 것인지 나름대로 분석과 대책을 강구해 보았다.

① 시간 배분의 실패

사례 1 지금까지 기출문제나 모의고사 등의 문제 풀이로 본인의 독해 점수를 어느 정도 예상하고 있었지만, 실제 시험에서 아주 낮은 점수를 얻게 되는 경우

원인 Part 5, 6, 7, 8을 각각 따로따로 풀고, 시간 제한 없이 풀기 때문에 생기는 현상
요령 반드시 시간을 엄수해서 모든 문제를 제한 시간 안에 풀 수 있도록 할 것

② 올바른 독해 능력 저하

사례 2 한자는 많이 알고 있는 것 같은데, 독해 문제를 풀어보면 점수가 낮은 경우

원인 한자를 많이 알고 있어도 어휘와 문법을 제대로 알고 있지 않기 때문에 생기는 현상
요령 한자뿐만 아니라, 출제 기준에 명시되어 있는 어휘와 문법(기능어구)도 알아 둘 것

③ 시간이 절대 부족

> **사례 3** 시간만 충분하게 주어진다면, 오히려 문자/어휘보다도 독해 점수를 더 높게 받을 수 있다고 생각하고 있는 경우

원인 Part 5, 6, 7에서 너무 많은 시간을 할애해서 독해 문제를 풀 수 있는 시간을 충분하게 확보하지 못하기 때문에 생기는 현상

요령 Part 5, 6, 7 배분 시간은 25분 이내로 풀 수 있도록 충분한 연습을 해 둘 것

④ 시간은 남지만 성적이 오르지 않음

> **사례 4** 제한 시간에 구애받지 않으며 번역도 거의 완벽하게 된 것 같은데, 문제를 풀면 대부분 오답인 경우

원인 독해를 번역이라고 착각하고 있기 때문에 생기는 현상

요령 국어 시험에서 왜 만점을 받을 수 없는지를 생각해 보면 알 수 있다. 단기간에 극복할 수 문제가 아니기때문에 평소에 독서하는 습관을 기르고, 되도록 필자의 입장에서 글을 읽을 수 있도록 할 것

각 개인마다 일본어 실력과 취향이 다르기 때문에 일괄적으로 이야기할 수는 없겠지만, Part 5, 6, 7 배분 시간은 25분 이내로 풀 수 있도록 연습을 하고, 독해는 25분 이내로 풀 수 있도록 하는 것이 가장 이상적인 방법이라고 여겨진다.

①, ②, ③ 사례의 경우에는 단기간에 극복할 수 있는 문제지만, ④ 사례의 경우에는 단기간에 극복할 수 있는 문제가 아니기 때문에 장기간에 걸친 계획을 세워서 대비를 해야만 할 것이다

04 최신 출제 경향 분석 및 대책

JPT 시험에서 청해 점수는 독해와 달리 공부한 만큼 눈에 띄게 성적이 오르지 않는다. 물론 독해 점수 또한 공부한 만큼 성적이 부쩍 오르지는 않지만, 청해 점수와 비교해보면 상대적으로 점수를 올리기 쉬운 것이 사실이다.

외국어 공부는 꾸준히 반복해서 하는 것이 가장 좋은 방법인 것은 누구나가 알고 있는 사실이다. 나름대로 외국어 공부에 재미를 붙여 즐겁게 공부하는 방법이 가장 좋은 방법이라 생각되지만, 현실적으로 거의 불가능하다고 여겨진다.

제한된 시간 속에서 해야 할 것들이 너무나 많다. 중, 고교 시절에는 입시에 시달리게 되고 대학에 입학해서는 취업 준비에 바쁘며, 사회에 진출하게 되면 사회에 적응하기에 여력이 없다. 외국어를 공부하기에는 정신적, 시간적으로도 여유가 없거니와 경제적으로도 적지 않은 부담이 되기 때문이다.

사람은 누구나가 다 똑같을 수는 없다. 예를 들어, 인삼이 모든 사람들에게 좋은 것은 아니다. 몸이 차가운 사람에게는 좋은 효능을 나타낼 수 있지만, 열이 많은 사람에게는 오히려 몸에 해를 입히게 된다고 한다.

이처럼 각각의 성향은 다르지만, 한 가지 확실한 것은 시험에 대한 철저한 출제 경향 분석과 대책은 필수라는 점이다.

PART 1 사진묘사 (20문항)

최신 출제 경향 및 대책

❶ 인물의 동작과 관련된 문제 40〜50%

❷ 인물의 구체적인 상태와 관련된 문제 20〜30%

❸ 인물과 주변 환경에 관련된 문제 20〜30%

❹ 인물은 없고 사물과 풍경 등의 묘사와 관련된 문제 20〜30%

 성공의 열쇠

사람과 관련된 문제는 반드시 60퍼센트 이상 출제

평소에 사람과 관련된 어휘를 습득해 두어야 한다. 즉, 사람이 취하는 모든 행동에 관련된 어휘를 알아 두자.

❶ 소수의 인물이 등장

　소지품과 표정 및 자세 등에 주의한다.

❷ 다수의 인물이 등장

　전체적인 상황 설명 등에 주의한다.

❸ 인물 이외의 사물과 풍경 등이 등장

　특정 장소(편의점, 음식점, 유원지, 공원, 역 등) 및 계절성(봄, 여름, 가을, 겨울) 등의 설명에 주의
　한다.

 성공의 열쇠

　전반부는 비교적 용이한 문제가 출제되고, 후반부로 갈수록 어려운 문제가 출제된다는 것을 명심할 것.

점수대별 목표	
600점대를 목표로 하는 수험자	5문항 이상을 틀리지 않도록 한다.
700점대를 목표로 하는 수험자	2~4문항 이상을 틀리지 않도록 한다.
800점대를 목표로 하는 수험자	1~2문항 이상을 틀리지 않도록 한다.
900점대를 목표로 하는 수험자	1문제도 틀리지 않도록 한다.

 PART 1 (사진묘사)에서 틀리면 고득점을 얻을 수 없다.

PART 2 질의응답(30문항)

최신 출제 경향 및 대책

❶ 의문사형 문제는 반드시 **출제된다.**

いつ, だれ, なに, どの, いくら, どう 등에 주의한다.

❷ はい/いいえ 형태로 대답하는 형태의 문제는 반드시 **출제된다.**

문제 내용과 はい/いいえ 형태에 주의한다.

❸ 동사의 시제와 관련된 문제는 반드시 **출제된다.**

과거형, 현재 진행형, 미래형 형태에 주의한다.

❹ 일상생활에 관련된 문제가 가장 많이 **출제된다.**

기본적인 인사 표현은 최근에 거의 출제되지 않는다. 부탁이나 의뢰, 권유, 추측, 비평 등의 표현에 주의한다.

❺ 최근 들어 시사적인 내용이 담긴 문제가 자주 **출제된다.**

평소에 일본 뉴스 등을 시청하고 시사적인 용어에 주의한다.

성공의 열쇠

기본적인 인사 표현은 거의 출제되지 않고, 의문사형 문제와 はい / いいえ 형태로 대답하는 형태의 문제는 매번 출제되고 있지만, 문항수가 줄었다.

전체적인 일상생활에서의 내용 파악과 관련된 문제가 많은 비중을 차지하고 있으며, 시사적인 내용이 담긴 문제가 늘어나는 추세이다. 후반부로 갈수록 어려운 문제가 출제되고, 반드시 소거법으로 풀어야만 하는 경우가 있으므로 주의할 것.

점수대별 목표

600점대를 목표로 하는 수험자	10문항 이상을 틀리지 않도록 한다.
700점대를 목표로 하는 수험자	6~9문항 이상을 틀리지 않도록 한다.
800점대를 목표로 하는 수험자	3~5문항 이상을 틀리지 않도록 한다.
900점대를 목표로 하는 수험자	1~2문항 이상을 틀리지 않도록 한다.

PART 2 (질의응답) 후반부부터는 급격하게 집중력이 저하되기 때문에, 특히 집중을 잘 해야 고득점을 얻을 수 있다.

PART 3 회화문(30문항)

최신 출제 경향 및 대책

❶ 일상생활에 관련된 내용이 60〜70% **출제된다.**
- 성별(남/녀)과 화제 대상의 인물에 주의해서 들으면 된다.
- 일자, 요일, 시간, 금액, 숫자 등과 관련된 계산 문제에 주의한다.
- 수수관계와 사역, 수동 등에 주의해서 최종 판단을 한다.
- 반전되는 문제에 주의한다.
- 의문사에 해당되는 내용을 주의해서 들으면 된다.

❷ 비즈니스에 관련된 내용이 20〜30% **출제된다.**
- 직장 상사와 부하의 대화 내용은 특히 경어에 주의해서 듣는다.
- 직장 동료 사이의 대화내용은 대체로 제 3의 인물인 경우가 많다.
- 접수처에서의 대화내용 및 전화 응답 표현에 주의해서 듣는다.

❸ 시사적인 내용이 10〜20% **출제된다.**
- 주로 사회면, 경제면에서 이슈가 되는 내용이므로 평소에 신문 등을 탐독한다.
- 지금까지 거의 출제된 적이 없었던 정치면에서 이슈가 되는 내용이 다루어지기도 한다.

❹ 어휘력이 있어야만 풀 수 있는 문제가 출제되기도 한다.
- ニート, 引きこもり型, 自信喪失 등

점수대별 목표	
600점대를 목표로 하는 수험자	10문항 이상을 틀리지 않도록 한다.
700점대를 목표로 하는 수험자	6〜9문항 이상을 틀리지 않도록 한다.
800점대를 목표로 하는 수험자	3〜5문항 이상을 틀리지 않도록 한다.
900점대를 목표로 하는 수험자	1〜2문항 이상을 틀리지 않도록 한다.

> PART 3 (회화문)을 잘 공략해야 고득점을 얻을 수 있다.

PART 4 설명문(20문항)

최신 출제 경향 및 대책

❶ **일기/수필 형식의 지문이** 2개 이상 **출제된다.**

대체로 이사 및 여행 등의 일상적인 내용으로 구성되어 있고, 지문 내용과 문제의 순서가 거의 일치하므로 주의해서 듣는다.

❷ **뉴스, 사고, 이슈 형식의 지문이** 2개 이상 **출제된다.**

· 지문 내용과 문제의 순서가 거의 일치하므로 주의해서 듣는다.

· 내용을 육하원칙에 준수하여 주의해서 듣도록 한다.

❸ **안내방송, 설문조사/통계, 기타** 내용의 지문이 1개 **출제된다.**

지문 내용과 문제의 순서가 일치하지 않는 경우가 많고, 문제에 본문의 내용으로 알맞지 않은 것은/알맞은 것은 등의 종합적인 문제가 출제된다.

> **성공의 열쇠**
> • 지문은 총 6개가 출제된다.
> • 2개 지문 → 4문제씩, 4개 지문 → 3문제씩
> • 지문 내용과 문제의 순서가 대부분 일치하므로, 지문의 내용을 들으면서 답을 체크할 것.

점수대별 목표	
600점대를 목표로 하는 수험자	8문항 이상을 틀리지 않도록 한다.
700점대를 목표로 하는 수험자	4~7문항 이상을 틀리지 않도록 한다.
800점대를 목표로 하는 수험자	2~3문항 이상을 틀리지 않도록 한다.
900점대를 목표로 하는 수험자	1문항도 틀리지 않도록 한다.

> PART 4 (설명문)를 잘 공략해야 고득점을 얻을 수 있다.

최신 출제 경향 및 대책

❶ 한자 읽기 및 한자 고르기 10문항이 출제된다.

· JLPT N3, N4, N5의 수준 4~5문항

· JLPT N2의 수준 3~4문항

· JLPT N1의 수준 1~2문항

· JLPT N1 이상의 수준 0~1문항

❷ 같은 의미를 묻는 문제 6문항이 출제된다.

· 어휘와 관련된 문제 4~5문항

· 문법과 관련된 문제 1~2문항

❸ 동일한 용법의 문법 표현 4문항이 출제된다.

조사, 동사, 부사, 명사 등의 순으로 자주 출제

성공의 열쇠

• 4~5분 안에 문제 풀기 / 마킹을 해야 한다.

• 매번 시간이 모자라는 수험생은 동일한 용법의 문법 표현 4문제는 나중에 풀도록 할 것.

• 독해 파트 중에서 가장 용이하게 풀 수 있으므로, 가능한 한 파본검사 시간을 최대한 활용하여 미리 풀어 둘 것.

• 한자와 관련된 문제는 문장 전체를 읽을 필요가 없으므로 한자만 볼 것

점수대별 목표	
600점대를 목표로 하는 수험자	5문항 이상을 틀리지 않도록 한다.
700점대를 목표로 하는 수험자	2~4문항 이상을 틀리지 않도록 한다.
800점대를 목표로 하는 수험자	1~2문항 이상을 틀리지 않도록 한다.
900점대를 목표로 하는 수험자	1문제도 틀리지 않도록 한다.

PART 5 (정답찾기)에서 틀리면 고득점을 얻을 수 없다.

PART 6 오문정정(20문항)

최신 출제 경향 및 대책

❶ 문법과 관련된 내용이 70~80% **출제된다.**

- 자/타 구분, 시제, 수수, 활용, 의미 등의 동사와 관련된 문제
- 기초 문법의 조사, 의미 파악의 명사와 관련된 문제
- 수동형/사역형, 추량 등의 조동사와 관련된 문제
- 부사, 형용사와 관련된 문제
- 기능어구(문형)와 관련된 문제

❷ 어휘와 관련된 내용이 20~30% **출제된다.**

- 관용구와 관련된 문제
- 숙어, 의성어/의태어와 관련된 문제

🔑 성공의 열쇠

- 8~10분 안에 문제 풀기 / 마킹을 해야 한다.
- 문항 수에 비해 시간이 많이 소요되며, 정답률도 비교적 낮게 나오는 PART이다.
- JPT시험에 익숙하지 않은 수험자는 되도록 다른 독해 파트를 모두 풀고, 마지막에 푸는 것이 득이 된다.
- 최근에는 기능어구(문형)의 연결 형태, 올바른 사용법에 관련된 문제가 자주 출제된다.
- 50퍼센트 이상이 연결 형태와 관련된 문제가 출제되므로 주의해야 한다.
- 각 품사별 연결 형태와 기능어구(문형)의 연결 형태에 각별히 유의할 것.

점수대별 목표	
600점대를 목표로 하는 수험자	7문항 이상을 틀리지 않도록 한다.
700점대를 목표로 하는 수험자	4~6문항 이상을 틀리지 않도록 한다.
800점대를 목표로 하는 수험자	2~3문항 이상을 틀리지 않도록 한다.
900점대를 목표로 하는 수험자	1문항 이상을 틀리지 않도록 한다.

PART 6 (오문정정)을 잘 공략해야 고득점을 얻을 수 있다.

PART 7 공란 메우기 (30문항)

최신 출제 경향 및 대책

❶ 문법과 관련된 내용이 50~60% 출제된다.

· 자/타 구분, 시제, 수수, 활용, 의미 등의 동사와 관련된 문제

· 기초 문법의 조사, 의미 파악의 명사와 관련된 문제

· 수동형/사역형, 추량 등의 조동사와 관련된 문제

· 부사, 형용사, 접속사와 관련된 문제

· 기능어구(문형)와 관련된 문제

❷ 어휘와 관련된 내용이 30~40% 출제된다.

· 품사별로 다양한 의미의 단어, 시사 관련 단어와 관련된 문제

· 관용구와 관련된 문제

· 숙어, 의성어/의태어와 관련된 문제

❸ 문법과 어휘의 복합적인 내용이 10~20% 출제된다.

품사별로 단어의 의미와 문법적인 연결 형태에 관련된 문제

🔑 성공의 열쇠

· 12~15분 안에 문제 풀기 / 마킹을 해야 한다.

· 문항 수에 비해 시간이 적게 소요되며, 정답률도 비교적 높게 나오는 PART이다.

· 최대한 빠른 시간 내에 풀고, 여유를 갖고 PART8(독해)을 풀 수 있도록 할 것.

점수대별 목표	
600점대를 목표로 하는 수험자	7~9문항 이상을 틀리지 않도록 한다.
700점대를 목표로 하는 수험자	4~6문항 이상을 틀리지 않도록 한다.
800점대를 목표로 하는 수험자	2~3문항 이상을 틀리지 않도록 한다.
900점대를 목표로 하는 수험자	1문항 이상을 틀리지 않도록 한다.

PART 7 (공란 메우기)에서는 최대한 빠른 시간 안에 문제를 풀 수 있도록 한다.

PART 8 독해(30문항)

최신 출제 경향 및 대책

❶ 일기/수필 형식인 내용의 지문이 3~4개 **출제된다.**

이사, 여행 등의 일상적인 내용과 관련된 문제

❷ 사회, 문화, 경제, 복지, 환경 등과 관련된 내용의 지문이 3~4개 **출제된다.**

분야별로 다양하지만, 경제와 관련된 내용은 반드시 나옴.

❸ 최근 일본에서 화제가 되고 있는 내용의 지문이 1~2개 **출제된다.**

주로 사건이나 현재 일본에서 유행하고 있는 것과 관련된 문제

❹ 전문적인 내용의 지문이 1~2개 **출제된다.**

심리학, 의학, 기업 경영 등의 전문적인 것과 관련된 문제

성공의 열쇠

- 25~30분 안에 문제 풀기 / 마킹을 해야 한다.
- 지문은 총 8개가 출제된다(2개 지문 → 3문제씩, 6개 지문 → 4문제씩).
- 한 개의 지문에 딸려 있는 문제를 모두 풀기 위해서는 반드시 지문 전체를 읽어봐야 풀 수 있는 문제가 출제된다.
- 괄호 넣기의 문제를 앞뒤 문맥만 보고 풀면 틀리기 쉽거나 풀 수 없는 문제가 나오고, 설령 앞뒤 문맥만으로 풀 수 있는 문제가 출제되었다 하더라도 나머지 문제를 모두 풀기 위해서는 결국 지문내용 전체를 적어도 1~2번은 읽어야만 풀 수 있는 문제가 출제된다.
- 지문 내용을 살펴보기(읽기) 전에 문제를 먼저 보는 것이 좋고, 지문 내용의 난이도는 거의 순서대로 되어 있다는 것을 명심할 것

점수대별 목표

600점대를 목표로 하는 수험자	7~9문항 이상을 틀리지 않도록 한다.
700점대를 목표로 하는 수험자	4~6문항 이상을 틀리지 않도록 한다.
800점대를 목표로 하는 수험자	2~3문항 이상을 틀리지 않도록 한다.
900점대를 목표로 하는 수험자	1문항도 틀리지 않도록 한다.

최근의 출제 경향을 보면, 아주 어려운 문제는 출제되지 않고 있다. 일본어 능력시험 N2 수준이면 풀 수 있는 문제가 출제되기 때문에 충분한 시간을 갖고 문제를 풀면 어렵지 않게 풀 수 있다.

JPT 문제풀기 요령

공부를 열심히 하지 않은 탓도 있겠지만, 나름대로 일본 유학도 다녀오고 실력이 있다고 자부하는 수험생들도 JPT 시험을 보고 나면 좌절을 하게 된다. 수험생들의 가장 많은 불만은 청해가 너무 빠르다는 것과 시간이 부족하다는 것이다. 지금까지 매달 JPT 시험을 헤아릴 수 없을 만큼 응시하면서도, 시간이 부족한 것은 아니지만 아직까지도 주어진 시간 안에 문제를 푼다는 것은 빠듯하다.

과연 이런 식으로 해서 수험생들의 일본어 실력을 제대로 평가할 수 있는 것인가? 의문을 갖게 되지만 JPT 시험 출제 방식이 이렇게 되어 있기 때문에 JPT 시험 출제 방식이 바뀌지 않는 이상, 수험자는 어쩔 수 없이 거기에 맞도록 트레이닝을 하는 수밖에 없다.

사람마다 생김새와 성격이 다르듯이 학습자들마다 JPT 문제를 푸는 방식이 제각각이다. 일본어 실력도 사람마다 다르고 본인 나름대로의 문제 푸는 방식도 다르겠지만, 공통적으로 해당될 것으로 생각되는 것을 필자 나름대로 정리를 해 보았다. 한번쯤은 시도해보기를 바라며, 반드시 자신에게 맞는 자기 나름대로의 문제 풀기 요령을 세워두기 바란다. JPT 시험은 일본어 실력에 관계없이 문제를 푸는 요령에 따라, 50점~100점의 점수가 달라질 수 있다.

JPT 청해 시험은 각 파트별로 후반부로 갈수록 난이도가 높아진다!!!

선택형의 문제를 풀 때, 난이도 높은 문제는 소거법으로 문제를 풀도록 할 것!!!

후반부의 문제는 반드시 소거법으로 문제를 풀어야 실수를 최대한으로 줄일 수 있다.

> **tip** 소거법이란?
> 100% 정답이면 ○, 잘 모르면 △, 100% 오답이면 × 등으로 표시하면서 오답을 하나씩 지워가면서 푸는 방식.

청해 : 최대한 집중하면서 들을 것!

PART1 사진묘사 (20문항)

예문을 들려주는 시간에 미리 20번 그림부터 차례로 1번까지 대충 눈에 익혀둔다.

초급 단계에서 그림을 보고 생각되는 단어를 미리 예측해보는 것은 바람직하지 않은 방법이다. 다행히 자신이 예상한 단어가 정답으로 나오면 다행이지만, 그렇지 않은 경우에는 자신이 알고 있는 표현임에도 불구하고 미리 예상한 단어에만 집중하게 되면 못 듣게 되는 경우가 많다.

전반부의 문제는 비교적 쉬운 문제들이 출제되기 때문에 한 문제 한 문제 침착하게 들으면서 풀면 어느 정도 풀 수 있다. 반드시 문제를 들려주기 전에 그림을 먼저 보고 있어야 한다.

문제를 푸는 도중에 시간이 걸려서 마킹을 못했으면 문제지에만 체크를 해두고 다음 문제를 풀 준비를 한다. 마킹을 제대로 하지 못한 문제는 질의응답(PART2)의 예문을 들려주는 시간에 마킹을 하도록 한다.

PART2 질의응답 (30문항)

예문을 들려주는 시간을 무의미하게 듣고 있지 말고, 잘 활용하도록 한다. 정답 찾기(PART5)를 풀어본다든가 사진묘사(PART1)에서 제대로 마킹을 하지 못한 것 등을 한다.

전반부에서는 의문사와 관련된 문제가 반드시 출제되므로, いつ・だれ・なに・どの・いくら・どう 등에 주의한다. 질문 내용에 집중하고 "긍정/부정 표현 + 시제(동사, 부사)"에 주의를 해야 한다. 묻는 질문 내용은 반드시 기억하고 동문서답이 되지 않도록 물어보는 지시어(いつ・どこで・なにを・だれと・どうして…)에 주의한다.

후반부로 갈수록 문제가 어려워지고 집중력도 저하되기 시작하기 때문에 문제 풀기가 어려워진다. 질문한 내용을 읊조리면서 질문 내용과 응답 표현을 비교하면서 풀도록 한다. 후반부는 난이도가 있고 어려운 문제가 출제되는데, 특히 비즈니스와 관련된 표현도 자주 출제된다.

회화문 (30문항)

예문을 들려주는 시간에 문제를 미리 읽어 두고 남자/여자의 대화가 시작되기 전에 문제 내용을 파악해 두어야 한다.

남자/여자의 대화문으로 "남→여→남→여" 또는 "여→남→여→남"식으로 대화가 진행되기 때문에 남자가 말을 시작했으면 여자의 대답으로 끝나고, 여자가 말을 시작했으면 남자의 대답으로 끝나게 된다.

문제에 시간, 날짜, 요일, 가격 등의 숫자가 있을 경우에는 메모 준비를 하고 대화 내용을 들으면서 해당되는 숫자를 메모하도록 한다. 숫자가 있을 때는 간단한 계산 문제도 나오는 경우가 있어서 메모를 하지 않으면 어려울 수도 있으므로 메모를 해 두는 편이 좋다.

전반부는 비교적 쉬운 내용이 이어지기 때문에 문제를 풀면서 답안지에 마킹을 할 수 있지만, 후반부로 갈수록 문제가 어려워지기 때문에 답안지에 마킹을 하다 보면 대화 내용이 시작되기 전에 미리 문제를 읽고 내용을 파악하기가 어려워진다. 특히, "대화 내용으로 알맞은 것은 또는 알맞지 않은 것은"에 해당하는 문제는 시간이 많이 소요되기 때문에 문제지에만 정답 체크를 하고 답안지에 마킹하는 것은 생략한다.

기본적으로 문제를 풀면서 마킹을 하지만, 대략 75번부터는 문제지에만 정답 체크를 하고 답안지에 마킹하는 것은 생략을 하도록 한다.

설명문 (30문항)

예문을 들려주는 시간에 문제를 미리 읽어 두고 긴 설명문이 시작되기 전에 문제의 내용을 파악해 두어야 한다. 문제 구성은 6개의 긴 설명문으로 되어 있고, 4개의 문제가 있는 설명문이 2개이고, 3개의 문제가 있는 설명문이 4개로 구성되어 있다.

설명문의 내용 순서와 문제의 순서가 거의 동일하게 되어 있기 때문에 긴 설명문을 읽어주는 것이 끝나면 당연히 문제 풀이도 끝나는 것이 정상이다.

"내용으로 알맞은 것은 또는 알맞지 않은 것은"에 해당하는 문제는 설명문의 내용 순서와 문제 순서가 동일하지 않은 경우가 많기 때문에 특별히 주의해서 풀어야 한다.

설명문 내용을 들으면서 문제에 해당하는 부분이 나오면 그대로 정답을 고르면 된다. 듣는 것에 큰 무리가 없는 수험자는 문제를 풀면서 답안지에 직접 마킹을 하도록 하고, 듣기에 자신이 없는 수험자는 문제지에 답 체크만 하고 다음 문제를 읽어 두는 것이 좋다. 청해 문제 풀이 시간이 다

끝났지만 답안지에 제대로 마킹하지 못한 것을 하기 위해서는 부득이하게 독해 시간을 할애해야만 한다. 부족해진 독해 시간을 보완하기 위해서는 파본 검사 시간에 독해를 미리 풀어두는 것이 좋다.

가장 이상적인 청해 문제 풀기 요령

❶ 파본 검사 시간과 PART1, PART2, PART3 예문 설명하는 시간을 이용하여 PART5(또는 PART7)는 가능한 미리 많이 풀어 놓고, 답안지에 체크(점을 찍어 둠)를 해 둔다.

❷ PART1, PART2, PART3의 전반부에서 문제를 푸는 틈틈이 PART5(또는 PART7)의 답안지(점을 찍어둔 것)를 마킹한다.

❸ PART1, PART3의 중반부에서는 문제를 푸는 틈틈이 각 파트(PART1, PART3)의 후반부를 미리 미리 보아 둔다.

❹ PART3의 후반부에서는 문제지에만 정답 체크를 하고, 마킹은 생략한다. PART8에서는 반드시 25분 정도의 여유를 갖고 문제를 푼다.

> **tip** 실전 대비 모의고사를 풀어보면서, 자신에게 적합한 문제 풀기 요령을 습득할 것!

독해 : 파트별로 시간 배분에 유의하면서 풀도록 할 것!

PART5 정답 찾기 (20문항)

기본적인 문법 문제와 한자는 파본 검사 시간에 풀어 둔다. 한자 문제는 문장 전체를 모두 읽지 말고 한자만 보고 문제를 풀도록 한다. 다의어 문제에서 많은 시간이 소모되지 않도록 주의한다.

> **tip** 5분 이내에 문제를 풀 수 있어야 한다.

PART6 오문정정 (20문항)

전반부는 대부분이 기본적인 문법과 관련된 문제가 많다. 기본적인 문법 문제는 조사와 연결(접속) 형태에 주의하고, 도저히 모르겠다 싶으면 조사나 연결 형태가 있는 부분을 고른다.

후반부로 갈수록 어려운 문제가 나오는데, 주로 기능어구와 어휘에 관련된 문제가 출제된다. 도저히 모르겠다고 생각되면 단어(어휘)나 동사가 있는 부분을 고른다. 되도록이면 한국어로 번역하지 않는 것이 좋은데, 그 이유는 실수를 방지해 주고 시간을 절약할 수 있기 때문이다.

> **tip** 10분 이내에 문제를 풀 수 있어야 한다. 시간이 부족한 수험자는 제일 마지막에 푸는 것도 좋은 방법이다.

PART7 공란 메우기 (30문항)

전반부에서는 기본적인 문법과 관련된 조사와 동사의 활용 형태를 묻는 문제에서 실수하는 일이 없도록 주의한다. 후반부에서는 가장 알맞은 답을 고르는 것에 주의한다.

PART5 / PART6 / PART7은 총 20~25분 이내로 풀 수 있어야 한다.

> **tip** 12~13분 이내에 문제를 풀 수 있어야 한다.

PART8 독해 (30문항)

반드시 충분한 시간의 여유를 갖고 문제를 풀어야 한다. 최근 출제 경향을 보면, 앞뒤의 문맥만 가지고 풀 수 있는 문제는 거의 찾아볼 수가 없다. 적어도 한두 번은 지문 전체를 읽어봐야만 풀 수 있는 문제가 나온다. 지문을 읽기 전에 먼저 문제를 읽어 두기 바란다. 뒤로 갈수록 내용이 어렵고 딱딱한 지문이 나오기 때문에 될 수 있는 한 순서대로 푼다. 지문 내용이 쉬울수록 함정이 많다는 것을 항상 명심해야 한다.

> **tip** 25분 정도에 문제를 풀 수 있어야 한다.

문제 푸는 순서

시간에 구애받지 않는 수험자는 순서대로 풀면 되지만(난이도가 순서대로 배열되어 있음), 시간이 부족한 수험자의 경우는 다음과 같은 방법으로 문제를 푸는 것이 좋다.

> PART5 → PART6(121~130번) → PART7 → PART8(지문 6개) → 선택
>
> ※선택 : PART6(131~140번)과 PART8(마지막 지문 2개)

과거에는 PART8의 마지막 지문 1~2개가 지문이 길고 어려운 내용으로 출제되는 경우가 많았다. 하지만 최근에는 지문의 길이도 예전에 비해서 많이 짧아졌고, 난이도가 많이 낮아졌기 때문에 충분한 시간을 가지고 문제를 푼다면 어렵지 않게 풀 수 있는 문제가 출제되고 있다.

MEMO

단숨에 실력 UP!

Part2 질의응답 150문항에 도전하기

Part2 질의응답 문제 1회 (30문항)　　　　🎧 1-1회

Ⅱ. 次の言葉の返事としてもっとも適したものを(A)から(D)の中で一つを選び
　 なさい。

21 答えを答案用紙に書き入れなさい。　　| 21 | ⓐ | ⓑ | ⓒ | ⓓ |

22 答えを答案用紙に書き入れなさい。　　| 22 | ⓐ | ⓑ | ⓒ | ⓓ |

23 答えを答案用紙に書き入れなさい。　　| 23 | ⓐ | ⓑ | ⓒ | ⓓ |

24 答えを答案用紙に書き入れなさい。　　| 24 | ⓐ | ⓑ | ⓒ | ⓓ |

25 答えを答案用紙に書き入れなさい。　　| 25 | ⓐ | ⓑ | ⓒ | ⓓ |

26 答えを答案用紙に書き入れなさい。　　| 26 | ⓐ | ⓑ | ⓒ | ⓓ |

27 答えを答案用紙に書き入れなさい。　　| 27 | ⓐ | ⓑ | ⓒ | ⓓ |

28 答えを答案用紙に書き入れなさい。　　| 28 | ⓐ | ⓑ | ⓒ | ⓓ |

29 答えを答案用紙に書き入れなさい。　　| 29 | ⓐ | ⓑ | ⓒ | ⓓ |

30 答えを答案用紙に書き入れなさい。　　| 30 | ⓐ | ⓑ | ⓒ | ⓓ |

31 答えを答案用紙に書き入れなさい。　　| 31 | ⓐ | ⓑ | ⓒ | ⓓ |

32 答えを答案用紙に書き入れなさい。　　| 32 | ⓐ | ⓑ | ⓒ | ⓓ |

33 答えを答案用紙に書き入れなさい。　　| 33 | ⓐ | ⓑ | ⓒ | ⓓ |

34 答えを答案用紙に書き入れなさい。

| 34 | ⓐ | ⓑ | ⓒ | ⓓ |

35 答えを答案用紙に書き入れなさい。

| 35 | ⓐ | ⓑ | ⓒ | ⓓ |

36 答えを答案用紙に書き入れなさい。

| 36 | ⓐ | ⓑ | ⓒ | ⓓ |

37 答えを答案用紙に書き入れなさい。

| 37 | ⓐ | ⓑ | ⓒ | ⓓ |

38 答えを答案用紙に書き入れなさい。

| 38 | ⓐ | ⓑ | ⓒ | ⓓ |

39 答えを答案用紙に書き入れなさい。

| 39 | ⓐ | ⓑ | ⓒ | ⓓ |

40 答えを答案用紙に書き入れなさい。

| 40 | ⓐ | ⓑ | ⓒ | ⓓ |

41 答えを答案用紙に書き入れなさい。

| 41 | ⓐ | ⓑ | ⓒ | ⓓ |

42 答えを答案用紙に書き入れなさい。

| 42 | ⓐ | ⓑ | ⓒ | ⓓ |

43 答えを答案用紙に書き入れなさい。

| 43 | ⓐ | ⓑ | ⓒ | ⓓ |

44 答えを答案用紙に書き入れなさい。

| 44 | ⓐ | ⓑ | ⓒ | ⓓ |

45 答えを答案用紙に書き入れなさい。

| 45 | ⓐ | ⓑ | ⓒ | ⓓ |

46 答えを答案用紙に書き入れなさい。

| 46 | ⓐ | ⓑ | ⓒ | ⓓ |

47 答えを答案用紙に書き入れなさい。

| 47 | ⓐ | ⓑ | ⓒ | ⓓ |

48 答えを答案用紙に書き入れなさい。

| 48 | ⓐ | ⓑ | ⓒ | ⓓ |

49 答えを答案用紙に書き入れなさい。

| 49 | ⓐ | ⓑ | ⓒ | ⓓ |

50 答えを答案用紙に書き入れなさい。

| 50 | ⓐ | ⓑ | ⓒ | ⓓ |

Part2 질의응답 150문항에 도전하기

Part2 질의응답 문제 2회 (30문항)

🎧 1−2회

Ⅱ. 次の言葉の返事としてもっとも適したものを(A)から(D)の中で一つを選び
なさい。

21 答えを答案用紙に書き入れなさい。

| 21 | ⓐ | ⓑ | ⓒ | ⓓ |

22 答えを答案用紙に書き入れなさい。

| 22 | ⓐ | ⓑ | ⓒ | ⓓ |

23 答えを答案用紙に書き入れなさい。

| 23 | ⓐ | ⓑ | ⓒ | ⓓ |

24 答えを答案用紙に書き入れなさい。

| 24 | ⓐ | ⓑ | ⓒ | ⓓ |

25 答えを答案用紙に書き入れなさい。

| 25 | ⓐ | ⓑ | ⓒ | ⓓ |

26 答えを答案用紙に書き入れなさい。

| 26 | ⓐ | ⓑ | ⓒ | ⓓ |

27 答えを答案用紙に書き入れなさい。

| 27 | ⓐ | ⓑ | ⓒ | ⓓ |

28 答えを答案用紙に書き入れなさい。

| 28 | ⓐ | ⓑ | ⓒ | ⓓ |

29 答えを答案用紙に書き入れなさい。

| 29 | ⓐ | ⓑ | ⓒ | ⓓ |

30 答えを答案用紙に書き入れなさい。

| 30 | ⓐ | ⓑ | ⓒ | ⓓ |

31 答えを答案用紙に書き入れなさい。

| 31 | ⓐ | ⓑ | ⓒ | ⓓ |

32 答えを答案用紙に書き入れなさい。

| 32 | ⓐ | ⓑ | ⓒ | ⓓ |

33 答えを答案用紙に書き入れなさい。

| 33 | ⓐ | ⓑ | ⓒ | ⓓ |

34 答えを答案用紙に書き入れなさい。

| 34 | ⓐ | ⓑ | ⓒ | ⓓ |

35 答えを答案用紙に書き入れなさい。

| 35 | ⓐ | ⓑ | ⓒ | ⓓ |

36 答えを答案用紙に書き入れなさい。

| 36 | ⓐ | ⓑ | ⓒ | ⓓ |

37 答えを答案用紙に書き入れなさい。

| 37 | ⓐ | ⓑ | ⓒ | ⓓ |

38 答えを答案用紙に書き入れなさい。

| 38 | ⓐ | ⓑ | ⓒ | ⓓ |

39 答えを答案用紙に書き入れなさい。

| 39 | ⓐ | ⓑ | ⓒ | ⓓ |

40 答えを答案用紙に書き入れなさい。

| 40 | ⓐ | ⓑ | ⓒ | ⓓ |

41 答えを答案用紙に書き入れなさい。

| 41 | ⓐ | ⓑ | ⓒ | ⓓ |

42 答えを答案用紙に書き入れなさい。

| 42 | ⓐ | ⓑ | ⓒ | ⓓ |

43 答えを答案用紙に書き入れなさい。

| 43 | ⓐ | ⓑ | ⓒ | ⓓ |

44 答えを答案用紙に書き入れなさい。

| 44 | ⓐ | ⓑ | ⓒ | ⓓ |

45 答えを答案用紙に書き入れなさい。

| 45 | ⓐ | ⓑ | ⓒ | ⓓ |

46 答えを答案用紙に書き入れなさい。

| 46 | ⓐ | ⓑ | ⓒ | ⓓ |

47 答えを答案用紙に書き入れなさい。

| 47 | ⓐ | ⓑ | ⓒ | ⓓ |

48 答えを答案用紙に書き入れなさい。

| 48 | ⓐ | ⓑ | ⓒ | ⓓ |

49 答えを答案用紙に書き入れなさい。

| 49 | ⓐ | ⓑ | ⓒ | ⓓ |

50 答えを答案用紙に書き入れなさい。

| 50 | ⓐ | ⓑ | ⓒ | ⓓ |

Part2 질의응답 150문항에 도전하기

Ⅱ. 次の言葉の返事としてもっとも適したものを(A)から(D)の中で一つを選び
   なさい。

21	答えを答案用紙に書き入れなさい。	21	ⓐ	ⓑ	ⓒ	ⓓ
22	答えを答案用紙に書き入れなさい。	22	ⓐ	ⓑ	ⓒ	ⓓ
23	答えを答案用紙に書き入れなさい。	23	ⓐ	ⓑ	ⓒ	ⓓ
24	答えを答案用紙に書き入れなさい。	24	ⓐ	ⓑ	ⓒ	ⓓ
25	答えを答案用紙に書き入れなさい。	25	ⓐ	ⓑ	ⓒ	ⓓ
26	答えを答案用紙に書き入れなさい。	26	ⓐ	ⓑ	ⓒ	ⓓ
27	答えを答案用紙に書き入れなさい。	27	ⓐ	ⓑ	ⓒ	ⓓ
28	答えを答案用紙に書き入れなさい。	28	ⓐ	ⓑ	ⓒ	ⓓ
29	答えを答案用紙に書き入れなさい。	29	ⓐ	ⓑ	ⓒ	ⓓ
30	答えを答案用紙に書き入れなさい。	30	ⓐ	ⓑ	ⓒ	ⓓ
31	答えを答案用紙に書き入れなさい。	31	ⓐ	ⓑ	ⓒ	ⓓ
32	答えを答案用紙に書き入れなさい。	32	ⓐ	ⓑ	ⓒ	ⓓ
33	答えを答案用紙に書き入れなさい。	33	ⓐ	ⓑ	ⓒ	ⓓ

| 34 | 答えを答案用紙に書き入れなさい。 |

| 34 | ⓐ | ⓑ | ⓒ | ⓓ |

| 35 | 答えを答案用紙に書き入れなさい。 |

| 35 | ⓐ | ⓑ | ⓒ | ⓓ |

| 36 | 答えを答案用紙に書き入れなさい。 |

| 36 | ⓐ | ⓑ | ⓒ | ⓓ |

| 37 | 答えを答案用紙に書き入れなさい。 |

| 37 | ⓐ | ⓑ | ⓒ | ⓓ |

| 38 | 答えを答案用紙に書き入れなさい。 |

| 38 | ⓐ | ⓑ | ⓒ | ⓓ |

| 39 | 答えを答案用紙に書き入れなさい。 |

| 39 | ⓐ | ⓑ | ⓒ | ⓓ |

| 40 | 答えを答案用紙に書き入れなさい。 |

| 40 | ⓐ | ⓑ | ⓒ | ⓓ |

| 41 | 答えを答案用紙に書き入れなさい。 |

| 41 | ⓐ | ⓑ | ⓒ | ⓓ |

| 42 | 答えを答案用紙に書き入れなさい。 |

| 42 | ⓐ | ⓑ | ⓒ | ⓓ |

| 43 | 答えを答案用紙に書き入れなさい。 |

| 43 | ⓐ | ⓑ | ⓒ | ⓓ |

| 44 | 答えを答案用紙に書き入れなさい。 |

| 44 | ⓐ | ⓑ | ⓒ | ⓓ |

| 45 | 答えを答案用紙に書き入れなさい。 |

| 45 | ⓐ | ⓑ | ⓒ | ⓓ |

| 46 | 答えを答案用紙に書き入れなさい。 |

| 46 | ⓐ | ⓑ | ⓒ | ⓓ |

| 47 | 答えを答案用紙に書き入れなさい。 |

| 47 | ⓐ | ⓑ | ⓒ | ⓓ |

| 48 | 答えを答案用紙に書き入れなさい。 |

| 48 | ⓐ | ⓑ | ⓒ | ⓓ |

| 49 | 答えを答案用紙に書き入れなさい。 |

| 49 | ⓐ | ⓑ | ⓒ | ⓓ |

| 50 | 答えを答案用紙に書き入れなさい。 |

| 50 | ⓐ | ⓑ | ⓒ | ⓓ |

Part2 질의응답 문제 4회 (30문항)

🎧 1~4회

Ⅱ. 次の言葉の返事としてもっとも適したものを(A)から(D)の中で一つを選び
なさい。

21	答えを答案用紙に書き入れなさい。	21	ⓐ	ⓑ	ⓒ	ⓓ
22	答えを答案用紙に書き入れなさい。	22	ⓐ	ⓑ	ⓒ	ⓓ
23	答えを答案用紙に書き入れなさい。	23	ⓐ	ⓑ	ⓒ	ⓓ
24	答えを答案用紙に書き入れなさい。	24	ⓐ	ⓑ	ⓒ	ⓓ
25	答えを答案用紙に書き入れなさい。	25	ⓐ	ⓑ	ⓒ	ⓓ
26	答えを答案用紙に書き入れなさい。	26	ⓐ	ⓑ	ⓒ	ⓓ
27	答えを答案用紙に書き入れなさい。	27	ⓐ	ⓑ	ⓒ	ⓓ
28	答えを答案用紙に書き入れなさい。	28	ⓐ	ⓑ	ⓒ	ⓓ
29	答えを答案用紙に書き入れなさい。	29	ⓐ	ⓑ	ⓒ	ⓓ
30	答えを答案用紙に書き入れなさい。	30	ⓐ	ⓑ	ⓒ	ⓓ
31	答えを答案用紙に書き入れなさい。	31	ⓐ	ⓑ	ⓒ	ⓓ
32	答えを答案用紙に書き入れなさい。	32	ⓐ	ⓑ	ⓒ	ⓓ
33	答えを答案用紙に書き入れなさい。	33	ⓐ	ⓑ	ⓒ	ⓓ

| 34 | 答えを答案用紙に書き入れなさい。 |

| 34 | ⓐ | ⓑ | ⓒ | ⓓ |

| 35 | 答えを答案用紙に書き入れなさい。 |

| 35 | ⓐ | ⓑ | ⓒ | ⓓ |

| 36 | 答えを答案用紙に書き入れなさい。 |

| 36 | ⓐ | ⓑ | ⓒ | ⓓ |

| 37 | 答えを答案用紙に書き入れなさい。 |

| 37 | ⓐ | ⓑ | ⓒ | ⓓ |

| 38 | 答えを答案用紙に書き入れなさい。 |

| 38 | ⓐ | ⓑ | ⓒ | ⓓ |

| 39 | 答えを答案用紙に書き入れなさい。 |

| 39 | ⓐ | ⓑ | ⓒ | ⓓ |

| 40 | 答えを答案用紙に書き入れなさい。 |

| 40 | ⓐ | ⓑ | ⓒ | ⓓ |

| 41 | 答えを答案用紙に書き入れなさい。 |

| 41 | ⓐ | ⓑ | ⓒ | ⓓ |

| 42 | 答えを答案用紙に書き入れなさい。 |

| 42 | ⓐ | ⓑ | ⓒ | ⓓ |

| 43 | 答えを答案用紙に書き入れなさい。 |

| 43 | ⓐ | ⓑ | ⓒ | ⓓ |

| 44 | 答えを答案用紙に書き入れなさい。 |

| 44 | ⓐ | ⓑ | ⓒ | ⓓ |

| 45 | 答えを答案用紙に書き入れなさい。 |

| 45 | ⓐ | ⓑ | ⓒ | ⓓ |

| 46 | 答えを答案用紙に書き入れなさい。 |

| 46 | ⓐ | ⓑ | ⓒ | ⓓ |

| 47 | 答えを答案用紙に書き入れなさい。 |

| 47 | ⓐ | ⓑ | ⓒ | ⓓ |

| 48 | 答えを答案用紙に書き入れなさい。 |

| 48 | ⓐ | ⓑ | ⓒ | ⓓ |

| 49 | 答えを答案用紙に書き入れなさい。 |

| 49 | ⓐ | ⓑ | ⓒ | ⓓ |

| 50 | 答えを答案用紙に書き入れなさい。 |

| 50 | ⓐ | ⓑ | ⓒ | ⓓ |

Ⅱ. 次の言葉の返事としてもっとも適したものを(A)から(D)の中で一つを選び
なさい。

21 答えを答案用紙に書き入れなさい。

| 21 | ⓐ | ⓑ | ⓒ | ⓓ |

22 答えを答案用紙に書き入れなさい。

| 22 | ⓐ | ⓑ | ⓒ | ⓓ |

23 答えを答案用紙に書き入れなさい。

| 23 | ⓐ | ⓑ | ⓒ | ⓓ |

24 答えを答案用紙に書き入れなさい。

| 24 | ⓐ | ⓑ | ⓒ | ⓓ |

25 答えを答案用紙に書き入れなさい。

| 25 | ⓐ | ⓑ | ⓒ | ⓓ |

26 答えを答案用紙に書き入れなさい。

| 26 | ⓐ | ⓑ | ⓒ | ⓓ |

27 答えを答案用紙に書き入れなさい。

| 27 | ⓐ | ⓑ | ⓒ | ⓓ |

28 答えを答案用紙に書き入れなさい。

| 28 | ⓐ | ⓑ | ⓒ | ⓓ |

29 答えを答案用紙に書き入れなさい。

| 29 | ⓐ | ⓑ | ⓒ | ⓓ |

30 答えを答案用紙に書き入れなさい。

| 30 | ⓐ | ⓑ | ⓒ | ⓓ |

31 答えを答案用紙に書き入れなさい。

| 31 | ⓐ | ⓑ | ⓒ | ⓓ |

32 答えを答案用紙に書き入れなさい。

| 32 | ⓐ | ⓑ | ⓒ | ⓓ |

33 答えを答案用紙に書き入れなさい。

| 33 | ⓐ | ⓑ | ⓒ | ⓓ |

34 答えを答案用紙に書き入れなさい。

| 34 | ⓐ | ⓑ | ⓒ | ⓓ |

35 答えを答案用紙に書き入れなさい。

| 35 | ⓐ | ⓑ | ⓒ | ⓓ |

36 答えを答案用紙に書き入れなさい。

| 36 | ⓐ | ⓑ | ⓒ | ⓓ |

37 答えを答案用紙に書き入れなさい。

| 37 | ⓐ | ⓑ | ⓒ | ⓓ |

38 答えを答案用紙に書き入れなさい。

| 38 | ⓐ | ⓑ | ⓒ | ⓓ |

39 答えを答案用紙に書き入れなさい。

| 39 | ⓐ | ⓑ | ⓒ | ⓓ |

40 答えを答案用紙に書き入れなさい。

| 40 | ⓐ | ⓑ | ⓒ | ⓓ |

41 答えを答案用紙に書き入れなさい。

| 41 | ⓐ | ⓑ | ⓒ | ⓓ |

42 答えを答案用紙に書き入れなさい。

| 42 | ⓐ | ⓑ | ⓒ | ⓓ |

43 答えを答案用紙に書き入れなさい。

| 43 | ⓐ | ⓑ | ⓒ | ⓓ |

44 答えを答案用紙に書き入れなさい。

| 44 | ⓐ | ⓑ | ⓒ | ⓓ |

45 答えを答案用紙に書き入れなさい。

| 45 | ⓐ | ⓑ | ⓒ | ⓓ |

46 答えを答案用紙に書き入れなさい。

| 46 | ⓐ | ⓑ | ⓒ | ⓓ |

47 答えを答案用紙に書き入れなさい。

| 47 | ⓐ | ⓑ | ⓒ | ⓓ |

48 答えを答案用紙に書き入れなさい。

| 48 | ⓐ | ⓑ | ⓒ | ⓓ |

49 答えを答案用紙に書き入れなさい。

| 49 | ⓐ | ⓑ | ⓒ | ⓓ |

50 答えを答案用紙に書き入れなさい。

| 50 | ⓐ | ⓑ | ⓒ | ⓓ |

Part6 오문정정 문제 1회 (20문항)

Ⅵ. 下の_____線の(A)、(B)、(C)、(D)の言葉の中で正しくない言葉を一つ選
びなさい。

121

あの<u>サッカー</u>選手<u>は</u>1週間<u>で</u>3千万円稼ぐ<u>の</u>ができます。
　　(A)　　　　(B)　　(C)　　　　(D)

122

<u>見掛け</u>は<u>きれい</u>人でも、心が<u>汚い</u>人は<u>たくさん</u>います。
　(A)　　　(B)　　　　　　(C)　　　(D)

123

この商品はとても<u>かわいし</u>、原材料も<u>安心な</u>ので子供<u>への</u>プレゼントに<u>喜ばれ</u>そうです。
　　　　　　　(A)　　　　　　(B)　　　　(C)　　　　　　(D)

124

<u>パン</u>に昨日<u>買いました</u>ジャムを<u>塗って</u>食べ<u>てみました</u>。
(A)　　　　(B)　　　　　　(C)　　　(D)

125

男性は女性がデートにスカートを<u>着て</u>くると<u>自分</u>に気が<u>ある</u>のではないかと<u>勘違い</u>する。
　　　　　　　　　　　　　(A)　　　(B)　　　(C)　　　　　　(D)

126

<u>偶然撮れた</u>とは<u>思わない</u>ほどの<u>奇跡的な</u>画像が「東京」で<u>紹介されている</u>。
　(A)　　　　(B)　　　　　(C)　　　　　　　　(D)

127

隣のレストランから変なにおいがしていきました。
  (A)   (B)   (C)   (D)

128

お風呂に入るとしたところに、電話がかかってきた。
(A)   (B)   (C)   (D)

129

この作品に大人がまるで子供のような吸い込まれてしまうのですから不思議です。
        (A)   (B)   (C)   (D)

130

山田さんは韓国料理の中で、どんな料理が面白いだと思いますか。
        (A)   (B)   (C)   (D)

131

皆さん、遠藤君は病気なのを知っていますか。
 (A)   (B)   (C)   (D)

132

あまり仕事が多いので、誰かが手伝ってほしいと思っている。
 (A)   (B)   (C)   (D)

133

今だに服を買ってもらったり、食料品や日用品を実家に送ってもらったりしています。
        (A)   (B)   (C)   (D)

134

私は京都で式を挙げたのですが、東京から来てあげた先輩にだけ、交通費を渡しました。
        (A)   (B)   (C)   (D)

135

子供たちは窓に向けて<u>ボール</u>を投げてわざと<u>ガラス</u>を<u>割れさせて</u>しまった。
　　　　　<u>(A)</u>　　　(B)　　　　　　　　(C)　　　　(D)

136

彼は今<u>自分</u>が<u>死ぬつつある</u><u>こと</u>を意識して<u>いた</u>。
　　　(A)　(B)　　　(C)　　　　(D)

137

<u>一度</u>冷凍したご飯は<u>チン</u>してもパサパサして<u>おいしい</u>です<u>よ</u>。
(A)　　　　　　　　(B)　　　　　　　　(C)　　(D)

138

壁<u>へ</u>子供<u>の</u>描い<u>て</u>くれた絵を<u>張りました</u>。
(A)　(B)　　　(C)　　　(D)

139

これは80<u>年代</u>を<u>懐かしい</u>人にとって、<u>極めて</u><u>嬉しい</u>情報だ。
　　　　(A)　　　(B)　　　(C)　　(D)

140

60歳を過ぎた<u>品</u>の良い<u>おじいさん</u>が<u>にこにこと</u>私に何か<u>話しかけた</u>。
　　　　　(A)　　　　(B)　　　　(C)　　　　　(D)

Part6 오문정정 100문항에 도전하기

Ⅵ. 下の＿＿＿＿線の(A)、(B)、(C)、(D)の言葉の中で正しくない言葉を一つ選び
なさい。

121

市民農園借りて、野菜を作り出そうと思いますが、どういうものを用意すればよいで
　　　　(A)　　　　　　　(B)　　　　　　　　　(C)　　　　　　(D)
しょうか。

122

知識社会とは何か、何故やっていくのか、そしてどのように生きるべきかを解説します。
(A)　　　　　　　　　　　(B)　　　　(C)　　　　　　　　　　(D)

123

4月から毎週続けた育英オリンピックの測定も4種目とも今週に終わります。
　　　　　　(A)　　　　　　　　　　(B)　　　(C)　　(D)

124

今朝に7時から並んでいるという男性に話を聞いたところ、映像がすごいという話を
(A)　　　　(B)　　　　　　　　　　　　(C)
聞いているので期待している。
　　　　(D)

125

まず、全体的な文章を流れのよい自然な日本語に添削していただかないでしょうか。
　　　(A)　　　　　　　(B)　　(C)　　　　　　　　　(D)

世の中には自分の<u>努力次第で</u>何とかなることと、自分の努力では<u>どうしようがない</u>
　　　　　(A)　　　　　　　(B)　　　　　　　　　　　　　　　　　　　　　(C)

ことが<u>存在します</u>。
　　　　(D)

<u>先ほども</u>テレビ<u>でやって</u>いましたが7時半、8時<u>過ぎで</u>余震があった<u>よう</u>です。
(A)　　　　　　(B)　　　　　　　　　　(C)　　　　　　　　(D)

あの時は<u>仕方なく</u>買ったけど、もう<u>二度と</u>あの薬局には<u>行かない</u>ものか。
　　　　　(A)　　　　　　　(B)　　　(C)　　　　　　　(D)

小中学生を<u>対象</u>に独自に実施した<u>学力テスト</u>の問題が、昨年と全く<u>同じな</u>内容だった
　　　　　(A)　　　　　　　　　　(B)　　　　　　　　　　　　　(C)

ことが<u>分かった</u>。
　　　　(D)

ひと駅<u>手前</u>で電車<u>に降りて</u>歩いて<u>帰れば</u>、心身ともに<u>向上する</u>。
　　　(A)　　　　(B)　　　　　(C)　　　　　　　(D)

通常<u>は</u>当社も<u>含め</u>副業は就業規則<u>に</u>禁止されている<u>はず</u>です。
(A)　　　(B)　　　　　　　(C)　　　　　　　(D)

テレビ<u>で</u>、難解すぎて<u>今にも</u>解けない数式が<u>ある</u>と言っていたのを<u>見ました</u>。
　　　(A)　　　　　　　(B)　　　　　　　(C)　　　　　　　　(D)

133

日本の人気女優前田愛が、韓国の<u>トプスター</u>「チェ・ガンヒ」<u>と</u>似ていると注目を<u>浴びている</u>。
　　　　　　　　　　　(A)　　　　　　(B)　　　　　　　　　　(C)　　　　　　　　　　　　　(D)

134

スプレー缶は、<u>きっと</u>中を<u>使い切って</u>、屋外で穴を<u>開けてから</u>「缶」<u>として</u>資源回収に
　　　　　　　(A)　　　　(B)　　　　　　　　　(C)　　　　　　(D)

出してください。

135

<u>1年ぶりで</u>新モデルが<u>出ると</u>のことで、<u>モニター</u>100名を<u>募集しています</u>。
　(A)　　　　　　　　　(B)　　　　　　　(C)　　　　　　(D)

136

<u>どの</u>人が実際にどんな人であるかを<u>知りたければ</u>、<u>その</u>人がお金を無くした時に<u>どう</u>
　(A)　　　　　　　　　　　　　　　(B)　　　　(C)　　　　　　　　　　　　　(D)

振舞うかに注目。

137

<u>正しい</u>あいづちを<u>打つ</u>ことによって、<u>気持ち</u>通りに相手を<u>誘導</u>できる。
　(A)　　　　　　(B)　　　　　　　　　(C)　　　　　　　(D)

138

佐藤さん<u>は</u>遅刻<u>ばかり</u>していた<u>ので</u>、社長に会社を<u>やめさせました</u>。
　　　(A)　　(B)　　　　(C)　　　　　　　　　　(D)

139

名画が無料で<u>見られる</u><u>にあって</u>、席は<u>はやばや</u>と<u>埋まってしまった</u>。
　　　　　(A)　　　　　(B)　　　　　(C)　　　(D)

140

私がずっと大事に<u>してきた</u>もの、<u>これ</u>は<u>母の</u>形見の<u>この</u>指輪です。
　　　　　　　(A)　　　　　　(B)　　(C)　　　(D)

Chapter 02

Part6 오문정정 100문항에 도전하기

Ⅵ. 下の＿＿＿＿線の(A)、(B)、(C)、(D)の言葉の中で正しくない言葉を一つ選びなさい。

121

久しぶりに会ったなりいきなり込み入った話をするからとても困りました。
　　　　　　(A)　　　　　　　　　　(B)　　　　　　(C)　　　　　(D)

122

暇なときはテレビを見るとか、買い物をするとか過ごすことが多い。
(A)　　　　　　　　(B)　　　　　　　　(C)　　　(D)

123

最近レンタル店で借りた邦画ビデオで読み得ない製品が出てきました。
(A)　　　　　　　(B)　　　　　　　(C)　　　　　(D)

124

グラウンドの雪も、少しずつ解けたのが、雪に隠れている遊具の様子から分かります。
(A)　　　　　　　　　(B)　　　　　　　　　　(C)　　　　　(D)

125

こんなことを報告したら上司やお客はどんなに怒った。
(A)　　　　(B)　　　(C)　　　　　(D)

126

女性が結婚しても働くやすい会社、女性が働くことに理解がある会社を見分けるには
(A)　　　　　(B)　　　　　　　　　　　(C)　　　　　　　　(D)
どうしたら…。

127

今回の催しには韓国と日本に限り参加した。
(A)　　　　　(B)　　(C)　　　　(D)

128

互いに助け合うこそ本当の家族といえるのではないだろうか。
　　　　(A)　　　　　(B)　　　　　(C)　　　　　　(D)

129

あなたは私が言っていることをろくに読んで反論しているようです。
　　　　　(A)　　　　　(B)　　　　(C)　　　　　　　(D)

130

彼は目上に対しては腰が低い一方、目下に対してはいばっている。
　　　　　　　　　(A)　　　(B)　(C)　　　　　　(D)

131

県警は地上から小屋に行くのは困難として、天候が回復次第、へりを向かわせる
　　　　(A)　　　　　　　　　(B)　　　　　(C)　　　　　　(D)
ことにした。

132

外国に行く初めて自分の国について何も知らないことに気が付いた。
　　(A)　　　　　　　　(B)　　　　(C)　　　　　(D)

133

めったに見ることができる兵器を目の前に、武器愛好家たちの目は子供のように
　　　　　　　　　(A)　　　(B)　　　　(C)
なっています。
　(D)

134

<u>腎不全</u>と<u>度重なる</u>病気<u>から</u>、世界一周を<u>断念した</u>。
 (A)   (B)   (C)   (D)

135

君<u>の</u>天使<u>のような</u>顔<u>で</u>心を<u>打たれた</u>。
 (A)   (B)   (C)   (D)

136

番号を<u>回して</u>2秒ぐらい<u>すると</u>英語で何かメッセージが<u>流れる</u>だけで、一向に<u>繋がります</u>。
       (A)   (B)   (C)   (D)

137

朝日新聞<u>では</u>、来年度<u>は</u>公務員給与<u>は</u>基本給・ボーナスともに<u>引き上げ</u>だそうです。
      (A)   (B)   (C)   (D)

138

料金のお支払いは<u>口座振替</u>と請求書に<u>よります</u>お支払いの<u>２つ</u>の方法から
          (A)   (B)   (C)

<u>お選びください</u>。
   (D)

139

関西に<u>お住まい</u>の方って、納豆<u>のこと</u>が嫌いって聞きます<u>が</u>、京都も<u>そう</u>なんですか。
 (A)   (B)   (C)   (D)

140

自殺の<u>名所</u>である橋から<u>駆け込み</u>自殺をしかけていた男性を突き落とした<u>として</u>、
    (A)   (B)   (C)

男が警察に<u>逮捕された</u>。
       (D)

Part6 오문정정 100문항에 도전하기

Part6 오문정정 문제 4회 **(20문항)**

Ⅵ. 下の＿＿＿＿＿線の(A)、(B)、(C)、(D)の言葉の中で正しくない言葉を一つ選び
なさい。

121

僕は<u>いつものように</u>部活が<u>終わって</u>、家に<u>帰りかけている</u>。
　　　(A)　　　　　　(B)　　(C)　　　　　　(D)

122

<u>虫歯</u>になります<u>から</u>、子供には<u>あまり</u>甘いものを<u>食べない</u>方がいいです。
　(A)　　　　　　(B)　　　　　(C)　　　　　　(D)

123

本場<u>に向けて</u>、体育の時間<u>に</u>運動場を<u>走りきって</u><u>練習しました</u>。
　　　(A)　　　　　　(B)　　　　(C)　　　　(D)

124

海外<u>で</u>学ぶ留学生の数<u>が</u>増えてきた。<u>これから</u>も<u>増えてくる</u>だろう。
　(A)　　　　　　(B)　　　　　(C)　　(D)

125

4人は観光に<u>繰り出せる</u>ことが<u>わかる</u>と、<u>歓声</u>を上げて<u>喜ばされた</u>という。
　　　　　(A)　　　　　(B)　　(C)　　　　　(D)

126

イスラエルが空港の<u>検問</u>で乗客に靴を<u>脱がないで</u>点検する「<u>新兵器</u>」を<u>登場させた</u>。
　　　　　　(A)　　　　　　(B)　　　　　(C)　　　(D)

127

ある朝、何か<u>不安な</u>夢から目を<u>覚める</u>と、隣に熊が<u>寝てる</u>ことに<u>気づいた</u>。
　　　　　(A)　　　　　　　　(B)　　　　　　　　(C)　　　　　(D)

128

店内に<u>入る</u>とたんに<u>異国</u>の地に<u>入った</u>ような<u>気にさせて</u>くれます。
　　　(A)　　　　　(B)　　　(C)　　　　　(D)

129

娘<u>が</u>ハサミで指を<u>切られた</u>この時は、ハサミを<u>横</u>に向けて<u>切っている</u>時でした。
(A)　　　　　　　(B)　　　　　　　　　　(C)　　　　(D)

130

口を<u>開いて</u>寝る人<u>は</u>口の中<u>が</u>乾燥して虫歯<u>が</u>なりやすい気がします。
　　(A)　　　(B)　　(C)　　　(D)

131

保険金は他人の<u>財物</u>に損害を<u>やった</u>ことにより負担する賠償金について、一回の事故
　　　　　　　(A)　　　　　(B)

<u>につき</u>、保険金額を限度に<u>支払われます</u>。
　(C)　　　　　　　　　　(D)

132

子供が甘えたい<u>ように</u>思う時に甘えさせて<u>あげる</u>のが親の<u>仕事</u>だと割り切って、
　　　　　(A)　　　　　　　　　　(B)　　　　(C)

<u>甘えさせています</u>。
　(D)

133

<u>土砂崩れ</u>で道が<u>ふさがれて</u>おり、<u>それ</u>以上進もうにも<u>進まない</u>状態だった。
(A)　　　　　(B)　　　　(C)　　　　　　(D)

134

お祝いの<u>パーティー</u>に出席できない<u>とは</u>、<u>残念かぎり</u><u>でございます</u>。
　　　　　(A)　　　　　　　　　　　(B)　(C)　　　　　　(D)

135

3年前に<u>突然</u>世界中の政府が打ち出した<u>核兵器根絶</u>政策により核兵器は<u>全て</u>この
　　　　(A)　　　　　　　　　　　　　(B)　　　　　　　　　　　(C)

世界から姿を<u>現わした</u>。
　　　　　　(D)

136

天才の特徴<u>とは</u>、<u>凡人</u>が引いた<u>レール</u>に自分の思想を乗せない<u>ことだ</u>。
　　　　　(A)　　(B)　　　　(C)　　　　　　　　　　　　　(D)

137

情報の内容<u>について</u>は<u>正確なもの</u>を<u>提供</u>べく努力して<u>おります</u>。
　　　　　　(A)　　　　　(B)　　　　(C)　　　　(D)

138

死刑も時には<u>致し方ない</u>と思わないではない<u>から</u>、過去に死刑判決を受け<u>冤罪</u>だったと
　　　　　　(A)　　　　　　　　　　　　　(B)　　　　　　　　　　　(C)

いう<u>事例</u>がある。
　　(D)

139

<u>遠く</u>から<u>お出で</u>になった方も<u>おりました</u>が、無事、<u>お帰りになりましたでしょうか</u>。
(A)　　(B)　　　　　　　　(C)　　　　　　　(D)

140

今日、秋葉原に食事に<u>出</u>ながら、ヨドバシに<u>寄る</u>用事があったもんで、<u>つい</u>買っちゃった。
　　　　　　　(A)　　(B)　　　　　(C)　　　　　　　　　　(D)

Part6 오문정정 100문항에 도전하기

Ⅵ. 下の_____線の(A)、(B)、(C)、(D)の言葉の中で正しくない言葉を一つ選びなさい。

121

返品に制限のある商品にとっては、以下の条件が満たされている場合のみ、返品を
　　　　　(A)　　　　　　　(B)　　　　　　　　　　(C)

お受けしています。
　　(D)

122

甘いものはついつい食べ過ぎてしまうがちなので、ダイエット中は気をつけましょう。
　　　　　　　(A)　　　　　　(B)　　　(C)　　　　　　　　(D)

123

発明や発見というものは、結果はおろか、結果までの過程も重要で、失敗しても、
　　　　　　　(A)　　　　　(B)

次の成功へのキーワードになる。
　　　(C)　　(D)

124

相手が誰とあれ、あなたに幸せが訪れますようにお祈りいたします。
(A)　　(B)　　　　　　　　　(C)　　　　　　(D)

125

学生時代、職員室など入るときに、「ノックをしてはじめて入りなさい」と教育された。
(A)　　　　　　　　　(B)　　　　　　　　(C)　　　　　　　(D)

126

父の<u>病気</u>が治る<u>こと</u>なら、どんな<u>高価な</u>薬でも<u>手に入れたい</u>。
　　(A)　　　　(B)　　　　　　　　(C)　　　　　　(D)

127

<u>生</u>ビールとワインと焼酎<u>と</u>、<u>だれ</u>が一番<u>好き</u>ですか。
　(A)　　　　　　　　　(B)　(C)　　　(D)

128

<u>今度</u>の週末にクラス全員で<u>ピクニック</u>に行く<u>つもり</u>だ。
　(A)　(B)　　　　　　　　(C)　　　　　(D)

129

人の話を<u>最後</u>まで<u>聞かずに</u>口を<u>はさみたがる</u>人が<u>どきどき</u>いる。
　　　　(A)　　　(B)　　　　(C)　　　　　　(D)

130

<u>御社</u>の社長様はソースを販売する<u>こと</u>で実現しよう<u>とし</u>ているんですね。
(A)　　　(B)　　　　　　　　(C)　　　　　　(D)

131

何をやるか<u>なんて</u>どうでもいいんだと思ってますが、<u>論理的見地</u>から<u>許す</u>範囲で
　　　　　(A)　　　　　　　　　　　　　　　　(B)　　　(C)

<u>シビアな</u>批評をしていくつもりです。
　(D)

132

<u>言われて</u>みて<u>はじめに</u>、自分が<u>いかに</u>狭量であった<u>か</u>に気が付いた。
　(A)　　　　(B)　　　　　(C)　　　　　　(D)

133

谷の<u>ほう</u>へ<u>滑って</u><u>いく</u><u>と</u>人が<u>倒して</u>いました。
　　(A)　　(B)　(C)　(D)

134

「遠い親類<u>より</u>近くの他人」という言葉は、遠く離れた親類よりも<u>近い</u>に住む他人の
       (A)   (B)

<u>方</u>が役立つ<u>という</u>意味です。
(C)   (D)

135

<u>ただいま紹介いただきました</u>田中と<u>ございます</u>。どうぞよろしく<u>お願いいたします</u>。
 (A)   (B)   (C)   (D)

136

3時ぐらい地震発生<u>で</u>今年の<u>自然災害</u>の被害は1兆円を<u>超える</u>という。
  (A)   (B)   (C)   (D)

137

店主は、私から金を<u>もらう</u>と、<u>近く</u>にあった椅子<u>に</u>腰掛け煙草<u>に</u>火を付けた。
            (A)   (B)   (C)   (D)

138

弟は大学<u>を</u>卒業して3年にもなる<u>ので</u>、定職に就か<u>ないで</u>、まだ親のすねを<u>かじっている</u>。
   (A)   (B)   (C)   (D)

139

教室の時計<u>と</u>腕時計を<u>見比べる</u>と、自分の時計が5分ほど<u>はやくなっている</u>のが<u>わかった</u>。
     (A)   (B)   (C)   (D)

140

<u>当日は</u><u>追いつ抜かれつ</u>の接戦<u>となり</u>、得点の途中経過が<u>発表される</u>たびに歓声や溜息が
       (A)   (B)   (C)   (D)
聞こえました。

JPT 日本語能力試験

JAPANESE

PROFICIENCY

TEST

실전모의고사

1회

실전모의고사 1회

次の質問1番から質問100番までは聞き取りの問題です。

どの問題も1回しか言いませんから、よく聞いて答えを(A), (B), (C), (D)の中から一つ選びなさい。答えを選んだら、それにあたる答案用紙の記号を黒くぬりつぶしなさい。

Ⅰ. 次の写真を見て、その内容に合っている表現を(A)から(D)の中で一つ選びなさい。

(例)

(A) この人は本を読んでいます。

(B) この人は掃除をしています。

(C) この人は電話をしています。

(D) この人はビールを飲んでいます。

答　(A) (B) (●) (D)

1.

2.

→ 次のページに続く

3.

4.

ご入浴のお客さまへ

浴場内は大変滑りやすくなって
おります。特にお子様連れのお
客様はご注意ください。

ご入浴終了時間の約5分前にブ
ザーを鳴らします。時間を過ぎ
ますと超過料金がかかります。

湯船内での洗い・すすぎはご遠
慮ください。

時間までごゆっくりおくつろぎ
ください。

5.

6.

→ 次のページに続く

7.

8.

9.

10.

→ 次のページに続く

11.

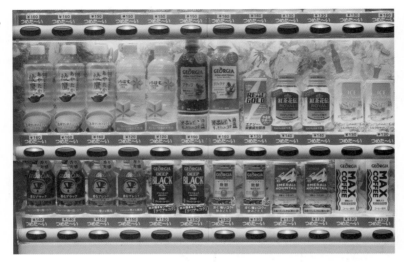

12.

13.

14.

→ 次のページに続く

15.

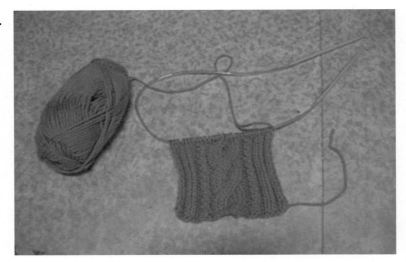

16.

17.

18.

→ 次のページに続く

19.

20.

Ⅱ. 次の言葉の返事として、もっとも適したものを(A)から(D)の中で一つを選びな
さい。

(例) 明日は何をしますか。

(A) 土曜日です。
(B) 朝ごはんの後にします。
(C) 友達の家に行きます。
(D) テニスをしました。

21. 答えを答案用紙に書き入れなさい。

22. 答えを答案用紙に書き入れなさい。

23. 答えを答案用紙に書き入れなさい。

24. 答えを答案用紙に書き入れなさい。

25. 答えを答案用紙に書き入れなさい。

26. 答えを答案用紙に書き入れなさい。

27. 答えを答案用紙に書き入れなさい。

28. 答えを答案用紙に書き入れなさい。

29. 答えを答案用紙に書き入れなさい。

30. 答えを答案用紙に書き入れなさい。

31. 答えを答案用紙に書き入れなさい。

32. 答えを答案用紙に書き入れなさい。

33. 答えを答案用紙に書き入れなさい。

34. 答えを答案用紙に書き入れなさい。

35. 答えを答案用紙に書き入れなさい。

36. 答えを答案用紙に書き入れなさい。

37. 答えを答案用紙に書き入れなさい。

38. 答えを答案用紙に書き入れなさい。

39. 答えを答案用紙に書き入れなさい。

40. 答えを答案用紙に書き入れなさい。

41. 答えを答案用紙に書き入れなさい。

42. 答えを答案用紙に書き入れなさい。

43. 答えを答案用紙に書き入れなさい。

44. 答えを答案用紙に書き入れなさい。

45. 答えを答案用紙に書き入れなさい。

46. 答えを答案用紙に書き入れなさい。

47. 答えを答案用紙に書き入れなさい。

48. 答えを答案用紙に書き入れなさい。

49. 答えを答案用紙に書き入れなさい。

50. 答えを答案用紙に書き入れなさい。

→ 次のページに続く

Ⅲ. 次の会話をよく聞いて、後の問いにもっとも適したものを(A)から(D)の中で一つ
選びなさい。

（例）Ａ：すみません。この辺に本屋がありますか。

Ｂ：はい。駅の前にありますよ。

Ａ：郵便局も本屋のそばにありますか。

Ｂ：いいえ。郵便局はあのデパートのとなりです。

郵便局はどこにありますか。
(A) 駅の前
(B) 本屋のとなり
(C) 本屋の前
(D) デパートのとなり

51. 男の人は何を借りましたか。

(A) ペン
(B) 消ゴム
(C) ペンと消ゴム
(D) 鉛筆と消ゴム

52. 女の人は土曜日に何をしますか。

(A) テレビを1時間くらい見る。
(B) テレビを2時間くらい見る。
(C) テレビを見てから部屋の掃除をする。
(D) テレビを見てから洗濯をする。

53. 男の人はいくら払いますか。

(A) 10,900円
(B) 11,600円
(C) 12,600円
(D) 11,900円

54. 二人はこれから何をしますか。

(A) 別に何もしない。
(B) 食事に行く。
(C) 友達の家を訪ねる。
(D) 会議をする。

55. 田中さんの誕生日プレゼントは何ですか。

(A) 目覚まし時計
(B) 腕時計
(C) 掛け時計
(D) 砂時計

56. 二人はどこで会話をしていますか。

(A) スーパーマーケット
(B) 便所
(C) 空港
(D) バスの中

57. 男の人の試験結果は何点でしたか。

    (A) 83点

    (B) 85点

    (C) 88点

    (D) 78点

58. 田中さんの机の上にあるものは何ですか。

    (A) パソコン1台、プリンター1台、貯金箱

    (B) パソコン1台、プリンター2台、貯金箱

    (C) パソコン2台、プリンター1台、貯金箱

    (D) パソコン2台、プリンター2台、貯金箱

59. 新しい携帯電話の機能として正しいものは?

    (A) カメラ機能

    (B) GPS機能

    (C) テレビが見られる。

    (D) カーナビ機能

60. 女の人はダイヤモンドのネックレスをどうやって買いましたか。

    (A) 夫からもらったお小遣いで買った。

    (B) 貯めていたお金で買った。

    (C) サファイヤのネックレスを売って、そのお金で買った。

    (D) 買ったのではなく、知人からもらった。

61. 女の人が靴をカードで支払うといくら払わなければなりませんか。

    (A) 1,940円

    (B) 2,000円

    (C) 2,030円

    (D) 2,060円

62. 加藤さんの宗教は何ですか。

    (A) 仏教

    (B) 神道

    (C) キリスト教

    (D) 宗教は信じていない。

63. 二人は何を持って出掛けた方がいいと言っていますか。

    (A) 傘や雨合羽

    (B) かばんや袋

    (C) お菓子や飲み物

    (D) 辞書やノート

64. 二人はどこで会うことにしましたか。

    (A) 取引先

    (B) 東京駅

    (C) 渋谷のオフィス

    (D) まだ決めていない。

65. 男の人はこの品物についてどう考えていますか。

    (A) 長く使えるのに、価格も安いので納得している。

    (B) 長く使えないのに、価格だけが高いので不満を感じている。

    (C) 価格は高いし、サービスもよくないので不満を感じている。

    (D) 価格は高いが、長く使えると思うと納得できる。

→ 次のページに続く

66. 男の人はどうして怒っていますか。

    (A) 朝から並んでいたのに、店に入る
       ことができなかったから

    (B) 店に入ることはできたが、注文で
       きなかったから

    (C) 注文することはできたが、順番通
       りに注文ができなかったため

    (D) 店に入ることができなかったばか
       りか、店の人に無視されたため

67. 男の人の今の気持ちは、どんな気持ち
   ですか。

    (A) 彼女に後ろ指を指したい気持ち

    (B) 匙を投げてしまいたい気持ち

    (C) 意地を張りたい気持ち

    (D) けちを付けたい気持ち

68. 女の人の傘はどんな傘ですか。

    (A) 白い傘

    (B) 白い水玉模様の傘

    (C) 青の水玉模様の傘

    (D) 傘に名前と電話番号が書いてある。

69. 新宿駅に速く着くバスはどんなバスですか。

    (A) 渋谷駅前から出る青いバス

    (B) 渋谷駅前から出る赤いバス

    (C) 渋谷駅2番出口から出る青いバス

    (D) 渋谷駅2番出口から出る赤いバス

70. 女の人は、不可解な事件が起きている
   理由は何だと言っていますか。

    (A) 通り魔が多くなったから

    (B) 景気が悪くなったから

    (C) 物騒な世の中になったから

    (D) 理由はまったく分からない。

71. 吉田さんが人気がない理由は何ですか。

    (A) 友達に食事などをおごってあげな
       いから

    (B) 友達をよくお酒に誘うから

    (C) 女友達だけに優しくするから

    (D) 優柔不断だから

72. 田中君と鈴木君はどんな関係ですか。

    (A) 本当の兄弟関係

    (B) ただの遊び友達

    (C) 幼馴染の関係

    (D) 特に関係はない。

73. オバマ大統領が大統領になることができ
   きた理由は何ですか。

    (A) 幼いころ貧しかったから

    (B) 今まで人一倍努力をしてきたから

    (C) 幼いころに、死にそうになった経験
       をしたから

    (D) 誰かに助けを求めながら生きてきた
       から

74. 子供の失敗に対して男の人の態度はど
   うですか。

    (A) 絶対に許すことはできない。

    (B) 3度目までは許してあげることにした。

    (C) 今回だけは許してあげることにした。

    (D) お金で解決しようとしている。

75. 轢き逃げをした理由について犯人は何
   だと言っていますか。

    (A) 警察が検問をしたから

    (B) 理由については一言も話していない。

    (C) 轢き逃げをしたかったから

    (D) 捕まりたくなかったから

76. お盆休みにお祭りをしない地域が増え
た理由は何ですか。

(A) 家族で旅行をしない人が増えたから

(B) ゴールデンウィークに祭りをする地
域が増えたから

(C) お盆を連休と考える人が増えてきた
から

(D) 地域の人数が減ってきたから

77. 女の人は夏休みに何をすることにしま
したか。

(A) 沖縄で足を伸ばしてゆっくり休む
ことにした。

(B) 沖縄には行かず、沖縄の近くの離
島でゆっくり休むつもりだ。

(C) 今回は沖縄に行って、次回、離島
に行くことにした。

(D) どこにも行かず、東京でゆっくり
足を伸ばすことにした。

78. 田中さんはどうして出ていってしまい
ましたか。

(A) 冗談の内容を真に受けて気分を害
してしまったから

(B) 冗談の意味が分からなくて恥ずか
しかったから

(C) 冗談がおもしろくて堪えられなかっ
たから

(D) 冗談を話すような時間の余裕がな
かったから

79. 2人はどうして日本の将来を心配して
いますか。

(A) 警察官の違法行為が増えている一方、
犯人の検挙率は下がっているから

(B) 警察官の違法行為は減っているが、
犯人の検挙率が著しく下がっている
から

(C) 警察官の違法行為が目立つようにな
り、犯罪も著しく増えているから

(D) 警察官の数が減っているにも関わら
ず、犯罪の数は増え続けているから

80. 男の人は一発芸をすることについてど
う思っていますか。

(A) 一発芸をすると人気が出るので、
ぜひしたいと思っている。

(B) 一発芸は恥ずかしいので、したく
ないと思っている。

(C) 一発芸をすることになると予想して
いたので、したくはないがすること
にした。

(D) 一発芸をすることは全く知らなかっ
たので、怒りを感じている。

→ 次のページに続く

Ⅳ. 次の文章をよく聞いて、後の問いにもっとも適したものを(A)から(D)の中で一つ
選びなさい。

（例）山田さんはもう8年間銀行に勤めています。去年、結婚してから、奥さんと二人で
テニスを始めました。日曜日の朝はいつも家の近くの公園で練習しています。

1. 山田さんは何年間、銀行に勤めていますか。
(A) 3年間
(B) 5年間
(C) 8年間
(D) 10年間

2. 去年、結婚して何を始めましたか。
(A) テニス
(B) ピアノ
(C) ゴルフ
(D) ジョギング

81. 今年の夏休みは何をする人が一番多い
ですか。
(A) ボーナスが減っても帰省を含めて
国内旅行をする人が一番多い。
(B) ボーナスが減り、休みを返上して
仕事をする人が増えた。
(C) 30代女性の海外旅行が一番多い。
(D) ボーナスに関係なく海外旅行をす
る人が一番多い。

82. 30代の女性について、何と言っていま
すか。
(A) 海外旅行に頻繁に行く30代の女性
だが、今年は海外に行く割合が激
減した。
(B) 30代の女性はボーナスの増減に関
係なく海外旅行に行く。
(C) 30代の女性は海外旅行より国内旅
行を好む傾向がある。
(D) 30代の女性は旅行より帰省を好む
傾向がある。

83. 今年の海外旅行者が激減した理由は何ですか。

(A) 円高の影響が大きかったから

(B) サーチャージの撤廃が大きく響いたから

(C) ボーナスの減少が大きく響いたから

(D) 海外のテロの危険性が報道されたから

84. 今年の夏の旅行手段として多いものはどれですか。

(A) 自家用車で旅行をする人が多い。

(B) レンタカーで旅行をする人が多い。

(C) 他の人と相乗りをして旅行する人が多い。

(D) 公共交通機関を利用する人が多い。

85. 最近、日本で使われている「婚活」とは何のことですか。

(A) 結婚生活を充実させること

(B) 幸せな結婚生活ができるように積極的に活動すること

(C) 結婚適齢期の男女が結婚を目的に活動すること

(D) 結婚できるように同性どうしで助けあうこと

86. 「婚活」とはどんな言葉を省略した言葉ですか。

(A) 結婚活動

(B) 結婚生活

(C) 結婚活性化

(D) 婚約活動

87. 「婚活」の内容として合っているものはどれですか。

(A) 若者達は、ゴルフなどの活動をせず、合コンやお見合いに集中するようになった。

(B) 若者達は、同性どうしで集まり結婚に関する情報を共有するようになった。

(C) 若者達は、異性とバーベキューをするなど、様々な場所で出会いを求めるようになった。

(D) 若者達は、結婚生活の充実を目指して、若いころから一生懸命仕事に取り組むようになった。

88. 「婚活」に対する社会の反応はどうでしたか。

(A) 晩婚化をさらに助長するものだとして、良い反応ではなかった。

(B) 少子化対策に効果が期待できるとして、公的機関も積極的な支援に乗り出している。

(C) 晩婚化には一定の効果が期待できるものの、少子化に対する効果は未知数だとして、疑いの念を持つ人が増加している。

(D) 社会に大きな変化をもたらすものではなく、大きな時代の中の一つの流行として考えてる人が多いようだ。

89. 今年は介護が不要と判定された人が去年と比べて、どのようになりましたか。

(A) 今年は24%と去年に比べて倍増した。

(B) 今年は50%と去年に比べて倍増した。

(C) 今年は24%と去年に比べて半減した。

(D) 今年は50%と去年に比べて半減した。

90. 今年、介護が必要だと認定された人が減った理由は何ですか。

(A) 老人の人口が今年に入って減少したから

(B) 老人に健康な人が増えたから

(C) 介護認定の新基準が導入されたから

(D) 今までの基準で調査してしまったから

91. この話の内容はどんな内容ですか。

(A) 厚生労働省の不備について

(B) 介護認定の新基準導入が及ぼす影響について

(C) 最近の介護が必要な人の状況について

(D) 老人の生活水準について

92. 富士山の説明として正しいものは何ですか。

(A) 日本人なら誰でも知っている山だ。

(B) 日本のお金に描かれている山だ。

(C) 世界遺産に登録された山だ。

(D) 一年中、登山客であふれる山だ。

93. 世界遺産の登録を目指し、どんなことをしていますか。

(A) 銭湯の壁に富士山を描き、多くの人に富士山を知らせている。

(B) 登山客の増加を予想して、トイレの数を増やすことにしている。

(C) 環境保護の観点から、トイレの排泄物を再利用している。

(D) 富士山の近くの旅館のマナー改善を計っている。

94. 富士山で登山客がすることは何ですか。

(A) 登山客のトイレの利用が禁止されている。

(B) 必ず富士山の近くの旅館に1泊しなければならない。

(C) トイレを使う際にはお金を払わなければならない。

(D) トイレを使う際には許可を受けなければならない。

95. A社の社長がB社を統合相手に選んだ
理由は何ですか。

(A) B社の経営が危なく、B社を助けた
いと思ったから

(B) B社はある程度の規模があり、成長
している企業だったから

(C) B社の企業の雰囲気がとても良かっ
たから

(D) B社の社長とは犬猿の仲だったから

96. A社とB社の統合する場合の心配事は
何ですか。

(A) 企業の規模の縮小に伴う人員削減
の対策

(B) 国内ビールのシェアが5割を下回る
可能性があること

(C) 各企業の雰囲気をどのように合わ
せるかということ

(D) グローバルに戦うことができるか
疑問が残っていること

97. A社とB社の経営統合ができるのはい
つ頃だと思われますか。

(A) 1年後

(B) 1年半後

(C) 来年の年末

(D) 来年の2月

98. 長崎県で漁業が盛んな理由は何ですか。

(A) 海に面している土地が多いため

(B) 他の産業が盛んではないため

(C) 外国との交流が盛んだったため

(D) 住民のほとんどが魚を好んで食べ
るため

99. 長崎市内が異国情緒にあふれている理
由は何ですか。

(A) 中国との交流が特に深かったため

(B) 海が近く最近になって多くの国と
交流が始まったから

(C) 昔から平和を願う場所として有名
だったから

(D) 昔から海を通して、他国との交流
が盛んだったから

100. 現在、長崎が果たしている役割とは
何ですか。

(A) 漁業を活性化させる対策を打ち出
す役割

(B) 広島県と強い連携で結ばれ交流を
促進する役割

(C) 修学旅行生に長崎の良さを訴える
役割

(D) 原爆の被害を受けた場所として、
世界に平和を訴えていく役割

V. 下の＿＿＿線の言葉の正しい表現、または同じ意味のはたらきをしている言葉を(A)から(D)の中で一つ選びなさい。

101. 今年も海には行けませんでした。

    (A) やま

    (B) そら

    (C) うみ

    (D) あめ

102. 遅刻しないように注意してください。

    (A) ちこく

    (B) じこく

    (C) ちかく

    (D) じかく

103. 父が自転車を買ってくれました。

    (A) じてんしゃ

    (B) じでんしゃ

    (C) じてんこ

    (D) じでんこ

104. この布団は綿100％の生地で作りました。

    (A) きん

    (B) めん

    (C) きぬ

    (D) ぬの

105. 何年も通っていますが、行かないと耳が痛くなることもあります。

    (A) いって

    (B) かよって

    (C) とおって

    (D) おくって

106. 稲妻が発生し、夜空を明るく照らす幻想的な光景が見られた。

    (A) いねずま

    (B) いねづま

    (C) いなずま

    (D) いなづま

107. よく相手の発言を誤解する人は相手の言質を取っていない人が多いと思う。

    (A) げんち

    (B) げんしつ

    (C) げんしち

    (D) ことじち

108. このあいだ、山田さんに会いました。

    (A) 問

    (B) 聞

    (C) 間

    (D) 簡

109. 党内からは<u>いろん</u>も出ているため、幹部が対応を協議している。

(A) 異輪

(B) 異論

(C) 違輪

(D) 違論

110. より大事なのは平凡、些細なことを<u>おろそかに</u>しない心掛けである。

(A) 愚かに

(B) 厳かに

(C) 密かに

(D) 疎かに

111. <u>7時のバスはいつも遅れます。</u>

(A) バスはいつも7時に来ない。

(B) バスは時々遅い。

(C) バスはいつも8時に来る。

(D) いつもバスで会社へ行く。

112. 社長は今会議室に<u>いらっしゃいませんか</u>。

(A) いませんか

(B) 行きませんか

(C) 来ませんか

(D) 参りませんか

113. <u>眠いからといって</u>、こんなところで寝てはいけません。

(A) 眠いのに

(B) 眠いときに

(C) 眠かったら

(D) いくら眠くても

114. 山田さんは<u>行くはずがない</u>。

(A) 行かないだろう。

(B) 行かないかもしれない。

(C) 行かないと思う。

(D) 絶対行かない。

115. 彼は彼女との約束に30分遅れた<u>ばかりに</u>、振られてしまった。

(A) のに

(B) ために

(C) からには

(D) からといって

116. カメラも持参したのですが、撮影する気力も失せる感じに<u>疲労困憊</u>してしまいました。

(A) がっくり

(B) すんなり

(C) ぐったり

(D) しょんぼり

117. その話は聞かなかったことにしましょう。

    (A) 明日からジョギングをすることにしよう。

    (B) 来月引っ越すことにした。

    (C) 仕事を受けないことにした。

    (D) レポートを出して、試験を受けたことにしてもらった。

118. 9時ごろ大きな地震があった。

    (A) 先生のお宅には車がある。

    (B) 世の中には不思議なことがたくさんある。

    (C) お宅には別荘があるんだそうですね。

    (D) 今度ある国に派遣されることになりました。

119. 僕の部屋に引き出しがあるから、中から書類を持って来て。

    (A) 今日は息子の誕生日だから早く帰ります。

    (B) ケーキを作りましたから、召し上がってください。

    (C) お腹が痛いから、病院へ行こうと思います。

    (D) さっきお会いしたから、先生はまだ学校にいらっしゃるはずだ。

120. 見るに見かねて手伝う。

    (A) 首相が外相をかねる。

    (B) 両方に気をかねる。

    (C) 彼ならやりかねない。

    (D) 彼に言い出しかねる。

Ⅵ. 下の＿＿＿線の(A)、(B)、(C)、(D)の言葉の中で正しくない言葉を一つ選びなさい。

121. 私は毎月掃除をしているので、私の部屋はとてもきれいです。
　　　　 (A)　　　　　　　 (B)　　 (C)　　　　 (D)

122. 出品者登録が終わり、出品する商品が決まったらデジタルカメラで写真をします。
　　　　　　　　 (A)　　　 (B)　　　　 (C)　　　　　　　　　　　　 (D)

123. 大学を卒業前に、一度ゆっくり仲間と旅行でもしてみたい。
　　　　　 (A)　　　　 (B)　　　　 (C)　　　　　　 (D)

124. 東京に行けば、一度は行っておきたいお勧めの観光スポットを教えてください。
　　　　 (A)　 (B)　　　　　　　　 (C)　　　 (D)

125. 東京のレストランは飲み物が少し高いでしたが、料理もおいしく、見た目もきれいでした。
　　　　　　　　 (A)　　　　　　 (B)　　　　 (C)　　　　　　 (D)

126. お店は小さくてかわいいし、きれいし、とても気持ちよかったです。
　　　 (A)　　　　　 (B)　　 (C)　　　　　　　　 (D)

127. やっとコンサートのチケトを手に入れた。これであの歌手の歌が聞ける。
　　　 (A)　　　　　 (B)　　　　　　　 (C)　　　　 (D)

128. そろそろ二十歳になる息子は暇こそあればスマートフォンで漫画を読んでいます。
　　　 (A)　　　　 (B)　　 (C)　　　 (D)

129. まずは自分がこれから書く文字の形をイメージながら、ゆっくり丁寧に書いてみてください。
　　　 (A)　　　　 (B)　　　　　 (C)　　　　　　 (D)

130. 材料を吟味し、丁寧に仕上げた商品なのに、さっぱり売れるのはどうして？
　　　 (A)　 (B)　　　　　　　　　　　 (C)　　 (D)

131. 先日、ホームレスに来たアメリカの女の子が最後にメモを渡してくれました。
　　　(A)　　　(B)　　　　　　　　　　　　(C)　　　　　　　(D)

132. どんなに言い聞かせたら、中学生の息子は高校に行かないという決心を変えなかった。
　　　(A)　　　　　(B)　　　　　　　　　　　　　(C)　　　　　　　　(D)

133. 家の近所にお寺もないのに、鐘を突くという音がします。
　　　(A)　　　　(B)　　　(C)　　(D)

134. 去年働いている会社が倒産になり、今は連絡がとれず、確定申告に提出できずに困っている。
　　　　(A)　　　　　　　　　　　　　(B)　　(C)　　　　(D)

135. 日曜だから佐藤教授は休みにちがいないのに、研究室の明かりがついている。
　　　(A)　　　　　　　　　(B)　　　　　　(C)　　(D)

136. これはまだ下書きだけだ。これから絵の具で色をつけるつもりだ。
　　　　(A)　　(B)　　　　　(C)　　　　　　(D)

137. うちの子は、肉や魚ばかりか野菜もよく食べます。
　　　(A)　　(B)　(C)　　(D)

138. 不正事件が相次いでいるが、公私の区別に関して、判断ができなくなっているのではないか。
　　　(A)　　(B)　　　　　(C)　　　　　　　　　　　　　　　(D)

139. 皆様にご案内申し上げます。杉並区からお越しの木村様、おりましたら受付まで
　　　　(A)　　　　　　　　(B)　　　　　　　(C)

おいでください。
　　　(D)

140. 子の親権をめぐってトラブルは、皆さんを犯罪者にしてしまう可能性を含んでいます。
　　　(A)　　　　　　　　　　(B)　　　　(C)　　　(D)

VII. 下の＿＿＿＿線に入る適当な言葉を(A)から(D)の中で一つ選びなさい。

141. 部屋の中＿＿＿＿本がたくさんあります。
    (A) は
    (B) が
    (C) に
    (D) で

142. 車は駐車場に＿＿＿＿あります。
    (A) 止めて
    (B) 止まって
    (C) 止められて
    (D) 止まれて

143. 雨が＿＿＿＿そうですから、かさを持って行ったほうがいいですよ。
    (A) 降る
    (B) 降り
    (C) 降ろう
    (D) 降れ

144. 注射を＿＿＿＿がる子供が多い。
    (A) こわ
    (B) こわい
    (C) こわくて
    (D) こわそう

145. 田舎は＿＿＿＿、空気がきれいです。
    (A) 静かだし
    (B) 静かだと
    (C) 静かだから
    (D) 静かなので

146. パンは＿＿＿＿食べました。
    (A) まだ
    (B) もう
    (C) あまり
    (D) 今も

147. 先生は生徒＿＿＿＿＿＿作文を書かせました。

    (A) に

    (B) を

    (C) へ

    (D) と

148. ＿＿＿＿＿＿から、この部屋に入らないでください。

    (A) かるい

    (B) くろい

    (C) やすい

    (D) きたない

149. 家に帰る＿＿＿＿＿＿、荷物が届いていた。

    (A) と

    (B) とき

    (C) たら

    (D) なら

150. ごはんを＿＿＿＿＿＿前に手を洗ってください。

    (A) 食べ

    (B) 食べて

    (C) 食べる

    (D) 食べた

151. 派手ではなく＿＿＿＿＿＿のある美しさ、今までにない斬新な存在感を持つデザインと質感です。

    (A) 深い

    (B) 深さ

    (C) 深み

    (D) 深く

152. 誰もいないのに、ストーブを＿＿＿＿＿＿まま学校に来てしまった。

    (A) 消す

    (B) 消した

    (C) 消さない

    (D) 消さなく

153. 私は木村太郎と＿＿＿＿＿＿。よろしくお願いします。

    (A) 存じます

    (B) 申します

    (C) 存じ上げます

    (D) 申し上げます

154. 最近、勉強のほうは＿＿＿＿＿＿いっていますか。

    (A) うまい

    (B) うまく

    (C) うまくに

    (D) いまいに

155. 北海道に来て＿＿＿＿＿＿雪を見ました。

    (A) はじめ

    (B) はじめて

    (C) はじまって

    (D) はじめまして

156. このカレーは＿＿＿＿＿＿、実はおいしくありません。

    (A) まずそうですが

    (B) おいしそうですが

    (C) まずいようですが

    (D) おいしいようですが

157. 優しい人がいたら、＿＿＿＿＿＿と結婚したい。

    (A) 私

    (B) 彼

    (C) その人

    (D) あの人

158. 今日テストがあることを＿＿＿＿＿＿忘れていました。

    (A) ぜひ

    (B) ぜんぶ

    (C) なかなか

    (D) すっかり

159. イギリス最古のおもちゃと_____石が発掘されたそうだ。
　　(A) 思う
　　(B) 思い
　　(C) 思われる
　　(D) 思っている

160. 課長は出張中だから、ここに来る_____がない。
　　(A) はず
　　(B) ほう
　　(C) つもり
　　(D) ばかり

161. あの人はなぜあなたを_____としないのか。
　　(A) 愛そう
　　(B) 愛しよう
　　(C) 愛せば
　　(D) 愛すれば

162. 人の好き嫌いは_____違う。
　　(A) わずか
　　(B) それぞれ
　　(C) あまり
　　(D) 必ずしも

163. 本当に新型インフルエンザであれば、_____対応を取らなければならない。
　　(A) するべき
　　(B) あるべき
　　(C) しかるべき
　　(D) あるまじき

164. 昨年の事故の光景が今も脳裏に_____いる。
　　(A) 染みついて
　　(B) 掘りついて
　　(C) 焼きついて
　　(D) 浸りついて

165. 時間がありません。_____急ぎましょう。

(A) それで

(B) そこで

(C) だから

(D) それとも

166. いつかは彼らの_____を明かしてやりたい。

(A) 鼻

(B) 顔

(C) 耳

(D) 額

167. 本当にページを_____めくりながら、すぐに答えを頭にインプットできて、学習効率がいいです。

(A) はらはら

(B) ふらふら

(C) ぶるぶる

(D) ぺらぺら

168. 心身が弱った状態で老人問題特集を見ていると身に_____。

(A) うなされる

(B) つまされる

(C) とられる

(D) とらわれる

169. ドレスを着た彼女の美しさと_____。

(A) きまらない

(B) 禁じ得ない

(C) いったらない

(D) ほかならない

170. 今回、_____大変貴重な体験をさせていただきました。

(A) 況や

(B) 奇しくも

(C) 否応なしに

(D) 畏れ多くも

Ⅷ. 下の文を読んで、後の問いにもっとも適した答えを(A)から(D)の中で一つ選びな
さい。

(171~174)

　　家電の三種の神器といえば洗濯機、冷蔵庫、電子レンジ(掃除機の場合もある)である。
これらの需要はほとんどどこの国でも共通しているものだが、寒い地方、例えばシベリ
アなどでは冷蔵庫など要らないに違いないと思ったらこれが①大間違い。実はシベリア
でも冷蔵庫は必需品なのだ。言うまでもないことだがシベリアは半端じゃなく寒い。氷
点下50度なんて日も②ざらにある。そんな冷気の中に食品を置いといたら腐らないのは
いいが凍ってしまう。そのため、冷蔵庫に入れて凍らないよう温めておくのである。＿
　③　　逆の発想。我々にとっては冷やすものでしかない冷蔵庫も冷蔵庫以上に寒い地
方の方にとっては温める道具になってしまう。しかし、この頃は保温機能もついた「温
冷蔵庫」も登場しているから、少しずつ事情も変わっているかもしれない。

171. ①大間違いとあるが、何が大間違いなのですか。

　　(A) 家電の三種の神器が洗濯機、冷蔵庫、電子レンジであること

　　(B) シベリアでも冷蔵庫が必要だということ

　　(C) シベリアでは冷蔵庫が必要ではないという考え方

　　(D) シベリアでは冷蔵庫の中で食べ物が温まってしまうということ

172. ②ざらにあるというのは、どのような意味ですか。

　　(A) ごくまれに

　　(B) 周期的に

　　(C) よく

　　(D) まったく

173. _____③_____ に入る適当な言葉を選んでください。

(A) それは

(B) まさに

(C) さらには

(D) それほど

174. 本文の内容として正しいものを下から選んでください。

(A) シベリアでは冷蔵庫はものを温める電子レンジの役割を果たしている。

(B) シベリアは冷蔵庫以上に寒い地域だが、食料品を凍らせないためには冷蔵庫が必要である。

(C) シベリアは冷蔵庫以上に寒い地域だが、食料品を腐らせないためには冷蔵庫が必要である。

(D) シベリアでは冷蔵庫は必要ではないが、最近登場した「温冷蔵庫」が必要だ。

　大学で華々しいデビューを飾るはずだった僕にとって、「現実」に突きつけられた問題は、実に悲惨なものだった。「友達が出来ない」想像もしなかった事態が、日を追うごとに深刻になっていく。一人だと思われたくない。暗いヤツに見られたくない。授業時間はどうにかやり過ごせたが、困ったのはランチタイムだった。食堂へ行けば、一人ぽっちの自分が、多くの視線にさらされることになる。「みんなの広場」には、文字通りみんなが集まって、①ワイワイガヤガヤやっている。行き場を失った僕は、用を　　②　　トイレでそのまま弁当箱のフタを開けることになった。　　③　　これが思いの外、非常に落ち着く。最高の居場所を見つけた僕はその後、味を占めたように毎日洋式トイレに通った。

175. 僕のランチタイムについて正しいものはどれですか。

(A) トイレで食べている。

(B) 友人と一緒に食べている。

(C) 食堂で一人で食べている。

(D) 授業中に食べたことがある。

176. ①ワイワイガヤガヤの意味として合っているものは何ですか。

(A) 軽々しくよくしゃべるさま

(B) 大勢が勝手にうるさく話し合うさま

(C) 人目につかないように物事をするさま

(D) 不平不満などを盛んに言うさま

177. 　　②　　に入る適当な言葉は何ですか。

(A) 使った

(B) 立った

(C) 足した

(D) 働いた

178. 　　③　　に入る適当な言葉は何ですか。

(A) しかし

(B) そして

(C) そこで

(D) しかも

(179~181)

　　夫の実家に住むようになって数年、目の前が小学校です。人それぞれ感じかたが違うのでなんとも言えないのですが、学校以外で、校庭を利用することが多いようで、土日はサッカー、野球、日曜日の朝は必ず、ゲートボールをやっています。体育館も夜開放しているようで色々なスポーツをしているようです。それに、子供を送迎する車が多くて、うちの前に止めたり、ドアの閉める音がうるさかったりうちの前によく車を止める親が多かったので、学校には注意してもらいましたが。そのほかに、地域の運動会、夏にはお祭り、朝から、スピーカーで音楽がなりっぱなしです。

179. 数年とは、どんな意味ですか。

(A) 6ヶ月

(B) 1年

(C) 1年6ヶ月

(D) 6年

180. 校庭を利用する人は何をしますか。

(A) 駐車場として使っている。

(B) 日曜日にはいつもゲートボールをやっている。

(C) 休日には色々なスポーツをしている。

(D) 毎日サッカー、野球をやっている。

181. 本文の内容と合っているものを選んでください。

(A) 体育館を24時間利用できる。

(B) 校庭に車を止めるのはよくない。

(C) 週末に校庭でスポーツができる。

(D) いつも朝から、スピーカーで音楽がなりっぱなしだ。

　　たぶん僕の住んでいる所はかなりの田舎だと思います。先日、雪が降った日に裏山から猿の集団(10匹くらい)がいつものように、畑を荒らしにきました。この時期は猿には野山が食料不足なのかときどき降りてきます。しかし、畑には何も無い様子で、あきらめたかなと思っていたら、玄関の方でなにやら物音が！急いで駆けつけると、玄関にあるしめ縄についているミカンが狙われていました。とき既に遅く、ミカンは見事に取られていました。そこまでしないと食料が無いのかなと思いました。うちの家の周りには小さな動物園ができるくらいに野生の動物がいっぱいいます。猿・鹿・イノシシ・狐・狸など…。それだけ自然が残っているのはいいことなんでしょうけど、そこの住民にしては毎日がお互いに睨み合いの日々です。でも空気はいいし、星はきれいでよく見えるし、夜は本当に静まり返っているし、ときどき鹿の鳴き声で起こされますが、いい環境に住んでいると思っています。

182. 僕の住んでいる所にある動物はどれですか。

(A) 狐

(B) 猫

(C) 鼠

(D) 犬

183. 猿に取られた物は何ですか。

(A) 畑

(B) みかん

(C) 鹿

(D) りんご

184. 猿が山から降りてくる理由はどれですか。

(A) 動物園ができたから

(B) 雪が降っているから

(C) 食料が無いから

(D) 住民が食べ物をくれるから

先日大きな＿＿＿①＿＿＿があった。私は朝4時ごろから起きてテレビを見ていた。グラグラッときて、テレビの上の人形が転げ落ちた。揺れの時間も長かったし、戸が開かなくなっては大変と思い、急いで玄関を開けた。阪神大震災の時も思ったが、我が家はどこにいても安全ではない。洋服ダンスの下敷きになり、旅行カバンや衣装缶が寝ている上に振ってくる様子は想像したくない。だが、他の所も電灯の真下だったり、ガラスの側だったり危険度は似たり寄ったりだ。一般にトイレや風呂は広さの割に＿＿＿②＿＿＿が多いので安全と言われているが、うちはトイレと風呂が一緒の部屋で3畳。部屋と変わらずここもダメなようだ。台所の天袋から缶詰が降ってはたまらん、と開き戸をロックする金具をつけ、食器戸棚が倒れないように戸棚の下は傾斜マットを敷き…とない知恵を絞って対策を講じてみた。しかし、これらの装備が威力を発揮するような大地震の場合、先に家がつぶれてしまうかも。先日の地震だって結構怖かったが、これらの装備は必要には及ばなかった。地震への備えにいささか不安を感じるが、「建築30年木造」の家も＿＿＿③＿＿＿だ。

185. ＿＿＿①＿＿＿に入る適当な言葉は何ですか。
(A) 事故
(B) 火災
(C) 地震
(D) 洪水

186. ＿＿＿②＿＿＿に入る適当な言葉は何ですか。
(A) 壁
(B) 柱
(C) 床
(D) 空間

187. 本文の内容と合っているものを選んでください。
(A) 大地震の場合は、とても立っていられる状態ではなくなる。
(B) 大地震の場合は、ガスの供給停止が予想される。
(C) 大地震の場合は、机やテーブルの下に潜らなければならない。
(D) 大地震の場合は、家がつぶれてしまうかもしれない。

188. ＿＿＿③＿＿＿に入る適当な言葉は何ですか。
(A) 住めば都
(B) 急がば回れ
(C) 残り物に福あり
(D) 後悔先に立たず

　著作を塾の教材などに無断使用され、著作権を侵害されたとして、詩人の谷川俊太郎さんら計19人が21日、全国の学習塾などに教材を販売している教材出版会社「宮崎出版」　　①　　、教材の出版差し止めと計約4,300万円の損害賠償を求める訴訟を東京地裁に起こした。提訴したのはほかに、絵本作家で俳優の米倉斉加年さん、詩人の新川和江さんらで、全員が著作権管理団体「日本ビジュアル著作権協会」の会員やその遺族。訴状によると、宮崎出版は今年度までの4年間に、中学生用国語教材116種類に無断で19人の著作24作品を掲載し、学習塾に販売したとしている。また、受注先の学習塾ごとに独自の表紙に作り替え、受注先が製作したかのように装ったり、発行元に自社名を記載しなかったりするなど、「②無断利用が発覚しないようにしており、より悪質」と指摘している。米倉さんは「著作権も人権。教育の現場で人権を③踏みにじるようなことがあってはならない」とコメント。宮崎出版側は「無断使用の事実はない。すべての作品について許諾を得ており、許諾書などもある」としている。

189. ＿＿＿①＿＿＿に入る適当な言葉を下から選んでください。

(A) に対して

(B) によって

(C) の場合に

(D) により

190. ②無断利用が発覚しないようにしておりとあるが、具体的にはどういうことか。

(A) 発行元に自分の会社名を記載しなかったこと

(B) 受注先の学習塾ごとに表紙や中身を変えたこと

(C) 教育の現場で人権を踏みにじろうとしたこと

(D) 無断で教科書を販売しようとしたこと

191. ③踏みにじるとはどういう意味か。

(A) 踏んだり蹴ったりすること

(B) ないがしろにすること

(C) 重要視すること

(D) 軽減すること

192. 本文の内容と合っているものはどれですか。

(A) 宮崎出版が訴えられたのは、教育の質を落とす行為をしたからである。

(B) 宮崎出版が訴えられたのは、著者に無断で作品を掲載し販売したからである。

(C) 宮崎出版が訴えられたのは、無断で表紙を変え、また、自社名を記載しなかったからである。

(D) 宮崎出版が訴えられたのは、教科書を無断で販売し、利益を得ていたからである。

最近、「水道水」が人気だ。東京でも「東京水」というペットボトルのタイプの水道水が売り出されており、都庁や上野公園などで買うことができる。今から20〜30年前、当時の浄水処理技術では、カビ臭やカルキ臭を除去することができず、そのにおいが原因で水がおいしくないと感じたらしい。このカビ臭、カルキ臭対策として、平成4年に金町浄水場に高度浄水処理が導入された。導入前は夏場になると、カビ臭い、カルキ臭いといった苦情の電話がかかってきたが、高度浄水処理を入れてからは、＿＿＿①＿＿＿なくなった。ただ水道水の満足度調査を行ったところ、不満を感じている人がまだ半数もいることがわかった。そこで「安全でおいしい水プロジェクト」を設立して、水道水のPR活動を開始した。PR活動開始と同時に、東京都水道局では②さらなる水のおいしさの追求も始めた。その一つが直結給水方式。＿＿＿③＿＿＿おいしい水を作っても、マンションなどの貯水槽の管理が悪ければ、水質が劣化してしまう。そこで貯水槽を経由せずに直接各階に給水する方法が直結給水方式である。ただし、高いビルなどの場合、配水管からの水圧だけでは、マンションの上層階に水が行き届かない。そのため、途中に増圧ポンプを直結させることで、従来では届かなかったところにも水を送れるように工夫している。

193. ＿＿＿①＿＿＿に入る適切な言葉を下から選んでください。

(A) さっぱり

(B) ばったり

(C) ぐったり

(D) ぱったり

194. ②さらなる水のおいしさの追求とはどういうことですか。

(A) カビ臭、カルキ臭をなくすために高度浄水処理技術が採用されたこと

(B) 水道水に本来あるカビ臭、カルキ臭を楽しめる文化を生み出すこと

(C) 水を送る水道管に工夫を凝らし、浄水場の水が直接家庭に届くようにしたこと

(D) 水を送る貯水槽に工夫を凝らし、もっと水質のよい水を提供できるようになったこと

195. _____③_____に入る適切な言葉を下から選んでください。

(A) それでも

(B) せっかく

(C) さっそく

(D) 早々と

196. 本文の説明として正しいものを下から選んでください。

(A) 最近、水道水がおいしく人気なのは、飲料水の質を改善しようとした多くの工夫のお陰である。

(B) 最近、水道水が人気なのは、水道水特有のカビ臭、カルキ臭を楽しむことができる水道水を理解する文化が育ったから

(C) 最近、水道水が人気なのは、貯水槽の管理不足でおいしくない水道水が、水道管を通して提供されているから

(D) 最近、水道水が人気なのは、東京水道局が水道水よりも、ペットボトル飲料水を飲むようにPRしていたからである。

　原油価格の高騰で、航空各社が徴収している①燃油サーチャージ。②同じ路線でも航空会社によって１万円以上の差がある。どんな仕組みで燃油サーチャージが決められているのだろうか。全日空、日本航空は現在、３カ月ごとに燃油市況に応じて国土交通省に改定を申請している。金額、改定時期は航空会社がそれぞれ決め、国交省の認可を受ける方式だ。国際便の場合、燃油サーチャージの金額などを決める手続きは、発着国・地域との協定に基づいて決まる。出発、到着両国・地域でそれぞれ認可を受けるケースが基本。日本は認可制だが、米国は届け出で済むなど、国によって異なる。認可の方針も異なるため、日本発か他国発かでもサーチャージ額が違うこともある。航空各社は少しでも燃料を減らそうと、常時積み込む食器やコンテナを軽いものにしたり、運航方法を工夫するなど③苦心している。全日空は、食器に使う陶器を気泡を入れた軽い素材に変え、見た目は同じでも重量を減らした。日本航空も、積載重量減に加えて着陸時の降下方法を変え、エンジンの噴射回数を減らそうとしている。燃油サーチャージは、旅行会社のパンフレットで別表示になっているケースが多くわかりにくい。最近では、ツアー代金より高いケースも出てきたため、国交省は６月、燃油サーチャージについて、旅行代金に含めるか、金額を旅行代金の近くに記載するよう、④通達を改定した。JTBでは、09年4月のパンフレットから、海外パックツアーの燃油サーチャージを旅行代金に含める方針を決めた。

197. ①燃油サーチャージについて正しい説明はどれですか。

(A) 燃油サーチャージは、国内線では認可の必要がないので航空会社が自由に決める。

(B) 燃油サーチャージは、全世界で統一した価格を設定している。

(C) 燃油サーチャージは、発着国・地域によって異なっている。

(D) 燃油サーチャージは、旅行会社の意見も取り入れて作られている。

198. ②同じ路線でも航空会社によって1万円以上の差があるとあるが、それはどうしてですか。

(A) 航空会社がそれぞれ差別化を図り、顧客が多様な金額の中から選択できるように国が同一価格を認可していないから

(B) 国際線の場合は、発着国・地域の協定によって、または発着国・地域の方針も異なるため燃油サーチャージは違うときもあるから

(C) 燃油サーチャージについて、日本は認可制だが、アメリカは届け出制であるため

(D) 燃油サーチャージは多くの場合、航空会社の利益に直結しているから

199. ③苦心しているとあるが、具体的な例を挙げてください。

(A) 常時積み込む食器の見た目を同じにし、重量や空間の節約を図っている。

(B) 常時積み込む食器やコンテナの数を減らしている。

(C) 着陸時の降下方法を変え、エンジンの噴射回数を減らしている。

(D) 食器を陶器からプラスチックに変えて、より軽くしている。

200. ④通達とあるが、どんな通達ですか。

(A) 様々な方法を通して、燃料を節約するように努力を求める通達

(B) 燃油サーチャージを旅行代金に含めて販売している旅行会社があるので、純粋な旅行代金だけをパンフレットに表示するよう求める通達

(C) 同じ路線なら同じ燃油サーチャージに設定するよう、今のシステムの改善を求める通達

(D) 旅行会社のパンフレットでは燃油サーチャージについての記載方法が不十分なため、もっと分かりやすく記載するよう求める通達

JPT 日本語能力試験

JAPANESE
PROFICIENCY
TEST

실전모의고사

2회

次の質問1番から質問100番までは聞き取りの問題です。

どの問題も1回しか言いませんから、よく聞いて答えを(A), (B), (C), (D)の中から一つ選び

なさい。答えを選んだら、それにあたる答案用紙の記号を黒くぬりつぶしなさい。

Ⅰ. 次の写真を見て、その内容に合っている表現を(A)から(D)の中で一つ選びなさい。

(例)

    (A) この人は本を読んでいます。

    (B) この人は掃除をしています。

    (C) この人は電話をしています。

    (D) この人はビールを飲んでいます。

答 (A) (B) (●) (D)

1.

2.

→ 次のページに続く

3.

4.

5.

6.

→ 次のページに続く

7.

8.

9.

10.

→ 次のページに続く

11.

12.

13.

14.

→ 次のページに続く

15.

16.

17.

18.

→ 次のページに続く

19.

20.

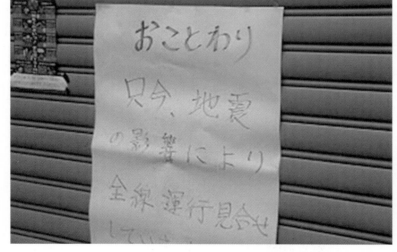

Ⅱ. 次の言葉の返事として、もっとも適したものを(A)から(D)の中で一つを選びなさい。

(例) 明日は何をしますか。

(A) 土曜日です。
(B) 朝ごはんの後にします。
(C) 友達の家に行きます。
(D) テニスをしました。

21. 答えを答案用紙に書き入れなさい。

22. 答えを答案用紙に書き入れなさい。

23. 答えを答案用紙に書き入れなさい。

24. 答えを答案用紙に書き入れなさい。

25. 答えを答案用紙に書き入れなさい。

26. 答えを答案用紙に書き入れなさい。

27. 答えを答案用紙に書き入れなさい。

28. 答えを答案用紙に書き入れなさい。

29. 答えを答案用紙に書き入れなさい。

30. 答えを答案用紙に書き入れなさい。

31. 答えを答案用紙に書き入れなさい。

32. 答えを答案用紙に書き入れなさい。

33. 答えを答案用紙に書き入れなさい。

34. 答えを答案用紙に書き入れなさい。

35. 答えを答案用紙に書き入れなさい。

36. 答えを答案用紙に書き入れなさい。

37. 答えを答案用紙に書き入れなさい。

38. 答えを答案用紙に書き入れなさい。

39. 答えを答案用紙に書き入れなさい。

40. 答えを答案用紙に書き入れなさい。

41. 答えを答案用紙に書き入れなさい。

42. 答えを答案用紙に書き入れなさい。

43. 答えを答案用紙に書き入れなさい。

44. 答えを答案用紙に書き入れなさい。

45. 答えを答案用紙に書き入れなさい。

46. 答えを答案用紙に書き入れなさい。

47. 答えを答案用紙に書き入れなさい。

48. 答えを答案用紙に書き入れなさい。

49. 答えを答案用紙に書き入れなさい。

50. 答えを答案用紙に書き入れなさい。

→ 次のページに続く

Ⅲ. 次の会話をよく聞いて、後の問いにもっとも適したものを(A)から(D)の中で一つ
選びなさい。

（例） A：すみません。この辺に本屋がありますか。

B ：はい。駅の前にありますよ。

A：郵便局も本屋のそばにありますか。

B ：いいえ。郵便局はあのデパートのとなりです。

郵便局はどこにありますか。
(A) 駅の前
(B) 本屋のとなり
(C) 本屋の前
(D) デパートのとなり

51. 女の人は、今日、何で会社に来ましたか。

(A) 地下鉄

(B) バス

(C) 徒歩

(D) タクシー

52. 2人はどうしますか。

(A) 図書館の前の公園に行く。

(B) 図書館の隣の公園に行く。

(C) 学校の隣の公園に行く。

(D) 学校の前の公園に行く。

53. 八百屋はどこにありますか。

(A) デパートのとなり

(B) 本屋の向かい

(C) 本屋のそば

(D) デパートの向かい

54. 吉田さんはどうやってアルバイトを見
つけましたか。

(A) 新聞の広告で見つけた。

(B) 雑誌で見つけた。

(C) 知人に聞いた。

(D) 新聞配達の人と知り合いになった。

55. 男の人は週末、何をしますか。

(A) どこかに遊びに行くつもりだ。

(B) 祖父の田舎に遊びに行くつもりだ。

(C) 祖父の命日なので田舎に行くつも
りだ。

(D) どこにも行くつもりはない。

56. 東京デパートはどこにありますか。

(A) 白い建物の隣

(B) 郵便局の向かい

(C) 郵便局の隣

(D) 警察署の向かい

57. 二人はどこに行くことにしましたか。

(A) ハワイ

(B) 北海道

(C) 海外

(D) どこにも行かない。

58. 明日の試験について合っているものは?

(A) 歴史の試験で、選択問題4つ、論述問題は3つ

(B) 歴史の試験で、選択問題4つ、論述問題は4つ

(C) 国語の試験で、選択問題4つ、論術問題は3つ

(D) 国語の試験で、選択問題4つ、論述問題は4つ

59. 田中さんの今日の朝ごはんは何でしたか。

(A) パン

(B) ごはん

(C) 牛乳

(D) 何も食べなかった。

60. 男の人はこれからどうしますか。

(A) ハンバーガーを包む。

(B) ハンバーガーのセットを持って帰る。

(C) ハンバーガーのセットをこの店で食べる。

(D) ハンバーガーのセットを配達してもらう。

61. 女の人は資料を何部準備すればいいですか。

(A) 6部

(B) 7部

(C) 8部

(D) 9部

62. 女の人はどんな薬を、どのくらいもらいましたか。

(A) カプセルを9個

(B) カプセルを3個

(C) カプセルを1個

(D) 錠剤を9錠

63. 日本人の話を聞く時に注意しなければならないのはどんなことですか。

(A) 相手の顔を見ながら、話を聞くこと

(B) 相手の話に茶々を入れずに聞くこと

(C) 相手の話を理解できなくても、聞くこと

(D) 相手の話に反応を示しながら聞くこと

64. 男の人は先週どこに行きましたか。

(A) 妻と二人で温泉旅行に行って来た。

(B) 家族で沖縄に行って来た。

(C) 娘だけで沖縄に行って来た。

(D) 一人で温泉旅行に行って来た。

65. 女の人が雨が降らないと困ると言っているのはどうしてですか。

(A) 晴れの日が続くと暑くなるから

(B) 梅雨の楽しみがなくなるから

(C) 集中豪雨が来る可能性が高くなるから

(D) 水が不足し生活に影響が出てくるから

→ 次のページに続く

66. 女の人は警察に対してどう思っていますか。

    (A) すごいと感心している。

    (B) かわいそうだと同情している。

    (C) 呆気にとられて、呆れている。

    (D) これ以上は無理だとあきらめている。

67. 今日の天気はどうですか。

    (A) 曇り

    (B) 晴れ

    (C) 雨

    (D) 雲が多い。

68. 田中さんの誕生日はいつですか。

    (A) 来週の月曜日

    (B) 来週の火曜日

    (C) 来週の水曜日

    (D) 今週の水曜日

69. 女の人は何番ホームの電車に乗ればいいですか。

    (A) 1番ホーム

    (B) 2番ホーム

    (C) 3番ホーム

    (D) 4番ホーム

70. 二人が一番感動したのは何ですか。

    (A) ジャイアンツが優勝したこと

    (B) 監督が手に汗を握っていたこと

    (C) 苦労した監督が胴上げされたこと

    (D) 監督が胴上げしていること

71. 最近のひったくりに対して、警察はどんな対策を講じていますか。

    (A) 警察のパトロールで犯罪に目を光らせている。

    (B) 犯人が目を光らせているか、監視カメラで見ている。

    (C) 自分の身は自分で守るように、市民に教えている。

    (D) 監視カメラで犯罪が起きないように監視している。

72. 山下さんはどうして会社を辞めましたか。

    (A) 待遇は良かったが、給料が気に入らなかったから

    (B) 給料は良かったが、待遇が悪かったから

    (C) 自分の実力を自営業を通して試したかったから

    (D) 茨が好きで、自分の実力で育ててみたかったから

73. 女の人は不景気の今、どんなことに気を使っていますか。

    (A) 給料を削減されないようにしている。

    (B) 不必要な支出をしないようにしている。

    (C) ただ我慢して景気回復を待っている。

    (D) 景気が悪いので、財布を持ち歩かないようにしている。

74. 山田さんはどうして朝からパチンコをしていますか。

 (A) パチンコのおいしい味を知ってしまったから

 (B) する事がなく手持ち無沙汰だったから

 (C) パチンコでお金を儲けられることを知ったから

 (D) パチンコで負けたので復讐するために

75. 二人は何について話していますか。

 (A) いつクビになるかわからないこと

 (B) 結婚生活の難しさについて

 (C) 体の調子が悪くなったことについて

 (D) 最近の流行のファッションについて

76. 田中さんと山田さんはどんな関係ですか。

 (A) 4年間、恋人だった。

 (B) 4年間、家族として過ごした。

 (C) 4年間、一緒に住んだ。

 (D) 4年間、一度も会うことができなかった。

77. 女の人はお客さんに何と約束しましたか。

 (A) 届いていない品物を今日中に届けると約束した。

 (B) 2日以内に必ず担当者がお客様に電話すると約束した。

 (C) 今日はもう遅いので、明日の午前中に連絡すると約束した。

 (D) 注文した品物を調査して電話すると約束した。

78. 男の人はどうして試験について何も知りませんでしたか。

 (A) 前回の授業に行かなかったから

 (B) 前回の授業で歌の練習をしたから

 (C) 前回の授業の時、授業中に寝てしまったから

 (D) 前回の授業の時、朝寝坊して遅れてしまったから

79. 男の人は何が悔しいと言っていますか。

 (A) 竹馬の友として、鈴木さんの最期を看取ることができなかったから

 (B) 彼が寝ている時に鈴木さんが他界してしまったから

 (C) 彼には何もできないまま、鈴木さんが他界してしまったから

 (D) 鈴木さんに水をあげることもできないまま、他界してしまったから

80. 懲戒解雇される行動はどんな行動ですか。

 (A) 言語道断な行いをしたとき

 (B) 言葉にもできない行動をしたとき

 (C) 途方に暮れるような行動をしたとき

 (D) 水臭いことを言ったとき

Ⅳ. 次の文章をよく聞いて、後の問いにもっとも適したものを(A)から(D)の中で一つ
選びなさい。

（例）山田さんはもう8年間銀行に勤めています。去年、結婚してから、奥さんと二人で
テニスを始めました。日曜日の朝はいつも家の近くの公園で練習しています。

    1. 山田さんは何年間、銀行に勤めていますか。
      (A) 3年間
      (B) 5年間
      (C) 8年間
      (D) 10年間

    2. 去年、結婚して何を始めましたか。
      (A) テニス
      (B) ピアノ
      (C) ゴルフ
      (D) ジョギング

81. ホワイトデーが始まったのはどこの国
からですか。

(A) 日本

(B) 韓国

(C) ヨーロッパ

(D) アメリカ

82. ホワイトデーが始まったのはどんなこ
とからですか。

(A) アメリカには男性が女性に告白す
る機会がなかったから

(B) 日本には他人から何かをもらった
ら、お返しをする風習があったから

(C) 日本のお菓子メーカーはいつも何か
しらのイベントをする必要があった
から

(D) 日本の人は物を送る習慣があった
から

83. ホワイトデーは誰が始めましたか。

(A) アメリカのお菓子メーカー

(B) 韓国のお菓子メーカー

(C) 日本のお菓子メーカー

(D) 誰が始めたか分かっていない。

84. 今、どのようなことが流行していますか。

(A) 女性が男性に今までより3倍のプレ
ゼントをすること

(B) 男性が女性に3倍のプレゼントを持っ
ていくこと

(C) 男性はもらった物の3倍の価値のあ
るものをお返しすること

(D) 男性は3倍の価値があるものをもら
えること

85. 地震予知で必要な要素ではないものは
どれですか。

(A) 地震の起きる時

(B) 地震の起きる場所

(C) 地震の大きさ

(D) 地震の被害予想

86. 今、地震予知について合っているもの
はどれですか。

(A) 地震の直前でも、予知ができるよう
になった。

(B) 地震の大きさに関わらず予知が可能
になった。

(C) 現在は大きな地震しか予知ができな
い。

(D) 地震の直後に地震の被害状況を速報
することが可能になった。

87. 地震緊急速報について正しいものはど
れですか。

(A) 地震発生の直前に予知し、警告を出
すシステム

(B) 地震発生時に被害を予測し、知らせ
てくれるシステム

(C) 地震発生時、大きな揺れが来る前に
警告を出すシステム

(D) 大地震を予知し、それを精密に計算
して警告を出すシステム

88. 日本の地震対策として合っているもの
はどれですか。

(A) 日本は、技術の進歩によりすべての
地震を予知できるようになった。

(B) 日本は、大地震を予知し、大きな揺
れの前に警告を出せるようになっ
た。

(C) 日本は、地震を予知する技術はまだ
持っていない。

(D) 日本は、地震の発生を抑える技術も
開発中である。

89. パクさんは、日本でどんなことをして
　　いましたか。

　　(A) 7年間、アルバイトだけに精を出し
　　　　て大金持ちになった。

　　(B) 勉強のかたわら、アルバイトをし
　　　　て、大学院に進学した。

　　(C) 勉強のかたわら、アルバイトをした
　　　　が、大学院には行けなかった。

　　(D) 留学したが、日本の厳しさに負け
　　　　て、すぐに帰国した。

90. 今のパクさんを形成している要素は何
　　ですか。

　　(A) 日本の時に受けた悔しさや挫折感

　　(B) 日本で身につけたどんな時にも笑顔
　　　　を見せる余裕

　　(C) 日本で経験から得た不屈の精神力

　　(D) 本さえ出版すればいいんだという気
　　　　持ち

91. インタビューをした人は、人間が生き
　　ていくときに必要なものは何だと言っ
　　ていますか。

　　(A) 人生の様々な経験を通して学ぶ、命
　　　　への欲求

　　(B) 勉学を通して得た様々な知識

　　(C) どんなことにもめげない強い精神力

　　(D) 他人を踏み倒してでも、伸し上がろ
　　　　うとする野心

92. 何についての話ですか。

　　(A) 関東地方の雨について

　　(B) 関東地方の梅雨明けについて

　　(C) 関東地方の道路情報

　　(D) 関東地方の風について

93. 梅雨明けについて正しいものはどれで
　　すか。

　　(A) 本州では一番早い梅雨明けだった。

　　(B) 平年より5日早かった。

　　(C) 去年より6日早かった。

　　(D) 平年より5日遅かった。

94. 全国的な天気はどうなりますか。

　　(A) 関東地方のようにすぐ梅雨明けする。

　　(B) 前線の影響で雨が降り続く。

　　(C) 雨が降ったり止んだりする。

　　(D) 風が弱まる。

95. かっこいい男の人が多いのはどこの国
    ですか。
    (A) フランス
    (B) イタリア
    (C) 韓国
    (D) ロシア

96. ロシアがアンケートで第2位になった理
    由として正しいものはどれですか。
    (A) 色白で目の色もきれいだから
    (B) スタイルがいいから
    (C) ドラマに出てくる女優がきれいだか
    ら
    (D) オリンピックに出ているから

97. アンケートの結果から、美人の条件は
    何だと思われますか。
    (A) 目がきれいであること
    (B) スタイルがいいこと
    (C) 肌が美しいこと
    (D) 肌の色が白いこと

98. 男の人が逮捕されたのはどうしてですか。
    (A) 女子生徒にわいせつな行為をした
    から
    (B) 女子生徒と少年を交通事故で死なせ
    てしまったから
    (C) 女子生徒と少年に暴力を振るい、死
    なせてしまったから
    (D) 警察の命令に従わなかったから

99. 逮捕された男の人の態度はどんな態度
    でしたか。
    (A) 自分はやっていないと容疑を否認し
    た。
    (B) 自分は知らないと容疑を黙秘した。
    (C) 自分には関係ないこととして、釈放
    を要求している。
    (D) 自分がやったことを認め、反省して
    いる。

100. 男の人がバイクにぶつかったのはどう
    してですか。
    (A) 飲酒運転をしていて、それが警察に
    ばれそうになったため
    (B) 高校生が通行の邪魔をしていたため
    (C) バイクが急発進したので、避けられ
    なかったため
    (D) 警察を振り切ろうとして急発進した
    ため

Ⅴ. 下の＿＿＿線の言葉の正しい表現、または同じ意味のはたらきをしている言葉を
(A)から(D)の中で一つ選びなさい。

101. 私は<u>学生</u>ではありません。
    (A) かくせい
    (B) かっせい
    (C) がくせい
    (D) がっせい

102. 私の誕生日は3月<u>5日</u>です。
    (A) ようか
    (B) いつか
    (C) はつか
    (D) よっか

103. 家では集中しにくいので、<u>自習室</u>に
    行きたいと思っています。
    (A) じしゅしつ
    (B) じしゅうしつ
    (C) じしゅつしつ
    (D) じしゅっしつ

104. <u>唯一</u>の方法は4種類に分類できる。
    (A) ゆういち
    (B) ゆういつ
    (C) ゆいいち
    (D) ゆいいつ

105. 子供たちの世代に夢をつなぐことが
    できなかったことが、ただ<u>悔しくて</u>
    残念です。
    (A) くやしく
    (B) くわしく
    (C) くるしく
    (D) くるわしく

106. 記憶を<u>辿って</u>、今までに読んだコミッ
    クの評価リストを作ってみました。
    (A) たどって
    (B) とどこおって
    (C) いきどおって
    (D) さかのぼって

107. これは日本だけでなく世界的に見て
    も<u>稀有</u>な事件です。
    (A) けゆう
    (B) けう
    (C) きう
    (D) きゆう

108. 京都から<u>まいり</u>ました山田と申します。
    (A) 伺り
    (B) 訪り
    (C) 参り
    (D) 着り

109. 常識から著しく外れた存在、それが
    AB型の<u>とくちょう</u>と言える。
    (A) 持微
    (B) 持徴
    (C) 特微
    (D) 特徴

110. 聞くに<u>たえない</u>愚痴ばかり言う奴だ。
    (A) 堪えない
    (B) 耐えない
    (C) 絶えない
    (D) 断えない

111. この部屋、<u>あつい</u>ですね。窓でも開けましょうか。

    (A) よくない

    (B) さむくない

    (C) つめたくない

    (D) すずしくない

112. 日曜日に課長の<u>お宅を訪ねました</u>。

    (A) 都合を聞いた。

    (B) 家に行った。

    (C) 質問に答えた。

    (D) 仕事を手伝いした。

113. この本は<u>子供向け</u>に作られています。

    (A) 小学生用

    (B) 高校生用

    (C) 成人用

    (D) 一般用

114. 私は<u>チョンガー</u>です。

    (A) まじめだ。

    (B) 学生だ。

    (C) スポーツマンだ。

    (D) 独身だ。

115. そんなこと<u>できっこない</u>。

    (A) してはいけない。

    (B) 絶対できる。

    (C) 絶対できない。

    (D) できなくても大したことじゃない。

116. 佐藤課長の話にはどうも<u>腑に落ちない</u>点がある。

    (A) 合点がいかない。

    (B) 聞き分けがない。

    (C) 無骨である。

    (D) 無愛想である。

117. 猿<u>も</u>木から落ちる。

    (A) 100円<u>も</u>あればいい。

    (B) お金は1円<u>も</u>残っていない。

    (C) 10年<u>も</u>かかった。

    (D) あまりに<u>も</u>残酷な事件だ。

118. 娘は今朝もご飯を食べ<u>ないで</u>出かけた。

    (A) 親が来<u>ないで</u>子供が来た。

    (B) 歯を磨か<u>ないで</u>寝てはいけません。

    (C) 京都には行か<u>ないで</u>、東京と北海道に行った。

    (D) 子供がちっとも勉強し<u>ないで</u>困っています。

119. 留守中に山田さん<u>って</u>人が来たよ。

    (A) これ、藤井<u>って</u>作家の書いた本です。

    (B) 斎藤課長<u>って</u>、本当に優しい人ですね。

    (C) JAL<u>って</u>何ですか。

    (D) 落第するかもしれない<u>って</u>先生に注意された。

120. 町中の本屋を<u>回る</u>。

    (A) 疲れているので、今日は酒が<u>回る</u>のが早いようだ。

    (B) 今日一日、部長と一緒に挨拶に<u>回った</u>ので大変だった。

    (C) このビルでは1ヶ月に一度、掃除の当番が<u>回って</u>くることになっている。

    (D) 酒を飲みすぎて、舌が<u>回ら</u>なくなってしまった。

Ⅵ. 下の＿＿＿線の(A)、(B)、(C)、(D)の言葉の中で正しくない言葉を一つ選びなさい。

121. <u>ここ</u>にある２冊のうち<u>どれ</u>が田中さん<u>の</u>本ですか。
　　　(A)　　　　　　(B)　　　　(C)　　　　　　(D)

122. <u>セータ</u>がほしいんだけど、この<u>くろい</u>のは地味だ。<u>もっと</u>派手な<u>の</u>がほしい。
　　　(A)　　　　　　　　　　　　(B)　　　　　　　(C)　　　　　　(D)

123. 冷凍<u>や</u>冷蔵が<u>必要な</u>食品は最後に購入し、<u>できるだけ</u>早く帰る<u>ようと</u>します。
　　　　　(A)　　　　　(B)　　　　　　　　　　(C)　　　　　　(D)

124. <u>お母さん</u>は<u>いやがる</u>子供に<u>部屋</u>の掃除を<u>しました</u>。
　　　(A)　　　　(B)　　　　(C)　　　　(D)

125. <u>理想</u>の女性と<u>一緒に</u>結婚しましたが、<u>家事</u>をして<u>くれません</u>。
　　　(A)　　　　(B)　　　　　　　　　　(C)　　　　(D)

126. こんなに<u>いろんな</u>物が<u>高くなる</u>と、デパートの買い物より<u>近い</u>コンビニで安い物を
　　　　　　　(A)　　　　　　(B)　　　　　　　　　　　　　(C)

　　　<u>探して</u>買う。
　　　(D)

127. <u>かわいがって</u>いた猫が死んで<u>しまい</u>、妹は<u>泣いた</u>ばかり<u>います</u>。
　　　(A)　　　　　　　(B)　　　　(C)　　　(D)

128. <u>ゆうべ</u>佐藤さんが<u>出演された</u>テレビ番組を<u>ご覧</u>に<u>なりました</u>。
　　　(A)　　　　　　　(B)　　　　　　　　(C)　　　(D)

129. 罪とは神と人を<u>愛しない</u>ことであり、救い<u>とは</u>神と人を<u>愛し</u>始めること<u>と言えます</u>。
　　　　　　　　　(A)　　　　　　　　　(B)　　　　　(C)　　　　　(D)

130. <u>今月に</u>、キリストの誕生日を祝う「クリスマス」<u>にちなんで</u>、「<u>十字石</u>」を<u>ご紹介します</u>。
　　　(A)　　　　　　　　　　　　　　　　　(B)　　　　　　(C)　　(D)

131. 国民の権利は国に与えられるものではなく獲得するものだ。
　　　(A)　　　　(B)　　　　　　　　　　(C)　　　　　　　(D)

132. どの児童も最後まで全力をつけて走る姿には感動しました。
　　　(A)　　　　(B)　　　(C)　　　　(D)

133. 社会に迷惑をかけないことを原則とする気配りの国民性に敬服しざるを得ない。
　　　(A)　　　　　　　　　　(B)　　　　　　　(C)　　　　　　　　(D)

134. 僕が手を振って合図したのについて、彼女は大きく腕を振って応えてくれた。
　　　　　(A)　　　　　　　　　(B)　　　　　　(C)　　　　　　　　(D)

135. フィリピンの絵画に全く無知な私には、それが何を意味するのか、とんと見当がついた。
　　　(A)　　　　　　　　(B)　　　　(C)　　　　　　　　　　　　　(D)

136. せめて2時間頃相撲の終盤が見られるように寝たら昏々と眠り込んで見逃してしまった。
　　　(A)　　　(B)　　　　　　　　　　　　　　　(C)　　　　　　(D)

137. 住民の反対にあって、工事は中断される なり解決の目処もついていない。
　　　　　　　(A)　　　　　　　(B)　　(C)　　　　　　　　(D)

138. 最初の覚える立ての頃はとても楽しく、レッスンに行くのが嬉しかったものです。
　　　　　(A)　　　　　　　　(B)　　(C)　　　　　　　　　　(D)

139. 会社の資金運用にあたかも疑いがあるみたいな言い方だが、適正に運用され役員会
　　　　(A)　　　　　　　　　　　(B)　　　　　　　(C)

でも承認されている。
　　(D)

140. 彼はいくら頼んでも貸してくれないけちなやつだ。それでみんなに嫌われるのだ。
　　　(A)　　　　　　　　　　　　　　(B)　　　　(C)　　　　　(D)

Ⅶ. 下の＿＿＿＿線に入る適当な言葉を(A)から(D)の中で一つ選びなさい。

141. 飛行機が空＿＿＿＿飛んでいます。
    (A) へ
    (B) に
    (C) で
    (D) を

142. ＿＿＿＿はいいカメラがほしい。
    (A) 弟
    (B) 妹
    (C) 私
    (D) あなた

143. 姉は妹より背が＿＿＿＿です。
    (A) からい
    (B) おおい
    (C) ひくい
    (D) すくない

144. テストは思ったより、＿＿＿＿問題がたくさんありました。
    (A) やすい
    (B) やすく
    (C) やさしい
    (D) やさしく

145. 天気予報によると、明日の午前中は＿＿＿＿。
    (A) 雨です
    (B) 雨のようです
    (C) 雨らしいです
    (D) 雨になります

146. 雑誌を買って＿＿＿＿＿＿ありがとう。
    (A) くれ
    (B) くれて
    (C) もらい
    (D) もらって

147. 忙しくて研究室＿＿＿＿＿＿出られない。
    (A) は
    (B) が
    (C) も
    (D) を

148. これは＿＿＿＿＿＿向けの雑誌です。
    (A) オーエル
    (B) オーエルに
    (C) オーエルの
    (D) オーエル用

149. 弟にカメラを＿＿＿＿＿＿。
    (A) 壊れた
    (B) 壊した
    (C) 壊された
    (D) 壊れていた

150. 彼女の心は氷の＿＿＿＿＿＿冷たい。
    (A) ような
    (B) ように
    (C) みたいな
    (D) みたいに

151. 鈴木さんはさっき＿＿＿＿＿ばかりです。
   (A) 帰り
   (B) 帰る
   (C) 帰った
   (D) 帰っている

152. 娘が進学できる＿＿＿＿＿貯金しました。
   (A) のに
   (B) にも
   (C) ために
   (D) ように

153. 母が部屋に入った＿＿＿＿＿妹はテレビを見ていた。
   (A) うち
   (B) とき
   (C) のに
   (D) あいだ

154. 監督はチーム＿＿＿＿＿わざと試合に負けさせました。
   (A) を
   (B) に
   (C) へ
   (D) と

155. 明日のイベントでございますが、大変＿＿＿＿＿にしております。
   (A) 楽しい
   (B) 楽しく
   (C) 楽しみ
   (D) 楽しくて

156. 先生、コーヒー_____。

    (A) いかがですか

    (B) 飲んでもらえますか

    (C) 飲んでください

    (D) お飲みになりたいですか

157. 中山さんはきれいというより_____かわいいタイプだ。

    (A) 必ず

    (B) よけい

    (C) 何とか

    (D) むしろ

158. 味は_____ので、産地表示などはどうでもいいと思った。

    (A) 同い

    (B) 同じ

    (C) 同じな

    (D) 同じだ

159. 笑っていた課長は斎藤さんの話を聞いて_____表情が変わった。

    (A) にわかに

    (B) 一段と

    (C) 一向に

    (D) さいわいに

160. 弟が朝寝坊した_____遅刻してしまった。

    (A) のに

    (B) には

    (C) せいで

    (D) ばかりに

161. 火曜日_____金曜日も仕事をしている。

    (A) から

    (B) において

    (C) だけでなく

    (D) にとどまらず

162. あ、そうだ、_____宿題早く出してください。

    (A) そして

    (B) それに

    (C) それで

    (D) それから

163. 休日だから木村さんは家にいる_____。それなのに、いない。

    (A) らしい

    (B) ようだ

    (C) だろう

    (D) はずだ

164. 日常の便利なシステムがプライバシを_____。

    (A) 脅す

    (B) 欺く

    (C) 脅かす

    (D) 営む

165. _____やれないことはない、やらずにできるわけがない。

    (A) やって

    (B) やろう

    (C) やられ

    (D) やった

166. 開票速報を見て_____と落ち込んでいる。

    (A) がっしり

    (B) がっちり

    (C) がっかり

    (D) がっくり

167. 国内旅行＿＿＿＿＿＿＿、海外旅行ではその対応に四苦八苦してしまうことも多いでしょう。

(A) ならでは

(B) ならずとも

(C) ならいざ知らず

(D) にしたところで

168. 彼の演説は＿＿＿＿＿＿に入っている。

(A) 棒

(B) 山

(C) 奥

(D) 堂

169. 日本人は情報伝達力＿＿＿＿＿＿長けている。

(A) で

(B) に

(C) を

(D) が

170. 苛酷な逆境を乗り越えてきた過去を持つ彼女自身の、見るものを＿＿＿＿＿＿表現力と存在感！

(A) うならずにはいられない

(B) うならせずにはすまない

(C) うならずにわけにはいかない

(D) うならせずにはおかない

VIII. 下の文を読んで、後の問いにもっとも適した答えを(A)から(D)の中で一つ選びなさい。

(171~174)

　イタリアで21日行われた水泳世界選手権のオープンウォーター男子5キロで、出場した選手の1人が優勝者から大幅に遅れ、表彰式＿＿＿①＿＿＿にフィニッシュする②珍場面がみられた。金メダリストから30分以上と大幅に遅れてしまったのは、カリブ海のアンティグア・バーブーダのカリーム・バレンタイン選手。会場の海岸に集まっていた観客のほとんどは当時、バレンタイン選手がまだゴールしていないことに気付いていなかった。規定の上限時間をオーバーしたため、同選手に③公式タイムは付かなかった。

171. ＿＿＿①＿＿＿に入る適切な言葉を下から選んでください。

   (A) ぎりぎり

   (B) ばらばら

   (C) どきどき

   (D) はらはら

172. ②珍場面とはどのようなことですか。

   (A) バレンタイン選手が表彰式に乱入したこと

   (B) バレンタイン選手が表彰されてしまったこと

   (C) バレンタイン選手が表彰式直前にゴールしたこと

   (D) バレンタイン選手が表彰を拒否したこと

173. ③公式タイムは付かなかったとあるが、それはどうしてですか。

    (A) 表彰式に間に合わず、雰囲気を損なった罰として

    (B) 規定の時間内にゴールできなかったから

    (C) 会場の観客に野次を飛ばし、運動選手として守るべきものを守らなかったから

    (D) 規定の時間外に外出し、風紀を乱したから

174. 本文の内容と合っているものを下から選んでください。

    (A) この水泳大会でのバレンタイン選手の行動は、一人の遅れが多くの人に影響を与えるということを広く知らせる結果となった。

    (B) バレンタイン選手が規定時間内にゴールできなかったことを観客のほとんどが気付いていなかった。

    (C) バレンタイン選手が規定時間内にゴールしていれば、表彰されるはずだった。

    (D) 今回は、バレンタイン選手の行動で、全ての公式記録が記録されないことになった。

　　あなたは妻(または夫)と同じ寝室で寝ていますか？発見ネットの調査によると、「毎日同じ寝室」と回答した人は55.3%、次いで「毎日別の寝室」(28.1%)、「だいたい別の寝室」(8.3%)、「だいたい同じ寝室」(6.0%)であることが分かった。「別々の寝室」と答えた人は、いつ頃から別の部屋で寝ているのだろうか。最も多かったのは「3年～10年くらい前から」(43.0%)、以下「10年以上前から」(40.5%)、「1年～3年くらい前から」(13.9%)、「半年～1年くらい前から」(2.6%)と続いた。また別々の寝室で寝ている理由を聞いたところ、「生活のリズム」(58.2%)と「いびきや歯ぎしり/寝言がうるさい」(53.2%)を挙げる人が目立った。夫婦一緒に楽しめる趣味を持っている人はどのくらいいるのだろうか。「同じ趣味を持っている」という人は46.5%に達した一方、「持っていないし、持つ必要はないと思う」(37.4%)人も4割近くいた。

175. 配偶者と同じ部屋で寝ていると回答した人の割合はどのくらいですか。
　　　(A) 毎日、だいたい同じ寝室の人を合わせると8割を越える。
　　　(B) 毎日、だいたい同じ寝室の人を合わせると7割を越える。
　　　(C) 毎日、だいたい同じ寝室の人を合わせると6割を越える。
　　　(D) 毎日、だいたい同じ寝室の人を合わせると5割を越える。

176. 別々の寝室で寝ることを始めた時期として一番少ないのはいつからですか。
　　　(A) 3～10年前から
　　　(B) 10年以上前から
　　　(C) 1～3年くらい前から
　　　(D) 半年～1年くらい前から

177. 別々の寝室で寝ている理由として最も多かったのは何ですか。
　　　(A) 同じ趣味を持っていない
　　　(B) 生活のリズム
　　　(C) いびきがうるさい
　　　(D) 寝言がうるさい

178. 本文の内容として、あっているものを選んでください。
　　　(A) 生活ズムの違いから、夫婦が別々の部屋で寝る人が4割弱ほどいる。
　　　(B) 別々の部屋で寝る夫婦は、3～10年前に始めた人が最も少ない。
　　　(C) 特に理由もないのに、夫婦が別室で寝ることは好ましくない。
　　　(D) 夫婦が別室で寝ることが、ひいては少子化に影響を与えている。

喫煙者を減らそうという動きが全国的に広まるなか、伊丹市が2010年度までに市民の喫煙率をゼロ％にするという大胆な目標を盛り込んだ市の保健医療計画をまとめ、①波紋を呼んでいる。ゼロ％という自治体としては全国でも初めてのこの目標、禁煙賛成派にはもちろん好評だが愛煙家からは「個人の自由だ」という声も出て、＿＿②＿＿賛否両論。たばこ業界からは「自治体が③そこまで言うのは行き過ぎ」と目標の撤回を求める要望書も出され、議論は当分続きそうだ。

179. ①波紋を呼んでいるとあるが、何が波紋を呼んでいますか。

(A) 喫煙者を減らそうという動きが全国的に広がっていること

(B) 伊丹市が市民の全てが禁煙者になることを目標にしていること

(C) 禁煙賛成派が好評であること

(D) 愛煙家達の自由が奪われていること

180. ＿＿②＿＿に入る適切な言葉を下から選んでください。

(A) まさに

(B) それしか

(C) まったく

(D) それにしても

181. ③そこまで言うのはという言葉の意味は何ですか。

(A) 愛煙家が喫煙は個人の自由だと言うこと

(B) 禁煙賛成派が賛成の意見を発表したこと

(C) 伊丹市が喫煙率０％にすると発表したこと

(D) 禁煙目標の撤回を求める要望書も出されたこと

　三重県北部の藤原町では、これまでのゴミとして捨てられていた①天ぷら油を車の燃料にリサイクルする取り組みが始まった。町を流れる川の環境を守るために始まったもので、町内の全家庭に回収用容器を配り、住民は容器に溜めた油を月に2回、集積所の回収容器に移し替える。集められた油は町が1千万円で購入した装置に入れて加工され、ディーゼルエンジンに使える燃料に。これまでに集められた油は予想の2倍以上で、作られた燃料はゴミ回収車に使われている。コストは高くなるが、環境対策面で注目を集めており、全国の自治体から②問い合わせが相次いでいるという。

182. ①天ぷら油を車の燃料にリサイクルする取り組みは何のためですか。

   (A) 油を売って町の財政を補助するため

   (B) 町を流れる川の環境を守るため

   (C) 環境対策面で全国の自治体から注目を集めるため

   (D) 各家庭に油が蓄積し、環境汚染が広がっていたから

183. ②問い合わせが相次いでいるのはどうしてですか。

   (A) 油を再利用する装置が1千万円の価値があるから

   (B) 油がディーゼルエンジンの燃料となるから

   (C) 油の再利用のコストは高いが、環境対策面で注目に値するから

   (D) 町内の住民が積極的に取り組んでいるから

184. 本文の内容と合っているものを選んでください。

   (A) 町内のゴミの多さにびっくりした住民が始めた試みは、今、全国の自治体の熱い
   注目の的となっている。

   (B) 町内の川の環境を守ろうと始まった油の再利用の取り組みは、そのコストパフォ
   ーマンスから全国の自治体からの問い合わせが絶えない。

   (C) 町内の全家庭から回収された天ぷら油は、ゴミ回収車の燃料として再利用される。

   (D) 町内の有志で始まったこの取り組みは、今は日本全国に広まっている。

茂男は、晩になるとよく星を眺めました。①ことに、屋根の上にあがって、りんごやなんかをかじりながら、星を見るのが愉快でした。ぴかっと光って長い尾を引いて、空の奥へ消えてゆく流れ星を見つけると、喜んで飛び上がりました。「自分もあんなに空が飛べたら…」と彼は考えました。＿＿＿②＿＿＿空を飛ぶのは容易なことではありませんでした。それで茂男は、高い所へ飛び上がったり飛び下りたりして、せめてもの③心やりをしたいと思いました。飛び上がる方は難しいけれど、飛び下りる方はさほどでもありませんでした。茂男は一生懸命になって、高い所から飛び下りる練習をしました。野山を駆け回ったり、木によじ登ったり、いたずらばかりしていたものですから、大変身軽になっていました。一年もたつうちには、ちょっとした呼吸でもって、屋根や木の枝やその他の高い所から、わけなく飛び下りられるようになりました。「茂男は鳥の生まれ変わりだ」などと言って、近所の人達は驚いていました。彼は＿＿＿④＿＿＿得意になって、その技を練習しました。

185. ①ことにに近い意味を持つ言葉を選んでください。

(A) 別に

(B) 格別

(C) 最初に

(D) 言葉でいえば

186. ＿＿＿②＿＿＿に入る適切な言葉を下から選んでください。

(A) しかし

(B) それから

(C) それに変わって

(D) それとも

187. ③心やりをしたいの説明として合っているものを選んでください。

(A) 空を飛びたいという夢に向けた具体的な一歩だということ

(B) 空を飛びたいけれど、現実的ではないので、せめてもの心の慰めにということ

(C) 空を飛びたいけれど、まずは現実的に練習しなければならないこと

(D) 空を飛びたいけれど、今はあきらめてしまったということ

188. ＿＿＿④＿＿＿に入る適切な言葉を下から選んでください。

(A) がさがさ

(B) さらさら

(C) ますます

(D) どかどか

「患者の声をなぜ聞いてくれないのですか」「患者切り捨てではないですか」水俣病問題の「第2の政治決着」となる未認定患者の救済法が7月8日に成立しました。2万人が新たに救済されると言われていますが、法律には加害企業であるチッソの分社化が盛り込まれており、患者団体は国会周辺で連日、反対を訴えていました。分社化は1,700億円以上という民間企業ならいつ倒産してもおかしくない債務を抱えるチッソに補償金を捻出させる①苦肉の策でもありました。批判も考慮して、子会社の株式売却は患者救済終了まで凍結するなどの条件がつけられており、勝手に解散することはできません。環境省の担当者から「何度も説明しているのですが…」という声を聞きました。＿＿②＿＿、チッソがいずれ消滅することに変わりはなく、どんな条件がついていたとしても容認できない患者の気持ちは理屈ではないのでしょう。被害者の高齢化が進んでおり、一日も早い救済の必要があります。その意味で大きな前進とは思うのですが、反対する患者とそうでない患者との間に線引きすることつながり、やりきれない思いが残ります。③それは、水俣病の公式確認から半世紀以上が過ぎても埋められない公害病が残した傷跡の深さを表しているように思うのです。

189. ①苦肉の策とはどんな意味ですか。

(A) 苦しみながらも対策を実施すること

(B) 苦しまぎれ考え出した手段のこと

(C) 苦しい経験をすること

(D) 苦しいながらも、そこに喜びがあること

190. ＿＿②＿＿に入る適切な言葉を選んでください。

(A) しかし

(B) それでは

(C) そうして

(D) それを通して

191. ③それとは、何をさしていますか。

(A) 水俣病の加害会社であるチッソが分社化されること

(B) 水俣秒の加害会社であるチッソがいつかは消滅すること

(C) 水俣病の救済をめぐって、患者の中で線引きが行われていること

(D) 水俣病の発生を半世紀を過ぎても、まだ解決できない問題があること

192. 本文の内容と合っているものを選んでください。

(A) 水俣病は発生から半世紀となる今年、ようやく解決を見た。

(B) 水俣病の加害者であるチッソの解散が決まり、これからの補償が心配だ。

(C) 水俣病の患者の中には、どんな条件でも容認できない人たちもいることは確かだ。

(D) 水俣病は様々な過程を経て、いよいよ解決に向けて歩み出した。

　電話で家に現金を用意させてから空き巣に入ったとして、埼玉県警捜査3課や武南署などの合同捜査班は22日、窃盗などの疑いで、東京都港区高輪の無職、佐々木容疑者ら男3人を再逮捕、同容疑で板橋区の無職少年を逮捕した。捜査班の調べでは、4人は1月27日午後0時50分ごろ～5時35分ごろの間に、川口市の男性会社員宅にガラスを割って侵入、現金約90万円などを盗むなどした疑いが持たれている。捜査班によると、4人は事前に男性宅に息子を装って「株で失敗し、160万円必要」などと電話。自宅に現金を用意させていた。佐々木容疑者は「振り込め詐欺をしていたが、対策が強化されてうまくいかなくなったので、①手口を変えた」などと供述しているという。捜査班は、4人が平成20年11月ごろから21年3月下旬までの間に、②同様の手口で県南部で約30件の空き巣を繰り返し、約2,000万円を盗んだとみて裏付け捜査を急いでいる。中には、「カネは家に置いて外で飯でも食べよう」などと外出させてから空き巣に入る③「追い出し盗み」もあったという。

193. ①手口を変えたとあるが、どのように変えましたか。

(A) 振り込み詐欺をしていたが、今は足を洗った。

(B) 振り込み詐欺をしていたが、今は詐欺を取り締まる方を担当している。

(C) 振り込み詐欺をしていたが、窃盗をするようになった。

(D) 振り込み詐欺をしていたが、今は別の形で詐欺をしている。

194. ②同様の手口というのは具体的にはどんなことですか。

(A) 以前から手を染めていた振り込め詐欺

(B) 電話で家に現金を準備させてから泥棒に入ること

(C) 家の窓ガラスを割って侵入すること

(D) お金を払わないで、外でご飯を食べていたこと

195. ③「追い出し盗み」とはどんなことですか。

　(A) 外で食事をしようと誘い、家から出かけさせ、その際に家に放火すること

　(B) 外で食事をしようと誘い、外出した後、被害者宅に侵入し泥棒をすること

　(C) 外で食事をしようと誘っておいて、約束は守らないこと

　(D) 外で食事をしようと誘っておいて、一緒に泥棒しようと話しかけること

196. 本文の内容として、合っているものを選んでください。

　(A) 今回逮捕された4人は、全員、過去に振り込め詐欺をしていたが、最近、窃盗をするようになった。

　(B) 今回逮捕された4人は、今回の事件の他にも多くの窃盗をしており、被害総額は2,000万円を下回るのは確実だ。

　(C) 今回逮捕された4人は、被害者の息子を連れ去って、身代金として90万円を受け取ったとして逮捕された。

　(D) 今回逮捕された4人は、被害男性の息子だとうそをついて、金を準備させ、その金を騙し取ったとされる。

友人と歩いていたら、彼だけにやたらと虫が寄ってきた。向こうの服は黄色で、こちらはグレー。「服の色のせいだ」と彼は言っていたが、はたして色で虫を引き寄せる／引き寄せないが分かれたりするのだろうか。「我々に見える色を基準にしていえば、黄色が最も虫を集めるという実験結果が出ています。実際に黄色は、害虫をおびき寄せて駆除する『スティッキートラップ』にも使われています」とは、昆虫学の研究者である、東京農業大学の岡島秀治教授。①虫と色の関係を考えるうえで重要なのが「花」。例えばチョウやミツバチといった虫たちは、花に集まる性質があり、カラフルな服を花だと思って近づいてくる。特に黄色は、タンポポや菜の花など、様々な花に見えるうえ、空の青ともコントラストが強く、飛びながらでも識別しやすいようだ。　　②　　昆虫の視力はヒトの100分の1程度で、全体的にぼやけて見えるというが、人間の目では感知できない紫外線を見ることができる。「虫たちが色に引き寄せられる場合は、エサやすみか、異性を求めてやってくることがほとんど。なので、変に刺激しない限り、攻撃される心配はありません。　　③　　、例外はスズメバチ。彼らは黒に反応しますが、これは天敵であるクマの色。黒と見るや、攻撃を仕掛けてきます。夏はキャンプなどで山や川に行く機会も増えますから、頭髪をタオルで覆い隠すなど、黒い部分が見えにくい格好を心掛けてください。」

197. ①虫と色の関係の説明として正しいものを下から選んでください。

(A) 全ての虫が黄色に引き寄せられるので、黄色以外の服を着ていけば虫が集まることもない。

(B) ほとんどの虫は黄色をえさや異性と関連付けているので、何もしない限り私達に被害が及ぶこともない。

(C) スズメバチは黒を好み、人間の頭を攻撃する性格があるので、野山歩きをするときには十分注意しなければならない。

(D) 虫と色の関係は、まだ研究段階ではっきりしたことは分かっていない。

198. ____②____ に入る適当な言葉を下から選んでください。

(A) ちなみに

(B) やたらに

(C) とくべつに

(D) べつに

199. ____③____ に入る適当な言葉を下から選んでください。

(A) それから

(B) それに伴い

(C) そうとは限らず

(D) ただし

200. 本文の内容と合っているものを下から選んでください。

(A) 虫の視力は人間よりも発達しており、100分の1程度の小さなものまで見ることができる。

(B) 虫は視力は衰えるが、人間の感知できない紫外線を感じることができる。

(C) 虫は黄色に集まる性格があり、それを利用した芳香剤も開発されている。

(D) 虫は色に反応するが、飛びながら認識するのは難しいとされている。

JPT 日本語能力試験

JAPANESE
PROFICIENCY
TEST

실전모의고사

3회

次の質問1番から質問100番までは聞き取りの問題です。

どの問題も1回しか言いませんから、よく聞いて答えを(A), (B), (C), (D)の中から一つ選びなさい。答えを選んだら、それにあたる答案用紙の記号を黒くぬりつぶしなさい。

Ⅰ. 次の写真を見て、その内容に合っている表現を(A)から(D)の中で一つ選びなさい。

(例)

(A) この人は本を読んでいます。

(B) この人は掃除をしています。

(C) この人は電話をしています。

(D) この人はビールを飲んでいます。

答　(A) (B) (●) (D)

1.

2.

→ 次のページに続く

3.

4.

5.

6.

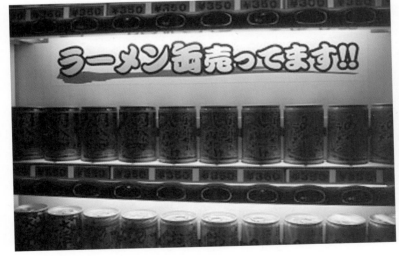

→ 次のページに続く

7.

8.

9.

10.

→ 次のページに続く

11.

12.

13.

14.

→ 次のページに続く

15.

16.

17.

18.

→ 次のページに続く

19.

20.

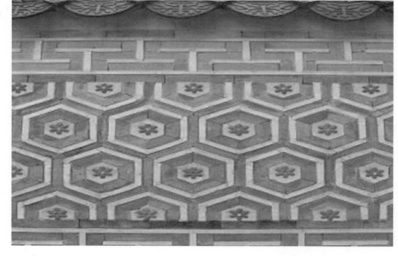

Ⅱ. 次の言葉の返事として、もっとも適したものを(A)から(D)の中で一つを選びなさい。

(例) 明日は何をしますか。

(A) 土曜日です。
(B) 朝ごはんの後にします。
(C) 友達の家に行きます。
(D) テニスをしました。

21. 答えを答案用紙に書き入れなさい。

22. 答えを答案用紙に書き入れなさい。

23. 答えを答案用紙に書き入れなさい。

24. 答えを答案用紙に書き入れなさい。

25. 答えを答案用紙に書き入れなさい。

26. 答えを答案用紙に書き入れなさい。

27. 答えを答案用紙に書き入れなさい。

28. 答えを答案用紙に書き入れなさい。

29. 答えを答案用紙に書き入れなさい。

30. 答えを答案用紙に書き入れなさい。

31. 答えを答案用紙に書き入れなさい。

32. 答えを答案用紙に書き入れなさい。

33. 答えを答案用紙に書き入れなさい。

34. 答えを答案用紙に書き入れなさい。

35. 答えを答案用紙に書き入れなさい。

36. 答えを答案用紙に書き入れなさい。

37. 答えを答案用紙に書き入れなさい。

38. 答えを答案用紙に書き入れなさい。

39. 答えを答案用紙に書き入れなさい。

40. 答えを答案用紙に書き入れなさい。

41. 答えを答案用紙に書き入れなさい。

42. 答えを答案用紙に書き入れなさい。

43. 答えを答案用紙に書き入れなさい。

44. 答えを答案用紙に書き入れなさい。

45. 答えを答案用紙に書き入れなさい。

46. 答えを答案用紙に書き入れなさい。

47. 答えを答案用紙に書き入れなさい。

48. 答えを答案用紙に書き入れなさい。

49. 答えを答案用紙に書き入れなさい。

50. 答えを答案用紙に書き入れなさい。

→ 次のページに続く

Ⅲ. 次の会話をよく聞いて、後の問いにもっとも適したものを(A)から(D)の中で一つ
選びなさい。

（例）A：すみません。この辺に本屋がありますか。

B：はい。駅の前にありますよ。

A：郵便局も本屋のそばにありますか。

B：いいえ。郵便局はあのデパートのとなりです。

郵便局はどこにありますか。
(A) 駅の前
(B) 本屋のとなり
(C) 本屋の前
(D) デパートのとなり

51. 今、何時ですか。

(A) 2時55分
(B) 3時
(C) 3時5分
(D) 3時55分

52. 男の人はどうですか。

(A) 病院へ行かなければならない。
(B) 昨日から薬を飲み始めた。
(C) 薬はまだ飲んでない。
(D) 2日前から薬を飲んでいる。

53. 男の人は何時までに来ればいいですか。

(A) 午前10時
(B) 午前9時55分
(C) 午前10時5分
(D) 午後10時

54. 男の人は何を頼みましたか。

(A) お茶
(B) コーヒー
(C) お湯
(D) 冷たい水

55. おもちゃ売り場はどこに変わりましたか。

(A) 2階から新館の3階に変わった。
(B) 6階から新館の5階に変わった。
(C) 3階から6階に変わった。
(D) 3階から新館の5階に変わった。

56. 女の人はどの電車の切符を買いますか。

(A) 特急電車
(B) 快速電車
(C) 普通電車
(D) 切符を買わなかった。

57. 女の人は何が素敵だと言っていますか。

   (A) 男女が愛し合って結婚すること
   (B) 家族がお互いを愛すること
   (C) 結婚式で初めてお互い顔を合わせること
   (D) 結婚を通して他人が家族となること

58. この車はいくらで売ることができますか。

   (A) 150万円
   (B) 90万円
   (C) 60万円
   (D) 45万円

59. 女の人は昨日、何をしましたか。

   (A) 一日中、家にいた。
   (B) 午後はショッピングに行った。
   (C) 午後は家で家事をしていた。
   (D) 妹が家に遊びに来た。

60. 男の人は昨日、何をしましたか。

   (A) 会社を早退した。
   (B) サッカーの試合を見に行った。
   (C) 家でサッカーの試合を見た。
   (D) 会社で夜勤をした。

61. 山田さんは入社して何年目ですか。

   (A) 35年目
   (B) 40年目
   (C) 44年目
   (D) 60年目

62. 通帳を作るときに必要なものは何ですか。

   (A) パスポートだけでよい。
   (B) パスポートと現金
   (C) パスポートと判子
   (D) 署名さえすれば、何も必要ない。

63. 圧縮ファイルを使うと、ファイルのサイズと送信時間はどのようになりますか。

   (A) 150MB、10分
   (B) 150MB、5分
   (C) 300MB、10分
   (D) 300MB、5分

64. 男の人は昨日、何をしましたか。

   (A) 会社の会議が早く終わったので、同僚と一杯した。
   (B) 取引先に挨拶回りに行った。
   (C) すぐに家に帰った。
   (D) 取引先と会議をした。

65. 女の人はどうして部長から怒られましたか。

   (A) プロジェクトのことを忘れていたから
   (B) 数字を入力するのを忘れていたから
   (C) プロジェクトの最初からミスをしたから
   (D) プロジェクトに思い入れが感じられないから

66. 相手のチームはどんな選手を出してきましたか。

   (A) チームの中で一番優秀な選手
   (B) チームの補欠だった選手
   (C) チームの中で仲間外れにあった選手
   (D) チームの中で一番年が若い選手

→ 次のページに続く

67. 山田さんの首が痛い理由は何ですか。

    (A) 昨日、寝ることができなかったから

    (B) 自分では分からない変な姿勢をしているから

    (C) 寝ているときの姿勢が悪いから

    (D) 歩くときの姿勢が悪いから

68. 社長が今日、一番最初にすることは何ですか。

    (A) 朝食

    (B) 会議

    (C) 取引先との昼食会

    (D) 朝礼

69. 吉田クリーニング店の電話番号は何番ですか。

    (A) 03-212-9721

    (B) 03-212-9722

    (C) 03-121-9723

    (D) 03-121-9721

70. 田中先輩が会社に来なくなった理由は何ですか。

    (A) 仕事が忙しくて、死にそうだったから

    (B) 山に上って、首を痛めたから

    (C) お金をたくさん儲たから

    (D) 借金が多くて、首が回らなくなったから

71. 子供の自殺の原因は何だと言われていますか。

    (A) 学校の教育に問題があるから

    (B) 家庭の教育に問題があるから

    (C) みんな一人一人違う個性を持っているから

    (D) 個性を認めないで、無視するケースが多くなっているから

72. 伊藤さんの家はどんな家ですか。

    (A) アパートで小さな庭がある家

    (B) 一戸建ての小さな庭がある家

    (C) 一戸建ての血のついた家

    (D) アパートで、大きな庭がある家

73. 男の人は小泉首相の息子がドラマに出ることができたのはどうしてだと言っていますか。

    (A) 息子の演技が上手だったから

    (B) 首相の一人息子だから

    (C) 父親が首相だという恩恵を受けることができたから

    (D) ただ自分の実力で勝負してみたいと思っていたから

74. 東京では通勤するだけでも一苦労するのはどうしてですか。

    (A) 満員電車に乗らなくてはいけないから

    (B) 朝食も取る時間もないほど忙しいから

    (C) 電車の他に通勤手段がないから

    (D) 新しい路線の工事をしているから

75. 女の人はどうして一言言いませんでし
    たか。
    (A) 開いた口が塞がらなくて
    (B) 言うと物事がもっと複雑になると
        思って
    (C) 田中君が怖い人だから
    (D) 一言言うと、本の角で殴られると
        思ったから

76. 女の人は何について悩んでいますか。
    (A) 子供の成長が遅いこと
    (B) 子供が言葉をうまく話せないこと
    (C) 子供が最近、親に反抗するように
        なったこと
    (D) 子供が最近、家に帰って来なくなっ
        たこと

77. 加藤さんはどんな人ですか。
    (A) 自分勝手でずうずうしい人
    (B) 残業を一生懸命する人
    (C) 虫が好きでたまらない人
    (D) お酒に目がない人

78. 前回のプロジェクトでは何が問題でし
    たか。
    (A) 開発経費を節約しすぎて、いい製品
        ができなかった。
    (B) 開発経費に対して、お客さんの満足
        度が低かった。
    (C) 開発経費が予算を上回ってしまった。
    (D) 開発経費が予算を下回ってしまった。

79. 女の人が寿司の握り方を教えないのは
    どうしてですか。
    (A) 寿司の握り方は自分で見て、覚える
        ものだから
    (B) 寿司の握り方は秘密なので、教える
        ことができないから
    (C) 寿司の握り方を知らないから
    (D) 男の人が嫌いなので、教えたくない
        から

80. 男の人は国際競争から生き残るために
    は、どうすればいいと考えていますか。
    (A) どんな時代も伝統を守っていかなけ
        ればならないと思っている。
    (B) 伝統を無視して独自の技術を開発・
        保有することが重要だと思っている。
    (C) 新しいものだけがいいと思っている。
    (D) 伝統を守りながらも、新しい技術を
        開発していくことが重要だと思って
        いる。

IV. 次の文章をよく聞いて、後の問いにもっとも適したものを(A)から(D)の中で一つ
選びなさい。

（例）山田さんはもう8年間銀行に勤めています。去年、結婚してから、奥さんと二人で
テニスを始めました。日曜日の朝はいつも家の近くの公園で練習しています。

1. 山田さんは何年間、銀行に勤めていますか。
(A) 3年間
(B) 5年間
(C) 8年間
(D) 10年間

2. 去年、結婚して何を始めましたか。
(A) テニス
(B) ピアノ
(C) ゴルフ
(D) ジョギング

81. ひきこもりとはどんな人ですか。
(A) 6ヶ月以上外出せず、家族以外の人
とは親しくない人
(B) 6ヶ月以上家に帰らず、家族に連絡
しないでいる人
(C) 6ヶ月以上外出せず、家族とは連絡
しない人
(D) 6ヶ月以上誰にも連絡せず、一人で
いることを望む人

82. ひきこもりの人は今、どのくらいいま
すか。
(A) 300万人
(B) 140万人
(C) 160万人
(D) まったく分からない。

83. ひきこもりが部屋の中でしていないこ
とはどれですか。
(A) テレビゲーム
(B) 走り回っている。
(C) ビールや焼酎を飲む。
(D) 何もしない。

84. ひきこもりの説明として正しいものは
どれですか。
(A) 自分の部屋でインターネットばか
りしているが、よく外出する。
(B) 自分の部屋で寝てばかりいるが、
時にはテレビゲームをする。
(C) 家族とも関係を断ち、今は誰とも連絡
しないで孤独の中で生活している。
(D) 自分の部屋では様々な活動をしてい
るが、自宅の外にはあまり出ない。

85. 何についての話ですか。
(A) 日本人のお盆の過ごし方について
(B) 渋滞が発生する時間帯について
(C) お盆の渋滞の予測について
(D) お盆の渋滞が及ぼす被害額について

86. 全国でもっとも長い渋滞はどのくらい
ですか。
(A) 「上り方面」で65km
(B) 「上り方面」で50km
(C) 「下り方面」で65km
(D) 「下り方面」で50km

87. 今年の交通渋滞はどうなると言ってい
ますか。
(A) 去年とほぼ同じで、渋滞が起こる
場所は決まっている。
(B) ETC導入により、渋滞が起こらな
かった場所でも渋滞する可能性が
ある。
(C) ETC導入により、渋滞が緩和され、
高速道路は通行しやすくなる。
(D) ゴールデンウィークと同じような
結果になると予測される。

88. 道路交通センターは何について発表し
ましたか。
(A) 交通渋滞のひどさについて
(B) お盆の時期の交通渋滞について
(C) ゴールデンウィークの交通渋滞に
ついて
(D) 道路の状態が悪化したことについて

89. 日本語検定の目的は何ですか。
(A) 正しい敬語を使うことができるよ
うにするため
(B) ニュースに加えて、クイズなどを
提供するため
(C) 日本語の総合的な運用能力をつけ
るため
(D) 正しい日本語の使い方を身につけ
ることができるようにするため

90. 時事通信社は、どんなことをしていま
すか。
(A) この事業に共感し、日本語検定の
ニュースを配信している。
(B) 日本語検定委員会と共に、日本語
検定を実施している。
(C) ニュースと写真を組み合わせ、楽
しいニュースを配信している。
(D) 公式サイトに教育関係のニュースを
配信し、クイズも提供している。

91. 日本語検定の出題範囲でないものはどれですか。

   (A) 敬語
   (B) 語彙
   (C) 作文能力
   (D) 言葉の意味

92. この家族の子供たちはどんな子供たちですか。

   (A) 日が沈み、暗くなるまで息子達は外で遊んでいる。
   (B) 娘は室内で静かに友達と遊ぶことが好きだ。
   (C) 息子達は、昼寝を全くせずに外へ遊びに行ってしまう。
   (D) 息子達は農業に興味を持っている。

93. ご主人の今の仕事は何ですか。

   (A) 大手の保険会社で仕事をしている。
   (B) 田舎で農業をしている。
   (C) 保険会社の仕事のかたわら、農業もしている。
   (D) 今は何もしていないが、来年から農業を始めるつもりだ。

94. 女の人は、どんな家族でいたいと言っていますか。

   (A) 苦しみをお互い分かち合う家族
   (B) 楽しい思い出を残すことができる家族
   (C) どんな時も励まし合う家族
   (D) 静かで幸せな家族

95. メタボリックシンドロームの原因は何ですか。

   (A) 糖尿病などの生活習慣病
   (B) 内臓に脂肪が溜まること
   (C) さまざまな病気
   (D) 心臓病

96. 日本の死亡の原因の3つに当てはまらないのはどれですか。

   (A) がん
   (B) 心臓病
   (C) 脳卒中
   (D) 糖尿病

97. メタボリックシンドロームとして正しいものはどれですか。

(A) 治療できない不治の病として恐れられている。

(B) さまざまな病気の原因となり得ることが分かってきた。

(C) 日本の死亡者のほとんどはメタボリックシンドロームだ。

(D) 研究は始まったばかりで、分かっていることは何もない。

98. 筆者は、どうして現代の若者はかわいそうだと言っていますか。

(A) プロ意識に欠けたお笑いを見て、面白いと感じているから

(B) 本当のお笑いを知らずにいるから

(C) 今のお笑いに面白さを感じることができなかったから

(D) お笑い芸人が司会者の役割をしているのを見たから

99. 男の人が、今の芸人がプロ意識に欠けていると言っている理由は何ですか。

(A) お笑い芸人が司会者の役目を果たすようになり、視聴者を笑わせることが少なくなったから

(B) 芸人はトークショーでもアドリブだらけで、質問に答えられない姿で笑いをとっているから

(C) 芸人が、本当の笑いを研究せず、行き当たりばったりでお笑いをしているから

(D) アドリブで笑いをとるような余裕が今の芸人にはなくなったから

100. お笑い芸人の仕事は何だと言っていますか。

(A) 視聴者を笑わせることに、力を注ぐこと

(B) お笑い芸人が司会者の役目を果たし、番組を進行すること

(C) 本当のお笑いを研究し、発表すること

(D) 雑談者になり、様々な話題について話すこと

V. 下の＿＿＿線の言葉の正しい表現、または同じ意味のはたらきをしている言葉を
(A)から(D)の中で一つ選びなさい。

101. 私は秋がいちばん好きです。
    (A) ふゆ
    (B) なつ
    (C) はる
    (D) あき

102. ハワイ旅行に行く予定です。
    (A) よて
    (B) ようて
    (C) よてい
    (D) ようてい

103. 山田さんは田中さんより若いです。
    (A) わかい
    (B) にがい
    (C) くるしい
    (D) かわいい

104. 幸いそれで間に合った。
    (A) からい
    (B) つらい
    (C) にがい
    (D) さいわい

105. タイトルで読者を騙すのはやめてほ
    しい。
    (A) だます
    (B) みだす
    (C) おかす
    (D) ごまかす

106. 確信が持てないときには潔く諦める。
    (A) にぶく
    (B) きよく
    (C) いさぎよく
    (D) かしこく

107. 多くの地場産業は、生活に密着した
    商品作りを行っています。
    (A) ちば
    (B) じば
    (C) ちじょう
    (D) じじょう

108. 行方不明の娘をさがしている。
    (A) 探している。
    (B) 捜している。
    (C) 索している。
    (D) 届している。

109. 仕上げに<u>こな</u>チーズを入れてください。

    (A) 扮

    (B) 紛

    (C) 粉

    (D) 憤

110. いかがですか、今年の浴衣は<u>あつら</u>
    <u>えて</u>みませんか。

    (A) 縫えて

    (B) 裁えて

    (C) 製えて

    (D) 誂えて

111. 山田さん、一緒にコーヒーを<u>飲みま</u>
    <u>しょう</u>。

    (A) 飲みませんか。

    (B) 飲んでください。

    (C) 飲むことがありますか。

    (D) 飲んだことがありますか。

112. <u>社長が家に招待してくださいました</u>
    <u>が、今日は遠慮しました。</u>

    (A) 社長の家に行かないことにした。

    (B) 社長が招待してくださってとても
        嬉しかった。

    (C) 社長のお宅に訪ねてみた。

    (D) 社長の家に行かなければならない。

113. こんな親切なメールに対する反応と
    しては<u>ようち</u>すぎだろう。

    (A) やさしい

    (B) つめたい

    (C) きびしい

    (D) おさない

114. 彼女は大学入学<u>を契機に</u>、親元を出た。

    (A) をもとに

    (B) をかわきりに

    (C) をきっかけに

    (D) をもとより

115. 彼は<u>おもむろに</u>立ち上がった。

    (A) 急いで

    (B) むやみに

    (C) ゆっくりと

    (D) はずかしそうに

116. また来年に向けて<u>襷をつなぎたい</u>と
    思います。

    (A) 弱点を克服する

    (B) バトンを渡す

    (C) 一生懸命頑張る

    (D) ベストを尽す

117. この牛乳水っぽくてまずいよ。

    (A) あの人は忘れっぽくて困る。

    (B) どうやら明日は雨っぽい。

    (C) 山田さんは非常に怒りっぽい性格
        をしている。

    (D) 30歳にもなって、そんなことで怒
        るなんて子供っぽいね。

118. もう遅いしこれで失礼します。

    (A) あの店は安いし、うまい。

    (B) あの子は頭もいいし性格もいい。

    (C) このアパートは静かだし、日当た
        りもいい。

    (D) そこは電気もないし、ひどく不便
        なところだった。

119. このかばんは重くなくて、ちょうど
    いい大きさだ。

    (A) 大事故にならなくてよかった。

    (B) 食べもしなくて飲みもしない。

    (C) 思ったより高くなくてほっとした。

    (D) 子供の体が丈夫でなくて大変だ。

120. 5年間の文通を通して、二人は恋を実
    らせた。

    (A) この地方は1年を通して雨の降る
        日が少ない。

    (B) 実験を通して得られる結果しか信
        用できない。

    (C) 5日間を通しての会議で、様々な意
        見が交換された。

    (D) この1週間を通して、外に出たの
        はたった二度だけだ。

Ⅵ. 下の_____線の(A)、(B)、(C)、(D)の言葉の中で正しくない言葉を一つ選びなさい。

121. この本には名前が書いてありますから、誰のかわかりません。
　　　　　(A)　　(B)　　　　(C)　　　　　　　(D)

122. 今週引っ越したばかりですから、まだ整理ができていません。
　　(A)　　　　　　　　(B)　　(C)　(D)

123. 街もきれいですし、商店街も近いですし、とても住むやすいです。
　　　　　　(A)　　　　　　　(B)　　(C)　　　　(D)

124. 今度の日曜日に友達とドライブに行く予定ますが、もしよろしかったら、一緒に
　　(A)　　　　(B)　　　　　　　　(C)　　　　　　　　(D)

　　行きませんか。

125. 日本の物価は高いと思われるが、私はそうは思わない。
　　　　　(A)　　　　(B)　　　　　(C)　　　　(D)

126. 今度の日曜、子供に新規でドコモの携帯を買ってくれようかと思っています。
　　　　(A)　　　　　(B)　　　　　　　　(C)　　　　　　　(D)

127. 子供の時、よく遊んだ公園の近くで有名な図書館がありました。
　　　　(A)　　　(B)　　　　(C)　　　　　(D)

128. 薬を飲む前にやるべきことがあるし、さらに薬を飲み始めたからも気を付けないと
　　　　　　　　(A)　　　　　　　(B)　　　(C)

　　いけない。
　　　(D)

129. たとえそれらを一つすべてまとめて認めたとしても、この時点にあってそれは全く
　　(A)　　　　　　(B)　　　　　　　　　　　　(C)　　　　(D)

　　関係がない。

130. 生意気なことを言える立場ではないですが、明日のことを心配するものはないです。
　　　　(A)　　　　　(B)　　　　　　　　　　　　(C)　　　　　(D)

131. 家事が嫌いし、縛られるのが嫌だからと遊びたいから離婚するという人もいるらしい。
　　　　　(A)　　　　(B)　　　　　　(C)　　　　　　　　　　　　　　　　(D)

132. 感謝の気持ちを形にすると、出張たびに私の財布はさびしくなります。
　　　　　(A)　　　　(B)　(C)　　　　　　　(D)

133. ドラフト上位で鳴り物入りで入団しながら、1軍で大して活躍している。
　　　(A)　　　　　(B)　　　　　　　　　　　　(C)　　　　　(D)

134. 申し訳ございません、乗客1人に関して3つまでの手荷物を持ち込むことができます。
　　　(A)　　　　　　　　　　　(B)　　(C)　　　　(D)

135. これだけ国際的な非難を浴びれば、政府も計画を白紙に戻らざるを得ないのではないか。
　　　(A)　　　　　　　(B)　　　　　　　　　　(C)　　　　　　(D)

136. 大気汚染による被害は、老人や幼い子供達にとどまって、若者達にまで広がった。
　　　　(A)　　　　　　(B)　　　　(C)　　　　　　　(D)

137. オープンしたばかりの飲食店が店内改装につき休業する意味は何だろう。
　　　(A)　　　　(B)　　　　　　　(C)　　　　　　(D)

138. 研究図書館が蓄積した情報の電子化には、莫大なコストが必要なことを
　　　　　　　　(A)　　　　　　　　　　(B)　　　　(C)

忘れないべきだ。
(D)

139. 結婚の理想は互いに相手を束縛することなしでしかも緊密に結びついていることだ。
　　　　　　(A)　　　　　　(B)　　　(C)　　　　　　　(D)

140. ありふれる生活の中から巧みに「事件」をすくいあげる手腕には、いつも驚かされる。
　　　(A)　　　　　(B)　　　(C)　　　　　　　　　　　　　(D)

Ⅶ. 下の＿＿＿＿線に入る適当な言葉を(A)から(D)の中で一つ選びなさい。

141. 切手が3＿＿＿＿あります。
 (A) こ
 (B) ほん
 (C) まい
 (D) さつ

142. 東京は＿＿＿＿おもしろいところです。
 (A) にぎやか
 (B) にぎやかの
 (C) にぎやかに
 (D) にぎやかで

143. おつりは300円に＿＿＿＿。
 (A) です
 (B) します
 (C) なります
 (D) ございます

144. 東京まで＿＿＿＿で行きますか。
 (A) なに
 (B) どう
 (C) どこ
 (D) だれ

145. 山田先生は時間に＿＿＿＿。
 (A) うれしい
 (B) さびしい
 (C) きびしい
 (D) うらやましい

146. 子供が、熱を出して5日経つのですが、食欲が全然＿＿＿＿。
 (A) あります
 (B) ありません
 (C) ありました
 (D) あるでしょう

147. その本をそこに＿＿＿＿＿おいてください。

(A) 置く

(B) 置き

(C) 置いて

(D) 置いた

148. ゆうべはとても静か＿＿＿＿＿。

(A) だろう

(B) である

(C) かった

(D) だった

149. クリームシチューの作り方教えて＿＿＿＿＿ありがとうございます。

(A) やって

(B) あげて

(C) くれて

(D) もらって

150. 1時に郵便局＿＿＿＿＿来てください。

(A) に

(B) で

(C) まで

(D) のところに

151. 母が私にりんごを＿＿＿＿＿。

(A) 送りました。

(B) あげました。

(C) 送ってくれました。

(D) いただきました。

152. 山田さん、上着のボタンが＿＿＿＿＿ですよ。

(A) とるそう

(B) とりそう

(C) とれそう

(D) とりよう

153. 応援の人の_____に驚いた。
   (A) 多い
   (B) 多さ
   (C) 多め
   (D) 多くて

154. 加藤さんの態度_____、きっと合格したに違いない。
   (A) からには
   (B) からあると
   (C) からすると
   (D) からといって

155. あのときの失敗がつくづく_____。
   (A) 悔やむ
   (B) 悔やんだ
   (C) 悔やませる
   (D) 悔やまれる

156. 佐藤さんは_____困ったような顔をしていました。
   (A) いかに
   (B) いかなる
   (C) いかにも
   (D) いちがいに

157. 野村さんはどうして会議に来ない_____。
   (A) かな
   (B) っけ
   (C) かしら
   (D) のかな

158. 家に_____なり自分の部屋に閉じ籠って出てこない。
   (A) 帰り
   (B) 帰る
   (C) 帰って
   (D) 帰ろう

159. 最近とんとカラオケに＿＿＿＿＿＿。
   (A) 行っている
   (B) 行っていない
   (C) 行ったことがある
   (D) 行きたくなるだろう

160. きちんと調べてから行けば無駄足を＿＿＿＿＿＿済んだのに。
   (A) 組まなくて
   (B) 行かなくて
   (C) 走らなくて
   (D) 踏まなくて

161. 私が後方の安全確認を＿＿＿＿＿＿、死亡事故を引き起こしてしまった。
   (A) 怠ったばかりに
   (B) 怠るからには
   (C) 怠るからといって
   (D) 怠るからというもの

162. 兄に教えてもらって＿＿＿＿＿＿わかるようになってきた。
   (A) 続々と
   (B) いちいち
   (C) 順々に
   (D) しだいに

163. 課長になって給料が＿＿＿＿＿＿上がった。
   (A) とんと
   (B) どんと
   (C) でんと
   (D) ちんと

164. 一流のホテルとあって外国人の宿泊客も多く、さながら外国に泊まっている＿＿＿＿＿＿。
   (A) ようだ
   (B) らしい
   (C) みたいだ
   (D) そうだ

165. 課長はその計画を一顧_____しなかった。
    (A) まで
    (B) すら
    (C) さえ
    (D) だに

166. _____ご存じだと思いますが、昨夜、会長がお亡くなりになりました。
    (A) かつて
    (B) すでに
    (C) もはや
    (D) ましてや

167. 部長、遅くまで仕事をなさって、_____お疲れになりましたでしょう。
    (A) ふと
    (B) さぞ
    (C) よほど
    (D) いかにも

168. 弟は会社を辞めてからというもの、毎日暇を_____。
    (A) もてなしている
    (B) もてあましている
    (C) もてはやしている
    (D) もてあそんでいる

169. 鼻唄交じりで_____と湯につかる。
    (A) ぬくぬく
    (B) ぬるぬる
    (C) ねちねち
    (D) のこのこ

170. だから彼のビジネスも人間性と同じように、身も_____もない。
    (A) 手
    (B) 息
    (C) 蓋
    (D) 味

Ⅷ. 下の文を読んで、後の問いにもっとも適した答えを(A)から(D)の中で一つ選びなさい。

(171~174)

　　今日は今年初めて30℃を越える気温となりました。さすがに暑かったですね。でも夕方からは土砂降りの雨で、やっぱり梅雨が間近に感じられましたよ。昼過ぎに急用が出来て出かけたのですが、窓辺にジーパンを干していたことなどすっかり忘れていました。帰ってから気が付いて、ありゃりゃ～と①ガッカリしたのですが、なぜか思っていたよりも濡れてなくてホッ。風向きのせいで雨が入り込まなかったみたいです。明日も雨の予報が出てるので、たぶん梅雨入りするかも知れないですね。先日、お隣のご夫婦が引越しされました。内緒で飼っていたワンちゃんも一緒に。急に静かになっちゃって、なんだかとっても寂しくなってしまいました。それはそうと、今時の集合住宅事情ってよくわからないのですが、引っ越してきても挨拶しないものなんでしょうか。全戸でなくても左右とか下の部屋には、挨拶するのが当然だと思うのですが…何もしないでドンドンガタガタやられた日には、不動産屋に苦情を言おうか…と真剣に考えたりします。ずっとお隣でいられるわけはないのですが、最初からご一緒だった方にいなくなられるのは、本当に＿＿＿②＿＿＿ですよ。私も騒音なしでエアコン付きの新しい所に引っ越したくなっちゃいました。

171. 今日の天気はどうですか。

(A) 一日中暑かった。

(B) 朝から雨が降ってきた。

(C) 雨とともに風が強かった。

(D) 激しい雨が降ってきた。

172. ①ガッカリしたのはなぜですか。

(A) 隣の人が引っ越したから

(B) これからはワンちゃんに会えないから

(C) 急に強い雨が降ってきたから

(D) 洗濯物を干していたのに、雨が降ってきたから

173. 明日の天気はどうなりますか。

 (A) 雨とともに風が強くなる。

 (B) 予報によると雨が降る。

 (C) 午前中は晴れるが、午後から雨が降る。

 (D) 梅雨入りだから、明日も雨が降る。

174. ＿＿＿②＿＿＿ に入る適当な言葉は何ですか。

 (A) 嬉しい

 (B) 悲しい

 (C) 寂しい

 (D) ありがたい

うちの会社は以前に、倒産した会社の業務とそこで働いていた①社員をそのまま受け継いだことがありました。そしてそこで働いていた人が最近文句を言い出しました。その人は運転手で働いているのですが、その人が言うには、「前の会社は社員に対する待遇が良かった」とか「前はこんな手当が付いていたが、会社の経営者が変わってから給料が減った」とか勝手なことばかり言っています。しかし、その前の会社の社員に対する待遇は社員にとっては良くても、会社にとっては本当にそれで良かったんでしょうか。だぶん会社にとっては経費がかさんだから経営悪化により倒産したのではないでしょうか。それを理解しない前の会社からの社員の人は、②変なプライド持って納得していないようです。中途採用した人もそうですが、中途半端な経験をした人ほど次の会社にそのプライドを持ち越す人が多いような気がします。心機一転して新しい気持ちで＿＿③＿＿とする人は少ない気がします。

175. ①社員について正しいものはどれですか。

　　(A) いつも文句ばかり言う。

　　(B) 残業をしたことがある。

　　(C) 運転手で働いている。

　　(D) プライド持って新しい気持ちである。

176. 前の会社の社員に対する待遇はどうでしたか。

　　(A) 文句を言ってもどうにもならなかった。

　　(B) 今の会社より待遇が良かった。

　　(C) 上司が変わってから給料が減った。

　　(D) 社員に対する待遇はよくなかったが、手当が付いていた。

177. ②変なプライドとは、どれですか。

(A) 給料が少ないと思っている。

(B) 中途採用した人よりましだと思っている。

(C) 中途半端な経験をしたことがない。

(D) 経営悪化により倒産したのは仕方ない。

178. ____③____に入る適当な言葉は何ですか。

(A) 取り次ごう

(B) 取り込もう

(C) 取り扱おう

(D) 取り組もう

　　福岡市にある九州大法科大学院と、鹿児島市の鹿児島大法科大学院は23日、　　①　　大学院で学べる教育連携協定を締結した。法科大学院は司法試験合格率が低迷、志願者減少が続いており両大学院の連携は生き残り策としても注目されそうだ。協定では、3年コースで学ぶ学生が希望すれば、3年次前期に　　②　　の法科大学院に「留学」し、単位を取得することができる。成績優秀な学生が延長を希望すればそのまま後期も学ぶことができ、修了は入学した元の大学院となる。学生は相互に受け入れるが、知的財産など先端教育が充実している九州大法科大学院で学ぶケースがほとんどになるとみられる。

179.　　①　　に入る適切な言葉を下から選んでください。

(A) 一方の

(B) 両手の

(C) 片側の

(D) 互いの

180. 両大学院の連携とはどんなものですか。

(A) 大学院の学生なら誰でも、希望に従って相互の大学院に留学することができるもの

(B) 各大学院の学生が自主的に学習できるようにシステムの共有をしようというもの

(C) 各大学院の学生が社会で生き残れるように技術を協力して確立していこうというもの

(D) 各大学院の3年次前期には、相互の大学院に留学できるもの

181. 本文の内容として正しいものはどれですか。

(A) 両大学院は志願者が減少するなか、学生が社会で生き残っていけるように、両大学院の連携を強める協定を締結した。

(B) 両大学院の志願者が低迷する中、学生の誘致に一役買っていると思われているこの協定は、大学院側の緻密な計算のもとに締結されたものである。

(C) 「留学」した先で取得した単位は、基本的に「留学」先での単位となり、その単位を認めるかどうかは各大学院の裁量に任せられている。

(D) 両大学院は連携を強める協定を締結し、相互の学生が「留学」できるものとしたが、教育の質から一方の大学院への「留学」がほとんどになると予想されている。

演歌歌手、山本譲二(59)が昨夜、都内で緊急会見を開き、右耳に腫瘍ができ、難聴になっていることを衝撃告白した。病名は顔面神経良性腫瘍で、治療法によっては顔面神経痛を併発する可能性が高いという。山本によると、今年5月末から右耳が①聞こえづらくなり、6月24日に都内の病院で、鼓膜を破って耳の奥に溜まった水を抜く治療を受けた。7月2日にCT検査で中耳に突起物があることが発覚。21日のMRI検査で「顔面神経良性腫瘍」と診断された。山本は、「右耳の下に鈍痛があります。こういう状態で絶好調だと、ウソをつくのがイヤだった。ダマして歩くよりは、堂々と歩きたい」と会見を開いた理由を説明。病気の前例は少なく、原因も不明だという。深刻な診断結果に、一時は②自暴自棄になり21日のブログでは「俺、右の耳は捨てた。左の耳で生きていく」などと書き込んでいた。＿＿＿③＿＿＿、ファンから激励のメッセージが殺到し、前向きな気持ちを取り戻した。

182. ①聞こえづらくなりと同じ意味を持つ文章を選んでください。
    (A) 聞こえにくくなり
    (B) 聞こえがたくなり
    (C) 聞こえかねて
    (D) 聞こえるばかり

183. ②自暴自棄とあるが、どんな意味ですか。
    (A) 思うようにならないため、自分をダメなものだと思い、やけを起こすこと
    (B) 周りが敵や反対者ばかりで、味方がいないこと
    (C) 自分の行いの結果を自分がうけること
    (D) 自殺したい思いに駆られて、行動に移してしまうこと

184. ＿＿＿③＿＿＿に入る言葉として最適なものを下から選んでください。
    (A) それから
    (B) しかし
    (C) それでも
    (D) そっちのけで

日本には、天気に関することわざはたくさんある。「ツバメが低く飛ぶと雨」というのは有名だが、他にも「蟻が引っ越しをすると大雨の兆し」と、「月に傘がかかると翌日は雨」「たんぽぽが閉じていると雨」など昔の人の知恵がぎっしり詰まっているものだ。＿＿＿①＿＿＿②これらの多くは科学的にも裏付けが取れるものが多い。雨が降る前というのは気圧が下がり、気圧が下がると空気は湿り気を帯びる。そこでツバメのエサはなんだろうか。そう、小さな虫である。湿気が多く空気が重い状態だと虫は高く飛べず、地面の辺りを飛び回ることになる。それを狙って、ツバメも低く飛ぶわけである。お父さんならこういうことを知っていると子供に③一目置かれる事がある。タンポポが閉じているのを見たら降水確率が高い、こうしたちょっとしたことを覚えといて損はない。

185. ＿＿＿①＿＿＿　に入る言葉として適切なものを下から選んでください。

(A) これこそ

(B) それこそ

(C) もちろん

(D) それはそれとして

186. ②これらとは何を意味していますか。

(A) 昔の人の知恵

(B) 天気に関することわざ

(C) お父さんや子供

(D) ツバメや虫

187. ③一目置かれるとはどういう意味ですか。

(A) 少し変な人だと、周りの人が避けること

(B) 目と目が合い、御互い温かな気分になること

(C) 自分とは違うことを理由に、仲間はずれにされること

(D) 優れていることを認めて、尊敬すること

188. 本文の内容としてあっているものを下から選んでください。

(A)「ツバメが低く飛ぶと雨」というものは科学的な研究の結果だということが分かったのでことわざとは言いにくい。

(B) 小さな知識を身につけてもあまりいいことはないので、お父さんは子供から尊敬されることはない。

(C) 天気に関することわざはすべて科学的根拠に基づいたものであり、でたらめではない。

(D)「ツバメが低く飛ぶと雨」ということわざは、昔の人の知恵が科学的にも証明された形となった。

馬車の上には二人の乗客が向かい合って乗っていた。二人とも、いずれも①みすぼらしい身なりで、一人は五十近い婆さんであった。一人はやはり、同じ年ごろの爺さんであった。爺さんは引っ切りなしに、煙草をくゆらしていた。その煙がどうかすると、風の具合で、婆さんの顔にかかった。婆さんはそのたびに横を向いて、その煙を避けようとした。「これはどうも、あなたの方へばかり、煙を吹きかけるようで……」爺さんは軽く頭をさげながら言った。 ② 、爺さんは、やはりそのまま煙草を吸い続けるのだった。「煙がかかってようござんすよ。かまいませんよ。煙草の好きな方は仕方がございませんもの。」婆さんは微笑をもって言うのだった。「私はどうも、眼を開いている間は、煙草をどうしてもはなせませんのでなあ。」爺さんはそう言って、今度は紺碧の大空に向けて煙を吐きあげた。「煙草の好きな方は、夜中に眼を覚ましても、床の中で一服するそうですからね。」「私のは、それはそれは、それどころじゃないんです。とにかく、夜中だろうが、昼間だろうが、眼を開いている間はこうして煙草を口にしている ③ 。何しろ、私あ、十五六の時からふかして来たんですから。」「ではもう、三四十年も呑み続けていらっしゃるわけですね。」「それさね、早三十五六年にもなりますかなあ？」爺さんはそう言って、遠い記憶を思い出そうとするように、軽く眼を閉じた。

189. ①みすぼらしいとはどんな意味ですか。

(A) 貧乏にも関わらず、裕福にみせるという意味

(B) 貧乏らしく、汚れて粗末な様子

(C) 裕福にも関わらず、貧乏にみせること

(D) まわりの人に合わせずに、自己流を貫くこと

190. _____②_____ に入る適当な言葉を下から選んでください。

(A) しかし

(B) それとなく

(C) それでは

(D) そうしてから

191. _____③_____ に入る適当な言葉を下から選んでください。

(A) 始末なんです。

(B) 結果なんです。

(C) 結末なんです。

(D) 馴れ初めなんです。

192. 本文の内容として正しいものを選んでください。

(A) お爺さんは、お婆さんに煙草の煙がかかるので、申し訳なく、喫煙をやめた。

(B) お婆さんは、煙草を吸うお爺さんに微笑みながら煙草を吸ってもかまわないと言った。

(C) お爺さんは、目を閉じながら煙草を吸っている。

(D) お爺さんは、昔の話をしながら、煙草を吸うのが習慣だ。

　ちょっと出かけた先で、トイレが見つからなくて大変苦労することがある。そんな時、デパートが目に入るとほっとするものだ。コンビニのトイレは狭くて入りづらいし、何も買わないで出てくるのは気が引ける。だがデパートなら広くて綺麗だし、人の出入りも頻繁ではないので気持ちよく用を足せるというものだ。＿＿①＿＿、デパートのトイレというのは一階にはない場合が極めて多い、ということにお気づきだろうか。こちらはトイレに一刻も早く駆け込みたいのに、入り口からはるばるエスカレーターなどで上の階に行かなければトイレに辿り着けないのである。　これは、客商売として②いささか不親切ではないのか。だが、店の立場から考えてみれば、トイレ目当てで立ち寄られてオミヤゲだけ残して帰られたのでは＿＿③＿＿。もちろん、トイレを利用してもらってもいいが、何かを買っていってもらいたいというのが本音だろう。そのため、2階などにトイレを設置して客がトイレの道のりの間に商品を物色するように仕向けているのである。なるほど、トイレの帰りにでも安い食料品を見かければ買いたくなるだろうし、2階の衣料品売り場では処分品セールに目を付けてくれるかもしれない。せっかく来たお客様をトイレだけで逃がしてはもったいない。店側にして見ればトイレを遠くに置きたいというのは④至極当然の発想なのである。トイレの配置というものはなかなか奥が深い。用を足しながら配置の意図するところを考えてみると、退屈しないかもしれない。

193. ＿＿①＿＿に入る適当な言葉を下から選んでください。

(A) ところで

(B) ところが

(C) それにしても

(D) それはそうとして

194. ②<u>いささか不親切</u>とはどういうことですか。

(A) コンビニのトイレが狭くて気が引けるということ

(B) デパートの1階にはトイレが設置されていないこと

(C) トイレに行くついでにお客さんに何か買ってもらおうとすること

(D) トイレに行く道に色々な商品を置いて、トイレを使わせないようにしていること

195. _____③_____ に入る適切な言葉を下から選んでください。

(A) たまらなっているのである

(B) たまったものではない

(C) 我慢の限界である

(D) 我慢しなければならない

196. ④<u>至極当然の発想</u>とはどういうことですか。

(A) 処分するための商品をトイレ近くに置いて、お客に買わせようとする発想

(B) トイレに入ったお客さんを逃さないようにして、商品を買うように脅迫するという発想

(C) トイレを遠くに設置し、トイレに行く途中に目を引く商品を置いて、お客に買ってもらおうという発想

(D) 商品を買わないお客にはトイレも使わせないようにする発想

　現在は自販機では実に多様なものが販売されている。ドリンクやタバコは＿＿＿①＿＿＿、切符、入場券、たまご、米、納豆、おでん、新聞、雑誌、CD、DVD、花に下着などなど…　中でもよく利用するのがドリンクやタバコなどを買うときと、電車の切符を買うときだろう。ところで、②この二種類の自販機には決定的な違いがあることにお気づきだろうか。それは、硬貨投入口の形。飲料類自販機の投入口は横型だが、駅で切符を販売するものは縦なのである。これは一体なぜなのだろうか。縦型の投入口だと、入れられたコインは＿＿＿③＿＿＿転がって素早く識別装置に入り、商品が購入可能になる。しかし、横型だと滑りながら落ちていき、抵抗が大きいので処理速度は落ちてしまう。大勢の人が並んで買う切符の販売機の場合、処理速度が命だ。少しでも遅ければ客にストレスを与え、行列ができて業務にも支障をきたす。そこで、切符の発券機には縦型の投入口が採用されているのである。では、なぜ飲料用の投入口は横なのか。飲み物を買うときだって早いに越したことはないはずだが？実は、縦型には欠点がある。識別装置がスペースを取ってしまい、自販機のサイズが大きくなることだ。対して、横型を使うとコンパクトに収まる。飲み物やタバコなどの自販機は、設置場所の都合上、なるべくスリムなデザインにしなければならない。その上で、商品を可能な限り多く入れる必要がある。多少処理は遅くとも、場所を取らない横型投入口を使ったほうが有利、ということなのである。

197. ＿＿＿①＿＿＿に入る適切な言葉を下から選んでください。

(A) 言うに及ばず

(B) 言っても仕方ないが

(C) 言っても

(D) 話にもならないが

198. ②この二種類の自販機の説明として正しいものを下から選んでください。

(A) ドリンク販売の自販機は硬貨の投入が難しく、切符販売の自販機が硬貨の投入が簡単にできる理由は顧客の年齢層の違いからくるものである。

(B) ドリンク販売の自販機は硬貨の投入口が縦型なのに対して、切符販売の自販機は硬貨の投入口が横型である理由は顧客の年齢層の違いからくるものである。

(C) ドリンク販売の自販機は硬貨の投入が難しく、切符販売の自販機が硬貨の投入が簡単にできる理由は顧客の好みからくるものである。

(D) ドリンク販売の自販機は硬貨の投入口が横型なのに対して、切符販売の自販機は硬貨の投入口が縦型である理由は自動販売機の使用目的に合わせてのことである。

199. ＿＿＿＿③＿＿＿に入る適切な言葉を下から選んでください。

(A) ころころ

(B) ぽとぽと

(C) がたがた

(D) ぱらぱら

200. 本文の説明として正しいものを下から選んでください。

(A) 自動販売機はそれぞれの用途に合わせて、硬貨の投入口の形が決められている。

(B) 自動販売機は売るものの大きさによって、硬貨の投入口の形が決められている。

(C) 自動販売機では、今、様々なものが売られているが硬貨の投入口の形が違うので不便な思いをしている。

(D) これからの自動販売機はすべて同じ硬貨投入口の形をするように統一した規格がとられるようになった。

JPT 日本語能力試験

JAPANESE
PROFICIENCY
TEST

실전모의고사

4회

次の質問1番から質問100番までは聞き取りの問題です。

どの問題も1回しか言いませんから、よく聞いて答えを(A), (B), (C), (D)の中から一つ選び
なさい。答えを選んだら、それにあたる答案用紙の記号を黒くぬりつぶしなさい。

Ⅰ. 次の写真を見て、その内容に合っている表現を(A)から(D)の中で一つ選びなさい。

(例)

(A) この人は本を読んでいます。

(B) この人は掃除をしています。

(C) この人は電話をしています。

(D) この人はビールを飲んでいます。

答　(A) (B) (●) (D)

1.

2.

→ 次のページに続く

3.

4.

5.

6.

→ 次のページに続く

7.

避難経路案内図

● 消火器　　　　□ 避難器具

8.

9.

10.

→ 次のページに続く

11.

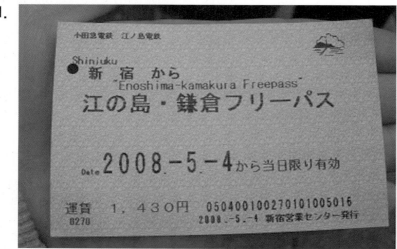

12.

13.

14.

→ 次のページに続く

15.

16.

17.

18.

→ 次のページに続く

19.

20.

Ⅱ. 次の言葉の返事として、もっとも適したものを(A)から(D)の中で一つ選びなさい。

（例）明日は何をしますか。

  (A) 土曜日です。
  (B) 朝ごはんの後にします。
  (C) 友達の家に行きます。
  (D) テニスをしました。

21. 答えを答案用紙に書き入れなさい。

22. 答えを答案用紙に書き入れなさい。

23. 答えを答案用紙に書き入れなさい。

24. 答えを答案用紙に書き入れなさい。

25. 答えを答案用紙に書き入れなさい。

26. 答えを答案用紙に書き入れなさい。

27. 答えを答案用紙に書き入れなさい。

28. 答えを答案用紙に書き入れなさい。

29. 答えを答案用紙に書き入れなさい。

30. 答えを答案用紙に書き入れなさい。

31. 答えを答案用紙に書き入れなさい。

32. 答えを答案用紙に書き入れなさい。

33. 答えを答案用紙に書き入れなさい。

34. 答えを答案用紙に書き入れなさい。

35. 答えを答案用紙に書き入れなさい。

36. 答えを答案用紙に書き入れなさい。

37. 答えを答案用紙に書き入れなさい。

38. 答えを答案用紙に書き入れなさい。

39. 答えを答案用紙に書き入れなさい。

40. 答えを答案用紙に書き入れなさい。

41. 答えを答案用紙に書き入れなさい。

42. 答えを答案用紙に書き入れなさい。

43. 答えを答案用紙に書き入れなさい。

44. 答えを答案用紙に書き入れなさい。

45. 答えを答案用紙に書き入れなさい。

46. 答えを答案用紙に書き入れなさい。

47. 答えを答案用紙に書き入れなさい。

48. 答えを答案用紙に書き入れなさい。

49. 答えを答案用紙に書き入れなさい。

50. 答えを答案用紙に書き入れなさい。

→ 次のページに続く

Ⅲ. 次の会話をよく聞いて、後の問いにもっとも適したものを(A)から(D)の中で一つ
選びなさい。

(例) Ａ：すみません。この辺に本屋がありますか。

Ｂ：はい。駅の前にありますよ。

Ａ：郵便局も本屋のそばにありますか。

Ｂ：いいえ。郵便局はあのデパートのとなりです。

郵便局はどこにありますか。
(A) 駅の前
(B) 本屋のとなり
(C) 本屋の前
(D) デパートのとなり

51. 本は誰のですか。

(A) 男の人
(B) 女の人
(C) 鈴木さん
(D) 田中さん

52. 女の人は誰に電話しますか。

(A) 佐藤さん
(B) 斎藤さん
(C) 佐藤課長
(D) 斎藤課長

53. 2人はいつ映画を見に行きますか。

(A) 明日の午前
(B) 明日の午後
(C) 今日の午後
(D) 明後日

54. 女の人はどうして窓を閉めますか。

(A) すこし寒いから
(B) 窓から雨が降り込んでくるから
(C) 部屋の空気を入れ替えたいから
(D) 窓の外から変な臭いがするから

55. 子供の国語の点数は何点でしたか。

(A) 46点
(B) 50点
(C) 52点
(D) 56点

56. 今、男の人は何で会社に通っていますか。

(A) 徒歩で
(B) バスで
(C) 自転車で
(D) 自動車で

57. 2人は今度の休み、どこへ行きますか。

(A) 山登りに行く。

(B) 海岸をドライブする。

(C) 山をドライブする。

(D) 海で泳ぐ。

58. 男の人はどこに電話をかけましたか。

(A) お客様

(B) 取引先

(C) お客様相談室

(D) 営業部

59. 女の人はどこに泊まることになりましたか。

(A) 324号室

(B) 321号室

(C) 823号室

(D) 824号室

60. 男の人は何を買いに来ましたか。

(A) ズボン

(B) セーター

(C) ズボンとセーター

(D) 靴

61. 男の人はいつ連絡すると言っていますか。

(A) 眼鏡が見付かったら、その2時間後

(B) 眼鏡が見付かってから1時間後

(C) 眼鏡が見付かったらすぐに

(D) 眼鏡が見付からなくてもすぐに

62. 男の人がゴールデンウィークに名古屋へ安く行く方法はどれですか。

(A) バス

(B) 電車

(C) バスと電車を乗り継ぐ。

(D) 飛行機

63. 女の人は何について話をしていますか。

(A) 燃費がいい車について

(B) 電気自動車の利点について

(C) ハイブリットカーの利点について

(D) エコカーの利点について

64. 二人は何についての話をしていますか。

(A) 結婚式の話

(B) 葬式の話

(C) 卒業式の話

(D) お見舞いの話

65. 女の人は今日、何をしますか。

(A) 子供のお弁当を作る。

(B) 午後から遠足に行く。

(C) 学校に子供の授業を見学に行く。

(D) 学校に子供の弁当を持って行く。

66. 子供はどうして怒られましたか。

(A) お客さんの食べ物を黙って食べたから

(B) お客さんの食べ物を捨ててしまったから

(C) お客さんに失礼な言葉を使ったから

(D) お客さんに無視されて悲しかったから

→ 次のページに続く

67. 男の人は今、いくらお金を持っていますか。

    (A) 1万円
    (B) 2万円
    (C) お金がまったくない。
    (D) わからない。

68. 男の人の今の宗教は何ですか。

    (A) キリスト教
    (B) 仏教
    (C) 神道
    (D) どの宗教でもない。

69. ビザの取得に必要な条件は何ですか。

    (A) 書類審査だけ
    (B) 面接だけ
    (C) 書類審査と面接
    (D) 書類審査とお金

70. 航空券の予約をするにはどうすればいいですか。

    (A) 名前と電話番号だけを記入すればよい。
    (B) 名前と電話番号の他に手付金を払わなければならない。
    (C) 出発の前日までに航空券代を2割払えばよい。
    (D) 予約と同時に航空券代全額を払わなければならない。

71. 二人は来週の月曜日何を食べることにしましたか。

    (A) 日本料理
    (B) 中華料理
    (C) 韓国料理
    (D) 洋食

72. 男の人は何時の電車に乗りますか。

    (A) 3時24分
    (B) 3時26分
    (C) 4時24分
    (D) 4時26分

73. 誰がマラソン選手に選ばれましたか。

    (A) 鈴木君
    (B) 山田君
    (C) 田中君
    (D) 誰にも決まらなかった。

74. 最近、街がきれいになったのは、どうしてですか。

    (A) 自分達の街をきれいにしようという運動が起こっているから
    (B) 歩きながらたばこを吸うことが禁止されているから
    (C) ごみをどこでも捨ててはいけないという決まりができたから
    (D) ごみを拾う人が多くなったから

75. 今、私たちが払っている介護費用は将来どうなりますか。

   (A) 国からの補助が今より3割減らされる。

   (B) 国からの補助が4割に減らされる。

   (C) 国からの補助が莫大なものになる。

   (D) 国からの補助が無くなる。

76. 女の人はおかしい部分に対してどのように対処しますか。

   (A) サービス料をもう一度計算し直す。

   (B) 請求書をもう一度作り直す。

   (C) 次回、利用の際にサービス料を除いたお金を払うようにする。

   (D) 余計に払った分を口座に振り込む。

77. 男の人は田中君のどんな態度に困っていますか。

   (A) 話の最初から怒ったような態度でいるから

   (B) 他人の話を聞かずに、自分の話だけをするから

   (C) 他人の話を聞かず、無視するから

   (D) 幼い子供のように話すから

78. 2人は、山田さんのどんな部分が嫌いですか。

   (A) 男の人だけに厳しくすること

   (B) 男の人の前ではよく見せようとすること

   (C) 女の人をいじめること

   (D) 女の人に鈍感な人が多いこと

79. 男の人はどんな家に住んでいますか。

   (A) 部屋が3つあって、南向きの家

   (B) 部屋が3つあって、北向きの家

   (C) 部屋が2つあって、トイレが共同の家

   (D) 部屋が2つあって、南向きの家

80. 男の人は、大人がどうするべきだと言っていますか。

   (A) 子供が悪いので、大人がすることは何もない。

   (B) 子供の模範となるように、大人は襟がきちんとした洋服を着なければならない。

   (C) 子供はいつでも大人を見ているので、大人は背中を見せなければならない。

   (D) 子供はいつも大人を見ているので、大人の態度を改めなければならない。

Ⅳ. 次の文章をよく聞いて、後の問いにもっとも適したものを(A)から(D)の中で一つ選びなさい。

（例）山田さんはもう8年間銀行に勤めています。去年、結婚してから、奥さんと二人でテニスを始めました。日曜日の朝はいつも家の近くの公園で練習しています。

1. 山田さんは何年間、銀行に勤めていますか。
   (A) 3年間
   (B) 5年間
   (C) 8年間
   (D) 10年間

2. 去年、結婚して何を始めましたか。
   (A) テニス
   (B) ピアノ
   (C) ゴルフ
   (D) ジョギング

81. 日本にはいくつのパチンコ台がありますか。
   (A) 480台
   (B) 17,200台
   (C) 480万台
   (D) 21兆台

82. 1996年頃にパチンコ業界はどうなりましたか。
   (A) 若者達がパチンコを始めるようになり、大きな利益を得た。
   (B) 高齢者達がパチンコをしなくなり、パチンコの人気は下がった。
   (C) 未成年者のパチンコ店への出入りができなくなった。
   (D) 国民の多くがパチンコを楽しむようになり、パチンコが国民の娯楽の一つとなった。

83. 日本でパチンコが普及した理由として
正しいものはどれですか。

(A) 短時間で手軽にできる性質が日本
人の好みに合ったから

(B) パチンコが庶民的な値段で楽しめ
るものだから

(C) どの地方の町にもあり、手軽にで
きる娯楽だから

(D) 若者や高齢者の好みに合っていた
から

84. パチンコの人気がいつまでも衰えない
のはどうしてですか。

(A) パチンコ台メーカーが新しいスタ
イルのパチンコ台を次々と作って
いるから

(B) パチンコ台メーカーが短時間で楽
しめるように工夫しているから

(C) 日本の至るところにパチンコ店が
あり、手軽にできる娯楽だから

(D) パチンコ台メーカーが試行錯誤を
しながら、お客の好みに合ったパ
チンコ台を生産しているから

85. エポック社が開発したのは、どんなも
のですか。

(A) トイレの水をきれいにするおもちゃ

(B) トイレを使用する際に流水音が出
るおもちゃ

(C) トイレのない場所でも用を足すこ
とができるようにしたおもちゃ

(D) トイレに行けない時に、音で知ら
せてくれるおもちゃ

86. このおもちゃができた理由は何ですか。

(A) 女性が用を足す際に出る音を恥ず
かしがってトイレの水を流しっぱ
なしにしていたから

(B) 女性が外出の際にトイレに行きづ
らかった環境があったから

(C) 女性がトイレに行く際に、衛生面
で気にしていたから

(D) 女性が外出の際にトイレに行くの
を我慢している現状があったから

87. このおもちゃを設置している場所とし
て合っている説明はどれですか。

(A) 商業施設やオフィスビルには設置
している場所も多い。

(B) 高速道路のサービスエリアには設
置している場所も多い。

(C) 個人の家には全く設置されていない。

(D) 小さい店舗や古いビルには設置し
ている場所が少ない。

88. このおもちゃの機能として正しいもの
は何ですか。

(A) 女子トイレの節水機能を高めるお
もちゃだ。

(B) 女子トイレの衛生度を高めるおも
ちゃだ。

(C) 女子トイレの安全性を高めるおも
ちゃだ。

(D) 女性のトイレについての悩みを解
決するおもちゃだ。

89. 日本の人口が減少を始めたのはいつか
らですか。

(A) 2005年

(B) 2006年

(C) 2055年

(D) 2105年

90. 50年後、日本はどうなると言っていま
すか。

(A) 日本の人口は3割も増加する。

(B) 日本の人口は3割も減少する。

(C) 日本の人口のほとんどが姿を消す。

(D) 日本の労働力が消滅する。

91. 日本が直面している危機はどういうも
のですか。

(A) 年金制度が消滅するかもしれない
こと

(B) 人口減少が国家の存亡をもたらす
かもしれないこと

(C) 経済が破綻する可能性があること

(D) 日本列島に沈没の恐れがあること

92. 浴衣は元々どんなものでしたか。

(A) 夏だけに着る外出用の服

(B) お祭りや花火大会だけで着る特別
な服

(C) お風呂上がりに着る室内着

(D) 安く手に入る作業着

93. 浴衣が若い世代に人気があるのはどう
してですか。

(A) お祭りや花火大会に着ていくと人
気者になれるから

(B) デザインはあまり良くないが、と
にかく安いから

(C) 安くはないが、簡単に着ることが
できるようになったから

(D) デザインも良く、安く手に入れる
ことができるようになったから

94. 浴衣の説明として合っているものはど
れですか。

(A) 浴衣は昔から様々なデザインや素
材が使われていた。

(B) 夏になると、全ての日本人が浴衣
を着てお祭りに行く。

(C) 安さに加え、デザインの良さが受
け、人気が出た。

(D) 外国人にはあまり人気がないようだ。

95. 印刷会社ですることは何ですか。

(A) 文章の内容の企画と校正

(B) 仲介業者と協議すること

(C) 他のデザインをまねすること

(D) 色やサイズの調整と製本

96. 私達が著作権を守らなければならない
理由は何ですか。

(A) 様々な人の意見を聞いて尊重しな
ければならないから

(B) 内容はどうであれ、デザインには
知的財産権があるから

(C) 単なる知的財産の侵害だけの問題
だから

(D) 様々な人の努力を通して作られた
ものだから

97. 1冊の本ができるまでの過程について正
しいものはどれですか。

(A) まずは企画から始まり、内容の校
正が行われ、印刷所に送られる。

(B) まず内容の校正が行われ、印刷所
で製本された後、最後の校正が行
われる。

(C) 企画と校正、デザインなどの作業
は同時に行われる。

(D) 全て自動的にコンピューター管理
されているので人が手を加えるこ
とはない。

98. この人がダイエットを始めた理由は何
ですか。

(A) ダイエットをしないと体が維持で
きなくなったから

(B) 年を重ねる毎に、体の肉が垂れ下
がってきたから

(C) 今までダイエットをしたことがな
かったから

(D) 腰が重く感じていたから

99. ダイエットのためにしていることは何
ですか。

(A) 毎晩30分、3~5km程度走っている。

(B) 食後30分、3~5km程度走っている。

(C) 毎朝30分、3~5km程度走っている。

(D) 最近4ヶ月はダイエットをしてい
ない。

100. この人がダイエットを通して感じた
ことは何ですか。

(A) ダイエットして健康を維持する大
切さ

(B) ダイエットをやめたら、いいこと
が待っている期待感

(C) 1日たかが30分程度では効果がない
ということへの絶望感

(D) 1日たかが30分でも、続けること
に意味があるということ

Ⅴ. 下の＿＿＿＿線の言葉の正しい表現、または同じ意味のはたらきをしている言葉を
(A)から(D)の中で一つ選びなさい。

101. 日曜日に夫が洗濯してくれました。

(A) おと

(B) おっと

(C) つま

(D) いとこ

102. ビールがおいしい季節です。

(A) しせつ

(B) しぜつ

(C) きせつ

(D) ぎせつ

103. 健康のために牛乳を飲みなさい。

(A) ぎゅにゅ

(B) ぎゅにゅう

(C) ぎゅうにゅ

(D) ぎゅうにゅう

104. ゴミの分別収集にご協力ください。

(A) ふんべつ

(B) ふんぺつ

(C) ぶんべつ

(D) ぶんぺつ

105. ご協力下さる方を募っています。

(A) やとって

(B) たよって

(C) つのって

(D) したって

106. 雨戸は風や雨を防ぐことはもちろん
のこと、防犯対策としても見直され
ています。

(A) あめと

(B) あめど

(C) あまと

(D) あまど

107. 風情は、日本古来より存在する美意
識の一つ。

(A) ふぜい

(B) ふじょう

(C) ふうぜい

(D) ふうじょう

108. 有名人の結婚きねんびをご紹介します。

(A) 期年日

(B) 期念日

(C) 記年日

(D) 記念日

109. この一万円札<u>くずして</u>もらえますか。

(A) 崩して

(B) 砕して

(C) 破して

(D) 壊して

110. <u>かせんか</u>とは、少数の供給者が市場を支配すること。

(A) 過占化

(B) 寡占化

(C) 価点化

(D) 裂点化

111. 野村さんは<u>きっと来る</u>と思います。

(A) ゆっくり来る。

(B) まっすぐ来る。

(C) たまに来る。

(D) かならず来る。

112. 友達はたくさん食べているのに<u>痩せている</u>。

(A) 太っている。

(B) 大変そうだ。

(C) 細くなった。

(D) きれいになった。

113. 星野さんが<u>行かないはずがない</u>。

(A) 絶対行かない。

(B) 行かないだろう。

(C) 行くに決まっている。

(D) 行くかもしれない。

114. <u>口幅ったい</u>ことを申し上げるようですが。

(A) 生意気な

(B) わがままな

(C) とんでもない

(D) ばかばかしい

115. 中国が日本の<u>二の舞を演ずる</u>ことになる。

(A) 責任を取る

(B) 損害を与える

(C) 同じ失敗をする

(D) 思い通りになる

116. 今日は私の誕生日であり、<u>奇しくも</u>父の命日になってしまった。

(A) 皮肉にも

(B) 不幸にも

(C) 残念なことに

(D) 不思議なことに

117. 材質的には非常に柔らかく割れ<u>にくい</u>です。

   (A) この論文は読み<u>にくい</u>。

   (B) 靴が足に合わなくて歩き<u>にくい</u>。

   (C) 傾斜の取り方が悪いので汚水が流れ<u>にくい</u>。

   (D) あの人の話は発音が不明瞭で分かり<u>にくい</u>。

118. 結婚式に出席する<u>なら</u>黒いスーツを買います。

   (A) 彼女のことがそんなに嫌い<u>なら</u>別れたらいい。

   (B) 郵便局に行くの<u>なら</u>、この手紙を出してきてくれますか。

   (C) あなたがそんなに反対するの<u>なら</u>あきらめます。

   (D) 電話をくれるの<u>なら</u>、もう少し早い時間に電話してほしかった。

119. 加藤さんは旅行<u>中</u>です。

   (A) 鈴木君は一晩<u>中</u>勉強した。

   (B) 夏休み<u>中</u>に海外旅行に行く予定です。

   (C) 明日<u>中</u>にお金を払ってください。

   (D) 掃除をしないから、部屋<u>中</u>ゴミだらけだ。

120. この紙面<u>をつうじて</u>皆様にご挨拶を伝える事を有り難く思っています。

   (A) その国は１年<u>をつうじて</u>暖かいです。

   (B) ３億円を日本赤十字社<u>をつうじて</u>寄付しました。

   (C) この辺りは四季<u>をつうじて</u>観光客の絶えることがないです。

   (D) その作家は、生涯<u>をつうじて</u>、様々な形で抑圧されてきた人々を描き続けました

Ⅵ. 下の＿＿＿線の(A)、(B)、(C)、(D)の言葉の中で正しくない言葉を一つ選びなさい。

121. 先週、父<u>は</u>日本へ<u>来た</u>とき、私はいっしょに<u>観光</u>しました。
　　　　　　　(A)　　　　　　(B)　　　　　　　(C)　　　　　　　　　　(D)

122. 毎日<u>そうじ</u>をしている<u>ので</u>、部屋の<u>中</u>はとても<u>しずか</u>です。
　　　　　　(A)　　　　　　　　(B)　　　　　(C)　　　　　(D)

123. <u>この</u>部屋の<u>狭さ</u>だったら、どの<u>くらい</u>の照明の<u>明るさ</u>が必要ですか。
　　　(A)　　　　(B)　　　　　　　　　(C)　　　　　　(D)

124. このベンチに<u>座り</u>ながらお弁当を食べれば<u>ちょっとした</u>ピクニック<u>気分</u>になる。
　　　　　(A)　　　(B)　　　　　　　　　　　(C)　　　　　　　　　(D)

125. ノートパソコンに水を<u>倒して</u>しまったら<u>起動</u>できなくなった。
　　　　　　　　　　　(A)　　(B)　　　　　　　(C)　　　(D)

126. <u>エレベーター</u>の扉が<u>閉め</u>そうな時に、他の人が<u>乗ろう</u>としたら待って<u>あげる</u>。
　　　(A)　　　　　　　(B)　　　　　　　　　　(C)　　　　　　　　(D)

127. <u>今</u>電車に乗った<u>ばかり</u>ですので、会社に着く<u>まで</u>にはあと１時間<u>ぐらい</u>かかります。
　　　(A)　　　　　　　(B)　　　　　　　　　　　(C)　　　　　　　(D)

128. 北海道<u>から</u>出発し、<u>ただひたすら</u><u>歩き続く</u>旅をしている男が<u>いる</u>。
　　　　　　(A)　　　　　　(B)　　　　　(C)　　　　　　　　　(D)

129. 体が<u>弱ければこそ</u>嫌いな<u>もの</u>も<u>無理して</u>食べ<u>なければならない</u>。
　　　　　(A)　　　　　(B)　　(C)　　　　　　　(D)

130. <u>アイルランド</u>では、<u>親愛</u>の情を表すために、<u>友達同士</u>などはお互いに<u>抱く</u>習慣があります。
　　　(A)　　　　　　　(B)　　　　　　　　　　(C)　　　　　　　　(D)

131. 木村さんの<u>歓迎会</u>は予想<u>して</u>いたより<u>もっと</u>多くの人が集まって<u>くれました</u>。
　　　　　　(A)　　　　　　　(B)　　　　(C)　　　　　　　　　　　(D)

132. <u>介護保険</u>は保険料が高い<u>にしては</u>、給付金を<u>もらえる</u>可能性が限りなく<u>低い</u>。
　　(A)　　　　　　　　　　　(B)　　　　　　　　(C)　　　　　　　　　(D)

133. <u>地球的規模</u>で自然破壊が<u>進んでいる</u>。人間は自然に対してもっと謙虚で<u>あり</u>べきだ。
　　　(A)　　　　　　　　　　(B)　　　　　　　　　　　　　(C)　　　　　(D)

134. 私、<u>これから</u>買い物に行く<u>わけ</u>ですが、<u>何か</u>買ってほしい<u>もの</u>はありませんか。
　　　　(A)　　　　　　　(B)　　　　(C)　　　　　　(D)

135. 先日の予選<u>では</u>、全員無敗<u>で</u>団体優勝することができた。次<u>こそ</u>優勝する<u>ぞ</u>。
　　　　　　(A)　　　　　　(B)　　　　　　　　　　　　　　(C)　　　(D)

136. <u>つまり</u>今回の<u>スキャンダル</u>は、<u>出るべくして</u>出るという<u>こと</u>でしょう。
　　　(A)　　　　　(B)　　　　　　(C)　　　　　　　　　(D)

137. これは<u>異色</u>かもしれないですが、<u>やたらと</u>思案に<u>ふけて</u>聞いても<u>面白くない</u>と思います。
　　　　(A)　　　　　　　　　　　(B)　　　　(C)　　　　　　　(D)

138. <u>ご夫婦</u>ともお元気に<u>お孫さん</u>に囲まれて過ごして<u>いらっしゃる</u>様子を<u>お見して</u>とても
　　(A)　　　　　　　　(B)　　　　　　　　　　　　(C)　　　　　(D)

嬉しいです。

139. 人間は天使でも<u>なければ</u>獣でもない。だが<u>不幸に</u>人間は天使のように<u>振る舞おう</u>と
　　　　　　　　　(A)　　　　　　　　　　(B)　　　　　　　　　　(C)

欲しながら、<u>まるで</u>獣のように行動する。
　　　　　　(D)

140. 収入の<u>多い少ない</u>を<u>問わず</u>、買った人全てに<u>同じ額</u>の税金が<u>かかる</u>。
　　　　(A)　　　　　(B)　　　　　　　　(C)　　　　　(D)

Ⅶ. 下の＿＿＿＿＿線に入る適当な言葉を(A)から(D)の中で一つ選びなさい。

141. もしもし、＿＿＿＿＿ですか。
    (A) なん
    (B) どれ
    (C) だれ
    (D) どなた

142. 中山さんがいつ来る＿＿＿＿＿知っていますか。
    (A) か
    (B) ので
    (C) から
    (D) かどうか

143. よかったらいっしょに＿＿＿＿＿。
    (A) 飲みます
    (B) 飲みました
    (C) 飲みませんか
    (D) 飲みましたか

144. このたび、パリの大学院へ入る＿＿＿＿＿。
    (A) ことにしました
    (B) ことになりました
    (C) ようにしました
    (D) ようになりました

145. プライベートな質問をしたら返事が＿＿＿＿＿なりました。
    (A) 来なく
    (B) 来ないに
    (C) 来なくに
    (D) 来なくて

146. 僕には数字が風景に＿＿＿＿＿。
    (A) 見る
    (B) 見える
    (C) 見られる
    (D) 見せる

147. 2時に＿＿＿＿＿＿出掛けましょう。

    (A) なると

    (B) なれば

    (C) なったら

    (D) なるなら

148. この本は先生から＿＿＿＿＿＿ものです。

    (A) いただいた

    (B) くださった

    (C) さしあげた

    (D) めしあがった

149. 子供は野菜＿＿＿＿＿＿嫌いだという場合が多い。

    (A) に

    (B) は

    (C) が

    (D) を

150. 彼は毎日酒＿＿＿＿＿＿飲んで、全然働かない。

    (A) しか

    (B) だけ

    (C) のみ

    (D) ばかり

151. ＿＿＿＿＿＿佐藤さんの意見の方が正しいように思えるのですが。

    (A) 私は

    (B) 私に

    (C) 私には

    (D) 私から

152. 隣の人＿＿＿＿＿＿一晩中騒がれて眠れなかった。

    (A) で

    (B) に

    (C) から

    (D) によって

153. 山田さんが私に電話を_____。

    (A)かけた。

    (B)かかった。

    (C)かけてきた。

    (D)かかってきた。

154. 海外で日本の番組が_____便利なサービスがある。

    (A) 見る

    (B) 見える

    (C) 見られる

    (D) 見せる

155. 野村さんが田舎に_____うわさを聞いた。

    (A) 帰り

    (B) 帰って

    (C) 帰る

    (D) 帰るという

156. 妹はいつもなんだ_____文句ばかり言っている。

    (A) そうだ

    (B) こうだ

    (C) かんだ

    (D) なんだ

157. ドアを_____とたん、猫が飛び込んできた。

    (A) 開けよう

    (B) 開ける

    (C) 開けて

    (D) 開けた

158. 僕は妹_____危険な場所を歩かせました。

    (A) と

    (B) を

    (C) へ

    (D) に

159. 今度京都支店から_____高橋と申します。

    (A) 来られた

    (B) 参りました

    (C) 伺いました

    (D) おいでになりました

160. これはコンピューター・プログラム_____作曲されたものです。

    (A) に

    (B) より

    (C) から

    (D) によって

161. お父さん、残業_____遅すぎるよ。

    (A) にしては

    (B) こととて

    (C) だけに

    (D) わりには

162. 疲れたときはゆっくり_____に限る。

    (A) 休む

    (B) 休め

    (C) 休んだ

    (D) 休んでいる

163. 明日は_____何時ごろに来たらいいですか。

    (A) だいたい

    (B) たいてい

    (C) ほとんど

    (D) いつも

164. 午前中テームズ川_____自転車で散歩してきました。

    (A) に沿って

    (B) に限って

    (C) にもまして

    (D) につれて

165. 色々と心配になってしまい夜も＿＿＿＿眠れなくなってしまいました。

    (A) ひしひし

    (B) おちおち

    (C) くらくら

    (D) ぐらぐら

166. 工事は遅々として＿＿＿＿。

    (A) 進んだ

    (B) 進まない

    (C) 進んでいる

    (D) 進もうとした

167. 用意するものは紙、はさみ、色えんぴつ＿＿＿＿輪ゴムです。

    (A) それに

    (B) しかも

    (C) そのうえ

    (D) おまけに

168. いつものように、目覚まし時計が＿＿＿＿起き出し、ジョギングに出かけた。

    (A) 鳴るなり

    (B) 鳴ったなり

    (C) 鳴ったとたん

    (D) 鳴るや否や

169. サイトでは、マナーや常識を＿＿＿＿、表現には配慮を持って利用して欲しいです。

    (A) わりきって

    (B) わきまえて

    (C) とらえて

    (D) こしらえて

170. 母は連日、祖母の看病で＿＿＿＿のように疲れている。

    (A) 熊

    (B) 猫

    (C) 棒

    (D) 綿

VIII. 下の文を読んで、後の問いにもっとも適した答えを(A)から(D)の中で一つ選びなさい。

(171~174)

　　新しいビジネスと大げさには書いてみましたが、単なる食品の流通ビジネスです。しかも商材はチョコ。もちろん普通のチョコではなくて世の中に珍しいちょっと特殊なチョコですが。これをおみやげ屋さんの店頭に並べてもらう事を目指しています。昔、食品の卸売りに携わっていた事があるので多少の知識はありますが、今回はチャネルが全く違います。営業は一から飛び込みです。ビジネスパートナー（Y氏）も食品流通のスペシャリストですが、このチャネルは初めてです。最初はY氏と会社を作る事を考えていましたが、Y氏の友人の会社の一事業部として始めることにしました。設立に多少とも金と時間が掛かること、売れた場合に運転資金が足りなくなること、取引先に際し信用の問題があることが理由です。この連休で販売プランを作り上げ仕入先に今日提出しました。この先が＿＿＿①＿＿＿です。

171. 筆者とY氏は、どういう関係ですか。

    (A) 友人

    (B) 幼馴染

    (C) 会社同僚

    (D) ビジネス仲間

172. 新しいビジネスについて正しいものはどれですか。

    (A) 珍しいチョコを作る。

    (B) 食品の卸売りに携わる。

    (C) チョコを売り場に置いてもらう。

    (D) 特殊なチョコを消費者に販売する。

173. 新しいビジネスは、どうなりましたか。

(A) Y氏と会社を作って始めることにした。

(B) ビジネスパートナーの友達の会社で始めることにした。

(C) 取引先に際し信用の問題があるからあきらめた。

(D) このチャネルは初めてだから、販売プランを作り上げ仕入先に提出した。

174. _____①_____ に入る適当な言葉は何ですか。

(A) 楽しみ

(B) 嬉しい

(C) 望ましい

(D) うらやましい

　いよいよ年の＿＿①＿＿になって来ましたね。うちの会社も年末年始休みなしですが、なんとか頑張っています。ところで、ある人と話をしていて、思ったことがありました。それは自分の財産ってあるのかな？ということです。ここで言う財産はお金とか資産じゃなくて、自分の人間としての財産。たとえば、人間関係とか人との信頼関係・親友関係。②その人は営業ドライバーをしていて、人当たりは良く、明るい性格で、営業先での評判もよく確実に正確に仕事をこなしているんですが、その人が営業先に行くとパートのおばちゃんが「コロッケあげるわ」ってよく言われて貰っているそうです。その些細なおばちゃんの行為もやっぱり日頃の信頼関係がないとおばちゃんもコロッケをあげようとはしないはずです。ちょっと内容は違うかもしれませんが、その信頼関係こそ自分の財産だと思いました。どんなに仕事が出来ても、知識を持っていても、お金を持っていても、この財産は＿＿③＿＿ものでなかなか手に入れることはできないと思います。

175.　＿＿①＿＿に入る適当な言葉は何ですか。

　　(A) 端

　　(B) 瀬

　　(C) 夜

　　(D) 功

176.　「自分の財産」とは、次のうちどれですか。

　　(A) お金

　　(B) 仕事

　　(C) 知識

　　(D) 信頼関係

177. ②<u>その人</u>について正しいものはどれですか。

    (A) たくましい人

    (B) 生真面目な人

    (C) 愛想のよい人

    (D) 礼儀正しい人

178. ＿＿＿③＿＿＿に入る適当な言葉は何ですか。

    (A) 一生

    (B) 過去

    (C) 信頼

    (D) 関係

> 日本郵政は、山口県の豪雨災害の被災者について、通帳や印章を紛失しても本人と確認できれば、全国の郵便局やゆうちょ銀行での①貯金払い戻しに応じると発表した。＿＿②＿＿かんぽ生命保険では保険証書なしでも本人確認ができれば同社防府支店や同県防府市内の郵便局で保険金の即時払いに応じるほか、保険料の払い込み猶予期間を最長6カ月（通常3カ月）まで延長する。

179. ①貯金払い戻しに応じる条件はどんな条件ですか。

(A) 通帳や印鑑を紛失しても、本人と確認できさえすれば誰でも払い戻しができる。

(B) 山口県の豪雨災害の被災者ならば、誰でも本人確認なしで払い戻しが受けられる。

(C) 山口県の豪雨災害の被災者であり、なおかつ本人と確認されれば、通帳や印章なしで払い戻しを受けられる。

(D) 山口県以外の豪雨災害の被害者であり、なおかつ本人と確認できさえすれば、誰でも払いもどしが受けられる。

180. ＿＿②＿＿に入る適切な言葉を下から選んでください。

(A) また

(B) それに従って

(C) それにしても

(D) またしても

181. 本文と合うものを下から選んでください。

(A) 山口県の豪雨被災者は、貯金も生命保険も本人確認ができれば、様々な優遇を受けられる。

(B) 山口県の豪雨被災者であっても、条件に合わない人には厳しい罰則が下される。

(C) 山口県の豪雨被災者は、県内の郵便局だけで本人確認ご、払い戻しを受けられる。

(D) 山口県の豪雨被災者は、本人確認ができれば、全国どこでもお金を貸してもらえる。

速度制限がないことで知られるドイツのアウトバーンで自動車260台が絡む①玉突き衝突事故が発生した。この事故で66人が負傷し、このうち10人は命に関わる状態だ。ドイツ警察は20日、ブランシュバイク近くのＡ2高速道路で突然の豪雨が襲い事故が発生したと伝えた。ドイツのメディアは「史上最悪の交通事故」として事故現場の様子を伝えている。この事故で、②九死に一生を得たドライバーの証言によると、この事故は車が雨でスリップして起きたものだという。夕日のため視野が極度に悪くなったドライバーが前方での事故を早期に発見できず、ブレーキをかけた際にスリップし、追突が続き大型事故につながったとみている。ヒトラーが建設に貢献したことで知られるアウトバーンは幅18.5メートル～20メートルで、総延長は1万2,000キロメートルに及ぶ。

182. ①玉突き衝突事故の原因は何だと考えられていますか。

(A) 史上最悪の豪雨が襲ったため

(B) 視野が極度に悪くなったことに加え、豪雨でスリップしたため

(C) 突然の豪雨で車がスリップしたにも関わらず、高速で走行し続けたため

(D) 速度制限がないので、速度の出しすぎによる衝突事故が発生したため

183. ②九死に一生を得たとは　どんな意味ですか。

(A) 日頃の行いが悪いので、災難にあう運命だった。

(B) 危険な状態だったが、奇跡的に助かった。

(C) 死は突然来るものだから、前もって準備しておいた。

(D) どんなときにも一生懸命に取り組んだ。

184. 本文の内容と合うものを下から選んでください。

(A) 今回の玉突き事故の原因は、見当もつかない。

(B) 今回の玉突き事故で道路はスリップ状態になっている。

(C) 突然の豪雨が事故の間接な原因と言える。

(D) この事故を受けて、アウトバーンでは制限速度が設けられることになった。

照りつける夏の日差し。熱い太陽。立ち昇る陽炎。麦わら帽子に虫取りあみの子供たち。姿を見せぬセミたちの大合唱。そして、縁側に蚊取り線香とよく冷えたスイカ。お父さんはこれでビールがあれば最高である。さて、スイカは野菜か果物かという論争はあちこちで見られ①さして珍しいものではない。甘味があって庶民の代表的「果物」ともいうべきスイカが実は野菜だとしたら、ちょっとがっかりである。＿＿②＿＿スイカは野菜に分類するのが正しいだろう。果物と野菜の違いは果実が樹になるか地面に這ってできるか、といわれる。甘味があって樹になるものが果物だとしたら、スイカは③この範疇から外れ野菜である。それにスイカはウリ科の植物。ウリを果物という人はいないだろう。こう考えればスイカを野菜と定義するのは致し方ないといえる。普通果物とされていても実は野菜というものはメロンやイチゴなどスイカの他にもある。結局の所これらはたまたま「甘い野菜」というだけのことなのである。

185. ①さしての意味として正しいものを下から選んでください。

(A) それほど

(B) 指さして

(C) 示して

(D) とてつもなく

186. ＿＿②＿＿に入る適切な言葉を下から選んでください。

(A) それにしても

(B) しかし

(C) それでも

(D) そうでもいるのならば

187. ③<u>この範疇</u>の具体的な説明として適切なものを下から選んでください。

(A) 果物と野菜の違いは果実が樹になるか地面に這ってできるかということ

(B) 果物と野菜の違いは、果実が甘いかどうかということ

(C) 果物と野菜の違いは人々の認識によって変わるということ

(D) 甘い野菜は全て、果物に分類されるようになったこと

188. 本文の内容の説明として適切なものを選んでください。

(A) スイカは野菜か果物かという議論は昔からあったものだが、今回、人々の認識から果物に分類された。

(B) メロンやイチゴ、スイカなどは、果物と間違われやすいが野菜なので、「甘い野菜」という新しい分類ができた。

(C) スイカは、果物と誤解されやすいが、定義に当てはめて考えると野菜に当てはまることはかくしようのない事実である。

(D) スイカは、果物と誤解されやすいが、定義的には野菜とされているため、これから「甘い野菜」という特別なカテゴリーとして扱うことにした。

　若者の最近の人間関係についての調査が行なわれました。調査結果の中の「相談を最初に誰にするか」という質問で「友達」が上位に来ていることは①非常に興味深いものでした。若者にとって、友達は絶対のもの。同年代との交流が、何にも増して優先されるということは別の調査でも同じような結果が出ているそうです。　　②　　、その中身が問題です。彼らは自分と似ている人としか付き合わない傾向があり、見知らぬ人と知り合うためのプロセスや、違った考えを持った人と付き合う方法、対人面で問題が起こったときの対処法などを知らないままなのではないかと若者の人間関係を危惧する大人もいます。そして、若者の人間関係形成にはパソコンや携帯電話などの進歩も関係しているのではないかと思われます。特にメールでは、相手の表情が見えないため直接会うと言えないようなことも伝えられたり、知らない人に声は掛けられなくてもメールであれば送ることができます。気を遣わないということは、自分の考えと違う人と付き合うためのテクニックを身に付けることができないということになります。日本人は元々「個人」よりも「社会」を大切にする民族です。「みんなと仲良く、共同体の中では一心同体になる」ということは、大人が教えてきたことです。しかし、問題は③この共同体の範囲が若者は狭いということです。若者にとって自分以外のモノは自分と同じ考えを持つ「自分の一部」か、あるいは「異物」とみなされているのではないかと思われさえするのです。

189. ①非常に興味深いものとあるが、何が興味深いのですか。

(A) 最近の若者の人間関係について調査が行なわれたこと

(B) 対人関係で問題が起こったときに対処法をしらない若者が多いこと

(C) 若者が相談をする相手は友達がほとんどで、友達の存在が絶対的なものになっていること

(D) 若者の人間関係形成にパソコンや携帯電話が深く関係していることが分かったこと

190. _____②_____ に入る適当な言葉を選んでください。

(A) それから

(B) それにもかかわらず

(C) しかし

(D) そればかりか

191. ③この共同体の範囲が若者は狭いとはどういう意味ですか。

(A) 日本の社会は個人よりも共同体を中心とした社会なのに、日本人としての意識が薄いという意味

(B) 若者にとって自分と違うものは受け入れがたいものとなり、みんな仲良くする広い共同体の概念を持ち合わせていないという意味

(C) 若者は同年代の交流が全てで、他の人との交流を避ける傾向があることから、もう少し広い交流を求める意味

(D) 若者の考え方が偏っていることによって、自分とは違うものを自分の一部と認識してしまうという意味

192. この文章の説明として正しいものを選んでください。

(A) 若者の人間関係が限定的なものとなっているのは、携帯電話やパソコンの普及にも原因があると思われる。

(B) 若者は、同年代の者だけを大切にし、自分とは関係ない人たちを軽視する傾向が見られ非常に危険である。

(C) 日本は個人よりも社会を重要視する民族なのに、今の若者はそれを身につけておらず、日本の将来が懸念される。

(D) 若者の中で「自分の一部」か「異物」かという二極化した考えを持っている若者が増えつつあり、日本人の思考の多様化を反映している。

　ゾウは広く愛されている動物といえる。おとなしく、のんびりしていて、それでいて力が強い。頭もよく、山間部の多い国では訓練されたゾウが荷物運びや材木の切り出しなどに使われている。また、特徴的な長い鼻も、愛される要因のひとつだろう。この鼻だが、上唇と鼻が極端に発達したもので、全て筋肉でできており骨はない。ゾウの視力はあまり良くなく、頭も大きく動かすことはできない。そのため耳や鼻から得られる情報に頼ることになり、①これらは大きく発達しているのである。ゾウの鼻は匂いをかぐ以外にも、草をむしったり、木の実をとったり、水を口まで運んだりと、人間の手のような働きをしている。　　②　　、鼻としての機能もきわめて高く、空中に高く掲げることでわずかな匂いも感じ取ることができる。ゾウは寿命も人間と同じくらい、主に血縁関係にある団体で群れを作り、子供をしつけるなど③親近感が持てる生活をしている。子供の頃よくしつけられなかったゾウは凶暴な不良ゾウになることがあるそうで、これも人間と同じである。また、ゾウは葬式をするとも言われている。死んだゾウの前に一列に並び、順番に優しく鼻で体を撫でてやる。時には花をそえることも目撃されている。なんとも胸が熱くなる話である。

193.　①これらとは何を指していますか。

(A) 耳や鼻

(B) 頭や目

(C) 視力や口

(D) 口

194.　　　②　　に入る適切な言葉を選んでください。

(A) むしろ

(B) もちろん

(C) かえって

(D) それにも関わらず

195. ③<u>親近感が持てる</u>とあるが、どうしてですか。

(A) しつけられなかったゾウは不良ゾウになる可能性があることが、人間らしいから

(B) 葬式では、一列に並び順番に鼻をなでてあげる行為が人間の秩序を持っているようだから

(C) 人間と同じように体を使ってのスキンシップを通してしつけをしているから

(D) 血縁関係で群れをなし、子供のしつけも行なう行為が人間と同じだから

196. 本文の内容と合っているものを選んでください。

(A) ゾウは視力があまり良くなく、鼻の感触だけを頼りにしている。

(B) ゾウの鼻は匂いをかぐ以外にも様々な働きをするが、鼻自体は敏感ではない。

(C) ゾウの視力はあまりよくないが、代わりに頭が大きく発達している。

(D) ゾウの鼻は匂いをかぐだけでなく様々は働きをするだけでなく、鼻自体の機能も優れている。

　私たちが、よりよい人生を過ごすため、人生には①戦略が必要です。戦略とは、目標達成のために総合的な施策を通じて、資源を効果的に配分・運用する技術です。ここでいう資源とは主に、ヒト・モノ・カネ、そして情報ですが、「ヒトの資源」とは具体的に何を指すのでしょうか。それは優れた人材やその人が持っているスキルを指し、その人たちがどれだけの時間を目標達成のために使う必要があるかという、人の労働力・時間配分を意味するのです。常々、私が感じるのは、日本人が全体的に、自分に対しても他人に対しても、時間の使い方に対して無頓着な傾向があり、それが日本全体の②「時間貧乏」を招いているということです。日本は金銭的には他の国に比べて貧乏ではないかもしれませんが、労働時間が長く、自由時間が短い、「時間貧乏」ではないでしょうか。＿＿＿＿③＿＿＿＿、平成18年度版の国民生活白書によると、週当たりの労働時間が50時間以上の労働者割合が28.1％と、先進諸国の中で群を抜いて大きくなっています。他国ではアメリカ・20％、イギリス・15.5％が目立つ他は、ヨーロッパ諸国は軒並み7％未満です。＿＿＿＿④＿＿＿、EU諸国は、週48時間以内の労働に収めることに対し、イギリスを除く国の労使が同意しているためです。その背景には、働き過ぎが家庭生活の崩壊や過労死を引き起こすという懸念があります。そして、短い労働時間の中で成果を出すことを価値観として持っているため、単位時間当たりに生むことができる付加価値（生産性）が日本よりも高いのです。一方、日本の労働生産性はOECD諸国の中でいつも最低水準です。

197. ①戦略がさす具体的な内容として正しいものはどれですか。

　　(A) 労働時間を減らし、家庭生活の崩壊や過労死を防ぐこと

　　(B) 優れた人材を確保し、それを労働時間の配分のために使うこと

　　(C) ヒト・モノ・カネ・情報を効果的に分配・運用すること

　　(D) 週当たりの労働時間を調整し、労使ともによい関係を作ること

198. ②「時間貧乏」とはどんな意味ですか。

(A) 長時間労働の結果、家庭崩壊や過労死を起こし、社会的に貧乏になるという意味

(B) 労働生産性が悪い日本は、やがて金銭的にも貧乏になるだろうという意味

(C) 労働時間が長く、自由時間が無いことという意味

(D) 自分に対しても、他人に対しても時間に無頓着だという意味

199. ＿＿＿③＿＿＿に入る適当な言葉を下から選んでください。

(A) 例えば

(B) 例え話

(C) 仮に

(D) 例え

200. ＿＿＿④＿＿＿に入る適当な言葉を下から選んでください。

(A) それにしても

(B) 考えても見れば

(C) それはそうとして

(D) なぜならば

JPT 日本語能力試験

JAPANESE
PROFICIENCY
TEST

실전모의고사

5회

次の質問1番から質問100番までは聞き取りの問題です。

どの問題も1回しか言いませんから、よく聞いて答えを(A), (B), (C), (D)の中から一つ選び

なさい。答えを選んだら、それにあたる答案用紙の記号を黒くぬりつぶしなさい。

Ⅰ. 次の写真を見て、その内容に合っている表現を(A)から(D)の中で一つ選びなさい。

(例)

(A) この人は本を読んでいます。

(B) この人は掃除をしています。

(C) この人は電話をしています。

(D) この人はビールを飲んでいます。

答　(A) (B) (●) (D)

1.

2.

→ 次のページに続く

3.

4.

5.

6.

→ 次のページに続く

7.

8.

9.

10.

→ 次のページに続く

11.

12.

13.

14.

→ 次のページに続く

15.

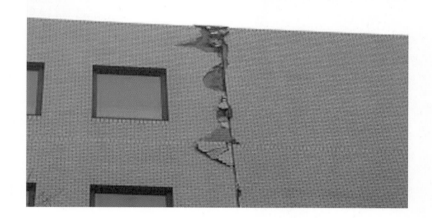

16.

17.

18.

→ 次のページに続く

19.

20.

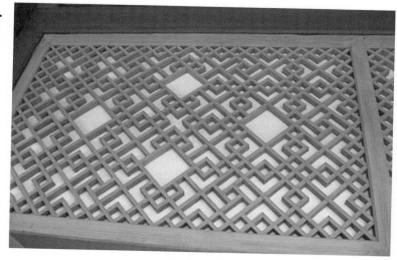

Ⅱ. 次の言葉の返事として、もっとも適したものを(A)から(D)の中で一つを選びな
さい。

（例）明日は何をしますか。

    (A) 土曜日です。
    (B) 朝ごはんの後にします。
    (C) 友達の家に行きます。
    (D) テニスをしました。

21. 答えを答案用紙に書き入れなさい。

22. 答えを答案用紙に書き入れなさい。

23. 答えを答案用紙に書き入れなさい。

24. 答えを答案用紙に書き入れなさい。

25. 答えを答案用紙に書き入れなさい。

26. 答えを答案用紙に書き入れなさい。

27. 答えを答案用紙に書き入れなさい。

28. 答えを答案用紙に書き入れなさい。

29. 答えを答案用紙に書き入れなさい。

30. 答えを答案用紙に書き入れなさい。

31. 答えを答案用紙に書き入れなさい。

32. 答えを答案用紙に書き入れなさい。

33. 答えを答案用紙に書き入れなさい。

34. 答えを答案用紙に書き入れなさい。

35. 答えを答案用紙に書き入れなさい。

36. 答えを答案用紙に書き入れなさい。

37. 答えを答案用紙に書き入れなさい。

38. 答えを答案用紙に書き入れなさい。

39. 答えを答案用紙に書き入れなさい。

40. 答えを答案用紙に書き入れなさい。

41. 答えを答案用紙に書き入れなさい。

42. 答えを答案用紙に書き入れなさい。

43. 答えを答案用紙に書き入れなさい。

44. 答えを答案用紙に書き入れなさい。

45. 答えを答案用紙に書き入れなさい。

46. 答えを答案用紙に書き入れなさい。

47. 答えを答案用紙に書き入れなさい。

48. 答えを答案用紙に書き入れなさい。

49. 答えを答案用紙に書き入れなさい。

50. 答えを答案用紙に書き入れなさい。

→ 次のページに続く

Ⅲ. 次の会話をよく聞いて、後の問いにもっとも適したものを(A)から(D)の中で一つ
選びなさい。

（例）A：すみません。この辺に本屋がありますか。

B：はい。駅の前にありますよ。

A：郵便局も本屋のそばにありますか。

B：いいえ。郵便局はあのデパートのとなりです。

郵便局はどこにありますか。
(A) 駅の前
(B) 本屋のとなり
(C) 本屋の前
(D) デパートのとなり

51. 田中さんは、夏休みに何をしましたか。

(A) 海で泳いだ。

(B) 川で釣りをした。

(C) 家族で海外に行った。

(D) 家族で山に行った。

52. 女の人は何をしましたか。

(A) 友達と一緒に映画を見に行った。

(B) 一人で映画を見に行った。

(C) テレビで映画を見た。

(D) 川に遊びに行ってきた。

53. 男の人はいくら払いますか。

(A) 120円

(B) 350円

(C) 300円

(D) 650円

54. 木村さんのお小遣いはいくらですか。

(A) 3万円以下

(B) 3万円

(C) 3万円以上

(D) 分からない。

55. 男の人は、何歳ですか。

(A) 50歳

(B) 40歳

(C) 20歳

(D) 60歳

56. 学校に生徒は何人いますか。

(A) 500人

(B) 50人

(C) 550人

(D) 分かりません。

57. 女の人が注文したのは何ですか。

　　(A) チキンとオレンジジュース

　　(B) ハンバーガーとオレンジジュース

　　(C) オレンジジュースとチキンのセット

　　(D) チキンとハンバーガーのセット

58. 女の人が買いたいスカートの色は何色ですか。

　　(A) 赤

　　(B) 青

　　(C) ピンク

　　(D) 白

59. 女の人に、昨日、どんな事がありましたか。

　　(A) 財布をすられた。

　　(B) 財布を落とした。

　　(C) 強盗を見た。

　　(D) 地下鉄に乗り遅れた。

60. 扇風機はいくらになりますか。

　　(A) 6,000円

　　(B) 6,300円

　　(C) 6,500円

　　(D) 7,000円

61. 新宿行きのバスに乗るにはどうすればいいですか。

　　(A) 反対側にあるバス停から乗らなければいけない。

　　(B) もう一つ先のバス停から乗らなければならない。

　　(C) 上野まで行って乗り換えなければならない。

　　(D) どのバスに乗っても新宿を経由する。

62. テレビを捨てるのは何曜日ですか。

　　(A) 月曜日と木曜日

　　(B) 火曜日

　　(C) 水曜日

　　(D) 隔週の金曜日

63. 男の人はどうして家に着くのが遅くなりますか。

　　(A) 会社で夜勤することになったから

　　(B) 友達を見舞おうと思っているから

　　(C) 田中君の家で夕食を食べることになっているから

　　(D) 寄り道をして、夕食の材料を買おうと思っているから

64. 3万円を送金する際に、送金側はいくらの手数料を払わなければなりませんか。

　　(A) 65円

　　(B) 150円

　　(C) 210円

　　(D) 手数料は発生しない。

65. 男の人の妻はどんな人ですか。

　　(A) 家計を管理している。

　　(B) 財布を作っている。

　　(C) 主人の尻に敷かれている

　　(D) 男の人より年下だ。

66. 早期入学制度の対象になるのはどんな高校生ですか。

　　(A) 食欲旺盛な高校生

　　(B) 体力的に優秀な高校生

　　(C) 水泳が得意な高校生

　　(D) 勉学に秀でている高校生

67. 男の人にとって日本の夏はどうですか。

    (A) 暑くない。

    (B) すこし暑い。

    (C) とても暑い。

    (D) 寒い。

68. 男の人はどんな新幹線に乗りますか。

    (A) のぞみ号

    (B) こだま号

    (C) 各駅停車ののぞみ号

    (D) 新幹線を利用しない。

69. 女の人はどんな部屋を予約しましたか。

    (A) ダブルルーム2室

    (B) ダブルルーム2室とエキストラベッド

    (C) ダブルルーム1室

    (D) ダブルルーム1室とエキストラベッド

70. 男の人は警察署で何をされましたか。

    (A) 駐車違反をして逮捕された。

    (B) 駐車違反について裁判を受けた。

    (C) 駐車違反について怒られた。

    (D) 駐車違反について誉められた。

71. コンサートの元々の時間は何時からでしたか。

    (A) 午後5時

    (B) 午後6時

    (C) 午後7時

    (D) 午後8時

72. 男の人はどんな部屋を探していますか。

    (A) 台所はなくてもお風呂がついている部屋

    (B) 台所はあるが、お風呂がついていない部屋

    (C) 2つの部屋はあるが、台所はついていない部屋

    (D) 2つの部屋があり、お風呂もついている部屋

73. 男の人は何を食べますか。

    (A) カレーライスとラーメン

    (B) ハヤシライスとラーメン

    (C) 牛丼とラーメン

    (D) 牛丼だけ

74. 二人は何について話していますか。

    (A) ドラマに出てくる俳優について

    (B) ドラマの名前について

    (C) 昔の映画について

    (D) 映画の主人公について

75. 男の人は今後、どうするつもりですか。

    (A) 喫煙ができる他の会社のバスに乗るつもりだ。

    (B) 駅構内で喫煙ができる他の会社の電車を利用するつもりだ。

    (C) 車内でも喫煙ができる他の会社の電車を利用するつもりだ。

    (D) この際、禁煙するつもりだ。

76. 男の人はタイに行って、どんなことを
　　されましたか。
　　(A) シルクのネクタイを無理やり買わさ
　　　　れた。
　　(B) ひったくりに遭った。
　　(C) ぼったくりに遭った。
　　(D) シルクのネクタイを安く買うこと
　　　　ができた。

77. 二人は何を見て驚いていますか。
　　(A) 救急車が来ているのを見て、大きな
　　　　事故が起きたと分かったから
　　(B) 大きな事故が起きたのを見てしまっ
　　　　たから
　　(C) 窓の外に多くの馬がいたから
　　(D) 窓の外に多くの人が集まっていた
　　　　から

78. 新幹線が今まで一度も死亡事故を起こ
　　していない理由は何ですか。
　　(A) 安全確認には一層の努力をしてい
　　　　るから
　　(B) 念を入れて新幹線を運転している
　　　　から
　　(C) 人命救助の訓練を取り入れている
　　　　から
　　(D) 安全運行の規則が厳しく決められ
　　　　ているから

79. 熟年離婚の理由は何ですか。
　　(A) 子供が独立して、お互い話をしなく
　　　　なって夫婦仲が不仲になるから
　　(B) 自分を犠牲にしてきた家庭生活だっ
　　　　たが、これからは自分のために人生
　　　　を歩みたいと思う女性が増えたから
　　(C) 主人が望んでいることだったので、
　　　　20年間我慢してきたが、我慢できな
　　　　くなって離婚する人が増えたから
　　(D) 子供の教育問題など、意見の食い
　　　　違いが多く、堪忍袋の緒が切れそ
　　　　うな女性が増えたから

80. 日本語検定の目的は何ですか。
　　(A) 正しい日本語の使い方を外国人に教
　　　　えることができるようにするため
　　(B) 外国人が正しい日本語の使い方を勉
　　　　強するため
　　(C) 日本人が自国の言葉の使い方を見直
　　　　すいい機会とするため
　　(D) 日本人が正しい日本語の使い方が
　　　　できるようにするため

Ⅳ. 次の文章をよく聞いて、後の問いにもっとも適したものを(A)から(D)の中で一つ
選びなさい。

（例）山田さんはもう8年間銀行に勤めています。去年、結婚してから、奥さんと二人で
テニスを始めました。日曜日の朝はいつも家の近くの公園で練習しています。

1. 山田さんは何年間、銀行に勤めていますか。
   (A) 3年間
   (B) 5年間
   (C) 8年間
   (D) 10年間

2. 去年、結婚して何を始めましたか。
   (A) テニス
   (B) ピアノ
   (C) ゴルフ
   (D) ジョギング

81. この新しい保険はどんな人を対象に
   していますか。
   (A) 雨の日に旅行に出発する人
   (B) 雨のために旅行が台無しになってし
   まう人
   (C) 1週間のうち雨が4日以上降る地域に
   住んでいる人
   (D) すべての旅行者

82. 返済額を決める根拠になるものは何で
   すか。
   (A) 気象局から入手したお金
   (B) 旅行者から入手した小切手
   (C) 気象局から入手した衛星写真
   (D) 旅行者から送られてくるテキスト
   メッセージや電子メール

83. この保険で返済を受けられる条件はどんな条件ですか。

(A) 1週間のうち雨の日が2日以上だった旅行者

(B) 1週間のうち雨の日が4日以上だった旅行者

(C) 旅行の費用が400ユーロを超える旅行者

(D) 旅行で小切手を使うことができる旅行者

84. 旅行者はどうやって返金を受けることができますか。

(A) 気象局から衛星写真を直接手に入れて、保険会社に請求する。

(B) 旅行代理店を通して返金通知をもらう。

(C) 旅行会社からテキストメッセージか電子メールで返金について連絡を受ける。

(D) 保険会社に直接、テキストメッセージか電子メールで請求する。

85. エコバッグの説明として正しいものはどれですか。

(A) スーパーで無料で配布されるビニール袋のことだ。

(B) 家にある使わないレジ袋のことだ。

(C) 買い物の際に家から持参する買い物袋のことだ。

(D) 使い捨ての袋のことだ。

86. エコバッグは何のために使われますか。

(A) お店で使い捨ての袋が有料になるため、お金を節約するため

(B) 資源を節約し、環境を守るため

(C) スーパーにお客さんが寄り付かないようにするため

(D) ポイントや割引を使うことができないようにするため

87. エコバッグを使うとき、どんな利点がありますか。

(A) エコバッグを持参したお客さんは、現金がもらえる。

(B) エコバッグを持参したお客さんは、より多くのポイントがもらえる。

(C) エコバッグを持参したお客さんは、割高な値段で買い物ができる。

(D) お客さんには利益はないが、スーパーには利益がある。

88. エコバッグについての正しい説明はどれですか。

(A) エコバッグはお客さんにもスーパーにもいいことはあまりない。

(B) エコバッグは環境保護だけではなく、スーパーの経営にも悪影響を与えている。

(C) エコバッグは様々な問題を起こしつつあるので、頭の痛い問題だ。

(D) エコバッグはお客さんの財布にも優しく、スーパーにも利益をもたらすため一石二鳥だ。

89. 通話の内容から見て、今、どんな状況ですか。

(A) お客様から予約の電話がかかってきた。

(B) お客様の予約の変更をしている。

(C) お客様に予約ができないことを説明している。

(D) お客様の抗議に謝っている。

90. 列車内で食事をするにはどうすればいいですか。

(A) 特別室は注文をするとベッドまで運んでくれる。

(B) 別途料金を払わなくても運賃に食事代が含まれている。

(C) 列車に食堂はないので、駅に停車したときに各自で食事をしなければならない。

(D) 別途料金を払って、食事をしなければならない。

91. お客さんの予約の内容として正しいものはどれですか。

(A) 8月8日の特別室を予約した。

(B) 8月8日の一般席を予約した。

(C) 8月9日の特別室を予約した。

(D) 8月9日の一般席を予約した。

92. 今回は何についてアンケートをしましたか。

(A) 高校生のお小遣いの額と使い道について

(B) 高校生の生活のスタイルについて

(C) 今、高校生が必要としているものについて

(D) 高校生のお小遣いと趣味の関係について

93. 高校生のお小遣いの額で一番人数が多かった額はいくらですか。

(A) 2,000円

(B) 3,000円

(C) 5,000円

(D) 10,000円

94. 高校生のお小遣いの使い道として一番多かったのは何ですか。

(A) 食べ物

(B) 飲食品

(C) 趣味

(D) 遊び

95. 日本語が学び始めるのに容易な理由は何ですか。

(A) 発音が簡単だから

(B) 文法に例外が全くないから

(C) 漢字の読み書きを除いて、難しいことがないから

(D) 日本人が外国人の発音を理解しようと努力するから

96. 日本語について正しいものはどれですか。

　(A) 日本語は話す主人公が誰であるかだけが重要だ。

　(B) 日本語は相手との関係だけを重要視する言語だ。

　(C) 日本語は話す主人公、そして相手との関係の2つで用法が決定される。

　(D) 日本語では相手を大切にする言葉が非常に重要だ。

97. 外国人が日本語を話すことについての日本人の態度として正しいものはどれですか。

　(A) 自分達も外国語を上手に話せないことは棚に上げ、外国人が話す日本語を聞くと批判ばかりを口にする。

　(B) 自分達も外国語を上手に話せないので、外国人が日本語を話すとそれを理解しようと努める。

　(C) 自分達も外国語を上手に話せないので、外国人が日本語を話すと聞き流そうとする。

　(D) 自分達も外国語を上手に話せないので、外国人が日本語を話すと無視をしようと努力する。

98. 年功序列というシステムはどんなシステムですか。

　(A) 年齢に応じて賃金を上昇させる人事制度だ。

　(B) 個人の能力に応じて賃金を上昇させる人事制度だ。

　(C) 会社に根を下ろすことができるように促進する制度だ。

　(D) 日本の特別なチームワークを年功序列という。

99. 年功序列制度のいいところは何ですか。

　(A) 会社に勤めた年数に合わせて年金をもらえる点だ。

　(B) 会社を辞めるとすぐに就職を斡旋してくれる点だ。

　(C) 会社に長く勤務してチームワークを作るのに役立つ点だ。

　(D) 会社に勤めれば勤めるほど、能力があがる点だ。

100. 年功序列制度の悪いところは何ですか。

　(A) 能力によって賃金を上昇させるので、能力がない人には魅力を感じない点だ。

　(B) 能力に関係なく賃金が上昇するので、能力がある人を会社内で育てにくいという点だ。

　(C) 勤務時間によって賃金が上昇するので、休日返上で仕事をする人が多くなった点だ。

　(D) 勤務年数によって賃金が上昇するので、早期退職が難しいという点だ。

V. 下の＿＿＿線の言葉の正しい表現、または同じ意味のはたらきをしている言葉を
(A)から(D)の中で一つ選びなさい。

101. 子供の頃の写真が半分しかない。

    (A) はんふん

    (B) はんもん

    (C) はんぶん

    (D) はんぷん

102. 天気がいいから、散歩しましょう。

    (A) さんぽ

    (B) さんぽ

    (C) さんぽう

    (D) さんぽう

103. 小さな命を守る会。

    (A) からだ

    (B) かたち

    (C) すがた

    (D) いのち

104. 友人が家出して、部屋を探しています。

    (A) うちで

    (B) いえで

    (C) かしゅつ

    (D) がしゅつ

105. 検索エンジンへの一括登録も可能です。

    (A) いちかつ

    (B) いちがつ

    (C) いっけつ

    (D) いっかつ

106. 今日は上品に化けて出かけよう。

    (A) ばけて

    (B) かけて

    (C) ぼけて

    (D) とぼけて

107. サポートの対応がマニュアル通りで融通が利かない。

    (A) ゆづう

    (B) ゆうつう

    (C) ゆうずう

    (D) ゆうづう

108. あそこに財布がおちています。

    (A) 降ちて

    (B) 落ちて

    (C) 下ちて

    (D) 絡ちて

109. 彼女は、実質的にこの団体の牛耳をとっている人だ。

    (A) 取って

    (B) 採って

    (C) 捕って

    (D) 執って

110. 絶滅の危機にひんする種の保存に関する法律。

    (A) 濱する

    (B) 頻する

    (C) 瀕する

    (D) 嬪する

111. 居間のエアコンを<u>付けたまま</u>出かけた。

    (A) 付けずに

    (B) 付けないで

    (C) 消さないで

    (D) 消してから

112. 今日は<u>暑くないわけじゃない</u>。

    (A) 暑い。

    (B) 暑くない。

    (C) すずしい。

    (D) 寒くない。

113. この問題は<u>大学生ですら解けません</u>。

    (A) 大学生なら解ける。

    (B) 大学生なら解けない。

    (C) 大学生だから解けない。

    (D) 大学生でさえ解けない。

114. 論争にやっと<u>けりがついた</u>。

    (A) 中断した。

    (B) 始まった。

    (C) 終結した。

    (D) 活発になった。

115. 誰でも平和記念公園で、インターネットを<u>利用できます</u>。

    (A) ご利用します。

    (B) ご利用されます。

    (C) ご利用ください。

    (D) ご利用になれます。

116. <u>あわよくば</u>2億円の利益が得られる。

    (A) 当然

    (B) ただちに

    (C) 少なくとも

    (D) うまくいけば

117. 母は私の顔を見れ<u>ば</u>「勉強しなさい」と言う。

    (A) 誰でもほめられれ<u>ば</u>うれしい。

    (B) 父は天気がよけれ<u>ば</u>毎朝近所に散歩します。

    (C) 言われてみれ<u>ば</u>それももっともな気がする。

    (D) 気をつけていれ<u>ば</u>、あんな事故は起きなかったはずだ。

118. 疲れをいやす<u>ために</u>サウナへ行った。

    (A) 子供たちの<u>ために</u>は自然のある田舎で暮らすほうがいい。

    (B) 世界平和の<u>ために</u>国際会議が開かれる。

    (C) 事故の<u>ために</u>現在3キロの渋滞です。

    (D) 台風が近づいている<u>ために</u>波が高くなっている。

119. この資料に<u>よって</u>多くの事実が明らかになった。

    (A) ほとんどの会社は不況に<u>よって</u>経営が悪化した。

    (B) その村の家の多くは洪水に<u>よって</u>押し流された。

    (C) コンピュータに<u>よって</u>大量の文書管理が可能になった。

    (D) 先生のご指導に<u>よって</u>この作品を完成させることができました。

120. 聞くに<u>たえ</u>ない。

    (A) 寒さに<u>たえる</u>。

    (B) 傷の痛みに<u>たえる</u>。

    (C) 高温に<u>たえる</u>。

    (D) 感に<u>たえた</u>立派な行為だ。

Ⅵ. 下の＿＿＿線の(A)、(B)、(C)、(D)の言葉の中で正しくない言葉を一つ選びなさい。

121. 山<u>に</u>登っているとき、<u>突然</u>雨<u>が</u>降って<u>きました</u>。
　　　　(A)　　　　　(B)　　　　(C)　　　　　　(D)

122. 禁煙<u>の</u>場所が多い<u>ので</u>、外<u>では</u>タバコ<u>が</u>思いっきり吸いたい。
　　　　　(A)　　　　　　(B)　　　(C)　　　(D)

123. <u>この</u>工場は東京<u>の</u>郊外<u>で</u>引っ越しする<u>こと</u>になりました。
　　　　(A)　　　　　　　(B)　(C)　　　　　　　(D)

124. 届くまでちょっと<u>どきどき</u>だったのですが、<u>思っていた</u><u>以上</u>に<u>かわかった</u>です。
　　　　　　　　　　　(A)　　　　　　　　　　　(B)　　　(C)　　　　　(D)

125. 私と<u>同い年</u>なのに、<u>考える方</u>がすごく<u>しっかり</u>していて、いつも<u>勉強</u>になります。
　　　　　(A)　　　　　　(B)　　　　　　(C)　　　　　　　　　　(D)

126. 日本酒は<u>あたためて</u>飲む人が<u>多い</u>が、私は<u>冷たく</u>ままで飲むのが<u>好きだ</u>。
　　　　　　　(A)　　　　　　　(B)　　　　(C)　　　　　　　(D)

127. 山田さん<u>は</u>毎日何時間<u>まで</u>学校<u>で</u>勉強<u>します</u>か。
　　　　　　(A)　　　　　　(B)　　　(C)　　(D)

128. <u>寝る</u>時間が<u>同じ</u>のに、<u>起きる</u>時間が<u>だんだん</u>早くなっていきます。
　　　(A)　　　　　(B)　　　　(C)　　　　　(D)

129. <u>ロッテリア</u>は食べる<u>後</u>でも返金に<u>応じる</u>外食産業では珍しい<u>試み</u>を開始した。
　　　　(A)　　　　　(B)　　　　(C)　　　　　　　　　　(D)

130. これ、<u>焼き立て</u>だった<u>ので</u>、ビニール袋に<u>入る</u>のにとても<u>苦労</u>しました。
　　　　　(A)　　　　　(B)　　　　　　　(C)　　　　　　(D)

131. 今まで特に好き嫌いはなかったのに急に嫌いものが増えた。
　　　　　　　(A)　　　　　　　　　(B)　　(C)　　　　　(D)

132. 給水管が折りやすくなっているので水圧がかかったまま触るのは大変危険です。
　　　　　　　(A)　　　　　　　　　(B)　　　　(C)　　　　　　(D)

133. すっかり冷え切ってしまった体を温め直し、風呂から上がって妹にお電話をしました。
　　　　　　(A)　　　　　　　　　　(B)　　　　　　　(C)　　　　　(D)

134. 先週私は久しぶりに友達の山田さんに手紙をよこした。
　　　　(A)　　　　　　　(B)　　　(C)　　　(D)

135. 昨日は球場へ向かうためにホテルを出るころから激しかった雨が降り出しました。
　　　　　　　　(A)　　　　　　　　　(B)　　　　　　(C)　　　(D)

136. 大阪市立図書館を日曜も使えるようにしてほしい意見があります。
　　　　　　　(A)　　　　(B)　(C)　　　　　(D)

137. 新型インフルエンザの感染を遺伝子検査で確かめる体制が、早くても２週後になるとの
　　　　　(A)　　　　　　　　　　　　(B)　　　　　　　　(C)

　　　見通しを示した。
　　　　(D)

138. A社の下請け会社のB社が倒産した。それは円高の影響でA社の輸出が減少したためである。
　　　　(A)　　　　　　(B)　　(C)　　　　　　　　　　　(D)

139. 今回の大規模な地震による被害総額は、数百億円に限らず、何百兆円にものぼった。
　　　　　(A)　　　　(B)　　　　　　　　　(C)　　　　　　(D)

140. 東京タワーで「階段駆け上げ訓練」を行い、高層建物火災に備え、体力の向上を図った。
　　　　　　(A)　　　(B)　　　　　　　　　(C)　　　　　　(D)

VII. 下の＿＿＿＿線に入る適当な言葉を(A)から(D)の中で一つ選びなさい。

141. あなたは＿＿＿＿ですか。
 (A) なん
 (B) どれ
 (C) だれ
 (D) どなた

142. テーブルの上に本＿＿＿＿ペンがあります。
 (A) や
 (B) の
 (C) まで
 (D) から

143. 彼は32歳のとき、大学＿＿＿＿出た。
 (A) を
 (B) は
 (C) に
 (D) から

144. 今日はあまり＿＿＿＿ありません。
 (A) さむい
 (B) さむく
 (C) さむいに
 (D) さむくて

145. 山田さん＿＿＿＿作った料理がれいぞうこの中にあります。
 (A) で
 (B) の
 (C) は
 (D) を

146. _____心地よい暮らし。

    (A) 暖かい

    (B) 暖かくて

    (C) 暖かいが

    (D) 暖かいのに

147. 男性の平均寿命は女性の_____より短い。

    (A) この

    (B) これ

    (C) それ

    (D) あれ

148. 時間がない_____急げ。

    (A) から

    (B) ので

    (C) のに

    (D) ため

149. 家を_____ところに電話がかかってきました。

    (A) 出る

    (B) 出て

    (C) 出てから

    (D) 出ようとした

150. 明日は_____に待った冬休みだ。

    (A) 待つ

    (B) 待ち

    (C) 待って

    (D) 待った

151. 横浜へ行ったら、港を見に＿＿＿＿＿＿。

    (A) 行くといいですよ

    (B) 行くほうがいいですよ

    (C) 行ったほうがいいですよ

    (D) 行かないほうがいいですよ

152. モニター販売は7月末＿＿＿＿＿＿終了いたしました。

    (A) とき

    (B) まま

    (C) から

    (D) にて

153. これを＿＿＿＿＿＿にわざわざ自宅から徒歩で20分かけてこの店にやってきたのです。

    (A) 飲む

    (B) 飲み

    (C) 飲んで

    (D) 飲むため

154. 母の誕生日にプレゼントを＿＿＿＿＿＿。

    (A) くれました

    (B) あげました

    (C) もらいました

    (D) いただきました

155. 今日は＿＿＿＿＿＿行きたくない。

    (A) なんとも

    (B) なんでも

    (C) なんとか

    (D) なんとなく

156. レストラン＿＿＿＿＿居酒屋の方がリラックスできていいんじゃないかな。

    (A) さらに

    (B) よりか

    (C) 以上に

    (D) にもまして

157. タクシーを呼んだらすぐに来て＿＿＿＿＿。

    (A) あげた

    (B) くれた

    (C) もらった

    (D) いただいた

158. バスは約15分＿＿＿＿＿来ます。

    (A) ままに

    (B) ぶりに

    (C) おきに

    (D) おりに

159. 部屋の明かりが消えている＿＿＿＿＿彼女はいないのだろう。

    (A) から

    (B) ため

    (C) せいで

    (D) おかげで

160. 助けを呼ぼうにも声が＿＿＿＿＿。

    (A) 出る

    (B) 出ない

    (C) 出よう

    (D) 出られない

161. このプロジェクトは専門家である遠藤さん_____、進めることが難しいです。

    (A) にとって

    (B) においては

    (C) をぬきにして

    (D) はもとより

162. 常に世界を見つめ、その話題の中心に鋭く_____。

    (A) 切り込む

    (B) 切り刻む

    (C) 練り込む

    (D) 飲み込む

163. 明日は日曜日だから、今日は_____飲もう。

    (A) 実に

    (B) より

    (C) 大いに

    (D) 非常に

164. 甥はまだ小さいのでひらがな_____書けない。

    (A) だけ

    (B) まで

    (C) さえ

    (D) ばかり

165. うちの子は、肉や魚_____野菜もよく食べますよ。

    (A) ばかり

    (B) ばかりか

    (C) のみならず

    (D) ばかりでなく

166. こんなに頑張っているのに＿＿＿＿＿＿上手にならない。

    (A) あえて

    (B) けっして

    (C) さっぱり

    (D) めったに

167. 洗面台が水あかで＿＿＿＿＿＿していて、気持ちが悪い。

    (A) ねばねば

    (B) つるつる

    (C) べたべた

    (D) ぬるぬる

168. 今日は気温も暖かく、絶好の遠足＿＿＿＿＿＿となっております。

    (A) 日記

    (B) 日光

    (C) 日向

    (D) 日和

169. 前回の二の舞を＿＿＿＿＿＿ように一生懸命練習する。

    (A) 演じる

    (B) 演じない

    (C) 踏む

    (D) 踏まない

170. 仕事上の事で、＿＿＿＿＿＿を残したまま縁の切れていた人と、1年半振りに再会した。

    (A) 親しさ

    (B) 固まり

    (C) 憎らしさ

    (D) わだかまり

VIII. 下の文を読んで、後の問いにもっとも適した答えを(A)から(D)の中で一つ選びな
さい。

(171~174)

昨年の秋に次女と二人で築30年の一戸建てに引越ししたが、3度の水道管の凍結には
閉口した。この4月に家族と合流し、4人暮らしとなった。妻は庭付きの家に大満足であ
り、やれトマトが熟れた、胡瓜だ、ナスだ、ネギだと大喜びしている。＿＿①＿＿には
ジャガイモが12kg、枝豆が1kg採れた。それをまた絵にして喜んでいる。おかげで野菜
代が浮いた。夏の草取り、水まきの代償である。しばらくして、水道代が24,000円と4倍
にもなった請求がされてきた。大学まで歩いて30分、図書館まで10分、映画館まで30分
と、健康にも趣味にも最適な住居環境である。あとは、来る＿＿②＿＿をうまくやり過
ごすことができるかが最大の課題である。

171. ＿＿①＿＿に入る適当な言葉は何ですか。

(A) 春

(B) 夏

(C) 秋

(D) 冬

172. ＿＿②＿＿に入る適当な言葉は何ですか。

(A) 春

(B) 夏

(C) 秋

(D) 冬

173. 妻の一番の喜びはどれですか。

(A) 野菜代が浮いたこと

(B) いろんな野菜が採れたこと

(C) 一戸建てに引っ越ししたこと

(D) 健康にも趣味にも最適な住居環境である。

174. 内容に合っているものはどれですか。

(A) 大きく水道料金が高くなった。

(B) 新築の一戸建てに引っ越しした。

(C) 大学までバスで30分ぐらいかかる。

(D) 野菜代が24,000円と4倍にもなった。

　私は毎朝、シャワーを浴びる。10年近くの習慣だ。10年ほど前、当時私の勤めていた会社の、独身社員寮が、ワンルームマンションになったとき、始まった習慣だ。それまでは、夜、風呂へ入るという、普通のパターンだった。そうすると、朝、頭が爆発してしまう。だからといって、ドライヤーでセットしたり、なんて面倒なことはしない。だから、たぶん、見苦しかったと思う。それが、ワンルームマンションで、いつでもシャワーを浴びることができるようになったので、思いついて、朝、シャワーを浴びることにした。爆発頭も治まるし、目も覚めるような気がするし、寝汗をかいた身体も＿＿①＿＿するし、これは気持ちいい。その後、独身の間は、冬でも朝シャワーだった。結婚して、風呂釜のあるアパートに引っ越した。もちろん、シャワーもあるので、毎朝シャワーを浴びていた。＿＿②＿＿、冬になった。寒い。寒くて、朝、シャワーを浴びることができない。独身の頃は、2回引っ越ししたが、いずれもワンルームで、小さなユニットバスだったので、真冬でも寒くなかった。それが、ちょっと広い風呂場だと、寒いのだ。それでどうしたか。冬の間は、朝、風呂を沸かして、朝風呂に入っていた。

175. 夜、風呂へ入るとどうなりますか。

(A) 目が覚めるような気がする。

(B) 疲れがとれて気持ちがいい。

(C) 朝起きたら寝癖がひどい。

(D) ドライヤーでセットしなければならない。

176. いつから毎朝、シャワーを浴びるようになりましたか。

(A) 結婚してから

(B) 子供の時から

(C) 独身の頃、2回引っ越ししてから

(D) 独身社員寮が、ワンルームマンションになったときから

177. ＿＿＿①＿＿＿ に入る適当な言葉は何ですか。

    (A) スッキリ

    (B) アッサリ

    (C) サッパリ

    (D) タップリ

178. ＿＿＿②＿＿＿ に入る適当な言葉は何ですか。

    (A) しかし

    (B) そして

    (C) ところが

    (D) ところで

> 　高校生の実態について、アンケートをした結果、携帯電話を「持っている」と答えたのは289人。全体の92％でした。毎月の平均使用料は全体の半数以上が3,000円～6,000円の間と答えていますが、１万円以上の人が14人、知らないという人も12人いました。支払いに関しては「親」が圧倒的に多く、243人がそう答えています。また「無料通話分を超えたら自分」や「半分ずつ」という人も20人いました。携帯電話をどんな時によく使うかでは、回答数全体の79％ 　①　 241人が「友達との電話やメール」を選んでいます。また、携帯を持っている人全体の80％ 　②　 231人が学校に携帯を持っていくと答えています。

179. 今回のアンケートに参加した高校生は、何人ですか。

(A) 289人

(B) 300人

(C) 314人

(D) 320人

180. 　①　 に入る言葉として適当なものを選んでください。

(A) にする

(B) の中で

(C) があたる

(D) にあたる

181. 高校生の携帯電話の使用についての正しい説明はどれですか。

(A) 携帯電話の料金の支払いはほとんど親がやっている。

(B) 携帯電話は緊急時の備えとして持っている高校生が多い。

(C) 学校に携帯電話を持ち込む高校生も増えつつある。

(D) 無料通話分を超えたら、親に支払いを頼むケースが増えている。

エジプトのピラミッドはどうやって作られたのだろうか。大きな石をどうやって運び、どうやって切り出したのだろうか。あの巨大な石を切り出す方法としていくつか説がある。まず、岩の上で木を燃やして熱し、水をかけて急激に冷やしてひびを入れて切り出すというもの。冷凍庫で作った氷をお湯にかけるとひびが入るが、①あれと同じことだ。もうひとつも温度差を利用したものだが、こちらは昼と夜で激しく気温が違うことを利用する。夕方に岩に水をかけておくと、夜には凍って岩が割れる。そこに木のくさびを打ち込んで、ふたたび水をかける。すると木が膨らんで＿＿②＿＿と岩が割れる、というわけだ。ほんとにできるかどうか、物好きな方は冬にでも試していただきたい。

182. ①あれとは何のことを意味していますか。

(A) 岩の上で火を燃やし、それを冷やすことによって岩を切り出す方法

(B) 冷蔵庫で作った氷をお湯にかけるとひびが入ること

(C) 巨大は石を切り出す方法としていくつかの説があること

(D) 温度差を利用して、岩に割れ目を作ること

183. ＿＿②＿＿ に入る適切な言葉を下から選んでください。

(A) すっぽり

(B) がっぽり

(C) がっくり

(D) ぱっくり

184. 本文の内容と合わないものはどれですか。

(A) 石を切り出す方法としてはいくつかの説がある。

(B) 石を切り出す方法として石を急激に冷やす方法がある。

(C) 石を切り出す方法として石を急激に暖める方法がある。

(D) 石を切り出す方法として昼夜の温度差を利用する方法がある。

　　多少見かけは悪いが安くておいしい「はじっこグルメ」が注目されているらしい。食べ物＿＿①＿＿、真ん中より端がいいと思うことはありそうだ。この「はじっこ愛好家」についてアイシェアが意識調査を実施。20代から40代の男女590名の回答を集計した。パンやケーキ、ベーコンの切れ端などの食べ物のはじっこは好きかを聞いたところ、「大好き」が11.9％、「どちらかというと好き」が49.2％で、合わせると『好き』派が61.0％だった。性別での内訳では女性は66.1％と男性よりも9ポイント高く、また40代では20代より10ポイント高い65.6％と、はじっこは女性や年上の世代からの支持が高い傾向があるようだ。乗り物や飲食店などで、はじっこの席に座りたいかを問うと「かなり座りたい」が28.0％、「できれば座りたい」が45.3％と『好き派』が73.2％。全体の3人に2人がはじっこ好きであることがわかった。食べ物や場所などで、この「はじっこが好きだ」というものを自由回答形式で挙げてもらうと、バケットのはじっこなどの「パン系」(78票)、電車や飛行機などの「乗り物系」(71票)、会議室や飲食店の席などの「場所系」（34票）に人気が集まった。＿＿②＿＿、席替えなどでも教室の後ろのはじっこが人気だったっけ。

185. はじっこグルメとは何のことか。

(A) パンのはじっこを食べること

(B) 外見は良くないが味はおいしく手ごろな食べ物のこと

(C) はじっこの席で食べる食べ物

(D) 食べ物の端を除き食べる食べ物

186. ＿＿①＿＿に入る適切な言葉を選んでください。

(A) において

(B) にかけて

(C) について

(D) に限らず

187. _____②_____ に入る適切な言葉を選んでください。

(A) ところで

(B) そういえば

(C) それにしても

(D) それからというもの

188. パンやベーコンなど食べ物のはしっこについてのアンケート結果の中で、正しいものはどれですか。

(A) はしっこが好きな男性は約57％である。

(B) 女性より男性のほうが、はしっこが好きだ。

(C) 年上の人はやはりはしっこを好まないようだ。

(D) 若い人の方が、はしっこをより好む傾向にある。

　衆院解散で事実上の選挙戦に突入する中、出産予定日を9月末に控えた小渕優子少子化担当相(35)も身重を押して全国を奔走している。見た目にも＿＿①＿＿おなかを抱え、公務や他候補への応援など分刻みのスケジュール。22日には解散後初めて群馬県入りしたが、大逆風の自民では小渕氏の全国区の人気に期待が高く、地元に本人不在の戦いを強いられそうだ。今回は体力的にも厳しい「マタニティー選挙」となるが、小渕氏は「後に続く女性議員のためにも与えられた仕事を＿＿②＿＿したい」と意気込んでいる。

189. ＿＿①＿＿ に入る適切な言葉を下から選んでください。

(A) むっつりした

(B) ふっくらした

(C) でこぼこした

(D) ざらざらした

190. 「マタニティー選挙」とはどういうことですか。

(A) 子供を産んだ母親を応援することを政治目標にした議員を選ぶこと

(B) 子供を産めない夫婦を応援することを政治目的にした議員を選ぶこと

(C) 子供を妊娠したまま選挙運動をすること

(D) 子供を妊娠したままではいけないので、選挙と子供とどちらかの選択をすること

191. ＿＿②＿＿ に入る適切な言葉を下から選んでください。

(A) 全う

(B) 伝授

(C) 提供

(D) 頑張り

192. 本文の内容と合っているものをしたから選んでください。

(A) 出産を控えている小渕議員は産休を取ることで、子供中心の社会作りを支援者に訴えている。

(B) 小渕議員は出産を控えていながらも、地元の人とともに一生懸命選挙活動することで、地元での人気を基盤に当選を目指している。

(C) 小渕議員は出産を控えていながらも、全国的に人気があるので、地元にはあまりいられないまま、選挙戦を戦うことになりそうだ。

(D) 小渕議員は妊娠をきっかけに、今回は選挙への出馬をあきらめたが、次回に向けた活動を既に始めている。

「便所飯」という言葉が3年ほど前からインターネット上で飛び交っている。学校や職場など、公共のトイレで食事をする現象が一部の若者の間で＿＿①＿＿広まっているという。一方、ネットのフリー百科事典「ウィキペディア」では便所飯の項目が削除され、ネット掲示板の関連スレッドでもただの「ネタ」として疑問視する声もある。便所飯は実在するのか、それとも「都市伝説」に過ぎないのか。「ネタをネタと見抜けない奴は…」と言われそうだが。しかし、②「便所飯」は実際に存在した。会社や大学で便所にこもって一人で食事をする人間がいたのだ。当事者にインタビューをしてみると、意外なことが分かった。「便所飯」をする理由は、「自分の時間、1人の時間を楽しみたい」という驚くべきものだった。忙しく、共同体を強調する日本社会の中で、最近の日本人は色々な形で個人の時間を楽しんでいることが分かった。でも別の面から見ると、これは、現代社会に対する③小さな反抗という見方もできなくもない。仕事に追われる社会生活、そして④「出る杭は打たれる」ということわざにもあるように和を重んじる日本社会と、個人主義、個々を尊厳する現代人の静かな戦いが始まったのかもしれない。

193. ＿＿①＿＿ に入る適当な言葉を選んでください。

(A) 必死に

(B) しらじらしく

(C) ひそかに

(D) おとなしく

194. ②「便所飯」はインターネットでは、どのように扱われていますか。

(A) 便所飯は存在するはずがないと、批判の対象になっている。

(B) 便所飯について多くの人が興味を持ち、多くのインターネットサイトで取り上げられている。

(C) 便所飯はネタとして多くの人が認めているが、実在しないと断言している。

(D) 便所飯はネタの一つとして扱われ、実在については疑問視されている。

195. ③小さな反抗とあるが、どんな意味ですか。

(A) 楽しみを見出せない社会に対して、トイレの中だけでも自分の楽しみを満喫しようとする動き

(B) 多忙で、集団の和を重要視する社会に対して個人の尊重を訴えかける動き

(C) 社会に反抗して、今の社会を改革しようという動き

(D) ひとりの時間を楽しみたい人たちが集まって、様々な個人的な時間を楽しもうとする動き

196. ④「出る杭は打たれる」とはどんな意味ですか。

(A) 普段から特別な行動を心がけて、個性を大切にしなさいという意味

(B) 集団の中にいるときは、個性よりも集団に合わせるようにしなさいという意味

(C) いつも目立つ言動をしていれば、いつか大物になることができるという意味

(D) いつも静かにしていて、目上の人の指示に従いなさいという意味

東京・山手通りの工事現場で、ちょっと①見慣れぬモノが目に入った。重機にベタベタと、A4サイズくらいの紙が貼られている。近づいて見ると、「この重機の運転者は私です」とある。下には、資格証のコピーと、運転者の氏名と顔写真。さらに、これって何のため、いつから始まったことなのか。最近、重機横転事故などが立て続けにあったせいか。何か法で定められたのだろうか。実際に作業にあたっている会社の1つに聞いてみると、きっかけは＿＿＿②＿＿＿、度重なる重機の事故だというが、「現場では定期的に『安全パトロール』というのを行っています。パトロールのときに、誰が見ても重機の運転者がわかるよう、また、運転者がちゃんと資格を持っているということがわかるように貼っているんです。」一般の通行人に対してというよりも、現場の安全パトロール用に貼っているものらしい。ところで、無資格で重機運転…と聞くと恐ろしい気がするが、調べてみると、無資格者による重機事故はこれまでかなりの事例があるよう。＿＿＿③＿＿＿、自分の所有地を造成する場合などは、無資格でも重機の運転ができるが、もちろん「事業」においては無資格者での運転は禁止されているし、事業者も無資格者に運転業務をさせてはならないことになっている。ちょっと不思議に見えた重機の貼り紙。安全を守るために重要な役割を担っているようだ。

197. ①見慣れぬモノとは何ですか。

(A) 一般の人に向けて製作された安全宣言の用紙

(B) 一般の人に向けて製作された運転者の資格証の表示板

(C) 現場の安全のために、製作された重機運転者について公表した紙

(D) 現場の安全のために、製作された重機運転者向けの情報掲示板

198. ＿＿＿②＿＿＿ に入る適当な言葉を下から選んでください。

(A) 理想に反して

(B) 理想と同じく

(C) 予想に反して

(D) 予想通り

199. _____③_____ に入る適切な言葉を下から選んでください。

(A) ちなみに

(B) それはさておき

(C) それを差し置いて

(D) それからというもの

200. 本文の内容として合っているものを選んでください。

(A) 重機を運転するときはどこであっても、免許証を持っていなければならない。

(B) 重機の事故が多くなり、重機の運転者はその免許証を公開しなければならなくなった。

(C) 安全パトロールのために、重機運転者が誰か、免許の有無などを表示するようになった。

(D) 一般の方にも安心してもらうために、重機運転者が誰か、免許の有無などを表示するようになった。

질의 응답&오문정정 정답

Part2 질의 응답 문제 1회

21	D	22	A	23	D	24	C	25	A
26	D	27	C	28	C	29	A	30	A
31	A	32	D	33	C	34	B	35	B
36	B	37	D	38	B	39	B	40	A
41	B	42	D	43	D	44	C	45	B
46	C	47	A	48	C	49	D	50	C

Part2 질의 응답 문제 2회

21	C	22	D	23	B	24	C	25	D
26	D	27	D	28	B	29	A	30	D
31	D	32	C	33	A	34	D	35	C
36	B	37	A	38	A	39	B	40	B
41	C	42	A	43	B	44	B	45	B
46	C	47	B	48	A	49	C	50	A

Part2 질의 응답 문제 3회

21	D	22	B	23	C	24	D	25	D
26	B	27	A	28	B	29	C	30	B
31	D	32	D	33	C	34	C	35	B
36	C	37	A	38	A	39	A	40	B
41	B	42	A	43	C	44	D	45	D
46	A	47	A	48	C	49	A	50	B

Part2 질의 응답 문제 4회

21	B	22	C	23	B	24	A	25	D
26	A	27	D	28	C	29	B	30	B
31	C	32	A	33	A	34	D	35	B
36	C	37	C	38	A	39	D	40	C
41	B	42	D	43	D	44	C	45	A
46	B	47	A	48	D	49	B	50	D

Part2 질의 응답 문제 5회

21	B	22	D	23	C	24	D	25	D
26	B	27	B	28	D	29	C	30	D
31	A	32	C	33	B	34	B	35	A
36	C	37	D	38	A	39	B	40	A
41	B	42	A	43	C	44	A	45	C
46	A	47	C	48	D	49	B	50	A

Part6 오문정정 문제 1회

121	D	122	B	123	A	124	B	125	A
126	B	127	D	128	B	129	B	130	D
131	B	132	C	133	C	134	B	135	D
136	B	137	C	138	A	139	B	140	D

Part6 오문정정 문제 2회

121	B	122	B	123	D	124	A	125	D
126	C	127	C	128	D	129	C	130	B
131	C	132	B	133	B	134	A	135	A
136	A	137	C	138	D	139	B	140	C

Part6 오문정정 문제 3회

121	A	122	C	123	C	124	B	125	D
126	B	127	D	128	A	129	C	130	B
131	C	132	A	133	A	134	C	135	C
136	D	137	A	138	B	139	B	140	B

Part6 오문정정 문제 4회

121	D	122	B	123	C	124	D	125	D
126	B	127	B	128	A	129	B	130	D
131	B	132	A	133	D	134	C	135	D
136	A	137	C	138	B	139	C	140	B

Part6 오문정정 문제 5회

121	B	122	B	123	B	124	B	125	C
126	B	127	C	128	D	129	D	130	B
131	C	132	B	133	D	134	B	135	C
136	A	137	B	138	B	139	C	140	A

실전모의고사 1회 정답

청해 (1~100)

PART 1 사진묘사

1	2	3	4	5	6	7	8	9	10
A	C	B	C	D	B	C	A	D	A

11	12	13	14	15	16	17	18	19	20
A	D	B	C	A	C	A	A	B	C

PART 2 질의응답

21	22	23	24	25	26	27	28	29	30
D	B	D	B	D	D	C	A	C	A

31	32	33	34	35	36	37	38	39	40
A	A	C	C	D	B	B	D	A	D

41	42	43	44	45	46	47	48	49	50
C	B	A	C	D	A	C	B	C	B

PART 3 회화문

51	52	53	54	55	56	57	58	59	60
D	B	A	B	A	A	D	C	C	B

61	62	63	64	65	66	67	68	69	70
D	C	A	C	D	C	B	C	D	D

71	72	73	74	75	76	77	78	79	80
A	C	B	C	B	D	B	A	A	B

PART 4 설명문

81	82	83	84	85	86	87	88	89	90
A	A	C	A	C	A	C	B	B	C

91	92	93	94	95	96	97	98	99	100
B	B	C	C	B	C	C	D	A	D

독해 (101~200)

PART 5 정답 찾기

101	102	103	104	105	106	107	108	109	110
C	A	A	B	B	C	A	C	B	D

111	112	113	114	115	116	117	118	119	120
A	A	D	D	B	C	D	B	D	D

PART 6 오문정정

121	122	123	124	125	126	127	128	129	130
A	D	A	A	B	C	B	C	C	C

131	132	133	134	135	136	137	138	139	140
B	B	C	A	B	B	C	C	C	A

PART 7 공란 메우기

141	142	143	144	145	146	147	148	149	150
C	A	B	A	A	B	A	D	A	C

151	152	153	154	155	156	157	158	159	160
C	C	B	B	B	B	C	D	C	A

161	162	163	164	165	166	167	168	169	170
A	B	C	C	C	A	D	B	C	D

PART 8 독해

171	172	173	174	175	176	177	178	179	180
C	C	B	B	A	B	C	A	D	B

181	182	183	184	185	186	187	188	189	190
C	A	B	C	C	B	D	A	A	A

191	192	193	194	195	196	197	198	199	200
B	B	D	C	B	A	C	B	C	D

실전모의고사 2회 정답

청해 (1~100)

PART 1 사진묘사

1	2	3	4	5	6	7	8	9	10
D	A	B	C	C	B	C	B	D	B

11	12	13	14	15	16	17	18	19	20
B	A	D	C	C	D	A	A	D	A

PART 2 질의응답

21	22	23	24	25	26	27	28	29	30
D	C	A	D	A	C	D	C	B	A

31	32	33	34	35	36	37	38	39	40
A	B	B	C	A	B	B	B	C	D

41	42	43	44	45	46	47	48	49	50
A	C	D	A	B	D	C	D	D	B

PART 3 회화문

51	52	53	54	55	56	57	58	59	60
D	A	D	B	C	D	B	A	D	B

61	62	63	64	65	66	67	68	69	70
D	A	D	A	D	C	B	C	B	C

71	72	73	74	75	76	77	78	79	80
D	C	B	C	A	C	B	C	A	A

PART 4 설명문

81	82	83	84	85	86	87	88	89	90
A	B	C	C	D	C	C	B	B	C

91	92	93	94	95	96	97	98	99	100
C	B	A	B	B	A	C	B	D	D

독해 (101~200)

PART 5 정답 찾기

101	102	103	104	105	106	107	108	109	110
C	B	B	D	A	A	B	C	D	A

111	112	113	114	115	116	117	118	119	120
D	B	A	D	C	A	B	B	D	B

PART 6 오문정정

121	122	123	124	125	126	127	128	129	130
C	A	D	D	B	C	C	C	D	A	A

131	132	133	134	135	136	137	138	139	140
B	C	D	B	D	B	B	A	B	C

PART 7 공란 메우기

141	142	143	144	145	146	147	148	149	150
D	C	C	C	C	B	D	A	C	B

151	152	153	154	155	156	157	158	159	160
C	D	B	B	C	A	D	C	A	C

161	162	163	164	165	166	167	168	169	170
C	D	D	C	A	D	C	D	B	D

PART 8 독해

171	172	173	174	175	176	177	178	179	180
A	C	B	B	C	D	B	A	B	A

181	182	183	184	185	186	187	188	189	190
C	B	C	C	B	A	B	C	B	A

191	192	193	194	195	196	197	198	199	200
C	C	C	B	B	D	B	A	D	B

실전모의고사 3회 정답

청해 (1~100)

PART 1 사진묘사

1	2	3	4	5	6	7	8	9	10
C	D	A	B	D	A	A	D	A	C

11	12	13	14	15	16	17	18	19	20
B	D	A	C	C	A	C	B	B	D

PART 2 질의응답

21	22	23	24	25	26	27	28	29	30
D	D	C	B	C	A	B	C	A	C

31	32	33	34	35	36	37	38	39	40
A	D	B	B	D	B	A	C	B	B

41	42	43	44	45	46	47	48	49	50
C	A	D	A	D	D	A	C	A	D

PART 3 회화문

51	52	53	54	55	56	57	58	59	60
A	D	B	D	B	A	D	C	B	D

61	62	63	64	65	66	67	68	69	70
A	C	B	D	C	B	C	D	A	C

71	72	73	74	75	76	77	78	79	80
D	B	C	A	B	C	A	C	A	D

PART 4 설명문

81	82	83	84	85	86	87	88	89	90
A	C	B	D	C	C	B	B	D	D

91	92	93	94	95	96	97	98	99	100
C	A	A	C	B	D	B	A	B	A

독해 (101~200)

PART 5 정답 찾기

101	102	103	104	105	106	107	108	109	110
D	C	A	D	A	C	B	B	C	D

111	112	113	114	115	116	117	118	119	120
A	A	D	C	C	B	D	D	B	B

PART 6 오문정정

121	122	123	124	125	126	127	128	129	130
C	A	D	C	B	C	C	C	B	D

131	132	133	134	135	136	137	138	139	140
A	C	D	B	C	C	C	D	B	A

PART 7 공란 메우기

141	142	143	144	145	146	147	148	149	150
C	D	C	A	C	B	C	D	C	A

151	152	153	154	155	156	157	158	159	160
C	C	B	C	D	C	D	B	B	D

161	162	163	164	165	166	167	168	169	170
A	D	B	A	D	B	B	B	A	C

PART 8 독해

171	172	173	174	175	176	177	178	179	180
D	D	B	C	C	B	A	D	D	D

181	182	183	184	185	186	187	188	189	190
D	A	A	B	C	B	D	D	B	A

191	192	193	194	195	196	197	198	199	200
A	B	A	B	B	C	A	D	A	A

실전모의고사 4회 정답

청해 (1~100)

PART 1 사진묘사

1	2	3	4	5	6	7	8	9	10
B	C	A	A	C	B	D	D	A	B

11	12	13	14	15	16	17	18	19	20
B	D	C	B	D	C	A	D	A	B

PART 2 질의응답

21	22	23	24	25	26	27	28	29	30
D	D	C	D	A	D	D	B	A	B

31	32	33	34	35	36	37	38	39	40
C	A	B	A	B	D	A	D	A	C

41	42	43	44	45	46	47	48	49	50
B	D	C	B	B	C	C	C	A	A

PART 3 회화문

51	52	53	54	55	56	57	58	59	60
D	A	D	B	C	A	B	D	D	B

61	62	63	64	65	66	67	68	69	70
C	B	D	A	C	A	C	B	C	B

71	72	73	74	75	76	77	78	79	80
A	C	A	C	A	C	A	B	C	D

PART 4 설명문

81	82	83	84	85	86	87	88	89	90
C	B	A	A	B	A	D	D	A	B

91	92	93	94	95	96	97	98	99	100
B	C	D	C	D	D	A	B	C	D

독해 (101~200)

PART 5 정답 찾기

101	102	103	104	105	106	107	108	109	110
B	C	D	C	C	D	A	D	A	B

111	112	113	114	115	116	117	118	119	120
D	C	C	A	C	D	C	D	B	B

PART 6 오문정정

121	122	123	124	125	126	127	128	129	130
A	D	B	B	B	B	B	C	A	D

131	132	133	134	135	136	137	138	139	140
C	B	D	B	C	C	C	C	D	B	B

PART 7 공란 메우기

141	142	143	144	145	146	147	148	149	150
D	A	C	B	A	B	C	A	C	D

151	152	153	154	155	156	157	158	159	160
C	B	C	C	D	C	D	D	B	D

161	162	163	164	165	166	167	168	169	170
A	A	A	B	B	B	A	D	B	D

PART 8 독해

171	172	173	174	175	176	177	178	179	180
D	C	B	A	B	D	C	A	C	A

181	182	183	184	185	186	187	188	189	190
A	B	B	C	A	B	A	C	C	C

191	192	193	194	195	196	197	198	199	200
B	A	A	B	D	D	C	C	A	D

실전모의고사 5회 정답

청해 (1~100)

PART 1 사진묘사

1	2	3	4	5	6	7	8	9	10
C	D	C	D	A	A	B	A	B	C

11	12	13	14	15	16	17	18	19	20
A	D	A	C	C	B	B	D	B	C

PART 2 질의응답

21	22	23	24	25	26	27	28	29	30
B	A	C	D	C	D	A	C	C	B

31	32	33	34	35	36	37	38	39	40
D	D	B	A	A	A	D	A	D	C

41	42	43	44	45	46	47	48	49	50
A	D	B	D	C	B	C	B	B	C

PART 3 회화문

51	52	53	54	55	56	57	58	59	60
A	C	B	B	D	A	D	A	A	A

61	62	63	64	65	66	67	68	69	70
A	D	B	C	A	D	C	B	D	C

71	72	73	74	75	76	77	78	79	80
B	D	C	A	B	C	D	A	B	D

PART 4 설명문

81	82	83	84	85	86	87	88	89	90
B	C	B	C	C	B	B	D	A	D

91	92	93	94	95	96	97	98	99	100
C	A	C	D	A	C	B	A	C	B

독해 (101~200)

PART 5 정답 찾기

101	102	103	104	105	106	107	108	109	110
C	B	D	B	D	A	C	B	D	C

111	112	113	114	115	116	117	118	119	120
C	A	D	C	D	D	B	B	C	D

PART 6 오문정정

121	122	123	124	125	126	127	128	129	130
A	D	C	D	B	C	B	B	B	C

131	132	133	134	135	136	137	138	139	140
C	A	D	D	C	D	C	C	C	B

PART 7 공란 메우기

141	142	143	144	145	146	147	148	149	150
C	A	A	B	B	B	C	A	D	B

151	152	153	154	155	156	157	158	159	160
A	D	D	B	D	B	B	C	A	B

161	162	163	164	165	166	167	168	169	170
C	A	C	C	D	C	D	D	B	D

PART 8 독해

171	172	173	174	175	176	177	178	179	180
C	D	B	A	C	D	A	B	C	D

181	182	183	184	185	186	187	188	189	190
A	B	D	C	B	D	B	A	B	C

191	192	193	194	195	196	197	198	199	200
A	C	C	D	B	B	C	B	D	C

ANSWER SHEET

JPT 실전 모의고사 1회

좌석번호

Ⓐ Ⓑ Ⓒ Ⓓ Ⓔ
① ② ③ ④ ⑤ ⑥ ⑦

성명	한글
	한자
	영자

수험번호

聽 解

NO	ANSWER				NO	ANSWER				NO	ANSWER				NO	ANSWER				NO	ANSWER			
	A	B	C	D		A	B	C	D		A	B	C	D		A	B	C	D		A	B	C	D
1	ⓐ	ⓑ	ⓒ	ⓓ	21	ⓐ	ⓑ	ⓒ	ⓓ	41	ⓐ	ⓑ	ⓒ	ⓓ	61	ⓐ	ⓑ	ⓒ	ⓓ	81	ⓐ	ⓑ	ⓒ	ⓓ
2	ⓐ	ⓑ	ⓒ	ⓓ	22	ⓐ	ⓑ	ⓒ	ⓓ	42	ⓐ	ⓑ	ⓒ	ⓓ	62	ⓐ	ⓑ	ⓒ	ⓓ	82	ⓐ	ⓑ	ⓒ	ⓓ
3	ⓐ	ⓑ	ⓒ	ⓓ	23	ⓐ	ⓑ	ⓒ	ⓓ	43	ⓐ	ⓑ	ⓒ	ⓓ	63	ⓐ	ⓑ	ⓒ	ⓓ	83	ⓐ	ⓑ	ⓒ	ⓓ
4	ⓐ	ⓑ	ⓒ	ⓓ	24	ⓐ	ⓑ	ⓒ	ⓓ	44	ⓐ	ⓑ	ⓒ	ⓓ	64	ⓐ	ⓑ	ⓒ	ⓓ	84	ⓐ	ⓑ	ⓒ	ⓓ
5	ⓐ	ⓑ	ⓒ	ⓓ	25	ⓐ	ⓑ	ⓒ	ⓓ	45	ⓐ	ⓑ	ⓒ	ⓓ	65	ⓐ	ⓑ	ⓒ	ⓓ	85	ⓐ	ⓑ	ⓒ	ⓓ
6	ⓐ	ⓑ	ⓒ	ⓓ	26	ⓐ	ⓑ	ⓒ	ⓓ	46	ⓐ	ⓑ	ⓒ	ⓓ	66	ⓐ	ⓑ	ⓒ	ⓓ	86	ⓐ	ⓑ	ⓒ	ⓓ
7	ⓐ	ⓑ	ⓒ	ⓓ	27	ⓐ	ⓑ	ⓒ	ⓓ	47	ⓐ	ⓑ	ⓒ	ⓓ	67	ⓐ	ⓑ	ⓒ	ⓓ	87	ⓐ	ⓑ	ⓒ	ⓓ
8	ⓐ	ⓑ	ⓒ	ⓓ	28	ⓐ	ⓑ	ⓒ	ⓓ	48	ⓐ	ⓑ	ⓒ	ⓓ	68	ⓐ	ⓑ	ⓒ	ⓓ	88	ⓐ	ⓑ	ⓒ	ⓓ
9	ⓐ	ⓑ	ⓒ	ⓓ	29	ⓐ	ⓑ	ⓒ	ⓓ	49	ⓐ	ⓑ	ⓒ	ⓓ	69	ⓐ	ⓑ	ⓒ	ⓓ	89	ⓐ	ⓑ	ⓒ	ⓓ
10	ⓐ	ⓑ	ⓒ	ⓓ	30	ⓐ	ⓑ	ⓒ	ⓓ	50	ⓐ	ⓑ	ⓒ	ⓓ	70	ⓐ	ⓑ	ⓒ	ⓓ	90	ⓐ	ⓑ	ⓒ	ⓓ
11	ⓐ	ⓑ	ⓒ	ⓓ	31	ⓐ	ⓑ	ⓒ	ⓓ	51	ⓐ	ⓑ	ⓒ	ⓓ	71	ⓐ	ⓑ	ⓒ	ⓓ	91	ⓐ	ⓑ	ⓒ	ⓓ
12	ⓐ	ⓑ	ⓒ	ⓓ	32	ⓐ	ⓑ	ⓒ	ⓓ	52	ⓐ	ⓑ	ⓒ	ⓓ	72	ⓐ	ⓑ	ⓒ	ⓓ	92	ⓐ	ⓑ	ⓒ	ⓓ
13	ⓐ	ⓑ	ⓒ	ⓓ	33	ⓐ	ⓑ	ⓒ	ⓓ	53	ⓐ	ⓑ	ⓒ	ⓓ	73	ⓐ	ⓑ	ⓒ	ⓓ	93	ⓐ	ⓑ	ⓒ	ⓓ
14	ⓐ	ⓑ	ⓒ	ⓓ	34	ⓐ	ⓑ	ⓒ	ⓓ	54	ⓐ	ⓑ	ⓒ	ⓓ	74	ⓐ	ⓑ	ⓒ	ⓓ	94	ⓐ	ⓑ	ⓒ	ⓓ
15	ⓐ	ⓑ	ⓒ	ⓓ	35	ⓐ	ⓑ	ⓒ	ⓓ	55	ⓐ	ⓑ	ⓒ	ⓓ	75	ⓐ	ⓑ	ⓒ	ⓓ	95	ⓐ	ⓑ	ⓒ	ⓓ
16	ⓐ	ⓑ	ⓒ	ⓓ	36	ⓐ	ⓑ	ⓒ	ⓓ	56	ⓐ	ⓑ	ⓒ	ⓓ	76	ⓐ	ⓑ	ⓒ	ⓓ	96	ⓐ	ⓑ	ⓒ	ⓓ
17	ⓐ	ⓑ	ⓒ	ⓓ	37	ⓐ	ⓑ	ⓒ	ⓓ	57	ⓐ	ⓑ	ⓒ	ⓓ	77	ⓐ	ⓑ	ⓒ	ⓓ	97	ⓐ	ⓑ	ⓒ	ⓓ
18	ⓐ	ⓑ	ⓒ	ⓓ	38	ⓐ	ⓑ	ⓒ	ⓓ	58	ⓐ	ⓑ	ⓒ	ⓓ	78	ⓐ	ⓑ	ⓒ	ⓓ	98	ⓐ	ⓑ	ⓒ	ⓓ
19	ⓐ	ⓑ	ⓒ	ⓓ	39	ⓐ	ⓑ	ⓒ	ⓓ	59	ⓐ	ⓑ	ⓒ	ⓓ	79	ⓐ	ⓑ	ⓒ	ⓓ	99	ⓐ	ⓑ	ⓒ	ⓓ
20	ⓐ	ⓑ	ⓒ	ⓓ	40	ⓐ	ⓑ	ⓒ	ⓓ	60	ⓐ	ⓑ	ⓒ	ⓓ	80	ⓐ	ⓑ	ⓒ	ⓓ	100	ⓐ	ⓑ	ⓒ	ⓓ

読 解

NO	ANSWER				NO	ANSWER				NO	ANSWER				NO	ANSWER				NO	ANSWER			
	A	B	C	D		A	B	C	D		A	B	C	D		A	B	C	D		A	B	C	D
101	ⓐ	ⓑ	ⓒ	ⓓ	121	ⓐ	ⓑ	ⓒ	ⓓ	141	ⓐ	ⓑ	ⓒ	ⓓ	161	ⓐ	ⓑ	ⓒ	ⓓ	181	ⓐ	ⓑ	ⓒ	ⓓ
102	ⓐ	ⓑ	ⓒ	ⓓ	122	ⓐ	ⓑ	ⓒ	ⓓ	142	ⓐ	ⓑ	ⓒ	ⓓ	162	ⓐ	ⓑ	ⓒ	ⓓ	182	ⓐ	ⓑ	ⓒ	ⓓ
103	ⓐ	ⓑ	ⓒ	ⓓ	123	ⓐ	ⓑ	ⓒ	ⓓ	143	ⓐ	ⓑ	ⓒ	ⓓ	163	ⓐ	ⓑ	ⓒ	ⓓ	183	ⓐ	ⓑ	ⓒ	ⓓ
104	ⓐ	ⓑ	ⓒ	ⓓ	124	ⓐ	ⓑ	ⓒ	ⓓ	144	ⓐ	ⓑ	ⓒ	ⓓ	164	ⓐ	ⓑ	ⓒ	ⓓ	184	ⓐ	ⓑ	ⓒ	ⓓ
105	ⓐ	ⓑ	ⓒ	ⓓ	125	ⓐ	ⓑ	ⓒ	ⓓ	145	ⓐ	ⓑ	ⓒ	ⓓ	165	ⓐ	ⓑ	ⓒ	ⓓ	185	ⓐ	ⓑ	ⓒ	ⓓ
106	ⓐ	ⓑ	ⓒ	ⓓ	126	ⓐ	ⓑ	ⓒ	ⓓ	146	ⓐ	ⓑ	ⓒ	ⓓ	166	ⓐ	ⓑ	ⓒ	ⓓ	186	ⓐ	ⓑ	ⓒ	ⓓ
107	ⓐ	ⓑ	ⓒ	ⓓ	127	ⓐ	ⓑ	ⓒ	ⓓ	147	ⓐ	ⓑ	ⓒ	ⓓ	167	ⓐ	ⓑ	ⓒ	ⓓ	187	ⓐ	ⓑ	ⓒ	ⓓ
108	ⓐ	ⓑ	ⓒ	ⓓ	128	ⓐ	ⓑ	ⓒ	ⓓ	148	ⓐ	ⓑ	ⓒ	ⓓ	168	ⓐ	ⓑ	ⓒ	ⓓ	188	ⓐ	ⓑ	ⓒ	ⓓ
109	ⓐ	ⓑ	ⓒ	ⓓ	129	ⓐ	ⓑ	ⓒ	ⓓ	149	ⓐ	ⓑ	ⓒ	ⓓ	169	ⓐ	ⓑ	ⓒ	ⓓ	189	ⓐ	ⓑ	ⓒ	ⓓ
110	ⓐ	ⓑ	ⓒ	ⓓ	130	ⓐ	ⓑ	ⓒ	ⓓ	150	ⓐ	ⓑ	ⓒ	ⓓ	170	ⓐ	ⓑ	ⓒ	ⓓ	190	ⓐ	ⓑ	ⓒ	ⓓ
111	ⓐ	ⓑ	ⓒ	ⓓ	131	ⓐ	ⓑ	ⓒ	ⓓ	151	ⓐ	ⓑ	ⓒ	ⓓ	171	ⓐ	ⓑ	ⓒ	ⓓ	191	ⓐ	ⓑ	ⓒ	ⓓ
112	ⓐ	ⓑ	ⓒ	ⓓ	132	ⓐ	ⓑ	ⓒ	ⓓ	152	ⓐ	ⓑ	ⓒ	ⓓ	172	ⓐ	ⓑ	ⓒ	ⓓ	192	ⓐ	ⓑ	ⓒ	ⓓ
113	ⓐ	ⓑ	ⓒ	ⓓ	133	ⓐ	ⓑ	ⓒ	ⓓ	153	ⓐ	ⓑ	ⓒ	ⓓ	173	ⓐ	ⓑ	ⓒ	ⓓ	193	ⓐ	ⓑ	ⓒ	ⓓ
114	ⓐ	ⓑ	ⓒ	ⓓ	134	ⓐ	ⓑ	ⓒ	ⓓ	154	ⓐ	ⓑ	ⓒ	ⓓ	174	ⓐ	ⓑ	ⓒ	ⓓ	194	ⓐ	ⓑ	ⓒ	ⓓ
115	ⓐ	ⓑ	ⓒ	ⓓ	135	ⓐ	ⓑ	ⓒ	ⓓ	155	ⓐ	ⓑ	ⓒ	ⓓ	175	ⓐ	ⓑ	ⓒ	ⓓ	195	ⓐ	ⓑ	ⓒ	ⓓ
116	ⓐ	ⓑ	ⓒ	ⓓ	136	ⓐ	ⓑ	ⓒ	ⓓ	156	ⓐ	ⓑ	ⓒ	ⓓ	176	ⓐ	ⓑ	ⓒ	ⓓ	196	ⓐ	ⓑ	ⓒ	ⓓ
117	ⓐ	ⓑ	ⓒ	ⓓ	137	ⓐ	ⓑ	ⓒ	ⓓ	157	ⓐ	ⓑ	ⓒ	ⓓ	177	ⓐ	ⓑ	ⓒ	ⓓ	197	ⓐ	ⓑ	ⓒ	ⓓ
118	ⓐ	ⓑ	ⓒ	ⓓ	138	ⓐ	ⓑ	ⓒ	ⓓ	158	ⓐ	ⓑ	ⓒ	ⓓ	178	ⓐ	ⓑ	ⓒ	ⓓ	198	ⓐ	ⓑ	ⓒ	ⓓ
119	ⓐ	ⓑ	ⓒ	ⓓ	139	ⓐ	ⓑ	ⓒ	ⓓ	159	ⓐ	ⓑ	ⓒ	ⓓ	179	ⓐ	ⓑ	ⓒ	ⓓ	199	ⓐ	ⓑ	ⓒ	ⓓ
120	ⓐ	ⓑ	ⓒ	ⓓ	140	ⓐ	ⓑ	ⓒ	ⓓ	160	ⓐ	ⓑ	ⓒ	ⓓ	180	ⓐ	ⓑ	ⓒ	ⓓ	200	ⓐ	ⓑ	ⓒ	ⓓ

ANSWER SHEET

JPT 실전 모의고사 2회

수험번호

성명
- 한글
- 한자
- 영자

좌석번호

A B C D E
① ② ③ ④ ⑤ ⑥ ⑦

聽 解

NO	ANSWER	NO	ANSWER	NO	ANSWER	NO	ANSWER	NO	ANSWER
	A B C D		A B C D		A B C D		A B C D		A B C D
1	ⓐ ⓑ ⓒ ⓓ	21	ⓐ ⓑ ⓒ ⓓ	41	ⓐ ⓑ ⓒ ⓓ	61	ⓐ ⓑ ⓒ ⓓ	81	ⓐ ⓑ ⓒ ⓓ
2	ⓐ ⓑ ⓒ ⓓ	22	ⓐ ⓑ ⓒ ⓓ	42	ⓐ ⓑ ⓒ ⓓ	62	ⓐ ⓑ ⓒ ⓓ	82	ⓐ ⓑ ⓒ ⓓ
3	ⓐ ⓑ ⓒ ⓓ	23	ⓐ ⓑ ⓒ ⓓ	43	ⓐ ⓑ ⓒ ⓓ	63	ⓐ ⓑ ⓒ ⓓ	83	ⓐ ⓑ ⓒ ⓓ
4	ⓐ ⓑ ⓒ ⓓ	24	ⓐ ⓑ ⓒ ⓓ	44	ⓐ ⓑ ⓒ ⓓ	64	ⓐ ⓑ ⓒ ⓓ	84	ⓐ ⓑ ⓒ ⓓ
5	ⓐ ⓑ ⓒ ⓓ	25	ⓐ ⓑ ⓒ ⓓ	45	ⓐ ⓑ ⓒ ⓓ	65	ⓐ ⓑ ⓒ ⓓ	85	ⓐ ⓑ ⓒ ⓓ
6	ⓐ ⓑ ⓒ ⓓ	26	ⓐ ⓑ ⓒ ⓓ	46	ⓐ ⓑ ⓒ ⓓ	66	ⓐ ⓑ ⓒ ⓓ	86	ⓐ ⓑ ⓒ ⓓ
7	ⓐ ⓑ ⓒ ⓓ	27	ⓐ ⓑ ⓒ ⓓ	47	ⓐ ⓑ ⓒ ⓓ	67	ⓐ ⓑ ⓒ ⓓ	87	ⓐ ⓑ ⓒ ⓓ
8	ⓐ ⓑ ⓒ ⓓ	28	ⓐ ⓑ ⓒ ⓓ	48	ⓐ ⓑ ⓒ ⓓ	68	ⓐ ⓑ ⓒ ⓓ	88	ⓐ ⓑ ⓒ ⓓ
9	ⓐ ⓑ ⓒ ⓓ	29	ⓐ ⓑ ⓒ ⓓ	49	ⓐ ⓑ ⓒ ⓓ	69	ⓐ ⓑ ⓒ ⓓ	89	ⓐ ⓑ ⓒ ⓓ
10	ⓐ ⓑ ⓒ ⓓ	30	ⓐ ⓑ ⓒ ⓓ	50	ⓐ ⓑ ⓒ ⓓ	70	ⓐ ⓑ ⓒ ⓓ	90	ⓐ ⓑ ⓒ ⓓ
11	ⓐ ⓑ ⓒ ⓓ	31	ⓐ ⓑ ⓒ ⓓ	51	ⓐ ⓑ ⓒ ⓓ	71	ⓐ ⓑ ⓒ ⓓ	91	ⓐ ⓑ ⓒ ⓓ
12	ⓐ ⓑ ⓒ ⓓ	32	ⓐ ⓑ ⓒ ⓓ	52	ⓐ ⓑ ⓒ ⓓ	72	ⓐ ⓑ ⓒ ⓓ	92	ⓐ ⓑ ⓒ ⓓ
13	ⓐ ⓑ ⓒ ⓓ	33	ⓐ ⓑ ⓒ ⓓ	53	ⓐ ⓑ ⓒ ⓓ	73	ⓐ ⓑ ⓒ ⓓ	93	ⓐ ⓑ ⓒ ⓓ
14	ⓐ ⓑ ⓒ ⓓ	34	ⓐ ⓑ ⓒ ⓓ	54	ⓐ ⓑ ⓒ ⓓ	74	ⓐ ⓑ ⓒ ⓓ	94	ⓐ ⓑ ⓒ ⓓ
15	ⓐ ⓑ ⓒ ⓓ	35	ⓐ ⓑ ⓒ ⓓ	55	ⓐ ⓑ ⓒ ⓓ	75	ⓐ ⓑ ⓒ ⓓ	95	ⓐ ⓑ ⓒ ⓓ
16	ⓐ ⓑ ⓒ ⓓ	36	ⓐ ⓑ ⓒ ⓓ	56	ⓐ ⓑ ⓒ ⓓ	76	ⓐ ⓑ ⓒ ⓓ	96	ⓐ ⓑ ⓒ ⓓ
17	ⓐ ⓑ ⓒ ⓓ	37	ⓐ ⓑ ⓒ ⓓ	57	ⓐ ⓑ ⓒ ⓓ	77	ⓐ ⓑ ⓒ ⓓ	97	ⓐ ⓑ ⓒ ⓓ
18	ⓐ ⓑ ⓒ ⓓ	38	ⓐ ⓑ ⓒ ⓓ	58	ⓐ ⓑ ⓒ ⓓ	78	ⓐ ⓑ ⓒ ⓓ	98	ⓐ ⓑ ⓒ ⓓ
19	ⓐ ⓑ ⓒ ⓓ	39	ⓐ ⓑ ⓒ ⓓ	59	ⓐ ⓑ ⓒ ⓓ	79	ⓐ ⓑ ⓒ ⓓ	99	ⓐ ⓑ ⓒ ⓓ
20	ⓐ ⓑ ⓒ ⓓ	40	ⓐ ⓑ ⓒ ⓓ	60	ⓐ ⓑ ⓒ ⓓ	80	ⓐ ⓑ ⓒ ⓓ	100	ⓐ ⓑ ⓒ ⓓ

讀 解

NO	ANSWER	NO	ANSWER	NO	ANSWER	NO	ANSWER	NO	ANSWER
	A B C D		A B C D		A B C D		A B C D		A B C D
101	ⓐ ⓑ ⓒ ⓓ	121	ⓐ ⓑ ⓒ ⓓ	141	ⓐ ⓑ ⓒ ⓓ	161	ⓐ ⓑ ⓒ ⓓ	181	ⓐ ⓑ ⓒ ⓓ
102	ⓐ ⓑ ⓒ ⓓ	122	ⓐ ⓑ ⓒ ⓓ	142	ⓐ ⓑ ⓒ ⓓ	162	ⓐ ⓑ ⓒ ⓓ	182	ⓐ ⓑ ⓒ ⓓ
103	ⓐ ⓑ ⓒ ⓓ	123	ⓐ ⓑ ⓒ ⓓ	143	ⓐ ⓑ ⓒ ⓓ	163	ⓐ ⓑ ⓒ ⓓ	183	ⓐ ⓑ ⓒ ⓓ
104	ⓐ ⓑ ⓒ ⓓ	124	ⓐ ⓑ ⓒ ⓓ	144	ⓐ ⓑ ⓒ ⓓ	164	ⓐ ⓑ ⓒ ⓓ	184	ⓐ ⓑ ⓒ ⓓ
105	ⓐ ⓑ ⓒ ⓓ	125	ⓐ ⓑ ⓒ ⓓ	145	ⓐ ⓑ ⓒ ⓓ	165	ⓐ ⓑ ⓒ ⓓ	185	ⓐ ⓑ ⓒ ⓓ
106	ⓐ ⓑ ⓒ ⓓ	126	ⓐ ⓑ ⓒ ⓓ	146	ⓐ ⓑ ⓒ ⓓ	166	ⓐ ⓑ ⓒ ⓓ	186	ⓐ ⓑ ⓒ ⓓ
107	ⓐ ⓑ ⓒ ⓓ	127	ⓐ ⓑ ⓒ ⓓ	147	ⓐ ⓑ ⓒ ⓓ	167	ⓐ ⓑ ⓒ ⓓ	187	ⓐ ⓑ ⓒ ⓓ
108	ⓐ ⓑ ⓒ ⓓ	128	ⓐ ⓑ ⓒ ⓓ	148	ⓐ ⓑ ⓒ ⓓ	168	ⓐ ⓑ ⓒ ⓓ	188	ⓐ ⓑ ⓒ ⓓ
109	ⓐ ⓑ ⓒ ⓓ	129	ⓐ ⓑ ⓒ ⓓ	149	ⓐ ⓑ ⓒ ⓓ	169	ⓐ ⓑ ⓒ ⓓ	189	ⓐ ⓑ ⓒ ⓓ
110	ⓐ ⓑ ⓒ ⓓ	130	ⓐ ⓑ ⓒ ⓓ	150	ⓐ ⓑ ⓒ ⓓ	170	ⓐ ⓑ ⓒ ⓓ	190	ⓐ ⓑ ⓒ ⓓ
111	ⓐ ⓑ ⓒ ⓓ	131	ⓐ ⓑ ⓒ ⓓ	151	ⓐ ⓑ ⓒ ⓓ	171	ⓐ ⓑ ⓒ ⓓ	191	ⓐ ⓑ ⓒ ⓓ
112	ⓐ ⓑ ⓒ ⓓ	132	ⓐ ⓑ ⓒ ⓓ	152	ⓐ ⓑ ⓒ ⓓ	172	ⓐ ⓑ ⓒ ⓓ	192	ⓐ ⓑ ⓒ ⓓ
113	ⓐ ⓑ ⓒ ⓓ	133	ⓐ ⓑ ⓒ ⓓ	153	ⓐ ⓑ ⓒ ⓓ	173	ⓐ ⓑ ⓒ ⓓ	193	ⓐ ⓑ ⓒ ⓓ
114	ⓐ ⓑ ⓒ ⓓ	134	ⓐ ⓑ ⓒ ⓓ	154	ⓐ ⓑ ⓒ ⓓ	174	ⓐ ⓑ ⓒ ⓓ	194	ⓐ ⓑ ⓒ ⓓ
115	ⓐ ⓑ ⓒ ⓓ	135	ⓐ ⓑ ⓒ ⓓ	155	ⓐ ⓑ ⓒ ⓓ	175	ⓐ ⓑ ⓒ ⓓ	195	ⓐ ⓑ ⓒ ⓓ
116	ⓐ ⓑ ⓒ ⓓ	136	ⓐ ⓑ ⓒ ⓓ	156	ⓐ ⓑ ⓒ ⓓ	176	ⓐ ⓑ ⓒ ⓓ	196	ⓐ ⓑ ⓒ ⓓ
117	ⓐ ⓑ ⓒ ⓓ	137	ⓐ ⓑ ⓒ ⓓ	157	ⓐ ⓑ ⓒ ⓓ	177	ⓐ ⓑ ⓒ ⓓ	197	ⓐ ⓑ ⓒ ⓓ
118	ⓐ ⓑ ⓒ ⓓ	138	ⓐ ⓑ ⓒ ⓓ	158	ⓐ ⓑ ⓒ ⓓ	178	ⓐ ⓑ ⓒ ⓓ	198	ⓐ ⓑ ⓒ ⓓ
119	ⓐ ⓑ ⓒ ⓓ	139	ⓐ ⓑ ⓒ ⓓ	159	ⓐ ⓑ ⓒ ⓓ	179	ⓐ ⓑ ⓒ ⓓ	199	ⓐ ⓑ ⓒ ⓓ
120	ⓐ ⓑ ⓒ ⓓ	140	ⓐ ⓑ ⓒ ⓓ	160	ⓐ ⓑ ⓒ ⓓ	180	ⓐ ⓑ ⓒ ⓓ	200	ⓐ ⓑ ⓒ ⓓ

ANSWER SHEET

JPT 실전 모의고사 3회

수험번호

성 명	
한글	
한자	
영자	

좌석번호

A	B	C	D	E
①	②	③	④	⑤	⑥	⑦

聴 解

NO	ANSWER	NO	ANSWER	NO	ANSWER	NO	ANSWER	NO	ANSWER
	A B C D		A B C D		A B C D		A B C D		A B C D
1	ⓐ ⓑ ⓒ ⓓ	21	ⓐ ⓑ ⓒ ⓓ	41	ⓐ ⓑ ⓒ ⓓ	61	ⓐ ⓑ ⓒ ⓓ	81	ⓐ ⓑ ⓒ ⓓ
2	ⓐ ⓑ ⓒ ⓓ	22	ⓐ ⓑ ⓒ ⓓ	42	ⓐ ⓑ ⓒ ⓓ	62	ⓐ ⓑ ⓒ ⓓ	82	ⓐ ⓑ ⓒ ⓓ
3	ⓐ ⓑ ⓒ ⓓ	23	ⓐ ⓑ ⓒ ⓓ	43	ⓐ ⓑ ⓒ ⓓ	63	ⓐ ⓑ ⓒ ⓓ	83	ⓐ ⓑ ⓒ ⓓ
4	ⓐ ⓑ ⓒ ⓓ	24	ⓐ ⓑ ⓒ ⓓ	44	ⓐ ⓑ ⓒ ⓓ	64	ⓐ ⓑ ⓒ ⓓ	84	ⓐ ⓑ ⓒ ⓓ
5	ⓐ ⓑ ⓒ ⓓ	25	ⓐ ⓑ ⓒ ⓓ	45	ⓐ ⓑ ⓒ ⓓ	65	ⓐ ⓑ ⓒ ⓓ	85	ⓐ ⓑ ⓒ ⓓ
6	ⓐ ⓑ ⓒ ⓓ	26	ⓐ ⓑ ⓒ ⓓ	46	ⓐ ⓑ ⓒ ⓓ	66	ⓐ ⓑ ⓒ ⓓ	86	ⓐ ⓑ ⓒ ⓓ
7	ⓐ ⓑ ⓒ ⓓ	27	ⓐ ⓑ ⓒ ⓓ	47	ⓐ ⓑ ⓒ ⓓ	67	ⓐ ⓑ ⓒ ⓓ	87	ⓐ ⓑ ⓒ ⓓ
8	ⓐ ⓑ ⓒ ⓓ	28	ⓐ ⓑ ⓒ ⓓ	48	ⓐ ⓑ ⓒ ⓓ	68	ⓐ ⓑ ⓒ ⓓ	88	ⓐ ⓑ ⓒ ⓓ
9	ⓐ ⓑ ⓒ ⓓ	29	ⓐ ⓑ ⓒ ⓓ	49	ⓐ ⓑ ⓒ ⓓ	69	ⓐ ⓑ ⓒ ⓓ	89	ⓐ ⓑ ⓒ ⓓ
10	ⓐ ⓑ ⓒ ⓓ	30	ⓐ ⓑ ⓒ ⓓ	50	ⓐ ⓑ ⓒ ⓓ	70	ⓐ ⓑ ⓒ ⓓ	90	ⓐ ⓑ ⓒ ⓓ
11	ⓐ ⓑ ⓒ ⓓ	31	ⓐ ⓑ ⓒ ⓓ	51	ⓐ ⓑ ⓒ ⓓ	71	ⓐ ⓑ ⓒ ⓓ	91	ⓐ ⓑ ⓒ ⓓ
12	ⓐ ⓑ ⓒ ⓓ	32	ⓐ ⓑ ⓒ ⓓ	52	ⓐ ⓑ ⓒ ⓓ	72	ⓐ ⓑ ⓒ ⓓ	92	ⓐ ⓑ ⓒ ⓓ
13	ⓐ ⓑ ⓒ ⓓ	33	ⓐ ⓑ ⓒ ⓓ	53	ⓐ ⓑ ⓒ ⓓ	73	ⓐ ⓑ ⓒ ⓓ	93	ⓐ ⓑ ⓒ ⓓ
14	ⓐ ⓑ ⓒ ⓓ	34	ⓐ ⓑ ⓒ ⓓ	54	ⓐ ⓑ ⓒ ⓓ	74	ⓐ ⓑ ⓒ ⓓ	94	ⓐ ⓑ ⓒ ⓓ
15	ⓐ ⓑ ⓒ ⓓ	35	ⓐ ⓑ ⓒ ⓓ	55	ⓐ ⓑ ⓒ ⓓ	75	ⓐ ⓑ ⓒ ⓓ	95	ⓐ ⓑ ⓒ ⓓ
16	ⓐ ⓑ ⓒ ⓓ	36	ⓐ ⓑ ⓒ ⓓ	56	ⓐ ⓑ ⓒ ⓓ	76	ⓐ ⓑ ⓒ ⓓ	96	ⓐ ⓑ ⓒ ⓓ
17	ⓐ ⓑ ⓒ ⓓ	37	ⓐ ⓑ ⓒ ⓓ	57	ⓐ ⓑ ⓒ ⓓ	77	ⓐ ⓑ ⓒ ⓓ	97	ⓐ ⓑ ⓒ ⓓ
18	ⓐ ⓑ ⓒ ⓓ	38	ⓐ ⓑ ⓒ ⓓ	58	ⓐ ⓑ ⓒ ⓓ	78	ⓐ ⓑ ⓒ ⓓ	98	ⓐ ⓑ ⓒ ⓓ
19	ⓐ ⓑ ⓒ ⓓ	39	ⓐ ⓑ ⓒ ⓓ	59	ⓐ ⓑ ⓒ ⓓ	79	ⓐ ⓑ ⓒ ⓓ	99	ⓐ ⓑ ⓒ ⓓ
20	ⓐ ⓑ ⓒ ⓓ	40	ⓐ ⓑ ⓒ ⓓ	60	ⓐ ⓑ ⓒ ⓓ	80	ⓐ ⓑ ⓒ ⓓ	100	ⓐ ⓑ ⓒ ⓓ

読 解

NO	ANSWER	NO	ANSWER	NO	ANSWER	NO	ANSWER	NO	ANSWER
	A B C D		A B C D		A B C D		A B C D		A B C D
101	ⓐ ⓑ ⓒ ⓓ	121	ⓐ ⓑ ⓒ ⓓ	141	ⓐ ⓑ ⓒ ⓓ	161	ⓐ ⓑ ⓒ ⓓ	181	ⓐ ⓑ ⓒ ⓓ
102	ⓐ ⓑ ⓒ ⓓ	122	ⓐ ⓑ ⓒ ⓓ	142	ⓐ ⓑ ⓒ ⓓ	162	ⓐ ⓑ ⓒ ⓓ	182	ⓐ ⓑ ⓒ ⓓ
103	ⓐ ⓑ ⓒ ⓓ	123	ⓐ ⓑ ⓒ ⓓ	143	ⓐ ⓑ ⓒ ⓓ	163	ⓐ ⓑ ⓒ ⓓ	183	ⓐ ⓑ ⓒ ⓓ
104	ⓐ ⓑ ⓒ ⓓ	124	ⓐ ⓑ ⓒ ⓓ	144	ⓐ ⓑ ⓒ ⓓ	164	ⓐ ⓑ ⓒ ⓓ	184	ⓐ ⓑ ⓒ ⓓ
105	ⓐ ⓑ ⓒ ⓓ	125	ⓐ ⓑ ⓒ ⓓ	145	ⓐ ⓑ ⓒ ⓓ	165	ⓐ ⓑ ⓒ ⓓ	185	ⓐ ⓑ ⓒ ⓓ
106	ⓐ ⓑ ⓒ ⓓ	126	ⓐ ⓑ ⓒ ⓓ	146	ⓐ ⓑ ⓒ ⓓ	166	ⓐ ⓑ ⓒ ⓓ	186	ⓐ ⓑ ⓒ ⓓ
107	ⓐ ⓑ ⓒ ⓓ	127	ⓐ ⓑ ⓒ ⓓ	147	ⓐ ⓑ ⓒ ⓓ	167	ⓐ ⓑ ⓒ ⓓ	187	ⓐ ⓑ ⓒ ⓓ
108	ⓐ ⓑ ⓒ ⓓ	128	ⓐ ⓑ ⓒ ⓓ	148	ⓐ ⓑ ⓒ ⓓ	168	ⓐ ⓑ ⓒ ⓓ	188	ⓐ ⓑ ⓒ ⓓ
109	ⓐ ⓑ ⓒ ⓓ	129	ⓐ ⓑ ⓒ ⓓ	149	ⓐ ⓑ ⓒ ⓓ	169	ⓐ ⓑ ⓒ ⓓ	189	ⓐ ⓑ ⓒ ⓓ
110	ⓐ ⓑ ⓒ ⓓ	130	ⓐ ⓑ ⓒ ⓓ	150	ⓐ ⓑ ⓒ ⓓ	170	ⓐ ⓑ ⓒ ⓓ	190	ⓐ ⓑ ⓒ ⓓ
111	ⓐ ⓑ ⓒ ⓓ	131	ⓐ ⓑ ⓒ ⓓ	151	ⓐ ⓑ ⓒ ⓓ	171	ⓐ ⓑ ⓒ ⓓ	191	ⓐ ⓑ ⓒ ⓓ
112	ⓐ ⓑ ⓒ ⓓ	132	ⓐ ⓑ ⓒ ⓓ	152	ⓐ ⓑ ⓒ ⓓ	172	ⓐ ⓑ ⓒ ⓓ	192	ⓐ ⓑ ⓒ ⓓ
113	ⓐ ⓑ ⓒ ⓓ	133	ⓐ ⓑ ⓒ ⓓ	153	ⓐ ⓑ ⓒ ⓓ	173	ⓐ ⓑ ⓒ ⓓ	193	ⓐ ⓑ ⓒ ⓓ
114	ⓐ ⓑ ⓒ ⓓ	134	ⓐ ⓑ ⓒ ⓓ	154	ⓐ ⓑ ⓒ ⓓ	174	ⓐ ⓑ ⓒ ⓓ	194	ⓐ ⓑ ⓒ ⓓ
115	ⓐ ⓑ ⓒ ⓓ	135	ⓐ ⓑ ⓒ ⓓ	155	ⓐ ⓑ ⓒ ⓓ	175	ⓐ ⓑ ⓒ ⓓ	195	ⓐ ⓑ ⓒ ⓓ
116	ⓐ ⓑ ⓒ ⓓ	136	ⓐ ⓑ ⓒ ⓓ	156	ⓐ ⓑ ⓒ ⓓ	176	ⓐ ⓑ ⓒ ⓓ	196	ⓐ ⓑ ⓒ ⓓ
117	ⓐ ⓑ ⓒ ⓓ	137	ⓐ ⓑ ⓒ ⓓ	157	ⓐ ⓑ ⓒ ⓓ	177	ⓐ ⓑ ⓒ ⓓ	197	ⓐ ⓑ ⓒ ⓓ
118	ⓐ ⓑ ⓒ ⓓ	138	ⓐ ⓑ ⓒ ⓓ	158	ⓐ ⓑ ⓒ ⓓ	178	ⓐ ⓑ ⓒ ⓓ	198	ⓐ ⓑ ⓒ ⓓ
119	ⓐ ⓑ ⓒ ⓓ	139	ⓐ ⓑ ⓒ ⓓ	159	ⓐ ⓑ ⓒ ⓓ	179	ⓐ ⓑ ⓒ ⓓ	199	ⓐ ⓑ ⓒ ⓓ
120	ⓐ ⓑ ⓒ ⓓ	140	ⓐ ⓑ ⓒ ⓓ	160	ⓐ ⓑ ⓒ ⓓ	180	ⓐ ⓑ ⓒ ⓓ	200	ⓐ ⓑ ⓒ ⓓ

ANSWER SHEET

JPT 실전 모의고사 4회

수험번호

성명

한글

한자

영자

수험번호

좌석번호

Ⓐ Ⓑ Ⓒ Ⓓ Ⓔ
① ② ③ ④ ⑤ ⑥ ⑦

聽　解

NO	ANSWER	NO	ANSWER	NO	ANSWER	NO	ANSWER	NO	ANSWER
	A B C D		A B C D		A B C D		A B C D		A B C D
1	ⓐ ⓑ ⓒ ⓓ	21	ⓐ ⓑ ⓒ ⓓ	41	ⓐ ⓑ ⓒ ⓓ	61	ⓐ ⓑ ⓒ ⓓ	81	ⓐ ⓑ ⓒ ⓓ
2	ⓐ ⓑ ⓒ ⓓ	22	ⓐ ⓑ ⓒ ⓓ	42	ⓐ ⓑ ⓒ ⓓ	62	ⓐ ⓑ ⓒ ⓓ	82	ⓐ ⓑ ⓒ ⓓ
3	ⓐ ⓑ ⓒ ⓓ	23	ⓐ ⓑ ⓒ ⓓ	43	ⓐ ⓑ ⓒ ⓓ	63	ⓐ ⓑ ⓒ ⓓ	83	ⓐ ⓑ ⓒ ⓓ
4	ⓐ ⓑ ⓒ ⓓ	24	ⓐ ⓑ ⓒ ⓓ	44	ⓐ ⓑ ⓒ ⓓ	64	ⓐ ⓑ ⓒ ⓓ	84	ⓐ ⓑ ⓒ ⓓ
5	ⓐ ⓑ ⓒ ⓓ	25	ⓐ ⓑ ⓒ ⓓ	45	ⓐ ⓑ ⓒ ⓓ	65	ⓐ ⓑ ⓒ ⓓ	85	ⓐ ⓑ ⓒ ⓓ
6	ⓐ ⓑ ⓒ ⓓ	26	ⓐ ⓑ ⓒ ⓓ	46	ⓐ ⓑ ⓒ ⓓ	66	ⓐ ⓑ ⓒ ⓓ	86	ⓐ ⓑ ⓒ ⓓ
7	ⓐ ⓑ ⓒ ⓓ	27	ⓐ ⓑ ⓒ ⓓ	47	ⓐ ⓑ ⓒ ⓓ	67	ⓐ ⓑ ⓒ ⓓ	87	ⓐ ⓑ ⓒ ⓓ
8	ⓐ ⓑ ⓒ ⓓ	28	ⓐ ⓑ ⓒ ⓓ	48	ⓐ ⓑ ⓒ ⓓ	68	ⓐ ⓑ ⓒ ⓓ	88	ⓐ ⓑ ⓒ ⓓ
9	ⓐ ⓑ ⓒ ⓓ	29	ⓐ ⓑ ⓒ ⓓ	49	ⓐ ⓑ ⓒ ⓓ	69	ⓐ ⓑ ⓒ ⓓ	89	ⓐ ⓑ ⓒ ⓓ
10	ⓐ ⓑ ⓒ ⓓ	30	ⓐ ⓑ ⓒ ⓓ	50	ⓐ ⓑ ⓒ ⓓ	70	ⓐ ⓑ ⓒ ⓓ	90	ⓐ ⓑ ⓒ ⓓ
11	ⓐ ⓑ ⓒ ⓓ	31	ⓐ ⓑ ⓒ ⓓ	51	ⓐ ⓑ ⓒ ⓓ	71	ⓐ ⓑ ⓒ ⓓ	91	ⓐ ⓑ ⓒ ⓓ
12	ⓐ ⓑ ⓒ ⓓ	32	ⓐ ⓑ ⓒ ⓓ	52	ⓐ ⓑ ⓒ ⓓ	72	ⓐ ⓑ ⓒ ⓓ	92	ⓐ ⓑ ⓒ ⓓ
13	ⓐ ⓑ ⓒ ⓓ	33	ⓐ ⓑ ⓒ ⓓ	53	ⓐ ⓑ ⓒ ⓓ	73	ⓐ ⓑ ⓒ ⓓ	93	ⓐ ⓑ ⓒ ⓓ
14	ⓐ ⓑ ⓒ ⓓ	34	ⓐ ⓑ ⓒ ⓓ	54	ⓐ ⓑ ⓒ ⓓ	74	ⓐ ⓑ ⓒ ⓓ	94	ⓐ ⓑ ⓒ ⓓ
15	ⓐ ⓑ ⓒ ⓓ	35	ⓐ ⓑ ⓒ ⓓ	55	ⓐ ⓑ ⓒ ⓓ	75	ⓐ ⓑ ⓒ ⓓ	95	ⓐ ⓑ ⓒ ⓓ
16	ⓐ ⓑ ⓒ ⓓ	36	ⓐ ⓑ ⓒ ⓓ	56	ⓐ ⓑ ⓒ ⓓ	76	ⓐ ⓑ ⓒ ⓓ	96	ⓐ ⓑ ⓒ ⓓ
17	ⓐ ⓑ ⓒ ⓓ	37	ⓐ ⓑ ⓒ ⓓ	57	ⓐ ⓑ ⓒ ⓓ	77	ⓐ ⓑ ⓒ ⓓ	97	ⓐ ⓑ ⓒ ⓓ
18	ⓐ ⓑ ⓒ ⓓ	38	ⓐ ⓑ ⓒ ⓓ	58	ⓐ ⓑ ⓒ ⓓ	78	ⓐ ⓑ ⓒ ⓓ	98	ⓐ ⓑ ⓒ ⓓ
19	ⓐ ⓑ ⓒ ⓓ	39	ⓐ ⓑ ⓒ ⓓ	59	ⓐ ⓑ ⓒ ⓓ	79	ⓐ ⓑ ⓒ ⓓ	99	ⓐ ⓑ ⓒ ⓓ
20	ⓐ ⓑ ⓒ ⓓ	40	ⓐ ⓑ ⓒ ⓓ	60	ⓐ ⓑ ⓒ ⓓ	80	ⓐ ⓑ ⓒ ⓓ	100	ⓐ ⓑ ⓒ ⓓ

讀　解

NO	ANSWER	NO	ANSWER	NO	ANSWER	NO	ANSWER	NO	ANSWER
	A B C D		A B C D		A B C D		A B C D		A B C D
101	ⓐ ⓑ ⓒ ⓓ	121	ⓐ ⓑ ⓒ ⓓ	141	ⓐ ⓑ ⓒ ⓓ	161	ⓐ ⓑ ⓒ ⓓ	181	ⓐ ⓑ ⓒ ⓓ
102	ⓐ ⓑ ⓒ ⓓ	122	ⓐ ⓑ ⓒ ⓓ	142	ⓐ ⓑ ⓒ ⓓ	162	ⓐ ⓑ ⓒ ⓓ	182	ⓐ ⓑ ⓒ ⓓ
103	ⓐ ⓑ ⓒ ⓓ	123	ⓐ ⓑ ⓒ ⓓ	143	ⓐ ⓑ ⓒ ⓓ	163	ⓐ ⓑ ⓒ ⓓ	183	ⓐ ⓑ ⓒ ⓓ
104	ⓐ ⓑ ⓒ ⓓ	124	ⓐ ⓑ ⓒ ⓓ	144	ⓐ ⓑ ⓒ ⓓ	164	ⓐ ⓑ ⓒ ⓓ	184	ⓐ ⓑ ⓒ ⓓ
105	ⓐ ⓑ ⓒ ⓓ	125	ⓐ ⓑ ⓒ ⓓ	145	ⓐ ⓑ ⓒ ⓓ	165	ⓐ ⓑ ⓒ ⓓ	185	ⓐ ⓑ ⓒ ⓓ
106	ⓐ ⓑ ⓒ ⓓ	126	ⓐ ⓑ ⓒ ⓓ	146	ⓐ ⓑ ⓒ ⓓ	166	ⓐ ⓑ ⓒ ⓓ	186	ⓐ ⓑ ⓒ ⓓ
107	ⓐ ⓑ ⓒ ⓓ	127	ⓐ ⓑ ⓒ ⓓ	147	ⓐ ⓑ ⓒ ⓓ	167	ⓐ ⓑ ⓒ ⓓ	187	ⓐ ⓑ ⓒ ⓓ
108	ⓐ ⓑ ⓒ ⓓ	128	ⓐ ⓑ ⓒ ⓓ	148	ⓐ ⓑ ⓒ ⓓ	168	ⓐ ⓑ ⓒ ⓓ	188	ⓐ ⓑ ⓒ ⓓ
109	ⓐ ⓑ ⓒ ⓓ	129	ⓐ ⓑ ⓒ ⓓ	149	ⓐ ⓑ ⓒ ⓓ	169	ⓐ ⓑ ⓒ ⓓ	189	ⓐ ⓑ ⓒ ⓓ
110	ⓐ ⓑ ⓒ ⓓ	130	ⓐ ⓑ ⓒ ⓓ	150	ⓐ ⓑ ⓒ ⓓ	170	ⓐ ⓑ ⓒ ⓓ	190	ⓐ ⓑ ⓒ ⓓ
111	ⓐ ⓑ ⓒ ⓓ	131	ⓐ ⓑ ⓒ ⓓ	151	ⓐ ⓑ ⓒ ⓓ	171	ⓐ ⓑ ⓒ ⓓ	191	ⓐ ⓑ ⓒ ⓓ
112	ⓐ ⓑ ⓒ ⓓ	132	ⓐ ⓑ ⓒ ⓓ	152	ⓐ ⓑ ⓒ ⓓ	172	ⓐ ⓑ ⓒ ⓓ	192	ⓐ ⓑ ⓒ ⓓ
113	ⓐ ⓑ ⓒ ⓓ	133	ⓐ ⓑ ⓒ ⓓ	153	ⓐ ⓑ ⓒ ⓓ	173	ⓐ ⓑ ⓒ ⓓ	193	ⓐ ⓑ ⓒ ⓓ
114	ⓐ ⓑ ⓒ ⓓ	134	ⓐ ⓑ ⓒ ⓓ	154	ⓐ ⓑ ⓒ ⓓ	174	ⓐ ⓑ ⓒ ⓓ	194	ⓐ ⓑ ⓒ ⓓ
115	ⓐ ⓑ ⓒ ⓓ	135	ⓐ ⓑ ⓒ ⓓ	155	ⓐ ⓑ ⓒ ⓓ	175	ⓐ ⓑ ⓒ ⓓ	195	ⓐ ⓑ ⓒ ⓓ
116	ⓐ ⓑ ⓒ ⓓ	136	ⓐ ⓑ ⓒ ⓓ	156	ⓐ ⓑ ⓒ ⓓ	176	ⓐ ⓑ ⓒ ⓓ	196	ⓐ ⓑ ⓒ ⓓ
117	ⓐ ⓑ ⓒ ⓓ	137	ⓐ ⓑ ⓒ ⓓ	157	ⓐ ⓑ ⓒ ⓓ	177	ⓐ ⓑ ⓒ ⓓ	197	ⓐ ⓑ ⓒ ⓓ
118	ⓐ ⓑ ⓒ ⓓ	138	ⓐ ⓑ ⓒ ⓓ	158	ⓐ ⓑ ⓒ ⓓ	178	ⓐ ⓑ ⓒ ⓓ	198	ⓐ ⓑ ⓒ ⓓ
119	ⓐ ⓑ ⓒ ⓓ	139	ⓐ ⓑ ⓒ ⓓ	159	ⓐ ⓑ ⓒ ⓓ	179	ⓐ ⓑ ⓒ ⓓ	199	ⓐ ⓑ ⓒ ⓓ
120	ⓐ ⓑ ⓒ ⓓ	140	ⓐ ⓑ ⓒ ⓓ	160	ⓐ ⓑ ⓒ ⓓ	180	ⓐ ⓑ ⓒ ⓓ	200	ⓐ ⓑ ⓒ ⓓ

ANSWER SHEET

JPT 실전 모의고사 5회

수험번호

성	한글
명	한자
	영자

좌석번호

Ⓐ Ⓑ Ⓒ Ⓓ Ⓔ
① ② ③ ④ ⑤ ⑥ ⑦

聽 解

NO	ANSWER
1	ⓐ ⓑ ⓒ ⓓ
2	ⓐ ⓑ ⓒ ⓓ
3	ⓐ ⓑ ⓒ ⓓ
4	ⓐ ⓑ ⓒ ⓓ
5	ⓐ ⓑ ⓒ ⓓ
6	ⓐ ⓑ ⓒ ⓓ
7	ⓐ ⓑ ⓒ ⓓ
8	ⓐ ⓑ ⓒ ⓓ
9	ⓐ ⓑ ⓒ ⓓ
10	ⓐ ⓑ ⓒ ⓓ
11	ⓐ ⓑ ⓒ ⓓ
12	ⓐ ⓑ ⓒ ⓓ
13	ⓐ ⓑ ⓒ ⓓ
14	ⓐ ⓑ ⓒ ⓓ
15	ⓐ ⓑ ⓒ ⓓ
16	ⓐ ⓑ ⓒ ⓓ
17	ⓐ ⓑ ⓒ ⓓ
18	ⓐ ⓑ ⓒ ⓓ
19	ⓐ ⓑ ⓒ ⓓ
20	ⓐ ⓑ ⓒ ⓓ
21–40	ⓐ ⓑ ⓒ ⓓ
41–60	ⓐ ⓑ ⓒ ⓓ
61–80	ⓐ ⓑ ⓒ ⓓ
81–100	ⓐ ⓑ ⓒ ⓓ

讀 解

NO	ANSWER
101–120	ⓐ ⓑ ⓒ ⓓ
121–140	ⓐ ⓑ ⓒ ⓓ
141–160	ⓐ ⓑ ⓒ ⓓ
161–180	ⓐ ⓑ ⓒ ⓓ
181–200	ⓐ ⓑ ⓒ ⓓ

ANSWER SHEET

JPT 실전 모의고사 1회

수험번호

석명 한글 / 한자 / 영자

좌석번호
Ⓐ Ⓑ Ⓒ Ⓓ Ⓔ
① ② ③ ④ ⑤ ⑥ ⑦

聽 解

NO	ANSWER (A B C D)	NO	ANSWER (A B C D)	NO	ANSWER (A B C D)	NO	ANSWER (A B C D)
1	ⓐ ⓑ ⓒ ⓓ	21	ⓐ ⓑ ⓒ ⓓ	41	ⓐ ⓑ ⓒ ⓓ	61	ⓐ ⓑ ⓒ ⓓ
2	ⓐ ⓑ ⓒ ⓓ	22	ⓐ ⓑ ⓒ ⓓ	42	ⓐ ⓑ ⓒ ⓓ	62	ⓐ ⓑ ⓒ ⓓ
3	ⓐ ⓑ ⓒ ⓓ	23	ⓐ ⓑ ⓒ ⓓ	43	ⓐ ⓑ ⓒ ⓓ	63	ⓐ ⓑ ⓒ ⓓ
4	ⓐ ⓑ ⓒ ⓓ	24	ⓐ ⓑ ⓒ ⓓ	44	ⓐ ⓑ ⓒ ⓓ	64	ⓐ ⓑ ⓒ ⓓ
5	ⓐ ⓑ ⓒ ⓓ	25	ⓐ ⓑ ⓒ ⓓ	45	ⓐ ⓑ ⓒ ⓓ	65	ⓐ ⓑ ⓒ ⓓ
6	ⓐ ⓑ ⓒ ⓓ	26	ⓐ ⓑ ⓒ ⓓ	46	ⓐ ⓑ ⓒ ⓓ	66	ⓐ ⓑ ⓒ ⓓ
7	ⓐ ⓑ ⓒ ⓓ	27	ⓐ ⓑ ⓒ ⓓ	47	ⓐ ⓑ ⓒ ⓓ	67	ⓐ ⓑ ⓒ ⓓ
8	ⓐ ⓑ ⓒ ⓓ	28	ⓐ ⓑ ⓒ ⓓ	48	ⓐ ⓑ ⓒ ⓓ	68	ⓐ ⓑ ⓒ ⓓ
9	ⓐ ⓑ ⓒ ⓓ	29	ⓐ ⓑ ⓒ ⓓ	49	ⓐ ⓑ ⓒ ⓓ	69	ⓐ ⓑ ⓒ ⓓ
10	ⓐ ⓑ ⓒ ⓓ	30	ⓐ ⓑ ⓒ ⓓ	50	ⓐ ⓑ ⓒ ⓓ	70	ⓐ ⓑ ⓒ ⓓ
11	ⓐ ⓑ ⓒ ⓓ	31	ⓐ ⓑ ⓒ ⓓ	51	ⓐ ⓑ ⓒ ⓓ	71	ⓐ ⓑ ⓒ ⓓ
12	ⓐ ⓑ ⓒ ⓓ	32	ⓐ ⓑ ⓒ ⓓ	52	ⓐ ⓑ ⓒ ⓓ	72	ⓐ ⓑ ⓒ ⓓ
13	ⓐ ⓑ ⓒ ⓓ	33	ⓐ ⓑ ⓒ ⓓ	53	ⓐ ⓑ ⓒ ⓓ	73	ⓐ ⓑ ⓒ ⓓ
14	ⓐ ⓑ ⓒ ⓓ	34	ⓐ ⓑ ⓒ ⓓ	54	ⓐ ⓑ ⓒ ⓓ	74	ⓐ ⓑ ⓒ ⓓ
15	ⓐ ⓑ ⓒ ⓓ	35	ⓐ ⓑ ⓒ ⓓ	55	ⓐ ⓑ ⓒ ⓓ	75	ⓐ ⓑ ⓒ ⓓ
16	ⓐ ⓑ ⓒ ⓓ	36	ⓐ ⓑ ⓒ ⓓ	56	ⓐ ⓑ ⓒ ⓓ	76	ⓐ ⓑ ⓒ ⓓ
17	ⓐ ⓑ ⓒ ⓓ	37	ⓐ ⓑ ⓒ ⓓ	57	ⓐ ⓑ ⓒ ⓓ	77	ⓐ ⓑ ⓒ ⓓ
18	ⓐ ⓑ ⓒ ⓓ	38	ⓐ ⓑ ⓒ ⓓ	58	ⓐ ⓑ ⓒ ⓓ	78	ⓐ ⓑ ⓒ ⓓ
19	ⓐ ⓑ ⓒ ⓓ	39	ⓐ ⓑ ⓒ ⓓ	59	ⓐ ⓑ ⓒ ⓓ	79	ⓐ ⓑ ⓒ ⓓ
20	ⓐ ⓑ ⓒ ⓓ	40	ⓐ ⓑ ⓒ ⓓ	60	ⓐ ⓑ ⓒ ⓓ	80	ⓐ ⓑ ⓒ ⓓ
						81	ⓐ ⓑ ⓒ ⓓ
						82	ⓐ ⓑ ⓒ ⓓ
						83	ⓐ ⓑ ⓒ ⓓ
						84	ⓐ ⓑ ⓒ ⓓ
						85	ⓐ ⓑ ⓒ ⓓ
						86	ⓐ ⓑ ⓒ ⓓ
						87	ⓐ ⓑ ⓒ ⓓ
						88	ⓐ ⓑ ⓒ ⓓ
						89	ⓐ ⓑ ⓒ ⓓ
						90	ⓐ ⓑ ⓒ ⓓ
						91	ⓐ ⓑ ⓒ ⓓ
						92	ⓐ ⓑ ⓒ ⓓ
						93	ⓐ ⓑ ⓒ ⓓ
						94	ⓐ ⓑ ⓒ ⓓ
						95	ⓐ ⓑ ⓒ ⓓ
						96	ⓐ ⓑ ⓒ ⓓ
						97	ⓐ ⓑ ⓒ ⓓ
						98	ⓐ ⓑ ⓒ ⓓ
						99	ⓐ ⓑ ⓒ ⓓ
						100	ⓐ ⓑ ⓒ ⓓ

讀 解

NO	ANSWER (A B C D)	NO	ANSWER (A B C D)	NO	ANSWER (A B C D)	NO	ANSWER (A B C D)
101	ⓐ ⓑ ⓒ ⓓ	121	ⓐ ⓑ ⓒ ⓓ	141	ⓐ ⓑ ⓒ ⓓ	161	ⓐ ⓑ ⓒ ⓓ	181
102	ⓐ ⓑ ⓒ ⓓ	122	ⓐ ⓑ ⓒ ⓓ	142	ⓐ ⓑ ⓒ ⓓ	162	ⓐ ⓑ ⓒ ⓓ	182
103	ⓐ ⓑ ⓒ ⓓ	123	ⓐ ⓑ ⓒ ⓓ	143	ⓐ ⓑ ⓒ ⓓ	163	ⓐ ⓑ ⓒ ⓓ	183
104	ⓐ ⓑ ⓒ ⓓ	124	ⓐ ⓑ ⓒ ⓓ	144	ⓐ ⓑ ⓒ ⓓ	164	ⓐ ⓑ ⓒ ⓓ	184
105	ⓐ ⓑ ⓒ ⓓ	125	ⓐ ⓑ ⓒ ⓓ	145	ⓐ ⓑ ⓒ ⓓ	165	ⓐ ⓑ ⓒ ⓓ	185
106	ⓐ ⓑ ⓒ ⓓ	126	ⓐ ⓑ ⓒ ⓓ	146	ⓐ ⓑ ⓒ ⓓ	166	ⓐ ⓑ ⓒ ⓓ	186
107	ⓐ ⓑ ⓒ ⓓ	127	ⓐ ⓑ ⓒ ⓓ	147	ⓐ ⓑ ⓒ ⓓ	167	ⓐ ⓑ ⓒ ⓓ	187
108	ⓐ ⓑ ⓒ ⓓ	128	ⓐ ⓑ ⓒ ⓓ	148	ⓐ ⓑ ⓒ ⓓ	168	ⓐ ⓑ ⓒ ⓓ	188
109	ⓐ ⓑ ⓒ ⓓ	129	ⓐ ⓑ ⓒ ⓓ	149	ⓐ ⓑ ⓒ ⓓ	169	ⓐ ⓑ ⓒ ⓓ	189
110	ⓐ ⓑ ⓒ ⓓ	130	ⓐ ⓑ ⓒ ⓓ	150	ⓐ ⓑ ⓒ ⓓ	170	ⓐ ⓑ ⓒ ⓓ	190
111	ⓐ ⓑ ⓒ ⓓ	131	ⓐ ⓑ ⓒ ⓓ	151	ⓐ ⓑ ⓒ ⓓ	171	ⓐ ⓑ ⓒ ⓓ	191
112	ⓐ ⓑ ⓒ ⓓ	132	ⓐ ⓑ ⓒ ⓓ	152	ⓐ ⓑ ⓒ ⓓ	172	ⓐ ⓑ ⓒ ⓓ	192
113	ⓐ ⓑ ⓒ ⓓ	133	ⓐ ⓑ ⓒ ⓓ	153	ⓐ ⓑ ⓒ ⓓ	173	ⓐ ⓑ ⓒ ⓓ	193
114	ⓐ ⓑ ⓒ ⓓ	134	ⓐ ⓑ ⓒ ⓓ	154	ⓐ ⓑ ⓒ ⓓ	174	ⓐ ⓑ ⓒ ⓓ	194
115	ⓐ ⓑ ⓒ ⓓ	135	ⓐ ⓑ ⓒ ⓓ	155	ⓐ ⓑ ⓒ ⓓ	175	ⓐ ⓑ ⓒ ⓓ	195
116	ⓐ ⓑ ⓒ ⓓ	136	ⓐ ⓑ ⓒ ⓓ	156	ⓐ ⓑ ⓒ ⓓ	176	ⓐ ⓑ ⓒ ⓓ	196
117	ⓐ ⓑ ⓒ ⓓ	137	ⓐ ⓑ ⓒ ⓓ	157	ⓐ ⓑ ⓒ ⓓ	177	ⓐ ⓑ ⓒ ⓓ	197
118	ⓐ ⓑ ⓒ ⓓ	138	ⓐ ⓑ ⓒ ⓓ	158	ⓐ ⓑ ⓒ ⓓ	178	ⓐ ⓑ ⓒ ⓓ	198
119	ⓐ ⓑ ⓒ ⓓ	139	ⓐ ⓑ ⓒ ⓓ	159	ⓐ ⓑ ⓒ ⓓ	179	ⓐ ⓑ ⓒ ⓓ	199
120	ⓐ ⓑ ⓒ ⓓ	140	ⓐ ⓑ ⓒ ⓓ	160	ⓐ ⓑ ⓒ ⓓ	180	ⓐ ⓑ ⓒ ⓓ	200

(181–200: ANSWER ⓐ ⓑ ⓒ ⓓ)

ANSWER SHEET

JPT 실전 모의고사 2회

수험번호

성명
한글
한자
영자

좌석번호
Ⓐ Ⓑ Ⓒ Ⓓ Ⓔ
① ② ③ ④ ⑤ ⑥ ⑦

聽　解

NO	ANSWER		NO	ANSWER		NO	ANSWER		NO	ANSWER	
	A B C D			A B C D			A B C D			A B C D	
1	ⓐⓑⓒⓓ		21	ⓐⓑⓒⓓ		41	ⓐⓑⓒⓓ		61	ⓐⓑⓒⓓ	
2	ⓐⓑⓒⓓ		22	ⓐⓑⓒⓓ		42	ⓐⓑⓒⓓ		62	ⓐⓑⓒⓓ	
3	ⓐⓑⓒⓓ		23	ⓐⓑⓒⓓ		43	ⓐⓑⓒⓓ		63	ⓐⓑⓒⓓ	
4	ⓐⓑⓒⓓ		24	ⓐⓑⓒⓓ		44	ⓐⓑⓒⓓ		64	ⓐⓑⓒⓓ	
5	ⓐⓑⓒⓓ		25	ⓐⓑⓒⓓ		45	ⓐⓑⓒⓓ		65	ⓐⓑⓒⓓ	
6	ⓐⓑⓒⓓ		26	ⓐⓑⓒⓓ		46	ⓐⓑⓒⓓ		66	ⓐⓑⓒⓓ	
7	ⓐⓑⓒⓓ		27	ⓐⓑⓒⓓ		47	ⓐⓑⓒⓓ		67	ⓐⓑⓒⓓ	
8	ⓐⓑⓒⓓ		28	ⓐⓑⓒⓓ		48	ⓐⓑⓒⓓ		68	ⓐⓑⓒⓓ	
9	ⓐⓑⓒⓓ		29	ⓐⓑⓒⓓ		49	ⓐⓑⓒⓓ		69	ⓐⓑⓒⓓ	
10	ⓐⓑⓒⓓ		30	ⓐⓑⓒⓓ		50	ⓐⓑⓒⓓ		70	ⓐⓑⓒⓓ	
11	ⓐⓑⓒⓓ		31	ⓐⓑⓒⓓ		51	ⓐⓑⓒⓓ		71	ⓐⓑⓒⓓ	
12	ⓐⓑⓒⓓ		32	ⓐⓑⓒⓓ		52	ⓐⓑⓒⓓ		72	ⓐⓑⓒⓓ	
13	ⓐⓑⓒⓓ		33	ⓐⓑⓒⓓ		53	ⓐⓑⓒⓓ		73	ⓐⓑⓒⓓ	
14	ⓐⓑⓒⓓ		34	ⓐⓑⓒⓓ		54	ⓐⓑⓒⓓ		74	ⓐⓑⓒⓓ	
15	ⓐⓑⓒⓓ		35	ⓐⓑⓒⓓ		55	ⓐⓑⓒⓓ		75	ⓐⓑⓒⓓ	
16	ⓐⓑⓒⓓ		36	ⓐⓑⓒⓓ		56	ⓐⓑⓒⓓ		76	ⓐⓑⓒⓓ	
17	ⓐⓑⓒⓓ		37	ⓐⓑⓒⓓ		57	ⓐⓑⓒⓓ		77	ⓐⓑⓒⓓ	
18	ⓐⓑⓒⓓ		38	ⓐⓑⓒⓓ		58	ⓐⓑⓒⓓ		78	ⓐⓑⓒⓓ	
19	ⓐⓑⓒⓓ		39	ⓐⓑⓒⓓ		59	ⓐⓑⓒⓓ		79	ⓐⓑⓒⓓ	
20	ⓐⓑⓒⓓ		40	ⓐⓑⓒⓓ		60	ⓐⓑⓒⓓ		80	ⓐⓑⓒⓓ	
81	ⓐⓑⓒⓓ		91	ⓐⓑⓒⓓ							
82	ⓐⓑⓒⓓ		92	ⓐⓑⓒⓓ							
83	ⓐⓑⓒⓓ		93	ⓐⓑⓒⓓ							
84	ⓐⓑⓒⓓ		94	ⓐⓑⓒⓓ							
85	ⓐⓑⓒⓓ		95	ⓐⓑⓒⓓ							
86	ⓐⓑⓒⓓ		96	ⓐⓑⓒⓓ							
87	ⓐⓑⓒⓓ		97	ⓐⓑⓒⓓ							
88	ⓐⓑⓒⓓ		98	ⓐⓑⓒⓓ							
89	ⓐⓑⓒⓓ		99	ⓐⓑⓒⓓ							
90	ⓐⓑⓒⓓ		100	ⓐⓑⓒⓓ							

讀　解

NO	ANSWER	NO	ANSWER	NO	ANSWER	NO	ANSWER
	A B C D		A B C D		A B C D		A B C D
101	ⓐⓑⓒⓓ	121	ⓐⓑⓒⓓ	141	ⓐⓑⓒⓓ	161	ⓐⓑⓒⓓ
102	ⓐⓑⓒⓓ	122	ⓐⓑⓒⓓ	142	ⓐⓑⓒⓓ	162	ⓐⓑⓒⓓ
103	ⓐⓑⓒⓓ	123	ⓐⓑⓒⓓ	143	ⓐⓑⓒⓓ	163	ⓐⓑⓒⓓ
104	ⓐⓑⓒⓓ	124	ⓐⓑⓒⓓ	144	ⓐⓑⓒⓓ	164	ⓐⓑⓒⓓ
105	ⓐⓑⓒⓓ	125	ⓐⓑⓒⓓ	145	ⓐⓑⓒⓓ	165	ⓐⓑⓒⓓ
106	ⓐⓑⓒⓓ	126	ⓐⓑⓒⓓ	146	ⓐⓑⓒⓓ	166	ⓐⓑⓒⓓ
107	ⓐⓑⓒⓓ	127	ⓐⓑⓒⓓ	147	ⓐⓑⓒⓓ	167	ⓐⓑⓒⓓ
108	ⓐⓑⓒⓓ	128	ⓐⓑⓒⓓ	148	ⓐⓑⓒⓓ	168	ⓐⓑⓒⓓ
109	ⓐⓑⓒⓓ	129	ⓐⓑⓒⓓ	149	ⓐⓑⓒⓓ	169	ⓐⓑⓒⓓ
110	ⓐⓑⓒⓓ	130	ⓐⓑⓒⓓ	150	ⓐⓑⓒⓓ	170	ⓐⓑⓒⓓ
111	ⓐⓑⓒⓓ	131	ⓐⓑⓒⓓ	151	ⓐⓑⓒⓓ	171	ⓐⓑⓒⓓ
112	ⓐⓑⓒⓓ	132	ⓐⓑⓒⓓ	152	ⓐⓑⓒⓓ	172	ⓐⓑⓒⓓ
113	ⓐⓑⓒⓓ	133	ⓐⓑⓒⓓ	153	ⓐⓑⓒⓓ	173	ⓐⓑⓒⓓ
114	ⓐⓑⓒⓓ	134	ⓐⓑⓒⓓ	154	ⓐⓑⓒⓓ	174	ⓐⓑⓒⓓ
115	ⓐⓑⓒⓓ	135	ⓐⓑⓒⓓ	155	ⓐⓑⓒⓓ	175	ⓐⓑⓒⓓ
116	ⓐⓑⓒⓓ	136	ⓐⓑⓒⓓ	156	ⓐⓑⓒⓓ	176	ⓐⓑⓒⓓ
117	ⓐⓑⓒⓓ	137	ⓐⓑⓒⓓ	157	ⓐⓑⓒⓓ	177	ⓐⓑⓒⓓ
118	ⓐⓑⓒⓓ	138	ⓐⓑⓒⓓ	158	ⓐⓑⓒⓓ	178	ⓐⓑⓒⓓ
119	ⓐⓑⓒⓓ	139	ⓐⓑⓒⓓ	159	ⓐⓑⓒⓓ	179	ⓐⓑⓒⓓ
120	ⓐⓑⓒⓓ	140	ⓐⓑⓒⓓ	160	ⓐⓑⓒⓓ	180	ⓐⓑⓒⓓ
181	ⓐⓑⓒⓓ	191	ⓐⓑⓒⓓ				
182	ⓐⓑⓒⓓ	192	ⓐⓑⓒⓓ				
183	ⓐⓑⓒⓓ	193	ⓐⓑⓒⓓ				
184	ⓐⓑⓒⓓ	194	ⓐⓑⓒⓓ				
185	ⓐⓑⓒⓓ	195	ⓐⓑⓒⓓ				
186	ⓐⓑⓒⓓ	196	ⓐⓑⓒⓓ				
187	ⓐⓑⓒⓓ	197	ⓐⓑⓒⓓ				
188	ⓐⓑⓒⓓ	198	ⓐⓑⓒⓓ				
189	ⓐⓑⓒⓓ	199	ⓐⓑⓒⓓ				
190	ⓐⓑⓒⓓ	200	ⓐⓑⓒⓓ				

ANSWER SHEET

JPT 실전 모의고사 3회

수험번호

성명 한글 / 한자 / 영자

좌석번호

Ⓐ Ⓑ Ⓒ Ⓓ Ⓔ
① ② ③ ④ ⑤ ⑥ ⑦

聽解

NO	ANSWER	NO	ANSWER	NO	ANSWER	NO	ANSWER	NO	ANSWER
1	ⓐⓑⓒⓓ	21	ⓐⓑⓒⓓ	41	ⓐⓑⓒⓓ	61	ⓐⓑⓒⓓ	81	ⓐⓑⓒⓓ
2	ⓐⓑⓒⓓ	22	ⓐⓑⓒⓓ	42	ⓐⓑⓒⓓ	62	ⓐⓑⓒⓓ	82	ⓐⓑⓒⓓ
3	ⓐⓑⓒⓓ	23	ⓐⓑⓒⓓ	43	ⓐⓑⓒⓓ	63	ⓐⓑⓒⓓ	83	ⓐⓑⓒⓓ
4	ⓐⓑⓒⓓ	24	ⓐⓑⓒⓓ	44	ⓐⓑⓒⓓ	64	ⓐⓑⓒⓓ	84	ⓐⓑⓒⓓ
5	ⓐⓑⓒⓓ	25	ⓐⓑⓒⓓ	45	ⓐⓑⓒⓓ	65	ⓐⓑⓒⓓ	85	ⓐⓑⓒⓓ
6	ⓐⓑⓒⓓ	26	ⓐⓑⓒⓓ	46	ⓐⓑⓒⓓ	66	ⓐⓑⓒⓓ	86	ⓐⓑⓒⓓ
7	ⓐⓑⓒⓓ	27	ⓐⓑⓒⓓ	47	ⓐⓑⓒⓓ	67	ⓐⓑⓒⓓ	87	ⓐⓑⓒⓓ
8	ⓐⓑⓒⓓ	28	ⓐⓑⓒⓓ	48	ⓐⓑⓒⓓ	68	ⓐⓑⓒⓓ	88	ⓐⓑⓒⓓ
9	ⓐⓑⓒⓓ	29	ⓐⓑⓒⓓ	49	ⓐⓑⓒⓓ	69	ⓐⓑⓒⓓ	89	ⓐⓑⓒⓓ
10	ⓐⓑⓒⓓ	30	ⓐⓑⓒⓓ	50	ⓐⓑⓒⓓ	70	ⓐⓑⓒⓓ	90	ⓐⓑⓒⓓ
11	ⓐⓑⓒⓓ	31	ⓐⓑⓒⓓ	51	ⓐⓑⓒⓓ	71	ⓐⓑⓒⓓ	91	ⓐⓑⓒⓓ
12	ⓐⓑⓒⓓ	32	ⓐⓑⓒⓓ	52	ⓐⓑⓒⓓ	72	ⓐⓑⓒⓓ	92	ⓐⓑⓒⓓ
13	ⓐⓑⓒⓓ	33	ⓐⓑⓒⓓ	53	ⓐⓑⓒⓓ	73	ⓐⓑⓒⓓ	93	ⓐⓑⓒⓓ
14	ⓐⓑⓒⓓ	34	ⓐⓑⓒⓓ	54	ⓐⓑⓒⓓ	74	ⓐⓑⓒⓓ	94	ⓐⓑⓒⓓ
15	ⓐⓑⓒⓓ	35	ⓐⓑⓒⓓ	55	ⓐⓑⓒⓓ	75	ⓐⓑⓒⓓ	95	ⓐⓑⓒⓓ
16	ⓐⓑⓒⓓ	36	ⓐⓑⓒⓓ	56	ⓐⓑⓒⓓ	76	ⓐⓑⓒⓓ	96	ⓐⓑⓒⓓ
17	ⓐⓑⓒⓓ	37	ⓐⓑⓒⓓ	57	ⓐⓑⓒⓓ	77	ⓐⓑⓒⓓ	97	ⓐⓑⓒⓓ
18	ⓐⓑⓒⓓ	38	ⓐⓑⓒⓓ	58	ⓐⓑⓒⓓ	78	ⓐⓑⓒⓓ	98	ⓐⓑⓒⓓ
19	ⓐⓑⓒⓓ	39	ⓐⓑⓒⓓ	59	ⓐⓑⓒⓓ	79	ⓐⓑⓒⓓ	99	ⓐⓑⓒⓓ
20	ⓐⓑⓒⓓ	40	ⓐⓑⓒⓓ	60	ⓐⓑⓒⓓ	80	ⓐⓑⓒⓓ	100	ⓐⓑⓒⓓ

讀解

NO	ANSWER	NO	ANSWER	NO	ANSWER	NO	ANSWER	NO	ANSWER
101	ⓐⓑⓒⓓ	121	ⓐⓑⓒⓓ	141	ⓐⓑⓒⓓ	161	ⓐⓑⓒⓓ	181	ⓐⓑⓒⓓ
102	ⓐⓑⓒⓓ	122	ⓐⓑⓒⓓ	142	ⓐⓑⓒⓓ	162	ⓐⓑⓒⓓ	182	ⓐⓑⓒⓓ
103	ⓐⓑⓒⓓ	123	ⓐⓑⓒⓓ	143	ⓐⓑⓒⓓ	163	ⓐⓑⓒⓓ	183	ⓐⓑⓒⓓ
104	ⓐⓑⓒⓓ	124	ⓐⓑⓒⓓ	144	ⓐⓑⓒⓓ	164	ⓐⓑⓒⓓ	184	ⓐⓑⓒⓓ
105	ⓐⓑⓒⓓ	125	ⓐⓑⓒⓓ	145	ⓐⓑⓒⓓ	165	ⓐⓑⓒⓓ	185	ⓐⓑⓒⓓ
106	ⓐⓑⓒⓓ	126	ⓐⓑⓒⓓ	146	ⓐⓑⓒⓓ	166	ⓐⓑⓒⓓ	186	ⓐⓑⓒⓓ
107	ⓐⓑⓒⓓ	127	ⓐⓑⓒⓓ	147	ⓐⓑⓒⓓ	167	ⓐⓑⓒⓓ	187	ⓐⓑⓒⓓ
108	ⓐⓑⓒⓓ	128	ⓐⓑⓒⓓ	148	ⓐⓑⓒⓓ	168	ⓐⓑⓒⓓ	188	ⓐⓑⓒⓓ
109	ⓐⓑⓒⓓ	129	ⓐⓑⓒⓓ	149	ⓐⓑⓒⓓ	169	ⓐⓑⓒⓓ	189	ⓐⓑⓒⓓ
110	ⓐⓑⓒⓓ	130	ⓐⓑⓒⓓ	150	ⓐⓑⓒⓓ	170	ⓐⓑⓒⓓ	190	ⓐⓑⓒⓓ
111	ⓐⓑⓒⓓ	131	ⓐⓑⓒⓓ	151	ⓐⓑⓒⓓ	171	ⓐⓑⓒⓓ	191	ⓐⓑⓒⓓ
112	ⓐⓑⓒⓓ	132	ⓐⓑⓒⓓ	152	ⓐⓑⓒⓓ	172	ⓐⓑⓒⓓ	192	ⓐⓑⓒⓓ
113	ⓐⓑⓒⓓ	133	ⓐⓑⓒⓓ	153	ⓐⓑⓒⓓ	173	ⓐⓑⓒⓓ	193	ⓐⓑⓒⓓ
114	ⓐⓑⓒⓓ	134	ⓐⓑⓒⓓ	154	ⓐⓑⓒⓓ	174	ⓐⓑⓒⓓ	194	ⓐⓑⓒⓓ
115	ⓐⓑⓒⓓ	135	ⓐⓑⓒⓓ	155	ⓐⓑⓒⓓ	175	ⓐⓑⓒⓓ	195	ⓐⓑⓒⓓ
116	ⓐⓑⓒⓓ	136	ⓐⓑⓒⓓ	156	ⓐⓑⓒⓓ	176	ⓐⓑⓒⓓ	196	ⓐⓑⓒⓓ
117	ⓐⓑⓒⓓ	137	ⓐⓑⓒⓓ	157	ⓐⓑⓒⓓ	177	ⓐⓑⓒⓓ	197	ⓐⓑⓒⓓ
118	ⓐⓑⓒⓓ	138	ⓐⓑⓒⓓ	158	ⓐⓑⓒⓓ	178	ⓐⓑⓒⓓ	198	ⓐⓑⓒⓓ
119	ⓐⓑⓒⓓ	139	ⓐⓑⓒⓓ	159	ⓐⓑⓒⓓ	179	ⓐⓑⓒⓓ	199	ⓐⓑⓒⓓ
120	ⓐⓑⓒⓓ	140	ⓐⓑⓒⓓ	160	ⓐⓑⓒⓓ	180	ⓐⓑⓒⓓ	200	ⓐⓑⓒⓓ

ANSWER SHEET

JPT 실전 모의고사 4회

수험번호						

성명	한글	
	한자	
	영자	

좌석번호						
Ⓐ	Ⓑ	Ⓒ	Ⓓ	Ⓔ		
①	②	③	④	⑤	⑥	⑦

聽 解

NO	ANSWER				NO	ANSWER				NO	ANSWER				NO	ANSWER				NO	ANSWER			
	A	B	C	D		A	B	C	D		A	B	C	D		A	B	C	D		A	B	C	D
1	ⓐ	ⓑ	ⓒ	ⓓ	21	ⓐ	ⓑ	ⓒ	ⓓ	41	ⓐ	ⓑ	ⓒ	ⓓ	61	ⓐ	ⓑ	ⓒ	ⓓ	81	ⓐ	ⓑ	ⓒ	ⓓ
2	ⓐ	ⓑ	ⓒ	ⓓ	22	ⓐ	ⓑ	ⓒ	ⓓ	42	ⓐ	ⓑ	ⓒ	ⓓ	62	ⓐ	ⓑ	ⓒ	ⓓ	82	ⓐ	ⓑ	ⓒ	ⓓ
3	ⓐ	ⓑ	ⓒ	ⓓ	23	ⓐ	ⓑ	ⓒ	ⓓ	43	ⓐ	ⓑ	ⓒ	ⓓ	63	ⓐ	ⓑ	ⓒ	ⓓ	83	ⓐ	ⓑ	ⓒ	ⓓ
4	ⓐ	ⓑ	ⓒ	ⓓ	24	ⓐ	ⓑ	ⓒ	ⓓ	44	ⓐ	ⓑ	ⓒ	ⓓ	64	ⓐ	ⓑ	ⓒ	ⓓ	84	ⓐ	ⓑ	ⓒ	ⓓ
5	ⓐ	ⓑ	ⓒ	ⓓ	25	ⓐ	ⓑ	ⓒ	ⓓ	45	ⓐ	ⓑ	ⓒ	ⓓ	65	ⓐ	ⓑ	ⓒ	ⓓ	85	ⓐ	ⓑ	ⓒ	ⓓ
6	ⓐ	ⓑ	ⓒ	ⓓ	26	ⓐ	ⓑ	ⓒ	ⓓ	46	ⓐ	ⓑ	ⓒ	ⓓ	66	ⓐ	ⓑ	ⓒ	ⓓ	86	ⓐ	ⓑ	ⓒ	ⓓ
7	ⓐ	ⓑ	ⓒ	ⓓ	27	ⓐ	ⓑ	ⓒ	ⓓ	47	ⓐ	ⓑ	ⓒ	ⓓ	67	ⓐ	ⓑ	ⓒ	ⓓ	87	ⓐ	ⓑ	ⓒ	ⓓ
8	ⓐ	ⓑ	ⓒ	ⓓ	28	ⓐ	ⓑ	ⓒ	ⓓ	48	ⓐ	ⓑ	ⓒ	ⓓ	68	ⓐ	ⓑ	ⓒ	ⓓ	88	ⓐ	ⓑ	ⓒ	ⓓ
9	ⓐ	ⓑ	ⓒ	ⓓ	29	ⓐ	ⓑ	ⓒ	ⓓ	49	ⓐ	ⓑ	ⓒ	ⓓ	69	ⓐ	ⓑ	ⓒ	ⓓ	89	ⓐ	ⓑ	ⓒ	ⓓ
10	ⓐ	ⓑ	ⓒ	ⓓ	30	ⓐ	ⓑ	ⓒ	ⓓ	50	ⓐ	ⓑ	ⓒ	ⓓ	70	ⓐ	ⓑ	ⓒ	ⓓ	90	ⓐ	ⓑ	ⓒ	ⓓ
11	ⓐ	ⓑ	ⓒ	ⓓ	31	ⓐ	ⓑ	ⓒ	ⓓ	51	ⓐ	ⓑ	ⓒ	ⓓ	71	ⓐ	ⓑ	ⓒ	ⓓ	91	ⓐ	ⓑ	ⓒ	ⓓ
12	ⓐ	ⓑ	ⓒ	ⓓ	32	ⓐ	ⓑ	ⓒ	ⓓ	52	ⓐ	ⓑ	ⓒ	ⓓ	72	ⓐ	ⓑ	ⓒ	ⓓ	92	ⓐ	ⓑ	ⓒ	ⓓ
13	ⓐ	ⓑ	ⓒ	ⓓ	33	ⓐ	ⓑ	ⓒ	ⓓ	53	ⓐ	ⓑ	ⓒ	ⓓ	73	ⓐ	ⓑ	ⓒ	ⓓ	93	ⓐ	ⓑ	ⓒ	ⓓ
14	ⓐ	ⓑ	ⓒ	ⓓ	34	ⓐ	ⓑ	ⓒ	ⓓ	54	ⓐ	ⓑ	ⓒ	ⓓ	74	ⓐ	ⓑ	ⓒ	ⓓ	94	ⓐ	ⓑ	ⓒ	ⓓ
15	ⓐ	ⓑ	ⓒ	ⓓ	35	ⓐ	ⓑ	ⓒ	ⓓ	55	ⓐ	ⓑ	ⓒ	ⓓ	75	ⓐ	ⓑ	ⓒ	ⓓ	95	ⓐ	ⓑ	ⓒ	ⓓ
16	ⓐ	ⓑ	ⓒ	ⓓ	36	ⓐ	ⓑ	ⓒ	ⓓ	56	ⓐ	ⓑ	ⓒ	ⓓ	76	ⓐ	ⓑ	ⓒ	ⓓ	96	ⓐ	ⓑ	ⓒ	ⓓ
17	ⓐ	ⓑ	ⓒ	ⓓ	37	ⓐ	ⓑ	ⓒ	ⓓ	57	ⓐ	ⓑ	ⓒ	ⓓ	77	ⓐ	ⓑ	ⓒ	ⓓ	97	ⓐ	ⓑ	ⓒ	ⓓ
18	ⓐ	ⓑ	ⓒ	ⓓ	38	ⓐ	ⓑ	ⓒ	ⓓ	58	ⓐ	ⓑ	ⓒ	ⓓ	78	ⓐ	ⓑ	ⓒ	ⓓ	98	ⓐ	ⓑ	ⓒ	ⓓ
19	ⓐ	ⓑ	ⓒ	ⓓ	39	ⓐ	ⓑ	ⓒ	ⓓ	59	ⓐ	ⓑ	ⓒ	ⓓ	79	ⓐ	ⓑ	ⓒ	ⓓ	99	ⓐ	ⓑ	ⓒ	ⓓ
20	ⓐ	ⓑ	ⓒ	ⓓ	40	ⓐ	ⓑ	ⓒ	ⓓ	60	ⓐ	ⓑ	ⓒ	ⓓ	80	ⓐ	ⓑ	ⓒ	ⓓ	100	ⓐ	ⓑ	ⓒ	ⓓ

読 解

NO	ANSWER				NO	ANSWER				NO	ANSWER				NO	ANSWER				NO	ANSWER			
	A	B	C	D		A	B	C	D		A	B	C	D		A	B	C	D		A	B	C	D
101	ⓐ	ⓑ	ⓒ	ⓓ	121	ⓐ	ⓑ	ⓒ	ⓓ	141	ⓐ	ⓑ	ⓒ	ⓓ	161	ⓐ	ⓑ	ⓒ	ⓓ	181	ⓐ	ⓑ	ⓒ	ⓓ
102	ⓐ	ⓑ	ⓒ	ⓓ	122	ⓐ	ⓑ	ⓒ	ⓓ	142	ⓐ	ⓑ	ⓒ	ⓓ	162	ⓐ	ⓑ	ⓒ	ⓓ	182	ⓐ	ⓑ	ⓒ	ⓓ
103	ⓐ	ⓑ	ⓒ	ⓓ	123	ⓐ	ⓑ	ⓒ	ⓓ	143	ⓐ	ⓑ	ⓒ	ⓓ	163	ⓐ	ⓑ	ⓒ	ⓓ	183	ⓐ	ⓑ	ⓒ	ⓓ
104	ⓐ	ⓑ	ⓒ	ⓓ	124	ⓐ	ⓑ	ⓒ	ⓓ	144	ⓐ	ⓑ	ⓒ	ⓓ	164	ⓐ	ⓑ	ⓒ	ⓓ	184	ⓐ	ⓑ	ⓒ	ⓓ
105	ⓐ	ⓑ	ⓒ	ⓓ	125	ⓐ	ⓑ	ⓒ	ⓓ	145	ⓐ	ⓑ	ⓒ	ⓓ	165	ⓐ	ⓑ	ⓒ	ⓓ	185	ⓐ	ⓑ	ⓒ	ⓓ
106	ⓐ	ⓑ	ⓒ	ⓓ	126	ⓐ	ⓑ	ⓒ	ⓓ	146	ⓐ	ⓑ	ⓒ	ⓓ	166	ⓐ	ⓑ	ⓒ	ⓓ	186	ⓐ	ⓑ	ⓒ	ⓓ
107	ⓐ	ⓑ	ⓒ	ⓓ	127	ⓐ	ⓑ	ⓒ	ⓓ	147	ⓐ	ⓑ	ⓒ	ⓓ	167	ⓐ	ⓑ	ⓒ	ⓓ	187	ⓐ	ⓑ	ⓒ	ⓓ
108	ⓐ	ⓑ	ⓒ	ⓓ	128	ⓐ	ⓑ	ⓒ	ⓓ	148	ⓐ	ⓑ	ⓒ	ⓓ	168	ⓐ	ⓑ	ⓒ	ⓓ	188	ⓐ	ⓑ	ⓒ	ⓓ
109	ⓐ	ⓑ	ⓒ	ⓓ	129	ⓐ	ⓑ	ⓒ	ⓓ	149	ⓐ	ⓑ	ⓒ	ⓓ	169	ⓐ	ⓑ	ⓒ	ⓓ	189	ⓐ	ⓑ	ⓒ	ⓓ
110	ⓐ	ⓑ	ⓒ	ⓓ	130	ⓐ	ⓑ	ⓒ	ⓓ	150	ⓐ	ⓑ	ⓒ	ⓓ	170	ⓐ	ⓑ	ⓒ	ⓓ	190	ⓐ	ⓑ	ⓒ	ⓓ
111	ⓐ	ⓑ	ⓒ	ⓓ	131	ⓐ	ⓑ	ⓒ	ⓓ	151	ⓐ	ⓑ	ⓒ	ⓓ	171	ⓐ	ⓑ	ⓒ	ⓓ	191	ⓐ	ⓑ	ⓒ	ⓓ
112	ⓐ	ⓑ	ⓒ	ⓓ	132	ⓐ	ⓑ	ⓒ	ⓓ	152	ⓐ	ⓑ	ⓒ	ⓓ	172	ⓐ	ⓑ	ⓒ	ⓓ	192	ⓐ	ⓑ	ⓒ	ⓓ
113	ⓐ	ⓑ	ⓒ	ⓓ	133	ⓐ	ⓑ	ⓒ	ⓓ	153	ⓐ	ⓑ	ⓒ	ⓓ	173	ⓐ	ⓑ	ⓒ	ⓓ	193	ⓐ	ⓑ	ⓒ	ⓓ
114	ⓐ	ⓑ	ⓒ	ⓓ	134	ⓐ	ⓑ	ⓒ	ⓓ	154	ⓐ	ⓑ	ⓒ	ⓓ	174	ⓐ	ⓑ	ⓒ	ⓓ	194	ⓐ	ⓑ	ⓒ	ⓓ
115	ⓐ	ⓑ	ⓒ	ⓓ	135	ⓐ	ⓑ	ⓒ	ⓓ	155	ⓐ	ⓑ	ⓒ	ⓓ	175	ⓐ	ⓑ	ⓒ	ⓓ	195	ⓐ	ⓑ	ⓒ	ⓓ
116	ⓐ	ⓑ	ⓒ	ⓓ	136	ⓐ	ⓑ	ⓒ	ⓓ	156	ⓐ	ⓑ	ⓒ	ⓓ	176	ⓐ	ⓑ	ⓒ	ⓓ	196	ⓐ	ⓑ	ⓒ	ⓓ
117	ⓐ	ⓑ	ⓒ	ⓓ	137	ⓐ	ⓑ	ⓒ	ⓓ	157	ⓐ	ⓑ	ⓒ	ⓓ	177	ⓐ	ⓑ	ⓒ	ⓓ	197	ⓐ	ⓑ	ⓒ	ⓓ
118	ⓐ	ⓑ	ⓒ	ⓓ	138	ⓐ	ⓑ	ⓒ	ⓓ	158	ⓐ	ⓑ	ⓒ	ⓓ	178	ⓐ	ⓑ	ⓒ	ⓓ	198	ⓐ	ⓑ	ⓒ	ⓓ
119	ⓐ	ⓑ	ⓒ	ⓓ	139	ⓐ	ⓑ	ⓒ	ⓓ	159	ⓐ	ⓑ	ⓒ	ⓓ	179	ⓐ	ⓑ	ⓒ	ⓓ	199	ⓐ	ⓑ	ⓒ	ⓓ
120	ⓐ	ⓑ	ⓒ	ⓓ	140	ⓐ	ⓑ	ⓒ	ⓓ	160	ⓐ	ⓑ	ⓒ	ⓓ	180	ⓐ	ⓑ	ⓒ	ⓓ	200	ⓐ	ⓑ	ⓒ	ⓓ

ANSWER SHEET

JPT 실전 모의고사 5회

수험번호

성명	한글		
한자		
영자		

좌석번호

Ⓐ Ⓑ Ⓒ Ⓓ Ⓔ
① ② ③ ④ ⑤ ⑥ ⑦

聴 解

NO	ANSWER	NO	ANSWER	NO	ANSWER	NO	ANSWER	NO	ANSWER
1	ⓐ ⓑ ⓒ ⓓ	21	ⓐ ⓑ ⓒ ⓓ	41	ⓐ ⓑ ⓒ ⓓ	61	ⓐ ⓑ ⓒ ⓓ	81	ⓐ ⓑ ⓒ ⓓ
2	ⓐ ⓑ ⓒ ⓓ	22	ⓐ ⓑ ⓒ ⓓ	42	ⓐ ⓑ ⓒ ⓓ	62	ⓐ ⓑ ⓒ ⓓ	82	ⓐ ⓑ ⓒ ⓓ
3	ⓐ ⓑ ⓒ ⓓ	23	ⓐ ⓑ ⓒ ⓓ	43	ⓐ ⓑ ⓒ ⓓ	63	ⓐ ⓑ ⓒ ⓓ	83	ⓐ ⓑ ⓒ ⓓ
4	ⓐ ⓑ ⓒ ⓓ	24	ⓐ ⓑ ⓒ ⓓ	44	ⓐ ⓑ ⓒ ⓓ	64	ⓐ ⓑ ⓒ ⓓ	84	ⓐ ⓑ ⓒ ⓓ
5	ⓐ ⓑ ⓒ ⓓ	25	ⓐ ⓑ ⓒ ⓓ	45	ⓐ ⓑ ⓒ ⓓ	65	ⓐ ⓑ ⓒ ⓓ	85	ⓐ ⓑ ⓒ ⓓ
6	ⓐ ⓑ ⓒ ⓓ	26	ⓐ ⓑ ⓒ ⓓ	46	ⓐ ⓑ ⓒ ⓓ	66	ⓐ ⓑ ⓒ ⓓ	86	ⓐ ⓑ ⓒ ⓓ
7	ⓐ ⓑ ⓒ ⓓ	27	ⓐ ⓑ ⓒ ⓓ	47	ⓐ ⓑ ⓒ ⓓ	67	ⓐ ⓑ ⓒ ⓓ	87	ⓐ ⓑ ⓒ ⓓ
8	ⓐ ⓑ ⓒ ⓓ	28	ⓐ ⓑ ⓒ ⓓ	48	ⓐ ⓑ ⓒ ⓓ	68	ⓐ ⓑ ⓒ ⓓ	88	ⓐ ⓑ ⓒ ⓓ
9	ⓐ ⓑ ⓒ ⓓ	29	ⓐ ⓑ ⓒ ⓓ	49	ⓐ ⓑ ⓒ ⓓ	69	ⓐ ⓑ ⓒ ⓓ	89	ⓐ ⓑ ⓒ ⓓ
10	ⓐ ⓑ ⓒ ⓓ	30	ⓐ ⓑ ⓒ ⓓ	50	ⓐ ⓑ ⓒ ⓓ	70	ⓐ ⓑ ⓒ ⓓ	90	ⓐ ⓑ ⓒ ⓓ
11	ⓐ ⓑ ⓒ ⓓ	31	ⓐ ⓑ ⓒ ⓓ	51	ⓐ ⓑ ⓒ ⓓ	71	ⓐ ⓑ ⓒ ⓓ	91	ⓐ ⓑ ⓒ ⓓ
12	ⓐ ⓑ ⓒ ⓓ	32	ⓐ ⓑ ⓒ ⓓ	52	ⓐ ⓑ ⓒ ⓓ	72	ⓐ ⓑ ⓒ ⓓ	92	ⓐ ⓑ ⓒ ⓓ
13	ⓐ ⓑ ⓒ ⓓ	33	ⓐ ⓑ ⓒ ⓓ	53	ⓐ ⓑ ⓒ ⓓ	73	ⓐ ⓑ ⓒ ⓓ	93	ⓐ ⓑ ⓒ ⓓ
14	ⓐ ⓑ ⓒ ⓓ	34	ⓐ ⓑ ⓒ ⓓ	54	ⓐ ⓑ ⓒ ⓓ	74	ⓐ ⓑ ⓒ ⓓ	94	ⓐ ⓑ ⓒ ⓓ
15	ⓐ ⓑ ⓒ ⓓ	35	ⓐ ⓑ ⓒ ⓓ	55	ⓐ ⓑ ⓒ ⓓ	75	ⓐ ⓑ ⓒ ⓓ	95	ⓐ ⓑ ⓒ ⓓ
16	ⓐ ⓑ ⓒ ⓓ	36	ⓐ ⓑ ⓒ ⓓ	56	ⓐ ⓑ ⓒ ⓓ	76	ⓐ ⓑ ⓒ ⓓ	96	ⓐ ⓑ ⓒ ⓓ
17	ⓐ ⓑ ⓒ ⓓ	37	ⓐ ⓑ ⓒ ⓓ	57	ⓐ ⓑ ⓒ ⓓ	77	ⓐ ⓑ ⓒ ⓓ	97	ⓐ ⓑ ⓒ ⓓ
18	ⓐ ⓑ ⓒ ⓓ	38	ⓐ ⓑ ⓒ ⓓ	58	ⓐ ⓑ ⓒ ⓓ	78	ⓐ ⓑ ⓒ ⓓ	98	ⓐ ⓑ ⓒ ⓓ
19	ⓐ ⓑ ⓒ ⓓ	39	ⓐ ⓑ ⓒ ⓓ	59	ⓐ ⓑ ⓒ ⓓ	79	ⓐ ⓑ ⓒ ⓓ	99	ⓐ ⓑ ⓒ ⓓ
20	ⓐ ⓑ ⓒ ⓓ	40	ⓐ ⓑ ⓒ ⓓ	60	ⓐ ⓑ ⓒ ⓓ	80	ⓐ ⓑ ⓒ ⓓ	100	ⓐ ⓑ ⓒ ⓓ

読 解

NO	ANSWER	NO	ANSWER	NO	ANSWER	NO	ANSWER	NO	ANSWER
101	ⓐ ⓑ ⓒ ⓓ	121	ⓐ ⓑ ⓒ ⓓ	141	ⓐ ⓑ ⓒ ⓓ	161	ⓐ ⓑ ⓒ ⓓ	181	ⓐ ⓑ ⓒ ⓓ
102	ⓐ ⓑ ⓒ ⓓ	122	ⓐ ⓑ ⓒ ⓓ	142	ⓐ ⓑ ⓒ ⓓ	162	ⓐ ⓑ ⓒ ⓓ	182	ⓐ ⓑ ⓒ ⓓ
103	ⓐ ⓑ ⓒ ⓓ	123	ⓐ ⓑ ⓒ ⓓ	143	ⓐ ⓑ ⓒ ⓓ	163	ⓐ ⓑ ⓒ ⓓ	183	ⓐ ⓑ ⓒ ⓓ
104	ⓐ ⓑ ⓒ ⓓ	124	ⓐ ⓑ ⓒ ⓓ	144	ⓐ ⓑ ⓒ ⓓ	164	ⓐ ⓑ ⓒ ⓓ	184	ⓐ ⓑ ⓒ ⓓ
105	ⓐ ⓑ ⓒ ⓓ	125	ⓐ ⓑ ⓒ ⓓ	145	ⓐ ⓑ ⓒ ⓓ	165	ⓐ ⓑ ⓒ ⓓ	185	ⓐ ⓑ ⓒ ⓓ
106	ⓐ ⓑ ⓒ ⓓ	126	ⓐ ⓑ ⓒ ⓓ	146	ⓐ ⓑ ⓒ ⓓ	166	ⓐ ⓑ ⓒ ⓓ	186	ⓐ ⓑ ⓒ ⓓ
107	ⓐ ⓑ ⓒ ⓓ	127	ⓐ ⓑ ⓒ ⓓ	147	ⓐ ⓑ ⓒ ⓓ	167	ⓐ ⓑ ⓒ ⓓ	187	ⓐ ⓑ ⓒ ⓓ
108	ⓐ ⓑ ⓒ ⓓ	128	ⓐ ⓑ ⓒ ⓓ	148	ⓐ ⓑ ⓒ ⓓ	168	ⓐ ⓑ ⓒ ⓓ	188	ⓐ ⓑ ⓒ ⓓ
109	ⓐ ⓑ ⓒ ⓓ	129	ⓐ ⓑ ⓒ ⓓ	149	ⓐ ⓑ ⓒ ⓓ	169	ⓐ ⓑ ⓒ ⓓ	189	ⓐ ⓑ ⓒ ⓓ
110	ⓐ ⓑ ⓒ ⓓ	130	ⓐ ⓑ ⓒ ⓓ	150	ⓐ ⓑ ⓒ ⓓ	170	ⓐ ⓑ ⓒ ⓓ	190	ⓐ ⓑ ⓒ ⓓ
111	ⓐ ⓑ ⓒ ⓓ	131	ⓐ ⓑ ⓒ ⓓ	151	ⓐ ⓑ ⓒ ⓓ	171	ⓐ ⓑ ⓒ ⓓ	191	ⓐ ⓑ ⓒ ⓓ
112	ⓐ ⓑ ⓒ ⓓ	132	ⓐ ⓑ ⓒ ⓓ	152	ⓐ ⓑ ⓒ ⓓ	172	ⓐ ⓑ ⓒ ⓓ	192	ⓐ ⓑ ⓒ ⓓ
113	ⓐ ⓑ ⓒ ⓓ	133	ⓐ ⓑ ⓒ ⓓ	153	ⓐ ⓑ ⓒ ⓓ	173	ⓐ ⓑ ⓒ ⓓ	193	ⓐ ⓑ ⓒ ⓓ
114	ⓐ ⓑ ⓒ ⓓ	134	ⓐ ⓑ ⓒ ⓓ	154	ⓐ ⓑ ⓒ ⓓ	174	ⓐ ⓑ ⓒ ⓓ	194	ⓐ ⓑ ⓒ ⓓ
115	ⓐ ⓑ ⓒ ⓓ	135	ⓐ ⓑ ⓒ ⓓ	155	ⓐ ⓑ ⓒ ⓓ	175	ⓐ ⓑ ⓒ ⓓ	195	ⓐ ⓑ ⓒ ⓓ
116	ⓐ ⓑ ⓒ ⓓ	136	ⓐ ⓑ ⓒ ⓓ	156	ⓐ ⓑ ⓒ ⓓ	176	ⓐ ⓑ ⓒ ⓓ	196	ⓐ ⓑ ⓒ ⓓ
117	ⓐ ⓑ ⓒ ⓓ	137	ⓐ ⓑ ⓒ ⓓ	157	ⓐ ⓑ ⓒ ⓓ	177	ⓐ ⓑ ⓒ ⓓ	197	ⓐ ⓑ ⓒ ⓓ
118	ⓐ ⓑ ⓒ ⓓ	138	ⓐ ⓑ ⓒ ⓓ	158	ⓐ ⓑ ⓒ ⓓ	178	ⓐ ⓑ ⓒ ⓓ	198	ⓐ ⓑ ⓒ ⓓ
119	ⓐ ⓑ ⓒ ⓓ	139	ⓐ ⓑ ⓒ ⓓ	159	ⓐ ⓑ ⓒ ⓓ	179	ⓐ ⓑ ⓒ ⓓ	199	ⓐ ⓑ ⓒ ⓓ
120	ⓐ ⓑ ⓒ ⓓ	140	ⓐ ⓑ ⓒ ⓓ	160	ⓐ ⓑ ⓒ ⓓ	180	ⓐ ⓑ ⓒ ⓓ	200	ⓐ ⓑ ⓒ ⓓ

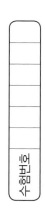

일단 합격하고 오겠습니다

JPT
실전모의고사
1250제

김기범 지음

해설서

동양북스

목차

Chapter 01

단숨에 실력 UP!

질의 응답 문제 1회 (정답 및 해설)   🎧 1-1회

정답

21	D	22	A	23	D	24	C	25	A
26	D	27	C	28	C	29	A	30	A
31	A	32	D	33	C	34	B	35	B
36	B	37	D	38	B	39	B	40	A
41	B	42	D	43	D	44	C	45	B
46	C	47	A	48	C	49	D	50	C

21

昨日(きのう)は何(なに)をしましたか。
(A) 今(いま)まで、昼(ひる)ご飯(はん)を食(た)べなかったことはありません。
(B) 今度(こんど)は友達(ともだち)の見舞(みま)いに行(い)きます。
(C) 友達(ともだち)と万引(まんび)きをしたことがあります。
(D) 友達(ともだち)とご飯(はん)を食(た)べに行(い)きました。

어제는 무엇을 했습니까?
(A) 지금까지 점심을 먹지 않은 적은 없습니다.
(B) 이번에는 친구 병문안을 갔습니다.
(C) 친구와 물건을 몰래 훔친 적이 있습니다.
(D) 친구와 밥을 먹으러 갔습니다.

🔟 의문사(무엇)와 시제(했는가)에 주의!
昨日(きのう) 어제 | 昼(ひる)ご飯(はん) 점심 | 見舞(みま)い 문안, 위문. 문병 | 万引(まんび)き 물건을 사는 체하고 물건을 훔침

22

その男(おとこ)の子(こ)は今何才(いまなんさい)ですか。
(A) ちょうど十才(じゅっさい)です。
(B) 十五人(じゅうごにん)ぐらいです。
(C) 散々(さんざん)待(ま)ちました。
(D) 全部(ぜんぶ)で八個(はっこ)です。

그 남자아이는 지금 몇 살입니까?
(A) 딱 10살입니다.
(B) 15명 정도입니다.
(C) 몹시 기다렸습니다.
(D) 전부 8개입니다.

🔟 나이를 묻고 있다.
何才(なんさい) 몇 살 | 散々(さんざん) 심하게, 몹시, 실컷, 마음껏 호되게 | 待(ま)つ 기다리다

23

この自転車(じてんしゃ)は誰(だれ)のですか。
(A) 弟(おとうと)の自転車(じてんしゃ)はあそこです。
(B) それは机(つくえ)の上(うえ)です。
(C) これは店(みせ)の車(くるま)です。
(D) あの男(おとこ)の子(こ)のです。

이 자전거는 누구의 것입니까?
(A) 남동생의 자전거는 저쪽입니다(저쪽에 있습니다).
(B) 그것은 책상 위입니다.
(C) 이것은 가게의 차입니다.
(D) 저 남자아이의 것입니다.

🔟 누구의 것?
自転車(じてんしゃ) 자전거 | 誰(だれ) 누구 | 机(つくえ) 책상 | 店(みせ) 가게 | 車(くるま) 차, 자동차

24

この間(あいだ)の地震(じしん)は怖(こわ)かったわ。
(A) 警察(けいさつ)に連絡(れんらく)したほうがいいよ。
(B) 友達(ともだち)と一緒(いっしょ)に見(み)たんだね。
(C) すごく揺(ゆ)れて家(いえ)が壊(こわ)れそうだったよ。
(D) 一晩中(ひとばんじゅう)雨(あめ)と風(かぜ)がひどかったね。

지난번의 지진은 무서웠어요.
(A) 경찰에 연락하는 편이 좋아요.
(B) 친구와 같이 본 거구나.
(C) 심하게 흔들려서 집이 부서질 것 같았어.
(D) 밤새 비와 바람이 심했지.

단 지진이 무서웠다!

この間(あいだ) 지난번, 요전 | 地震(じしん) 지진 | 怖(こわ)い 무섭다, 겁나다, 두렵다 | 警察(けいさつ) 경찰 | 揺(ゆ)れる 흔들리다 | 壊(こわ)れる 깨지다, 부서지다, 파손되다, 고장 나다

25

加藤(かとう)さん、英語(えいご)の勉強(べんきょう)はどうですか。

(A) だいぶ慣(な)れました。

(B) だいぶ回復(かいふく)しました。

(C) ええ、いいようですよ。

(D) ええ、努力(どりょく)の賜物(たまもの)ですよ。

가토 씨, 영어 공부는 어떻습니까?

(A) 많이 익숙해졌습니다.

(B) 많이 회복했습니다.

(C) 네, 좋은 것 같아요.

(D) 네, 노력한 덕분이에요.

단 공부 상태?

だいぶ 상당히, 꽤 | 慣(な)れる 익숙해지다 | 回復(かいふく) 회복 | 賜物(たまもの) 하사품, (좋은) 보람, 덕택

26

彼女(かのじょ)とても明(あか)るいよね。

(A) いや、そんなに太(ふと)ってないよ。

(B) うん、やっぱり踊(おど)りは上手(じょうず)だね。

(C) いや、きっと独身(どくしん)だと思(おも)うね。

(D) うん、いつもきれいな服(ふく)を着(き)てくるよね。

그녀는 아주 환하네.

(A) 아니, 그렇게 살찌지 않았어.

(B) 응, 역시 춤은 잘 추는군.

(C) 아니, 틀림없이 독신일 거야.

(D) 응, 늘 예쁜 옷을 입고 오잖아.

단 밝고 환하다!

明(あか)るい 밝다, 환하다, 명랑하다 | 踊(おど)り 춤, 무용 | 独身(どくしん) 독신 | 服(ふく) 옷, 의복

27

外国人(がいこくじん)に何(なに)か話(はな)し掛(か)けられたんですけど、さっぱり分(わ)からなくて。

(A) そんな時(とき)は見(み)よう見(み)まねでやってみるといいよ。

(B) この際(さい)だから、手取(てと)り足取(あしと)り教(おし)えてもらったら。

(C) そんな時(とき)は身振(みぶ)り手振(てぶ)りで話(はな)してみればいい。

(D) 彼(かれ)は大人(おとな)しいから、無理(むり)なんじゃないかな。

외국인이 뭔가 말을 걸어왔는데, 전혀 알 수가 없어서.

(A) 그럴 때는 남이 하는 것을 흉내 내서 해 보면 좋아.

(B) 때가 때이니까, 꼼꼼히 가르쳐 받으면.

(C) 그럴 때는 몸짓 손짓으로 얘기해 보면 돼.

(D) 그는 얌전하기 때문에 무리가 아닐까.

단 상대방이 말을 걸었지만, 전혀 알 수가 없어서.

話(はな)し掛(か)ける 말을 걸다, 말을 붙이다, 말을 시작하다, 중도까지 이야기하다 | さっぱり 기분이 개운한 모양(산뜻이, 시원히), 담백한 모양(깔끔히), 뒤에 아무것도 남지 않은 모양(깨끗이, 모조리), (부정어와 함께) 도무지, 전혀, 조금도 | 見(み)よう見(み)まね 남이 하는 것을 보고 흉내 냄, 어깨너머 | 手取(てと)り足取(あしと)り 자잘한 부분까지 뒷바라지를 해 줌, 꼼꼼히 가르쳐 줌 | 身振(みぶ)り手振(てぶ)り 몸짓 손짓 | 大人(おとな)しい 얌전하다, 온순하다, 화려하지 않다

28

電話帳(でんわちょう)を見(み)せてほしいんですが。

(A) 旅館(りょかん)でいいですか。

(B) いいえ、郵便(ゆうびん)でお願(ねが)いします。

(C) はい、その棚(たな)にあります。

(D) いいえ、住所(じゅうしょ)は書(か)かなくてもいいです。

전화번호부를 보여주었으면 합니다만.

(A) 여관으로 괜찮겠습니까?

(B) 아니요, 우편으로 부탁합니다.

(C) 네, 그 선반에 있습니다.

(D) 아니요, 주소는 쓰지 않아도 됩니다.

단 「電話帳(전화번호부)」라는 어휘를 알아 두자.

電話帳(でんわちょう) 전화번호부 | 見(み)せる 보이다, 보도록 하다, 내보이다 | 旅館(りょかん) 여관 | 郵便(ゆうびん) 우편 | 棚(たな) 선반 | 住所(じゅうしょ) 주소

29

夏休(なつやす)みの宿題(しゅくだい)はもう終(お)わりましたか。

(A) 夏休(なつやす)みの始(はじ)めに済(す)ませておきました。

(B) 友達(ともだち)と一緒(いっしょ)に行(い)くつもりです。

(C) 終(お)わり良(よ)ければ全(すべ)ていいです。

(D) もう終(お)わったことを色々(いろいろ)言(い)うつもりはありません。

여름방학 숙제는 벌써 끝냈습니까?

(A) 여름방학 초에 끝마쳐 두었습니다.

(B) 친구와 같이 갈 예정입니다.

(C) 마지막이 좋으면 모두 좋습니다.

(D) 이미 끝난 것을 이러쿵 저러쿵 말할 생각은 없습니다.

ⓤ 숙제는 끝냈는가?

夏休(なつやす)み 여름방학[휴가] | 宿題(しゅくだい) 숙제 | 終(お)わる 끝나다. 종료되다 | 済(す)ませる 끝내다. 마치다 | 全(すべ)て 모두. 모조리. 통틀어 | 色々(いろいろ) 여러 가지. 갖가지. 가지각색

30

今度(こんど)のキャンプ、あなたも参加(さんか)するわよね。

(A) ちょっと考(かんが)えさせてください。

(B) きっちりと頼(たの)んでおきます。

(C) 彼(かれ)と会(あ)ってきます。

(D) 予約(よやく)しておきます。

이번 캠프, 당신도 참가하지요.

(A) 잠시 생각하게 해 주세요.

(B) 제대로 부탁해 두겠습니다.

(C) 그와 만나고 오겠습니다.

(D) 예약해 두겠습니다.

ⓤ 캠프에 참가하는지 묻고 있다.

キャンプ 캠프(camp). 야영 | 参加(さんか) 참가 | 考(かんが)える 생각하다. 헤아리다 | きっちり 빈틈이 없는 모양. 꼭 들어맞는 모양. 시간/수량 등에 우수리가 없는 모양 | 頼(たの)む 부탁하다. 의뢰하다. 의지하다 | 予約(よやく) 예약

31

パンフレットに載(の)せるお客様(きゃくさま)の名前(なまえ)の順番(じゅんばん)はどうすればいいですか。

(A) 五十音順(ごじゅうおんじゅん)でお願(ねが)いします。

(B) 広告(こうこく)は大(おお)きく載(の)せてください。

(C) 並(なら)んでいたのに、割(わ)り込(こ)まれてしまいました。

(D) 陳列台(ちんれつだい)にびっしり並(なら)べてください。

팸플릿에 싣는 손님의 이름 순서는 어떻게 하면 되겠습니까?

(A) 오십음(가나다)순으로 부탁합니다.

(B) 광고는 크게 실어 주세요.

(C) 줄 서 있었는데, 새치기를 당하고 말았습니다.

(D) 진열대에 빽빽이 늘어놓아 주세요.

ⓤ 이름의 순서는 어떻게 할 지 묻고 있다.

パンフレット 팸플릿(pamphlet). 소책자 | 載(の)せる 위에 놓다. 싣다. 게재하다 | 名前(なまえ) 이름. 명칭 | 順番(じゅんばん) 순번. 차례 | 広告(こうこく) 광고 | 並(なら)ぶ 줄을 서다. 늘어서다. 나란히 서다 | 割(わ)り込(こ)む 비집고 들어가다. 새치기하다. 끼어들다 | 陳列台(ちんれつだい) 진열대 | 並(なら)べる 줄지어 놓다. 나란히 놓다. 죽 늘어놓다

32

すみません。少(すこ)しの間(あいだ)、子供(こども)と遊(あそ)んでいていただけないでしょうか。

(A) 大人(おとな)と同伴(どうはん)なら可能(かのう)なんですが。

(B) それはひどいですね。

(C) 子供(こども)はあちらで受付(うけつけ)していますが。

(D) ええ、かまいませんが。

죄송합니다. 잠깐 아이와 놀아주실 수 있겠습니까?

(A) 어른과 동반이라면 가능합니다만.

(B) 그건 심하네요.

(C) 아이는 저쪽에서 접수하고 있습니다만.

(D) 네, 상관없습니다만.

ⓤ 아이와 놀아줄 수 있는지의 여부를 묻고 있다.

同伴(どうはん) 동반 | ひどい 잔인하다. 지독하다. 심하다 | 受付(うけつけ) 접수. 접수처 | 大人(おとな) 어른. 성인

33

このお店の閉店時間は何時ですか。

(A) このお店は早朝から開店していますよ。

(B) このお店は年中無休です。

(C) このお店はスープが無くなり次第、その日の営業を終了するそうです。

(D) このお店はお盆とお正月は休みです。

이 가게의 폐점 시간은 몇 시입니까?

(A) 이 가게는 아침 일찍부터 개점하고 있어요.

(B) 이 가게는 연중무휴입니다.

(C) 이 가게는 스프가 없어지는 대로, 그날의 영업을 종료한다고 합니다.

(D) 이 가게는 오본(백중맞이)과 정월은 휴일입니다.

Ⓤ 폐점 시간은 언제?

閉店(へいてん) 폐점 | 早朝(そうちょう) 조조, 이른 아침 | 開店(かいてん) 개점 | 年中無休(ねんちゅうむきゅう) 연중무휴 | ~次第(しだい) ~하는 즉시, ~하자마자 | 営業(えいぎょう) 영업 | 終了(しゅうりょう) 종료

34

これは、お持ち帰りになれますか。

(A) はい、ここで食べますので。

(B) はい、持って帰ります。

(C) いいえ、ここで召し上がります。

(D) いいえ、今日は外食をするつもりです。

이것은 가지고 돌아가실 수 있으십니까?

(A) 네, 여기서 먹기 때문에.

(B) 네, 가지고 돌아가겠습니다.

(C) 아니요, 여기서 드십니다.

(D) 아니요, 오늘은 외식을 할 생각입니다.

Ⓤ 존경과 가능 표현을 알아 둘 것!

お/ご~になる ~하시다 | 召(め)し上(あ)がる 드시다. 잡수시다 | 外食(がいしょく) 외식

35

今年は新型インフルエンザが流行する可能性が高いそうですよ。

(A) 誰がその後始末をすることになるんでしょうか。

(B) それじゃ、今からでも予防接種をしたほうがいいですよね。

(C) もう手遅れだと言われました。

(D) 今年もいよいよその季節が来てしまったんですね。

올해는 신종인플루엔자가 유행할 가능성이 높다고 하네요.

(A) 누가 그 뒤처리를 하게 되는 겁니까?

(B) 그럼, 지금부터라도 예방접종을 하는 편이 좋겠네요.

(C) 이미 늦었다고 들었습니다.

(D) 올해도 결국 그 계절이 오고 말았네요.

Ⓤ 인플루엔자가 유행할 가능성이 높다.

新型(しんがた)インフルエンザ 신종 인플루엔자 | 流行(りゅうこう) 유행 | 後始末(あとしまつ) 뒷정리, 뒤처리, 뒷마무리 | 予防接種(よぼうせっしゅ) 예방접종 | 手遅(ておく)れ 때늦음, 시기를 놓침 | 季節(きせつ) 계절

36

この書類はいつまでに提出すればいいんですか。

(A) 明日、会社は臨時休業するそうです。

(B) 早ければ早いほどいいそうです。

(C) 昨日は遅くまで残業をしていましたから。

(D) 今日の午後は予定がありません。

이 서류는 언제까지 제출하면 됩니까?

(A) 내일 회의는 임시휴업이라고 합니다.

(B) 빠르면 빠를수록 좋다고 합니다.

(C) 어제는 늦게까지 야근을 했었기 때문에.

(D) 오늘 오후는 예정이 없습니다.

Ⓤ 언제까지 제출?

書類(しょるい) 서류 | 提出(ていしゅつ) 제출 | 臨時休業(りんじきゅうぎょう) 임시휴업 | 残業(ざんぎょう) 야근, 잔업 | 午後(ごご) 오후

37

すみません。これを佐藤さんに届けて頂けませんか。

(A) それは、私には荷が重すぎます。
(B) 届け出はこちらではできませんね。
(C) それなら交番に届け出てください。
(D) 佐藤さんに手渡しすればいいんですよね。

죄송합니다. 이것을 사토 씨에게 보내주지 않겠습니까?

(A) 그것은 저에게는 너무 부담입니다.
(B) 신고는 이쪽에서는 할 수 없지요.
(C) 그거라면 파출소에 신고해 주세요.
(D) 사토 씨에게 건네주면 되는 것이지요.

🔟 사토 씨에게 보내 주세요.

届(とど)ける 보내다. 전하다. 신고하다 | 荷(に)が重(おも)い 책임이 무겁다. 부담이 크다 | 届(とど)け出(で) 신고 | 交番(こうばん) 파출소 | 手渡(てわた)し 손수 건넴. 직접 전함

38

申し訳ございません。木村部長は今、席を外しておりますが。

(A) では、明日、午後6時にいつもの場所で待っています。
(B) では、伝言をお願いしてもいいですか。
(C) では、明日、貴社に申し上げます。
(D) それはそれは、お悔やみ申し上げます。

죄송합니다. 기무라 부장님은 지금 자리를 비웠습니다만.

(A) 그럼, 내일 오후 6시에 늘 만나는 장소에서 기다리고 있겠습니다.
(B) 그럼, 메모를 부탁해도 되겠습니까?
(C) 그럼, 내일 귀사에 말씀드리겠습니다.
(D) 이거 정말 삼가 애도의 말씀을 드립니다.

🔟 지금 자리에 없다.

席(せき)を外(はず)す 자리를 뜨다. 자리를 비우다 | 伝言(でんごん) 전언. 메모 | 貴社(きしゃ) 귀사 | 申(もう)し上(あ)げる 말씀드리다. 아뢰다 | お悔(く)やみ申(もう)し上(あ)げる 삼가 애도의 말씀을 드리다

39

最近、曇りの日が続いていますね。

(A) 天気予報がはずれる時もあるんですよ。
(B) 梅雨明けが遅くなるという話もありますから。
(C) 雲行きが怪しいな。
(D) 最近の天気予報は当てになりませんから。

최근 흐린 날이 계속되고 있네요.

(A) 일기예보가 빗나가는 때도 있어요.
(B) 장마가 늦게 끝난다는 말도 있으니까요.
(C) 날씨(구름의 형세)가 수상한데.
(D) 최근의 일기예보는 믿을 수가 없으니까요.

🔟 흐린 날이 계속된다.

曇(くも)り 흐림. 개운하지 않음. 거리낌 | 続(つづ)く 이어지다. 계속되다. 잇따르다 | 梅雨明(つゆあ)け 장마가 끝남 | 雲行(くもゆ)き 구름이 움직이는 모양. 구름의 형세. 추세 | 当(あ)てにならない 믿을 수 없다. 불확실하다

40

今、日本の将来を担う若者達が希望を持てないという話を最近、よく聞くようになりました。

(A) 社会の責任も大きいですから、社会全体でこの問題に取り組む必要がありますね。
(B) 若者が仕事を怠っているからで、自業自得ですよ。
(C) 私達の見込みが外れたのも大きな原因です。
(D) 需要と供給に差が開いてきているのが原因ですね。

지금 일본의 장래를 짊어진 젊은이들이 희망을 가지고 있지 않다는 이야기를 최근 자주 듣게 되었습니다.

(A) 사회의 책임도 크기 때문에 사회 전체에서 이 문제에 임할 필요가 있어요.
(B) 젊은이가 일을 게을리하고 있기 때문이고, 자업자득이에요.
(C) 우리들의 전망이 벗어난 것도 큰 원인입니다.
(D) 수요와 공급에 차이가 벌어지게 된 것이 원인이네요.

🔟 장래를 짊어진 젊은이들이 희망을 가지고 있지 않다!

担(にな)う 짊어지다. 떠맡다 | 希望(きぼう) 희망 | 責任(せきにん) 책임 | 取(と)り組(く)む 맞붙다. 몰두하다 | 怠(おこた)る 게으리하다. 소홀히 하다 | 自業自得(じごうじとく) 자업자득. 자기가 저지른 일의 과보(果報)를 자기 자신이 받음 | 見込(みこ)み 전망. 예정. 예상. 장래성. 가망 | 需要(じゅよう) 수요 | 供給(きょうきゅう) 공급

41

昨日の株式市場の急落は、予想を上回るものでしたね。

(A) 予想を上回ったので、株を買うことにしました。

(B) 今までの儲けがふいになってしまいましたよ。

(C) ビジネスの世界では駆け引きが重要ですからね。

(D) だから脱サラする人が増えるんですよね。

어제의 주식시장 급락은 예상을 웃도는 것이었지요.

(A) 예상을 웃돌았기 때문에 주식을 사기로 했습니다.

(B) 지금까지의 이익이 모두 날아가 버렸어요.

(C) 비즈니스 세계에서는 술수가 중요하기 때문이지요.

(D) 그렇기 때문에 샐러리맨을 그만두고 독립하는 사람이 느는 것이지요.

Ⓜ 주식시장의 급락은 의외다.

株式市場(かぶしきしじょう) 주식시장 | 予想(よそう) 예상 | 上回(うわまわ)る 상회하다. 웃돌다 | 儲(もう)け 벌이. 이익 | 駆(か)け引(ひ)き 흥정. 술수. 임기응변의 술수 | 脱(だつ)サラ 샐러리맨을 그만두고 독립함. 탈 월급쟁이

42

トヨタから発表された新車は1台800万円もするそうです。

(A) それは耳寄りな話です。

(B) それでは割りに合わないんじゃないんですか。

(C) どうりで最近、金回りが良くなったわけですね。

(D) それはかなり値が張りますね。

도요타에서 발표된 신차는 한 대에 800만 엔이나 한다고 합니다.

(A) 그건 귀가 솔깃해지는 이야기입니다.

(B) 그러면 수지가 맞지 않는 것 아닙니까?

(C) 어쩐지 최근 자금 사정이 좋아지게 된 거군요.

(D) 그것은 꽤 값이 비싸네요.

Ⓜ 신차 가격이 너무 비싸다.

発表(はっぴょう) 발표 | 耳寄(みみよ)り 들을 만함. 귀가 솔깃함 | 割(わ)りに合(あ)う 수지가 맞다. 채산이 서다 | どうりで 그러면 그럴지. 과연. 어쩐지 | 金回(かねまわ)り 돈의 유통. 금융. 주머니 사정. 경제 형편 | 値(ね)が張(は)る 값이 비싸다. 시세가 높다

43

石井さん、どうしてそんなにふてくされているの?

(A) どうやら僕の中に下心があるようなんだ。

(B) 部長が席を外しているからです。

(C) 共働きをしているからです。

(D) 教授にレポートの書き直しを命じられたからです。

이시이 씨, 왜 그렇게 심통이 나 있는 거야?

(A) 아무래도 내 안에 악한 음모가 있는 것 같다.

(B) 부장님이 자리를 비우고 있기 때문입니다.

(C) 맞벌이를 하고 있기 때문입니다.

(D) 교수에게 리포트 재작성을 명령받기 때문입니다.

Ⓜ 심통이 나 있다!

ふてくされる 불평/불만으로 반항적인 태도를 보이거나 될 대로 되라는 태도를 보이다 | 下心(したごころ) 속마음. 본심. 계략. 음모 | 共働(ともばたら)き 맞벌이 | 書(か)き直(なお)す 다시 쓰다. 고쳐 쓰다

44

あの有名な作家が90歳で老衰で亡くなったそうです。

(A) この度はご愁傷さまでした。

(B) 心から遺憾の意を表明します。

(C) 心からご冥福をお祈りします。

(D) この度は残念でした。

그 유명한 작가가 90세에 노쇠로 죽었다고 합니다.

(A) 이번에는 참으로 애통하시겠습니다.

(B) 진심으로 유감의 뜻을 표명합니다.

(C) 진심으로 명복을 기원합니다.

(D) 이번에는 유감이었습니다.

🔊 노쇠로 사망하였다.

この度(たび) 이번. 금번 | 作家(さっか) 작가 | 老衰(ろうすい) 노쇠 | ご愁傷(しゅうしょう)さま 불행을 당한 사람에게 하는 인사말 | 遺憾(いかん) 유감 | 冥福(めいふく) 명복

45

折(お)り入(い)ってお話(はなし)したいことがあるんですが。

(A) じゃあ、10分後(ふんご)に折(お)り返(かえ)し電話(でんわ)しますね。

(B) じゃあ、コーヒーでも飲(の)みながら話(はな)しましょうか。

(C) 私(わたし)はお話(はなし)することなんてありませんので。

(D) ここではおしゃべりは禁止(きんし)されていますよ。

긴히 드릴 말씀이 있습니다만.

(A) 그럼, 10분 후에 즉시 전화할게요.

(B) 그럼, 커피라도 마시면서 이야기할까요?

(C) 저는 드릴 말씀이 없으니까요.

(D) 여기서는 수다는 금지되어 있어요.

🔊 긴히 이야기할 것이 있다.

折(お)り入(い)って 특별히, 각별히, 긴히 | 折(お)り返(かえ)し 접어 반대쪽으로 꺾음, 되돌아 옴[감]. 즉시 | おしゃべり 잡담함. 잘 지껄임, 수다스러움. 수다쟁이 | 禁止(きんし) 금지

46

最近(さいきん)、商売(しょうばい)の方(ほう)はいかがですか。

(A) 売(う)り物(もの)には触(さわ)らないでください。

(B) 商売(しょうばい)のかたわら、ボランティアをしているんです。

(C) 不景気(ふけいき)で商売(しょうばい)あがったりですよ。

(D) 商売柄(しょうばいがら)、色々(いろいろ)な人(ひと)に会(あ)う機会(きかい)があるんです。

요즘 장사는 어떻습니까?

(A) 매물에는 손대지 말아 주세요.

(B) 장사를 하면서 자원봉사를 하고 있습니다.

(C) 불경기로 장사가 말이 아니에요.

(D) 직업상, 다양한 사람을 만날 기회가 있는 것입니다.

🔊 장사는 어떤지?

商売(しょうばい) 장사, 상업 | 売(う)り物(もの) 팔 물건, 매물, 자랑거리 | 触(さわ)る 손을 대다. 건드리다. 만지다 | ～かたわら ~하는 한편, ~함과 동시에 | ボランティア 볼런티어(volunteer), 자원봉사 | あがったり 장사나 사업이 잘되지 않아 어찌할 도리가 없는 일 | 商売柄(しょうばいがら) 상업[직업]의 종류/성질. 장사[직업]나 직업의 종류에 따라 가지게 된 각각의 습성. 직업상

47

この不景気(ふけいき)で、あの有名(ゆうめい)な会社(かいしゃ)もつぶれてしまいましたね。

(A) 最近(さいきん)は自転車操業(じてんしゃそうぎょう)だったそうですから、しょうがないですね。

(B) あの会社(かいしゃ)は構造上(こうぞうじょう)の問題(もんだい)があって、地震(じしん)には弱(よわ)かったそうです。

(C) 社長(しゃちょう)は、独断(どくだん)で決(き)めるスタイルを好(この)んでいらっしゃいます。

(D) 闇取引(やみとりひき)が横行(おうこう)している世(よ)の中(なか)ですからね。

이 불경기로, 그 유명한 회사도 무너져 버리고 말았네요.

(A) 최근에는 자전거 조업이었다고 하기 때문에 어쩔 수 없네요.

(B) 그 회사는 구조상 문제가 있어서 지진에는 약했다고 합니다.

(C) 사장님은 독단으로 결정하는 스타일을 선호하고 계십니다.

(D) 부정 거래가 설치는 세상이니까요.

🔊 유명한 회사가 망했다.

つぶれる 찌부러지다. 부서지다. 깨지다 | 自転車操業(じてんしゃそうぎょう) 자전거 조업. 자전거는 페달을 계속 밟지 않으면 쓰러지듯이 적자가 나는 줄 알면서 자금을 공급하여 계속 조업하지 않으면 도산할 것 같은 불안정한 경영상태 | 独断(どくだん) 독단 | 好(この)む 좋아하다. 흥미를 가지다. 즐기다 | 闇取引(やみとりひき) 암거래, 부정거래. 뒷거래 | 横行(おうこう) 횡행. 멋대로 다님. 멋대로 설침 | 世(よ)の中(なか) 세상. 세간, 사회, 시대

10

48

このケーキ、最高級(さいこうきゅう)の材料(ざいりょう)を使(つか)っていますからおいしいはずですよ。

(A) 私(わたし)は、舌(した)が肥(こ)えているので、本当(ほんとう)の味(あじ)は分(わ)からないんです。

(B) ケーキを見(み)て、顔(かお)をしかめてちぇっと舌打(したう)ちをしている人(ひと)がたくさんいますよ。

(C) 最近(さいきん)は舌(した)が肥(こ)えている人(ひと)が多(おお)いですから、彼(かれ)らを満足(まんぞく)させるのは至難(しなん)の技(わざ)ですよ。

(D) 彼(かれ)は二枚舌(にまいじた)ですから、信用(しんよう)できませんね。

이 케이크, 최고급 재료를 사용하고 있기 때문에 맛있을 거예요.

(A) 나는 입맛이 까다롭기 때문에 진정한 맛은 모릅니다.

(B) 케이크를 보고, 얼굴을 찌푸리고 쳇 하고 혀를 차고 있는 사람이 많이 있어요.

(C) 최근에는 입맛이 까다로운 사람이 많기 때문에 그들을 만족시키는 것은 지극히 어려운 일이에요.

(D) 그는 거짓말을 하기 때문에 신용할 수 없어요.

🎧 최고급 재료를 사용하기 때문에 맛있을 것이다.

材料(ざいりょう) 재료 | 舌(した)が肥(こ)えている 구미[입맛이] 까다롭다 | 舌打(したう)ち 혀를 참. 입맛 다심 | 至難(しなん)の技(わざ) 지극히 어려운 기술[일] | 二枚舌(にまいじた) 거짓말을 함. 앞뒤가 안 맞는 말을 함

49

社長(しゃちょう)、取引先(とりひきさき)が突然契約額(とつぜんけいやくがく)を釣(つ)り上(あ)げてきました。

(A) 相手(あいて)の下心(したごころ)が丸見(まるみ)えだ。

(B) 予想(よそう)を遥(はる)かに上回(うわまわ)る被害(ひがい)が出(で)ているようだな。

(C) 奥(おく)の手(て)を使(つか)ってみるのも一(ひと)つの手(て)だな。

(D) では、この契約(けいやく)は白紙(はくし)に戻(もど)すことにすると連絡(れんらく)してくれ。

사장님, 거래처가 돌연 계약 액수를 올려 왔습니다.

(A) 상대방의 속셈이 훤히 들여다보인다.

(B) 예상을 훨씬 상회하는 피해가 나오고 있는 것 같군.

(C) 최후의 수단을 사용해 보는 것도 한 가지 방법이지.

(D) 그럼, 이 계약은 백지로 돌리겠다고 연락 줘.

🎧 계약 액수를 올렸다!

取引先(とりひきさき) 거래처 | 釣(つ)り上(あ)げる 낚아 올리다. 치켜 올리다. 시세/물가를 인위적으로 끌어올리다 | 奥(おく)の手(て) 비법. 최후 수단. 비장의 솜씨 | 丸見(まるみ)え 다 (훤히) 보임. 완전히 보임[노출됨] | 遥(はる)か 아득함. 많이 차이지는 모양. 훨씬 | 白紙(はくし)に戻(もど)す 백지로 돌리다

50

あの事件以来(じけんいらい)、航空機(こうくうき)の安全(あんぜん)を守(まも)る制度(せいど)の整備(せいび)が急(いそ)がれていますね。

(A) はい。では明日(あした)までに仕上(しあ)げておきます。

(B) あの制度(せいど)もすっかり根(ね)を下(お)ろしましたね。

(C) 今(いま)まで後手(ごて)に回(まわ)っていた節(ふし)がありますからね。

(D) 苦(くる)しい羽目(はめ)になっていますね。

그 사건 이후, 항공기의 안전을 지키는 제도 정비가 재촉되고 있네요.

(A) 네, 그럼 내일까지 마무리해 두겠습니다.

(B) 그 제도도 완전히 뿌리를 내렸어요.

(C) 지금까지 선수를 빼앗기고 수세가 된 점이 있기 때문이지요.

(D) 괴로운 처지가 되었군요.

🎧 안전을 지키는 제도 정비가 재촉되고 있다!

仕上(しあ)げる 일을 끝내다. 완성하다 | 節(ふし) 마디. 고비. 마음에 걸리거나 하는 곳[점] | すっかり根(ね)を下(お)ろす 뿌리를 내리다. 기초가 튼튼해지다 | 後手(ごて)に回(まわ)る 선수를 빼앗겨 수세가 되다 | 羽目(はめ) 판자벽. 곤란한 처지. 궁지

🎧 1-2회

정답

21	C	22	D	23	B	24	C	25	D
26	D	27	D	28	B	29	A	30	D
31	D	32	C	33	A	34	D	35	C
36	D	37	A	38	D	39	D	40	B
41	C	42	A	43	B	44	B	45	B
46	C	47	B	48	A	49	C	50	A

21

誰と買い物に行きましたか。

(A) スーパーへ行きました。
(B) 地下鉄で行きました。
(C) 友達と行きました。
(D) 野菜を買いました。

누구와 물건을 사러 갔습니까?

(A) 슈퍼에 갔습니다.
(B) 지하철로 갔습니다.
(C) 친구와 갔습니다.
(D) 채소를 샀습니다.

📝 누구와 갔는가?

買(か)い物(もの) 물건 사기, 쇼핑 | スーパー 슈퍼마켓(supermarket) | 地下鉄(ちかてつ) 지하철 | 野菜(やさい) 채소

22

お客さん、どこまで行かれますか。

(A) 新宿駅で切符を買うんです。
(B) 新宿駅まで行ったことがあるんです。
(C) 新宿駅はここから真っ直ぐ行ったところにありますよ。
(D) 新宿駅までお願いします。

손님, 어디까지 가십니까?

(A) 신주쿠 역에서 표를 삽니다.
(B) 신주쿠 역까지 간 적이 있습니다.

(C) 신주쿠 역은 여기서 곧장 가면 있어요.
(D) 신주쿠 역까지 부탁합니다.

📝 어디까지 가느냐고 묻고 있다.

行(い)かれる 가시다(「行く」의 존경 형태) | 切符(きっぷ) 표 | 真(ま)っ直(す)ぐ 똑바름, 곧장, 똑바로

23

散歩は毎日していますか。

(A) いつも図書館でします。
(B) 雨の日は休みます。
(C) 1時間に2回くらいです。
(D) 時々英語の勉強をします。

산책은 매일합니까?

(A) 늘 도서관에서 합니다.
(B) 비가 오는 날에는 쉽니다.
(C) 1시간에 2회 정도입니다.
(D) 때때로 영어 공부를 합니다.

📝 산책은 매일?

散歩(さんぽ) 산책 | 図書館(としょかん) 도서관 | 休(やす)む 쉬다, 휴식하다 | 時々(ときどき) 가끔, 때때로

24

今、ちょっといいですか。

(A) 今、席を外しておりますので。
(B) 明日は予定が入っておりますので。
(C) 今はちょっと。
(D) 必要ならいつでも呼んでください。

지금 잠깐 괜찮습니까?

(A) 지금 자리를 비우고 있어서요.
(B) 내일은 예정이 있어서요.
(C) 지금은 좀.
(D) 필요하다면 언제든지 불러 주세요.

📝 상대방의 의뢰/부탁 등에 대한 거절 표현을 알아 둘 것!

ちょっと 잠깐, 잠시 좀, 약간 | ～ておる ~하고 있다 (「～ている」보다 공손한 표현) | 必要(ひつよう) 필요 | 呼(よ)ぶ 부르다, 소리 내어 부르다, 초대하다

12

25

昨日近所で火事があったんだって。

(A) 激しく揺れて棚からものが落ちたんだよ。
(B) 包丁は思ったより高かったよ。
(C) このごろ残業も増えてきたらしいですね。
(D) うん、たばこが原因だそうだね。

어제 근처에서 화재가 있었대.

(A) 심하게 흔들려서 선반에서 물건이 떨어졌어.
(B) 식칼은 생각보다 비쌌어.
(C) 요즈음 야근도 늘어난 것 같아요.
(D) 응, 담배가 원인이래.

🔲 화재가 있었다.

近所(きんじょ) 근처. 이웃 | 火事(かじ) 화재 | 激(はげ)しい 심하다. 세차다. 격렬하다 | 落(お)ちる 떨어지다. 하락하다 | 原因(げんいん) 원인

26

財布と切符を無くしちゃった。

(A) 取り替えるのに時間がかかったからね。
(B) 外国の名前は難しいからね。
(C) そう言えば明日会議だよね。
(D) どこに置いたか覚えてないの？

지갑과 표를 잃어버렸어.

(A) 바꾸는데 시간이 걸렸으니까.
(B) 외국 이름은 어려우니까.
(C) 그러고 보니 내일 회의지.
(D) 어디에 두었는지 기억이 안 나는 거야?

🔲 분실했다.

財布(さいふ) 지갑 | 無(な)くす 없애다. 잃다. 분실하다 | 取(と)り替(か)える 바꾸다. 교환하다 | 外国(がいこく) 외국 | 覚(おぼ)える 느끼다. 기억하다

27

これから入社試験、練習しに行くの。

(A) それじゃ、しばらく会えなくなるね。
(B) 今度はきっと優勝できるよ。

(C) 合格したら何を専攻するの？
(D) あんまり緊張しないようにね。

지금 입사시험, 연습하러 가.

(A) 그럼, 잠시 만날 수 없겠군.
(B) 이번에는 틀림없이 우승할 수 있어.
(C) 합격하면 뭘 전공할 거야?
(D) 너무 긴장하지 않도록 해.

🔲 입사시험을 연습하러 간다.

入社(にゅうしゃ) 입사 | 練習(れんしゅう) 연습 | しばらく 잠깐. 잠시. 당분간 | 優勝(ゆうしょう) 우승 | 合格(ごうかく) 합격 | 専攻(せんこう) 전공 | 緊張(きんちょう) 긴장

28

あの人は早口で話がよく分からないのよ。

(A) 外国人は早く話すのが難しいだろうね。
(B) もっとゆっくり話してくれるように頼んだら。
(C) 食べていると声が大きくなるんだよ。
(D) 注意しないと時々怖いですからね。

저 사람은 말이 빨라서, 무슨 말인지 잘 모르겠어.

(A) 외국인은 빨리 말하는 것이 어렵겠지.
(B) 좀 더 천천히 말해 달라고 부탁해 봐.
(C) 먹고 있으면 목소리가 커지는 거야.
(D) 주의하지 않으면 가끔 무서우니까.

🔲 말이 빨라서 잘 모르겠다.

早口(はやくち) 말이 빠름 | 外国人(がいこくじん) 외국인 | 難(むずか)しい 어렵다 | 声(こえ) 목소리. 소리 | 注意(ちゅうい) 주의

29

あなたはどうしてこの会社に入りましたか。

(A) 自分のしたい事ができると思ったからです。
(B) お酒が好きで、飲み屋に通い詰めなんですよ。
(C) 飲み過ぎて、ここまで来ることになったんです。
(D) もう入社して5年が経ちましたから。

당신은 왜 이 회사에 들어왔습니까?

(A) 자신이 하고 싶은 일을 할 수 있다고 생각했기 때문입니다.

(B) 술을 좋아해서 술집에 자주 다녀요.

(C) 과음해서 여기까지 오게 되었습니다.

(D) 이제 입사한 지 5년이 지났으니까요.

🎧 회사에 들어온 이유는?

どうして 어떻게, 왜, 어째서 | 自分(じぶん) 자기 자신, 나 | 酒(さけ) 술 | 飲(の)み屋(や) 술집 | 通(かよ)い詰(つ)める 늘 다니다, 자주 다니다 | 飲(の)み過(す)ぎる 과음하다 | 経(た)つ (시간/세월이) 지나다, 흐르다, 경과하다

30

お客様、何かお探しですか。

(A) いえ、何か変な気がします。

(B) ついに見付けました。

(C) はい、これですか。

(D) いえ、見ているだけですので。

손님, 무엇을 찾으십니까?

(A) 아뇨, 무언가 이상한 느낌이 듭니다.

(B) 마침내 찾았습니다.

(C) 네, 이것입니까?

(D) 아뇨, 보기만 하는 거라서요.

🎧 무엇을 찾고 있는지 묻고 있다.

探(さが)す (손에 넣고 싶은 것을) 찾다 | 変(へん) 보통과 다름, 이상함, 엉뚱함 | 気(き)がする 느낌이 들다 | 見付(みつ)ける 발견하다, 찾다

31

すみませんが、ここで飲酒は禁止されています。

(A) ここでお酒を飲んでも差し支えないんですね。

(B) ここでお酒は持ち込みが禁止されているんですね。

(C) ここでお酒を飲まなければならないんですね。

(D) ここでお酒を飲んでは困るんですね。

죄송합니다만, 여기서 음주는 금지되어 있습니다.

(A) 여기서 술을 마셔도 별다른 지장이 없지요.

(B) 여기서 술은 반입이 금지되어 있군요.

(C) 여기서 술을 마시지 않으면 안 되는 거군요.

(D) 여기서 술을 마시면 곤란하군요.

🎧 음주는 금지다!

飲酒(いんしゅ) 음주 | 差(さ)し支(つか)え 지장, 장애 | 持(も)ち込(こ)み 가져옴, 반입[지참]함

32

仕事の合間を縫って、実家に行ってきました。

(A) 仕事によっては、休日がないものもありますよ。

(B) そんな長い休み、どうやって取ったんですか。

(C) 短い時間でしたが、いい時間を過ごすことができましたか。

(D) 曖昧にしてもらっては困ります。

일하는 시간에 짬을 내서 친정에 다녀왔습니다.

(A) 일에 따라서는 휴일이 없을 수도 있어요.

(B) 그렇게 긴 휴가를 어떻게 얻었습니까?

(C) 짧은 시간이었지만, 좋은 시간을 보낼 수 있었습니까?

(D) 애매하게 해서는 곤란합니다.

🎧 짬을 내서 친정을 다녀왔다.

合間(あいま)を縫(ぬ)う 짬을 이용하다 | 実家(じっか) 생가, 친정 | 休日(きゅうじつ) 휴일 | 短(みじか)い 짧다 | 時間(じかん)を過(す)ごす 시간을 보내다 | 曖昧(あいまい) 애매

33

皆さん、明日は集合時間に遅れないでください。

(A) はい、分かりました。集合場所はいつもの場所でいいですね。

(B) 私たちは別行動のつもりでしたが。

(C) そんな事は契約書に書いてありませんでしたが。

(D) 私とあなたは東京行きに乗るんですよ。

여러분, 내일은 집합 시간에 늦지 마세요.

(A) 네, 알겠습니다. 집합 장소는 늘 하던 장소이지요.

(B) 우리들은 따로 행동할 생각이었습니다만.

(C) 그런 것은 계약서에 써 있지 않았습니다만.

(D) 나와 당신은 도쿄행을 타요.

🔊 집합 시간에 늦지 마라.

集合(しゅうごう) 집합 | 別行動(べつこうどう) 따로 하는 행동. 행동을 따로 함 | 契約書(けいやくしょ) 계약서 | ～行(ゆ)き ~행

34

今日(きょう)はどのようになさいますか。

(A) 塩(しお)と砂糖(さとう)を少(すこ)しずつ入(い)れればでき上(あ)がりです。

(B) 鼻水(はなみず)と咳(せき)が出(で)るんですが。

(C) カードで払(はら)ったと思(おも)うんですが。

(D) 前髪(まえがみ)は短(みじか)く切(き)ってください。

오늘은 어떻게 하시겠습니까?

(A) 소금과 설탕을 조금씩 넣으면 완성입니다.

(B) 콧물과 기침이 나옵니다만.

(C) 카드로 지불한 것 같습니다만.

(D) 앞머리는 짧게 잘라 주세요.

🔊 어떻게 할 것인지?

なさる 하시다 | 塩(しお) 소금 | 砂糖(さとう) 설탕 | でき上(あ)がり 다 됨. 완성됨 | 鼻水(はなみず) 콧물 | 咳(せき)が出(で)る 기침이 나다 | 払(はら)う 지불하다. 없애다 | 前髪(まえがみ) 이마에 늘어뜨린 앞머리

35

吉田(よしだ)さんが昨日(きのう)、事故(じこ)にあって軽傷(けいしょう)だったそうよ。

(A) ご苦労(くろう)でした。

(B) お大事(だいじ)に。

(C) 大怪我(おおけが)じゃなくて何(なに)よりでした。

(D) ちょっと不満(ふまん)ですね。

요시다 씨가 어제, 사고를 당해서 가벼운 부상이래요.

(A) 수고하셨습니다.

(B) 몸조리 잘하세요.

(C) 큰 부상이 아니라서 다행입니다.

(D) 좀 불만이네요.

🔊 사고를 당해 가벼운 부상을 입었다.

事故(じこ)にあう 사고를 당하다 | 軽傷(けいしょう) 경상 | 大怪我(おおけが) 크게 다침. 큰 부상 | 何(なに)より 무엇보다 좋음. 가장 좋음. 무엇보다. 더없이 | 不満(ふまん) 불만

36

試験(しけん)が終(お)わったら、私(わたし)に知(し)らせてください。

(A) では、手(て)を上(あ)げて質問(しつもん)すればいいんですね。

(B) 試験(しけん)は案外(あんがい)簡単(かんたん)でしたね。

(C) 試験(しけん)の結果(けっか)をすぐに知(し)らせてください。

(D) 終(お)わったら、目(め)で合図(あいず)をしますから、よろしくお願(ねが)いします。

시험이 끝나면, 저에게 알려 주세요.

(A) 그럼, 손을 들고 질문하면 되는 거지요.

(B) 시험은 의외로 간단했지요.

(C) 시험 결과를 바로 알려 주세요.

(D) 끝나면 눈으로 신호할 테니까, 잘 부탁합니다.

🔊 나에게 알려 주세요.

知(し)らせる 알리다. 통지하다. 뼈저리게 느끼게 하다 | 手(て)を上(あ)げる 항복하다. 손을 들어 올리다 | 案外(あんがい) 뜻밖에. 예상외. 의외 | 結果(けっか) 결과 | 合図(あいず) 신호

37

すみません。コーヒーのお代(か)わりできますか。

(A) 申(もう)し訳(わけ)ありません。お代(か)わりはできかねます。

(B) あいにくですが、今日(きょう)は閉店(へいてん)しています。

(C) 申(もう)し訳(わけ)ありません。会社(かいしゃ)で弁償致(べんしょういた)します。

(D) はい、すぐにお冷(ひ)やをお持(も)ちします。

저기요. 커피를 한 잔 더 할 수 있습니까?

(A) 죄송합니다. 보충(리필)은 안 됩니다.

(B) 공교롭게도, 오늘은 폐점입니다.

(C) 죄송합니다. 회사에서 변상하겠습니다.

(D) 네, 바로 냉수를 가져오겠습니다.

🔊 한 잔 더해도 되는지?

お代(か)わり 같은 음식을 더 먹음 | あいにく 공교롭게도. 마침 | 閉店(へいてん) 폐점 | 弁償(べんしょう) 변상 | お冷(ひ)や 냉수. 찬물

38

小林<ruby>こばやし</ruby>さん、その傷<ruby>きず</ruby>はどうしたんですか。

(A) 雪道<ruby>ゆきみち</ruby>で足<ruby>あし</ruby>を滑<ruby>すべ</ruby>らせちゃって。

(B) 試験<ruby>しけん</ruby>で滑<ruby>すべ</ruby>っちゃって。

(C) 足<ruby>あし</ruby>が棒<ruby>ぼう</ruby>になってしまって。

(D) 言葉<ruby>ことば</ruby>より手<ruby>て</ruby>が早<ruby>はや</ruby>いんです。

고바야시 씨, 그 상처는 어떻게 된 거예요?

(A) 눈길에서 발이 미끄러져 버려서.

(B) 시험에서 미끄러져 버려서.

(C) 다리가 뻣뻣해져 버려서.

(D) 말보다 손이 빠릅니다.

🔟 상처는 왜 그런 것인지?

傷(きず) 상처, 흉터 | 雪道(ゆきみち) 눈길, 설로 | 足(あし)を滑(すべ)らせる 발이 미끄러지다 | 足(あし)が棒(ぼう)になる 오래 걷거나 서 있어서 다리가 뻣뻣해지다

39

もう終<ruby>お</ruby>わったことを後悔<ruby>こうかい</ruby>しても仕方<ruby>しかた</ruby>ないですよ。

(A) そうですね。塵<ruby>ちり</ruby>も積<ruby>つ</ruby>もれば山<ruby>やま</ruby>となるとも言<ruby>い</ruby>いますし。

(B) そうですね。今更<ruby>いまさら</ruby>、後悔<ruby>こうかい</ruby>しても後<ruby>あと</ruby>の祭<ruby>まつ</ruby>りですよね。

(C) そうですね。これは絶好<ruby>ぜっこう</ruby>のチャンスだと思<ruby>おも</ruby>いますよ。

(D) そうですね。これは不幸中<ruby>ふこうちゅう</ruby>の幸<ruby>さいわ</ruby>いですよ。

이미 끝난 일을 후회해도 소용없어요.

(A) 그렇지요. 티끌 모아 태산이라고도 하고요.

(B) 그렇지요. 이제 와서 후회해도 행차 뒤의 나팔이지요.

(C) 그렇지요. 이건 절호의 기회라고 생각해요.

(D) 그렇지요. 이건 불행 중 다행이에요.

🔟 후회해도 소용없다.

後悔(こうかい) 후회 | 仕方(しかた)ない 어쩔 수 없다 | 塵(ちり)も積(つ)もれば山(やま)となる 티끌 모아 태산 | 後(あと)の祭(まつ)り 시기를 놓침, 행차 뒤의 나팔 | 絶好(ぜっこう)のチャンス 절호의 찬스 | 不幸中(ふこうちゅう)の幸(さいわ)い 불행중 다행

40

すみません。まだ品物<ruby>しなもの</ruby>が届<ruby>とど</ruby>いていないようなんですが。

(A) そうですか。お祝<ruby>いわ</ruby>いを申<ruby>もう</ruby>し上<ruby>あ</ruby>げます。

(B) ではこちらで、追跡調査<ruby>ついせきちょうさ</ruby>をさせて頂<ruby>いただ</ruby>きます。

(C) 交番<ruby>こうばん</ruby>に届<ruby>とど</ruby>けは出<ruby>だ</ruby>しましたか。

(D) そんなことはまっぴらですよ。

저기요. 아직 물건이 도착하지 않은 것 같습니다만.

(A) 그렇습니까? 축하드립니다.

(B) 그럼, 이쪽에서 추적 조사를 하도록 하겠습니다.

(C) 파출소에 신고는 했습니까?

(D) 그런 일은 질색이에요.

🔟 아직 물건이 도착하지 않은 것 같다.

品物(しなもの) 물건, 물품, 상품 | 届(とど)く 미치다, 이르다, 두루 미치다 | お祝(いわ)い 축하, 축하 선물 | 追跡(ついせき) 추적 | 調査(ちょうさ) 조사 | 交番(こうばん) 파출소 | 届(とど)け 신고, 신고서

41

田中<ruby>たなか</ruby>さん、本当<ruby>ほんとう</ruby>に申<ruby>もう</ruby>し訳<ruby>わけ</ruby>ないけど、お金貸<ruby>かねか</ruby>してくれないかな。

(A) 分<ruby>わ</ruby>かりました。山田<ruby>やまだ</ruby>さんには念<ruby>ねん</ruby>を押<ruby>お</ruby>しておきます。

(B) 山田<ruby>やまだ</ruby>さん、今<ruby>いま</ruby>までの事<ruby>こと</ruby>は水<ruby>みず</ruby>に流<ruby>なが</ruby>して、新<ruby>あたら</ruby>しい出発<ruby>しゅっぱつ</ruby>をしよう。

(C) 私<ruby>わたし</ruby>と山田<ruby>やまだ</ruby>さんの仲<ruby>なか</ruby>じゃないか、水臭<ruby>みずくさ</ruby>いなあ。

(D) お互<ruby>たが</ruby>いに心<ruby>こころ</ruby>を割<ruby>わ</ruby>って話<ruby>はなし</ruby>をしよう。

다나카 씨, 정말로 미안한데, 돈 좀 빌려주지 않을래?

(A) 알겠습니다. 야마다 씨에게는 틀림이 없도록 하겠습니다.

(B) 야마다 씨, 지금까지의 일은 없었던 걸로 하고 새롭게 출발하자.

(C) 나와 야마다 씨의 사이 아닌가, 서먹하군(섭섭하군).

(D) 서로 마음을 터놓고 이야기를 하자.

🔟 돈 빌려줘?

貸(か)す 빌려 주다, 사용하게 하다 | 念(ねん)を押(お)す 다짐하다, 확인하다 | 水(みず)に流(なが)す 과거의 모든 것을 없었던 것으로 하여 더는 탓하지 않기로 하다, 물에 흘려버리다 | 水臭(みずくさ)い 수분이 많아 싱겁다, 남남처럼 덤덤하다, 서먹하다 | 心(こころ)を割(わ)る 마음을 털어놓다

42

雑誌の締め切りまで、もう時間がありませんね。

(A) 今週は休みを返上して、仕事をするしかありませんね。
(B) 有給休暇を申請して、疲労回復をはかりましょう。
(C) 残業代は出るのか、不安な日々を過ごしています。
(D) 閉め切った部屋は、体に悪いですよ。

잡지 마감까지, 이제 시간이 없네요.

(A) 이번 주는 휴일을 반납하고, 일을 하는 수밖에 없겠네요.
(B) 유급 휴가를 신청해서 피로회복을 도모합시다.
(C) 야근비는 나오는 건지, 불안한 나날을 보내고 있습니다.
(D) 문을 오랫동안 닫아 둔 방은 몸에 좋지 않아요.

📖 마감까지 시간이 없다!
締(し)め切(き)り 마감 | 返上(へんじょう) 반환 | 有給休暇(ゆうきゅうきゅうか) 유급휴가 | 申請(しんせい) 신청 | 残業代(ざんぎょうだい) 야근비 | 閉(し)め切(き)る 마감하다. 오랫동안 닫은 채로 두다

43

彼は何度言っても、聞く耳持たずですよ。

(A) 彼には寄り道してもらうしかないですね。
(B) 彼にはほとほと愛想がつきました。
(C) 彼には血も涙もないんですよ。
(D) 彼には耳寄りな情報でした。

그는 몇 번을 말해도, 상대방이 말하는 것을 들으려고 하지 않아요.

(A) 그에게는 돌아서 가게 하는 수밖에 없겠네요.
(B) 그에게는 정말이지 정나미가 떨어졌습니다.
(C) 그에게는 피도 눈물도 없어요.
(D) 그에게는 솔깃해지는 정보였습니다.

📖 남의 이야기를 들으려고 하지 않는다.
聞(き)く耳(みみ)を持(も)たず (다른 사람의 말을 처음부터) 들을 의사가 없다 | 寄(よ)り道(みち) 가는[지나는] 길에 들름, 돌아가서 다른 곳에 들름 | 愛想(あいそ)がつきる 정나미가 떨어지다 | 血(ち)も涙(なみだ)もない 피도 눈물도 없다 | 耳寄(みみよ)り 들을 만함, 귀가 솔깃함

44

駅前に野次馬が集まっていますが、何かあったんですか。

(A) 駅向かいのデパートが今日オープンすると聞いたんだけど。
(B) 駅前で通り魔による殺人事件が発生したそうだよ。
(C) 駅前は人通りが激しくて、足の踏み場もない有り様だよ。
(D) 駅前の弁当屋さんは朝から人気で、人の列が絶えないそうだよ。

역 앞에는 구경꾼이 몰려 있습니다만, 무슨 일 있었습니까?

(A) 역 맞은편 백화점이 오늘 오픈한다고 들었는데.
(B) 역 앞에서 묻지마 살인사건이 발생했대.
(C) 역 앞은 사람의 왕래가 많아서, 발 디딜 틈도 없는 상태야.
(D) 역 앞 도시락 가게는 아침부터 인기라서, 사람의 줄이 끊이지 않는대.

📖 사람들이 모여 있는데, 무슨 일?
野次馬(やじうま) 덩달아 떠들어댐, 구경꾼들 | 集(あつ)まる 모이다, 모여들다, 집합하다 | 通(とお)り魔(ま) 만나는 사람에게 피해를 끼치고는 순식간에 지나가 버리는 악인 | 殺人事件(さつじんじけん) 살인사건 | 足(あし)の踏(ふ)み場(ば)もない 발 디딜 곳도 없다 | 絶(た)える 끊어지다. 없어지다. 다 되다

45

もしもし、振込みの事について佐々木部長とお話がしたいんですが。

(A) 最近、振り込め詐欺が多いですから注意した方がいいですよ。
(B) 部長は今会議中ですので、折り返しこちらからご連絡致します。
(C) 部長は本日休日出勤をしておりまして。
(D) あいにくですが、今日は営業時間を過ぎてしまいましたので。

여보세요, 계좌이체에 대해서 사사키 부장님과 이야기를 하고 싶습니다만.

(A) 최근에 계좌이체 사기가 많으니까, 주의하는 편이 좋아요.

(B) 부장님은 지금 회의 중이니, 바로 이쪽에서 연락을 드리겠습니다.

(C) 부장님은 오늘 휴일 출근을 하고 있어서요.

(D) 공교롭게도 오늘은 영업시간을 지나 버려서요.

ⓤ 사사키 부장님과 이야기를 하고 싶다.

振込(ふりこ)み 돈을 불입함, 계좌이체 | 振(ふ)り込(こ)め詐欺(さぎ) 계좌이체 사기 | 折(お)り返(かえ)し 접어 반대쪽으로 꺾음, 되돌아옴[감], 즉시 | 出勤(しゅっきん) 출근

46

今日から家計簿をつけることにしました。

(A) 1円たりとも無駄にできませんからね。

(B) 赤字の時はいつでもおっしゃってください。

(C) 財布の紐はあなたが握ることにしたんですね。

(D) しっかり記入しないと、消えてしまうことがありますよ。

오늘부터 가계부를 쓰기로 했습니다.

(A) 일 엔이라도 낭비할 수 없으니까요.

(B) 적자일 때는 언제든지 말씀해 주세요.

(C) 돈줄은 당신이 쥐기로 한 거군요.

(D) 제대로 기입하지 않으면, 사라져 버리는 경우도 있어요.

ⓤ 가계부를 쓰기로 했다.

家計簿(かけいぼ) 가계부 | 無駄(むだ) 보람이 없음, 쓸데없음, 헛됨 | 赤字(あかじ) 적자 | しっかり 견고한 모양(단단히), 확실한 모양(확실히), 견실한 모양(착실히), 열심히 하는 모양(열심히), 충분한 모양(잔뜩) | 記入(きにゅう) 기입 | 消(き)える 사라지다, 없어지다, 지워지다, 꺼지다

47

先月から会社の売り上げ実績が急激に落ち込んでいますね。

(A) 気が散って仕事が捗らないのが原因だよ。

(B) 新商品の売り上げが伸び悩んでいるのが原因だよ。

(C) お客さんの数が頭打ちになっているからな。

(D) 為替相場の影響はさほどないんだ。

지난달부터 회사의 매출 실적이 급격하게 떨어졌어요.

(A) 마음이 산란해져 일이 진척되지 않는 것이 원인이야.

(B) 신상품 매출이 부진한 것이 원인이야.

(C) 손님의 수가 한계점에 도달했기 때문이지.

(D) 환시세의 영향은 그다지 없는 거군.

ⓤ 매출 실적이 급격하게 떨어졌다.

売(う)り上(あ)げ 매상, 매출 | 落(お)ち込(こ)む 빠지다, 뚝 떨어지다, 침울해지다 | 気(き)が散(ち)る 정신이 흐트러지다, 마음이 산란하다, 주의가 집중되지 않다 | 捗(はかど)る 진척되다, 일이 잘 되어가다 | 伸(の)び悩(なや)む 제대로 진전되지 않다, 기대보다 낮은 수준에서 주춤거리다, 시세가 오를 것 같으면서 오르지 않다 | 頭打(あたまう)ちになる 한계점에 이르다 | 為替相場(かわせそうば) 환시세

48

来週から、またこの地域に新しいコンビニが進出すると聞いています。

(A) この狭い地域に5社のコンビニが鎬を削ることになるぞ。

(B) 土壇場まで結果は分からないぞ。

(C) 他の会社も躍起になっているんだろう。

(D) この先、雲行きが怪しくなってきたぞ。

다음 주부터 또 이 지역에 새로운 편의점이 진출한다고 들었습니다.

(A) 이 좁은 지역에 5개 회사의 편의점이 격전을 벌이게 되겠어.

(B) 마지막 순간까지 결과는 모르는 거야.

(C) 다른 회사도 기를 쓰고 있겠지.

(D) 앞으로의 형세가 심상치 않아졌어.

ⓤ 새로운 편의점이 진출!

コンビニ 편의점 | 進出(しんしゅつ) 진출 | 狭(せま)い 좁다 | 鎬(しのぎ)を削(けず)る 맹렬히 싸우다, 격전을 벌이다 | 土壇場(どたんば) 마지막 결단을 해야 할 장면, 막바지 판, 막판 | 躍起(やっき)になる 기를 쓰다 | 雲行(くもゆ)きが怪(あや)しい 형세가 심상치 않다

49

伊藤(いとう)さん、夜遅(よるおそ)くまで試験勉強(しけんべんきょう)を頑張(がんば)っていますね。

(A) 彼(かれ)はああ見(み)えても、結構(けっこう)わがままなんですよ。

(B) 彼(かれ)なりに決着(けっちゃく)をつけようとしているんです。

(C) 彼(かれ)はああ見(み)えても、意外(いがい)と負(ま)けず嫌(ぎら)いなんです。

(D) 彼(かれ)は歯止(はど)めがかからないんです。

이토 씨, 밤늦게까지 시험공부를 열심히 하네요.

(A) 그는 저렇게 보여도, 상당히 제멋대로예요.

(B) 그 나름대로 결말을 짓고자 하는 것입니다.

(C) 그는 저렇게 보여도, 의외로 지기 싫어합니다.

(D) 그는 브레이크가 걸리지 않습니다.

밤늦게까지 시험공부를 열심히 한다.

わがまま 제멋대로 굶. 방자함. 버릇없음 | 決着(けっちゃく)をつける 결말을 짓다 | 負(ま)けず嫌(ぎら)い 유달리 지기 싫어함 | 歯止(はど)めがかかる 브레이크가 걸리다

50

社長(しゃちょう)の今日(きょう)の決定(けってい)は時期尚早(じきしょうそう)だと思(おも)うわ。

(A) まだ議論(ぎろん)が十分(じゅうぶん)に交(かわ)されていないのに、決定(けってい)とは横暴(おうぼう)だよ。

(B) 彼(かれ)は彼(かれ)なりに工夫(くふう)を凝(こ)らしたつもりなんだ。

(C) 彼(かれ)は皆目見当(かいもくけんとう)がつかないよ。

(D) 彼(かれ)はずっと首(くび)を横(よこ)に振(ふ)っているよ。

사장님의 오늘 결정은 시기상조라고 생각해.

(A) 아직 논의가 충분하게 교환되지 않았는데 결정하다니, 횡포야.

(B) 그는 그 나름대로 머리를 짠 셈이야.

(C) 그는 도무지 짐작이 가지 않아.

(D) 그는 계속 고개를 가로로 젓고 있어.

오늘의 결정은 시기상조다!

時期尚早(じきしょうそう) 시기상조 | 議論(ぎろん) 논의 | 交(かわ)す 주고받다. 나누다. 교환하다. 교착시키다 | 横暴(おうぼう) 횡포 | 工夫(くふう)を凝(こ)らす 머리를 짜다. 골똘히 궁리하다 | 皆目見当(かいもくけんとう)がつかない 도무지 짐작이 가지 않다 | 首(くび)を横(よこ)に振(ふ)る 고개를 가로젓다. 승낙하지 않다. 찬성하지 않다

정답

21	D	22	B	23	C	24	D	25	D
26	B	27	A	28	B	29	C	30	B
31	D	32	D	33	C	34	C	35	D
36	C	37	D	38	A	39	A	40	B
41	B	42	A	43	C	44	D	45	D
46	A	47	A	48	C	49	A	50	B

21

昨日(きのう)誰(だれ)か来(き)ましたか。

(A) はい、小父(おじ)が来(き)ます。

(B) はい、姉(あね)が起(お)きました。

(C) いいえ、弟(おとうと)がかけました。

(D) いいえ、誰(だれ)も来(き)ませんでした。

어제 누군가가 왔습니까?

(A) 네, 아저씨가 옵니다.

(B) 네, 언니(누나)가 일어났습니다.

(C) 아니요, 남동생이 걸었습니다.

(D) 아니요, 아무도 오지 않았습니다.

의문사(누가)와 시제(왔는가)에 주의.

小父(おじ) 아저씨 | 姉(あね) 언니, 누나 | 起(お)きる 일어나다. 기상하다. 일어서다 | 弟(おとうと) 남동생 | かける 걸다

22

昼(ひる)ご飯(はん)は食(た)べましたか。

(A) はい、全部(ぜんぶ)飲(の)みました。

(B) はい、全部(ぜんぶ)食(た)べました。

(C) いいえ、聞(き)いていません。

(D) いいえ、もう終(お)わりました。

점심은 먹었습니까?

(A) 네, 전부 마셨습니다.

(B) 네, 전부 먹었습니다.

(C) 아니요, 듣지 못했습니다.

(D) 아니요, 이미 끝났습니다.

🔊 밥을 먹었는가?

昼(ひる)ご飯(はん) 점심 | 食(た)べる 먹다 | 終(お)わる 끝나다. 종료되다

23

昼(きのう)は何(なに)をしましたか。

(A) 映画(えいが)を見(み)に行(い)きます。
(B) 買(か)い物(もの)に行(い)きます。
(C) 部屋(へや)の掃除(そうじ)をしました。
(D) 友達(ともだち)と一緒(いっしょ)に行(い)きました。

어제는 무엇을 했습니까?

(A) 영화를 보러 갑니다.
(B) 쇼핑하러 갑니다.
(C) 방 청소를 했습니다.
(D) 친구와 함께 갔습니다.

🔊 무엇을 했는가?

昨日(きのう) 어제 | 映画(えいが) 영화 | 部屋(へや) 방 | 掃除(そうじ) 청소

24

木村(きむら)さんは何人兄弟(なんにんきょうだい)ですか。

(A) 姉(あね)と一緒(いっしょ)に住(す)んでいます。
(B) 全部(ぜんぶ)で4人家族(にんかぞく)です。
(C) 2才(さい)と3才(さい)の娘(むすめ)と息子(むすこ)がいます。
(D) 兄(あに)と姉(あね)の3人(にん)です。

기무라 씨는 몇 형제입니까?

(A) 언니(누나)와 함께 살고 있습니다.
(B) 전부해서 4인 가족입니다.
(C) 2살과 3살의 딸과 아들이 있습니다.
(D) 형(오빠)과 누나(언니) 3명입니다.

🔊 형제가 몇 명인가?

兄弟(きょうだい) 형제 | 住(す)む 살다. 거주하다 | 家族(かぞく) 가족 | 娘(むすめ) 딸 | 息子(むすこ) 아들

25

わぁ、このノートパソコンとてもいいですね。

(A) 山田(やまだ)さんも買溜(かいだ)めしておいたほうがいいですね。

(B) 全然(ぜんぜん)うらやましくありません。
(C) 時々(ときどき)使(つか)わせてください。
(D) この前(まえ)、母(はは)が買(か)ってくれたんです。

와~, 이 노트북 아주 좋네요.

(A) 야마다 씨도 사재기해 두는 편이 좋아요.
(B) 전혀 부럽지 않습니다.
(C) 가끔 사용하게 해 주세요.
(D) 요전에 어머니가 사주었어요.

🔊 노트북이 아주 좋다(어떻게 구입한 것인지?).

ノートパソコン 노트북 컴퓨터 | 買溜(かいだ)め 사재기, 매점(買占) | うらやましい 부럽다. 샘이 나다

26

娘(むすめ)がいろいろとお世話(せわ)になりました。

(A) いいえ、そんなことはしていませんよ。
(B) こちらこそいろいろお世話(せわ)になってます。
(C) いいえ、そのことは水(みず)に流(なが)しましょう。
(D) 娘(むすめ)さん、昔(むかし)はかわいかったのにね。

딸이 여러 가지로 신세를 졌습니다.

(A) 아니요, 그런 일은 하지 않았습니다.
(B) 이쪽이야말로 여러 가지 신세를 졌습니다.
(C) 아니요, 그 일은 물에 흘려버립시다.
(D) 따님, 예전에는 사랑스러웠는데.

🔊 기본 인사 표현을 잘 알아둘 것!

色々(いろいろ) 여러 가지, 갖가지, 가지각색 | 水(みず)に流(なが)す 과거의 모든 것을 없었던 것으로 하여 더는 탓하지 않기로 하다. 물에 흘려버리다 | かわいい 귀엽다. 사랑스럽다. 예쁘장하다

27

遠藤(えんどう)さん、顔色(かおいろ)が悪(わる)いけれど、大丈夫(だいじょうぶ)？

(A) 昨日(きのう)、飲(の)み過(す)ぎて二日酔(ふつかよ)いなんだ。
(B) 顔(かお)の形(かたち)が気(き)に入(い)らないから整形手術(せいけいしゅじゅつ)するつもりなんだ。
(C) 元々(もともと)頭(あたま)はいい方(ほう)じゃないんだけど。
(D) 大(おお)きな打撃(だげき)を受(う)けてしまって。

엔도 씨, 안색이 안 좋은데 괜찮아?

(A) 어제 과음해서 숙취야.

(B) 얼굴 형태가 마음에 들지 않아서 성형수술을 할 작정이
야.

(C) 원래 머리는 좋은 편이 아닌데.

(D) 큰 타격을 받아 버려서.

🔟 안색이 좋지 않음. 괜찮은지?

顔色(かおいろ) 얼굴빛, 혈색, 안색 | 飲(の)み過(す)ぎる 과음하다 |
二日酔(ふつかよ)い 숙취 | 気(き)に入(い)る 마음에 들다 | 整形手
術(せいけいしゅじゅつ) 성형수술 | 元々(もともと) 원래, 본디, 이
전 상태와 같음 | 打撃(だげき)を受(う)ける 타격을 입다

28

あの、すみません。おもちゃ売(う)り場(ば)はどこ
ですか。

(A) 1 階(かい)まではエレベーターでつながっておりま
す。

(B) 7階(かい)のエレベーターの横(よこ)にございます。

(C) 3階(かい)までは階段(かいだん)をご利用(りよう)ください。

(D) すみません。食料品(しょくりょうひん)売(う)り場(ば)はどちらでしょう
か。

저기, 실례합니다. 장난감 매장은 어디입니까?

(A) 1층까지는 엘리베이터로 연결되어 있습니다.

(B) 7층 엘리베이터 옆에 있습니다.

(C) 3층까지는 계단을 이용해 주세요.

(D) 실례합니다. 식료품 매장은 어느 쪽인가요?

🔟 장난감 가게는 어디?

おもちゃ 장난감 | 売(う)り場(ば) 파는 곳, 매장 | 横(よこ) 가로, 옆,
옆면, 측면 | 階段(かいだん) 계단 | 食料品(しょくりょうひん) 식
료품

29

もしもし、田中部長(たなかぶちょう)はいらっしゃいます
か。

(A) 田中部長(たなかぶちょう)はいらっしゃいません。

(B) 田中部長(たなかぶちょう)は席(せき)に座(すわ)ってください。

(C) 田中部長(たなかぶちょう)は今(いま)、席(せき)を外(はず)しておりますが。

(D) 田中部長(たなかぶちょう)がいらっしゃったら教(おし)えてくださ
い。

여보세요, 다나카 부장님은 계십니까?

(A) 다나카 부장님은 안 계십니다.

(B) 다나카 부장님은 자리에 앉아 주세요.

(C) 다나카 부장님은 지금 자리를 비웠습니다만.

(D) 다나카 부장님이 오시면 알려주세요.

🔟 전화상으로 계신지를 묻고 있다.

いらっしゃる 오시다, 가시다, 계시다 | 座(すわ)る 앉다 | 席(せき)
を外(はず)す 자리를 뜨다, 자리를 비우다 | 教(おし)える 가르치다. 배
워 익히게 하다, 일러주다

30

ちょっと手伝(てつだ)ってください。

(A) はい、どういたしまして。

(B) ええ、お安(やす)い御用(ごよう)ですよ。

(C) それは、困(こま)りましたね。

(D) それはそれは。

좀 도와주세요.

(A) 네, 천만에요.

(B) 네, 문제없어요.

(C) 참으로 난처했겠군요.

(D) 정말로.

🔟 도와주세요.

手伝(てつだ)う 도와주다, 거들다 | お安(やす)い御用(ごよう)だ 문
제없다, 쉬운 일이다 | それは 다음에 할 말을 감동의 뜻을 담아 강조하는 말,
정말, 참으로, 매우 | それはそれは 죄송함이나 놀라움 등의 마음을 나타냄
(정말)

31

そろそろ花見(はなみ)の季節(きせつ)が近(ちか)づいてきました
ね。

(A) そうですね。花(はな)より団子(だんご)です。

(B) 彼女(かのじょ)はいつもよりずいぶん若(わか)く見(み)えます。

(C) それは何(なに)よりも大切(たいせつ)なことです。

(D) 桜(さくら)は今月(こんげつ)の中旬(ちゅうじゅん)が見頃(みごろ)ですよ。

슬슬 꽃구경의 계절이 다가왔네요.

(A) 그러네요. 금강산도 식후경입니다.

(B) 그녀는 평소보다 훨씬 젊어 보입니다.

(C) 그것은 무엇보다도 소중한 것입니다.

(D) 벚꽃은 이번 달 중순이 볼만한 시기예요.

🔟 꽃구경의 계절이 다가왔다.

花見(はなみ) 꽃구경, 벚꽃놀이｜近(ちか)づく 접근하다, 가까이 가다｜花(はな)より団子(だんご) 꽃보다 경단, 금강산도 식후경｜桜(さくら) 벚꽃, 벚나무｜中旬(ちゅうじゅん) 중순｜見頃(みごろ) 보기에 알맞은 시기

32

渡辺さんのお勤め先はどちらですか。

(A) 私は病院に入院していました。

(B) 脱サラして今は自営業をしています。

(C) 勤め先で転勤させられまして。

(D) 今は支店から本店に移りました。

와타나베 씨가 근무하시는 곳은 어디입니까?

(A) 나는 병원에 입원해 있었습니다.

(B) 샐러리맨을 그만두고 독립해서 지금은 자영업을 하고 있습니다.

(C) 근무지에서 전근을 하게 되어서.

(D) 지금은 지점에서 본점으로 옮겼습니다.

🔟 근무하는 곳은?

勤(つと)め先(さき) 근무처, 근무지｜入院(にゅういん) 입원｜脱(だつ)サラ 샐러리맨을 그만두고 독립함, 탈 월급쟁이｜自営業(じえいぎょう) 자영업｜転勤(てんきん) 전근｜支店(してん) 지점｜本店(ほんてん) 본점｜移(うつ)る 바뀌다, 옮기다, 이동하다

33

島田さん、どうしたんですか、その手。

(A) 手に取るように分かるんですね。

(B) 手が塞がっちゃってるんです。

(C) 火傷しちゃったんです。

(D) 悪いことに手を染めてしまったんです。

시마다 씨, 그 손 어떻게 된 거에요?

(A) 손바닥 들여다보듯 훤히 알 수 있어요.

(B) 일손이 꽉 찼어요.

(C) 화상을 입었어요.

(D) 나쁜 일에 손을 대고 말았어요.

🔟 손이 왜 그런 것인지 묻고 있다.

手(て)が塞(ふさ)がる 일손이 꽉 차 있다. 일이 바빠 다른 일을 할 여유가 없다｜火傷(やけど) 화상｜手(て)を染(そ)める 손을 대다, 착수하다, 관계하다

34

最近、寒くなりましたね。

(A) もう夏が近いですからね。

(B) 食欲の秋っていうじゃないですか。

(C) そろそろこたつを出さなければなりませんね。

(D) 海水浴場も大人気ですよ。

최근 추워졌네요.

(A) 이제 여름이 가까워지니까요.

(B) 식욕의 가을이라고 하지 않습니까?

(C) 슬슬 고타쓰를 꺼내지 않으면 안 되겠어요.

(D) 해수욕장도 큰 인기예요.

🔟 추워졌다!

近(ちか)い 가깝다｜食欲(しょくよく) 식욕｜そろそろ 동작을 조용하게 천천히 하는 모양, 어떤 상태로 되어가는 모양, 이제 곧｜こたつ 고타쓰 (일본의 실내 난방 장치의 하나, 나무틀에 화로를 넣고 그 위에 이불/포대기 등을 씌운 것)｜海水浴場(かいすいよくじょう) 해수욕장

35

来週、貴社を訪問させて頂きたいのですが。

(A) それは法律で禁じられていますので。

(B) 今、社長が席を外しておりますので。

(C) それは大変なことになりましたね。

(D) ええ、結構ですよ。大歓迎です。

다음 주에 귀사를 방문하고 싶습니다만.

(A) 그것은 법률로 금지되어 있어서요.

(B) 지금 사장님이 자리를 비우셔서요.

(C) 정말로 큰 사건이 되었네요.

(D) 네, 괜찮아요. 대환영입니다.

🔟 귀사를 방문하고 싶다.

貴社(きしゃ) 귀사｜訪問(ほうもん) 방문｜法律(ほうりつ) 법률｜大歓迎(だいかんげい) 대환영

36

お客様、全部で3万6千円になります。

(A) 分割払いはできかねます。
(B) 銀行振込は、毎月15日にお願いします。
(C) これは税込みの価格ですか。
(D) これ以上割引はできませんね。

손님, 전부해서 3만 6천 엔입니다.

(A) 할부는 어렵습니다.
(B) 은행 이체는 매월 15일에 부탁합니다.
(C) 이것은 세금이 포함된 가격입니까?
(D) 이 이상 할인은 할 수 없지요.

🔁 전부 3만 6천 엔이다.

分割払(ぶんかつばら)い 분할 지불, 할부 | 銀行振込(ぎんこうふりこみ) 은행 이체 | 税込(ぜいこ)み 세금이 포함되어 있음 | 価格(かかく) 가격 | 割引(わりびき) 할인

37

最近、あちこちでビルの建て替えが進んでいますね。

(A) 再開発の動きが活発化している証拠ですよ。
(B) 自動再生機能がついている機械です。
(C) 大丈夫です。私が立て替えておきますよ。
(D) 家を失って、油を売っている人が多くなったからですよ。

최근 여기저기서 빌딩 신축이 진행되고 있네요.

(A) 재개발 움직임이 활성화되고 있는 증거에요.
(B) 자동 재생 기능이 달려 있는 기계입니다.
(C) 괜찮습니다. 제가 대금을 대신 치러 둘게요.
(D) 집을 잃고, 노닥거리는 사람이 많아졌기 때문이에요.

🔁 여기저기서 빌딩 신축이 진행 중이다.

建(た)て替(か)え 개축, 새로 지음 | 進(すす)む 나아가다, 전진하다 | 再開発(さいかいはつ) 재개발 | 動(うご)き 움직임, 활동, 동태, 동향 | 活発化(かっぱつか) 활성화 | 証拠(しょうこ) 증거 | 立(た)て替(か)える 입체하다, 대금을 대신 치르다 | 油(あぶら)を売(う)る 게으름을 피우다, 노닥거리다

38

今日の試験はどうでしたか。

(A) さっぱりでした。
(B) きっぱりでした。
(C) むっつりでした。
(D) まちまちでした。

오늘 시험은 어땠어요?

(A) 개운했습니다.
(B) 단호했습니다.
(C) 뚱했습니다.
(D) 가지각색이었습니다.

🔁 시험은 어땠나?

さっぱり 기분이 개운한 모양, 담백한 모양 | きっぱり 딱 잘라, 단호하게 | むっつり 말수가 적고 뚱한 모양 | まちまち 가지각색

39

佐藤さん、今日一杯いかがですか。

(A) あいにくですが、今日は気が進まないんです。
(B) いいですね。では、また明日。
(C) すみませんが、自腹でお願いします。
(D) 大変お待たせ致しました。

사토 씨, 오늘 한 잔 어떻습니까?

(A) 공교롭게도, 오늘은 마음이 내키지 않습니다.
(B) 좋네요. 그럼, 내일 봐요.
(C) 죄송합니다만, 본인 부담으로 부탁합니다.
(D) 너무 오랫동안 기다리셨습니다.

🔁 한 잔 어때요?

一杯(いっぱい) 한 잔, 가볍게 술을 마심, 한잔함 | 気(き)が進(すす)む 마음이 내키다 | 自腹(じばら) 자기 부담

40

今度のパソコン安いんですが、質が落ちるそうです。

(A) 安い割には質がいいとは、二束三文です。
(B) 安かろう悪かろうじゃ、誰も買いませんよ。

(C) そんな弱音(よわね)を吐いてはいけません。

(D) 見(み)えを張(は)ってそんなことをしたんですね。

이번 PC는 저렴합니다만, 질이 떨어진다고 합니다.

(A) 싼 것 치고는 질이 좋다니, 헐값입니다.

(B) 싼 것이 비지떡이면, 아무도 구입하지 않아요.

(C) 그런 나약한 소리를 해서는 안 됩니다.

(D) 허세를 부려서 그런 짓을 한 거네요.

💬 싸지만 질이 떨어진다.

質(しつ)が落(お)ちる 질이 떨어지다 | 二束三文(にそくさんもん) 수는 많아도 아주 값이 쌈, 헐값, 싸구려 | 安(やす)かろう悪(わる)かろう 값이 싸니 당연히 품질도 나쁘다, 싼 것이 비지떡 | 弱音(よわね)を吐(は)く 나약한 소리를 하다 | 見(み)えを張(は)る 겉치레를 하다, 겉을 꾸미다, 허세를 부리다

41

転入生(てんにゅうせい)の田中君(たなかくん)もすっかり学校(がっこう)の雰囲気(ふんいき)に慣(な)れたみたいですね。

(A) 彼(かれ)には下心(したごころ)がありますからね。

(B) 彼(かれ)の適応能力(てきおうのうりょく)には驚(おどろ)かされますよ。

(C) 彼(かれ)はあの手(て)この手(て)を考(かんが)えているそうですよ。

(D) 彼(かれ)は受験(じゅけん)を控(ひか)えている身(み)なんですよ。

전학생인 다나카도 완전히 학교 분위기에 익숙해진 것 같네요.

(A) 그에게는 속셈이 있으니까요.

(B) 그의 적응 능력에는 놀랄 따름이에요.

(C) 그는 이런 저런 방법을 생각하고 있다고 해요.

(D) 그는 수험을 앞둔 몸이에요.

💬 학교 분위기에 익숙해진 것 같다.

転入生(てんにゅうせい) 전입생, 전학생 | すっかり 완전히, 매우, 아주, 남김없이 몽땅 | 慣(な)れる 익숙해지다, 길들다 | 下心(したごころ)がある 속셈이 있다 | 適応能力(てきおうのうりょく) 적응 능력 | あの手(て)この手(て) 이런 수 저런 수, 여러 방법, 온갖 수단 | 控(ひか)える 대기하다, 기다리다, 삼가다, 그만두다, 보류하다, 바로 가까이에 있다

42

さっきから、村上(むらかみ)さんが私(わたし)の方(ほう)をちらちら見(み)るんですが。

(A) あなたに気(き)があるのかもしれませんよ。

(B) ひどい目(め)にあわせてやればいいんですよ。

(C) 見(み)ない方(ほう)がいいですよ。目(め)の毒(どく)ですから。

(D) そんなことで目(め)くじらを立(た)てないでくださいよ。

아까부터 무라카미 씨가 내 쪽을 힐끔힐끔 쳐다보는데요.

(A) 당신에게 관심이 있는지도 몰라요.

(B) 혼쭐나게 하면 돼요.

(C) 보지 않는 편이 좋아요. 보면 해가 되니까.

(D) 그런 일로 트집을 잡지 말아 주세요.

💬 내 쪽을 힐끔힐끔 쳐다본다!

ちらちら 작은 것이 흩날리는 모양(팔랑팔랑, 나풀나풀), 반짝반짝/깜박깜박, 사물이 보이다가 말다가 하는 모양(아물아물, 어른어른), 조금씩 또는 희미하게 보이거나 들리거나 하는 모양(가끔, 이따금), 조금씩 되풀이해서 보는 모양(힐끔힐끔, 슬쩍슬쩍) | 気(き)がある 할 의사가 있다, 관심이 있다 | ひどい目(め)にあう 지독한 꼴을 당하다, 혼쭐나다 | 目(め)の毒(どく) 보면 해가 되는 것, 보면 갖고 싶어지는 것 | 目(め)くじらを立(た)てる 남의 흠을 잡다, 남을 헐뜯다

43

毎度(まいど)ありがとうございます。今回(こんかい)は、一(ひと)つお負(ま)けしておきます。

(A) 勝負(しょうぶ)をして負(ま)けたんですから、当(あ)たり前(まえ)ですよ。

(B) こちらこそ大変(たいへん)お世話(せわ)になっています。

(C) お負(ま)けを下(くだ)さるなんて、気(き)が利(き)いてますね。

(D) お陰様(かげさま)で勝(か)ちました。ありがとうございます。

매번 고맙습니다. 이번에는 하나 덤입니다.

(A) 승부를 해서 진 거니까, 당연해요.

(B) 이쪽이야말로 너무 신세를 지고 있습니다.

(C) 덤을 주시다니, 사소한 곳까지 신경을 쓰시네요.

(D) 덕분에 이겼습니다. 고맙습니다.

💬 하나 덤입니다!

お負(ま)け 값을 깎음. 할인. 덤 | 勝負(しょうぶ) 승부 | 当(あ)たり前(まえ) 당연함. 마땅함. 예사. 보통 | 気(き)が利(き)く 자잘한 데까지 생각이 잘 미치다. 세련되다. 멋이 있다 | お陰様(かげさま) 남의 호의/친절에 대해 감사의 뜻을 표하는 인사말(덕분. 덕택) | 勝(か)つ 이기다. 승리하다. 극복하다. 이겨내다

44

ようやく、会社の経営(けいえい)も軌道(きどう)に乗(の)り始(はじ)めました。

(A) それは良(よ)かったですね。これからも安全運転(あんぜんうんてん)で。

(B) 契約(けいやく)がまとまるように、努力(どりょく)しなければなりませんね。

(C) 共働(ともばら)きの家族(かぞく)も増(ふ)えていますからね。

(D) 会社(かいしゃ)の株価(かぶか)も徐々(じょじょ)にですが上昇(じょうしょう)していますしね。

드디어 회사 경영도 궤도에 오르기 시작했습니다.

(A) 그건 잘 되었네요. 앞으로도 안전운전 하세요.

(B) 계약이 정리되도록 노력하지 않으면 안 되겠군요.

(C) 맞벌이하는 가족도 늘고 있으니까요.

(D) 회사의 주가도 서서히지만, 상승하고 있기도 하네요.

🔊 회사 경영도 궤도에 오르기 시작했다.

経営(けいえい) 경영 | 軌道(きどう)に乗(の)る 궤도에 오르다 | 契約(けいやく) 계약 | 努力(どりょく) 노력 | 株価(かぶか) 주가 | 徐々(じょじょ)に 서서히, 천천히, 차차, 조금씩 | 上昇(じょうしょう) 상승

45

野村(のむら)さん、外泊(がいはく)の許可(きょか)をもらうことができましたか。

(A) 両親(りょうしん)はこの事(こと)について目(め)をつぶるつもりはないそうです。

(B) あの手(て)この手(て)を考(かんが)えています。

(C) 父(ちち)にそっくりだって、譲(ゆず)らないんです。

(D) 両親(りょうしん)は首(くび)を横(よこ)に振(ふ)るばかりでしたよ。

노무라 씨, 외박 허락을 받을 수 있었나요?

(A) 부모님은 이 일에 대해서 묵인할 생각은 없다고 합니다.

(B) 온갖 방법을 생각하고 있습니다.

(C) 아버지와 꼭 닮았다고, 양보하지 않아요.

(D) 부모님은 고개를 옆으로 젓기만 했어요.

🔊 외박 허락을 받았는지?

外泊(がいはく) 외박 | 許可(きょか) 허가 | 目(め)をつぶる 눈을 감다. 묵인하다. 못 본 체하다 | そっくり 전부. 모조리. 몽땅. 꼭 닮은 모양 | 譲(ゆず)る 물려주다. 양도하다. 양보하다

46

今日(きょう)の午後(ごご)、お客(きゃく)さんが来(く)るから家(いえ)を整理(せいり)して料理(りょうり)も頼(たの)むわ。

(A) じゃ、腕(うで)によりをかけて作(つく)るよ。

(B) じゃ、手(て)も足(あし)も出(で)ないよ。

(C) 手(て)を拱(こまぬ)いて待(ま)っているしかないのね。

(D) はい、お待(ま)ちどうさまでした。

오늘 오후에 손님이 오니까, 집 정리하고 요리도 부탁해.

(A) 그럼, 열심히 노력해서 만들어야지.

(B) 그럼, 어찌해 볼 도리가 없어.

(C) 수수방관하고 기다릴 수밖에 없는 거군.

(D) 네, 오래 기다리셨습니다.

🔊 손님이 오니까 요리도 부탁!

整理(せいり) 정리 | 腕(うで)によりをかける 크게 분발하다. 열심히 노력하다 | 手(て)も足(あし)も出(で)ない 꼼짝달싹 못하다. 어찌해 볼 도리가 없다 | 手(て)を拱(こまぬ)く 팔짱을 끼다. 수수방관하다

47

山田(やまだ)さんと鈴木(すずき)さん、どちらが野球(やきゅう)が上手(じょうず)なのかしら。

(A) 山田(やまだ)さんと鈴木(すずき)さんは、月(つき)とすっぽんの差(さ)よ。

(B) 山田(やまだ)さんと鈴木(すずき)さんも、気(き)の置(お)けない人(ひと)よ。

(C) 山田(やまだ)さんと鈴木(すずき)さんも、下心(したごころ)があるんだから。

(D) 彼(かれ)らは今(いま)、話題(わだい)を呼(よ)んでいますよね。

야마다 씨와 스즈키 씨, 어느 쪽이 야구를 잘하지?

(A) 야마다 씨와 스즈키 씨는 하늘과 땅 차이야.

(B) 야마다 씨도 스즈키 씨도 허물없이 지낼 수 있는 사람이야.

(C) 야마다 씨와 스즈키 씨도 속셈이 있으니까.

(D) 그들은 지금 화제를 부르고 있지요.

📻 누가 더 야구를 잘하는지?

月(つき)とすっぽん 천양지차. 하늘과 땅 | 気(き)が置(お)けない (조심할 필요 없이) 마음을 놓을 수가 있다. 허물없이 지낼 수 있다(※ 근래에 '마음을 놓을 수 없다. 방심할 수 없다'의 뜻으로 잘못 쓰이는 경우가 있음) | 下心(したごころ)가 있는 속셈이 있다

48

最近、子供の保育所が足りないって話をよく聞くわよね。

(A) いつも会議が長引いてしまって、子供を預ける人が多くなったのね。

(B) 会社に子供の連れ込みが禁止されているからね。

(C) 共働きが増えて、子供の世話ができなくなる人が増えているからね。

(D) 自分の夢を追い掛けて、子供を捨てる人が多くなったからね。

최근 아이의 보육원이 부족하다는 말을 자주 듣지.

(A) 늘 회의가 지연되어 버려서 아이를 맡기는 사람이 많아진 거군.

(B) 회사에 아이를 데리고 들어가는 것이 금지되어 있으니까.

(C) 맞벌이가 늘어서 아이 돌보는 것을 할 수 없게 된 사람이 늘고 있으니까.

(D) 자신의 꿈을 찾아, 아이를 버리는 사람이 많아졌으니까.

📻 아이의 보육원이 부족하다!

保育所(ほいくしょ) 보육원, 탁아소 | 長引(ながび)く 오래 걸리다. 지연되다. 길어지다 | 預(あず)ける 맡기다. 보관시키다 | 連(つ)れ込(こ)み 데리고 들어감 | 追(お)い掛(か)ける 뒤쫓아 가다. 추적하다 | 捨(す)てる 버리다

49

バーゲンセールに行ったら、幼馴染にばったり会ったんですよ。

(A) セール会場で会うなんて、ちょっと気まずかったでしょう?

(B) 子供連れで出かけたんでしょう?

(C) これで、売り上げを伸ばしたんでしょう。

(D) お互いに警戒を呼び掛けました。

바겐세일에 갔는데, 소꿉친구를 딱 만났어요.

(A) 세일 장소에서 만나다니, 약간 거북했겠네요?

(B) 아이를 데리고 외출했겠지요?

(C) 이것으로 매상을 늘렸겠지요.

(D) 상호간에 경계를 호소했습니다.

📻 바겐세일에서 소꿉친구를 만났다.

バーゲンセール 바겐세일(bargain sale). 염가 대매출 | 幼馴染(おさ ななじみ) 소꿉친구. 어릴 때 친하던 아이 | ばったり 갑자기 쓰러지는 모양(털썩). 뜻밖에 마주치는 모양(딱). 갑자기 끊기는 모양(뚝) | 気(き)ま ずい 어색하다. 거북하다. 서먹서먹하다 | 子供連(こどもづ)れ 아이를 데리고 있음 | 警戒(けいかい) 경계

50

私の変な噂が会社で広まっているみたいなんだけど、どうしよう。

(A) 良かったね、これで注目を浴びて有名人ね。

(B) 人の噂も七十五日って言うじゃない、大丈夫だよ。

(C) そんな人、交番に届けた方がいいんじゃない?

(D) あなたは地味で落ち着いて見えるのに、どうしてだろう。

나에 대한 이상한 소문이 회사에 퍼지고 있는 것 같은데, 어떡하지.

(A) 잘됐네, 이것으로 주목을 받아 유명인이군.

(B) 남의 말도 석 달이라고 하잖아. 괜찮아.

(C) 그런 사람 파출소에 신고하는 편이 좋지 않겠어?

(D) 당신은 수수하고 침착하게 보이는데, 왜 그렇지?

📻 나에 대한 이상한 소문이 퍼지고 있는 것 같다.

噂(うわさ) 소문, 풍문 | 広(ひろ)まる 넓어지다. 널리 퍼지다[알려지다]. 보급되다 | 注目(ちゅうもく)を浴(あ)びる 주목을 받다 | 人(ひと) の噂(うわさ)も七十五日(しちじゅうごにち) 세상 소문도 75일, 세상 소문이란 그리 오래가지 않는다. 남의 말도 석 달 | 届(とど)ける 보내다. 전하다. 신고하다 | 地味(じみ) 수수함. 검소함 | 落(お)ち着(つ)く 안정되다. 진정되다

26

질의 응답 문제 4회 (정답 및 해설)

🎧 1~4회

정답

21	B	22	C	23	B	24	A	25	D
26	A	27	D	28	C	29	B	30	B
31	C	32	A	33	A	34	D	35	B
36	C	37	C	38	A	39	D	40	C
41	B	42	C	43	D	44	C	45	A
46	B	47	A	48	D	49	B	50	D

21

まだ時間(じかん)がありますか。

(A) いいえ、まだあります。

(B) いいえ、もうありません。

(C) はい、冷蔵庫(れいぞうこ)にたくさんあります。

(D) はい、いくつですか。

아직 시간이 있습니까?

(A) 아니요, 아직 있습니다.

(B) 아니요, 이제 없습니다.

(C) 네, 냉장고에 많이 있습니다.

(D) 네, 몇 개입니까?

💬 아직 시간이 있는지 묻고 있다.

まだ 아직, 여태까지 | 時間(じかん) 시간 | もう 이미, 벌써, 이제, 더 | 冷蔵庫(れいぞうこ) 냉장고

22

冬休(ふゆやす)みに何(なに)をしますか。

(A) 駅(えき)で切符(きっぷ)を買(か)います。

(B) 今朝(けさ)は散歩(さんぽ)をしました。

(C) 英語(えいご)を勉強(べんきょう)します。

(D) 明日(あした)銀行(ぎんこう)へ行(い)きます。

겨울방학에 무엇을 합니까?

(A) 역에서 표를 삽니다.

(B) 오늘 아침에는 산책을 했습니다.

(C) 영어를 공부합니다.

(D) 내일 은행에 갑니다.

💬 겨울방학에 무엇을 하는지?

冬休(ふゆやす)み 겨울방학[휴기] | 切符(きっぷ) 표 | 今朝(けさ) 오늘 아침 | 銀行(ぎんこう) 은행

23

小林(こばやし)さん、本当(ほんとう)にお久(ひさ)しぶりです。

(A) 寿司(すし)を食(た)べに行(い)きたかったんです。

(B) ご無沙汰(ぶさた)しております。

(C) 本当(ほんとう)におめでとうございます。

(D) これからもよろしくお願(ねが)いします。

고바야시 씨, 정말로 오랜만입니다.

(A) 초밥을 먹으러 가고 싶었습니다.

(B) 오랫동안 연락 못 드렸습니다.

(C) 정말로 축하합니다.

(D) 앞으로도 잘 부탁합니다.

💬 오랜만에 만나는 안부 인사 표현

寿司(すし) 초밥 | ご無沙汰(ぶさた) 오랜만에 만났을 때의 인사말, 격조, 무소식

24

明日(あした)大阪(おおさか)へ出張(しゅっちょう)する人(ひと)たちを集(あつ)めてくれる？

(A) はい、どの部屋(へや)にですか。

(B) はい、ここへ来(く)るのは皆留学生(みなりゅうがくせい)です。

(C) 帰国(きこく)する人(ひと)がたくさんいるんですか。

(D) はい、できるだけ出席(しゅっせき)します。

내일 오사카로 출장가는 사람들을 모이게 해 줄래?

(A) 네, 어느 방으로요?

(B) 네, 여기에 오는 것은 모두 유학생입니다.

(C) 귀국하는 사람들이 많이 있습니까?

(D) 네, 가능한 한 출석하겠습니다.

💬 출장 가는 사람을 모이게 해달라고 부탁하고 있다.

出張(しゅっちょう) 출장 | 帰国(きこく) 귀국 | 留学生(りゅうがくせい) 유학생 | できるだけ 가능한 한 | 出席(しゅっせき) 출석

25

遅(おく)れて申(もう)し訳(わけ)ありません。

(A) ごめんください。

(B) かしこまりました。

(C) お気の毒に。

(D) 気にしないでください。

늦어서 죄송합니다.

(A) 실례합니다.

(B) 분부대로 하겠습니다.

(C) 가엾게도.

(D) 신경 쓰지 마세요.

📖 사과/사죄(용서를 구하는) 표현을 잘 알아둘 것!

遅(おく)れる 늦다, 지각하다 | 申(もう)し訳(わけ)ない 면목 없다, 미안하다 | ごめんください 상대방의 양해를 구할 때 사용하는 인사말(실례합니다), 남의 집을 방문했을 때 사용하는 인사말(계십니까?) | かしこまりました 알겠습니다, 분부대로 하겠습니다 (「わかりました」 보다 격식을 갖춘 표현) | お気(き)の毒(どく)に 가엾게도 | 気(き)にする 걱정하다, 마음에 두다

26

何か注文したい文房具はありませんか。

(A) 消ゴムとセロテープを頼んでください。

(B) エスカレーターを注意してください。

(C) 万年筆とスーツをお願いします。

(D) タオルを洗濯室に出してください。

무언가 주문하고 싶은 문방구는 없습니까?

(A) 지우개와 셀로 테이프를 부탁해 주세요.

(B) 에스컬레이터를 주의해 주세요.

(C) 만년필과 양복을 부탁합니다.

(D) 타월을 세탁실에 내 주세요.

📖 주문할 문방구는?

注文(ちゅうもん) 주문 | 文房具(ぶんぼうぐ) 문방구 | 消(けし)ゴム 지우개 | 頼(たの)む 부탁하다, 의뢰하다 | 洗濯室(せんたくしつ) 세탁실

27

今度の月曜日は休みでしょう。

(A) いや、欠席するそうだよ。

(B) いや、冬休みだから休めるぞ。

(C) うん、休みは今度の日曜日までだからね。

(D) うん、今度の月曜日は祝日だからね。

이번 월요일은 휴일이지요.

(A) 아니, 결석한대.

(B) 아니, 겨울방학이니까 쉴 수 있어.

(C) 응, 휴가는 이번 일요일까지니까.

(D) 응, 이번 월요일은 경축일이니까.

📖 월요일은 휴일?

休(やす)み 휴식, 휴일, 휴가, 방학 | 祝日(しゅくじつ) 축일, 경축일

28

すみません。お客さんが来ますから、水を準備して置いてください。

(A) いいえ、準備していませんでした。

(B) いいえ、準備は万全です。

(C) はい、準備しておきます。

(D) はい、準備したんじゃないですか。

저기요. 손님이 오니까, 물을 준비해 둬 주세요.

(A) 아니요, 준비하고 있지 않았습니다.

(B) 아니요, 준비는 만전입니다.

(C) 네, 준비해 두겠습니다.

(D) 네, 준비하지 않았습니까?

📖 물을 준비해 주세요.

準備(じゅんび) 준비 | 置(お)く 두다, 남겨 놓다 | 万全(ばんぜん) 만전

29

宿題をしなさいって何度言ったら、分かるの。

(A) はいはい。恩に着ますよ。

(B) はいはい。もう耳にたこができるくらい聞きましたよ。

(C) 備えあれば憂い無しだからね。

(D) 骨を埋めるからね。

숙제를 하라고 몇 번을 말해야 알겠니?

(A) 네네. 은혜를 입었습니다.

(B) 네네. 이제 귀에 못이 박힐 정도로 들었어요.

(C) 대비가 되어 있으면, 걱정이 없으니까요.

(D) 평생을 거기서 살 거니까.

ⓤ 숙제를 하라는 잔소리

恩(おん)に着(き)る 은혜를 입다 | 耳(みみ)にたこができる 귀에 못이 박이다 | 備(そな)えあれば憂(うれ)い無(な)し 대비가 되어 있으면 걱정이 없다, 유비무환 | 骨(ほね)を埋(うず)める 평생을 거기서 살다, 그 일에 일생을 바치다

30

> 佐藤(さとう)さん、昨日(きのう)から始(はじ)めた新(あたら)しい仕事(しごと)、難(むずか)しいことも多(おお)いでしょう。
>
> (A) そんなに難(むずか)しいとは知(し)りませんでした。
> (B) 難(むずか)しいと思(おも)っていたんですが、思(おも)いの外(ほか)、易(やさ)しかったですよ。
> (C) 人生(じんせい)には山(やま)あり谷(たに)ありですから。
> (D) 新(あたら)しい仕事(しごと)は誰(だれ)でもできるような仕事(しごと)じゃありませんよ。

사토 씨, 어제부터 시작한 새로운 일은 어려운 점도 많지요?

(A) 그렇게 어려울 줄 몰랐습니다.

(B) 어려울 거라고 생각하고 있었습니다만, 의외로 쉬웠어요.

(C) 인생에는 우여곡절이 많으니까요.

(D) 새로운 일은 누구나 할 수 있는 일이 아니에요.

ⓤ 새로운 일은 어렵지 않은지?

新(あたら)しい 새롭다, 싱싱하다, 신선하다 | 難(むずか)しい 알기 어렵다, 이해하기 어렵다 | 思(おも)いの外(ほか) 뜻밖에, 의외로, 예상 외로 | 易(やさ)しい 쉽다, 용이하다 | 山(やま)あり谷(たに)あり 험난하다, 우여곡절이 많다

31

> 上野行(うえのゆ)きのバスは、向(む)かいのバス停(てい)から乗(の)ってください。
>
> (A) では、歩道(ほどう)を通行(つうこう)しなければならないんですね。
> (B) では陸橋(りっきょう)を渡(わた)って隣(となり)のホームから乗(の)らなければならないんですね。
> (C) では、横断歩道(おうだんほどう)を渡(わた)って、すぐ右(みぎ)のバス停(てい)からですね。
> (D) では、料金(りょうきん)は倍(ばい)もかかってしまうということですね。

우에노 행 버스는 건너편 버스 정류장에서 승차하여 주세요.

(A) 그럼, 보도를 통행하지 않으면 안 되는 거네요.

(B) 그럼, 육교를 건너서 옆 플랫폼에서 타야 하는 거네요.

(C) 그럼, 횡단보도를 건너서 바로 우측의 버스 정류장에서네요.

(D) 그럼, 요금은 배로 들게 된다는 거네요.

ⓤ「ホーム(플랫폼)」는 기차나 전철 등에서 승객이 타거나 내리거나 하는 약간 높게 되어 있는 장소,「バス停(버스 정류장)」와 혼동하지 말 것!

バス停(てい) 버스 정류장 | 歩道(ほどう) 보도 | 通行(つうこう) 통행 | 陸橋(りっきょう) 육교 | 渡(わた)る 건너다, 건너오(가)다 | ホーム 플랫폼 | 横断歩道(おうだんほどう) 횡단보도

32

> 失礼(しつれい)ですが、佐々木(ささき)さんはおいくつですか。
>
> (A) 早(はや)いもので、今年(ことし)で還暦(かんれき)ですよ。
> (B) 若(わか)いころが懐(なつ)かしいですね。
> (C) 今年(ことし)で退職(たいしょく)なんです。
> (D) 今年(ことし)は妻(つま)の23回目(かいめ)の命日(めいにち)なんです。

실례지만, 사사키 씨는 몇 살입니까?

(A) (세월이) 빨라서 올해로 환갑입니다.

(B) 젊었을 적이 그립네요.

(C) 올해로 퇴직합니다.

(D) 금년은 아내의 23번째 기일입니다.

ⓤ 사사키 씨는 몇 살?

還暦(かんれき) 환갑, 회갑 | 懐(なつ)かしい 그립다, 정겹다 | 退職(たいしょく) 퇴직 | 妻(つま) 아내, 처 | 命日(めいにち) 명일, 기일

33

> すみません。この時計(とけい)が動(うご)かないんですが。
>
> (A) 電池(でんち)を入(い)れ替(か)えれば、また動(うご)き出(だ)すと思(おも)いますよ。
> (B) それは予断(よだん)を許(ゆる)さない状況(じょうきょう)ですね。
> (C) 順調(じゅんちょう)に回復(かいふく)しつつありますから、安心(あんしん)してください。
> (D) 時計(とけい)は10分(ぷん)ほど早(はや)くしてありますから。

저기요. 이 시계가 움직이지 않습니다만.

(A) 전지를 갈아 끼우면, 다시 움직이기 시작할 거예요.

(B) 그것은 예측을 불허하는 상황이네요.

(C) 순조롭게 회복하고 있는 중이니까, 안심하세요.

(D) 시계는 10분 정도 빠르게 했으니까요.

Ⓣ 시계가 움직이지 않는다.

動(うご)く 움직이다. 이동하다 | 電池(でんち) 전지 | 入(い)れ替
(か)える 교체하다. 갈아 넣다. 바꾸어 넣다 | 動(うご)き出(だ)す 움직
이기 시작하다 | 予断(よだん) 예측. 미리 판단함 | 順調(じゅんちょ
う) 순조

34

部長(ぶちょう)はどこに行(い)かれたかご存(ぞん)じですか。

(A) 昨日(きのう)、出張(しゅっちょう)から帰(かえ)ってこられたのでお土産(みやげ)が
楽(たの)しみですね。

(B) 今日(きょう)は朝(あさ)からご機嫌斜(きげんなな)めですよ。

(C) かばんの中(なか)を探(さが)しても見(み)つからないんです。

(D) 田中(たなか)さんとさっきまで一緒(いっしょ)にいたはずです
よ。

부장님은 어디에 가셨는지 아십니까?

(A) 어제 출장에서 돌아오셨으니까, 선물이 기대되네요.

(B) 오늘은 아침부터 기분이 안 좋으세요.

(C) 가방 속을 찾아도 보이지 않습니다.

(D) 다나카 씨와 조금 전까지 같이 있었을 거예요.

Ⓣ 부장님은 어디에 갔나?

ご存(ぞん)じ 잘 아심. 익히 아심 | お土産(みやげ) 선물. 토산품 | 楽
(たの)しみ 낙. 즐거움. 즐길 거리. 재미 | ご機嫌斜(きげんなな)め 기
분이 언짢음. 저기압

35

キムさんは日本(にほん)に来(き)て、驚(おどろ)いたことは何(なん)で
すか。

(A) 日本人(にほんじん)は優柔不断(ゆうじゅうふだん)な人(ひと)が多(おお)いですね。

(B) 物価(ぶっか)の高(たか)さには参(まい)りましたよ。

(C) 建前(たてまえ)と本音(ほんね)の文化(ぶんか)には今(いま)だに馴染(なじ)めません
よ。

(D) これからもっと努力(どりょく)が必要(ひつよう)だと思(おも)っていま
す。

김 씨는 일본에 와서 놀란 점은 무엇입니까?

(A) 일본인은 우유부단한 사람이 많네요.

(B) 물가가 비싼 것에는 질렸어요.

(C) 밖으로 보여주는 것과 속마음이 다른 문화에는 아직도
익숙해지지 않아요.

(D) 앞으로는 좀 더 노력이 필요할 것으로 생각합니다.

Ⓣ 일본에 와서 놀란 점은?

驚(おどろ)く 놀라다. 경악하다 | 優柔不断(ゆうじゅうふだん) 우
유부단 | 参(まい)る 지다. 항복하다. 질리다 | 建前(たてまえ) (표면상
의) 방침. 원칙 | 本音(ほんね) 본심. 속마음 | 馴染(なじ)む 친숙해지다.
정들다. 익숙해지다

36

明日(あした)、鈴木(すずき)さんがお見(み)えになるそうです。

(A) そんな方(かた)は見(み)たことも、聞(き)いたこともありま
せん。

(B) 鈴木(すずき)さんは視力(しりょく)がいいそうですね。

(C) 鈴木(すずき)さんにお目(め)にかかれるなんて、光栄(こうえい)です
ね。

(D) 鈴木(すずき)さんはいらっしゃらないと思(おも)いますが。

내일, 스즈키 씨가 오신다고 합니다.

(A) 그런 분은 본 적도, 들은 적도 없습니다.

(B) 스즈키 씨는 시력이 좋다고 하네요.

(C) 스즈키 씨를 만나 뵐 수 있다니, 영광이네요.

(D) 스즈키 씨는 오시지 않을 것 같습니다만.

Ⓣ 스즈키 씨가 온다.

お見(み)えになる 오시다 | 視力(しりょく) 시력 | お目(め)にか
かる 만나 뵙다 | 光栄(こうえい) 영광 | いらっしゃる 오시다. 가시
다. 계시다

37

中村(なかむら)さんは、どうして泣(な)いているんですか。

(A) 彼氏(かれし)の冷(つめ)たい態度(たいど)に嫌気(いやけ)が差(さ)したそうです
よ。

(B) 聞(き)く耳(みみ)を持(も)たない彼氏(かれし)に愛想(あいそ)が尽(つ)きたそうで
す。

(C) 彼氏(かれし)の冷(つめ)たい一言(ひとこと)に心(こころ)を痛(いた)めたようですね。

(D) 彼氏(かれし)の頑固(がんこ)さに最後(さいご)は彼女(かのじょ)のほうが折(お)れたそ
うです。

나카무리 씨는 왜 울고 있는 겁니까?

(A) 애인의 냉담한 태도에 싫증이 났대요.

(B) 남의 말을 들으려고 하지 않는 애인에게 정나미가 떨어졌대요.

(C) 애인의 차가운 한마디에 마음 아파하는 것 같아요.

(D) 애인의 완고함에 마지막에는 그녀가 굽혔다고 합니다.

⑪ 왜 울고 있는가?

彼氏(かれし) 그이, (어떤 여성의) 애인 | 冷(つめ)たい 차다, 차갑다, 냉담하다, 매정하다 | 嫌気(いやけ)が差(さ)す 싫증이 나다 | 聞(き)く耳(みみ)を持(も)たない (다른 사람의 말을 처음부터) 들을 의사가 없다 | 愛想(あいそ)が尽(つ)きる 정나미가 떨어지다 | 頑固(がんこ)さ 완고함, 옹고집 | 折(お)れる 접히다, 꺾이다, 부러지다, 양보하다, 굽히다

38

どうしてこのメーカーの品物(しなもの)を買(か)ったんですか。

(A) 環境(かんきょう)に優(やさ)しく、値段(ねだん)も手頃(てごろ)だったからです。

(B) そのメーカーの製品(せいひん)はいつも欠陥(けっかん)があるからなんです。

(C) 気前(きまえ)がいいからです。

(D) 契約(けいやく)がこじれてしまったからです。

왜 이 메이커의 물건을 구입한 겁니까?

(A) 환경에 친화적이고, 가격도 적당했기 때문입니다.

(B) 그 메이커 제품은 항상 결함이 있기 때문입니다.

(C) 인심이 좋기 때문입니다.

(D) 계약이 틀어졌기 때문입니다.

⑪ 왜 이 물건을 샀는가?

環境(かんきょう) 환경 | 値段(ねだん) 값, 가격 | 手頃(てごろ) 손에 알맞음, 적합함 | 欠陥(けっかん) 결함 | 気前(きまえ)がいい 인심이 좋다, 활수하다 | 拗(こじ)れる 덧나다, 비꼬이다, 뒤틀리다, 비뚤어지다

39

井上(いのうえ)さん、先(さき)に帰(かえ)ってください。寄(よ)るところがありますから。

(A) よりによって、こんな時(とき)にどこに行(い)くんですか。

(B) 寄(よ)せては返(かえ)す波(なみ)のようですね。

(C) こっちに近寄(ちかよ)らないでくださいよ。

(D) 寄(よ)り道(みち)して、今日(きょう)も一杯(いっぱい)するつもりなんですか。

이노우에 씨, 먼저 돌아가세요. 들를 곳이 있거든요.

(A) 하필이면 이런 때에 어디에 가는 겁니까?

(B) 밀려왔다 밀려가는 파도 같네요.

(C) 이쪽으로 접근하지 말아 주세요.

(D) 다른 곳에 들러서 오늘도 한잔할 생각입니까?

⑪ 들를 곳이 있다!

寄(よ)る 다가서다, 접근하다, 모이다, 들르다 | よりによって 하필이면 | 波(なみ) 파도, 물결 | 寄(よ)り道(みち) 가는[지나는] 길에 들름, 돌아가서 다른 곳에 들름

40

部長(ぶちょう)、この前(まえ)の企画書(きかくしょ)はいかがでしたか。

(A) そうだろうと予想(よそう)がついたよ。

(B) 今回(こんかい)は目(め)をつぶることにしたよ。

(C) ざっとは目(め)を通(とお)したんだけど。

(D) 君(きみ)は負(ま)けず嫌(ぎら)いだね。

부장님, 지난번 기획서는 어땠습니까?

(A) 그럴 거라고 예상이 됐어.

(B) 이번에는 묵인하기로 했어.

(C) 대충 훑어봤는데.

(D) 자네는 유달리 지기 싫어하는군.

⑪ 기획서는 어땠나?

企画書(きかくしょ) 기획서 | 目(め)をつぶる 눈을 감다, 묵인하다, 못 본 체하다 | 目(め)を通(とお)す 대충 훑어보다 | 負(ま)けず嫌(ぎら)い 유달리 지기 싫어함

41

政治家(せいじか)はいつも重要(じゅうよう)な決定(けってい)を先送(さきおく)りにするんですよ。

(A) 政治(せいじ)の世界(せかい)では、先手必勝(せんてひっしょう)といいますからね。

(B) 政治家(せいじか)は難(むずか)しい問題(もんだい)をいつも後回(あとまわ)しにするんですね。

(C) 政治(せいじ)の世界(せかい)では賄賂(わいろ)が横行(おうこう)していますから。

(D) いつも後手(ごて)に回(まわ)っていては、たまったもんじゃありませんからね。

정치가는 언제나 중요한 결정을 다음으로 미루네요.

(A) 정치 세계에서는 선수필승이라고 하니까요.

(B) 정치가는 어려운 문제를 언제나 뒤로 미루는군요.

(C) 정치 세계에서는 뇌물이 활개를 치고 있으니까요.

(D) 언제나 선수를 빼앗겨 수세가 되는 건 말이 안 되니까요.

🔟 늘 중요한 결정을 다음으로 미룬다.

先送(さきおく)りにする 다음으로 연기하다[미루다] | 先手必勝(せんてひっしょう) 선수필승. 남보다 앞서 행하면 남을 누를 수 있음 | 後回(あとまわ)し 뒤로 돌림, 뒤로 미룸 | 賄賂(わいろ) 뇌물 | 横行(おうこう) 횡행. 멋대로 설침. 활개침 | 後手(ごて)に回(まわ)る 선수를 빼앗겨 수세가 되다 | たまったものでは(じゃ)ない 그렇게 되어서는 안 된다, 말이 안 된다

42

野村部長はどうして部下に嫌われているんですか。

(A) 部長は部下の憧れの的だからですよ。

(B) 部下の足下にも及ばないからですよ。

(C) 部下を顎で使うからですよ。

(D) 部下に暗殺されるからですよ。

노무라 부장님은 왜 부하에게 미움을 사고 있는 겁니까?

(A) 부장님은 부하에게 동경의 대상이기 때문이에요.

(B) 부하의 발밑에도 미치지 않기 때문이에요.

(C) 부하를 함부로 부리기 때문이에요.

(D) 부하에게 암살되기 때문이에요.

🔟 왜 부하에게 미움을 사고 있는지?

嫌(きら)う 싫어하다. 미워하다. 꺼리다. 피하다 | 憧(あこが)れ 동경 | 的(まと) 과녁. 표적. 대상. 목표 | 足元(あしもと)にも及(およ)ばない 발밑에도 미치지 않는다. 어림도 없다 | 顎(あご)で使(つか)う 사람을 턱으로 부리다. 거만한 태도로 사람을 부리다 | 暗殺(あんさつ) 암살

43

ついに待望の新製品のお菓子が発売されますね。

(A) さまざまな調査の結果を受けての発表です。

(B) 売手が足りなくて、猫の手も借りたいくらいです。

(C) 資金繰りが悪化してしまいまして。

(D) 今までの血のにじむような試行錯誤の末の結果です。

마침내 대망의 신제품 과자가 발매되네요.

(A) 다양한 조사 결과를 받고 나서 한 발표입니다.

(B) 파는 사람이 부족해서 고양이의 손이라도 빌리고 싶을 정도입니다.

(C) 자금 회전이 악화되어 버려서.

(D) 지금까지의 피나는 시행착오 끝의 결과입니다.

🔟 신제품 과자가 발매된다.

ついに 마침내. 드디어. 결국 | 待望(たいぼう) 대망 | 発売(はつばい) 발매 | 売手(うりて) 파는 쪽[사람] | 猫(ねこ)の手(て)も借(か)りたい 매우 바쁨을 비유. 고양이의 손이라도 빌리고 싶다 | 資金繰(しきんぐ)り 자금을 마련하는 일과 운용하는 일 | 血(ち)のにじむよう 피맺히는. 피나는 | 試行錯誤(しこうさくご) 시행착오

44

この年で焼きもちを焼くなんて、みっともないですよ。

(A) 注意しないと火事になってしまいますよ。

(B) 私はおいしいものには目がないんです。

(C) 焼きもちは焼いてもいいですが、あまり深入りしないように。

(D) 焼かれた餅はおいしいですよ。

이 나이에 질투를 하다니, 꼴불견이에요.

(A) 주의하지 않으면 화재가 되고 말아요.

(B) 나는 맛있는 것에는 환장을 해요.

(C) 질투를 해도 좋지만, 너무 깊이 관계하지 않도록.

(D) 구운 떡은 맛있어요.

🔟 질투를 하다니. 꼴사납다!

焼(や)きもちを焼(や)く 질투하다 | みっともない 보기 싫다. 꼴사납다. 꼴불견이다 | 目(め)がない 눈[안목]이 없다. 열중하다. 매우 좋아하다 | 深入(ふかい)り 깊이 들어감. 깊이 관계함 | 餅(もち) 떡

45

すみません。明日の朝、タクシー1台お願いできますか。

(A) かしこまりました。お車は玄関に回しておきます。

32

(B) 運転手付きの車は、非常に高価です。

(C) タクシーは道路で手を挙げれば止めることも
できますよ。

(D) 車は修理に出しています。

저기요. 내일 아침, 택시 한 대 부탁할 수 있습니까?

(A) 알겠습니다. 차는 현관으로 보내겠습니다.

(B) 운전수가 포함된 차는 아주 고가입니다.

(C) 택시는 도로에서 손을 올리면 세울 수도 있어요.

(D) 차는 수리를 보냈습니다.

📖 택시를 한 대 부탁하고 있다.

玄関(げんかん) 현관 | 回(まわ)す 돌리다. 회전시키다. 필요한 장소로 보내다 | 運転手付(うんてんしゅつ)き 운전수가 포함됨 | 高価(こうか) 고가 | 修理(しゅうり) 수리

46

社長、この仕事、私には荷が重すぎます。

(A) 二人で持てば重くはないはずだよ。

(B) 君の技量を見込んで、任せた仕事だよ。

(C) 荷物は今日中にまとめてくれ。

(D) 荷ほどきを一緒に手伝ってくれ。

사장님, 이 일 저에게는 너무 부담이 됩니다.

(A) 두 사람이 들면 무겁지 않을 거야.

(B) 자네의 기량을 기대하고 맡긴 일이야.

(C) 짐은 오늘 중으로 정리해줘.

(D) 짐 푸는 것을 함께 도와줘.

📖 나에게는 너무 부담이 된다.

荷(に)が重(おも)い 짐[책임]이 무겁다. 부담이 크다 | 技量(ぎりょう) 기량 | 見込(みこ)む 유망하다고 보다. 기대하다. 내다보다. 예상하다 | 任(まか)せる 맡기다. 제약을 가하지 않고 그대로 놓아두다 | まとめる 한데 모으다. 합치다. 정리하다

47

斉藤さんは、この前の株取引で儲けがふい
になってしまったそうですね。

(A) 私の見込みがはずれちゃって、大損ですよ。

(B) コストを削って何とかしようとしたんです
が、時既に遅しでした。

(C) 株式は最高値を更新したと聞いています。

(D) でたらめな返事をしてすみません。

**사이토 씨는 이전 주식 거래에서 본 이득이 허사가 되고 말
았대요.**

(A) 제 전망이 빗나가 버려서 큰 손해에요.

(B) 원가를 삭감해서 어떻게든 하려고 했습니다만, 때는 이
미 늦었습니다.

(C) 주식은 최고치를 갱신했다고 들었습니다.

(D) 무책임한 답장을 해서 죄송합니다.

📖 주식 거래에서 이익이 허사가 되었다.

株取引(かぶとりひき) 주식 거래 | 儲(もう)け 벌이. 이익. 이득 | ふいになる 허사가 되다 | 大損(おおぞん) 큰 손해 | コスト 코스트(cost). 생산비. 원가. 비용 | 削(けず)る 깎다. 삭감하다. 삭제하다 | 遅(おそ)し 「遅(おそ)い」의 문어체 | 更新(こうしん) 갱신 | でたらめ 엉터리, 되는대로 함. 무책임함. 아무렇게나 함

48

不景気でこのままだと会社がつぶれてしま
います。

(A) 先ほど、契約書にミスが見付かりました。

(B) 自分の夢ばかり追い求めてはいけませんよ。

(C) 建物がほとんど消失してしまいましたね。

(D) 何か対策を講じなければなりませんね。

불경기로 이 상태라면 회사가 망하고 맙니다.

(A) 조금 전 계약서에 미스가 발견되었습니다.

(B) 자신의 꿈만을 쫓아서는 안 됩니다.

(C) 건물이 거의 소실되고 말았네요.

(D) 뭔가 대책을 강구하지 않으면 안 되겠네요.

📖 이 상태로는 망하고 만다.

不景気(ふけいき) 불경기 | 見付(みつ)かる 들키다. 발각되다. 찾게 되다. 발견되다 | 追(お)い求(もと)める 추구하다 | 焼失(しょうしつ) 소실. 소멸 | 対策(たいさく)を講(こう)じる 대책을 강구하다. 대책을 세우다

49

渡辺さんは、こんなに小さな部屋に住んで
いるんですか。

(A) 金回りがいいですから。

(B) 大きさは関係ないよ、住めば都と言うからね。

(C) 畳と妻は新しい方がいいとも言うからね。

(D) 嘘も方便と言いますから。

와타나베 씨는 이렇게 작은 방에서 살고 있는 겁니까?

(A) 주머니 사정이 좋으니까.

(B) 크기는 상관없어, 정들면 고향이라고 하니까.

(C) 새 것일수록 신선해서 좋다고 하니까.

(D) 거짓말도 방편이라고 하니까.

💬 이렇게 작은 방에서 살고 있는가?

金回(かねまわ)りがいい 주머니 사정이 좋다 | 住(す)めば都(みやこ) 어떤 곳이든 오래 살면 그런대로 좋은 곳으로 여겨진다. 정들면 고향 | 嘘(うそ)も方便(ほうべん) 거짓말도 방편. 목적을 달성하기 위한 수단으로서 때로는 거짓말을 할 필요가 있다

50

今、本州に向けて、台風が北上しているそうですよ。

(A) 乾燥注意報も発令されているそうですよ。注意が必要ですね。

(B) 黄砂が降るということで大騒ぎになっています。

(C) 竜巻の被害は予想を遥かに上回るものでした。

(D) 集中豪雨が予想されていますので、注意が必要ですね。

지금 혼슈를 향해서 태풍이 북상하고 있다고 해요.

(A) 건조주의보도 발령되고 있대요. 주의가 필요하겠어요.

(B) 황사가 내린다고 해서 큰 소동이 되고 있습니다.

(C) 회오리바람으로 인한 피해는 예상을 훨씬 뛰어넘는 것이었습니다.

(D) 집중호우가 예상되고 있기 때문에 주의가 필요하겠어요.

💬 태풍이 북상하고 있다!

本州(ほんしゅう) 혼슈. 일본 열도의 주가 되는 가장 큰 섬 | 北上(ほくじょう) 북상 | 乾燥注意報(かんそうちゅういほう) 건조주의보 | 発令(はつれい) 발령 | 黄砂(こうさ) 황사 | 大騒(おおさわ)ぎ 대소동, 큰 소동 | 竜巻(たつまき) 회오리바람 | 集中豪雨(しゅうちゅうごうう) 집중호우

정답

21	B	22	D	23	C	24	D	25	D
26	B	27	B	28	D	29	C	30	D
31	A	32	C	33	B	34	B	35	A
36	C	37	B	38	A	39	B	40	A
41	B	42	D	43	C	44	A	45	C
46	A	47	C	48	D	49	B	50	A

21

その箱に鉛筆は何本ありますか。

(A) 二枚で1,500百円です。

(B) 12本入っています。

(C) そちらが3,800百円です。

(D) 30分ぐらいです。

그 상자에 연필은 몇 자루 있습니까?

(A) 2장에 1,500엔입니다.

(B) 12자루 들어 있습니다.

(C) 그쪽이 3,800엔입니다.

(D) 30분 정도입니다.

💬 연필은 몇 자루?

箱(はこ) 상자 | 鉛筆(えんぴつ) 연필

22

部屋の窓はもう閉めましたか。

(A) いいえ、母に話しました。

(B) いいえ、いつも部屋にいました。

(C) はい、六時に閉めてください。

(D) はい、閉まっています。

방 창문은 벌써 닫았습니까?

(A) 아니요, 어머니에게 말했습니다.

(B) 아니요, 항상 방에 있었습니다.

(C) 네, 6시에 닫아 주세요.

(D) 네, 닫혀 있습니다.

創 창문을 닫았는지?

閉(し)める 닫다 | 母(はは) 어머니, 모친 | 話(はな)す 말하다, 이야기하다 | 閉(し)まる 닫히다

23

お先に失礼します。

(A) もうおいとま致します。
(B) 行ってきます。
(C) ご苦労様。
(D) お待ちどおさま。

먼저 실례하겠습니다.

(A) 이제 물러가겠습니다.
(B) 다녀오겠습니다.
(C) 수고했어요.
(D) 오래 기다리셨습니다.

創 먼저 실례하는 경우의 인사 표현을 알아둘 것.

先(さき)に 먼저, 앞서, 이전에 | 失礼(しつれい) 실례, 무례함, 예의 없음 | おいとまする 물러가다, 작별하다 | ご苦労様(くろうさま) 남의 수고를 위로하는 말, 수고했습니다, 수고하십니다 | お待(ま)ちどおさま 상대방을 기다리게 해서 죄송하다는 뜻의 인사말, 오래 기다리셨습니다, 늦어서 죄송합니다

24

すみません。私は外国人なので、漢字が書けないんですが。

(A) では、こちらに署名をお願いします。
(B) では、こちらに印鑑を押してください。
(C) では、ひらがなを見せてください。
(D) では、ローマ字でもいいですので。

죄송합니다. 저는 외국인이라서 한자를 쓸 줄 모릅니다만.

(A) 그럼, 여기에 서명을 부탁합니다.
(B) 그럼, 여기에 인감을 찍어 주세요.
(C) 그럼, 히라가나를 보여 주세요.
(D) 그럼, 로마자로도 괜찮습니다.

創 한자를 쓸 수 없다.

外国人(がいこくじん) 외국인 | 漢字(かんじ) 한자 | 署名(しょめい) 서명 | 印鑑(いんかん)を押(お)す 인감을 찍다 | ローマ字(じ) 로마자

25

この前、教授から贈り物を頂きました。

(A) あの教授は人が物をくれるのが好きだからね。
(B) あの教授は人から物をもらうのが好きなんだよ。
(C) あの教授は人から褒められるのが好きだからね。
(D) あの教授は人に物をあげるのが好きなんだよ。

요전에 교수님께 선물을 받았습니다.

(A) 그 교수는 남이 물건 주는 것을 좋아하니까.
(B) 그 교수는 남에게 물건 받는 것을 좋아해.
(C) 그 교수는 남에게 칭찬받는 것을 좋아하니까.
(D) 그 교수는 남에게 물건 주는 것을 좋아해.

創 선물을 받았다.

教授(きょうじゅ) 교수 | 贈(おく)り物(もの) 선물 | 頂(いただ)く「もらう(받다)」의 겸양어 | 好(す)き 좋아함

26

東京もずいぶん変わりましたね。

(A) ずいぶん大人になりましたよ。
(B) 交通が便利になりました。
(C) もう過去のことですから。
(D) はい、それは残念でした。

도쿄도 굉장히 변했네요.

(A) 제법 어른이 되었어요.
(B) 교통이 편리해졌습니다.
(C) 이미 과거의 일이니까.
(D) 네, 그건 아쉬웠습니다.

創 많이 변했다.

ずいぶん 몹시, 아주, 대단히 | 変(か)わる 변하다, 바뀌다 | 大人(おとな) 어른, 성인 | 交通(こうつう) 교통 | 便利(べんり) 편리 | 過去(かこ) 과거 | 残念(ざんねん) 유감스러움, 아쉬움, 분함, 억울함

27

渡辺さん、今夜どこか行きませんか。

(A) 週末には予定が入っているんですよ。

(B) 今晩(こんばん)は、ちょっと…。

(C) 今朝(けさ)は暇(ひま)だったんです。

(D) 昼間(ひるま)に寝(ね)てしまって。

와타나베 씨, 오늘 밤 어딘가 가지 않겠습니까?

(A) 주말에는 예정이 되어 있어요.

(B) 오늘 밤은 좀……

(C) 오늘 아침은 한가했어요.

(D) 낮에 자 버려서.

🔟 정중한 거절 표현을 알아둘 것

今夜(こんや) 오늘 밤, 오늘 저녁 | 予定(よてい) 예정 | 暇(ひま) 틈, 짬, 기회, 한가한 모양 | 昼間(ひるま) 주간, 낮

28

彼(かれ)についてどう思(おも)いますか。

(A) 彼(かれ)も来(く)ると思(おも)いますよ。

(B) 彼(かれ)は家(いえ)にいると思(おも)いますよ。

(C) もっとやせようと思(おも)います。

(D) 彼(かれ)の事(こと)は思(おも)い出(だ)したくもありません。

그에 대해서 어떻게 생각합니까?

(A) 그도 올 거라고 생각해요.

(B) 그는 집에 있을 거라고 생각해요.

(C) 좀 더 살을 빼려고 합니다.

(D) 그의 일은 생각하고 싶지도 않습니다.

🔟 그에 대해서 어떻게 생각하는지?

~について ~에 대하여 | 思(おも)う 생각하다, 판단을 내리다 | 思(おも)い出(だ)す 생각하기 시작하다, 생각해 내다

29

あの、財布(さいふ)を落(お)としてしまったんですが。

(A) それは物騒(ぶっそう)な世(よ)の中(なか)になりましたね。

(B) 考(かんが)えただけでもぞっとします。

(C) 一緒(いっしょ)に交番(こうばん)に行(い)って聞(き)いてみましょう。

(D) それは私(わたし)が落(お)としたものではありません。

저, 지갑을 잃어버리고 말았습니다만.

(A) 참으로 뒤숭숭한 세상이 되었네요.

(B) 생각만 해도 소름이 끼칩니다.

(C) 같이 파출소에 가서 물어봅시다.

(D) 그것은 내가 떨어뜨린 것이 아닙니다.

🔟 지갑을 잃어버렸다.

財布(さいふ)を落(お)とす 지갑을 잃어버리다, 지갑을 떨어뜨리다 | それは 다음에 할 말을 감동의 뜻을 담아 강조하는 말, 정말, 참으로, 매우 | 物騒(ぶっそう) 무슨 일이 일어날 것 같은 느낌이 드는 모양 | 世(よ)の中(なか) 세상, 세간, 사회, 시대 | 交番(こうばん) 파출소

30

今日(きょう)のニュースをご覧(らん)になりましたか。

(A) いいえ、まだご覧(らん)になっていないんですが。

(B) いいえ、まだ拝見(はいけん)しておりませんが。

(C) ええ、そんなことは見(み)たことありませんが。

(D) ええ、大(おお)きな事故(じこ)がありましたね。

오늘의 뉴스를 보셨습니까?

(A) 아니요, 아직 보시지 않았습니다만.

(B) 아니요, 아직 삼가 보지 못했습니다만.

(C) 네, 그런 것은 본 적이 없습니다만.

(D) 네, 큰 사고가 있었네요.

🔟 뉴스를 봤는지?

ご覧(らん)になる 보시다 | 拝見(はいけん) 배견, 삼가 봄 | 事故(じこ) 사고

31

今日(きょう)は何(なに)がお薦(すす)めですか。

(A) 今日(きょう)はさんまが安(やす)くておいしいから、さんまはいかが。

(B) 安(やす)いものは性能(せいのう)が落(お)ちますよ。

(C) 今日(きょう)だけの限定販売(げんていはんばい)ですからね。

(D) 朝(あさ)から並(なら)んだ甲斐(かい)がありましたよ。やっと買(か)えました。

오늘의 추천(요리)은 무엇입니까?

(A) 오늘은 꽁치가 싸고 맛있으니까, 꽁치는 어떠세요?

(B) 싼 것은 성능이 떨어져요.

(C) 오늘만 하는 한정판매니까요.

(D) 아침부터 줄을 선 보람이 있었어요. 겨우 살 수 있었습니다.

🔟 추천은 무엇?

お薦(すす)め 추천, 권장 | さんま 꽁치 | 落(お)ちる 떨어지다, 하락하다 | 限定販売(げんていはんばい) 한정판매 | 甲斐(かい) 보람, 효과

パソコン 퍼스널 컴퓨터(PERSONAL COMPUTER), PC | 購入(こうにゅう) 구입 | 予算(よさん) 예산 | 足(あし)が出(で)る 지출이 예산을 초과하다, 적자가 나다, 탄로 나다, 들통 나다 | 収入(しゅうにゅう) 수입 | 支出(ししゅつ) 지출 | 赤字(あかじ) 적자

32

今、あなたはご家族に何を望んでいるんですか。

(A) 恋人が欲しいんです。

(B) もう愛想が尽きました。

(C) 私の事を分かって欲しいんです。

(D) お金は私が払ったんです。

지금 당신은 가족에게 무엇을 바라고 있습니까?

(A) 애인을 원합니다.

(B) 이제 정나미가 떨어졌습니다.

(C) 제 일을 이해해 주었으면 합니다.

(D) 돈은 제가 지불한 겁니다.

🔟 가족에게 바라는 것은?

望(のぞ)む 바라다, 원하다, 바라보다 | 恋人(こいびと) 연인, 애인 | 欲(ほ)しい 갖고 싶다, 탐나다 | 愛想(あいそ)が尽(つ)きる 정나미가 떨어지다 | 払(はら)う 지불하다, 없애다

34

バスがなかなか来ませんね。

(A) バスと電車を乗り継げばすぐなんですよ。

(B) この街では、バスが時間通りに来る方が珍しいんです。

(C) 1時間前に、バスでここに来たんです。

(D) バス酔いするので、ちょっと困ります。

버스가 좀처럼 오지 않네요.

(A) 버스와 전철을 갈아타면 금방이에요.

(B) 이 마을에서는 버스가 시간대로 오는 일이 드뭅니다.

(C) 1시간 전에 버스로 여기에 왔습니다.

(D) 버스 멀미를 하기 때문에 좀 곤란합니다.

🔟 버스가 잘 오지 않는다.

なかなか 꽤, 상당히, 매우, 좀처럼 | 乗(の)り継(つ)ぐ 다른 탈것으로 갈아타고 목적지로 가다, 갈아타다 | 時間通(じかんどお)り 시간대로 | 珍(めずら)しい 드물다, 희귀하다, 별나다, 신기하다 | バス酔(よ)い 버스 멀미

33

お客様、パソコン購入のご予算はおありですか。

(A) ちょっと高くて足が出ちゃってね。

(B) 安ければ安いほどいいんですが。

(C) 収入と支出のバランスをよく考えてください。

(D) 今は赤字で、大変なんですよ。

손님, PC구입 예산은 있으십니까?

(A) 약간 비싸서 예산을 초과해 버렸네.

(B) 싸면 쌀수록 좋겠습니다만.

(C) 수입과 지출의 균형을 잘 생각해 주세요.

(D) 지금은 적자라서 힘들거든요.

🔟 구입 예산은 있는가?

35

口座を開きたいんですが、未成年者でも大丈夫ですか。

(A) はい、何か身分を確認できるものをお持ちですか。

(B) はい、割引券をお持ちですか。

(C) はい、ご優待券はお得意様だけに発行しているんです。

(D) あいにくですが、今日はお休みなんですよ。

계좌를 개설하고 싶습니다만, 미성년자라도 괜찮습니까?

(A) 네, 뭔가 신분을 확인할 수 있는 것을 갖고 계십니까?

(B) 네, 할인권을 갖고 계십니까?

(C) 네, 우대권은 단골손님에게만 발행하고 있거든요.

(D) 공교롭게도, 오늘은 휴일이에요.

🔟 계좌 개설은 미성년자도 가능한지 묻고 있다.

口座(こうざ)を開(ひら)く 계좌를 개설하다 | 未成年者(みせいね
んしゃ) 미성년자 | 身分(みぶん) 신분 | 確認(かくにん) 확인 | 割
引券(わりびきけん) 할인권 | 優待券(ゆうたいけん) 우대권 | お
得意(とくい) 단골. 고객 | 発行(はっこう) 발행

足(た)りない 모자라다. 부족하다 | 気(き)がする 기분이 들다. 느낌이
나다 | 言(い)い分(わ)け 변명. 해명 | 言(い)い過(す)ぎる 지나치게
말하다. 심하게 말하다 | 唐辛子(とうがらし) 고추 | 甘(あま)み 단맛.
단 정도. 단것

36

川口(かわぐち)さんにはいつもお世話(せわ)になっています
から、今日(きょう)は私(わたし)がご馳走(ちそう)します。

(A) いえいえ、そんなにお世話(せわ)になっていません
から。

(B) そんなこと言(い)わないでください。赤(あか)の他人(たにん)な
んですから。

(C) いえいえ、そんなに気(き)を使(つか)わないでくださ
い。

(D) 大変(たいへん)お世話(せわ)になっております。

**가와구치 씨에게는 늘 신세를 지고 있으니까, 오늘은 제가
한턱내겠습니다.**

(A) 아니에요, 그렇게 신세를 지고 있지 않으니까요.

(B) 그런 말 하지 마세요. 전혀 모르는 사람이니까요.

(C) 아니에요, 그렇게 신경 쓰지 마세요.

(D) 대단히 신세를 지고 있습니다.

📖 내가 한턱내겠다!

ご馳走(ちそう) 맛있는 음식, 호화로운 식사, 음식을 대접함. 한턱냄 | お
世話(せわ)になる 신세를 지다. 폐를 끼치다 | 赤(あか)の他人(たに
ん) 생판 남. 전혀 관계가 없는 사람 | 気(き)を使(つか)う 신경을 쓰다. 주
의하다

37

今日(きょう)の料理(りょうり)、何(なに)か足(た)りない気(き)がしない？

(A) 言(い)い分(わ)けは聞(き)きたくないよ。

(B) そこまで言(い)うのは言(い)い過(す)ぎじゃないか。

(C) 唐辛子(とうがらし)は体(からだ)にとてもいいんですよ。

(D) 少(すこ)し甘(あま)みが足(た)りないようだね。

오늘 요리, 뭔가 부족한 느낌이 나지 않아?

(A) 변명은 듣고 싶지 않아.

(B) 그렇게까지 말하는 건 말이 지나친 것 아냐?

(C) 고추는 몸에 아주 좋아요.

(D) 약간 단맛이 부족한 것 같군.

📖 부족한 느낌이 든다.

38

この前(まえ)の轢(ひ)き逃(に)げ事故(じこ)の原因(げんいん)は何(なん)でしたか。

(A) 運転手(うんてんしゅ)のよそ見(み)が原因(げんいん)だったと聞(き)きました。

(B) 作業員(さぎょういん)の不注意(ふちゅうい)が原因(げんいん)だったと聞(き)きました。

(C) あの人(ひと)は癪(しゃく)にさわると言(い)っていましたよ。

(D) 土下座(どげざ)をするように謝(あやま)っていました。

지난번 뺑소니 사고의 원인은 무엇이었습니까?

(A) 운전수가 한눈 판 것이 원인이었다고 들었습니다.

(B) 작업원의 부주의가 원인이었다고 들었습니다.

(C) 그 사람은 화가 난다고 말했어요.

(D) 머리를 조아리듯이 사과를 했습니다.

📖 사고의 원인이 무엇인지 묻고 있다.

轢(ひ)き逃(に)げ 자동차 등이 사람을 치고 도망함. 뺑소니 | よそ見(み)
한눈 팖. 옆을 봄. 곁눈질 | 不注意(ふちゅうい) 부주의 | 癪(しゃく)
にさわる 화가 나다 | 土下座(どげざ) 땅에 조아려 엎드림 | 謝(あや
ま)る 용서를 빌다. 사과하다

39

山口(やまぐち)さん、今日(きょう)はよくお手洗(てあら)いに行(い)きます
ね。

(A) 化粧(けしょう)の乗(の)り具合(ぐあ)いが気(き)に入(い)るんだろうね。

(B) 変(へん)な物(もの)を食(た)べて、お腹(なか)を壊(こわ)したらしいよ。

(C) 昨日(きのう)は飲(の)み過(す)ぎで、今日(きょう)は二日酔(ふつかよ)いみたいだ
ね。

(D) 山口(やまぐち)さん千鳥足(ちどりあし)だったからね。

야마구치 씨, 오늘은 자주 화장실에 가네요.

(A) 화장 상태가 마음에 든 거겠지.

(B) 이상한 것을 먹어서 배탈이 난 것 같아.

(C) 어제는 과음을 해서, 오늘은 숙취인 것 같아.

(D) 야마구치 씨, 갈지자걸음이었으니까.

📖 자주 화장실에 간다.

お手洗(てあら)い 화장실 | 化粧(けしょう)の乗(の)り 화장 상태 | 具合(ぐあい) 형편. 상태 | 気(き)に入(い)る 마음에 들다. 만족하다 | お腹(なか)を壊(こわ)す 배탈이 나다 | 飲(の)み過(す)ぎる 과음하다 | 二日酔(ふつかよ)い 숙취 | 千鳥足(ちどりあし) 술 취한 사람의 갈지자걸음

司法試験(しほうしけん)を受(う)ける 사법시험을 보다 | 足(あし)が地(ち)に着(つ)かない 흥분하여 마음이 들뜨다. 이론만 앞서고 실제에 맞지 않다 | 奈落(ならく)の底(そこ) 지옥의 밑바닥. 수렁. 도저히 헤어날 수 없는 처지 | 突(つ)き落(お)とす 밀어 떨어뜨리다. 궁지에 빠뜨리다 | 後(あと)の祭(まつ)り 시기를 놓침. 행차 뒤의 나팔

40

やっと念願(ねんがん)のマイホームを手(て)に入(い)れましたよ。

(A) 無駄遣(むだづか)いをせず、こつこつ貯(た)めてきた甲斐(かい)がありましたね。

(B) 無駄(むだ)なことをしてばかりいた結果(けっか)ですね。

(C) だから最近(さいきん)、金回(かねまわ)りがいいと思(おも)っていたんですよ。

(D) ついに実家(じっか)に帰(かえ)ることになったんですね。

간신히 염원하던 마이 홈을 손에 넣었어요.

(A) 낭비를 하지 않고, 부지런히 돈을 모아온 보람이 있었네요.

(B) 쓸데없는 일만 하던 결과네요.

(C) 그렇기 때문에 최근 주머니 사정이 좋다고 생각했던 거예요.

(D) 마침내 친정에 돌아가게 된 거군요.

四 마이 홈을 손에 넣었다.

念願(ねんがん) 염원 | マイホーム 마이 홈(my home). 내 집 | 手(て)に入(い)れる 손에 넣다. 입수하다 | 無駄遣(むだづか)い 낭비, 허비 | こつこつ 꾸준히 노력함. 부지런히 함 | 貯(た)める 돈을 모으다 | 甲斐(かい) 보람, 효과 | 金回(かねまわ)りがいい 주머니 사정이 좋다 | 実家(じっか) 친정, 생가

41

小林(こばやし)さん、明日(あした)司法試験(しほうしけん)を受(う)けるんだって？

(A) ええ、まあ、ほんの気持(きも)ちですから。

(B) ええ、だから今(いま)、足(あし)が地(ち)に着(つ)かないんです。

(C) ええ、奈落(ならく)の底(そこ)に突(つ)き落(お)とされた思(おも)いです。

(D) ええ、後(あと)の祭(まつ)りですよ。

고바야시 씨, 내일 사법시험을 치른다면서?

(A) 네, 그냥 그저 마음뿐이라서.

(B) 네, 그렇기 때문에 지금 마음이 들떠 있습니다.

(C) 네, 지옥의 밑바닥으로 떨어진 기분입니다.

(D) 네, 행차 뒤의 나팔이에요.

42

すみません、東京駅(とうきょうえき)までの道(みち)を教(おし)えて頂(いただ)けますか。

(A) それでは、お先(さき)に失礼致(しつれいいた)します。

(B) 道(みち)に迷(まよ)ってしまったんです。

(C) この道(みち)は行(ゆ)き止(ど)まりですよ。

(D) お安(やす)い御用(ごよう)ですよ。

저기요, 도쿄 역까지 가는 길을 가르쳐 주시겠습니까?

(A) 그럼, 먼저 실례하겠습니다.

(B) 길을 잃고 말았습니다.

(C) 이 길은 막다른 곳이에요.

(D) 문제없어요.

四 길을 가르쳐 주세요.

道(みち)に迷(まよ)う 길을 잃다 | 行(ゆ)き止(ど)まり 길 등이 더 이상 나아갈 수 없음. 막다름. 막다른 곳 | お安(やす)い御用(ごよう)です 손쉬운 일입니다. 문제없습니다

43

やっと息子(むすこ)の縁談(えんだん)がまとまりそうです。

(A) ついに遠距離恋愛(えんきょりれんあい)の始(はじ)まりですね。

(B) 人生(じんせい)の最期(さいご)を看取(みと)ることができそうですね。

(C) それはおめでたいことですね。

(D) それは、大変(たいへん)ご苦労様(くろうさま)でした。

겨우 아들의 혼담이 성사될 것 같습니다.

(A) 결국 원거리 연애의 시작이군요.

(B) 인생의 임종을 지켜볼 수 있을 것 같군요.

(C) 정말 경사스러운 일이군요.

(D) 참으로 고생 많으셨습니다.

四 혼담이 성사될 것 같다.

縁談(えんだん) 혼담 ｜ まとまる 합쳐지다, 통합되다, 정리되다, 정돈되다 ｜ 遠距離(えんきょり) 원거리, 장거리 ｜ 恋愛(れんあい) 연애 ｜ 最期(さいご)を看取(みと)る 임종을 지켜보다 ｜ それは 다음에 할 말을 감동의 뜻을 담아 강조하는 말, 정말, 참으로, 매우 ｜ おめでたい 경사스럽다

44

高橋(たかはし)さん、最近(さいきん)、お子(こ)さんの様子(ようす)はいかがですか。

(A) 来月(らいげつ)で1才(さい)になりますが、動(うご)き回(まわ)るので目(め)が離(はな)せないんです。

(B) 彼(かれ)は新入社員(しんにゅうしゃいん)なので、手取(てと)り足取(あしと)り教(おし)えてあげないといけません。

(C) 育児(いくじ)をすると猫(ねこ)の手(て)も借(か)りたいほど忙(いそが)しいんです。

(D) 寝(ね)る子(こ)は育(そだ)つとよく言(い)いますからね。

다카하시 씨, 요즘 자제분의 상태는 어떻습니까?

(A) 다음 달에 한 살이 됩니다만, 이리저리 돌아다니기 때문에 눈을 뗄 수가 없습니다.

(B) 그는 신입사원이라서, 꼼꼼히 가르쳐 주지 않으면 안 됩니다.

(C) 육아를 하면 고양이의 손이라도 빌리고 싶을 정도로 바쁩니다.

(D) 잘 자는 아이는 건강하게 자란다고 자주 말하니까요.

🔊 아이의 상태는 어떠한지?

動(うご)き回(まわ)る 이리저리 돌아다니다, 활동하다, 활약하다 ｜ 目(め)が離(はな)せない 눈을 뗄 수 없다, 한눈을 팔 수 없다 ｜ 手取(てと)り足取(あしと)り 자잘한 부분까지 뒷바라지를 해 줌, 꼼꼼히 가르쳐 줌 ｜ 育児(いくじ) 육아 ｜ 猫(ねこ)の手(て)も借(か)りたい 고양이의 손이라도 빌리고 싶다 (매우 바쁨을 비유) ｜ 寝(ね)る子(こ)は育(そだ)つ 잘 자는 아이는 건강하게 자란다

45

鈴木(すずき)さんって誰(だれ)からでも好(す)かれるタイプですね。

(A) 彼(かれ)は気(き)さくな人(ひと)としか付(つ)き合(あ)わないからな。

(B) 彼(かれ)は相手(あいて)の顔色(かおいろ)を伺(うかが)いながら仕事(しごと)をするからな。

(C) 彼(かれ)は本当(ほんとう)に気(き)の置(お)けないやつだよ。

(D) 正直(しょうじき)、彼(かれ)には気(き)を揉(も)んでいるんだよ。

스즈키 씨는 누구나가 좋아하는 타입이네요.

(A) 그는 싹싹한 사람하고만 교제를 하니까.

(B) 그는 상대방의 표정을 살피면서 일을 하니까.

(C) 그는 정말로 허물없이 지낼 수 있는 녀석이야.

(D) 솔직히 그에게는 마음을 졸이고 있어.

🔊 누구나가 좋아하는 타입!

気(き)さく 소탈함, 싹싹함, 허물없음 ｜ 付(つ)き合(あ)う 사귀다, 교제하다, 행동을 같이 하다 ｜ 顔色(かおいろ)を伺(うかが)う 표정[안색/기색]을 살피다 ｜ 気(き)が置(お)けない (조심할 필요 없이) 마음 놓을 수가 있다, 허물없이 지낼 수 있다 (※ 근래에 '마음을 놓을 수 없다, 방심할 수 없다'의 뜻으로 잘못 쓰이는 경우가 있음) ｜ 気(き)を揉(も)む 마음을 졸이다, 조바심하다, 애태우다

46

地上(ちじょう)デジタル放送開始(ほうそうかいし)まであとわずかですね。

(A) 今(いま)、デジタル放送受信機(ほうそうじゅしんき)の売(う)り上(あ)げはうなぎ登(のぼ)りですよ。

(B) テレビの視聴率(しちょうりつ)の下落(げらく)に歯止(はど)めがかかりません。

(C) 激(はげ)しい視聴率獲得競争(しちょうりつかくとくきょうそう)は始(はじ)まったばかりです。

(D) そうすると、充電時間(じゅうでんじかん)が大幅(おおはば)に短縮(たんしゅく)されます。

지상 디지털 방송 개시까지 앞으로 얼마 남지 않았네요.

(A) 지금 디지털 방송 수신기의 매상은 계속 올라가고 있어요.

(B) 텔레비전 시청률의 하락에 브레이크가 걸리지 않습니다.

(C) 격렬한 시청률 획득 경쟁은 막 시작되었습니다.

(D) 그렇게 하면, 충전 시간이 크게 단축됩니다.

🔊 개시까지 얼마 남지 않았다.

わずか 근소함, 조금, 약간, 불과 ｜ 受信機(じゅしんき) 수신기 ｜ うなぎ登(のぼ)り (기온, 물가 평가, 지위 등이) 자꾸만 올라감 ｜ 下落(げらく) 하락 ｜ 歯止(はど)めがかかる 브레이크가 걸리다 ｜ 競争(きょうそう) 경쟁 ｜ 充電(じゅうでん) 충전 ｜ 短縮(たんしゅく) 단축

47

いよいよ就職試験(しゅうしょくしけん)まで1ヶ月(げつ)を切(き)りましたね。

(A) そろそろ決着(けっちゃく)をつけなくてはいけません。

(B) 骨折(ほねお)り損(ぞん)の草臥(くたび)れ儲(もう)けですよ。

(C) 本腰(ほんごし)を入(い)れて、始(はじ)めなければなりませんね。

(D) 手間(てま)がかかるので、あきらめます。

마침내 취직 시험까지 1개월이 남지 않았네요.

(A) 슬슬 결말을 짓지 않으면 안 됩니다.

(B) 뼈 빠지게 고생만 하고 보람이 없어요.

(C) 진지한 마음으로 시작하지 않으면 안 되겠어요.

(D) 시간이 걸리기 때문에 단념하겠습니다.

🔟 시험까지 얼마 남지 않았다!

就職試験(しゅうしょくしけん) 취직시험 | 切(き)る 베다. 자르다 | 決着(けっちゃく)をつける 결말을 짓다 | 骨折(ほねお)り損(ぞん)の草臥(くたび)れ儲(もう)け 수고만 하고 전혀 보람이 없음 | 本腰(ほんごし)を入(い)れる 진지한 마음으로 일을 시작하다 | 手間(てま)がかかる 시간이 들다. 잔손이 가다

그는 팔방미인이라서 싫어.

(A) 그는 아무에게나 친절한 사람이니까.

(B) 누구에게나 좋은 얼굴을 하려고 해도 언젠가는 한계가 오지.

(C) 정말로 그는 훌륭한 사람이군.

(D) 그에게는 책임을 지게 했으면 해.

🔟 팔방미인이라서 싫다!

八方美人(はっぽうびじん) 팔방미인. 어느 쪽에서 보아도 결점이 없는 미인. 누구에게나 기분 좋게 대하는 사람 | 限界(げんかい) 한계 | 素晴(すば)らしい 매우 훌륭하다. 굉장하다. 대단하다 | 責任(せきにん)を取(と)る 책임을 지다

48

加藤(かとう)さんは、どうしてあんな人(ひと)と結婚(けっこん)してしまったんだろうね。

(A) かわいい子(こ)には旅(たび)をさせよというじゃないか。

(B) 三人寄(さんにんよ)れば文殊(もんじゅ)の知恵(ちえ)だというじゃないか。

(C) 明日(あした)は明日(あした)の風(かぜ)が吹(ふ)くってことだよ。

(D) あばたもえくぼだよ。

가토 씨는 왜 저런 사람과 결혼을 해버린 걸까?

(A) 귀한 자식에게는 여행을 시키라고 하잖아.

(B) 셋이 모이면 문수보살의 지혜라고 하잖아.

(C) 내일은 내일의 바람이 분다고 하잖아.

(D) 제 눈에 안경이야.

🔟 왜 저런 사람과 결혼했나?

かわいい子(こ)には旅(たび)をさせる 사랑하는 자식에게는 여행을 시켜라 (귀한 자식에게는 세상의 어려움을 경험하게 하라는 말) | 三人寄(さんにんよ)れば文殊(もんじゅ)の知恵(ちえ) 범인(凡人)이라도 셋이 모여 생각하면 문수보살 못잖은 좋은 지혜가 나온다 | あばたもえくぼ 사랑하는 상대는 마마 자국도 보조개로 보임. 제 눈에 안경

49

彼(かれ)は、八方美人(はっぽうびじん)だから嫌(いや)なのよね。

(A) 彼(かれ)は誰(だれ)にでも優(やさ)しい人(ひと)だからね。

(B) 誰(だれ)にでもいい顔(かお)をしようとしてもいつかは限界(げんかい)が来(く)るね。

(C) 本当(ほんとう)に彼(かれ)は素晴(すば)らしい人(ひと)だね。

(D) 彼(かれ)には責任(せきにん)を取(と)って欲(ほ)しいね。

50

不景気(ふけいき)で、競合他社(きょうごうたしゃ)と経営統合(けいえいとうごう)する会社(かいしゃ)が増(ふ)えていますね。

(A) 経営(けいえい)が厳(きび)しい中(なか)、お互(たが)い手(て)を組(く)んでいこうということですね。

(B) 経営(けいえい)が厳(きび)しい中(なか)、早(はや)めに手(て)を打(う)とうとする傾向(けいこう)の現(あらわ)れですね。

(C) これで景気(けいき)を押(お)し上(あ)げようとする政策(せいさく)の一部(いちぶ)ですね。

(D) これで物価(ぶっか)が下落(げらく)することが予想(よそう)されますね。

불경기로 경쟁 회사와 경영을 통합하는 회사가 늘고 있네요.

(A) 경영이 혹독한 중에 상호간에 협력해 나가자는 거네요.

(B) 경영이 혹독한 중에 빨리 타협하려는 경향이 나타나네요.

(C) 이것으로 경기를 끌어 올리려는 정책의 일부네요.

(D) 이것으로 물가가 하락할 것이 예상되네요.

🔟 경합 회사와 경영을 통합하는 회사가 늘고 있다.

競合(きょうごう) 경합 | 手(て)を組(く)む 손을 맞잡다. 협력하다. 팔짱을 끼다 | 手(て)を打(う)つ 손뼉을 치다. 타협하여 해결하다. 계약이 성립되다. 손을 쓰다. 조치를 취하다 | 押(お)し上(あ)げる 밀어 올리다. 들어 올리다. 발탁하여 신분을 올려 주다 | 政策(せいさく) 정책

오문정정 문제 1회 (정답 및 해설) 문제집 48~50쪽

정답

121	D	122	B	123	A	124	B	125	A
126	B	127	D	128	B	129	B	130	D
131	B	132	C	133	C	134	B	135	D
136	B	137	C	138	A	139	B	140	D

121 （D） の → こと

저 축구 선수는 일주일에 3천만 엔을 벌 수가 있습니다.

🔟 「~ことができる」~할 수 있다

122 （B） きれい → きれいな

겉보기에는 예쁜[깨끗한] 사람이라도, 마음이 지저분한 사람은 많이 있습니다.

🔟 な형용사의 명사 수식 형태에 주의.
　🔟 嫌いな人 싫어하는 사람

123 （A） かわいし → かわいいし

이 상품은 아주 귀엽고, 원재료도 안심할 수 있어서 어린이에게 선물하면 기뻐할 것 같습니다.

🔟 「종지형 + し（~고, ~며）」는 い형용사와 な형용사의 연결 형태에 주의할 것!

124 （B） 買いました → 買った

빵에 어제 산 잼을 발라서 먹어 보았습니다.

🔟 명사 수식절 안에서 술어는 원칙적으로 보통형을 사용한다.

125 （A） 着て → 履いて

남자는 여자가 데이트에 치마를 입고 오면 자신에게 마음이 있는 것이 아닐까 착각한다.

🔟 1. 「~を履く」~을/를 입다/신다 ☞ 허리를 기준으로 아랫부분
　⇒ スカート（스커트）, ズボン（바지）, 靴（신발）, 靴下（양말）, ストッキング（스타킹） 등

2. 「~を着る」~을/를 입다 ☞ 허리를 기준으로 윗부분
　⇒ スーツ（양복）, ブラウス（블라우스）, 上着（상의） 등
3. 「勘違い」착각, 잘못 생각함

126 （B） 思わない → 思えない

우연히 찍혔다고는 생각할 수 없을 정도의 기적적인 영상이 '도쿄'에서 소개되고 있다.

🔟 1. 「撮れる」（사진이）찍히다
2. 「思う」생각하다
3. 「思える」생각할 수 있다〈가능형〉

127 （D） いきました → きました

이웃 레스토랑에서 이상한 냄새가 풍겨왔습니다.

🔟 「においがする（냄새가 나다）, 聞こえる（들리다）」에 「~てくる（~해 오다）」가 접속되면, 지각정보의 도달을 나타낸다. 「~ていく（~해 가다）」에는 이러한 용법이 없다.

128 （B） 入る → 入ろう

목욕하려는 참에 전화가 걸려왔다.

🔟 「~（よ）うとする」~하려고 하다

129 （B） ような → ように

이 작품은 어른이 마치 아이처럼 빨려 들어가 버리기 때문에 불가사의합니다.

🔟 1. 「ような + 체언（명사, 대명사, 수사）」~같은
　🔟 夢のような話だ。 꿈 같은 이야기다.
　　あなたが思っているような人ではない。
　　당신이 생각하고 있는 것 같은 사람이 아니다.
2. 「ように + 용언（동사, 형용사）」~같이 ~처럼
　🔟 夢のように感じられた。 꿈처럼 느껴졌다.
　　私のようにしてください。 나처럼 해 주세요.
3. 「吸い込む」빨아들이다, 흡수하다

130 （D） 面白いだ → 面白い

야마다 씨는 한국 요리 중에서 어떤 요리가 색다르다고 생각합니까?

🔲 「동사, 형용사, 「명사 + だ」보통형 + と思う」~(이)라고 생각
하다
📖 山田さんは行くと思う。야마다 씨는 갈 거라고 생각한다.
日本語はやさしいと思う。일본어는 쉽다고 생각한다.
彼が犯人だと思う。그가 범인이라고 생각한다.

131 (B) は → が

여러분, 엔도 군이 아프다는 것을 알고 있습니까?

🔲 명사 수식절 안에서 주제를 나타낼 때, 조사 「は」는 사용할 수
없다.
📖 山田さん((×)は /(○)が)書いた小説は面白い。
야마다 씨가 쓴 소설은 재미있다.

132 (C) が → に

너무 일이 많기 때문에 누군가가 도와주었으면 좋겠다.

🔲 1. 「~に~てほしい」~이/가 ~하기를 바라다 ⇒ 대상이 사람
일 경우에는 「~に」로 나타냄.
📖 この展覧会にたくさんの人に来てほしい。
이 전람회에 많은 사람이 왔으면 한다.
2. 「~が~てほしい」~이/가 ~하기를 바라다
⇒ 어떤 사태가 일어나기를 바랄 경우에는 「~が」로 나타냄.
📖 早く夏休みが始まってほしい。
빨리 여름방학이 시작되었으면 좋겠다.
寒い冬にはもうあきあきしてきた。早く春がきてほ
しい。추운 겨울에는 이제 신물이 난다. 빨리 봄이 왔으면 좋
겠다.

133 (C) に → から

아직까지도 옷을 받기도 하고, 식료품과 일용품을 친정에서
받기도 합니다.

🔲 1. 「장소 + から~てもらう」(장소)에서 ~해 받다
⇒ 장소를 나타내는 명사에는 「から」를 사용.
2. 「사람 + に・から~てもらう」(사람)에게 ~해 받다
⇒ 사람의 경우에는 「に・から」를 모두 사용할 수있다.
📖 実家の母((○)に /(○)から)りんごを送ってもらいまし
た。친정어머니한테 사과를 받았습니다.
※ 사전에는 「未だに」로 나와 있지만, 다른 문법 학자들은 「今
だに」가 올바른 표기라고 주장하기도 함.

134 (B) あげた → くれた

나는 교토에서 식을 올렸습니다만, 도쿄에서 와준 선배에게
는 교통비를 건넸습니다.

🔲 1. 「~てあげる」(내/주어가 상대방에게) ~해 주다
2. 「~てくれる」(상대방이 나에게) ~해 주다

135 (D) 割れさせて → 割って

아이들은 창문을 향해 볼을 던져서 일부러 유리창을 깨버렸
다.

🔲 자동사(割れる)/ 타동사(割る) 대응을 가지고 있는 자동사의
사역형은 사용되지 않는데, 이유는 그 의미를 나타내는 '타동
사(割る)'가 존재하기 때문이다.
📖 卵が割れた。계란이 깨졌다.
私は落として卵を((○)割った /(×)割れさせた)。
나는 떨어뜨려서 계란을 깼다.

136 (B) 死ぬ → 死に

그는 지금 자신이 죽어가고 있는 것을 의식하고 있었다.

🔲 「ます형 + つつある」~중이다

137 (C) おいしい → おいしくない

한 번 냉동된 밥은 전자레인지에 넣어도 퍼석퍼석해서 맛이
없어요.

🔲 1. 「チンする」전자레인지에 조리를 하거나 요리를 데우는 것
을 의미.
2. 「ぱさぱさ」말라서 물기가 없는 모양. 퍼석퍼석, 바삭바삭

138 (A) へ → に

벽에 아이가 그려준 그림을 붙였습니다.

🔲 관용적으로 정해진 표현과 물건과 물건이 밀접하게 붙어 있는
경우에는 조사 「に」를 사용한다.
📖 お風呂に入る。목욕하다.
バスに乗る。버스를 타다.
※ 이동의 도달점과 방향을 나타내는 경우에는 「に」와 「へ」를
치환하여 사용할 수 있다.
📖 友達に呼び出されて駅(に /へ)行きました。
친구가 불러서 역에 갔습니다.

139 (B) 懐かしい → 懐かしがる

이것은 80년대를 <u>그리워하는</u> 사람에게 있어서 지극히 기뻐할 정보이다.

📖 「형용사 어간 + がる」~하는 경향이 있다. ~하게 느끼다(여기다)

嬉しい(기쁘다) – 嬉しがる(기뻐하다)

悲しい(슬프다) – 悲しがる(슬퍼하다)

ほしい(원하다) – ほしがる(갖고 싶어하다)

寂しい(외롭다) – 寂しがる(외로워하다)

痛い(아프다) – 痛がる(아파하다)

寒い(춥다) – 寒がる(추워하다)

懐かしい(그립다) – 懐かしがる(그리워하다)

140 (D) 話しかけた → 話しかけてきた

60세를 넘긴 품위 좋은 할아버지가 생긋거리며 나에게 뭔가 말을 걸어왔다.

📖 대상을 이동시키는 동사는 종속절 안에서 사용되는 경우와 전문을 나타내는 형식을 동반한 경우를 제외하고는 원칙적으로 원심적 방향성(말하는 사람으로부터 멀어지는 방향성)을 나타낸다.

⇒ 원심적 방향성(말하는 사람으로부터 멀어지는 방향성)의 동사는 「~てくる」「~てくれる(은혜적인 장면)」를 사용함으로서 구심적 방향성(말하는 사람 쪽으로 가까워지는 방향성)을 나타낼 수 있다.

例 母が私にりんごを送った。(×)

母が私にりんごを(送ってきた・送ってくれた)。(○)

어머니가 나에게 사과를 (보냈다/보내줬다).

知らない人が私に話しかけた。(×)

知らない人が私に(話しかけてきた・話しかけてくれた)。(○)

모르는 사람이 나에게 (말을 걸었다/말을 걸어줬다).

山田さんが私に電話をかけた。(×)

山田さんが私に(電話をかけてきた・電話をかけてくれた)。(○)

야마다 씨는 나에게 (전화를 걸었다/전화를 걸어줬다).

정답

121	B	122	B	123	D	124	A	125	D
126	C	127	C	128	D	129	C	130	B
131	C	132	B	133	B	134	A	135	A
136	A	137	C	138	D	139	B	140	C

121 (B) 作り出そう → 作り始めよう

시민농원을 빌려서 채소를 <u>길러 보려고</u> 합니다만, 어떤 것을 준비하면 좋을까요?

📖 1. 「ます형 + 始める」~하기 시작하다

2. 「ます형 + 出す」~하기 시작하다

⇒ 「ます형 + 始める」 표현과 거의 동일하게 사용할 수 있지만, 의지 표현에는 잘 사용하지 않는다.

122 (B) ていく → てくる

지식사회라는 것은 무엇인지, 왜 <u>찾아오는</u> 것인지, 그리고 어떻게 살아야만 하는지를 해설합니다.

📖 「やってくる」다가오다, 찾아오다, 쭉 해오다, 지내오다

例 まもなく冬がやってくる。 멀지 않아 겨울이 다가온다.

ちょうどいいところにやってきた。
마침 좋은 때에 와 주었다.

これまでやってこられたのは山田さんのおかげです。이제까지 지내올 수 있었던 것은 야마다 씨 덕분입니다.

123 (D) に → で

4월부터 매주 계속해온 육성 영어 올림픽의 측정도 4종목 모두 이번 <u>주로</u> 끝납니다.

📖 종료점이나 귀착점을 나타내는 경우에는 「で」를 사용.

例 会議は3時((×)に /(○)で)終わった。
회의는 3시에 끝났다.

試験は今日((×)に /(○)で)終わった。
시험은 오늘로 끝났다.

時計は2時((×)に /(○)で)止まっている。
시계는 2시에 멈추어 있다.

仕事は4時((×)に /(○)で)止めましょう。

일은 4시에 끝냅시다.

124 (A) に → × (필요 없음)

오늘 아침 7시부터 줄서고 있다고 하는 남성에게 이야기를 들은 바, 영상이 굉장하다는 이야기를 들었기 때문에 기대하고 있다.

🔟 朝(아침), 昨日(어제), 今日(오늘), 明日(내일), 去年(작년), 今年(금년), 最近(최근), 将来(장래), 未来(미래), 今朝(오늘 아침), 先週(지난주), 今週(이번 주), 来週(다음 주) 등 막연한 시간을 나타내고 있는 경우에는 조사「に」를 쓸 수 없다.

예 朝、何を食べましたか。아침에 무엇을 먹었습니까?
将来、富士山に別荘を持ちたいです。

장래에 후지산에 별장을 가지고 싶습니다.

125 (D) ていただかない → ていただけない

우선, 전체적인 문장을 흐름이 좋은 자연스런 일본어로 첨삭해 주실 수 없는지요?

🔟 1.「～ていただく」~해 받다(의역:~해 주시다)

2.「～ていただけないでしょうか」~해 받을 수 없겠습니까
(해 주실 수 없는지요)?

126 (C) どうしようがない → どうしようもない

세상에는 자신의 노력 여하로 어떻게든 되는 것과, 자신의 노력으로는 어떻게 할 수도 없는 것이 존재합니다.

🔟 1.「명사 / 동사 ます형 + 次第」~여하로, ~하는 대로, ~하는 즉시

예 何事も人次第だ。무슨 일이든 사람 나름이다.
荷物が着き次第送金する。

화물이 도착하는 즉시 송금한다.

分かり次第報告する。알게 되는 대로 보고한다.

2.「どうしようもない」어쩔 도리가 없다. 속수무책이다

예 もうこうなったらどうしようもない。

이미 이렇게 되었으면 어쩔 도리가 없다.

127 (C) 過ぎで → 過ぎに

조금 전에도 텔레비전으로 하고 있었습니다만 7시 반, 8시 지나서 여진이 있었던 것 같습니다.

🔟 개시점을 나타내는 경우에는「に」를 사용

예 朝9時((○)に /(×)で)始まる。

아침 9시에 시작된다.

5時((○)に /(×)で)余震があった。

5시에 여진이 있었다.

弟は6時((○)に /(×)で)生まれた。

남동생은 6시에 태어났다.

日曜日((○)に /(×)で)行く。일요일에 간다.

128 (D) 行かない → 行く

그때는 어쩔 수 없이 샀지만, 이제 두 번 다시 그 약국에는 가지 않을 것이다.

🔟「명사 수식형 + ものか」~할 것인가, ~할까 보냐(절대 ~않는다)

예 あんな怠け者が合格できるもんか！

저런 게으름뱅이가 합격할까 보냐!

一日ぐらい寝なくたって、死ぬもんか！

하루정도 안 잔다고, 죽을까 보냐!

あんな所へ二度と行くものか。

저런 곳에 두 번 다시 가지 않을 것이다.

129 (C) 同じな → 同じ

초중학생을 대상으로 독자적으로 실시한 학력 테스트의 문제가, 작년과 완전히 같은 내용이었던 것을 알았다.

🔟 な형용사(형용동사)의 연체형은 어미「～だ」가「～な」로 변하여 명사를 수식하지만, 예외적으로「同じだ(같다), こんなだ(이러하다), そんなだ(그러하다), あんなだ(저러하다), どんなだ(어떠하다)」에 한해서 명사를 수식할 경우에는 어미가 활용되는 것이 아니라 그대로 어간에 연결시킨다.

※ 연체형 : 체언(명사, 대명사, 수사 등)을 수식하는 형태

예 同じ本 같은 책　　　こんな本 이러한 책

★ 일반 な형용사(형용동사)처럼,「～な」로 변하여 명사를 수식하는 경우

· 同じな+の 같은 것　　· 同じな+のに 같은데

· 同じな+ので 같기 때문에

130 （B）に → を

한 역 앞에서 전철을 내려 걸어서 돌아가면, 심신이 함께 향상된다.

ⓜ 「を」를 취하는 자동사

일반적으로 동사는 목적어(조사 「を」)를 취하지 않는 자동사와 목적어(조사 「を」)를 취하는 타동사로 크게 구분되지만, 자동사의 이동 동사의 경우는 조사 「を」를 취한다. 「出る(나오다), 降りる(탈 것 등에서 내리다), 下りる(내리다), 離れる(떨어지다/멀어지다), 発つ(출발하다/떠나다)」 등은 자동사이지만, 조사는 「を」를 취한다.

131 （C）に → で

보통은 당사도 포함하여 부업은 취업 규칙으로 금지되어 있을 것입니다.

ⓜ 「～で禁止される」～로 금지되다

132 （B）今にも → 今だに・未だに

텔레비전에서 너무 난해해 아직까지도 풀 수 없는 수식이 있다는 것을 보았습니다.

ⓜ 1. 「今にも」 이제 곧, 막, 조금 있으면

　　2. 「今だに」 아직껏, 아직까지도, 현재까지도

　　※ 사전에는 「未だに」로 나와 있지만, 다른 문법 학자들은 「今だに」가 올바른 표기라고 주장하기도 함.

133 （B）トプスター → トップスター

일본의 인기 여배우 마에다 아이가 한국의 톱스타 최강희와 닮았다며 주목을 받고 있다.

ⓜ 1. 「トップスター」 톱스타

　　2. 「～と似ている」～와 닮다 ⇒ 상호간에 서로 닮음
　　ⓔ 私は、田中さんと似ています。
　　　나는 다나카 씨와 닮았습니다.

　　3. 「～に似ている」～를 닮다 ⇒ 일방적 방향성으로 닮음
　　ⓔ 私は、父に似ています。
　　　나는 아버지를 닮았습니다.

134 （A）きっと → 必ず

스프레이 캔은 반드시 안을 다 사용하고, 옥외에서 구멍을 뚫은 다음 '캔'으로 자원회수하여 내 주세요.

ⓜ 1. 「必ず」 만이 사용되는 경우

　　① 자연의 법칙
　　ⓔ 春になれば必ず花が咲く。
　　　봄이 되면 반드시 꽃이 핀다.

　　② 논리
　　ⓔ 三から一を引けば必ず二になる。
　　　3에서 1을 빼면 반드시 2가 된다.

　　③ 명령문
　　ⓔ 必ずレポートを提出しなさい。
　　　반드시 리포트를 제출하세요.
　　　必ず学校に来い。 꼭 학교에 와라.

　　2. 「きっと」 만이 사용되는 경우

　　① 부정의 표현과 함께 사용
　　ⓔ 金さんはきっと来ない。
　　　김 씨는 틀림없이 오지 않는다.

　　　あすはきっと雨が降らない。
　　　내일은 반드시 비가 오지 않는다.

　　② 말하는 사람의 추량, 희망의 기분
　　ⓔ 明日きっとうかがえるでしょう。
　　　내일 틀림없이 방문할 수 있겠지요.

　　　明日はきっと雨が降るでしょう。
　　　내일은 틀림없이 비가 내리겠지요.

　　③ 판단한 내용이 동작이 아니고 상태
　　ⓔ 金さんはよく走るからきっと健康にちがいない。
　　　김 씨는 잘 달리기 때문에 건강함에 틀림없다.

135 （A）ぶりで → ぶりに

1년 만에 새로운 모델이 나오게 되어서 모니터 100명을 모집하고 있습니다.

ⓜ 「～ぶり」～만에 ⇒ 시간의 경과를 나타내는 말에 붙임
　　ⓔ 久しぶりに。 오래간만에.
　　　3年ぶりに会った。 3년 만에 만났다.

136 （A）どの → ある

어떤 사람이 실제로 어떠한 사람인지를 알고 싶다면, 그 사람이 돈을 잃어버렸을 때에 어떻게 행동할까에 주목.

ⓜ 1.「どの」무슨, 어느

ⓔ どの方法でやるつもりか。

무슨 방법으로 할 작정인가?

どの旅館も満員だ。

어느 여관이나 만원이다.

2.「ある」어느, 어떤

ⓔ ある日。어느 날.

ある女のことを思い出す。

어떤 여자의 일이 생각나다.

137 （C）気持ち → 思い

올바른 맞장구를 치는 것에 의해, 생각대로 상대를 유도할 수 있다.

ⓜ 1.「～とおり / ～とおりに / ～どおり / ～どおりに」~한 대로 / ~한 것 같이

[연결 형태]「명사 の / 동사 기본형, 과거형 ＋～とおり / ～とおりに」

[연결 형태]「명사 ＋～どおり / ～どおりに」

ⓔ 彼が言ったとおりだ。

그가 말한 대로이다.

医者の指示どおりに、酒もたばこも控え目にしているつもりだが、なかなかよくならない。

의사의 지시대로 술도 담배도 삼가려고 하지만, 좀처럼 잘 되지 않는다.

人生、自分の思いどおりにいくことなんか、めったにない。

인생, 자기 생각대로 되는 것 등은 거의 없다.

思い通り 생각대로, 뜻대로

2.「相槌を打つ」(남의 말에) 맞장구를 치다

138 （D）やめさせました → やめさせられました

사토 씨는 계속 지각을 했기 때문에 사장님에게 해고당했습니다.

ⓜ 의미 파악 문제로, 사역수동 의미를 제대로 파악할 수만 있다면 쉽게 풀 수 있다.

ⓔ やめる 그만두다

やめさせる 그만두게 하다〈사역〉

やめられる 그만두게 되다〈수동〉

やめさせられる 어쩔 수 없이 그만두게 되다〈사역수동〉

139 （B）に → と

명화를 무료로 볼 수 있어서 자리는 일찍 메워져 버렸다.

ⓜ 1.「～とあって」~라서 ~라고 해서

[연결 형태]「명사 / 동사 기본형 / い형용사 / な형용사 ＋～とあって」

ⓔ 年に一度のお祭りとあって、日本中からたくさんの人が訪れた。 일년에 한 번 있는 축제라서 일본 전국에서 많은 사람들이 찾아왔다.

冬休みが始まるとあって、子供たちはうれしそうだ。 겨울방학이 시작되어 아이들은 기뻐하는 것 같다.

2.「はやばや」매우 빠른 모양, 빨리, 일찍

140 （C）これは → それは

제가 계속 소중히 해 온 것, 그것은 어머니의 유품인 이 반지입니다.

ⓜ 선행사가「こと / もの」등으로 끝나고, 그 직후에 가리키는 것은「それ」로 나타낸다.

정답

121	A	122	C	123	C	124	B	125	D
126	B	127	D	128	A	129	C	130	B
131	C	132	A	133	A	134	C	135	C
136	D	137	A	138	B	139	B	140	B

121 （A）会った → 会う

오랜만에 만나자마자 느닷없이 복잡하게 얽힌 이야기를 해서 몹시 난처했습니다.

⑪ 1.「동사 기본형 ＋ ～なり」～하자마자

⇒ 그 동작 직후이거나 그 동작 직후에 예기치 못한 일이 일어난 경우에 사용하며, 동일 주어 문장에 사용

⑩ 彼は横になるなりいびきをかき始めた。
그는 눕자마자 코를 골기 시작했다.

そう言うなり出て行った。
그렇게 말하자마자 나갔다.

2.「동사 완료형 ＋ なり」～한 채 ＝「～したまま」

⑩ 座ったなり動こうともしない。
앉은 채 움직이려고도 하지 않는다.

うつむいたなり黙りこんでいる。
고개를 숙인 채 입을 다물고 있다.

家を出たなり1ヶ月も帰って来なかった。
집을 나간 채 한달이나 돌아오지 않았다.

お辞儀をしたなり何も言わずに部屋を出て行った。
인사를 한 채 아무 말도 없이 방을 나갔다.

3.「込み入る」복잡하게 얽히다

⑩ 込み入った事情 복잡하게 얽힌 사정

込み入った機械 복잡한 기계

話が込み入る。 이야기가 복잡해지다.

122 （C）とか → とかして

한가할 때는 텔레비전을 보거나, 쇼핑을 하거나 하며 지내는 일이 많다.

⑪ 「～とか～とか」 문형에서 동작을 나타내는 동사를 열거하는 경우, 뒤에 오는 「～とか」에는 「する」가 이어진다.

⑩ 休日には散歩をするとか読書をするとかして過ごしています。 휴일에는 산책을 하거나 독서를 하거나 하며 지내고 있습니다.

123 （C）読み得ない → 読めない

최근에 대여점에서 빌린 방화 비디오에 읽을 수 없는 제품이 나왔습니다.

⑪ 「ます형 ＋ うる・える」～할 수 있다

⇒ 그 행위를 행할 수가 있다. 그 내용이 성립될 가능성이 있다는 것을 나타내는 표현이다. 단, 능력의 가능을 나타내는 경우에는 사용할 수 없다.

⑩ 彼はフランス語が（（○）話せる /（×）話しうる）。
그는 프랑스어를 말할 수 있다.

山田選手は100メートルを10秒で（（○）走れる /（×）走りうる）。 야마다 선수는 100미터를 10초에 달릴 수 있다.

こんな難しい本を一日では（（○）読めない /（×）読み得ない）。 이런 어려운 책을 하루에는 읽을 수 없다.

彼が失敗するなんてありえない。
그가 실패를 하다니, 있을 수 없다.

同情を禁じ得ない。 동정을 금할 수 없다.

124 （B）解けた → 解けてきている

운동장의 눈도 조금씩 녹고 있다는 것을 눈에 감춰진 놀이도구에서 알 수 있습니다.

⑪ 「増える(늘다), 変わる(변화다), 解ける(녹다)」 등 변화를 나타내는 동사와 함께 「～てくる (～해 오다)/～ていく(～해 가다)」가 오면, 단계적인 의미를 나타낸다.

⑩ 太陽が出たので、だんだん雪が（（×）解けた /（○）解けてきた）。 태양이 나왔기 때문에 점점 눈이 녹게 되었다.

125 （D）怒った → 怒るだろう

이런 것을 보고하면 상사와 손님은 얼마나 화낼까.

⑪ 「どんなに / どれほど～だろう」 얼마나 ～일까 (영탄 표현을 나타냄)

⑩ 誘拐された子供の親はどんなに心配だろう。
유괴당한 아이의 부모는 얼마나 걱정이겠는가.

126 （B）働く → 働き

여성이 결혼해도 일하기 쉬운 회사, 여성이 일하는 것에 이해가 있는 회사를 분별하려면 어떻게 하면 …….

🔟 「ます형＋〜やすい」

①「의지 동사 ＋ やすい」〜하기 쉽다 ≠「의지 동사 ＋ にくい」〜하기 어렵다

📕 この本は読みやすい。 이 책은 읽기 쉽다.

②「무의지 동사 ＋ やすい」자주 〜한다（※「〜がちだ」와 바꾸어 쓸 수 있는 경우가 많다.）

📕 急いでいると、忘れ物をしやすい / しがちだ。
서두르면, 물건을 자주 잃어버린다.

127 （D）に限り → だけ

이번 모임에는 한국과 일본만 참가했다.

🔟 범위를 결정하는 권리가 있는 사람이 의지를 갖고 한정하는 경우에는「〜に限り（〜에 한해서）」를 사용할 수 없다.

128 （A）助け合う → 助け合って

서로 도와주는 거야말로 진짜 가족이라고 말할 수 있는 게 아닐까?

🔟 「명사 / これ・それ・あれ / 동사, 형용사 て형・ます형・ば형 ＋ こそ」〜이야말로, 〜만은

📕 こちらこそ、よろしくお願いします。
이쪽이야말로, 잘 부탁합니다.

好きこそ物の上手なれ。
좋아해야만 능숙하게 된다.

分かっているからこそ、何か問題が起きても、すぐに対処法が見つかった。 알고 있었기에 무슨 문제가 일어나도, 바로 대처법을 알 수 있다.

129 （C）読んで → 読まないで

당신은 내가 말하고 있는 것을 제대로 읽지 않고, 반론하고 있는 것 같습니다.

🔟 「ろくに」제대로, 변변히 ⇒ 부정（금지）표현을 동반하는 부사

📕 質問にもろくに答えられない。
질문에도 제대로 답변을 못 한다.

ろくに仕事もできない。 일도 제대로 못 한다.

ろくに食べていない。 변변히 먹지도 못하고 있다.

130 （B）一方 → 反面

그는 손윗사람에 대해서는 저자세인 반면, 손아랫사람에 대해서는 거만하게 굴고 있다.

🔟 1.「〜反面」〜하는 반면 ⇒ 두 가지 내용이 특별하게 상반되는 관계가 아닌 경우에는 사용할 수 없다.

2.「〜一方（で）」〜하는 한편（으로）
⇒ 두 가지 내용이 확실하게 상반되는 관계가 있는 경우에는 부자연스럽다.

📕 この薬はよく効く（（○）反面 /（×）一方で）、副作用も強い。 이 약은 잘 듣는 반면, 부작용도 강하다.

自分の仕事をこなす（（×）反面 /（○）一方で）、部下の面倒も見なければならない。 자신의 일을 수행하는 한편으로, 부하도 보살피지 않으면 안 된다.

131 （C）回復次第 → 回復し次第

현의 경찰은 지상에서 오두막으로 가는 것은 어렵기 때문에 날씨가 회복되는 대로, 헬기를 보내기로 했다.

🔟 연결 형태에 주의할 것

①「ます형 ＋ 次第」〜하는 대로

📕 天候が回復し次第、出航します。
날씨가 회복되는 대로, 출항하겠습니다.

②「명사 ＋ 次第」여하로, 〜나름

📕 結婚した相手次第で人生が決まってしまうこともある。 결혼한 상대 여하로 인생이 결정되는 경우도 있다.

132 （A）行く → 行って

외국에 가서 비로소 내 나라에 대해서 모르고 있다는 것을 깨달았다.

🔟 「〜て初めて」〜해서 비로소

133 （A）できる → できない

좀처럼 볼 수 없는 병기를 눈앞에 두고 무기애호가들의 눈은 아이처럼 되어 있습니다.

🔟 「滅多に」거의, 좀처럼 ⇒ 부정（금지）표현을 동반하는 부사

📕 滅多に来ない。
좀처럼 오지 않는다.

こんな機会は滅多にない。
이런 기회는 거의 없다.

134 (C) から → で

신부전과 거듭되는 <u>병으로</u>, 세계 일주를 단념했다.

ⓜ 술어가 의지 동사인 경우, 동작의 이유는 「〜から」로 나타낼 수 없다.

135 (C) で → に

너의 천사 같은 얼굴에 큰 감동을 받았다.

ⓜ 수동적으로 생긴 일이 원인/이유가 되는 경우, 수동적으로 생긴 일의 원인/이유에 대해서는 「で」를 사용할 수 없고 「に」를 사용해야 한다.

136 (D) 繋（つな）がります → 繋（つな）がりません

번호를 돌려서 2초 정도 되면 영어로 무언가 메시지가 흐를 뿐이고, 전혀 <u>연결되지 않습니다</u>.

ⓜ 「一向（いっこう）(に)」의 용법

① 긍정문 : 매우, 아주
　ⓔ 一向（いっこう）平気（へいき）だ。 아주 태연하다.
　一向（いっこう）にご無沙汰（ぶさた）しています。 너무 오래간만입니다.

② 부정문 : 조금도, 전혀
　ⓔ 一向（いっこう）に勉強（べんきょう）しない。 도무지 공부하지 않는다.
　一向（いっこう）に気（き）が付（つ）かない。 전혀 깨닫지 못하다.

137 (A) では → によると

아사히 신문에 <u>의하면</u>, 내년도에는 공무원 급여는 기본급·보너스가 함께 인상된다고 합니다.

ⓜ 「〜では」는 정보를 전달하는 것이나 기관에는 사용할 수 없으며, 정보 자체를 나타내는 경우에만 한해서 사용할 수 있다.
　ⓔ 山田先生（やまだせんせい）の話（はなし）((〇)では /(〇)によると)星野君（ほしのくん）が大学院（だいがくいん）へ進学（しんがく）したとのことだ。 야마다 선생님의 이야기 (로는 / 에 의하면) 호시노군이 대학원에 진학했다고 한다.

　気象庁（きしょうちょう）((×)では /(〇)によると)この冬（ふゆ）は寒（さむ）かったそうだ。 기상청에 의하면 이번 겨울은 추웠다고 한다.

138 (B) によります → による

요금 지불은 계좌이체와 청구서에 <u>의한</u> 두 가지 지불 방법에서 선택하여 주세요.

ⓜ 명사를 수식하는 경우에는 「です형·ます형」을 사용할 수 없다.

139 (B) のこと → ✕(필요 없음)

간사이에 사시는 분은 <u>낫토를 싫어한다고</u> 들었습니다만, 교토도 그렇습니까?

ⓜ 「好（す）きだ(좋아하다), 嫌（きら）いだ(싫어하다)」는 사람 외에는 「〜のこと」를 사용할 수 없다.
　ⓔ 私（わたし）は花子（はなこ）((〇)のことが /(〇)が)好（す）きです。
　나는 하나코를 좋아합니다.

140 (B) 駆（か）け込（こ）み → 飛（と）び降（お）り

자살의 명소인 다리에서 투신자살을 도모하고 있었던 남성을 밀어 떨어뜨렸다는 이유로 남자가 경찰에 체포되었다.

ⓜ 1.「駆（か）け込（こ）み」 뛰어듦, 제 시간에 늦지 않으려고 허둥거리는 일
　ⓔ 融資（ゆうし）の駆（か）け込（こ）み申請（しんせい）250件（けん）。 융자의 막바지 신청 250건.
　駆（か）け込（こ）み乗車（じょうしゃ）は危険（きけん）です。
　무리한(문이 닫히려고 할 때 달려드는) 승차는 위험합니다.

2.「飛（と）び降（お）り」 주행 중인 차에서 뛰어내림, 높은 곳에서 뛰어내림
　ⓔ 飛（と）び降（お）り自殺（じさつ） 투신자살

오문정정 문제 4회 (정답 및 해설) 문제집 57~59쪽

정답

121	D	122	D	123	C	124	D	125	D
126	B	127	B	128	A	129	B	130	D
131	B	132	A	133	D	134	C	135	D
136	A	137	C	138	B	139	C	140	B

121 (D) 帰りかけている → 帰りかけていた / 帰るところだった

나는 여느 때처럼 클럽활동이 끝나서 집에 돌아가려는 참이었다.

「ます형 + かける」 ~하기 시작하다, ~하다 말다, 막 ~하려 하다 ⇒ 1인칭 현재에는 사용할 수 없다.

예 観客が席を立ちかける。
관객이 자리를 뜨기 시작하다.
読みかけの本 읽다만 책
読みかけていた本 읽으려다 만 책
私は家に((×)帰りかけている / (○)帰るところだ)。
나는 집에 돌아가려던 참이다.
私はそのとき家に((○)帰りかけていた / (○)帰るところだった)。 나는 그때 집에 돌아가려던 참이었다.

※ 1인칭 과거에는 사용할 수 있다.

122 (D) 食べない → 食べさせない

충치가 되기 때문에 아이에게는 지나치게 단 것을 먹이지 않는 편이 좋습니다.

의미 파악 문제로, 제대로만 사역의미를 파악할 수 있으면 쉽게 풀 수 있다.

예 食べる 먹다
食べさせる 먹게 하다

123 (C) 走りきって → 走って

본 시합을 목표로, 체육 시간에 운동장을 달리며 연습했습니다.

1. 「ます형 + きる / きれる / きれない」 (완전히) ~하다 / (완전히) ~할 수 있다 / (완전히) ~할 수 없다

예 会社がうまくいかなくなると信じきることが難しくなる。
회사가 잘 운영되지 않으면 완전히 믿는 것이 어렵게 된다.
そう言いきれるか。 그렇게 딱 잘라 말할 수 있는가.
こんなにたくさんは一人で食べきれない。
이렇게 많이는 혼자서 다 먹을 수 없다.

⇒「~きる」는 전체 양이 정해져 있어서 그것을 전부 행하는 것이 어느 정도 중요성을 갖는 동작에 이어지는 것이 가장 알맞다.

예 私はフルマラソンを走りきったことがある。
나는 정규 마라톤(42.195km)을 완주한 적이 있다.

2. 「~に向けて」 ~을/를 향하여[목표]

124 (D) 増えてくる → 増えていく

해외에서 공부하는 유학생의 수가 늘어났다. 앞으로도 늘어갈 것이다.

1. 「~ていく」 ~해 가다 ⇒ 기준 시점에서 기준 시점 이후로의 추이/변화를 나타냄.

예 どうぞ晩ご飯を食べていってください。
아무쪼록 저녁을 먹고 가 주세요.

2. 「~てくる」 ~해 오다 ⇒ 기준 시점 이전부터 기준 시점으로의 추이/변화를 나타냄.

예 星野さんを呼んできます。
호시노 씨를 불러 오겠습니다.

125 (D) 喜ばされた → 喜んだ

네 사람은 관광에 계속 투입될 수 있다는 것을 알게 되자, 환호성을 지르며 기뻐했다고 한다.

「喜ぶ(기뻐하다), 楽しむ(즐기다), うきうきする(들뜨다)」 등 적극적으로 기쁨을 나타내는 동사는 사역(수동)형을 취할 수 없다.

126 (B) 脱がないで → 脱がせないで

이스라엘이 공항 검문에서 승객에게 신발을 벗기지 않고 점검하는 '신병기'를 등장시켰다.

ⓐ 1. 着る(입다), 脱ぐ(벗다), 被る((모자를) 쓰다) ⇒ 동작주가 자기 자신인 동작을 나타냄.

　　ⓔ ここで靴を脱いでください。 여기서 신발을 벗어 주세요.

　2. 着せる(입히다), 脱がせる・脱がす((고어) 벗기다), 被せる(씌우다)

　　⇒ 다른 사람에 대한 동작을 나타냄.

　　ⓔ ここで子供たちの靴を脱がせてください。
　　　여기서 아이들의 신발을 벗겨 주세요.

127 (B) 覚めると → 覚ますと

어느 날 아침 뭔가 불안한 꿈에서 잠을 깨자, 옆에 곰이 자고 있는 것을 알아차렸다.

ⓐ 1.「目が覚める」잠이 깨다, 정신이 들다
　2.「目を覚ます」잠을 깨다

128 (A) 入る → 入った

가게 안에 들어가자마자, 이국의 땅에 들어간 것 같은 기분이 들게 해 줍니다.

ⓐ 「동사 과거형 + たとたん / たとたんに」~한 순간 / ~한 순간에

　ⓔ 授業のベルが鳴ったとたん、子供たちは本を閉じた。 수업 벨이 울리자마자 아이들은 책을 덮었다.
　立ち上がったとたん、腰に激しい痛みが走り、動けなくなった。 일어서는 순간에 허리에 심한 통증이 와서 움직일 수 없게 되었다.
　家を出たとたんに雨が降り出した。
　집을 나서자마자 비가 내리기 시작했다.

129 (B) 切られた → 切った

딸이 가위로 손가락을 벤 이때는 가위를 옆으로 향해서 자르고 있을 때였습니다.

ⓐ 자신이 잘못해서 자신의 손가락을 벤 것이므로, 수동형을 쓸 수 없다.

130 (D) が → に

입을 벌리고 자는 사람은 입 안이 건조해서 충치가 생기기 쉬울 것 같은 생각이 듭니다.

ⓐ 1.「開く(열리다)」는 자동사이지만, 「目(눈), 口(입)」에 한해서는 목적어로 취함.

　2.「~になりやすい」~이/가 되기 쉽다

131 (B) やった → 与えた

보험금은 타인의 재물에 손해를 끼친 것으로 인해 부담할 배상금에 대해서 1회 사고에 한해, 보험금이 한도로 지불됩니다.

ⓐ 「損害を与える」손해를 주다, 손해를 끼치다
　⇒「与える(주다)」는 물건의 수여를 나타내는 가장 중립적인 표현이고, 「やる(주다), あげる(주다), くれる(주다)」는 은혜적인 의미를 갖는다.

132 (A) ように → と

아이가 응석부리고 싶을 때에 응석부리게 해 주는 게 부모의 일이라고 명쾌하게 결론짓고, 응석부리게 합니다.

ⓐ 「~たい, ~(よ)う, ~てほしい」 뒤에는 「~ように」를 사용할 수 없다.
　ⓔ 来年は帰国したい((○)と /(×)ように)思う。
　　내년에는 귀국하고 싶다.

133 (D) 進まない → 進めない

토사가 무너져 길이 막혀 있어, 그 이상 나아가려 해도 나아갈 수가 없는 상태였다.

ⓐ 「~(よ)うにも + 가능형 + ない」~하려 해도 ~할 수가 없다
　ⓔ 少し休みたいけれど、忙しくて休もうにも休めない。 잠시 쉬고 싶지만, 바빠서 쉬려고 해도 쉴 수가 없다.

134 (C) 残念 → 残念な

축하 파티에 출석할 수 없다니, 매우 유감스럽습니다.

ⓐ 「명사 の / い형용사 い / な형용사 な + かぎりだ」매우 ~하다, ~할 따름이다
　ⓔ だんだん暗くなってきて心細いかぎりだ。
　　점점 어두워져서 매우 불안하다.
　林先生が亡くなられたのは、悲しいかぎりだ。
　　하야시 선생님이 돌아가신 것은 너무 슬프다.

135 （D）現わした → 消した

3년 전에 돌연 전 세계 정부가 내세운 핵무기 근절 정책에 의해 핵무기는 모두 이 세상에서 자취를 감췄다.

団 「姿を消す」 자취를 감추다, 종적을 감추다

136 （A）とは → は

천재의 특징은 보통 사람이 끄는 레일에 자신의 사상을 싣지 않는 것이다.

団 「～とは(～란)」 / 「～というのは(～라고 하는 것은)」

⇒ 듣는 사람이 모르는 것에 대하여 설명을 하는 경우에 사용하는 것이 보통이지만, 듣는 사람이 모르는 것이라도 「～の特徴(～의 특징), ～の性質(～의 성질)」 등 일반적인 성질과 경향을 설명하는 말을 동반하는 경우에는 사용할 수 없다.

예 この動物の性質((○)は /(×)とは /(×)というのは)猫に似ている。 이 동물의 성질은 고양이를 닮았다.

137 （C）提供 → 提供す/提供する

정보의 내용에 대해서는 정확한 것을 제공하기 위해 노력하고 있습니다.

団 「동사 기본형 + べく」～하기 위해, ～하고자 (※ する ⇒ するべく / すべく)

예 現在、国家試験に合格すべく、勉強中ですが意味がわからないことがありますので、質問いたします。
현재 국가시험에 합격하기 위해 공부 중입니다만, 의미를 모르는 것이 있어서 질문하겠습니다.
家を買うべく貯金している。
집을 사기 위해 저금하고 있다.

138 （B）から → が

사형도 때로는 하는 수 없다고 생각하지 않는 것은 아니지만, 과거에 사형판결을 받고 원죄였다고 하는 사례가 있다.

団 1. 「致し方(하는 방법)」는 「しかた」의 공손한 겸양 표현
예 致し方ない 하는 수 없다
2. 「冤罪」 원죄, 억울하게 뒤집어 쓴 죄

139 （C）おりましたが → いらっしゃいましたが

멀리서 오신 분도 계셨습니다만, 무사히 돌아가셨는지요?

団 1. 「おる」 있다 ⇒ 주어를 낮추고 듣는 사람에게 정중하게 하는 표현하는 겸양어
2. 「いらっしゃる」 오시다, 가시다, 계시다 ⇒ 주어를 높이는 존경어
3. 「お出で」 가심, 오심, 계심
예 社長はお宅にお出でですか。 사장님은 댁에 계십니까?
皆様のお出でをお待ちしております。
여러분이 오시기를 기다리고 있겠습니다.
同窓会へお出でになりますか。 동창회에 나가십니까?

140 （B）出ながら → 出るついでに

오늘 아키하바라에 식사하러 가는 김에 요도바시에 들르는 일이 있었기 때문에 무심결에 사고 말았다.

団 1. 「～ながら」～하면서 ⇒ 두 가지의 동작을 동시에 진행시키는 경우에 사용
예 歩きながらタバコを吸っている。
걸으면서 담배를 피우고 있다.
2. 「～ついでに」～하는 김에 ⇒ 어떤 동작을 행하는 기회에 다른 동작도 행한다는 의미에 사용
예 コンビニに行くついでに花見してきた。
편의점에 가는 김에 꽃구경하고 왔다.

정답

121	B	122	B	123	B	124	B	125	C
126	B	127	C	128	D	129	D	130	B
131	C	132	B	133	D	134	B	135	C
136	A	137	A	138	B	139	C	140	A

121 (B) にとって → について

반품 제한이 있는 상품에 대해서는 이하의 조건이 충족된 경우에만, 반품을 접수하고 있습니다.

📖 1.「～について」

① 어떤 주제나 내용「～에 관한」의미로 사용

📝 日本の経済について話をしました。

일본 경제에 대해서 이야기를 했습니다.

② 한정된 범위를 집약시킨 내용으로 상세하고 치밀하게 전개하는 경우

📝 試験問題３番に((○)ついて/(×)関して)も、説明してほしいですが。 시험 문제 3번에 대해서도 설명해줬으면 합니다만.

③ '각각, ～당' 의미로 사용되는 경우 ⇒ ～につき

📝 社員一人に((○)ついて/(×)関して)二万円ずつ支給された。 사원 한 사람당 2만 엔씩 지급되었다.

2.「명사 + にとって / にとっては / にとっても / にとっての」～에게 있어서 / ～에게 있어서는 / ～에 있어서도 / ～에 있어서의

📝 文法の詳しい彼にとってはそれはやさしいことだ。

문법을 상세히 아는 그에게 있어서는 그것은 쉬운 것이다.

子供にとっては難しすぎる。

아이에게 있어서는 너무 어렵다.

私にとって何よりうれしいことだ。

나에게 있어서 무엇보다 기쁜 일이다.

122 (B) てしまう → てしまい

단 것은 그만 과식해 버리기 쉽기 때문에 다이어트 중에는 주의를 합시다.

📖 「명사 / 동사 ます형 + がちだ / がちの」～하기 쉽다 / ～하기 쉬운

📝 この国の天気は曇りがちの天気だ。

이 나라의 날씨는 자주 흐리다.

私は幼い頃、病気がちだった。

나는 어릴 적에 자주 병에 걸렸다.

私の時計は遅れがちだ。

내 시계는 자주 늦게 간다.

冬は風邪をひきがちだ。

겨울은 감기에 걸리기 쉽다.

123 (B) はおろか → はもとより / はもちろん / はいうまでもなく

발명과 발견이라고 하는 것은 결과는 물론, 결과까지의 과정도 중요하고, 실패해도 다음 성공까지의 키워드가 된다.

📖 「A はおろか B」A는 커녕[고사하고] B

⇒ 정도가 가벼운 것을 A로 나타내고, B를 강조하는 표현이다. 부정적인 표현과 함께 사용하는 경우가 많다.

📝 私は、海外旅行はおろか国内旅行さえ、ほとんど行ったことがない。 나는 해외여행은 고사하고 국내여행조차 거의 간 적이 없다.

124 (B) とあれ → であれ

상대가 누구든, 당신에게 행복이 찾아오기를 기원합니다.

📖 「명사 + であれ / であれ～であれ」～이라 해도, ～이든 ～이든

📝 従業員を一人でも雇用した場合は、従業員が正社員であれパートであれ、原則的に労災保険に加入しなければなりません。 종업원을 한 사람이라도 고용한 경우는 종업원이 정사원이든 파트이든, 원칙적으로 노동자 재해 보상 보험에 가입을 해야만 합니다.

生活が厳しければ、男であれ女であれ懸命に働き、働くことに様々な楽しみや意味を見出す。 생활이 힘들면, 남자든 여자든 열심히 일을 하면서 일하는 것에 다양한 즐거움과 의미를 발견한다.

125 (C) はじめて → から

학창시절, 직원실 등에 들어갈 때는 '노크를 하고 나서 들어오시오'라고 교육받았다.

ⓜ 「A てはじめて B」A 해야 비로소 B, A 해서 처음으로 B

⇒ 단순히 A가 B에 선행한다고 하는 전후관계뿐만 아니라, A가 필수적인 조건이 되어 B가 일어난다고 하는 관계를 나타냄. B에는 의지나 의뢰 등을 나타내는 표현이 오지 않는다.

ⓔ 生まれてはじめての経験 태어나서 첫 경험

子を持ってはじめて知る親の恩
자식을 갖고서야 비로소 알게 되는 부모의 은혜

手紙を見てはじめて知った。
편지를 보고 비로소 알았다.

126 (B) こと → もの

아버지의 병이 낫는다면, 어떤 값비싼 약이라도 손에 넣고 싶다.

ⓜ 「동사 기본형, 가능형, 의지(의도)형 + ものなら」~하다면, ~것이라면

ⓔ 行けるものなら行きたい。 갈 수만 있다면 가보고 싶다.

退院できるものなら、すぐにでもうちへ帰りたい。
퇴원할 수 있으면, 지금이라도 집에 돌아가고 싶다.

私に嘘をつこうものなら二度と話さないからね。
나에게 거짓말을 하려고 하면 두 번 다시 이야기하지 않을 거야.

127 (C) だれ → どれ

생맥주랑 포도주랑 소주 중 어느 것이 가장 좋습니까?

ⓜ 3개 이상에서의 선택을 나타내는 문형을 반드시 알아둘 것!

ⓔ だれ (사람 중에) 누구

どれ (물건 중에) 어느 것

128 (D) つもり → 予定

이번 주말에 학급 전원이 피크닉을 갈 예정이다.

ⓜ 「つもりだ」는 화자의 개인적인 마음가짐을 나타내고, 「予定だ」는 다른 사람과의 상담 등을 한 후에 결정된 사항과 공적인 결정 사항을 나타낸다.

129 (D) どきどき → 時々

남의 이야기를 끝까지 듣지 않고 말참견하고 싶어하는 사람이 가끔 있다.

ⓜ 1. 口を挟む 남의 말에 끼어들다, 곁에서 말참견하다

2. 時々 가끔, 때때로

3. どきどき 두근두근, 울렁울렁

130 (B) 様 → ✕(필요 없음)

귀사의 사장님은 소스를 판매하는 것으로 실현하고자 하는 거군요.

ⓜ 「~社長様」는 이중 경어에 해당됨. 「~社長」 「社長の~様」가 올바른 경어 사용법이다.

131 (C) 許す → 許される

무엇을 할 것인지 따위는 아무래도 상관없다고 생각합니다만, 윤리적인 견지로부터 용서되는 범위에서 혹독한 비평을 할 생각입니다.

ⓜ 문장 전체의 의미 파악을 할 수 있어야 풀 수 있는 문제이다.

ⓔ シビアな批評 혹독한 비평

132 (B) はじめに → はじめて

이야기를 들어보고서 처음으로, 나 자신이 얼마나 도량이 좁았는지를 깨달았다.

ⓜ 1. 「始めに」 처음으로(순서상), 맨 처음

ⓔ 始めに醤油を入れて、それから胡椒を入れてください。 처음에 간장을 넣고, 그 다음에 후추를 넣어 주세요.

始めにドイツへ行って、そのあと色々な国へ行くつもりです。 처음에 독일로 가고, 그 후에 여러 나라에 갈 생각입니다.

2. 「初めて」 비로소, 처음으로(경험상)

ⓔ 病気になって初めて健康のありがたさがわかる。
아프고 나서야 비로소 건강의 고마움을 안다.

初めてにしてはよくできた。
첫 솜씨치고는 잘 됐다.

133 (D) 倒(たお)して → 倒(たお)れて

계곡 쪽으로 미끄러져 가자 사람이 <u>쓰러져</u> 있었습니다.

ⓣ 자동사/타동사의 구분.

　ⓔ 「倒(たお)す」 쓰러뜨리다, 넘어뜨리다, 무너뜨리다 〈타동사〉

　　 「倒(たお)れる」 넘어지다, 쓰러지다 〈자동사〉

134 (B) 近(ちか)い → 近(ちか)く

'멀리 있는 친척보다 가까운 이웃'이라는 말은 멀리 떨어진 친척보다도 <u>가까이에</u> 사는 이웃이 도움이 된다는 의미입니다.

ⓣ 형용사의 연결 형태에 주의할 것.

135 (C) ございます → 申(もう)します

방금 소개받은 다나카라고 합니다. 아무쪼록 잘 부탁합니다.

ⓣ 「～と言(い)います」를 겸양어로 표현하면 「～と申(もう)します」가 된다.

136 (A) ぐらい → ぐらいに

3시경에 발생한 지진으로 올해의 자연재해 피해는 1조 엔을 넘는다고 한다.

ⓣ 「ぐらい」는 시간의 길이를 나타내기 때문에 시작점인 것을 확실하게 하기 위해서는 「に」를 추가하거나, 「ごろ」를 대신 사용해야 한다.

　ⓔ 3時(じ)((×)ぐらい /(○)ぐらいに /(○)ごろ)地震発生(じしんはっせい)。

　　 3시경(에) 지진 발생.

137 (A) もらう → 受(う)け取(と)る

가게 주인은 나에게서 돈을 <u>받자</u>, 가까이에 있던 의자에 걸터앉아 담배에 불을 붙였다.

ⓣ 「やる(주다), くれる(주다), もらう(받다)」는 화자(말하는 사람)를 중심으로 하는 방향성에 제한이 있다.

138 (B) ので → のに

남동생은 대학을 졸업한 지 3년이나 되었는<u>데도</u>, 일정한 직업에 종사하지 않고 아직도 부모님에게 얹혀 살고 있다.

ⓣ 의미 파악의 문제로, 제대로 의미를 파악할 수 있다면 어렵지 않게 풀 수 있다.

　ⓔ 定職(ていしょく)に就(つ)く。 일정한 직업에 종사하다.

　　 親(おや)のすねをかじる。

　　 자식이 어지간한 나이가 되어서도 부모에게 의지하여 살다.

139 (C) はやくなって → 進(すす)んで

교실 시계와 손목시계를 비교해보니, 내 시계가 5분 정도 <u>빠르다는</u> 것을 알았다.

ⓣ 1. 「時計(とけい)が～分(ふん)ほど進(すす)む」 시간이 ～분 정도 빠르다

　　2. 見比(みくら)べる 비교해 보다, 견주어 보다

140 (A) 追(お)いつ抜(ぬ)かれつ
→ 追(お)いつ追(お)われつ・抜(ぬ)きつ抜(ぬ)かれつ

당일은 쫓고 쫓기는 접전이 되어, 득점 상황이 중간에 발표될 때마다 환성과 한숨이 들렸습니다.

ⓣ 「동사 ます형 + つ + 동사 ます형 + つ」 ～하기도 하고 ～하기도 하고

　⇒ 「行(い)く－戻(もど)る」 「押(お)す－押(お)される」 등 반대의 의미를 갖는 동사나 능동－수동 형태로 사용함.

　　持(も)ちつ持(も)たれつ 들고 들어주며(상부상조하며)

　　行(い)きつ戻(もど)りつ 왔다 갔다

　　抜(ぬ)きつ抜(ぬ)かれつ 앞서거니 뒤서거니

　　追(お)いつ追(お)われつ 쫓고 쫓으며

　　押(お)しつ押(お)されつ 밀고 밀리며

　　差(さ)しつ差(さ)されつ 주거니 받거니

　　取(と)りつ取(と)られつ 뺏고 뺏기는

　　見(み)えつ隠(かく)れつ 보였다 안 보였다

　　ためつすがめつ 꼼꼼히 살피면서

　ⓔ 抜(ぬ)きつ抜(ぬ)かれつの接戦(せっせん)で盛(も)り上(あ)がりました。

　　앞서거니 뒤서거니 하는 접전으로 고조되었습니다.

　　事務所(じむしょ)の前(まえ)を行(い)きつ戻(もど)りつしていた。

　　사무실 앞을 왔다 갔다 했다.

Chapter 02

실전모의고사

실전모의고사 1회 | 문제집 64~105쪽 |

PART1 사진묘사 (정답 및 해설) 문제집 64~74쪽

1

(A) この人はたばこを買おうとしているところです。

(B) ここではたばこを買うことができません。

(C) すべてが同じたばこです。

(D) この人はたばこを売っています。

(A) 이 사람은 담배를 사려고 하는 중입니다.

(B) 여기서는 담배를 살 수가 없습니다.

(C) 모두 같은 담배입니다.

(D) 이 사람은 담배를 팔고 있습니다.

たばこ 담배 | 買(か)う 사다 | 全(すべ)て 모두. 전부 | 同(おな)じ 같음. 동일함 | 売(う)る 팔다

2

(A) 人々が傘を持って歩いています。

(B) 店の前で傘を買っています。

(C) 今雨が降っています。

(D) 傘を売っている店が見えます。

(A) 사람들이 우산을 들고 걷고 있습니다.

(B) 가게 앞에서 우산을 사고 있습니다.

(C) 지금 비가 내리고 있습니다.

(D) 우산을 파는 가게가 보입니다.

人々(ひとびと) 사람들 | 傘(かさ) 우산 | 歩(ある)く 걷다 | 雨(あめ)が降(ふ)る 비가 내리다 | 店(みせ) 가게

3

(A) この道路は一方通行です。

(B) この道路は片側一車線です。

(C) この道路は行き止まりです。

(D) この道路は混んでいます。

(A) 이 도로는 일방통행입니다.

(B) 이 도로는 편도 일차선입니다.

(C) 이 도로는 막다른 곳입니다.

(D) 이 도로는 붐비고 있습니다.

道路(どうろ) 도로 | 一方通行(いっぽうつうこう) 일방통행 | 片側(かたがわ) 한쪽. 한쪽 편 | 一車線(いっしゃせん) 일차선 | 行(ゆ)き止(ど)まり 막다른 곳 | 混(こ)む 붐비다. 혼잡하다

4

(A) 子供は利用できません。

(B) 利用時間が過ぎても5分までは、無料です。

(C) 利用時間を過ぎるとお金を払わなければなりません。

(D) 利用時間を過ぎるとブザーが鳴ります。

(A) 아이는 이용할 수 없습니다.

(B) 이용시간이 지나도, 5분까지는 무료입니다.

(C) 이용시간을 넘기면 돈을 지불해야 합니다.

(D) 이용시간을 넘기면 부저가 울립니다.

子供(こども) 아이. 어린이 | 利用(りよう) 이용 | 過(す)ぎる 지나다. 통과하다. 넘다 | 無料(むりょう) 무료 | 払(はら)う 지불하다 | ブザー 버저. 전자석을 이용한 음향 장치 | 鳴(な)る 소리가 나다. 울리다

5

(A) 奥の女の人は立っています。

(B) 奥の女の人は腕組みをしています。

(C) 手前の女の人は足を伸ばしています。

(D) 手前の女の人は眼鏡をかけています。

(A) 안쪽에 있는 여자는 서 있습니다.

(B) 안쪽에 있는 여자는 팔짱을 끼고 있습니다.

(C) 앞에 있는 여자는 다리를 펴고 있습니다.

(D) 앞에 있는 여자는 안경을 끼고 있습니다.

奥(おく) 속. 깊숙한 안쪽 | 腕組(うでぐ)み 팔짱. 팔짱을 낌 | 足(あし)を伸(の)ばす 다리를 펴다 | 手前(てまえ) 자기 앞. 자기의 바로 앞 | 眼鏡(めがね)をかける 안경을 쓰다

6

(A) 空いている席はありません。

(B) この電車はがらがらです。

(C) 立っている人も見えます。

(D) みんな足を組んでいます。

(A) 비어 있는 자리는 없습니다.

(B) 이 전철은 텅텅 비어 있습니다.

(C) 서 있는 사람도 보입니다.

(D) 모두 다리를 꼬고 있습니다.

空(あ)く 비다 | 席(せき) 좌석 | がらがら 속이 비어 있는 모양, 텅텅 | 足(あし)を組(く)む 다리를 꼬다

7

(A) 花びらがぱらぱらと散っています。

(B) 花の蕾は今にも咲きそうです。

(C) 花が水の上に静かに浮いています。

(D) 花は水の上をすいすいと移動しています。

(A) 꽃잎이 드문드문 지고 있습니다.

(B) 꽃봉오리는 금방이라도 필 것 같습니다.

(C) 꽃이 물 위에 조용히 떠 있습니다.

(D) 꽃은 물 위를 획획 이동하고 있습니다.

花(はな)びら 꽃잎 | ぱらぱら 비나 우박 등이 드문드문 떨어지는 모양, 가벼운 소리를 내며 흩어져 나오는 모양, 듬성듬성 있는 모양, 책장 등을 빠르게 넘기는 모양 | 散(ち)る 꽃이나 잎이 지다, 떨어지다, 흩어지다 | 蕾(つぼみ) 꽃봉오리 | 咲(さ)く 꽃피다 | 浮(う)く 뜨다, 겉에 나타나다, 떠오르다 | すいすい 공중이나 수중을 가볍게 나아가는 모양, 획획, 거침없이 술술

8

(A) 成人認識カードがあれば自動販売機でたばこを買うことができます。

(B) 未成年者でも自動販売機でたばこを買うことができます。

(C) 誰でも成人認識カードを買うことができます。

(D) 成人認識カードの申し込みはインターネットだけで受け付けています。

(A) 성인 인식 카드가 있으면 자동판매기에서 담배를 살 수가 있습니다.

(B) 미성년자라도 자동판매기에서 담배를 살 수가 있습니다.

(C) 누구든지 성인 인식 카드를 살 수가 있습니다.

(D) 성인 인식 카드 신청은 인터넷만으로 접수하고 있습니다.

成人(せいじん) 성인 | 認識(にんしき) 인식 | 自動販売機(じどうはんばいき) 자동판매기 | 申(もう)し込(こ)み 신청 | インターネット 인터넷 | 受(う)け付(つ)ける 접수하다, 받아들이다

9

(A) 男の人はうなずいています。

(B) 男の人はひざまずいています。

(C) 男の人は腰をかがめています。

(D) 男の人は腰を落としています。

(A) 남자는 고개를 끄덕이고 있습니다.

(B) 남자는 무릎을 꿇고 있습니다.

(C) 남자는 허리를 굽히고 있습니다.

(D) 남자는 허리를 낮추고 있습니다.

頷(うなず)く 수긍하다, 고개를 끄덕이다 | 跪(ひざまず)く 꿇어앉다, 무릎 꿇다 | 腰(こし)を屈(かが)める 허리를 구부리다[굽히다] | 腰(こし)を落(お)とす 허리를 낮추다

10

(A) 床がぴかぴかに磨かれています。

(B) とても込み合っています。

(C) 屋外に大きな柱が見えます。

(D) 天井はあまり高くありません。

(A) 마루가 반짝반짝 닦여 있습니다.

(B) 몹시 붐비고 있습니다.

(C) 옥외에 큰 기둥이 보입니다.

(D) 천정은 그다지 높지 않습니다.

床(ゆか) 마루 | ぴかぴか 윤이 나며 반짝이는 모양, 반짝반짝, 계속해서 번쩍이는 모양 | 磨(みが)く 닦다, 광을 내다 | 込(こ)み合(あ)う 북적거리다, 붐비다 | 柱(はしら) 기둥, 일의 중요한 부분 | 天井(てんじょう) 천정

11

(A) この自動販売機では温かい飲み物は買うことができません。

(B) この自動販売機ではアルコール飲料も買うことができます。

(C) この自動販売機では水は売っていません。

(D) この自動販売機の飲料水は均一価格です。

(A) 이 자동판매기에서는 따뜻한 음료는 살 수가 없습니다.

(B) 이 자동판매기에서는 알코올 음료도 살 수가 있습니다.

(C) 이 자동판매기에서는 물은 팔지 않습니다.

(D) 이 자동판매기의 음료수는 균일 가격입니다.

飲(の)み物(もの) 음료, 마실 것 | アルコール 알코올 | 均一(きんいつ) 균일 | 価格(かかく) 가격

12

(A) この道路は一方通行です。

(B) この道路では踏み切りを渡らなければなりません。

(C) この道路では陸橋を渡らなければなりません。

(D) この道路では右折はできません。

(A) 이 도로는 일방통행입니다.

(B) 이 도로에서는 건널목을 건너야 합니다.

(C) 이 도로에서는 육교를 건너야 합니다.

(D) 이 도로에서는 우회전은 할 수 없습니다.

踏(ふ)み切(き)り 건널목 | 渡(わた)る 건너다, 건너오다[가다] | 陸橋(りっきょう) 육교 | 右折(うせつ) 우회전 오른쪽으로 꺾음

13

(A) お湯を沸かす時には、熱いお湯に注意しなければなりません。

(B) お湯を沸かす時には、水の無いまま電源を入れないように注意しなければなりません。

(C) お湯を沸かす時には、水を入れたまま電源を切らないように注意しなければなりません。

(D) お湯を沸かす時には、お湯が飛び出さないように注意しなければなりません。

(A) 물을 끓일 때에는 뜨거운 물에 주의해야 합니다.

(B) 물을 끓일 때에는 물이 없는 채로 전원을 켜지 않도록 주의해야 합니다.

(C) 물을 끓일 때에는 물을 넣은 채로 전원을 끄지 않도록 주의해야 합니다.

(D) 물을 끓일 때에는 물이 튀지 않도록 주의해야 합니다.

お湯(ゆ)を沸(わ)かす 물을 끓이다 | 電源(でんげん) 전원 | 飛(と)び出(だ)す 뛰어나가다[나오다], 튀어나오다, 별안간 나타나다, 뛰쳐나오다

14

(A) 子供たちは運動場に腰掛けています。

(B) 子供たちは運動場に並んでいます。

(C) 子供たちは鉄棒に寄り掛かっています。

(D) 子供たちは輪になって鉄棒で遊んでいます。

(A) 아이들은 운동장에 앉아 있습니다.

(B) 아이들은 운동장에 줄지어 있습니다.

(C) 아이들은 철봉에 기대고 있습니다.

(D) 아이들은 원을 이루며 철봉에서 놀고 있습니다.

運動場(うんどうじょう) 운동장 | 腰掛(こしか)ける 걸터앉다 | 並(なら)ぶ 줄을 서다, 늘어서다, 나란히 서다 | 鉄棒(てつぼう) 철봉 | 輪(わ) 원형, 고리, 수레바퀴

15

(A) 毛糸でマフラーを編んでいます。

(B) 毛糸でマフラーを縫っています。

(C) 糸と針でマフラーを編んでいます。

(D) 糸と針でマフラーを縫っています。

(A) 털실로 목도리를 짜고 있습니다.

(B) 털실로 목도리를 꿰매고 있습니다.

(C) 실과 바늘로 목도리를 짜고 있습니다.

(D) 실과 바늘로 목도리를 꿰매고 있습니다.

毛糸(けいと) 털실 | マフラー 머플러(muffler), 목도리 | 編(あ)む 짜다, 엮다, 뜨다, 편집하다, 편성하다 | 縫(ぬ)う 바느질하다 | 糸(いと) 실 | 針(はり) 바늘

16

(A) この人は前のめりになっています。

(B) この人は仰向けになっています。

(C) この人はひれ伏しています。

(D) この人は手を合わせています。

(A) 이 사람은 앞으로 기우뚱하고 있습니다.

(B) 이 사람은 위를 향해 있습니다.

(C) 이 사람은 넙죽 엎드려 있습니다.

(D) 이 사람은 손을 모으고 있습니다.

前(まえ)のめり 몸이 앞으로 넘어질 듯 기울어짐 | 仰向(あおむ)け 위를 향한 상태 | ひれ伏(ふ)す 고개 숙여 넙죽 엎드리다 | 手(て)を合(あ)わせる 합장하다, 손을 모으다

17

(A) この店は一人一人の空間がついたてで仕切られています。

(B) この店は一人一人の空間が襖で仕切られています。

(C) この店は一人一人の空間が畳で仕切られています。

(D) この店は一人一人の空間が障子で仕切られています。

(A) 이 가게는 한 사람 한 사람의 공간이 가리개로 칸막이 되어 있습니다.

(B) 이 가게는 한 사람 한 사람의 공간이 맹장지로 칸막이 되어 있습니다.

(C) 이 가게는 한 사람 한 사람의 공간이 다다미로 칸막이 되어 있습니다.

(D) 이 가게는 한 사람 한 사람의 공간이 미닫이로 칸막이 되어 있습니다.

空間(くうかん) 공간 | ついたて 칸막이 | 仕切(しき)る 칸막이하다. 구분하다 | 襖(ふすま) 맹장지 | 畳(たたみ) 다다미. 속에 짚을 넣은 돗자리 | 障子(しょうじ) 장지. 일본식 방에서 칸막이로 쓰임

18

(A) ここは黒山のような人だかりで、足の踏み場もないほどです。

(B) ここは非常に閑静で、水を打ったように静まり返っています。

(C) ここには途方もない人たちがたくさんいて、途方に暮れています。

(D) ここでは無駄足を踏む人が多いので、残念です。

(A) 여기는 사람이 새까맣게 모여들어서, 발 디딜 곳도 없을 정도입니다.

(B) 여기는 매우 한적하고, 물을 끼얹은 듯이 아주 조용합니다.

(C) 여기에는 터무니없는 사람들이 많고, 어찌할 바를 모르고 있습니다.

(D) 여기서는 헛걸음하는 사람이 많기 때문에, 유감입니다.

黒山(くろやま)のような人(ひと)だかり 새까맣게 모여든 사람들 | 足(あし)の踏(ふ)み場(ば)もない 발 디딜 곳도 없다 | 閑静(かんせい) 한정. 한가하고 고요함 | 水(みず)を打(う)ったように静(しず)まり返(かえ)る 물을 끼얹은 듯이 아주 조용하다 | 途方(とほう)もない 사리에 맞지 않다. 엉망이다. 터무니없다 | 途方(とほう)に暮(く)れる 어찌할 바를 모르다. 망연자실하다 | 無駄足(むだあし)を踏(ふ)む 헛걸음하다

19

(A) この人はしゃがんで宝探しをしています。

(B) この人はしゃがんで草刈をしています。

(C) 柵向こうは駐車禁止です。

(D) この人は地面を掘っています。

(A) 이 사람은 주저앉아서 보물찾기를 하고 있습니다.

(B) 이 사람은 주저앉아서 풀베기를 하고 있습니다.

(C) 울타리 맞은편은 주차금지입니다.

(D) 이 사람은 땅바닥을 파고 있습니다.

しゃがむ 웅크리고 있다 | 宝探(たからさが)し 보물찾기 | 草刈(くさかり) 풀베기. 풀을 베는 사람 | 柵(さく) 울타리 | 駐車禁止(ちゅうしゃきんし) 주차금지 | 地面(じめん) 지면 | 掘(ほ)る 파다. 묻힌 것을 파내다. 캐다

20

(A) 大勢の乗船客が一列になって船から出て来ています。

(B) 大勢の乗船客が数珠繋ぎになって船から出て来ています。

(C) 船の前の扉は観音開きではありません。

(D) 大勢の乗船客は、今にも落ちそうです。

(A) 많은 승선객이 일렬로 배에서 나오고 있습니다.

(B) 많은 승선객이 줄줄이 묶여 배에서 나오고 있습니다.

(C) 배의 앞문은 좌우 여닫이문이 아닙니다.

(D) 많은 승선객은 금방이라도 떨어질 것 같습니다.

乗船客(じょうせんきゃく) 승선객 | 数珠繋(じゅずつな)ぎ 많은 사람이나 물건을 염주 꿰듯 줄줄이 묶음 | 扉(とびら) 문. 문짝 | 観音開(かんのんびら)き 한가운데에서 좌우로 여닫게 되어 있는 문

21

何を買いましたか。
(A) 全部で３万円です。
(B) とても高いです。
(C) カードで買いました。
(D) 雑誌です。

무엇을 샀습니까?
(A) 모두해서 3만 엔입니다.
(B) 아주 비쌉니다.
(C) 카드로 샀습니다.
(D) 잡지입니다.

Ⓣ 의문사(무엇)와 시제(샀는가)에 주의할 것!

買(か)う 사다 | 全部(ぜんぶ) 전부 | とても 대단히, 매우 | 高(たか)い 비싸다 | カード 카드(card) | 雑誌(ざっし) 잡지

22

トイレはどこですか。
(A) 学校の前です。
(B) あのエレベーターの右側です
(C) お手洗いの中にあります。
(D) あの机の上です。

화장실은 어디입니까?
(A) 학교 앞입니다.
(B) 저 엘리베이터 우측입니다.
(C) 화장실 안에 있습니다.
(D) 저 책상 위입니다.

Ⓣ 의문사(장소)에 주의할 것!

トイレ 화장실 | エレベーター 엘리베이터 | 右側(みぎがわ) 오른쪽, 우측 | お手洗(てあら)い 화장실 | 机(つくえ) 책상

23

ごめんください。
(A) いいえ、どういたしまして。
(B) こちらこそ。
(C) いいえ、大丈夫ですよ。
(D) どうぞ、お入りください。

계십니까?
(A) 아니요, 천만에요.
(B) 이쪽이야말로.
(C) 아니요, 괜찮아요.
(D) 어서 들어오십시오.

Ⓣ 「ごめんなさい (죄송합니다)」 표현과 혼동하지 말 것!

ごめんください 남의 집을 방문해서 상대방을 부르는 인사말(계십니까?) | どういたしまして 상대편의 사례/사과/칭찬의 말에 대하여 겸손하게 그것을 부정하면서 하는 인사말(별말씀을 다 하십니다. 천만의 말씀) | 大丈夫(だいじょうぶ) 괜찮음 | お入(はい)りください 찾아온 손님에게 하는 인사말(들어오십시오)

24

毎日新聞を読みますか。
(A) はい、毎日牛乳を飲みます。
(B) はい、朝ごはんの前に読みます。
(C) はい、食事をしてから飲みます。
(D) はい、いつも雑誌を読みます。

매일 신문을 읽습니까?
(A) 네, 매일 우유를 마십니다.
(B) 네, 아침 식사 전에 읽습니다.
(C) 네, 식사하고 나서 마십니다.
(D) 네, 늘 잡지를 읽습니다.

Ⓣ 「よみ」·「のみ」 발음에 주의할 것

毎日(まいにち) 매일 | 新聞(しんぶん) 신문 | 読(よ)む 읽다 | 牛乳(ぎゅうにゅう) 우유 | 朝(あさ)ごはん 아침밥, 아침 식사 | 飲(の)む 마시다 | 食事(しょくじ) 식사

25

最近、お変りありませんか。
(A) お言葉に甘えて、いただきます。
(B) これは交換できません。
(C) はい、もう結構です。
(D) はい、お陰様で元気です。

요즘 별일 없으십니까?

(A) 호의로 알고, 잘 먹겠습니다.

(B) 이것은 교환할 수 없습니다.

(C) 네, 이제 됐습니다.

(D) 네, 덕분에 잘 지냅니다.

🔢 정해진 표현으로 안부를 묻는 인사 표현

最近(さいきん) 최근 | お変(かわ)りありませんか 안부 인사(별거 없으십니까?) | お言葉(ことば)に甘(あま)えて 상대방의 호의나 친절을 사양하지 않고 받겠다는 의미, 호의로 알고, 사양 않고 | いただきます 잘 먹겠습니다('먹다/받다'의 겸양어) | 交換(こうかん) 교환 | もう結構(けっこう)です 이제 됐습니다. 이제 충분합니다 (정중하게 거절할 때 사용하는 표현) | お陰様(かげさま)で 덕분에 | 元気(げんき) 건강함

26

木村(きむら)さんとはよく会(あ)いますか。

(A) 少(すこ)し大(おお)きいかもしれませんね。

(B) ちょっとだぶだぶですね。

(C) よく似合(にあ)いますね。

(D) 最近(さいきん)、会(あ)ってないですね。

기무라 씨하고는 자주 만납니까?

(A) 좀 클지도 모르겠네요.

(B) 약간 헐렁헐렁하네요.

(C) 잘 어울리네요.

(D) 최근에 만나지 못했어요.

🔢 「会(あ)う」「合(あ)う」 동음다의어 어휘에 주의할 것!

会(あ)う 만나다 | 少(すこ)し 조금, 좀, 약간 | 大(おお)きい 크다 | ちょっと 잠깐, 잠시, 좀, 약간 | だぶだぶ 옷이 헐렁한 모양(헐렁헐렁), 군살이 많이 쪄서 뒤룩거리는 모양(뒤룩뒤룩) | よく 자주, 잘, 충분히 | 似合(にあ)う 어울리다, 잘 맞다

27

ごちそうさまでした。とてもおいしかったです。

(A) どうぞよろしく。

(B) おかげさまで。

(C) お粗末様(そまつさま)でした。

(D) どうぞごゆっくり。

잘 먹었습니다. 아주 맛있었습니다.

(A) 잘 부탁해.

(B) 덕분에.

(C) 변변치 못했습니다.

(D) 아무쪼록 천천히.

🔢 식사 등의 대접을 받았을 때 쓰이는 정해진 인사 표현

ごちそうさま 식사를 끝냈을 때 또는 대접을 받았을 때의 인사말(맛있게 잘 먹었습니다) | どうぞよろしく 잘 부탁해 | お粗末様(そまつさま)でした 상대에게 제공한 것을 겸손하게 이르는 인사말(변변치 못했습니다) | どうぞごゆっくり 아무쪼록 천천히

28

加藤(かとう)さんからお食事(しょくじ)のお誘(さそ)いをいただいたんだけど、正直(しょうじき)言(い)って行(い)きたくないんだけど…。

(A) きっぱりとお断(ことわ)りしたら？

(B) おずおず引(ひ)き下(さ)がるわけにはいかないじゃない。

(C) ぐうぐう寝(ね)てる暇(ひま)なんてないよ。

(D) さっぱりとした味(あじ)でうまかったよ。

가토 씨에게 식사 제의를 받았는데, 솔직히 말해서 가고 싶지 않은데…….

(A) 단호하게 거절하지 그래?

(B) 머뭇머뭇 물러날 수는 없잖아.

(C) 쿨쿨 자고 있을 틈이 없어.

(D) 담백하니 맛있었어.

🔢 식사 제의를 받았지만, 가고 싶지 않다.

誘(さそ)い 권유, 유혹, 꾐 | 頂(いただ)く 먹다/받다의 겸양어 | 正直(しょうじき) 정직 | きっぱり 딱 잘라, 단호하게 | 断(ことわ)り 거절, 사절 | おずおず 겁에 질리거나 망설이는 모양(머뭇머뭇, 조심조심) | 引(ひ)き下(さ)がる 물러나다. 일 등에서 손을 떼다 | ぐうぐう 코 고는 소리(쿨쿨). 배가 고파 뱃속에서 나는 소리(꼬르륵) | さっぱり 기분이 개운한 모양(산뜻이, 말쑥이), 담백한 모양(깔끔이, 산뜻이). 뒤에 아무것도 남지 않은 모양(깨끗이, 말끔이). 부정어와 함께 사용(도무지, 전혀, 조금도). 아주 시원찮거나 형편없는 모양(말이 아니다. 도무지 엉망이다)

29

いらっしゃいませ。お客様、お荷物をお持ちしましょうか。

(A) はい、そんなことしていませんよ。

(B) どうぞ、ごゆっくり。

(C) あ、どうもありがとうございます。

(D) では、頑張ってください。

어서 오십시오. 손님, 짐을 들어 드릴까요?

(A) 네, 그런 짓 하지 않았어요.

(B) 아무쪼록 천천히.

(C) 아, 대단히 감사합니다.

(D) 그럼, 분발해 주세요.

📖「お持ちする」表現に注意할 것!

いらっしゃいませ 어서 오십시오 | お客様(きゃくさま) 손님의 높임말 | 荷物(にもつ) 짐 화물 | お持(も)ちする 들다의 겸양어 | どうぞ 상대편에게 무엇을 허락하거나 권하거나 할 때 쓰는 말(어서). 부탁이나 희망의 뜻을 나타내는 말(아무쪼록, 제발, 부디). 어떻게든 | 頑張(がんば)る 분발하다. 힘내다

30

すみません、連絡先を教えていただけますか。

(A) はい、もちろんいいですよ。

(B) それは絶対守ってください。

(C) 習った方がいいですよ。

(D) 失礼しました。

죄송합니다, 연락처를 가르쳐 주시겠습니까?

(A) 네, 물론 좋아요.

(B) 그건 절대로 지켜주세요.

(C) 배우는 편이 좋아요.

(D) 실례했습니다.

📖 연락처를 묻고 있다.

連絡先(れんらくさき) 연락처 | 教(おし)える 가르치다 | もちろん 물론, 말할 것도 없이 | 絶対(ぜったい) 절대 | 守(まも)る 지키다. 수호하다. 소중히 지키다 | 習(なら)う 배우다. 익히다. 연습하다 | 失礼(しつれい) 실례, 무례함, 예의 없음

31

課長、その怪我はどうしたんですか。

(A) 泥酔して、道で転倒しちゃったんだ。

(B) ぼったくりにあって一文無しだよ。

(C) 課長というのは骨の折れる仕事だよ。

(D) 今まで身を粉にして働いてきたからね。

과장님, 그 상처는 왜 그런 거예요?

(A) 몹시 취해서, 길에서 넘어져 버렸어.

(B) 바가지를 써서 빈털터리야.

(C) 과장이란 힘든 일이야.

(D) 지금까지 분골쇄신하며 일해 왔으니까.

📖 왜 부상을 입었는지 묻고 있다.

怪我(けが) 다침. 부상. 상처 | 泥酔(でいすい) 만취 | 転倒(てんとう) 전도, 넘어짐, 쓰러짐 | ぼったくり 손님을 속여서 정당하지 못한 방법으로 돈을 갈취함. 바가지 | 一文無(いちもんな)し 무일푼, 빈털터리 | 骨(ほね)が折(お)れる 힘이 들다. 성가시다 | 身(み)を粉(こ)にする 노고를 마다 않고 일하다. 분골쇄신하다

32

昨日の面接でもっと自分のアピールをすれば良かった。

(A) もう終わったことです。後悔しても仕方がないですよ。

(B) 申し訳ございませんが、こちらでは分かりかねます。

(C) 自己主張があまりにも強すぎましたね。

(D) そんなに意地っ張りにならなくてもいいですよ。

어제 면접에서 좀 더 자신을 어필하면 좋았을 것을.

(A) 이미 끝난 일입니다. 후회해도 소용없어요.

(B) 죄송합니다만, 이쪽에서는 알기 어렵습니다.

(C) 자기 주장이 너무나 강했네요.

(D) 그렇게 고집을 부리지 않아도 돼요.

📖 면접에서 자신을 어필하지 못했던 것을 아쉬워하고 있다.

もっと 더. 더욱. 좀 더. 한층 | アピール 어필, 호소 | 仕方(しかた)がない 달리 방법이 없다. 어쩔 수가 없다 | 申(もう)し訳(わけ)ございません 죄송합니다 | 自己主張(じこしゅちょう) 자기 주장 | あまりにも 너무나도 | 意地(いじ)っ張(ば)りになる 고집을 부리다

33

こちらが前菜ですから、まずはこちらをお召し上がりください。

(A) 美味しかったですよ。ごちそうさまでした。

(B) 何を召し上がりますか。

(C) はい、では、いただきます。

(D) はい、では、どうぞ召し上がってください。

이쪽이 전채이오니, 우선은 이쪽을 드시기 바랍니다.

(A) 맛있었어요. 잘 먹었습니다.

(B) 무엇을 드시겠습니까?

(C) 네, 그럼 잘 먹겠습니다.

(D) 네, 그럼 어서 드시기 바랍니다.

🅣 잘 드시라고 말하고 있다. 전반부(20~40번)에 「前菜」라는 다소 어려운 단어가 등장하지만, 전체적으로 의미를 이해하는 데는 어렵지 않다. 모르는 단어가 나왔다고 당황하지 말고, 침착하게 대처할 것! (후반부(41~50번)가 아니면 어렵거나 난이도가 높은 문제는 절대로 출제되지 않는다는 것을 명심하자.)
前菜(ぜんさい) 전채(식사 전에 식욕을 돋우려고 먹는 채소) | 召(め)し上(あ)がる 드시다, 잡수시다

34

先生の奥さんはどんなテレビ番組をご覧になりますか。

(A) 私の妻は韓国料理が大好きです。

(B) 私の妻はラジオが好きです。

(C) 私の妻はニュースを見ることが多いですね。

(D) 私の妻はテレビに出たことがありますよ。

선생님의 사모님은 어떤 텔레비전 프로그램을 보십니까?

(A) 제 아내는 한국요리를 아주 좋아합니다.

(B) 제 아내는 라디오를 좋아합니다.

(C) 제 아내는 뉴스를 보는 경우가 많지요.

(D) 제 아내는 텔레비전에 나온 적이 있어요.

🅣 경어 표현(ご覧になる)에 주의할 것! 奥(おく)さん 부인, 사모님(남의 아내를 높여 부르는 말) | 番組(ばんぐみ) 프로그램 | ご覧(らん)になる 보시다 | 妻(つま) 아내 | 大好(だいす)き 아주 좋아함

35

加藤さんは、去年脱サラして開業したそうですね。

(A) ええ、来年会社を辞めるつもりです。

(B) ええ、会社には未練はありませんでした。

(C) ええ、新しい仕事を始める予定だったんですが。

(D) ええ、やっと新しい仕事が軌道に乗ってきたところです。

가토 씨는 작년에 봉급생활에서 벗어나 개업했다고 하네요.

(A) 네, 내년에 회사를 그만둘 생각입니다.

(B) 네, 회사에는 미련이 없었습니다.

(C) 네, 새로운 일을 시작할 예정이었습니다만.

(D) 네, 겨우 새로운 일이 막 궤도에 오른 상황이에요.

🅣 「脱サラ」라는 표현을 알아두자!
脱(だつ)サラ 봉급에 얽매인 생활에서 벗어나 독립함. 탈 샐러리맨 | 開業(かいぎょう) 개업 | 会社(かいしゃ)を辞(や)める 회사를 그만두다 | 未練(みれん) 미련 | 軌道(きどう)に乗(の)る 궤도에 오르다

36

あの店は味といい、値段といい文句なしだよ。

(A) あの店は味はいいんだけど、値段が高すぎるんだよね。

(B) あの店は味もいいし、値段もお手頃だからいいんだよね。

(C) あの店は接客態度はいいんだけど、味はまあまあだね。

(D) あの店に行くと、いつも文句をつけたくなっちゃうね。

저 가게는 맛도 그렇고, 가격도 그렇고 무조건이야.

(A) 저 가게는 맛은 좋은데, 가격이 너무 비싸지.

(B) 저 가게는 맛도 좋고, 가격도 적당하니까 좋지.

(C) 저 가게는 손님을 대하는 태도는 좋은데, 맛은 고만고만하지.

(D) 저 가게에 가면, 늘 트집을 잡고 싶어져.

🅣 맛도 좋고 가격도 좋다.

~といい~といい 둘 이상의 사항을 들어 말할 때 사용. ~이고 ~이고, ~하며 ~하며 | 文句(もんく)なし 무조건, 불평이나 불만 따위를 할 여지가 없음 | 値段(ねだん) 값 가격 | 手頃(てごろ) 적합함, 적당함, 걸맞음 | 接客態度(せっきゃくたいど) 손님을 대하는 태도 | まあまあ 그저 그런 정도임, 어지간함

왜 할인해서 판매하고 있는지 묻고 있다.

皿(さら) 접시 | 割引(わりびき) 할인, 값을 깎음 | これはこれは 이런, 아니, 이거, 이것 참 | 二枚目(にまいめ) 미남 | 額縁(がくぶち) 액자, 사진틀 | 縁(ふち)が欠(か)ける 이가 빠지다, 모서리가 깨지다

37

すみません、机の上にあった契約書を破ってしまいました。

(A) いいですよ、わざとしたんでしょう？

(B) お気になさらないでください。わざとじゃないでしょう？

(C) 気に入りましたよ。今度から契約書は破ってください。

(D) 気になりますね。わざとらしいことしないでください。

죄송합니다, 책상 위에 있던 계약서를 찢고 말았습니다.

(A) 됐어요, 일부러 한 거죠?

(B) 신경 쓰지 마십시오. 일부러 한 게 아니죠?

(C) 마음에 들었어요. 앞으로 계약서는 찢어 주세요.

(D) 신경이 쓰이네요. 고의적인 듯한 짓은 하지 말아 주세요.

 잘못해서 계약서를 찢어버렸다.

契約書(けいやくしょ) 계약서 | 破(やぶ)る 찢다, 깨다, 부수다 | わざと 일부러, 고의로 | 気(き)に入(い)る 마음에 들다, 만족하다 | わざとらしい 부자연스럽다, 고의적인 듯하다, 꾸며낸 티가 나다

38

このお皿、どうして割引で販売しているんですか。

(A) これはこれは、二枚目の男ですね。

(B) よく考えればお分かりになりますが、家には額縁がありますね。

(C) これはどう考えても納得がいきません。

(D) よくご覧になりますと、これは縁が欠けているからです。

이 접시, 왜 할인해서 판매하고 있는 겁니까?

(A) 이것 참, 미남이네요.

(B) 잘 생각하면 아시겠지만, 집에는 액자가 있지요.

(C) 이것은 아무리 생각해도 납득이 가지 않습니다.

(D) 잘 보시면, 이것은 이가 빠졌기 때문입니다.

39

たばこのポイ捨てが東京都で全面禁止になったんだって。

(A) 喫煙家には厳しいご時世になりましたね。

(B) 愛煙家には非常に嬉しいことですね。

(C) ポイ捨てはとてもいいことですよ。

(D) 禁煙家には思わぬ悲報になりそうですね。

담배꽁초 무단투기가 도쿄도(東京都)에서 전면 금지되었대.

(A) 흡연가에게는 혹독한 세태가 되었네요.

(B) 애연가에게는 아주 기쁜 일이네요.

(C) 무단투기는 매우 좋은 일이에요.

(D) 금연가에게는 뜻하지 않은 비보가 될 것 같네요.

 무단투기가 금지되었다고 말하고 있다.

ポイ捨(す)て 도로 등에 슬쩍 버림, 무단투기 | 東京都(とうきょうと) 도쿄도, 수도 도쿄의 행정상의 명칭 | 喫煙家(きつえんか) 끽연가, 흡연가 | 時世(じせい) 시대의 추세, 세태 | 愛煙家(あいえんか) 애연가 | 非常(ひじょう)に 대단히, 심하게 | 悲報(ひほう) 비보, 슬픈 통지[소식]

40

今回の地震で観光客は減少したし、品薄から物価もかなり上がったし大変です。

(A) これは似たり寄ったりですね。

(B) 瓜二つですよね。

(C) 情けは人のためならずってことですね。

(D) まさに踏んだり蹴ったりですね。

이번 지진으로 관광객은 감소했고, 품귀로 물가도 꽤 올라서 힘듭니다.

(A) 이런 비슷비슷하군요.

(B) 쏙 빼닮았지요.

(C) 인정을 베풀면 돌아온다는 거군요.

(D) 바로 엎친 데 덮쳤군요.

🔘 관용어구 표현도 알아두자!

減少(げんしょう) 감소 | 品薄(しなうす) 품귀, 수요에 대하여 상품이 달림 | これは 놀람이나 감탄을 나타내는 말. 아이구, 아니, 이런 | 似(に)たり寄(よ)ったり 비슷비슷함. 대동소이함 | 瓜二(うりふた)つ 아주 비슷함 | 情(なさ)けは人(ひと)のためならず 남에게 인정을 베풀면 반드시 내게 돌아온다 | 踏(ふ)んだり蹴(け)ったり 엎친 데 덮친 격으로 곤욕을 겪는 모양

41

セクハラや横領容疑で逮捕される教師が増えていますね。

(A) セクハラや横領は教師として誇るべき行為ですよ。

(B) セクハラや横領に躍起になってほしいです。

(C) 教師としてあるまじき行為ですよ、まったく。

(D) そのことは水に流してくださいよ。

성희롱과 횡령혐의로 체포되는 교사가 늘고 있네요.

(A) 성희롱과 횡령은 교사로서 자랑해야 할 행위에요.

(B) 성희롱과 횡령에 힘쓰기를 바랍니다.

(C) 교사로서 해서는 안 될 행위에요, 정말로.

(D) 그 일은 없었던 걸로 해 주세요.

🔘 불미스런 행위로 체포되는 교사가 늘고 있다고 함.

セクハラ 성희롱 | 横領容疑(おうりょうようぎ) 횡령혐의 | 逮捕(たいほ) 체포 | 誇(ほこ)る 자랑하다. 뽐내다. 자만하다 | べき ~해야 할. ~하는 것이 적절한 | 躍起(やっき)になる 기를 쓰다 | まったく 전혀, 아주, 전적으로, 정말로, 참으로 | 水(みず)に流(なが)す 과거의 모든 것을 없었던 것으로 하여 더는 탓하지 않기로 하다. 물에 흘려버리다

42

今日は、ちょっと首が痛いです。筋肉痛でしょうか。

(A) いつも大きな声で叫ぶからだと思います。

(B) 寝相が悪いから寝違えたんじゃないですか。

(C) いびきをかいたり、よだれをたらして寝るからですよ。

(D) 血を止める方法を止血法といいます。

오늘은 약간 목이 아픕니다. 근육통일까요?

(A) 항상 큰 소리로 외치기 때문이라고 생각합니다.

(B) 험하게 자서 잠을 잘못 잔 것은 아닙니까?

(C) 코를 골거나, 침을 흘리며 자기 때문이에요.

(D) 피를 멎게 하는 방법을 지혈법이라고 합니다.

🔘 목이 아프다고 말하고 있다.

首(くび)が痛(いた)い 목이 아프다 | 筋肉痛(きんにくつう) 근육통 | 叫(さけ)ぶ 외치다. 부르짖다 | 寝相(ねぞう)が悪(わる)い 험하게 자다 | 寝違(ねちが)える 잠을 잘못 자서 목이나 어깻죽지 등에 통증이 생기다 | いびきをかく 코를 골다 | よだれをたらす 침을 흘리다. 군침을 흘리다 | 止血法(しけつほう) 지혈법

43

この世界は食うか食われるかの激しい競争の世界です。

(A) いわゆる弱肉強食ということですね。

(B) いわゆる一攫千金ということですね。

(C) いわゆる格差社会ということですね。

(D) いわゆる二者択一ということですね。

이 세계는 먹느냐 먹히느냐의 심한 경쟁의 세계입니다.

(A) 이른바 약육강식이라는 거군요.

(B) 이른바 일확천금이라는 거군요.

(C) 이른바 격차사회라는 거군요.

(D) 이른바 양자택일이라는 거군요.

🔘 심한 경쟁의 세계다.

食(く)う 먹다. 씹어 삼키다. 먹고 살아가다 | 競争(きょうそう) 경쟁 | いわゆる 소위, 이른바 | 弱肉強食(じゃくにくきょうしょく) 약육강식 | 一攫千金(いっかくせんきん) 일확천금 | 格差社会(かくさしゃかい) 격차사회 | 二者択一(にしゃたくいつ) 양자택일

44

高橋さんはゆうべの飲み会で私の秘密を話しちゃったんですか。

(A) すみません。私は口が堅いんですよ。

(B) 申し訳ありません。口が重いんです。

(C) お酒の勢いで余計なことまで口走ってしまいました。

(D) 友達と口裏を合わせておいたんですが。

다카하시 씨는 어젯밤 회식에서 내 비밀을 말해 버린 겁니까?

(A) 미안합니다. 나는 입이 무거워요.

(B) 죄송합니다. 과묵합니다.

(C) 술기운으로 쓸데없는 말까지 엉겁결에 말해 버렸습니다.

(D) 친구와 사전에 말을 맞춰두었습니다만.

🎧 나의 비밀을 말했는지 묻고 있다.

ゆうべ 어젯밤, 어제 저녁 | 飲(の)み会(かい) 소수의 몇몇이 술을 마시고 즐기는 모임, 회식 | 口(くち)が堅(かた)い 입이 무겁다 | 口(くち)が重(おも)い 과묵하다, 말수가 적다 | 余計(よけい)なこと 쓸데없는 것, 불필요한 것 | 口走(くちばし)る 무의식중에 입 밖에 내다, 엉겁결에 말하다 | 口裏(くちうら)を合(あ)わせる 여럿이 사전에 짜고 말이 어긋나지 않도록 말을 맞추다

45

山本さん、これはつまらないものですが、お越しいただいたお礼にと思いまして…。

(A) いえいえ、申し訳ありませんが、またお越しください。

(B) いえいえ、そんなくだらないものくださっても困ります。

(C) いえいえ、それは宅急便で送りましたが。

(D) 申し訳ありません、そこまでしていただき心苦しく存じます。

야마모토 씨, 이거 변변치 않은 것입니다만, 와 주신 사례로 생각해서……

(A) 아닙니다, 죄송합니다만 또 와 주세요.

(B) 아닙니다, 그런 보잘 것 없는 것을 주셔도 곤란합니다.

(C) 아닙니다, 그것은 택배로 보냈습니다만.

(D) 죄송합니다, 그렇게까지 해주시다니 몸 둘 바를 모르겠습니다.

🎧 와 준 사례를 하고 있다.

つまらないもの 보잘 것 없는 것 | お越(こ)し 오심, 행차 | くだらないもの 하찮은 것 | 宅急便(たっきゅうびん) 택배, 택배편 | 心苦(こころぐる)しい 미안한 마음에 괴롭다 | 存(ぞん)じる 「知(し)る(알다)・思(おも)う(생각하다)」의 겸양어

46

今日、橋本部長とお会いすることになっていたんですが。

(A) あ、しまった。うっかりしておりました。

(B) では、遠慮なくいただきます。

(C) では、拝見致しますのでしばらくお待ちください。

(D) ここを行ったり来たりしないでください。

오늘 하시모토 부장님을 만나 뵙기로 되어 있습니다만.

(A) 아, 아뿔싸. 깜빡하고 있었습니다.

(B) 그럼, 사양 않고 잘 먹겠습니다.

(C) 그럼, 삼가 뵙도록 하겠으니 잠시 기다려 주세요.

(D) 여기를 왔다 갔다 하지 말아 주세요.

🎧 만나기로 예정되어 있다.

お会(あ)いする 만나 뵙다 | しまった 실패하여 몹시 분해할 때 내는 말, 아차, 아뿔싸, 큰일났다 | うっかり 무심코, 멍청히, 깜박 | 遠慮無(えんりょな)く 사양 않고, 거리낌 없이 | 拝見(はいけん) 삼가 봄 | 行(い)ったり来(き)たり 왔다리 갔다리

47

今日の木村さん、ご機嫌斜めのようね。

(A) 会社でボーナスが出たそうよ。

(B) そんなこと言ってる場合じゃないよ。

(C) 会社で部長に叱られたんですって。

(D) 自信満々なんですよ。

오늘 기무라 씨, 저기압인 것 같아요.

(A) 회사에서 보너스가 나왔대요.

(B) 그런 것 말할 입장이 아니야.

(C) 회사에서 부장님에게 혼났대요.

(D) 자신만만이에요.

🎧 오늘 기분이 좋지 않다고 한다.

ご機嫌斜(きげんなな)め 기분이 좋지 않음, 저기압 | 叱(しか)られる 야단맞다, 꾸중 듣다 | 自信満々(じしんまんまん) 자신만만

48

あの部長がいやで、会社を辞めようと思ってるの。

(A) 今日はその日にもってこいの日和だよ。

(B) 石の上にも3年というじゃない、もう少し頑張ってみたら。

(C) 死_しに物狂_{ものぐる}いで挑戦_{ちょうせん}した結果_{けっか}だよ。

(D) あの美味_{おい}しい話_{はなし}に乗_のるべきだったよ。

그 부장님이 싫어서, 회사를 그만두려고 해.

(A) 오늘은 그날에 딱 좋은 날씨야.

(B) 참고 견디면 복이 온다고 하잖아, 조금만 더 힘내봐.

(C) 필사적으로 도전한 결과야.

(D) 그 좋은 교섭에 응했어야 했어.

ⓣ 회사를 그만두고 싶다고 한다.

もってこい 안성맞춤 | 日和(ひより) 일기, 날씨, 좋은 날씨, 형편 | 石(いし)の上(うえ)にも３年(さんねん) 참고 견디면 복이 온다 | 死(し)に物狂(ものぐる)い 결사적인 몸부림, 필사적으로 바둥거림 | 話(はなし)に乗(の)る 교섭에 응하다, 이야기에 끌려들다

49

汚_{きたな}い仕事_{しごと}は他人_{たにん}にやらせて、自分_{じぶん}の好_すきなことだけをするのはあまりにも虫_{むし}がよすぎるように思_{おも}えてならないんですが。

(A) やっぱり自然_{しぜん}の中_{なか}で育_{そだ}った昆虫_{こんちゅう}は生命力_{せいめいりょく}がありますよ。

(B) 最近_{さいきん}、自然_{しぜん}を求_{もと}めて郊外_{こうがい}に移_{うつ}り住_すむ人_{ひと}が増_ふえたそうですよ。

(C) 自分勝手_{じぶんかって}で図々_{ずうずう}しい人_{ひと}が増_ふえましたね。

(D) 自然_{しぜん}を守_{まも}るためにできることから始_{はじ}めなければなりません。

지저분한 일은 타인에게 시키고, 자신이 좋아하는 일만 하는 것은 너무나도 얌체 같다고 생각합니다만.

(A) 역시 자연 속에서 자란 곤충은 생명력이 있어요.

(B) 최근에 자연을 갈구하여 교외로 옮겨 사는 사람들이 늘었다고 해요.

(C) 제멋대로이고 뻔뻔한 사람들이 늘었네요.

(D) 자연을 지키기 위해서 할 수 있는 것부터 시작하지 않으면 안 됩니다.

ⓣ 너무 얌체 같다고 여기고 있다.

虫(むし)がいい 자기중심적이다, 뻔뻔스럽다, 비위가 좋다, 얌체 같다 | ～てならない ～가 아닐 수 없다, 매우 ～하다 | 昆虫(こんちゅう) 곤충 | 求(もと)める 구하다, 바라다, 요구하다, 요청하다 | 郊外(こうがい) 교외 | 自分勝手(じぶんかって) 제멋대로임, 마음대로임 | 図々(ずうずう)しい 뻔뻔스럽다, 낯 두껍다, 넉살 좋다 | 守(まも)る 지키다, 수호하다, 소중히 지키다

50

伊藤_{いとう}さんは、世界_{せかい}を股_{また}に掛_かける凄腕_{すごうで}の事業_{じぎょう}家_かです。

(A) いくら事業家_{じぎょうか}でも二股_{ふたまた}はいけませんよ。

(B) 羨_{うらや}ましいけど、平社員_{ひらしゃいん}の私_{わたし}には夢_{ゆめ}のまた夢_{ゆめ}ですよ。

(C) あの世_よにも行_いったことがあるんでしょうね。

(D) 腕_{うで}によりをかけて作_{つく}った料理_{りょうり}はうまいでしょう。

이토 씨는 세계적인 규모로 널리 일을 하는 놀라운 솜씨의 사업가입니다.

(A) 아무리 사업가라고 해도 양다리는 안 되지요.

(B) 부럽지만, 평사원인 나에게는 하늘의 별 따기예요.

(C) 그 세계에도 간 적이 있는 거군요.

(D) 열심히 노력해서 만든 요리는 맛있지요.

ⓣ 이토 씨는 훌륭한 사업가다.

股(また)に掛(か)ける 여기저기 돌아다니다 | 凄腕(すごうで) 놀라운 솜씨 | 事業家(じぎょうか) 사업가 | 二股(ふたまた) 두 갈래, 양다리 | 羨(うらや)ましい 부럽다, 샘이 나다 | 平社員(ひらしゃいん) 평사원 | 夢(ゆめ)のまた夢(ゆめ) 하늘의 별 따기 | 腕(うで)によりをかける 크게 분발하다, 열심히 노력하다

PART3 회화문 (정답 및 해설) 문제집 76~79쪽

51

男_{おとこ}：すみません。ペンを貸_かしてください。

女_{おんな}：鉛筆_{えんぴつ}しかないんですが。

男_{おとこ}：じゃ、それを貸_かしてください。それから消_けゴムも。

女_{おんな}：はい、どうぞ。

男_{おとこ}の人_{ひと}は何_{なに}を借_かりましたか。

(A) ペン

(B) 消_けしゴム

(C) ペンと消_けしゴム

(D) 鉛筆_{えんぴつ}と消_けしゴム

남 : 미안합니다. 펜을 빌려 주세요.

여 : 연필밖에 없습니다만.

남 : 그럼, 그것을 빌려 주세요. 그리고 지우개도.

여 : 네, 여기요.

남자는 무엇을 빌렸습니까?

(A) 펜

(B) 지우개

(C) 펜과 지우개

(D) 연필과 지우개

貸(か)す 빌려 주다. 사용하게 하다 | 鉛筆(えんぴつ) 연필 | 消(けし)ゴム 지우개

52

男 : テレビ、よく見ますか。

女 : 月曜日から木曜日までは毎日1時間くらい見ますね。

男 : 週末はどうですか。

女 : そうですね。2時間か3時間は見ますね。

女の人は土曜日に何をしますか。

(A) テレビを1時間くらい見る。

(B) テレビを2時間くらい見る。

(C) テレビを見てから部屋の掃除をする。

(D) テレビを見てから洗濯をする。

남 : 텔레비전, 자주 봅니까?

여 : 월요일부터 목요일까지는 매일 1시간 정도 보네요.

남 : 주말은 어떻습니까?

여 : 글쎄요. 2시간이나 3시간은 보네요.

여자는 토요일에 무엇을 합니까?

(A) 텔레비전을 1시간 정도 본다.

(B) 텔레비전을 2시간 정도 본다.

(C) 텔레비전을 보고 나서 방 청소를 한다.

(D) 텔레비전을 보고 나서 빨래를 한다.

毎日(まいにち) 매일 | 週末(しゅうまつ) 주말 | 部屋(へや) 방 | 掃除(そうじ) 청소 | 洗濯(せんたく) 세탁. 빨래

53

男 : このシャツはいくらですか。

女 : 赤いシャツは1,900円で、白いシャツは2,600円です。

男 : では、赤いシャツを3枚と白いシャツ2枚お願いします。

女 : はい、ありがとうございます。

男の人はいくら払いますか。

(A) 10,900円

(B) 11,600円

(C) 12,600円

(D) 11,900円

남 : 이 셔츠는 얼마입니까?

여 : 붉은 셔츠는 1,900엔이고, 하얀 셔츠는 2,600엔입니다.

남 : 그럼, 붉은 셔츠 3개와 하얀 셔츠 2개 부탁합니다.

여 : 네, 감사합니다.

남자는 얼마를 지불합니까?

(A) 10,900엔

(B) 11,600엔

(C) 12,600엔

(D) 11,900엔

シャツ 셔츠, 내의, 와이셔츠 | 赤(あか)い 붉다. 빨갛다 | 白(しろ)い 희다 | 枚(まい) 종이/판자/접시 등 얇고 평평한 것을 세는 단위. ~장 | 払(はら)う 돈을 치르다. 지불하다

54

男 : これから予定はありますか。

女 : いいえ、別にありません。

男 : じゃ、食事でもどうですか。

女 : いいですね。

二人はこれから何をしますか。

(A) 別に何もしない。

(B) 食事に行く。

(C) 友達の家を訪ねる。

(D) 会議をする。

남 : 지금부터 일정은 있습니까?

여 : 아니요, 특별히 없습니다.

남 : 그럼, 식사라도 어떻습니까?

여 : 좋지요.

두 사람은 지금부터 무엇을 합니까?

(A) 특별히 아무것도 하지 않는다.

(B) 식사하러 간다.

(C) 친구 집을 방문한다.

(D) 회의를 한다.

予定(よてい) 예정 | 別(べつ)に 별로, 특별히, 각별히 | 食事(しょくじ) 식사 | 訪(たず)ねる 방문하다

55

男 : 田中さんの誕生日は明後日じゃありませんか。

女 : そうですね。誕生日のプレゼントに腕時計はどうですか。

男 : 腕時計もいいですが、目覚まし時計の方がいいと思いますよ。

女 : じゃ、そうしましょう。

田中さんの誕生日プレゼントは何ですか。

(A) 目覚まし時計

(B) 腕時計

(C) 掛け時計

(D) 砂時計

남 : 다나카 씨의 생일은 모레가 아니었습니까?

여 : 그러네요. 생일 선물로 손목시계는 어떻습니까?

남 : 손목시계도 좋지만, 자명종 쪽이 좋을 것 같아요.

여 : 그럼, 그렇게 해요.

다나카 씨의 생일 선물은 무엇입니까?

(A) 자명종

(B) 손목시계

(C) 벽시계

(D) 모래시계

誕生日(たんじょうび) 생일, 출생일 | 明後日(あさって) 모레 | 腕時計(うでどけい) 손목시계 | 目覚(めざ)まし時計(どけい) 자명종 | 掛(か)け時計(どけい) 괘종, 벽시계 | 砂時計(すなどけい) 모래시계

56

女 : すみません。

男 : お客様、どうなさいました？

女 : 卵を落としてしまいました。本当にすみません。

男 : いいですよ。新しい卵を持っていってください。

二人はどこで会話をしていますか。

(A) スーパーマーケット

(B) 便所

(C) 空港

(D) バスの中

여 : 미안합니다.

남 : 손님, 왜 그러세요?

여 : 달걀을 떨어뜨리고 말았습니다. 정말로 죄송합니다.

남 : 괜찮아요. 새 달걀로 가지고 가세요.

두 사람은 어디에서 회화를 하고 있습니까?

(A) 슈퍼마켓

(B) 변소

(C) 공항

(D) 버스 안

スーパーマーケット 슈퍼마켓 | 卵(たまご) 알, 달걀 | 落(お)とす 떨어뜨리다, 낙하시키다 | 新(あたら)しい 새롭다, 신선하다 | 便所(べんじょ) 변소, 화장실 | 空港(くうこう) 공항

57

男：この前の試験の結果はどうだった？

女：あなたの点数よりは5点上だったわ。

男：じゃ、83点ってこと。すごいね。

女：すごくはないわよ。一生懸命勉強すればこのくらい当たり前だわ。

男の人の試験結果は何点でしたか。

(A) 83点

(B) 85点

(C) 88点

(D) 78点

남：요전번 시험 결과는 어땠어?

여：당신 점수보다는 5점 높았어.

남：그럼, 83점이군. 대단하네.

여：대단치 않아. 열심히 공부하면 이 정도는 당연해.

남자의 시험 결과는 몇 점이었습니까?

(A) 83점

(B) 85점

(C) 88점

(D) 78점

試験(しけん) 시험 | 結果(けっか) 결과 | 点数(てんすう) 점수 |
当(あ)たり前(まえ) 당연함, 마땅함, 예사, 보통

58

女：田中さんの机の上に、何がありますか。

男：私の机の上には、パソコンが2台と、プリンターが1台、そして、貯金箱がありますよ。

女：そうですか。貯金箱にお金は入っていますか。

男：お金は入っていません。

田中さんの机の上にあるものは何ですか。

(A) パソコン1台、プリンター1台、貯金箱

(B) パソコン1台、プリンター2台、貯金箱

(C) パソコン2台、プリンター1台、貯金箱

(D) パソコン2台、プリンター2台、貯金箱

여：다나카 씨의 책상 위에 무엇이 있습니까?

남：내 책상 위에는 PC 2대와 프린터 1대, 그리고 저금통이 있어요.

여：그래요? 저금통에 돈은 들어 있습니까?

남：돈은 들어 있지 않습니다.

다나카 씨의 책상 위에 있는 것은 무엇입니까?

(A) PC 1대, 프린터 1대, 저금통

(B) PC 1대, 프린터 2대, 저금통

(C) PC 2대, 프린터 1대, 저금통

(D) PC 2대, 프린터 2대, 저금통

貯金箱(ちょきんばこ) 저금통 | お金(かね) 돈

59

男：今度、新しい携帯電話が発売されるそうだよ。

女：今度の携帯電話には今まであったカメラ機能に加えて、テレビも見られるようになるそうよ。

男：へえ、すごいね。じゃ、GPS機能もついてるの？

女：それはまだよ。カーナビにはついているんだけど…。

新しい携帯電話の機能として正しいものは？

(A) カメラ機能

(B) GPS機能

(C) テレビが見られる。

(D) カーナビ機能

남：이번에 새로운 휴대전화가 발매된대.

여：이번 휴대전화에는 지금까지 있었던 카메라 기능에 추가해서, 텔레비전도 볼 수 있게 된대.

남：와~, 굉장하네. 그럼, GPS 기능도 달려 있어?

여：그건 아직. 자동차 내비게이션에는 달려 있지만…….

새로운 휴대전화의 기능으로서 올바른 것은?

(A) 카메라 기능

(B) GPS 기능

(C) 텔레비전을 볼 수 있다.

(D) 자동차 내비게이션 기능

携帯電話(けいたいでんわ) 휴대전화 | 機能(きのう) 기능 | 加(くわ)える 보태다, 더하다, 가하다 | カーナビ 자동차 내비게이션, 자동차용 도로안내 시스템

60

男 : 鈴木さん、いいネックレスですね。

女 : あ、これ？ いいでしょう。ダイヤモンドのネックレス、昨日買っちゃったんです。

男 : でもダイヤモンドだったら、高いでしょう。お金はどうしたんですか。

女 : へそくりで買ったのよ。昔のサファイヤのネックレスもへそくりよ。

女の人はダイヤモンドのネックレスをどうやって買いましたか。

(A) 夫からもらったお小遣で買った。

(B) 貯めていたお金で買った。

(C) サファイヤのネックレスを売って、そのお金で買った。

(D) 買ったのではなく、知人からもらった。

남 : 스즈키 씨, 목걸이가 멋지네요.

여 : 아, 이거? 괜찮죠? 다이아몬드 목걸이 어제 사버렸어요.

남 : 하지만, 다이아몬드면 비싸잖아요. 돈은 어떻게 한 거예요?

여 : 비상금으로 샀지요. 예전 사파이어 목걸이도 비상금.

여자는 다이아몬드 목걸이를 어떻게 해서 샀습니까?

(A) 남편에게 받은 용돈으로 샀다.

(B) 모아두었던 돈으로 샀다.

(C) 사파이어 목걸이를 팔아서, 그 돈으로 샀다.

(D) 산 것이 아니고, 지인에게 받았다.

ネックレス 목걸이 | へそくり 사천(주부 등이 살림을 절약하거나 하여 남편 모르게 은밀히 모은 돈), 비상금 | 小遣(こづか)い 용돈 | 貯(た)める 돈을 모으다 | 知人(ちじん) 지인, 친지

61

女 : この靴を買いたいんですが、カードで支払っても大丈夫ですよね。

男 : カードでお支払い頂きますと、手数料の3パーセントが定価に追加されます。

女 : じゃ、現金ではいくらですか。

男 : 現金では、定価の2,000円になります。

女の人が靴をカードで支払うといくら払わなければなりませんか。

(A) 1,940円

(B) 2,000円

(C) 2,030円

(D) 2,060円

여 : 이 구두를 사고 싶습니다만, 카드로 지불해도 괜찮겠지요?

남 : 카드로 지불하시면, 수수료 3퍼센트가 정가에 추가됩니다.

여 : 그럼, 현금으로는 얼마입니까?

남 : 현금으로는 정가 2,000엔입니다.

여자가 구두를 카드로 지불하면 얼마를 지불해야 합니까?

(A) 1,940엔

(B) 2,000엔

(C) 2,030엔

(D) 2,060엔

支払(しはら)う 지급하다, 지불하다 | 手数料(てすうりょう) 수수료 | 定価(ていか) 정가 | 追加(ついか) 추가 | 現金(げんきん) 현금

62

男：失礼ですが、加藤さんの宗教は何ですか。

女：私の家は仏教なんですが、私はキリスト教なんです。

男：じゃあ、家族のみなさんはお寺に行くんですよね。

女：お寺にも行きますし、神道として神社にも行くんです。

加藤さんの宗教は何ですか。

(A) 仏教

(B) 神道

(C) キリスト教

(D) 宗教は信じていない。

남：실례지만, 가토 씨의 종교는 무엇입니까?

여：저희 집은 불교입니다만, 저는 기독교입니다.

남：그럼, 가족 분들은 절에 가겠네요.

여：절에도 가고, 신도로서 신사에도 갑니다.

가토 씨의 종교는 무엇입니까?

(A) 불교

(B) 신도

(C) 기독교(그리스도교)

(D) 종교는 믿지 않고 있다.

宗教(しゅうきょう) 종교 | 仏教(ぶっきょう) 불교 | キリスト教(きょう) 기독교, 그리스도교 | 寺(てら) 절 | 神道(しんとう) 일본 민족의 전통적인 신앙 | 神社(じんじゃ) 신사 | 信(しん)じる 믿다. 신뢰하다. 신용하다. 확신하다

63

女：佐藤さん、今日の天気予報を見ましたか。

男：ええ、今日の午後から雨が降るそうですよ。

女：じゃあ、何か雨具を持って出掛けた方がいいですね。

男：そうですね。雨に濡れたら風邪を引きますからね。

二人は何を持って出掛けた方がいいと言っていますか。

(A) 傘や雨合羽

(B) かばんや袋

(C) お菓子や飲み物

(D) 辞書やノート

여：사토 씨, 오늘 일기예보를 봤습니까?

남：네, 오늘 오후부터 비가 온다고 해요.

여：그럼, 뭔가 우비 같은 걸 갖고 나가는 편이 좋겠어요.

남：그러네요. 비를 맞으면 감기에 걸릴 수 있으니까요.

두 사람은 무엇을 가지고 나가는 편이 좋다고 말하고 있습니까?

(A) 우산과 우의

(B) 가방과 봉지(주머니)

(C) 과자와 음료

(D) 사전과 노트

天気予報(てんきよほう) 일기예보 | 雨具(あまぐ) 우비. 우장 | 出掛(でか)ける 나가다. 나서다. 외출하다 | 濡(ぬ)れる 젖다 | 風邪(かぜ)を引(ひ)く 감기에 걸리다 | 雨合羽(あまがっぱ) 비옷. 우의

64

男：もしもし、木村ですが、取引先との話が長引いてしまって、ミーティングに遅れそうなんですが。

女：そうですか。じゃ、ミーティングの時間をずらして、夜8時に東京駅で会いましょうか。

男：まだ、もう少しかかりそうなので、明日、渋谷のオフィスで会うのはどうでしょうか。

女：いいですよ。そうしましょう。

二人はどこで会うことにしましたか。

(A) 取引先

(B) 東京駅

(C) 渋谷のオフィス

(D) まだ決めていない。

남 : 여보세요, 기무라입니다만 거래처와의 이야기가 길어
져 버려서 미팅에는 늦을 것 같습니다만.

여 : 그래요? 그럼, 미팅 시간을 늦춰서 밤 8시에 도쿄 역에
서 만날까요?

남 : 아직 좀 더 걸릴 것 같으니, 내일 시부야의 오피스에서
만나는 건 어떨까요?

여 : 좋아요. 그렇게 해요.

두 사람은 어디서 만나기로 했습니까?

(A) 거래처

(B) 도쿄 역

(C) 시부야의 오피스

(D) 아직 정하지 않았다.

取引先(とりひきさき) 거래처 | 話(はなし)が長引(ながび)く 이
야기가 길어지다 | ミーティング 미팅, 모임, 회합 | オフィス 오피스,
관청, 사무소, 회사

여 : 이건 어때? 이거라면, 오래 사용할 수 있지 않겠어?

남 : 그렇군. 그런데, 그것 얼마야?

여 : 8만 엔이라고 써 있어.

남 : 값이 좀 비싸지만, 오래 사용할 수 있다면 어쩔 수 없겠
군.

남자는 이 물건에 대해서 어떻게 생각하고 있습니까?

(A) 오래 사용할 수 있는데다, 가격도 저렴하기 때문에 납
득하고 있다.

(B) 오래 사용할 수 없는데도, 가격만 비싸기 때문에 불만
을 느끼고 있다.

(C) 가격은 비싸고, 서비스도 좋지 않기 때문에 불만을 느
끼고 있다.

(D) 가격은 비싸지만, 오래 사용할 수 있다고 생각하면 납
득할 수 있다.

使(つか)える 쓸모가 있다. 쓸 수 있다. 쓸 만하다 | 〜だい 〜야?(남성이
사용하는 종조사) | 値(ね)が張(は)る 값이 비싸다. 시세가 높다 | 品物
(しなもの) 물건, 물품, 상품 | 価格(かかく) 가격 | 納得(なっとく)
납득 | 不満(ふまん) 불만

65

女：これはどうかしら。これなら、長(なが)く使(つか)えそう
じゃない？

男：そうだな。ところで、それいくらだい？

女：8万円(まんえん)って書(か)いてあるわよ。

男：ちょっと値(ね)が張(は)るけれど、長(なが)く使(つか)えるんだっ
たら、しょうがないな。

**男(おとこ)の人(ひと)はこの品物(しなもの)についてどう考(かんが)えていま
すか。**

(A) 長(なが)く使(つか)えるのに、価格(かかく)も安(やす)いので納得(なっとく)してい
る。

(B) 長(なが)く使(つか)えないのに、価格(かかく)だけが高(たか)いので不満(ふまん)
を感(かん)じている。

(C) 価格(かかく)は高(たか)いし、サービスもよくないので不満(ふまん)
を感(かん)じている。

(D) 価格(かかく)は高(たか)いが、長(なが)く使(つか)えると思(おも)うと納得(なっとく)でき
る。

66

女：斎藤(さいとう)さん、どうしてそんなに怒(おこ)っているの？

男：朝(あさ)からずっと並(なら)んで、やっと店(みせ)に入(はい)れたの
に、僕(ぼく)の注文(ちゅうもん)は後回(あとまわ)しにされて…。

女：あの店(みせ)は忙(いそが)しいから、順番通(じゅんばんどお)りに注文(ちゅうもん)を取(と)る
のも大変(たいへん)なのよ。

男：それはそうだけど…。朝(あさ)から並(なら)んだんだ…。

男(おとこ)の人(ひと)はどうして怒(おこ)っていますか。

(A) 朝(あさ)から並(なら)んでいたのに、店(みせ)に入(はい)ることができ
なかったから

(B) 店(みせ)に入(はい)ることはできたが、注文(ちゅうもん)できなかった
から

(C) 注文(ちゅうもん)することはできたが、順番通(じゅんばんどお)りに注文(ちゅうもん)が
できなかったため

(D) 店(みせ)に入(はい)ることができなかったばかりか、店(みせ)の
人(ひと)に無視(むし)されたため

여 : 사이토 씨, 왜 그렇게 화내고 있어?

남 : 아침부터 계속 줄을 서서 겨우 가게에 들어갔는데, 내 주문은 뒤로 밀려서……

여 : 저 가게는 바쁘기 때문에, 순서대로 주문을 받는 것도 힘들어.

남 : 그건 그렇지만……. 아침부터 줄을 섰는데…….

남자는 왜 화를 내고 있습니까?

(A) 아침부터 줄을 서 있었는데도, 가게에 들어갈 수가 없었기 때문에

(B) 가게에 들어갈 수는 있었지만, 주문을 할 수 없었기 때문에

(C) 주문은 할 수가 있었지만, 순서대로 주문을 할 수 없었기 때문에

(D) 가게에 들어갈 수 없었을 뿐만 아니라, 가게 사람에게 무시를 당했기 때문에

後回(あとまわ)し 뒤로 미룸, 뒤로 돌림 | 順番通(じゅんばんどお)り 순서대로

67

男 : あの子は何度(なんど)、同(おな)じことを教(おし)えても全然覚(ぜんぜんおぼ)えてくれないよ。

女 : 彼女(かのじょ)は彼女(かのじょ)なりに頑張(がんば)っているんですけど…。

男 : でも、結果(けっか)がこれじゃ、やってる私(わたし)も、もう諦(あきら)めたい気持(きも)ちでいっぱいだよ。

女 : でも、そこを何(なん)とか我慢(がまん)して、もう少(すこ)しだけ、教(おし)えてあげてください。

男(おとこ)の人(ひと)の今(いま)の気持(きも)ちは、どんな気持(きも)ちですか。

(A) 彼女(かのじょ)に後(うし)ろ指(ゆび)を指(さ)したい気持(きも)ち

(B) 匙(さじ)を投(な)げてしまいたい気持(きも)ち

(C) 意地(いじ)を張(は)りたい気持(きも)ち

(D) けちを付(つ)けたい気持(きも)ち

남 : 저 아이는 몇 번이나 똑같은 것을 가르쳐도 전혀 기억하지 못해.

여 : 그녀는 그녀 나름대로 열심히 하고 있는데……

남 : 하지만 결과가 이래서는 하고 있는 나도 이제 포기하고 싶은 마음으로 가득해.

여 : 하지만 어떻게든 참고, 조금만 더 가르쳐 주세요.

남자의 지금 심정은 어떻습니까?

(A) 그녀에게 뒤에서 손가락질을 하고 싶은 심정

(B) 단념해 버리고 싶은 심정

(C) 오기를 부리고 싶은 심정

(D) 트집을 잡고 싶은 심정

覚(おぼ)える 느끼다. 기억하다 | 諦(あきら)める 단념하다. 체념하다 | 我慢(がまん) 참음. 견딤. 인내 | 後(うし)ろ指(ゆび)を指(さ)す 뒤에서 손가락질을 하다 | 匙(さじ)を投(な)げる 약 조제용 스푼을 던진다는 뜻에서 의사가 환자의 치료를 단념하다 | 意地(いじ)を張(は)る 고집을 부리다. 억지를 쓰다 | けちを付(つ)ける 트집 잡다. 재수 없는 소리를 하다

68

女 : すみません。電車(でんしゃ)の中(なか)で傘(かさ)を忘(わす)れてしまったんですが…。

男 : どんな傘(かさ)ですか。

女 : 全体(ぜんたい)は白(しろ)で、青(あお)の水玉模様(みずたまもよう)なので、新(あたら)しくはないんですが…。

男 : わかりました。見(み)つかったら、すぐ連絡(れんらく)しますので、電話番号(でんわばんごう)とお名前(なまえ)を教(おし)えていただけますか。

女(おんな)の人(ひと)の傘(かさ)はどんな傘(かさ)ですか。

(A) 白(しろ)い傘(かさ)

(B) 白(しろ)い水玉模様(みずたまもよう)の傘(かさ)

(C) 青(あお)の水玉模様(みずたまもよう)の傘(かさ)

(D) 傘(かさ)に名前(なまえ)と電話番号(でんわばんごう)が書(か)いてある。

여 : 저기요. 전철 안에서 우산을 잃어버렸는데……

남 : 어떤 우산입니까?

여 : 전체는 하얗고 파란 물방울무늬 우산으로, 새것은 아닙니다만……

남 : 알겠습니다. 찾게 되면 바로 연락할 테니, 전화번호와 성함을 알려 주세요.

여자의 우산은 어떤 우산입니까?

(A) 하얀 우산

(B) 하얀 물방울무늬 우산

(C) 파란 물방울무늬 우산

(D) 우산에 이름과 전화번호가 써 있다.

青(あお) 파랑, 푸른색, 청색, 초록 | 水玉模様(みずたまもよう) 물방울무늬

69

女 : 渋谷駅前から出発する青いバスは新宿駅に行きますか。

男 : 青いバスも新宿駅に行きますが、青いバスは迂回して行くので、快速バスの方が速く着きますよ。

女 : 快速バスはどこから出発しますか。

男 : 渋谷駅2番出口から出ますが、赤いバスですよ。

新宿駅に速く着くバスはどんなバスですか。

(A) 渋谷駅前から出る青いバス

(B) 渋谷駅前から出る赤いバス

(C) 渋谷駅2番出口から出る青いバス

(D) 渋谷駅2番出口から出る赤いバス

여 : 시부야 역 앞에서 출발하는 파란 버스는 신주쿠 역에 갑니까?

남 : 파란 버스도 신주쿠 역에 갑니다만, 파란 버스는 우회해서 가기 때문에 쾌속 버스 쪽이 빨리 도착해요.

여 : 쾌속 버스는 어디에서 출발합니까?

남 : 시부야 역 2번 출구에서 나옵니다만, 빨간 버스에요.

신주쿠 역에 빨리 도착하는 버스는 어떤 버스입니까?

(A) 시부야 역 앞에서 나오는 파란 버스

(B) 시부야 역 앞에서 나오는 빨간 버스

(C) 시부야 역 2번 출구에서 나오는 파란 버스

(D) 시부야 역 2번 출구에서 나오는 빨간 버스

迂回(うかい) 우회, 돌아감 | 快速(かいそく) 쾌속 | 出口(でぐち) 출구

70

男 : 最近、通り魔などの不可解な事件が多いよね。

女 : そうね。日本だけじゃなく最近はアメリカでも多いそうよ。

男 : どうして、そんな事が起こるんだろうね。景気が悪くなったからかな。

女 : さあ、私にはかいもく見当がつかないわ。

女の人は、不可解な事件が起きている理由は何だと言っていますか。

(A) 通り魔が多くなったから

(B) 景気が悪くなったから

(C) 物騒な世の中になったから

(D) 理由はまったく分からない。

남 : 최근에 묻지마 살인 등의 이해할 수 없는 사건이 많네.

여 : 그러네. 일본뿐만 아니라 최근에는 미국에서도 많다고 해.

남 : 왜 그런 일이 일어나는 걸까? 경기가 나빠졌기 때문인가?

여 : 글쎄, 나로서는 도무지 짐작이 가지 않네.

여자는 이해할 수 없는 사건이 일어나고 있는 이유는 무엇이라고 말하고 있습니까?

(A) 묻지마 살인이 많아졌기 때문에

(B) 경기가 나빠졌기 때문에

(C) 뒤숭숭한 세상이 되었기 때문에

(D) 이유는 전혀 모른다.

通(とお)り魔(ま) 만나는 사람에게 재해를 끼치고는 순식간에 지나가 버리는 악한 | 不可解(ふかかい) 이해할 수 없음 | かいもく (부정어를 수반하여) 전혀, 도무지, 전연 | 見当(けんとう)がつく 짐작이 가다, 어림 잡히다 | 物騒(ぶっそう)な世(よ)の中(なか) 뒤숭숭한 세상

71

女 : 田中さんって人気があるのよね。

男 : ああ、性別関係なく、気前がいいからね。

女 : 吉田さんも田中さんのように気前が良かったら人気があるのに。

男 : 俺って、そんなにケチかな。

吉田さんが人気がない理由は何ですか。

(A) 友達に食事などをおごってあげないから
(B) 友達をよくお酒に誘うから
(C) 女友達だけに優しくするから
(D) 優柔不断だから

여 : 다나카 씨는 인기가 있지?

남 : 음, 성별 관계없이 시원스런 성격이니까.

여 : 요시다 씨도 다나카 씨처럼 시원스런 성격이면 인기가 있을 텐데.

남 : 내가 그렇게 인색한가.

요시다 씨가 인기가 없는 이유는 무엇입니까?

(A) 친구에게 식사 등을 한턱내지 않기 때문에
(B) 친구를 자주 술 마시게 하기 때문에
(C) 여자에게만 상냥하게 대하기 때문에
(D) 우유부단하기 때문에

人気(にんき) 인기 | 性別(せいべつ) 성별 | 気前(きまえ) 시원스런 성미, 특히 돈이나 물건을 선선히 내놓는 기질 | 俺(おれ) 주로 남자가 같은 또래나 아랫사람에게 쓰는 1인칭, 나 | ケチ 인색함, 구두쇠, 초라함, 구차함 | おごる 한턱내다, 사치하다

72

女 : 田中君と鈴木君って本当の兄弟みたいだよね。

男 : そうだな。あいつら幼い時から、ずっと一緒だったから。

女 : つまり竹馬の友ってことね。深い絆で結ばれているってわけね。

男 : そうだな。兄弟以上の関係かもしれないな。

田中君と鈴木君はどんな関係ですか。

(A) 本当の兄弟関係
(B) ただの遊び友達
(C) 幼馴染の関係
(D) 特に関係はない。

여 : 다나카 군과 스즈키 군은 진짜 형제 같아.

남 : 그렇지. 그 녀석들 어렸을 적부터 계속 함께였으니까.

여 : 결국 죽마고우란 거네. 깊은 유대로 맺어진 셈이군.

남 : 그렇지. 형제 이상의 관계일지도 모르지.

다나카 군과 스즈키 군은 어떤 관계입니까?

(A) 진짜 형제 관계
(B) 단순한 놀이 친구
(C) 어릴 때부터 친하던 관계
(D) 특별한 관계는 아니다.

兄弟(きょうだい) 형제 | 幼(おさな)い 어리다, 미숙하다, 유치하다 | 竹馬(ちくば)の友(とも) 죽마고우, 죽마지우 | 絆(きずな) 고삐, 유대, 기반 | 幼馴染(おさななじみ) 어릴 때 친하던 아이, 소꿉동무

73

男 : 今回の大統領選挙、スミス大統領の圧勝に終わったね。

女 : そうね。彼は幼い時は貧しかったけれど、今は大統領。すごいわね。

男 : 貧しかったけれど、死に物狂いになって努力した結果だよ。

女 : 努力は実るって誰かが言ってたけど、本当ね。

スミス大統領が大統領になることができた理由は何ですか。

(A) 幼いころ貧しかったから
(B) 今まで人一倍努力をしてきたから
(C) 幼いころに、死にそうになった経験をしたから
(D) 誰かに助けを求めながら生きてきたから

남 : 이번 대통령 선거, 스미스 대통령의 압승으로 끝났어.

여 : 그러네. 그는 어렸을 때는 가난했지만, 지금은 대통령. 대단하지.

남 : 가난했지만, 필사적으로 노력한 결과야.

여 : 노력은 결실을 맺는다고 누군가가 말했지만, 정말이네.

스미스 대통령이 대통령이 될 수 있었던 이유는 무엇입니까?

(A) 어렸을 적에 가난했기 때문에

(B) 지금까지 남보다 갑절 노력을 해왔기 때문에

(C) 어렸을 적에 죽을 뻔한 경험을 했기 때문에

(D) 누군가에게 도움을 구하면서 살아왔기 때문에

大統領(だいとうりょう) 대통령 | 選挙(せんきょ) 선거 | 圧勝(あっしょう) 압승 | 貧(まず)しい 가난하다, 부족하다, 빈약하다 | 死(し)に物狂(ものぐる)い 필사적임, 필사적으로 발버둥침 | 実(みの)る 열매를 맺다, 노력의 보람이 나타나다 | 人一倍(ひといちばい) 남보다 갑절, 남보다 더 한층

74

女 : 本当(ほんとう)に申(もう)し訳(わけ)ありません。うちの子(こ)が大変(たいへん)失礼(しつれい)な事(こと)をしてしまいまして。

男 : 今回(こんかい)は、大目(おおめ)に見(み)てあげるから、次回(じかい)から気(き)をつけてよ。

女 : はい、もう一度(いちど)、子供(こども)をしつけ直(なお)すつもりです。申(もう)し訳(わけ)ありませんでした。

男 : 今回(こんかい)だけですよ。2度目(どめ)はありませんからね。

子供(こども)の失敗(しっぱい)に対(たい)して男(おとこ)の人(ひと)の態度(たいど)はどうですか。

(A) 絶対(ぜったい)に許(ゆる)すことはできない。

(B) 3度目(どめ)までは許(ゆる)してあげることにした。

(C) 今回(こんかい)だけは許(ゆる)してあげることにした。

(D) お金(かね)で解決(かいけつ)しようとしている。

여 : 정말로 면목이 없습니다. 우리 아이가 큰 실례를 범하고 말았네요.

남 : 이번에는 관대하게 봐 줄 테니, 다음부터 주의해요.

여 : 네, 다시 한 번 아이의 예의범절을 바로잡을 생각입니다. 대단히 죄송합니다.

남 : 이번뿐이에요. 두 번째는 없으니까요.

아이의 실수에 대한 남자의 태도는 어떻습니까?

(A) 절대로 용서할 수는 없다.

(B) 세 번째까지는 용서해 주기로 했다.

(C) 이번만은 용서해 주기로 했다.

(D) 돈으로 해결하려 하고 있다.

大目(おおめ)に見(み)る 관대하게 봐주다 | 次回(じかい) 차회, 다음번 | しつけ 예의범절을 가르침 | 直(なお)す 고치다, 바로잡다 | 許(ゆる)す 허가하다, 허락하다, 허용하다, 용서하다

75

男 : 昨日(きのう)の轢(ひ)き逃(に)げの犯人(はんにん)は、もう捕(つか)まった?

女 : ええ、今朝(けさ)、警察(けいさつ)の検問(けんもん)で捕(つか)まったみたいよ。

男 : 犯人(はんにん)はどうして事故(じこ)を起(お)こして逃(に)げちゃったりしたんだろう。

女 : 轢(ひ)き逃(に)げをした理由(りゆう)については、犯人(はんにん)は供述(きょうじゅつ)を頑(かたく)なに拒(こば)んでいるみたいよ。

轢(ひ)き逃(に)げをした理由(りゆう)について犯人(はんにん)は何(なん)と言(い)っていますか。

(A) 警察(けいさつ)が検問(けんもん)をしたから

(B) 理由(りゆう)については一言(ひとこと)も話(はな)していない。

(C) 轢(ひ)き逃(に)げをしたかったから

(D) 捕(つか)まりたくなかったから

남 : 어제 뺑소니의 범인은 이제 붙잡혔어?

여 : 응, 오늘 아침 경찰 검문으로 붙잡힌 것 같아.

남 : 범인은 왜 사고를 내고 도망친 거지?

여 : 뺑소니를 친 이유에 대해서는 범인은 진술을 완고하게 거부하고 있는 것 같아.

뺑소니를 친 이유에 대해서 범인은 뭐라고 말하고 있습니까?

(A) 경찰이 검문을 했기 때문에

(B) 이유에 대해서는 한마디도 하지 않는다.

(C) 뺑소니를 치고 싶었기 때문에

(D) 붙잡히고 싶지 않았기 때문에

轢(ひ)逃(に)げ 뺑소니 | 犯人(はんにん) 범인 | 捕(つか)まる 잡히다, 붙잡히다 | 供述(きょうじゅつ) 공술, 재판관/검찰관 등의 심문에 따라 사실이나 의견을 말함 | 頑(かたく)な 완고함, 고집스러움 | 拒(こば)む 거절하다, 거부하다, 저지하다, 막다

76

女：日本にはお盆っていうのがあるらしいけれど、お盆って何かしら。

男：元々は祖先のお墓参りをする日なんだ。昔は地域で集まって、お祭りをしていたんだけど、今は過疎化が進んでお祭りをしないところも増えたよ。お盆休みと言って、会社でも3日から5日間の休みをくれるんだ。

女：いわゆる、夏休みってことかしら。最近はお盆休みには、みんな何をするの？

男：最近は、家族で旅行に行ったりする人が多いと聞いたよ。ゴールデンウィークと同じような連休といった捉え方をする人が増えたのが要因かもしれないね。

お盆休みにお祭りをしない地域が増えた理由は何ですか。

(A) 家族で旅行をしない人が増えたから

(B) ゴールデンウィークに祭りをする地域が増えたから

(C) お盆を連休と考える人が増えてきたから

(D) 地域の人数が減ってきたから

여 : 일본에는 오본이라는 것이 있는 것 같은데, 오본이 뭐야?

남 : 원래는 선조에게 성묘를 하는 날이지. 옛날에는 지역에서 모여 축제를 했었지만, 지금은 인구 감소로 인해 축제를 하지 않는 곳도 늘었어. 오본 휴일이라고 해서, 회사에서도 3일에서 5일간의 휴가를 줘.

여 : 이른바 여름휴가라는 거야? 최근에 오본 휴일에는 모두 뭘 해?

남 : 최근에는 가족이 여행을 가거나 하는 사람이 많다고 들었어. 황금연휴 같은 연휴로 받아들이는 사람이 늘어난 것이 이유일지도 모르지.

오본 휴일에 축제를 하지 않는 지역이 늘어난 이유는 무엇입니까?

(A) 가족끼리 여행을 가지 않는 사람이 늘었기 때문에

(B) 황금연휴에 축제를 하는 지역이 늘었기 때문에

(C) 오본을 연휴라고 생각하는 사람이 늘었기 때문에

(D) 지역의 인원이 줄었기 때문에

お盆(ぼん) 오본, 백중맞이(음력 7월 보름) | 祖先(そせん) 조상, 선조 | 墓参(はかまい)り 성묘 | 過疎化(かそか) 과소화(인구가 감소하여 과소의 상태에 있는 상태) | いわゆる 소위, 이른바, 흔히 말하는 | お盆休(ぼんやす)み 오본 휴일 | ゴールデンウィーク 골든 워크(golden week), 황금연휴, 4월 말에서 5월 초에 걸친 휴일이 가장 많은 기간 | 捉(と)える 포착하다, 파악하다, 받아들이다

女：今度の夏休みにどこに行こうか悩んでいるんですが、どこかお薦めの場所がありますか。ゆっくりしたいと思っているんですが。

男：沖縄はどうですか。海水浴もできるし、余裕があれば離島まで足を伸ばしてみてもいいんじゃないですか。離島まで行く船もありますよ。

女：それはいいですね。沖縄はもう3回目なので、今回は離島に行ってみようかな。でも、私は船酔いするので…。

男：船だけじゃなくて東京から直接離島に行く飛行機もありますよ。

女の人は夏休みに何をすることにしましたか。

(A) 沖縄で足を伸ばしてゆっくり休むことにした。

(B) 沖縄には行かず、沖縄の近くの離島でゆっくり休むつもりだ。

(C) 今回は沖縄に行って、次回、離島に行くことにした。

(D) どこにも行かず、東京でゆっくり足を伸ばすことにした。

여 : 이번 여름휴가에 어디로 갈지 고민하고 있습니다만, 어딘가 추천할 만한 장소가 있습니까? 느긋하게 보내고 싶습니다만.

남 : 오키나와는 어떻습니까? 해수욕도 할 수 있고, 여유가 있으면 외딴섬까지 둘러보면 좋지 않겠습니까? 외딴섬까지 가는 배도 있어요.

여 : 정말 좋겠네요. 오키나와는 벌써 세 번째니까, 이번에는 외딴섬에 가볼까? 하지만 저는 뱃멀미를 해서……

남 : 배뿐만 아니라 도쿄에서 직접 외딴섬으로 가는 비행기도 있어요.

여자는 여름휴가에 무엇을 하기로 했습니까?

(A) 오키나와에서 다리를 펴고 편안히 쉬기로 했다.

(B) 오키나와에 가지 않고, 오키나와 근처 외딴섬에서 편안히 쉴 생각이다.

(C) 이번에는 오키나와에 가고, 다음번에 외딴섬으로 가기로 했다.

(D) 아무데도 가지 않고, 도쿄에서 편안히 쉬기로 했다.

悩(なや)む 괴로워하다, 고민하다, 번민하다 | 海水浴(かいすいよく) 해수욕 | 離島(りとう) 외딴섬, 낙도 | 足(あし)を伸(の)ばす 발길을 뻗치다, 다리를 펴다, 편히 쉬다 | 船酔(ふなよ)い 뱃멀미

78

男 : あれ、田中(たなか)さん見(み)なかった？

女 : 田中(たなか)さんなら、さっき赤(あか)い顔(かお)をして出(で)ていったわよ。

男 : 田中(たなか)さんったら、ただの冗談(じょうだん)を向(む)きになって怒(おこ)ったんだよ。

女 : 田中(たなか)さんはデリケートな性格(せいかく)だから、ちょっとした冗談(じょうだん)でも真(ま)に受(う)けてしまうのよ。

田中(たなか)さんはどうして出(で)ていってしまいましたか。

(A) 冗談(じょうだん)の内容(ないよう)を真(ま)に受(う)けて気分(きぶん)を害(がい)してしまったから

(B) 冗談(じょうだん)の意味(いみ)が分(わ)からなくて恥(は)ずかしかったから

(C) 冗談(じょうだん)がおもしろくて堪(た)えられなかったから

(D) 冗談(じょうだん)を話(はな)すような時間(じかん)の余裕(よゆう)がなかったから

남 : 어, 다나카 씨 못 봤어?

여 : 다나카 씨라면, 조금 전 얼굴을 붉히며 나갔어.

남 : 다나카 씨도 참, 그냥 하는 농담을 곧이곧대로 듣고 화를 냈어.

여 : 다나카 씨는 섬세한 성격이라서, 사소한 농담이라도 진지하게 받아들이고 말아요.

다나카 씨는 왜 나가버렸습니까?

(A) 농담의 내용을 곧이곧대로 듣고 기분이 상했기 때문에

(B) 농담의 의미를 몰라서 창피했기 때문에

(C) 농담이 재미있어서 참을 수 없었기 때문에

(D) 농담할 시간적 여유가 없었기 때문에

向(む)きになる 사소한 일에도 정색을 하고 대들다[화내다] | デリケート 델리킷(delicate), 섬세함, 미묘함 | 真(ま)に受(う)ける 곧이듣다, 그대로 받아들이다 | 気分(きぶん)を害(がい)する 기분을 상하게 하다 | 堪(た)える 견디다, 참다 | 余裕(よゆう) 여유

79

男 : 最近(さいきん)の日本(にほん)、どうなっちゃってるんだろう。

女 : 突然(とつぜん)、深刻(しんこく)な顔(かお)をしてどうしたの？

男 : 本来法律(ほんらいほうりつ)を守(まも)るべきお巡(まわ)りさんが、わいせつ行為(こうい)をしたり、不正(ふせい)な取引(とりひき)をして逮捕(たいほ)される事件(じけん)が、後(あと)を絶(た)たないからさ。

女 : それに加(くわ)えて、犯人(はんにん)の検挙率(けんきょりつ)も著(いちじる)しく下(さ)がっているわ。日本(にほん)の将来(しょうらい)が心配(しんぱい)だわ。

2人(ふたり)はどうして日本(にほん)の将来(しょうらい)を心配(しんぱい)していますか。

(A) 警察官(けいさつかん)の違法行為(いほうこうい)が増(ふ)えている一方(いっぽう)、犯人(はんにん)の検挙率(けんきょりつ)は下(さ)がっているから

(B) 警察官(けいさつかん)の違法行為(いほうこうい)は減(へ)っているが、犯人(はんにん)の検挙率(けんきょりつ)が著(いちじる)しく下(さ)がっているから

(C) 警察官(けいさつかん)の違法行為(いほうこうい)が目立(めだ)つようになり、犯罪(はんざい)も著(いちじる)しく増(ふ)えているから

(D) 警察官(けいさつかん)の数(かず)が減(へ)っているにも関(かか)わらず、犯罪(はんざい)の数(かず)は増(ふ)え続(つづ)けているから

남 : 최근의 일본, 어떻게 된 거지?

여 : 갑자기 심각한 얼굴을 하고, 왜 그래?

남 : 본래 법률을 지켜야만 하는 순경이 음란 행위를 하고, 부정한 거래를 해서 체포되는 사건이 끊이지 않으니 말이야.

여 : 거기에 더해서, 범인의 검거율도 현저하게 떨어지고 있어. 일본의 장래가 걱정이야.

두 사람은 어째서 일본의 장래를 걱정하고 있습니까?

(A) 경찰관의 위법행위가 늘어나는 한편, 범인의 검거율은 내려가고 있기 때문에

(B) 경찰관의 위법행위는 줄고 있지만, 범인의 검거율은 현저하게 내려가고 있기 때문에

(C) 경찰관의 위법행위가 눈에 띄게 되고, 범죄도 현저하게 늘고 있기 때문에

(D) 경찰관의 수가 줄고 있음에도 불구하고, 범죄 수는 계속해서 늘고 있기 때문에

深刻(しんこく) 심각 | 法律(ほうりつ) 법률 | お巡(まわ)りさん 순경 아저씨 | 猥褻(わいせつ) 외설, 음란 | 不正(ふせい) 부정 | 逮捕(たいほ) 체포 | 後(あと)を絶(た)たない 끊이지 않다 | 検挙率(けんきょりつ) 검거율 | 著(いちじる)しい 현저하다. 두드러지다. 명백하다 | 違法行為(いほうこうい) 위법행위

（D) 개인기를 하는 것은 전혀 모르고 있었기 때문에, 분노를 느끼고 있다.

忘年会(ぼうねんかい) 망년회 | 幹事(かんじ) 간사 | 持(も)ち回(まわ)り 관계자들이 차례로 일을 맡음 | 一発芸(いっぱつげい) 일발재주, 개인기 | 勘弁(かんべん) 용서함 | 怒(いか)り 분노, 노여움

80

女：今度の忘年会で、鈴木さんが幹事をするのはどうかしら。

男：やっぱり俺だったか。毎年、持ち回りで担当することになってるから、今年は俺だと思っていたよ。

女：それから、幹事は忘年会の最後に一発芸をすることになっているのよ。

男：それだけは勘弁して欲しいな。

男の人は一発芸をすることについてどう思っていますか。

(A) 一発芸をすると人気が出るので、ぜひしたいと思っている。

(B) 一発芸は恥ずかしいので、したくないと思っている。

(C) 一発芸をすることになると予想していたので、したくはないがすることにした。

(D) 一発芸をすることは全く知らなかったので、怒りを感じている。

여：이번 망년회에서 스즈키 씨가 간사를 하는 것은 어떨까?

남：역시 나였군. 매년 차례로 담당하기로 되어 있으니까. 올해는 나라고 생각하고 있었어.

여：그리고 간사는 망년회 마지막에 개인기를 하기로 되어 있어.

남：그것만은 봐 줬으면 좋겠어.

남자는 개인기를 하는 것에 대해서 어떻게 생각하고 있습니까?

(A) 개인기를 하면 인기를 얻기 때문에, 꼭 하려고 한다.

(B) 개인기는 창피하기 때문에, 하지 않으려고 한다.

(C) 개인기를 하게 될 것으로 예상하고 있었기 때문에, 하고 싶지는 않지만 하기로 했다.

PART4 설명문 (정답 및 해설) 문제집 80~83쪽

81~84

ボーナスが大幅減となった今年の夏休み、みなさんどんな計画を立てているのだろう。ある生命保険会社が20〜59歳の1,000人にアンケート調査したところ、「帰省を含む国内旅行」が最も多く52%、「海外旅行」はわずか9%。なかでも、これまでもっとも頻繁に海外旅行に出かけていた30代女性が5.4%と最低。円高や燃油サーチャージ撤廃という追い風にもかかわらず、それ以上にボーナス減が響いているのだ。旅行の交通手段は6割が「マイカー」。お盆の期間の木曜と金曜も高速道路は1,000円で走り放題となるため、これを利用しようという計画なのだろう。どうやら今年は地味な夏休みになりそうである。

보너스가 대폭 삭감이 된 여름휴가, 여러분은 어떤 계획을 세우고 있나요? 어느 생명 회사가 20〜59세 1,000명에게 앙케트 조사를 했는데, '귀성을 포함한 국내여행'이 가장 많아 52퍼센트, '해외여행'은 불과 9퍼센트. 그 중에서도, 지금까지 가장 빈번하게 해외여행에 나가던 30대 여성이 5.4퍼센트로 최저. 엔고와 원유 할증료 철폐라는 순풍에도 불구하고, 그 이상으로 보너스 감소가 영향을 주고 있는 것이다. 여행의 교통수단은 6할이 '마이카'. 오본 기간은 목요일과 금요일도 고속도로는 1,000엔으로 마음껏 달릴 수 있어서 이것을 이용하려는 계획일 것이다. 아무래도 올해는 소박한 여름휴가가 될 것 같다.

81 今年の夏休みは何をする人が一番多いですか。

(A) ボーナスが減っても帰省を含めて国内旅行をする人が一番多い。

(B) ボーナスが減り、休みを返上して仕事をする人が増えた。

(C) 30代女性の海外旅行が一番多い。

(D) ボーナスに関係なく海外旅行をする人が一番多い。

81 올해 여름휴가에는 무엇을 하는 사람이 가장 많습니까?

(A) 보너스가 줄어도 귀성을 포함한 국내여행을 하는 사람이 가장 많다.

(B) 보너스가 줄어, 휴일을 반납하고 일을 하는 사람이 늘었다.

(C) 30대 여성의 해외여행이 가장 많다.

(D) 보너스에 관계없이 해외여행을 하는 사람이 가장 많다.

82 30代の女性について、何と言っていますか。

(A) 海外旅行に頻繁に行く30代の女性だが、今年は海外に行く割合が激減した。

(B) 30代の女性はボーナスの増減に関係なく海外旅行に行く。

(C) 30代の女性は海外旅行より国内旅行を好む傾向がある。

(D) 30代の女性は旅行より帰省を好む傾向がある。

82 30대 여성에 대해서, 뭐라고 말하고 있습니까?

(A) 해외여행을 빈번하게 가는 30대 여성이지만, 올해는 해외에 가는 비율이 격감했다.

(B) 30대 여성은 보너스 증감에 관계없이 해외여행을 간다.

(C) 30대 여성은 해외여행보다 국내여행을 선호하는 경향이 있다.

(D) 30대 여성은 여행보다 귀성을 선호하는 경향이 있다.

83 今年の海外旅行が激減した理由は何ですか。

(A) 円高の影響が大きかったから

(B) サーチュージの撤廃が大きく響いたから

(C) ボーナスの減少が大きく響いたから

(D) 海外のテロの危険性が報道されたから

83 올해 해외여행이 급감한 이유는 무엇입니까?

(A) 엔고의 영향이 컸기 때문에

(B) 할증료의 철폐가 크게 영향을 주었기 때문에

(C) 보너스의 감소가 크게 영향을 주었기 때문에

(D) 해외 테러의 위험성이 보도되었기 때문에

84 今年の夏の旅行手段として多いものはどれですか。

(A) 自家用車で旅行する人が多い。

(B) レンタカーで旅行する人が多い。

(C) 他の人と相乗りをして旅行する人が多い。

(D) 公共交通機関を利用する人が多い。

84 올해 여름의 여행 수단으로서 많은 것은 어느 것입니까?

(A) 자신의 자동차로 여행하는 사람이 많다.

(B) 렌터카로 여행하는 사람이 많다.

(C) 다른 사람과 합승을 해서 여행하는 사람이 많다.

(D) 공공교통기관을 이용하는 사람이 많다.

大幅(おおはば) 대폭 | 帰省(きせい) 귀성, 귀향 | 頻繁(ひんぱん) 빈번 | 円高(えんだか) 엔고 | 燃油(ねんゆ) 원유, 연료로 쓰는 기름 | サーチャージ 서차지(surcharge), 활증료, 과징금 | 撤廃(てっぱい) 철폐 | 走(はし)り放題(ほうだい) 마음껏 달림 | 地味(じみ) 수수함, 검소함

85~88

最近、日本では「婚活」をする若者が急激に増加している。結婚適齢期に達した未婚の若者達が積極的に結婚につながる活動をすることを指す言葉として、「婚活」という言葉が最近使われるようになった。「婚活」とは「結婚活動」の略語だ。若者達は合コンやお見合いなど、様々な出会いを求めて動いている。合コンやお見合いの他にも、異性とゴルフに行ったり、バーベキューをしたり、またインターネットを通しても「婚活」が行われるなど、方法は多岐に渡っている。「婚活」に対する社会の反応は悪くない。「婚活」が、日本の晩婚化を食い止め、さらには小子化の進行に歯止めをかけてくれるのではないかという考えを持つ人も増えており、公的機関も積極的に支援する動きが見られる。

최근 일본에서는 '혼활'을 하는 젊은이가 급격하게 증가하고 있다. 결혼 적령기에 이른 미혼 젊은이들이 적극적으로 결혼으로 연결되는 활동을 하는 것을 가리키는 말로서, '혼활'이라는 말이 최근에 사용되게 되었다. '혼활'이란 '결혼 활동'의 줄임말이다. 젊은이들은 미팅이나 맞선 등 다양한 만남을 구하며 움직이고 있다. 미팅이나 맞선 외에도, 이성과 골프 하러 가거나 바비큐를 하거나 또한 인터넷을 통해서도 '혼활'을 하는 등 방법은 다방면에 걸쳐 있다. '혼활'에 대한 사회의 반응은 나쁘지 않다. '혼활'이 일본의 만혼화를 막으며, 더 나아가서는 소자화의 진행에 브레이크를 걸어 줄지도 모른다는 생각을 하는 사람도 증가하고 있어, 공공기관도 적극적으로 지원하는 움직임이 엿보인다.

85 最近、日本で使われている「婚活」とは何のことですか。

(A) 結婚生活を充実させること

(B) 幸せな結婚生活ができるように積極的に活動すること

(C) 結婚適齢期の男女が結婚を目的に活動すること

(D) 結婚できるように同性どうしで助けあうこと

85 최근 일본에서 사용되고 있는 '혼활'이란 어떤 것입니까?

(A) 결혼생활을 충실하게 하는 것

(B) 행복한 결혼생활을 할 수 있도록 적극적으로 활동하는 것

(C) 결혼 적령기의 남녀가 결혼을 목적으로 활동하는 것

(D) 결혼할 수 있도록 동성끼리 서로 도와주는 것

86 「婚活」とはどんな言葉を省略した言葉ですか。

(A) 結婚活動

(B) 結婚生活

(C) 結婚活性化

(D) 婚約活動

86 '혼활'이란 어떤 말을 생략한 말입니까?

(A) 결혼 활동

(B) 결혼 생활

(C) 결혼 활성화

(D) 약혼 활동

87 「婚活」の内容として合っているものはどれですか。

(A) 若者達は、ゴルフなどの活動をせず、合コンやお見合いに集中するようになった。

(B) 若者達は、同性どうしで集まり結婚に関する情報を共有するようになった。

(C) 若者達は、異性とバーベキューをするなど、様々な場所で出会いを求めるようになった。

(D) 若者達は、結婚生活の充実を目指して、若いころから一生懸命仕事に取り組むようになった。

87 '혼활'의 내용으로서 알맞은 것은 어느 것입니까?

(A) 젊은이들은 골프 등의 활동을 하지 않고, 미팅이나 맞선에 집중하게 되었다.

(B) 젊은이들은 동성끼리 모여 결혼에 관한 정보를 공유하게 되었다.

(C) 젊은이들은 이성과 바비큐를 하는 등 다양한 장소에서 만남을 구하게 되었다.

(D) 젊은이들은 결혼 생활을 충실히 하기 위해 젊을 때부터 열심히 일에 임하게 되었다.

88 「婚活」に対する社会の反応はどうでしたか。

(A) 晩婚化をさらに助長するものだとして、良い反応ではなかった。

(B) 小子化対策に効果が期待できるとして、公的機関も積極的な支援に乗り出している。

(C) 晩婚化には一定の効果が期待できるものの、小子化に対する効果は未知数だとして、疑いの念を持つ人が増加している。

(D) 社会に大きな変化をもたらすものではなく、大きな時代の中の一つの流行として考えてる人が多いようだ。

88 '혼활'에 대한 사회의 반응은 어땠습니까?

(A) 만혼화를 한층 더 조장하는 것으로 여겨, 좋은 반응은 아니었다.

(B) 소자화 대책에 효과를 기대할 수 있다고 해서, 공공기관도 적극적인 지원에 나서고 있다.

(C) 만혼화에는 일정한 효과를 기대할 수 있지만, 소자화에 대한 효과는 미지수로 보고 의심을 갖는 사람이 증가하고 있다.

(D) 사회에 큰 변화를 가져오는 것이 아니고, 큰 시대 속 하나의 유행으로서 생각하는 사람이 많은 것 같다.

急激(きゅうげき) 급격 | 増加(ぞうか) 증가 | 適齢期(てきれいき) 적령기 | 繋(つな)がる 이어지다, 연결되다 | お見合(みあ)い 맞선 | 出合(であ)い 해후, 마주침, 만남 | 異性(いせい) 이성 | 多岐(たき)に渡(わた)る 여러 갈래에 걸치다 | 反応(はんのう) 반응 | 晩婚(ばんこん) 만혼 | 食(く)い止(と)める 막다, 저지하다, 방지하다 | 小子化(しょうしか) 소자화, 아이를 낳는 부모 세대의 감소와 출생률의 저하로 인해 아이의 수가 감소하는 것 | 歯止(はど)めをかける 제동을 걸다 | 支援(しえん) 지원 | 動(うご)き 움직임, 활동, 동태

89~91

最近、国の老人介護制度に新基準が導入された。今まで介護が必要だと判断された要介護認定の新規申請者のうち、介護が不要と判定された人が、今年5月の時点で5.0%と前年同時期2.4%に比べ倍増したことが厚生労働省の調査で分かった。もっとも軽い「要支援」でも前年比4.0ポイント増の23.0%だった。4月から導入された介護認定の新基準の影響とみられる。

최근 나라의 노인 간호(병구완) 제도에 새로운 기준이 도입되었다. 지금까지 간호가 필요하다고 판단된 요양 간호 인정의 신규 신청자 가운데, 간호가 불필요하다고 판정된 사람이 금년 5월을 시점으로 5.0퍼센트로 전년 같은 시기의 2.4퍼센트에 비해 배로 증가했던 것이 후생노동성의 조사로 밝혀졌다. 가장 가벼운 '필요 지원'에서도 전년 대비 4.0포인트 증가해 23.0퍼센트였다. 4월부터 도입된 간호 인정의 새로운 기준이 영향을 준 것으로 보인다.

89 今年は介護が不要と判定された人が去年と比べて、どのようになりましたか。

(A) 今年は2.4%と去年に比べて倍増した。

(B) 今年は5.0%と去年に比べて倍増した。

(C) 今年は2.4%と去年に比べて半減した。

(D) 今年は5.0%と去年に比べて半減した。

89 금년은 간호가 불필요하다고 판정된 사람이 작년과 비교해서 어떻게 되었습니까?

(A) 금년은 2.4퍼센트로 작년에 비해 배로 증가했다.

(B) 금년은 5.0퍼센트로 작년에 비해 배로 증가했다.

(C) 금년은 2.4퍼센트로 작년에 비해 반감되었다.

(D) 금년은 5.0퍼센트로 작년에 비해 반감되었다.

90 今年、介護が必要だと認定された人が減った理由は何ですか。

(A) 老人の人口が今年に入って減少したから

(B) 老人に健康な人が増えたから

(C) 介護認定の新基準が導入されたから

(D) 今までの基準で調査してしまったから

90 금년, 간호가 필요하다고 인정된 사람이 줄어든 이유는 무엇입니까?

(A) 노인 인구가 금년에 들어와 감소했기 때문에

(B) 노인 중 건강한 사람이 늘었기 때문에

(C) 간호 인정의 새로운 기준이 도입되었기 때문에

(D) 지금까지의 기준으로 조사해 버렸기 때문에

91 この話の内容はどんな内容ですか。

(A) 厚生労働省の不備について

(B) 介護認定の新基準導入が及ぼす影響について

(C) 最近の介護が必要な人の状況について

(D) 老人の生活水準について

91 이 이야기의 내용은 어떤 내용입니까?

(A) 후생노동성의 미비(갖추어지지 않음)에 대해

(B) 간호 인정의 새로운 기준 도입이 미치는 영향에 대해

(C) 최근 간호가 필요한 사람의 상황에 대해

(D) 노인의 생활수준에 대해

老人(ろうじん) 노인 | 介護(かいご) 자택에서 요양하는 환자의 간호, 병구완 | 導入(どうにゅう) 도입 | 新規(しんき) 신규 | 判定(はんてい) 판정 | 厚生労働省(こうせいろうどうしょう) 후생 노동성(사회 복지/사회 보장/공중위생/노동문제/노동자 보호/고용 대책에 관한 업무를 맡아봄)

92~94

富士山、それは日本の象徴です。日本の硬貨にも描かれているし、日本の多くの銭湯の壁には日本の富士山が描かれています。高さは3,776mの美しい山です。冬には厚い雪に覆われ、人を寄せ付けない自然の力強さを見せ付ける山ですが、毎年夏になると登山客であふれる、日本人がこよなく愛する山です。最近は世界遺産への登録を目指し、様々な取り組みが始まりました。特に環境保護の面で様々な対策を進めてきました。たとえば山の近くの旅館などのトイレから出る排泄物を再処理する試みもその一つです。また登山客が環境保全のためにトイレを使用するたびにチップを払う制度も始まりました。

후지산, 그것은 일본의 상징입니다. 일본 동전에도 그려져 있고, 일본의 많은 목욕탕 벽에는 일본의 후지산이 그려져 있습니다. 높이 3,776미터의 아름다운 산입니다. 겨울에는 두꺼운 눈에 덮여 사람을 접근하지 못하게 하는 자연의 강력함을 과시하는 산이지만, 매년 여름이 되면 등산객으로 넘치는 일본인이 각별히 사랑하는 산입니다. 최근에는 세계 유산으로 등록되기 위해 다양한 대처가 시작되었습니다. 특히 환경보호 측면에서 다양한 대책을 진행시켜 왔습니다. 예를 들어 산 근처 여관 등의 화장실로부터 나오는 배설물을 재처리하는 시도도 그 중 하나입니다. 또한 등산객은 환경보전을 위해서 화장실을 이용할 때마다 팁을 지불하는 제도도 시작되었습니다.

92 富士山の説明として正しいものは何ですか。

(A) 日本人なら誰でも知っている山だ。

(B) 日本のお金に描かれている山だ。

(C) 世界遺産に登録された山だ。

(D) 一年中、登山客であふれる山だ。

92 후지산에 대한 설명으로서 올바른 것은 무엇입니까?

(A) 일본인이라면 누구나 알고 있는 산이다.

(B) 일본 돈에 그려져 있는 산이다.

(C) 세계 유산에 등록된 산이다.

(D) 일 년 내내 등산객으로 넘치는 산이다.

93 世界遺産の登録を目指し、どんなことをしていますか。

(A) 銭湯の壁に富士山を描き、多くの人に富士山を知らせている。

(B) 登山客の増加を予想して、トイレの数を増やすことにしている。

(C) 環境保護の観点から、トイレの排泄物を再利用している。

(D) 富士山の近くの旅館のマナー改善を計っている。

93 세계 유산으로 등록되기 위해 어떤 일을 하고 있습니까?

(A) 목욕탕 벽에 후지산을 그려, 많은 사람에게 후지산을 알리고 있습니다.

(B) 등산객의 증가를 예상하고, 화장실 개수를 늘리려 하고 있습니다.

(C) 환경보호의 관점에서 화장실 배설물을 재이용하고 있습니다.

(D) 후지산 근처 여관의 매너 개선을 꾀하고 있습니다.

94 富士山で登山客がすることは何ですか。

(A) 登山客のトイレの利用が禁止されている。

(B) 必ず富士山の近くの旅館に1泊しなければならない。

(C) トイレを使う際にはお金を払わなければならない。

(D) トイレを使う際には許可を受けなければならない。

94 후지산에서 등산객이 할 일은 무엇입니까?

(A) 등산객의 화장실 이용이 금지되고 있다.

(B) 반드시 후지산 근처 여관에서 1박을 해야 한다.

(C) 화장실을 사용할 때는 돈을 지불해야 한다.

(D) 화장실을 사용할 때는 허가를 받아야 한다.

象徴(しょうちょう) 상징 | 硬貨(こうか) 경화, 금속화폐, 동전 | 銭湯(せんとう) 대중 목욕탕 | 覆(おお)う 덮다, 씌우다 | 見(み)せ付(つ)ける 일부러 보이다, 보란 듯이 자랑스레 보이다 | 遺産(いさん) 유산 | 取(と)り組(く)み 맞붙음, 대처 | 排泄物(はいせつぶつ) 배설물

95~97

A社の社長は、B社との経営統合について「年末か2月には記者会見できると思う」と述べ、年内の合意を目指す考えを明らかにした。また、1年半前から交渉に入っていたことを明らかにした上で、現在は「半端踏み出した状態」と説明。B社を統合相手に選んだ理由は「グローバルで戦っていくにはある程度の規模が必要」「延びるところとくっつくのが成長する秘訣だ」などとした。ただ、企業風土の違いをどう融合させるかや、国内ビール類のシェアが計50%近くになることに対し、公正取引委員会がどう判断するかなど「いろいろな問題をクリアしなければいけない」とも語った。

A회사의 사장은 B회사와의 경영 통합에 대해 '연말이나 2월에는 기자회견 할 수 있다고 생각한다'고 말해, 연내 합의를 목표로 할 생각을 분명히 했다. 또한, 1년 반 전부터 교섭에 들어가 있던 것을 밝힌 후에 현재는 '반걸음 내디딘 상태'라고 설명. B회사를 통합 상대로 선택한 이유는 '글로벌로 싸워 가려면 어느 정도의 규모가 필요' '커지는 부분과 달라붙는 것이 성장하는 비결이다' 등을 들었다. 다만, 기업 풍토의 차이를 어떻게 융합시킬 것인지와, 국내 맥주류의 점유율이 합계 50퍼센트 가까이 되는 것에 대하여, 공정 거래 위원회가 어떻게 판단할 것인지 등 '여러 가지 문제를 해결하지 않으면 안 된다'고도 말했다.

95 A社の社長がB社を統合相手に選んだ理由は何ですか。

(A) B社の経営が危なく、B社を助けたいと思ったから

(B) B社はある程度の規模があり、成長している企業だったから

(C) B社の企業の雰囲気がとても良かったから

(D) B社の社長とは犬猿の仲だったから

95 A회사의 사장이 B회사를 통합 상대로 선택한 이유는 무엇입니까?

(A) B회사의 경영이 위험하고, B회사를 돕고 싶었기 때문에

(B) B회사는 어느 정도의 규모가 있으며, 성장하고 있는 기업이었기 때문에

(C) B회사 기업의 분위기가 매우 좋았기 때문에

(D) B회사 사장과는 견원지간이었기 때문에

96 A社とB社の統合する場合の心配事は何ですか。

(A) 企業の規模の縮小に伴う人員削減の対策

(B) 国内ビールのシェアが5割を下回る可能性があること

(C) 各企業の雰囲気をどのように合わせるかということ

(D) グローバルに戦うことができるか疑問が残っていること

96 A회사와 B회사가 통합하는 경우, 걱정거리는 무엇입니까?

(A) 기업 규모의 축소에 수반되는 인원 삭감 대책

(B) 국내 맥주 점유율이 5할을 밑돌 가능성이 있는 것

(C) 각 기업의 분위기를 어떻게 맞출 것인가에 대한 것

(D) 글로벌하게 싸울 수 있는지 의문이 남아 있는 것

97 A社とB社の経営統合ができるのはいつ頃だと思われますか。

(A) 1年後

(B) 1年半後

(C) 来年の年末

(D) 来年の2月

97 A회사와 B회사의 경영 통합이 이루어지는 것은 언제쯤이라고 생각됩니까?

(A) 1년 후

(B) 1년 반 후

(C) 내년 연말

(D) 내년 2월

合意(ごうい) 합의 | 目指(めざ)す 목표로 하다. 노리다. 지향하다 | 交渉(こうしょう) 교섭 | 半端(はんぱ) 필요한 수량이 다 차지 않음. 어중간함 | 踏(ふ)み出(だ)す 걸음을 내딛다. 시작하다. 착수하다. 진출하다 | 規模(きぼ) 규모 | くっつく 들러붙다. 달라붙다 | 秘訣(ひけつ) 비결 | 犬猿(けんえん)の仲(なか) 견원지간. 개와 원숭이처럼 좋지 않은 관계

98~100

日本の九州に位置する長崎県は、面積が4,100平方キロメートル、人口は143万人の県です。長崎県はそのほとんどが海と接しており、漁業が非常に盛んです。海と接しているだけでなく、971もの島が長崎県に属しています。また、昔から外国との交流が盛んだったこともあり、長崎市内は中華街、オランダ坂、など異国情緒あふれるものとなっています。第2次世界大戦の際には、原子爆弾が投下され多くの命が失われた場所としても有名で、毎年多くの修学旅行生が訪れるのを始め、毎年、同じ被爆地である広島県と協力して原水爆禁止大会を推進するなど、現在は世界の平和を願う場所としての役割も果たしています。

일본 규슈에 위치한 나가사키 현은 면적이 4,100평방킬로미터, 인구는 143만 명의 현입니다. 나가사키 현은 그 대부분이 바다와 접하고 있으며, 어업이 매우 번성합니다. 바다와 접하고 있을 뿐만 아니라, 971개나 되는 섬이 나가사키 현에 속해 있습니다. 또한, 옛날부터 외국과의 교류가 번성했던 적도 있어, 나가사키 시내에는 중국거리, 네덜란드 비탈길 등 이국정서가 넘치게 되었습니다. 제2차 세계대전 때는 원자폭탄이 투하되어 많은 생명을 잃은 장소로도 유명하고, 매년 많은 학생들이 수학여행으로 방문하는 것을 비롯하여, 매년 같은 피폭지역인 히로시마 현과 협력하여 원수폭(원자폭탄과 수소폭탄) 금지대회를 추진하는 등 현재는 세계 평화를 기원하는 장소로서의 역할도 해내고 있습니다.

98 長崎県で漁業が盛んな理由は何ですか。
(A) 海に面している土地が多いため
(B) 他の産業が盛んではないため
(C) 外国との交流が盛んだったため
(D) 住民のほとんどが魚を好んで食べるため

98 나가사키 현에서 어업이 번성한 이유는 무엇입니까?
(A) 바다에 접하고 있는 토지가 많기 때문에
(B) 다른 산업이 번성하지 않기 때문에
(C) 외국과의 교류가 번성했기 때문에
(D) 주민의 대부분이 생선을 즐겨 먹기 때문에

99 長崎市内が外国情緒にあふれている理由は何ですか。
(A) 中国との交流が特に深かったため
(B) 海が近く最近になって多くの国と交流が始まったから
(C) 昔から平和を願う場所として有名だったから
(D) 昔から海を通して、他国との交流が盛んだったから

99 나가사키 시내가 이국정서로 넘치고 있는 이유는 무엇입니까?
(A) 중국과의 교류가 특히 깊었기 때문에
(B) 바다가 가까워 요즘 들어 많은 나라와 교류가 시작되었기 때문에
(C) 옛날부터 평화를 기원하는 장소로서 유명했기 때문에
(D) 옛날부터 바다를 통해서, 다른 나라와의 교류가 번성했기 때문에

100 現在、長崎が果たしている役割とは何ですか。
(A) 漁業を活性化させる対策を打ち出す役割
(B) 広島県と強い連携で結ばれ交流を促進する役割
(C) 修学旅行生に長崎の良さを訴える役割
(D) 原爆の被害を受けた場所として、世界に平和を訴えていく役割

100 현재 나가사키가 해내고 있는 역할이란 무엇입니까?
(A) 어업을 활성화시키는 대책을 분명히 내세우는 역할
(B) 히로시마 현과 강한 제휴로 연결되어 교류를 촉진하는 역할
(C) 수학여행 온 학생에게 나가사키의 좋은 점을 호소하는 역할
(D) 원폭의 피해를 받은 장소로서 세계에 평화를 호소해 가는 역할

漁業(ぎょぎょう) 어업 | 盛(さか)ん 번성함, 번창함, 성함, 유행함 | 異国情緒(いこくじょうちょ) 이국정서 | 投下(とうか) 투하 | 被爆地(ひばくち) 피폭지대 | 原水爆(げんすいばく) 원수폭, 원자폭탄과 수소폭탄 | 推進(すいしん) 추진 | 役割(やくわり) 역할 | 果(は)たす 완수하다, 달성하다, 다하다

PART5 정답찾기 (정답 및 해설) 문제집 84~86쪽

101
올해에도 바다에는 갈 수 없었습니다.

山(やま) 산 | 空(そら) 하늘 | 海(うみ) 바다 | 雨(あめ) 비

102
지각하지 않도록 주의하여 주세요.

注意(ちゅうい) 주의

103
아버지가 자전거를 사 주었습니다.

父(ちち) 아버지 | 自転車(じてんしゃ) 자전거 | 買(か)う 사다

104

이 이불은 면 100퍼센트 천으로 만들었습니다.

布団(ふとん) 이불, 이부자리 | 綿(めん) 면, 무명 | 生地(きじ) 직물, 천 | 絹(きぬ) 비단, 견직물 | 布(ぬの) 직물

105

몇 년이나 다니고 있습니다만, 가지 않으면 귀가 아플 때도 있습니다.

通(かよ)う 다니다, 오가다 | 通(とお)る 지나다, 통과하다 | 送(おく)る 보내다

106

번개가 발생하여, 밤하늘을 밝게 비추는 환상적인 광경을 볼 수 있었다.

稲妻(いなずま) 번개 | 発生(はっせい) 발생 | 夜空(よぞら) 밤하늘 | 照(て)らす 비추다, 비추어 보다 | 幻想的(げんそうてき) 환상적 | 光景(こうけい) 광경

107

자주 상대방의 발언을 오해하는 사람은 상대방의 언질을 받지 않는 사람이 많다고 생각한다.

誤解(ごかい)する 오해하다 | 言質(げんち)を取(と)る 언질을 받다

108

요전에 야마다 씨를 만났습니다.

問 물을 문 | 聞 들을 문 | 間 사이 간 | 簡 간략할 간 | この間(あいだ) 지난번, 요전

109

당내에서는 이론도 나와 있기 때문에, 간부가 대응을 협의하고 있다.

異 다를 이 | 違 어긋날 위 | 輪 바퀴 륜 | 論 논할 논 | 異論(いろん) 이론 | 幹部(かんぶ) 간부 | 協議(きょうぎ) 협의

110

보다 중요한 것은 평범하고 사소한 일을 소홀히 하지 않는 마음가짐이다.

平凡(へいぼん) 평범함 | 些細(ささい) 사소함, 섬세함 | 心掛(こころが)け 마음가짐 | 愚(おろ)かに 어리석게, 미련하게 | 厳(おごそ)かに 엄숙하게 | 密(ひそ)かに 은밀하게 | 疎(おろそ)かに 소홀하게

111

7시 버스는 언제나 늦습니다.

いつも 언제나, 늘, 항상 | 遅(おく)れる 늦다, 지각하다

112

사장님은 지금 회의실에 안 계십니까?

문 「いらっしゃる」가시다, 오시다, 계시다

예 明日(あした)はどこかへいらっしゃいますか。
내일은 어디 가십니까?

どちらからいらっしゃったのですか。
어디서 오셨습니까?

先生(せんせい)は今日(きょう)はずっと研究室(けんきゅうしつ)にいらっしゃる。
선생님은 오늘 계속해서 연구실에 계신다.

113

졸리다고 이런 곳에서 자서는 안 됩니다.

문 「~からといって」~라고 해서

예 寒(さむ)いからといって家(いえ)の中(なか)ばかりにいるのはよくない。 춥다고 해서 집안에만 있는 것은 좋지 않다.

お金(かね)があるからといって社会的(しゃかいてき)地位(ちい)もあるとは限(かぎ)らない。 돈이 있다고 해서 사회적 지위까지 있다고는 할 수 없다.

114

야마다 씨는 갈 리가 없다.

문 1.「~はずがない」~일리가 없다
⇒ 주로 「絶対(절대로), 決して(결코)」 등의 부사와 호응되고, 100퍼센트 부정의 의미로 사용

2.「~ないはずだ」~하지 않을 것이다
⇒ 주로 「たぶん(아마도), おそらく(필시)」 등의 부사와 호응되고, 가능성이 높지만 그렇지 않을 가능성도 약간 있다는 의미로 사용

115

그는 그녀와의 약속에 30분 늦은 바람에, 차이고 말았다.

문 1.「~ばかりに」~한 탓으로, ~한 바람에
예 彼(かれ)の言葉(ことば)を信(しん)じたばかりにひどい目(め)にあった。
그의 말을 믿는 바람에 혼쭐이 났다.

2.「~ために」
① 목적을 나타냄(~을 위해서)
예 目的(もくてき)のためには手段(しゅだん)を選(えら)ばない。
목적을 위해서는 수단을 가리지 않는다.

② 원인이나 이유를 나타냄(~때문에)
예 彼(かれ)は病気(びょうき)のために辞職(じしょく)した。 그는 병 때문에 사직했다.

116

카메라도 지참했습니다만, 촬영할 기력도 사라지는 느낌에 기진맥진해 버렸습니다.

🔊 1. がっくり

① 맥이 빠져 갑자기 부러지거나 꺾이거나 휘는 모양. 푹, 탁, 축, 풀썩

예 がっくりと首をたれる。 고개를 푹 떨구다.

がっくりと膝をつく。 무릎을 탁 꿇다.

がっくりと肩を落とす。 어깨를 축 늘어뜨리다.

② 실망, 낙담, 피로 등으로 갑자기 기운을 잃는 모양

예 がっくり来る。 맥이 탁 풀리다.

悲報を聞いてがっくりする。

비보를 듣고 크게 상심하다.

2. すんなり

① 날씬하고 유연한 모양. 날씬하게, 매끈하게

예 すんなりと伸びた足。 날씬하게 뻗은 다리.

すんなりとした体つきをしている。

날씬한 몸매를 갖고 있다.

② 일이 저항 없이 잘되는 모양. 척척, 술술, 순조롭게, 쉽게

예 すんなりと事が運ぶ。 술술 일이 진행되다.

交渉はすんなり終わった。 교섭은 순조롭게 끝났다.

3. ぐったり 녹초가 됨, 축 늘어짐

예 暑さでぐったりとなる。

더위로 녹초가 되다.

ぐったりする。

(지쳐서) 축 늘어지다.

4. しょんぼり 기운 없이 풀이 죽은 모양. 풀이 죽어, 쓸쓸히, 기운 없이

예 しょんぼり立っている。

풀이 죽어 서 있다.

仕事先もみつからずしょんぼりと家に帰る。

일자리도 구하지 못하고, 풀이 죽어 집으로 돌아오다.

117

그 이야기는 안 들은 걸로 합시다. 〈취급〉

(A) 내일부터 조깅을 하기로 하자. 〈결정〉

(B) 다음 달 이사하기로 했다. 〈결정〉

(C) 일을 받지 않기로 했다. 〈결정〉

(D) 리포트를 내고, 시험을 본 걸로 했다. 〈취급〉

🔊 「～ことにする」 용법 정리

① 결정

예 あしたからジョギングをすることにしよう。

내일부터 조깅을 하기로 하자.

来月引っ越すことにした。

다음 달 이사하기로 했다.

仕事を受けないことにした。

일을 받아들이지 않기로 했다.

② 취급

예 その話は聞かなかったことにしましょう。

그 이야기는 안 들은 걸로 합시다.

レポートを出して、試験を受けたことにしてもらった。 리포트를 내고 시험을 본 걸로 했다.

この話は内緒だから、知らないことにしておいてね。 이 이야기는 비밀이니까, 모르는 걸로 해 둬.

118

9시쯤 큰 지진이 있었다. 〈존재〉

(A) 선생님 댁에는 차가 있다. 〈소유〉

(B) 세상에는 불가사의한 일이 많이 있다. 〈존재〉

(C) 댁에는 별장이 있다고 하지요. 〈소유〉

(D) 이번에 어떤 나라에 파견 나가게 되었습니다. 〈연체사〉

🔊 「ある」 용법 정리

① 존재 (在る)

예 机の上に箱があります。 책상 위에 상자가 있습니다.

午後、会議があります。 오후에 회의가 있습니다.

② 소유 (有る)

예 私には家族があります。 나에게는 가족이 있습니다.

彼には責任があります。 그에게는 책임이 있습니다.

③ 연체사 (或る)

예 ある人から結婚の申し込みを受けた。

어떤 사람에게 프로포즈를 받았다.

昔々、ある所におじいさんとおばあさんが住んでいました。 옛날 옛날에 어떤 곳에 할아버지와 할머니가 살고 있었습니다.

119

내 방에 서랍이 있으니까, 안에서 서류를 갖고 와. 〈판단의 근거〉

(A) 오늘은 아들 생일이기 때문에 일찍 돌아가겠습니다. 〈이유(원인)〉

(B) 케이크를 만들었으니까, 드십시오. 〈이유(원인)〉

(C) 배가 아프기 때문에 병원에 가려고 합니다. 〈이유(원인)〉

(D) 방금 뵈었으니까, 선생님은 아직 학교에 계실 것이다. 〈판단의 근거〉

🔟 「AからB」용법 정리

① 이유(원인) ⇒ A(원인, 이유)이니까, B(결과)이다

📝 今日は息子の誕生日だから早く帰ります。

오늘은 아들 생일이기 때문에 일찍 돌아가겠습니다.

ケーキを作りましたから、召し上がってください。 케이크를 만들었으니까, 드십시오.

お腹が痛いから、病院へ行こうと思います。

배가 아프기 때문에 병원에 가려고 합니다.

② 판단의 근거 ⇒ A(판단의 근거)이니까, B(화자의 판단)이다

📝 部屋の明かりが消えているから彼はいないのだろう。 방의 불이 꺼져 있으니까, 그는 없는 거겠지.

120

차마 볼 수 없어서 도와준다.

(A) 수상이 외상을 겸하다.

(B) 양쪽에 신경을 쓰다.

(C) 그러면 할 법도 하다.

(D) 그에게 말을 꺼내기 어렵다.

🔟 兼ねる

① 겸하다

📝 大は小を兼ねる。 큰 것은 작은 것을 겸한다.

② 신경을 쓰다

📝 両方に気を兼ねる。 양쪽에 신경을 쓰다.

③ ~하기 어렵다, ~할 수 없다 (ます형태로 사용)

📝 承知にかねる。 승낙하기 어렵다.

④ ~하지 않는다고 말할 수 없다, ~할지도 모른다 (「~かねない」형태로 사용)

📝 彼ならやりかねない。 그러면 할 법도 하다.

---

121 （A）毎月 → 毎日

나는 매일 청소를 하고 있기 때문에, 내 방은 아주 깨끗합니다.

🔟 매달 청소하는 것으로 '방이 깨끗하다'고는 할 수 없다.

122 （D）します → 撮ります

출품자 등록이 끝나고 출품할 상품이 결정되면, 디지털 카메라로 사진을 찍습니다.

🔟 写真を撮る 사진을 찍다

123 （A）卒業 → 卒業する

대학을 졸업하기 전에, 한 번 여유 있게 친구와 여행이라도 해보고 싶다.

🔟 「기본형 + 前に」~하기 전에

124 （A）行けば → 行ったら

도쿄에 가면, 한 번은 가 볼 만한 추천 관광지를 알려 주세요.

🔟 1. 「~ば」~(하)면

원칙적으로 뒤에는 의지, 희망, 명령, 의뢰 등의 표현이 올 수 없다. 단, 앞에 술어가 상태성인 경우 (형용사, いる, ある, 가능 동사)는 앞과 뒤의 주체가 다르면 동작성인 경우에서도 사용 가능하다.

📝 日本に行けば、CDを買ってきてください。(✕)

帰宅すれば、必ずうがいをしなさい。(✕)

安ければ、たくさん買いましょう。(○)

싸면 많이 삽시다.

暇があれば、うちに遊びに来てください。(○)

시간이 있으면, 집에 놀러오세요.

もし来られれば早く来て手伝ってください。(○)

만약 올 수 있으면, 일찍 와서 도와주세요.

2. スポット 장소, 지점, spot

125 (B) 高いでしたが → 高かったですが

도쿄의 레스토랑은 음료가 약간 비쌌지만, 요리도 맛있고 보기에도 예뻤습니다.

- 형용사의 과거형 ⇒ い형용사와 な형용사(형용동사)를 잘 구분해서 알아둘 것!
  ① い형용사

  高い 비싸다 → 高かった 비쌌다 → 高かったです 비쌌습니다

  ② な형용사 (형용동사)

  静かだ 조용하다 → 静かだった 조용했다 → 静かでした 조용했습니다

126 (C) し → だし

가게는 작아서 귀엽고, 예쁘기도 해서, 아주 기분 좋았습니다.

- 「종지형 + し(~고, ~며)」 ⇒ い형용사와 な형용사의 연결 형태에 주의할 것!

127 (B) チケト → チケット

간신히 콘서트 티켓을 손에 넣었다. 이로써 저 가수의 노래를 들을 수 있다.

- 외래어 표기에 주의할 것!

128 (C) こそ → さえ

이제 스무 살이 되는 아들은 틈만 있으면 스마트폰으로 만화를 읽고 있습니다.

- 1. 「~さえ~ば」 ~만 ~면
  [연결 형태]
  「명사 / 격조사(に・で・と・から・の) / 동사형 / 형용사형 + さえ~ば」
  - い형용사 : おもしろい → おもしろくさえあれば
  - な형용사 : 元気だ → 元気でさえあれば
  - 동사 : 飲む → 飲みさえすれば
    努力する → 努力さえすれば / 努力しさえすれば
    飲んでいる → 飲んでさえいれば / 飲んでいさえすれば

  例 暇さえあれば行きますけど。 시간만 있으면 가겠습니다만
  大丈夫です。薬を飲みさえすれば、安心です。
  괜찮습니다. 약만 먹으면, 안심입니다.

2. 그로그로 동작을 조용하게 천천히 하는 모양, 어떤 상태로 되어가는 모양, 어떤 일이 일어나는 시기에 접어드는 모양. 이제 곧

例 そろそろと歩く。 천천히 걷다.
そろそろ来るころだ。 이제 슬슬 올 때가 되었다.
そろそろ夕飯だ。 이제 곧 저녁식사 시간이다.

129 (C) イメージ → イメージし

우선은 자신이 앞으로 쓸 글자의 형태를 이미지화하면서, 천천히 공들여 써 보세요.

- 「ます형 + ながら」 ~하면서
  例 コーヒーを飲みながら新聞を読む。
  커피를 마시면서 신문을 읽는다.

130 (C) 売れる → 売れない

재료를 잘 조사하고 공들여서 마무리한 상품인데도, 전혀 팔리지 않는 것은 어째서지?

- さっぱり
  ① 긍정문(후련한 모양, 산뜻한 모양, 남김없이 깨끗이)
  例 さっぱりした味。
  담백한 맛.
  さっぱりとした性格。
  깔끔한 성격.
  きれいさっぱりと平らげた。
  깨끗이 먹어 치웠다.
  ② 부정문(전혀, 전연, 조금도)
  例 さっぱりわからない。 전혀 모르겠다.
  さっぱり食べない。 전혀 안 먹는다.

131 (B) ホームレス → ホームステイ

일전에 홈스테이를 온 미국 여자아이가 마지막에 메모를 건네주었습니다.

- 1. ホームレス 주거가 없는 사람. 노상 생활자, 부랑자, homeless
  2. ホームステイ 홈스테이(homestay), 어학연수 등을 위해 외국인 가정에 기숙함

132 (B) たら → ても

아무리 타일러<u>도</u>, 중학생인 아들은 고등학교에 가지 않겠다는 결심을 바꾸지 않았다.

- 1. いくら・どんなに~ても(でも) 아무리 ~해도
  2. 言い聞かせる 타이르다, 훈계하다

133 (C) という → ✕(필요 없음)

집 근처에 절도 없는데, 종을 치는 소리가 납니다.

- 「音(소리), 味(맛), におい(냄새), 痛み(통증), 写真(사진), 絵(그림)」 등 감각이나 지각의 내용을 명사 수식절로 나타내는 경우에는 「~という」를 사용할 수 없다.

134 (A) 働いている → 働いていた

작년에 일했던 회사가 부도가 나서 지금은 연락을 취할 수 없어, 확정 신고를 제출하지 못해 곤란을 겪고 있다.

- 「去年(작년), あのとき(그때), 昨日(어제)」와 같이 과거를 나타내는 말이 명사 수식 표현에 포함될 때는 「~ていた」형으로 표현해야 한다.

135 (B) にちがいない → のはずな

일요일이기 때문에 사토 교수님은 휴일일 텐데, 연구실의 불이 켜져 있다.

- 1. 「~はずだ」 ~할 터이다, 당연히 ~할 것이다 ⇒ 논리와 지식을 토대로 생각한 결과로 얻어진 확신을 나타냄.
  2. 「~にちがいない」 ~임에 틀림이 없다 ⇒ 직감적인 확신을 나타냄.
    - 例 彼は一目見て真面目な人((○)にちがいない /(✕)のはずだ)と思った。 그는 한 눈에 보고 성실한 사람임에 틀림이 없다고 생각했다.
  ※ 말하는 사람이 직감적으로 느낀 주관적인 생각

136 (B) だけだ → にすぎない

이것은 아직 초안에 <u>지나지 않는다</u>. 앞으로 물감으로 색을 칠할 작정이다.

- 한정의 의미로 명사를 강조하는 경우에는 「~だけだ」를 사용할 수 없다. 단, 술어로 되어 있는 절을 강조하는 경우에는 「~だけだ」를 사용할 수 있다.
  - 例 これはまだ下書きをしているだけだ。これから絵の具で色をつけるつもりだ。 이것은 아직 초안을 했을 뿐이다. 앞으로 물감으로 색을 칠할 작정이다.

137 (C) ばかりか → だけでなく

우리 아이는 고기와 생선뿐만 아니라 채소도 잘 먹습니다.

- 1. 「AばかりかB」 A뿐만 아니라 B
  ⇒ A에 보다 의외성이 강한 B를 추가시킴으로서 정도가 심하다는 것을 나타냄.
  2. 「AだけでなくB」 A뿐만 아니라 B
  - 例 月曜日((○)だけでなく /(✕)ばかりか)金曜日にも出勤している。 월요일뿐만 아니라 금요일에도 출근하고 있다.
    1年も2年も治らない((○)だけでなく /(○)ばかりか)一生これに苦しめられることもある。 1년도 2년도 낫지 않을 뿐만 아니라, 평생 이것으로 고통을 받게 되는 경우도 있다.

138 (C) 関して → ついて

부정사건이 잇따르고 있지만, 공과 사를 구별하는데 있어서 판단을 할 수 없게 되는 것은 아닐까?

- 「AについてB」 & 「Aに関してB」
  ① 「~について」 ~에 대하여 ⇒ ~의 범위를 집약시킨 내용으로, 상세하고 치밀하게 전개되는 느낌.
  ② 「~に関して」 ~에 관해서 ⇒ ~와 관련된 다양한 내용이 포함되고, 다각적이며 폭넓게 전개되는 느낌.
  ※ 한정된 A를 직접적인 적표로 삼아 B를 행하는 경우, 「AについてB」만이 사용 가능하다.
  - 例 試験問題の6番に((○)ついて /(✕)関して)も、説明してほしいのですが。 시험문제 6번에 대해서도 설명해 주었으면 합니다만.
    今回の決定に((○)ついて /(✕)関して)は、賛成できない点がある。 이번 결정에 대해서는 찬성할 수 없는 점이 있다.

139 (C) おりましたら → いらっしゃったら

여러분께 안내 말씀 드립니다. 스기나미구에서 오신 기무라 님, <u>계시면</u> 접수처로 와 주세요.

- 「おる」는 「いる(있다)」의 겸양어이기 때문에 손님에게 안내방송을 하는 경우에는 잘못된 표현이 된다. 올바른 표현을 위해서는 존경어를 사용해야 한다.

140 (A) をめぐって → をめぐる

아이의 친권을 둘러싼 트러블은 여러분을 범죄자로 만들 가능성을 내포하고 있습니다.

<u>해</u> 1. 「명사 + をめぐって」~을/를 둘러싸고 ⇒ 동사 등 술어에 이어지는 경우

2. 「명사 + をめぐる・をめぐっての」~을/를 둘러싼 ⇒ 명사를 수식하는 경우

<u>예</u> 先日爆弾テロをめぐって緊急会議で国会議員が集まった。요전의 폭탄 테러를 둘러싸고 긴급회의로 국회의원들이 모였다.

増税の是非をめぐって政権内部でいろいろな議論がされているようだ。 증세의 시비를 둘러싸고, 정권 내부에서 다양한 논의가 이루어지고 있는 것 같다.

留学生をめぐる諸問題。유학생을 둘러싼 여러 문제.

PART7 공란메우기 (정답 및 해설) 문제집 89~93쪽

141

방 안에 책이 많이 있습니다.

<u>해</u> 1. 존재의 장소를 나타내는 조사 : に (~에)

2. 동작의 장소를 나타내는 조사 : で (~에서)

<u>예</u> 山田さんは部屋((○)に /(×)で)います。
다나카 씨는 방에 있습니다.

山田さんは部屋((×)に /(○)で)仕事をしています。
다나카 씨는 방에서 일을 하고 있습니다.

142

차는 주차장에 세워져 있습니다.

<u>해</u> 1. 「~が + 자동사 + ている」~이/가 ~해져 있다 〈자연적인 상태〉

<u>예</u> 窓が開いている。창문이 열려 있다.

パンが残っている。빵이 남아 있다.

花が咲いている。꽃이 피어 있다.

2. 「~が/を + 타동사 + てある」~이/가 ~해져 있다 〈인위적인 상태〉

<u>예</u> 窓が開けてある。
창문이 열려져 있다. 〈누군가에 의해서 이루어진 상태〉

パンを残してある。
빵을 남겨 두었다. 〈이미 준비되어 있는 상태〉

本がおいてある。
책이 놓여져 있다. 〈누군가에 의해서 이루어진 상태〉

143

비가 올 것 같으니, 우산을 가지고 가는 편이 좋아요.

<u>해</u> 양태의 「そうだ(~인 것 같다)」 용법 정리

[연결 형태]
「동사 ます형, い형용사 / な형용사의 어간 + そうだ」(※ 단, 명사에는 붙지 않는다.)

(い형용사)　悲しそうだ。슬픈 것 같다.

(な형용사)　元気そうだ。건강한 것 같다.

(동사)　降りそうだ。내릴 것 같다.

(조동사)　行きたそうだ。가고 싶은 것 같다.

行かなそうだ。가지 않는 것 같다.

安くなさそうだ。싸지 않은 것 같다.

元気でなさそうだ。건강하지 않은 것 같다.

[용법]
① 동사 : 어떤 상황이 지금 당장이라도 일어날 것 같을 때 사용

<u>예</u> 強風で木が倒れそうだ。강풍으로 나무가 쓰러질 것 같다.

棚の上の物が落ちそうだ。 선반위의 물건이 떨어질 것 같다.

② い형용사/な형용사 : 보는 순간에 「いかにも~だ(정말이지 / 과연 ~이다)」일 경우에 사용. 동사「いる, ある, できる」 등은 상태를 나타내기 때문에 형용사와 동일하게 취급한다.

<u>예</u> このりんごはおいしそうです。이 사과는 맛있어 보입니다.

彼は元気そうです。그는 건강한 것 같습니다.

③ 미래에 대한 예측 / 가능성 판단

<u>예</u> 今度は試験に受かりそうだ。
이번에는 시험에 붙을 것 같다.

(경마의 말 상태를 보고)速く走りそうですね。
빨리 달릴 것 같네요.

144

주사를 무서워하는 아이가 많다.

🔟 「형용사 어간 + がる」~하게 여기다, ~싶어하다, ~체하다

寒い 춥다 → 寒がる 추워하다

嬉しい 기쁘다 → 嬉しがる 기뻐하다

さびしい 쓸쓸하다 → さびしがる 쓸쓸해하다

かわいそうだ 불쌍하다 → かわいそうがる 불쌍히 여기다

行きたい 가고 싶다 → 行きたがる 가고 싶어하다

強い 강하다 → 強がる 센 척하다

えらい 훌륭하다 → えらがる 훌륭한 체하다[뽐내다]

145

시골은 조용하기도 하고, 공기가 깨끗합니다.

🔟 「보통형 / 공손형 + し」~하고, ~이고 ⇒ 복수의 내용을 병렬적으로 나타내는 표현

146

빵은 벌써 먹었습니다.

🔟 まだ 아직, 아직도, 그 외에도 또

もう 이미, 벌써, 이제, 더

あまり 그다지, 별로, 너무, 지나치게

今も 지금도

147

선생님은 학생에게 작문을 쓰게 했습니다.

🔟 자동사의 경우에는 기본적으로 동작주를 「を」 또는 「に」로 나타낼 수 있다. 하지만, 타동사의 경우에는 다른 「を」가 있기 때문에 동작주는 「に」로 나타낸다.

예 先生は生徒(に / を)泳がせました。

선생님은 학생에게 헤엄치게 했습니다.

148

지저분하니까, 이 방에 들어가지 말아 주세요.

🔟 軽い 가볍다　黒い 검다

安い 싸다　汚い 더럽다

149

집에 돌아가자, 짐이 배달되어 있었다.

🔟 「と」의 용법 중에 발견(의외, 놀람) ≒ たら

예 うちへ(帰ると / 帰ったら)友達が私を待っていた。

집에 (돌아오자 / 돌아왔더니) 친구가 나를 기다리고 있었다.

150

밥을 먹기 전에 손을 씻어 주세요.

🔟 「동사 기본형 + 前に」~하기 전에

예 父は食事をする前にコーヒーを飲みます。

아버지는 식사를 하기 전에 커피를 마십니다.

151

화려하지 않고 깊은 느낌이 있는 아름다움, 지금까지 없던 참신한 존재감을 지닌 디자인과 질감입니다.

🔟 1. 「형용사 어간 + さ」⇒ 성질이나 정도

長い 길다 → 長さ 길이

重い 무겁다 → 重さ 무게, 중량

深い 깊다 → 深さ 깊이(척도)

2. 「형용사 어간 + み」⇒ 주체의 감정적인 상태나 느낌

重い 무겁다 → 重み 중후함

甘い 달다 → 甘み 단맛

痛い 아프다 → 痛み 아픔

深い 깊다 → 深み 깊이, 깊은 맛

152

아무도 없는데, 스토브를 끄지 않은 채 학교에 오고 말았다.

🔟 「~まま」~한 채로

① 「동사 た형 + まま」

예 靴をはいたまま部屋に入らないでください。

신발을 신은 채 방에 들어가지 말아 주세요.

② 「い형용사 기본형 + まま」

예 急いでいたので、さよならも言わないまま、帰ってきてしまった。 서두르고 있었기 때문에 작별인사도 못한 채, 돌아오고 말았다.

③ 「な형용사 어간 + なまま」

예 年をとっても、きれいなままでいたい。

나이를 먹어도, 계속 예쁘게 살고 싶다.

④「명사 ＋ のまま」

예 日本のトマトは、煮たりしないで生のまま食べた方
がうまい。 일본 토마토는 삶거나 하지 않고, 그대로 먹는 편이
맛있다.

153

저는 기무라 타로라고 합니다. 잘 부탁합니다.

해 1. 存じる「知る(알다), 思う(생각하다)」의 겸양어B

예 よく存じております。 잘 알고 있습니다.

こちらの方がよいと存じます。 이쪽이 좋다고 생각합니다.

2. 存じ上げる「知る(알다), 思う(생각하다)」의 겸양어A

예 お名前はよく存じ上げております。

성함은 잘 알고 있습니다.

お元気のことと存じ上げます。

건강하시리라고 생각합니다.

3. 申す「言う(말하다)」의 겸양어B

예 私は杉原と申します。 저는 스기하라라고 합니다.

4. 申し上げる「言う(말하다)」의 겸양어A

예 皆様にご案内申し上げます。 여러분께 안내 말씀 드립니다.

※겸양어A : 보어를 높임으로 해서 주어를 보어보다도 상대적
으로 낮게 하는 표현 방식

※겸양어B : 주어를 낮추고 듣는 사람에게 정중하게 하는 표현
방식

154

요즘 공부는 잘 되고 있습니까?

해 1. うまい 솜씨가 뛰어나다, 좋다, 잘하다, 훌륭하다

2. うまく 목적한 대로, 솜씨 좋게, 잘

155

홋카이도에 와서 처음으로 눈을 봤습니다.

해 初めて 비로소, 처음으로(경험상)

예 病気になって初めて健康のありがたさがわかる。

아프고 나서 비로소 건강의 고마움을 알다.

初めてにしてはよくできた。 첫 솜씨치고는 잘 됐다.

156

이 카레는 맛있을 것 같지만, 실은 맛있지 않습니다.

해 1.「～ようだ」～인 것 같다 ⇒ 상황을 토대로 말하는 사람의
주관적인 판단을 나타내는 표현

2.「～そうだ(양태)」～인 것 같다 ⇒ 기본적으로 외관을 묘사
하는 표현

157

상냥한 사람이 있으면, 그 사람과 결혼하고 싶다.

해 지시 대상이 불특정인 경우에 3인칭 대명사는 사용할 수 없다.

158

오늘 테스트가 있는 것을 까맣게 잊고 있었습니다.

해 是非 꼭, 반드시　　　　全部 전부, 모두, 전체

なかなか 꽤, 상당히, 매우, (부정어와 함께) 좀처럼 ～않다

すっかり 완전히, 아주, 남김없이, 몽땅

159

**영국 최고(最古)의 장난감으로 여겨지는 돌이 발굴되었다고
한다.**

해 1.「～と思う」 말하는 사람의 주관적인 판단이나 개인적인 의
견을 나타냄.

예 斉藤先生は来ないと思う。

사이토 선생님은 오지 않을 거라고 생각한다.

彼の言ったことはうそだと思う。

그가 말한 것은 거짓말이라고 생각한다.

2.「～と思っている」 말하는 사람 또는 제 3자가 그와 같은 의
견이나 판단/신념을 갖고 있다는 것을 나타냄.

예 カナダに留学してよかったと思っている。

캐나다로 유학가서 다행이라고 생각하고 있다.

その実力で合格できると思っているの？

그 실력으로 합격할 수 있을 거라고 생각하는 거야?

3.「～と思われる」 자연적으로 그와 같은 판단이 이루어진다
고 하는 의미를 나타내며, 자신의 의견을 독단적이 아닌 객
관적으로 진술하거나 주장을 부드럽게 하는 경우에 사용. 주
로 논문이나 강의[강연] 등 문어체 문장으로 사용하는 경우
가 많다.

예 以上のことから実験の結果は信頼できると思われ

る。 이상으로부터 실험의 결과는 신뢰할 수 있다고 여겨진다.

160

과장님은 출장 중이기 때문에, 여기에 올 리가 없다.

🔟 「〜はずがない」 〜일 리가 없다

　예 これは君の部屋にあったんだよ。君が知らないはず
　　がない。이건 네 방에 있었어. 네가 모를 리가 없어.

161

저 사람은 왜 당신을 사랑하려고 하지 않는 걸까?

🔟 「愛す」의 의지형 (意向形) : 愛そう(○), 愛しよう(×)

162

사람의 좋아함과 싫어함은 각각 다르다.

🔟 好き嫌い 좋고 싫음　　わずか 조금, 불과, 약간

　それぞれ 각각, 각기　　あまり 나머지, 그다지, 별로

　必ずしも 반드시 〜인 것은 아니다 (부정 표현과 함께 사용)

163

정말로 신종 인플루엔자라면, 마땅한 대응을 취하지 않으면
안 된다.

🔟 しかるべき 마땅히 그래야 하다, 그렇게 하는 것이 당연하다,
　그에 해당하는, 그에 적합한

　　예 罰せられてしかるべきだ。 벌 받아 마땅하다.

　　しかるべき人を選ぶ。 그에 적당한 사람을 선정하다.

　　しかるべき処置を取る。 그에 합당한 조치를 취하다.

164

작년에 일어난 사고 광경이 지금도 뇌리에 깊이 새겨져 있다.

🔟 1. 染み付く 얼룩지다, 냄새가 배다, 나쁜 버릇 등이 몸에 배다
　2. 焼き付く 태운 흔적이 남다, 뇌리에 새겨지다, 강렬하게 인
　　상에 남다

165

시간이 없습니다. 그러니까 서두릅시다.

🔟 1. それで 그래서, 그러므로, 그렇기 때문에
　⇒ 앞의 내용이 그다지 구체적이지 않은 경우에도 사용하며,
　　가장 폭넓게 사용할 수 있음.
　예 飲み過ぎた。それで頭が痛い。
　　과음을 했다. 그래서 머리가 아프다.

　2. そこで 그래서, 그런 까닭으로
　⇒ 앞에 구체적이고 특정적인 조건이 쓰여 있어서, 뒤의 내용
　　을 하는 이유를 상세하게 알 수 있는 경우에 사용. 꼭 논리
　　적인 관계를 나타내는 것은 아님.
　예 雨が降った。そこで行かなかった。
　　비가 왔다. 그래서 가지 않았다.

　3. だから 그래서, 그러니까
　⇒ 앞의 내용과 뒤의 내용 사이에, 명확한 인과관계가 있는 경
　　우에 사용.
　예 ここは危ないです。だから入ってはいけません。
　　여기는 위험합니다. 그래서 들어가면 안 됩니다.

　4. それとも 그렇지 않으면, 혹은 또는
　⇒ 둘 중에 하나를 선택하는 회화체 표현
　예 バスで行こうか、それとも電車で行こうか。
　　버스로 갈까, 그렇지 않으면 전철로 갈까?

166

언젠가는 그들의 코를 납작하게 해 주고 싶다.

🔟 鼻を明かす 코를 납작하게 하다, 본때를 보여주다

167

정말로 페이지를 펄럭펄럭 넘기면서 곧바로 대답을 머리에 인풋(input)할 수 있어서, 학습 효과가 좋습니다.

📖 1. はらはら
① 나뭇잎/눈물/물방울 등이 잇따라 조용히 떨어지는 모양. 우수수, 뚝뚝
예 はらはらと散る紅葉。 우수수 지는 단풍잎.
② 머리카락 등이 부드럽게 흩어지는 모양. 하늘하늘
예 髪が風になぶられてはらはらと頬に流れた。
머리가 바람에 날려 뺨으로 하늘하늘 흘러내렸다.
③ 일이 어떻게 될지 몹시 걱정되어 조바심하는 모양. 조마조마
예 はらはらどきどき。 가슴이 조마조마 두근두근.
はらはらしながらサーカスを見る。
조마조마해 하면서 서커스를 구경하다.

2. ふらふら
① 걸음이 흔들리는 모양. 휘청휘청
예 疲れてふらふらになる。 지쳐서 휘청휘청해지다.
② 마음이 흔들리는 모양. 흔들흔들
예 ふらふらしないでさっさと決心しなさい。
망설이지 말고 어서 결심하렴.
③ 머리가 도는 모양. 빙빙
예 頭がふらふらする。 머리가 빙빙 돈다.
④ 힘없이 흔들리는 모양
예 ふらふらと歩き回る。 흔들흔들 돌아다니다.
⑤ 충분히 생각하지 않은 모양. 얼떨결에
예 ついふらふらと始めてしまった。
그만 얼떨결에 시작해 버렸다.

3. ぶるぶる 추위/두려움으로 떠는 모양. 벌벌, 와들와들, 부들부들, 덜덜
예 恐ろしくてぶるぶる震える。 무서워서 벌벌 떨다.
手がぶるぶるして字が書けない。
손이 부들부들 떨려 글씨를 쓸 수 없다.

4. ぺらぺら
① 외국어를 유창하게 지껄이는 모양. 술술, 줄줄
예 彼は英語がぺらぺらだ。 그는 영어를 술술 잘한다.
② 경솔하게 지껄여대는 모양. 나불나불
예 あることないことをぺらぺらしゃべる。
있는 일 없는 일을 나불나불 지껄여대다.
③ 판자/종이/천 등이 얇고 빈약한 모양. 흐르르
예 ぺらぺらした布。 흐르르한 천.

④ 종잇장 같은 것을 연달아 넘기는 모양. 펄럭펄럭
⇒「ぱらぱら」
예 ぺらぺらとノートを捲る。 펄럭펄럭 노트를 넘기다.

168

심신이 약해진 상태에서 노인문제 특집을 보고 있으면, 남일 같지 않게 된다.

📖 身につまされる (남의 불행 등이) 자기 처지와 같이 생각되다, 자신의 일처럼 동정이 가다

169

드레스를 입은 그녀의 아름다움은 이루 말할 수 없다.

📖 「명사 / 동사 기본형 / い형용사-い / な형용사 + といったらない / といったらありはしない(ありゃしない)」 너무나 ~하다, ~하기 이를 데 없다
예 毎日同じことの繰り返しで、退屈といったらないよ。 매일 똑같은 일의 반복으로, 너무나 지루해요.
おかしいといったらない。 너무나 이상하다.

170

이번에 황송하게도 대단히 귀중한 체험을 했습니다(하게 해 주셨습니다).

📖 況や 말할 것도 없이 물론, 하물며, 더군다나
奇しくも 기묘하게도, 이상하게도
否応なしに 좋아하든 말든, 억지로, 마지못해
畏れ多くも 송구하게도, 황송하게도

171~174

가전제품의 귀중한 3가지 물건을 말하면 세탁기, 냉장고, 전자레인지(진공청소기인 경우도 있다)이다. 이것들의 수요는 거의 어느 나라에서나 공통적이지만, 추운 지방 예를 들면 시베리아 등에서는 냉장고 등이 필요 없다는 것을 당연하다고 생각하면 ① 큰 오산. 실은 시베리아에서도 냉장고는 필수품이다. 말할 필요도 없겠지만 시베리아는 매우 춥다. 영하 50도의 날도 ② 흔하다. 그런 냉기 중에 식품을 놓아두면 썩지 않는 것은 좋지만, 얼어 버린다. 그 때문에 냉장고에 넣어서 얼지 않도록 따뜻하게 두는 것이다. _____③_____ 역발상. 우리로서는 차게 만드는 기능만 있다고 여겼던 냉장고도 냉장고 이상으로 추운 지방 사람에게는 따뜻하게 하는 도구가 된다. 그러나 최근에는 보온기능도 추가된 '온냉장고'도 등장하고 있어서, 조금씩 사정도 바뀌고 있는 것일지도 모르겠다.

171 ① 큰 오산이라고 했는데, 무엇이 큰 오산입니까?

(A) 가전제품의 귀중한 3가지 물건이 세탁기, 냉장고, 전자레인지인 것

(B) 시베리아에서도 냉장고가 필요하다는 것

(C) 시베리아에서는 냉장고가 필요 없다는 사고방식

(D) 시베리아에서는 냉장고 안에서 음식이 따뜻해져 버린다는 것

172 ② 흔하다는 것은 어떤 의미입니까?

(A) 아주 드물게

(B) 주기적으로

(C) 자주

(D) 전혀

173 _____③_____ 에 들어갈 적당한 말을 고르세요.

(A) 그것은

(B) 그야말로(정말로, 완전히)

(C) 더욱더

(D) 그 정도

174 본문의 내용으로 올바른 것을 아래에서 고르세요.

(A) 시베리아에서는 냉장고는 음식을 따뜻하게 하는 전자레인지의 역할을 하고 있다.

(B) 시베리아는 냉장고 이상으로 추운 지방인데, 식료품을 얼지 않게 하기 위해서는 냉장고가 필요하다.

(C) 시베리아는 냉장고 이상으로 추운 지방인데, 식료품을 썩지 않게 하기 위해서는 냉장고가 필요하다.

(D) 시베리아에서는 냉장고는 필요하지 않지만, 최근 등장한 '온냉장고'가 필요하다.

家電(かでん) 가전, 가정용 전기 기구 | 需要(じゅよう) 수요 | 大間違(おおまちが)い 큰 잘못. 큰 착각 | 半端(はんぱ) 어중간함. 필요한 수량이 다 차지 않음 | 氷点下(ひょうてんか) 영하 | 腐(くさ)る 썩다. 상하다. 부패하다 | 凍(こお)る 얼다. 차게 느껴지다 | 発想(はっそう) 발상 | 登場(とうじょう) 등장 | 事情(じじょう) 사정

175~178

대학에서 화려한 데뷔를 장식하려 했던 나에게 있어 '현실'에 부딪히게 된 문제는 실로 비참한 것이었다. '친구가 없다'는 상상도 하지 않았던 사태가 시간이 지나면서 심각해져 간다. 혼자라는 생각을 하고 싶지 않다. 어두운 사람으로 보여지고 싶지 않다. 수업시간은 어떻게든 보냈지만, 곤란한 것은 점심시간이었다. 식당에 가면, 혼자인 나는 많은 사람의 시선을 받게 된다. '모두의 광장'에는 글자 그대로 모두가 모여서, ① 왁자지껄 시끌벅적 지낸다. 갈 곳을 잃은 나는 볼일을 _____②_____ 화장실에서 그대로 도시락통 뚜껑을 열게 되었다. _____③_____ 이것이 생각 외로, 너무 진정된다. 최고의 자리를 발견한 나는 그 후, 재미가 붙어서 매일 서양식 화장실을 다녔다.

175 나의 점심시간에 대한 올바른 설명은 어느 것입니까?

(A) 화장실에서 먹는다.

(B) 친구와 함께 먹는다.

(C) 식당에서 혼자 먹는다.

(D) 수업 중에 먹은 적이 있다.

176 ① 왁자지껄 시끌벅적의 의미로서 맞는 것은 무엇입니까?

(A) 가볍게 자주 수다를 떠는 모습

(B) 많은 사람이 마음대로 시끄럽게 이야기하는 모습

(C) 사람의 눈에 띄지 않도록 일하는 모습

(D) 불평불만 등을 왕성하게 하는 모습

177 _____②_____ 에 들어갈 적당한 말은 무엇입니까?

(A) 사용한

(B) 선

(C) 본

(D) 일한

178 _____③_____ 에 들어갈 적당한 말은 무엇입니까?

(A) 그러나

(B) 그리고

(C) 그래서

(D) 게다가

華々(はなばな)しい 화려하다. 찬란하다 | 飾(かざ)る 치장하다. 꾸미다 | 深刻(しんこく) 심각 | 追(お)う 따르다. 뒤쫓아 가다 | 広場(ひろば) 광장 | 一人(ひとり)ぼっち 단 혼자. 외톨이. 고독함 | わいわい 여럿이 큰소리로 떠들어대는 모양. 와글와글. 왁자지껄 | がやがや 시끄럽게 떠드는 모양. 와글와글. 왁자지껄 | 行(ゆ)き場(ば) 갈곳 | 失(うしな)う 잃다. 상실하다 | 落(お)ち着(つ)く 안정되다. 진정되다 | 居場所(いばしょ) 있는 곳. 거처 | 味(あじ)を占(し)める 맛들이다. 재미 붙이다

179~181

시대에 살게 된지 <u>수년</u>, 바로 앞이 초등학교입니다. 사람마다 제각기 느끼는 방식이 다르기 때문에 뭐라고 말할 수는 없지만, 학교 이외에 교정을 이용하는 일이 많아 보이는데, 토요일과 일요일은 축구, 야구, 일요일 아침은 반드시 게이트 볼을 하고 있습니다. 체육관도 야간 개방을 하고 있어, 여러 가지 스포츠를 하고 있는 것 같습니다. 게다가 아이들을 데릴다주고 데릴러오고 하는 차가 많아, 우리 집 앞에 주차하거나 문을 닫는 소리가 시끄럽기도 하고, 집 앞에 자주 차를 세우는 부모가 많아서 학교에는 주의를 부탁했지만, 그밖에 지역 운동회, 여름에는 축제 때문에 아침부터 스피커로 음악이 틀어져 있습니다.

179 <u>수년</u>이란 어떤 의미입니까?

(A) 6개월

(B) 1년

(C) 1년 6개월

(D) 6년

180 교정을 이용하는 사람은 무엇을 합니까?

(A) 주차장으로 사용한다.

(B) 일요일에는 항상 게이트 볼을 한다.

(C) 휴일에는 여러 가지 스포츠를 한다.

(D) 매일 축구, 야구를 한다.

181 본문의 내용과 맞는 것을 고르세요.

(A) 체육관을 24시간 이용할 수 있다.

(B) 교정에 차를 세우는 것은 좋지 않다.

(C) 주말에 교정에서 스포츠를 할 수 있다.

(D) 항상 아침부터 스피커로 음악이 틀어져 있다.

夫(おっと) 남편 | 実家(じっか) 생가. 친정 | 数年(すうねん) 수년. 몇 년 | それぞれ 저마다. 각기. 각각 | 校庭(こうてい) 교정. 학교 마당 | 送迎(そうげい) 송영. 보내고 맞이함 | 親(おや) 어버이. 부모 | 地域(ちいき) 지역 | 運動会(うんどうかい) 운동회

182~184

아마 내가 살고 있는 곳은 꽤 시골이라고 생각합니다. 요전 날, 눈이 내린 날에 뒷산에서 원숭이 집단(10마리 정도)이 언제나처럼 밭을 서리하러 왔습니다. 이 시기는 원숭이에게는 야산에 먹이가 부족해서인지 때때로 내려옵니다. 그러나 밭에는 아무것도 없어서 포기했다고 생각하고 있었는데, 현관 쪽에서 무언가 소리가! 서둘러 달려가자, 현관 금줄에 걸려 있는 감귤을 노리고 있었습니다. 순간 이미 늦어 감귤은 멋지게 도둑을 맞았습니다. 그렇게까지 하지 않으면 먹이가 없는 거라고 생각했습니다. 우리 집 주변에는 작은 동물원이 생길 정도로 야생 동물이 많이 있습니다. 원숭이 · 사슴 · 멧돼지 · 여우 · 너구리 등…… 그만큼 자연이 남아 있다는 것은 좋은 일이겠지만, 그곳의 주민으로서는 매일이 서로 노려보는 날들입니다. 하지만 공기는 좋고, 예쁜 별은 자주 보이고, 밤은 정말로 조용해지고, 때때로 사슴 울음소리에 잠을 깨지만, 좋은 환경에서 살고 있다고 생각합니다.

182 내가 살고 있는 곳에 있는 동물은 어느 것입니까?

(A) 여우

(B) 고양이

(C) 쥐

(D) 개

183 원숭이에게 빼앗긴 것은 무엇입니까?

(A) 밭

(B) 감귤

(C) 사슴

(D) 사과

184 원숭이가 산에서 내려오는 이유는 어느 것입니까?

(A) 동물원이 생겼기 때문에

(B) 눈이 내리기 때문에

(C) 먹이가 없기 때문에

(D) 주민이 음식을 주기 때문에

田舎(いなか) 시골. 고향 | 裏山(うらやま) 뒤쪽 산. 뒷산. 뒷동산 | 猿(さる) 원숭이 | 畑(はたけ) 밭. 전문 분야. 영역 | 荒(あら)す 황폐하게 하다. 휩쓸다. 엉망으로 만들어 놓다 | 野山(のやま) 산야. 들과 산 | 食料不足(しょくりょうぶそく) 식량부족 | 諦(あきら)める 단념하다. 체념하다 | 駆(か)け付(つ)ける 급히 가(오)다 | しめ縄(なわ) 금줄 | 狙(ねら)う 겨누다. 노리다. 엿보다 | 睨(にら)み合(あ)う 서로 노려보다. 서로 적의를 품고 대립하다 | 静(しず)まり返(かえ)る 아주 조용해지다 | 鳴(な)き声(ごえ) 울음소리

185~188

　전날 큰 　①　 이 있었다. 나는 아침 4시경부터 일어나서 텔레비전을 보고 있었다. 흔들흔들하더니 텔레비전 위의 인형이 굴러 떨어졌다. 진동 시간도 길었고, 문이 열리지 않게 되면 큰일이라는 생각에 서둘러서 현관을 열었다. 한신대지진 때도 생각했지만, 우리 집은 어디에 있어도 안전하지 않다. 양복 장롱에 깔리고, 여행가방과 옷상자가 자고 있는 위로 흔들리는 모습은 상상하고 싶지 않다. 하지만, 다른 곳도 전등 바로 밑이거나 창문 옆이거나 해서 위험도는 거기서 거기다. 일반적으로 화장실이나 욕실은 넓이에 비해 　②　 이 많기 때문에 안전하다고 말하지만, 우리 집은 화장실과 욕실이 함께인 방으로 3조. 방과 다름없이 여기도 위험한 것 같다. 부엌 벽장에서 통조림이 떨어지는 것을 볼 수 없어, 열리는 문을 잠그는 쇠 장식을 달고, 식기 선반이 쓰러지지 않도록 선반 아래는 매트를 깔고……라는 없는 지혜를 짜서 대책을 강구해 보았다. 그러나 이들 장비가 위력을 발휘하는 대지진의 경우, 먼저 집이 무너져 버릴지도. 전날의 지진도 상당히 무서웠지만, 이들 장비는 필요하지도 않았다. 지진에 대비하여 작게나마 불안을 느끼지만, '지은 지 30년 된 목조'인 집도 　③　 다.

185 　①　 에 들어갈 적당한 말은 무엇입니까?

(A) 사고

(B) 화재

(C) 지진

(D) 홍수

186 　②　 에 들어갈 적당한 말은 무엇입니까?

(A) 벽

(B) 기둥

(C) 마루

(D) 공간

187 본문의 내용과 맞는 것을 고르세요.

(A) 대지진의 경우는 도저히 서 있을 수 있는 상태가 되지 않는다.

(B) 대지진의 경우는 가스 공급 정지가 예상된다.

(C) 대지진의 경우는 책상이나 테이블 밑에 들어가야 한다.

(D) 대지진의 경우는 집이 무너져 버릴지도 모른다.

188 　③　 에 들어갈 적당한 말은 무엇입니까?

(A) 정들면 고향

(B) 급할수록 돌아가라

(C) 마지막 남은 것에 복이 있다

(D) 후회막급이다

人形(にんぎょう) 인형 | 転(ころ)げ落(お)ちる 굴러 떨어지다 | 揺(ゆ)れ 흔들림. 요동 | 急(いそ)ぐ 서두르다. 마음이 조급해지다 | 真下(ました) 바로 밑. 바로 아래 | 似(に)たり寄(よ)ったり 비슷비슷함. 대동소이함 | 天袋(てんぶくろ) 벽장 위쪽이나 천장 바로 아래 등에 있는 작은 벽장 | 缶詰(かんづめ) 통조림. 가두어 둠. 갇힘 | 金具(かなぐ) 가구 등에 붙이는 쇠장식 | 戸棚(とだな) 찬장/신발장/책장 등의 총칭 | 傾斜(けいしゃ) 경사 | 知恵(ちえ)を絞(しぼ)る 지혜를 짜내다. 궁리를 하다 | 対策(たいさく)を講(こう)じる 대책을 강구하다 | 威力(いりょく) 위력 | つぶれる 부서지다. 깨지다 | 及(およ)ぶ 이르다. 걸치다. 미치다. 견주다. 필적하다 | 備(そな)え 준비. 대비 | いささか 조금. 약간. 좀. 다소

189~192

　저작물이 사설 학원 교재 등에 무단 사용되어 저작권을 침해받았다며 시인 다니카와 준타로 씨 등 총 19명이 21일, 전국의 사설학원에 교재를 판매하고 있는 교재출판사 '미야자키 출판' 　①　, 교재 출판금지와 총 약 4,300만 엔의 손해배상을 청구하는 소송을 도쿄지법에 제소하였다. 제소한 것은 이 외에도 삽화 작가이며 배우인 요네쿠라 마사카네 씨, 시인인 신카와 카즈에 씨 등으로, 전원이 저작권 관리단체 '일본비주얼 저작권협회'의 회원이거나 그 유족. 소송장에 따르면, 미야자키 출판은 금년도까지 4년간 중학생용 국어교재 116종류에 무단으로 19명의 저작 24작품을 게재하여, 사설 학원에 판매했다고 한다. 또, 수주처인 사설 학원 마다 독자적인 표지로 바꿔 만들어, 수주처가 제작한 것처럼 꾸미기도 하고, 원래 발행처에 자사명을 기재하지 않는 등 '② 무단 사용이 발각되지 않도록 하여, 매우 악질'이라고 지적하고 있다. 요네쿠라씨는 '저작권도 인권. 교육현장에서 인권을 ③ 유린하는 일은 있어서는 안 된다'고 언급. 미야자키 출판 측은 '무단 사용한 사실은 없다. 모든 작품에 대해 허락을 받았고, 허가서 등도 있다'고 하고 있다.

189 　①　 에 들어갈 적당한 말을 아래에서 고르세요.

(A) 에 대해서

(B) 에 의해서

(C) 의 경우에

(D) 에 의해

190 ② 무단사용이 발각되지 않도록 하여라고 했는데, 구체적으로 어떤 것인가?

(A) 발행처에 자신의 회사명을 기재하지 않았던 것

(B) 수주처인 사설 학원 마다 표지나 내용을 바꾼 것

(C) 교육 현장에서 인권을 유린하려고 했던 것

(D) 무단으로 교과서를 판매하려고 한 것

191 ③ 유린하다란, 어떤 의미인가?

(A) 밟거나 차거나 하는 것

(B) 무시하는 것(소홀히 하는 것)

(C) 중요시하는 것

(D) 경감하는 것

192 본문의 내용과 맞는 것은 어느 것입니까?

(A) 미야자키 출판이 고소당한 것은 교육의 질을 떨어뜨리는 행위를 했기 때문이다.

(B) 미야자키 출판이 고소당한 것은 저자의 작품을 무단으로 게재하여 판매했기 때문이다.

(C) 미야자키 출판이 고소당한 것은 무단으로 표지를 바꾸고, 또한 자사명을 기재하지 않았기 때문이다.

(D) 미야자키 출판이 고소당한 것은 교과서를 무단으로 판매하고, 이익을 얻었기 때문이다.

著作(ちょさく) 저작, 저술 | 学習塾(がくしゅうじゅく) 사설 학원 | 教材(きょうざい) 교재 | 侵害(しんがい) 침해 | 損害賠償(そんがいばいしょう) 손해배상 | 訴訟(そしょう) 소송 | 俳優(はいゆう) 배우 | 遺族(いぞく) 유족 | 訴状(そじょう) 소송장 | 掲載(けいさい) 게재 | 悪質(あくしつ) 악질 | 指摘(してき) 지적 | 踏(ふ)みにじる 짓밟다, 밟아 뭉개다 | 許諾(きょだく) 허락

193~196

최근 '수돗물'이 인기다. 도쿄에서도 '도쿄수'라는 페트병 타입의 수돗물이 팔리고 있고, 도청이나 우에노 공원 등에서 살 수 있다. 지금으로부터 20~30년 전 당시의 정수처리 기술로는 곰팡이 냄새나 석회 냄새를 제거할 수 없어, 그 냄새가 원인으로 물이 맛이 없다고 느꼈던 것 같다. 이 곰팡이 냄새와 석회 냄새 대책으로, 헤이세이 4년(1992년) 가나마치 정수장에 고속 정수처리가 도입되었다. 도입 전에는 여름철이 되면, 곰팡이 냄새와 석회 냄새로 인한 불평 전화가 걸려왔는데, 고속 정수처리를 도입하고 나서는 ___①___ 되었다. 단, 수돗물의 만족도 조사를 행한 결과, 불만을 느끼고 있는 사람이 절반이나 된다는 것을 알았다. 그래서 '안전하고 맛있는 물 프로젝트'를 설립하여, 수돗물의 PR활동을 개시하였다. PR활동 개시와 동시에, 도쿄도 수도국에서는 ② 한층 더 맛이 좋은 물 추구도 개시하였다. 그 하나가 직결급수방식. ___③___ 맛있는 물을 만들어도, 맨션 등의 저수조 관리가 나쁘면 수질이 나빠져 버린다. 그래서 저수조를 경유하지 않고 직접 각 층에 급수하는 방법이 직결급수방식이다. 다만 높은 빌딩 등의 경우, 배수관으로부터의 수압만으로는 맨션 위층까지 물이 가지 못한다. 그 때문에 도중에 증압 펌프를 직결시킴으로서 종래에서는 도달하지 않았던 곳에도 물을 공급할 수 있도록 고안하고 있다.

193 ___①___ 에 들어갈 적절한 말을 아래에서 고르세요.

(A) 깔끔하게

(B) 우연히 만나게

(C) 녹초가 되게

(D) 딱 끊어지게

194 ② 한층 더 맛이 좋은 물 추구란 어떠한 것입니까?

(A) 곰팡이 냄새, 석회 냄새를 없애기 위해 고속 정수처리기술이 채용된 것

(B) 수돗물에 본래 있는 곰팡이 냄새, 석회 냄새를 즐기는 문화를 창출해 내는 것

(C) 물을 송수하는 수도관을 골똘히 궁리하여, 정수장의 물이 직접 가정으로 가도록 한 것

(D) 물을 송수하는 저수조를 골똘히 궁리하여, 좀 더 수질이 좋은 물을 제공할 수 있게 된 것

195 ___③___ 에 들어갈 적절한 말을 아래에서 고르세요.

(A) 그래도

(B) 애써

(C) 신속히

(D) 빨리

196 본문의 설명으로 올바른 것을 아래에서 고르세요.

(A) 최근 수돗물이 맛있어 인기인 것은 음료수의 질을 개선하려고 한 많은 노력 덕분이다.

(B) 최근 수돗물이 인기인 것은 수돗물 특유의 곰팡이 냄새, 석회 냄새를 즐길 수 있는 수돗물을 이해하는 문화가 성장했기 때문에

(C) 최근 수돗물이 인기인 것은 저수조의 관리부족으로 맛이 없는 수돗물이 수도관을 통해서 제공되기 때문에

(D) 최근 수돗물이 인기인 것은 도쿄 수도국이 수돗물보다도 페트병 음료수를 마시도록 PR하고 있기 때문이다.

水道水(すいどうすい) 수돗물 | 売(う)り出(だ)す 팔기 시작하다. 대대적으로 팔다 | 浄水(じょうすい) 정수 | カビ 곰팡이 하찮은 것 | カルキ 칼크, 석회 | 除去(じょきょ) 제거 | 導入(どうにゅう) 도입 | 劣化(れっか) 열화, 품질이나 성능 등이 나빠짐 | 軽油(けいゆ) 경유 | 配水管(はいすいかん) 배수관 | 行(ゆ)き届(とど)く 두루 미치다. 자상하게 마음 쓰다. 용의주도하다 | 工夫(くふう) 궁리함. 생각을 짜냄. 고안

197~200

원유가격의 폭등으로, 각 항공사가 징수하고 있는 ① <u>유류할증료.</u> ② <u>동일노선이라도 항공사에 따라서 만 엔 이상의 차이가 난다.</u> 어떤 방법으로 유류할증료가 정해지는 것일까? 전일공, 일본항공은 현재 3개월마다 원유상황에 따라서 국토교통성에 개정을 신청하고 있다. 금액, 개정 시기는 항공사가 각각 정하고, 국토교통성의 인가를 받는 방식이다. 국제편의 경우, 유류할증료 금액 등을 정하는 절차는 발착국・지역과의 협정에 의거하여 정한다. 출발과 도착하는 양국・지역에서 각각 인가를 받는 경우가 기본. 일본은 인가제이지만, 미국은 신고로 끝나는 등 나라에 따라서 다르다. 인가 방침도 다르기 때문에, 일본발인지 타국발인지에서도 할증료 금액이 다른 경우도 있다. 각 항공사는 조금이라도 연료를 줄이고자, 항상 싣는 식기나 컨테이너를 가벼운 것으로 하거나 운항방법을 고안하는 등 ③ <u>고심하고 있다.</u> 전일본공수는 식기로 사용하는 도기를 기포를 넣은 가벼운 소재로 바꿔, 외관은 같더라도 중량을 줄였다. 일본항공도 적재중량감에 더해 착륙 시의 강하방법을 바꾸고, 엔진의 분사횟수를 줄이려 하고 있다. 유류할증료는 여행사의 팸플릿에 별도표시라고 적혀 있는 경우가 많아 알기 어렵다. 최근에는 여행요금보다 비싼 경우도 나오면서 국토교통성은 6월, 유류할증료에 대해서 여행대금에 포함하던가 금액을 여행대금 부분에 기재하도록 ④ <u>통지를 개정하였다.</u> JTB에서는 2009년 4월 팸플릿부터 해외패키지투어의 유류할증료를 여행대금에 포함시키기로 방침을 정했다.

197 ① 유류할증료에 관한 올바른 설명은 어느 것입니까?

(A) 유류할증료는 국내선에서는 인가가 필요가 없으므로, 항공회사가 자유롭게 정한다.

(B) 유류할증료는 전 세계에서 통일한 가격을 설정하고 있다.

(C) 유류할증료는 발착국・지역에 따라서 달라진다.

(D) 유류할증료는 여행사의 의견도 수렴하여 만들어진다.

198 ② 동일노선이라도 항공사에 따라서 만 엔 이상의 차이가 난다고 하는데, 그것은 왜입니까?

(A) 항공사가 각각 차별화를 도모하여, 고객이 다양한 금액 중에서 선택할 수 있도록 국가가 동일 가격을 인가하고 있지 않기 때문에

(B) 국제선의 경우는 발착국・지역 협정에 따라 또는 발착국・지역 방침도 달라서, 유류할증료는 다를 때도 있기 때문에

(C) 유류할증료에 대해서 일본은 인가제이지만, 미국은 신고제이기 때문에

(D) 유류할증료는 대부분의 경우, 항공사의 이익에 직결되기 때문에

199 ③ 고심하고 있다고 하는데, 구체적인 예를 드세요.

(A) 항상 싣는 식기의 겉모습을 동일하게 하고, 중량이나 공간의 절약을 시도하고 있다.

(B) 항상 싣는 식기나 컨테이너의 수를 줄이고 있다.

(C) 착륙 시의 강하방법을 바꾸어, 엔진의 분사횟수를 줄이고 있다.

(D) 식기를 도기에서 플라스틱으로 바꾸어, 보다 가볍게 하고 있다.

200 ④ 통지라고 했는데, 어떤 통지입니까?

(A) 다양한 방법을 통해서, 연료를 절약하도록 노력을 요구하는 통지

(B) 유류할증료를 여행대금에 포함하여 판매하고 있는 여행사가 있으므로, 순수한 여행대금만을 팸플릿에 표시하도록 요구하는 통지

(C) 동일 노선이라면 동일 유류할증료를 설정하도록 지금의 시스템 개선을 요구하는 통지

(D) 여행사의 팸플릿에서는 유류할증료에 대한 기재방법이 불충분하므로, 좀 더 알기 쉽게 기재하도록 요구하는 통지

高騰(こうとう) 고등, 앙등, 등귀 | 徴収(ちょうしゅう) 징수 | サーチャージ 할증료, 과징금. surcharge | 燃油(ねんゆ) 원유, 연료로 쓰는 기름 | 仕組(しく)み 사물의 구조, 장치, 궁리, 방법 | 市況(しきょう) 시황, 주식/상품 등의 거래 상황 | 改定(かいてい) 개정 | 申請(しんせい) 신청 | 認可(にんか) 인가 | 手続(てつづ)き 절차, 수속 | 協定(きょうてい) 협정 | 届(とど)け出(で) 신고 | 積(つ)み込(こ)む 짐을 싣다 | コンテナ 컨테이너 (container) | 苦心(くしん) 고심, 애를 씀 | 陶器(とうき) 도기 | 気泡(きほう) 기포, 거품 | 噴射(ふんしゃ) 분사 | 通達(つうたつ) 통달, 통고, 통지문

PART1 사진묘사 **(정답 및 해설)** 문제집 109~118쪽

1

(A) 帽子(ぼうし)をかぶった人(ひと)が階段(かいだん)を下(お)りています。
(B) 女(おんな)の人(ひと)が階段(かいだん)を下(お)りています。
(C) 二人(ふたり)は階段(かいだん)を下(お)りています。
(D) 二人(ふたり)は階段(かいだん)を上(あ)がっています。

(A) 모자를 쓴 사람이 계단을 내려오고 있습니다.
(B) 여자가 계단을 내려오고 있습니다.
(C) 두 사람은 계단을 내려오고 있습니다.
(D) 두 사람은 계단을 오르고 있습니다.

帽子(ぼうし)를 被(かぶ)る 모자를 쓰다 | 段(かいだん) 계단 | 下(お)りる 내리다. 내려오(가)다 | 上(あ)がる 오르다. 올라가(오)다

2

(A) 四角(しかく)い時計(とけい)があります。
(B) みんな座(すわ)っています。
(C) みんな同(おな)じ方向(ほうこう)を見(み)ています。
(D) 空(あ)いている席(せき)はあまり見(み)えません。

(A) 네모난 시계가 있습니다.
(B) 모두 앉아 있습니다.
(C) 모두 같은 방향을 보고 있습니다.
(D) 비어 있는 자리는 별로 보이지 않습니다.

四角(しかく)い 네모지다. 네모꼴이다 | 時計(とけい) 시계 | 座(すわ)る 앉다 | 同(おな)じ方向(ほうこう) 같은 방향 | 席(せき) 좌석. 자리

3

(A) ここは銭湯(せんとう)の入口(いりぐち)です。
(B) ここはトイレの入口(いりぐち)です。
(C) ここは旅館(りょかん)の入口(いりぐち)です。
(D) ここはホテルの入口(いりぐち)です。

(A) 여기는 목욕탕 입구입니다.
(B) 여기는 화장실 입구입니다.
(C) 여기는 여관 입구입니다.
(D) 여기는 호텔 입구입니다.

銭湯(せんとう) 대중목욕탕 | 入口(いりぐち) 입구 | トイレ 화장실 | 旅館(りょかん) 여관 | ホテル 호텔

4

(A) 男性(だんせい)は挨拶(あいさつ)をしています。
(B) 女性(じょせい)は座(すわ)っています。
(C) 男性(だんせい)は手(て)を組(く)んでいます。
(D) 女性(じょせい)は腕組(うでぐ)みをしています。

(A) 남성은 인사를 하고 있습니다.
(B) 여성은 앉아 있습니다.
(C) 남성은 손을 깍지 끼고 있습니다.
(D) 여성은 팔짱을 끼고 있습니다.

男性(だんせい) 남성 | 挨拶(あいさつ) 인사 | 女性(じょせい) 여성 | 手(て)を組(く)む 팔짱을 끼다. 깍지를 끼다, 손을 맞잡다, 협력하다 | 腕組(うでぐ)み 팔짱. 팔짱을 낌

5

(A) ここで雑誌(ざっし)を買(か)うことができます。
(B) 夕刊(ゆうかん)はすべて50円(えん)です。
(C) これは新聞(しんぶん)の自動販売機(じどうはんばいき)です。
(D) これはテレホンカードの自動販売機(じどうはんばいき)です。

(A) 여기서 잡지를 살 수가 있습니다.
(B) 석간은 모두 50엔입니다.
(C) 이것은 신문 자동판매기입니다.
(D) 이것은 전화카드 자동판매기입니다.

雑誌(ざっし) 잡지 | 夕刊(ゆうかん) 석간 | 全(すべ)て 모두. 전부. 모조리 | 新聞(しんぶん) 신문 | 自動販売機(じどうはんばいき) 자동판매기 | テレホンカード 전화카드

6

(A) ここで切手(きって)を買(か)うことができます。
(B) ここで特急(とっきゅう)の乗車券(じょうしゃけん)を買(か)うことができます。
(C) ここで写真(しゃしん)を現像(げんぞう)することができます。
(D) ここで現金(げんきん)を引(ひ)き出(だ)すことができます。

(A) 여기서 우표를 살 수 있습니다.
(B) 여기서 특급 승차권을 살 수 있습니다.

(C) 여기서 사진을 현상할 수 있습니다.

(D) 여기서 현금을 인출할 수 있습니다.

切手(きって) 우표 | 特急(とっきゅう) 특급 | 乗車券(じょうしゃけん) 승차권 | 写真(しゃしん) 사진 | 現像(げんぞう) 현상 | 現金(げんきん) 현금 | 引(ひ)き出(だ)す 인출하다, 찾다

7

(A) 着物(きもの)が畳(たた)んであります。
(B) ベルトが壁(かべ)にかけられています。
(C) 浴衣(ゆかた)の帯(おび)が壁(かべ)にかけられています。
(D) 浴衣(ゆかた)が立(た)てかけられています。

(A) 기모노가 개어져 있습니다.

(B) 벨트가 벽에 걸려 있습니다.

(C) 유카타 허리띠가 벽에 걸려 있습니다.

(D) 유카타가 기대어 세워져 있습니다.

着物(きもの) 기모노, 일본 옷 | ベルト 벨트(belt), 허리띠 | 畳(たた)む 개다, 접다 | 壁(かべ) 벽 | 浴衣(ゆかた) 유카타, 아래 위에 걸쳐서 입는 두루마기 모양의 긴 무명 홑옷, 목욕 후 또는 여름철에 평상복으로 입는 옷 | 帯(おび) 허리에 두르는 띠 | かける 걸다, 늘어뜨리다 | 立(た)てかける 기대어 세우다

8

(A) 男(おとこ)の人(ひと)たちが並(なら)んでいます。
(B) 男(おとこ)の人(ひと)たちが立(た)ち止(ど)まっています。
(C) 男(おとこ)の人(ひと)たちが話(はな)し合(あ)っています。
(D) 男(おとこ)の人(ひと)たちが騒(さわ)いでいます。

(A) 남자들이 줄을 서 있습니다.

(B) 남자들이 멈추어 서 있습니다.

(C) 남자들이 서로 이야기하고 있습니다.

(D) 남자들이 소란을 피우고 있습니다.

並(なら)ぶ 줄을 서다, 늘어서다, 나란히 서다 | 立(た)ち止(ど)まる 멈추어 서다 | 話(はな)し合(あ)う 서로 이야기하다, 이야기를 나누다, 서로 의논하다 | 騒(さわ)ぐ 떠들다, 시끄러운 소리를 내다

9

(A) このプールは四角形(しかくけい)です。
(B) このプールは五角形(ごかくけい)です。
(C) このプールは六角形(ろっかくけい)です。

(D) このプールは八角形(はっかくけい)です。

(A) 이 수영장은 사각형입니다.

(B) 이 수영장은 오각형입니다.

(C) 이 수영장은 육각형입니다.

(D) 이 수영장은 팔각형입니다.

プール 풀(pool), 수영장 | 四角形(しかくけい) 사각형 | 五角形(ごかくけい) 오각형 | 六角形(ろっかくけい) 육각형 | 八角形(はっかくけい) 팔각형

10

(A) 今(いま)、この道路(どうろ)は封鎖(ふうさ)されています。
(B) 今(いま)、この道路(どうろ)で車(くるま)が2台(だい)、同時(どうじ)に擦(す)れ違(ちが)うことはできません。
(C) 今(いま)、この道路(どうろ)は片側(かたがわ)2車線(しゃせん)の道路(どうろ)になっています。
(D) 今(いま)、この道路(どうろ)は工事中(こうじちゅう)ではありません。

(A) 지금 이 도로는 봉쇄되어 있습니다.

(B) 지금 이 도로에서 차 두 대가 동시에 엇갈릴 수 없습니다.

(C) 지금 이 도로는 편도 2차선 도로로 되어 있습니다.

(D) 지금 이 도로는 공사 중이 아닙니다.

道路(どうろ) 도로 | 封鎖(ふうさ) 봉쇄 | 擦(す)れ違(ちが)う 엇갈리다, 거의 스칠 정도로 가까이 지나 각자 반대 방향으로 가다 | 片側(かたがわ) 한쪽, 한쪽 편 | 工事中(こうじちゅう) 공사 중

11

(A) この人(ひと)は手(て)を振(ふ)り上(あ)げています。
(B) この人(ひと)は手(て)を頬(ほお)に当(あ)てています。
(C) この人(ひと)は箸(はし)を投(な)げ捨(す)てています。
(D) この人(ひと)は左手(ひだりて)で箸(はし)を握(にぎ)っています。

(A) 이 사람은 손을 치켜들고 있습니다.

(B) 이 사람은 손을 뺨에 대고 있습니다.

(C) 이 사람은 젓가락을 내던지고 있습니다.

(D) 이 사람은 왼손으로 젓가락을 쥐고 있습니다.

振(ふ)り上(あ)げる 치켜들다, 치켜 올리다 | 頬(ほお) 뺨, 볼 | 当(あ)てる 부딪다, 닿게 하다, 대다 | 箸(はし) 젓가락 | 投(な)げ捨(す)てる 내버리다, 내던지다, 팽개치다 | 握(にぎ)る 쥐다, 잡다

12

(A) この掲示板(けいじばん)は曲線(きょくせん)になっています。
(B) この掲示板(けいじばん)は直線(ちょくせん)になっています。
(C) この掲示板(けいじばん)は直角(ちょっかく)になっています。
(D) この掲示板(けいじばん)は平面(へいめん)になっています。

(A) 이 게시판은 곡선으로 되어 있습니다.
(B) 이 게시판은 직선으로 되어 있습니다.
(C) 이 게시판은 직각으로 되어 있습니다.
(D) 이 게시판은 평면으로 되어 있습니다.

掲示板(けいじばん) 게시판 | 曲線(きょくせん) 곡선 | 直線(ちょくせん) 직선 | 直角(ちょっかく) 직각 | 平面(へいめん) 평면

13

(A) 男(おとこ)の人(ひと)は浴衣(ゆかた)を着(き)て仕事(しごと)をしています。
(B) 男(おとこ)の人(ひと)は着物(きもの)を着(き)て仕事(しごと)をしています。
(C) 男(おとこ)の人(ひと)は包丁(ほうちょう)を片手(かたて)に持(も)っています。
(D) ここは屋台(やたい)です。

(A) 남자는 유카타를 입고 일을 하고 있습니다.
(B) 남자는 기모노를 입고 일을 하고 있습니다.
(C) 남자는 한쪽 손에 부엌칼을 들고 있습니다.
(D) 여기는 포장마차입니다.

浴衣(ゆかた)を着(き)る 유카타를 입다 | 仕事(しごと) 일 | 着物(きもの)を着(き)る 기모노를 입다 | 包丁(ほうちょう) 식칼, 부엌칼 | 片手(かたて) 한쪽 손 | 屋台(やたい) 포장마차, 이동할 수 있게 만든 지붕이 달린 판매대

14

(A) 生徒(せいと)は下(くだ)り坂(ざか)を傘(かさ)を差(さ)しながら、駆(か)け下(くだ)っています。
(B) 生徒(せいと)は下(くだ)り坂(ざか)を横一列(よこいちれつ)になって駆(か)け下(くだ)っています。
(C) 生徒(せいと)は後(うし)ろを振(ふ)り返(かえ)っておしゃべりをしながら下(くだ)り坂(ざか)を下(くだ)っています。
(D) 生徒(せいと)は縦一列(たていちれつ)で下(くだ)り坂(ざか)を行進(こうしん)しています。

(A) 학생은 내리막길을 우산을 쓰고, 뛰어 내려가고 있습니다.
(B) 학생은 내리막길을 가로 일렬로 뛰어 내려가고 있습니다.

(C) 학생은 뒤를 돌아보고 수다를 떨면서 내리막길을 내려오고 있습니다.
(D) 학생은 세로 일렬로 내리막길을 행진하고 있습니다.

生徒(せいと) 학생(중/고교) | 下(くだ)り坂(ざか) 내리막, 내리막길 | 傘(かさ)を差(さ)す 우산을 쓰다 | 駆(か)け下(くだ)る 뛰어 내려가다 | 振(ふ)り返(かえ)る 뒤돌아보다, 돌아보다, 회고하다 | おしゃべ리 잡담함, 잘 지껄임, 수다스러움 | 行進(こうしん) 행진

15

(A) この家(いえ)では階段(かいだん)に傘(かさ)を並(なら)べています。
(B) この家(いえ)では階段(かいだん)に傘(かさ)を逆(ぎゃく)にして立(た)て掛(か)けています。
(C) この家(いえ)では階段(かいだん)に傘(かさ)を逆(さか)さにして干(ほ)しています。
(D) この家(いえ)では階段(かいだん)に傘(かさ)を閉(と)じたまま立(た)て掛(か)けています。

(A) 이 집에서는 계단에 우산을 늘어놓고 있습니다.
(B) 이 집에서는 계단에 우산을 반대로 해 기대어 세워놓고 있습니다.
(C) 이 집에서는 계단에 우산을 거꾸로 해서 말리고 있습니다.
(D) 이 집에서는 계단에 우산을 접은 채로 기대어 세워놓고 있습니다.

階段(かいだん) 계단 | 並(なら)べる 줄지어 놓다, 나란히 놓다, 죽 늘어놓다 | 逆(ぎゃく)にする 반대로 하다 | 立(た)て掛(か)ける 기대어 세우다 | 逆(さか)さ 역, 거꾸로 됨, 반대 | 干(ほ)す 말리다

16

(A) 歩行者(ほこうしゃ)デッキでは人(ひと)は左側通行(ひだりがわつうこう)です。
(B) 歩行者(ほこうしゃ)デッキはエレベーター方式(ほうしき)になっています。
(C) 歩行者(ほこうしゃ)デッキの屋根(やね)は瓦(かわら)で覆(おお)われています。
(D) 歩行者(ほこうしゃ)デッキの屋根(やね)は丸(まる)みを帯(お)びています。

(A) 보행자 승강구 발판에서는 사람은 좌측통행입니다.
(B) 보행자 승강구 발판은 엘리베이터 방식으로 되어 있습니다.
(C) 보행자 승강구 발판의 지붕은 기와로 덮여 있습니다.
(D) 보행자 승강구 발판의 지붕은 둥그스름함을 띠고 있습니다.

歩行者(ほこうしゃ) 보행자 | デッキ 덱(deck), 승강구의 발판 | 左側通行(ひだりがわつうこう) 좌측통행 | 屋根(やね) 지붕 | 瓦(かわら) 기와 | 覆(おお)う 덮다, 씌우다 | 丸(まる)み 둥그스름함, 둥근 정도, 완만함 | 帯(お)びる 차다, 지니다, 어떤 성질/성분/경향을 띠다

17

(A) 中央(ちゅうおう)のビルは円筒形(えんとうけい)です。

(B) 中央(ちゅうおう)のビルは角張(かどば)っています。

(C) 中央(ちゅうおう)のビルは角(かど)が取(と)れて、丸(まる)くなりました。

(D) 中央(ちゅうおう)のビルは灯台(とうだい)のような形(かたち)です。

(A) 중앙의 빌딩은 원통형입니다.

(B) 중앙의 빌딩은 모가 져 있습니다.

(C) 중앙의 빌딩은 모퉁이가 떨어져서 둥글어졌습니다.

(D) 중앙의 빌딩은 등대와 같은 형태입니다.

中央(ちゅうおう) 중앙 | ビル 빌딩(building) | 円筒形(えんとうけい) 원통형 | 角張(かどば)る 모가 지다. 모나다 | 丸(まる)い 둥글다. 모나지 않고 온후하다 | 灯台(とうだい) 등대

18

(A) 奥(おく)の女(おんな)の子(こ)は右側(みぎがわ)の髪飾(かみかざ)りをつけており、口(くち)は横一文字(よこいちもんじ)に閉(と)じています。

(B) 手前(てまえ)の女(おんな)の子(こ)は怒(いか)りながら、細(ほそ)い目(め)でこちらを睨(にら)み付(つ)けています。

(C) 女(おんな)の子(こ)はいずれも歯(は)を剥(む)き出(だ)しにして、笑顔(えがお)で写真(しゃしん)に収(おさ)まっています。

(D) 真(ま)ん中(なか)の女(おんな)の人(ひと)は目(め)がくりくりしており、歯(は)を出(だ)さずに微笑(ほほえ)んでいます。

(A) 안쪽의 여자아이는 우측 머리에 머리 장식을 하고 있고, 입은 가로 일자로 다물고 있습니다.

(B) 앞의 여자아이는 화를 내면서, 가는 눈으로 이쪽을 노려보고 있습니다.

(C) 여자아이는 모두 이를 드러내고서 웃는 얼굴로 사진에 찍혀 있습니다.

(D) 한가운데 여자는 눈이 동글동글하고, 이를 드러내지 않고 미소를 짓고 있습니다.

奥(おく) 속, 깊숙한 안쪽 | 髪(かみ) 머리카락, 머리 | 髪飾(かみかざ)り 머리치장, 머리꾸미개, 머리 장식품 | 一文字(いちもんじ) 한일자 | 手前(てまえ) 자기 앞, 자기의 바로 앞, 자기에게 가까운 쪽 | 睨(にら)み付(つ)ける 눈을 부라려 노려보다, 매섭게 쏘아보다 | 剥(む)き出(だ)す 드러내다, 노출시키다 | 写真(しゃしん)に収(おさ)まる 사진에 담다 | くりくり 작은 물건이 가볍게 돌아가는 모양(획획, 빙빙), 둥글고 귀여운 모양(동글동글, 포동포동) | 微笑(ほほえ)む 미소 짓다, 꽃망울이 조금 벌어지다

19

(A) 電話(でんわ)をかけようとする人々(ひとびと)が公衆電話(こうしゅうでんわ)の前(まえ)に二列(にれつ)に並(なら)んでいます。

(B) 公衆電話(こうしゅうでんわ)の列(れつ)に割(わ)り込(こ)もうとした人(ひと)と、列(れつ)に並(なら)んで待(ま)っている人(ひと)たちの小競(こぜ)り合(あ)いが始(はじ)まったようです。

(C) 公衆電話(こうしゅうでんわ)を使(つか)おうと、電話機(でんわき)の前(まえ)には長蛇(ちょうだ)の列(れつ)ができています。

(D) 公衆電話(こうしゅうでんわ)の前(まえ)には、電話(でんわ)をかけようとする人々(ひとびと)が見受(みう)けられますが、さほど混雑(こんざつ)している様子(ようす)ではないようです。

(A) 전화를 걸려고 하는 사람들이 공중전화 앞에 2열로 늘어서 있습니다.

(B) 공중전화 줄에 새치기하려고 한 사람과 줄 서서 기다리고 있던 사람들의 승강이가 시작된 것 같습니다.

(C) 공중전화를 사용하려고 전화기 앞은 장사진을 이루고 있습니다.

(D) 공중전화 앞에는 전화를 걸려고 하는 사람들이 보이지만, 그다지 혼잡한 모습은 아닌 것 같습니다.

公衆電話(こうしゅうでんわ) 공중전화 | 割(わ)り込(こ)む 비집고 들어가다, 새치기하다 | 小競(こぜ)り合(あ)い 소규모의 전투, 사소한 분쟁, 알력, 시비 | 長蛇(ちょうだ)の列(れつ) 장사의 열, 구불구불 이어진 긴 행렬 | 見受(みう)ける 눈에 띄다, 볼 수 있다, 보고 판단하다

20

(A) これは地震(じしん)が起(お)きたので、その影響(えいきょう)で電車(でんしゃ)の全区間(ぜんくかん)で電車(でんしゃ)の運転(うんてん)をしないことを知(し)らせる張(は)り紙(がみ)です。

(B) これは地震(じしん)が起(お)きる可能性(かのうせい)があることから、店(みせ)の営業(えいぎょう)を中止(ちゅうし)し、安全(あんぜん)な場所(ばしょ)に避難(ひなん)したことを示(しめ)す張(は)り紙(がみ)です。

(C) これは地震(じしん)が起(お)きた後(あと)、地震(じしん)の影響(えいきょう)があるかもしれないので、安全(あんぜん)な場所(ばしょ)に避難(ひなん)することを勧(すす)めた張(は)り紙(がみ)です。

(D) これは地震(じしん)の発生(はっせい)とこれからの地震(じしん)の予測(よそく)を知(し)らせ、安全(あんぜん)な場所(ばしょ)への避難(ひなん)を促(うなが)す張(は)り紙(がみ)です。

(A) 이것은 지진이 일어났기 때문에 그 영향으로 전철의 모든 구간에서 전철이 운행되지 않음을 알리는 벽보입니다.

106

(B) 이것은 지진이 일어날 가능성이 있으므로, 가게 영업을 중지하고 안전한 장소로 피난할 것을 나타내는 벽보입니다.

(C) 이것은 지진이 일어난 후, 지진의 영향이 있을지도 모르기 때문에 안전한 장소로 피난할 것을 권장한 벽보입니다.

(D) 이것은 지진의 발생과 앞으로의 지진 예측을 알리고 안전한 장소로의 피난을 재촉하는 벽보입니다.

地震(じしん) 지진 | 運転(うんてん) 운전 | 知(し)らせる 알리다. 통지하다 | 張(は)り紙(がみ) 종이를 바름, 벽보 | 営業(えいぎょう) 영업 | 避難(ひなん) 피난 | 予測(よそく) 예측 | 促(うなが)す 재촉하다. 독촉하다. 촉구하다. (진행을) 촉진시키다

PART2 질의응답 (정답 및 해설) 문제집 119쪽

21

テーブルの上の赤いものは何ですか。

(A) とても高いです。

(B) テーブルは赤くないです。

(C) 美味しく食べます。

(D) 美味しそうなりんごです。

테이블 위에 빨간 것은 무엇입니까?

(A) 아주 비쌉니다.

(B) 테이블은 빨갛지 않습니다.

(C) 맛있게 먹습니다.

(D) 맛있어 보이는 사과입니다.

📖 의문사(무엇)에 주의할 것!

テーブル 테이블 | 赤(あか)い 붉다. 빨갛다 | 高(たか)い 비싸다 | 美味(おい)しい 맛있다 | りんご 사과

22

川上さんは忙しいですか。

(A) はい、そうです。

(B) はい、忙しくありません。

(C) いいえ、忙しくありません。

(D) いいえ、違います。

가와카미 씨는 바쁩니까?

(A) 네, 그렇습니다.

(B) 네, 바쁘지 않습니다.

(C) 아니요, 바쁘지 않습니다.

(D) 아니요, 다릅니다.

📖 문장 중에 의문사를 포함하지 않고 참과 거짓을 묻는 의문문에서 술어가 형용사, 동사인 경우에는 「はい、そうです」「いいえ、ちがいます/ そうではありません」으로 대답을 할 수 없다. 반드시 술어를 반복해서 대답해야만 한다.

忙(いそが)しい 바쁘다 | 違(ちが)う 다르다. 상이하다

23

切符はどこで買いますか。

(A) あそこの自動販売機です。

(B) 郵便局で買います。

(C) 一枚で130円です。

(D) 東京駅まで320円です。

표는 어디에서 삽니까?

(A) 저쪽 자동판매기입니다.

(B) 우체국에서 삽니다.

(C) 한 장에 130엔입니다.

(D) 도쿄 역까지 320엔입니다.

📖 어디에서 구입하는지 장소를 묻고 있다.

切符(きっぷ) 표 | どこ 어디. 어느 곳 | 買(か)う 사다 | 自動販売機(じどうはんばいき) 자동판매기

24

デザートは食べましたか。

(A) はい、お願いします。

(B) はい、まだです。

(C) いいえ、飲みたくないです。

(D) いいえ、食べたくないです。

디저트는 먹었습니까?

(A) 네, 부탁합니다.

(B) 네, 아직입니다.

(C) 아니요, 마시고 싶지 않습니다.

(D) 아니요, 먹고 싶지 않습니다.

ⓜ 먹었는지 묻고 있다.

デザート 디저트 | 飲(の)む 마시다

25

もう少し安いカメラはありませんか。

(A) これはいかがですか。

(B) テーブルの上にありましたよ。

(C) そこにあるのが同じですよ。

(D) 携帯も置いてありますよ。

좀 더 저렴한 카메라는 없습니까?

(A) 이것은 어떻습니까?

(B) 테이블 위에 있었어요.

(C) 거기에 있는 것이 같아요.

(D) 휴대전화도 놓여 있어요.

ⓜ 좀 더 싼 것은 없는가?

もう少(すこ)し 조금 더, 약간 더 | 安(やす)い 싸다, 저렴하다 | カメラ 카메라 | いかが 상대의 기분이나 의견 등을 묻는 말(어떻게), 상대에게 무엇을 권하는 뜻을 나타내는 말(어떻습니까), 의심이나 걱정을 나타내는 말(어떤가) | 同(おな)じ 같음, 동일함 | 携帯(けいたい) 휴대전화 | 置(お)く 놓다, 두다

26

この薬は1日3回食前に飲めばいいんですよね。

(A) はい、食後ですよ。お間違えのないように。

(B) まさか。そんなバカな。

(C) はい、そうです。お大事に。

(D) いいえ、とんでもないです。

이 약은 하루에 세 번 식전에 먹으면 되는 거지요?

(A) 네, 식후에요. 틀리지 않도록 (하세요).

(B) 설마, 그런 어처구니없는 일이.

(C) 네, 그렇습니다. 몸조리 잘하세요.

(D) 아니요, 터무니없습니다.

ⓜ 식전에 먹으면 되는지 묻고 있다.

薬(くすり) 약 | 食前(しょくぜん) 식전 | 食後(しょくご) 식후 | 間違(まちが)え 틀림, 잘못, 실수 | まさか 설마 | バカ 바보, 멍청이, 쓸모 없음, 어처구니없음 | お大事(だいじ)に 몸조리 잘하세요, 몸조심하세요 | とんでもない 뜻밖이다, 터무니없다, 당치도 않다

27

私はお酒を飲んだ後の記憶がないんです。

(A) じゃ、すぐ病院へ行った方がいいですよ。

(B) お酒をもっと飲めば良かったのに。

(C) そうですか。お元気で。

(D) じゃ、ゆうべ私を殴ったことも覚えてないんですね。

저는 술을 마신 후의 기억이 없습니다.

(A) 그럼, 바로 병원에 가는 편이 좋아요.

(B) 술을 좀 더 마시면 좋았을 텐데.

(C) 그렇습니까? 잘 지내세요.

(D) 그럼, 어젯밤 나를 때린 것도 기억 못 하겠네요.

ⓜ 술 마신 후의 기억이 나지 않는다.

お酒(さけ) 술 | 記憶(きおく) 기억 | お元気(げんき)で 건강하세요, 잘 지내세요 | ゆうべ 어젯밤, 어제 저녁, 간밤 | 殴(なぐ)る 때리다, 치다 | 覚(おぼ)える 기억하다, 느끼다

28

この卵の腐ったような臭いは何ですか。

(A) いい香りがしますね。

(B) そんな水臭いですよ。

(C) 私がおならをしたんです。

(D) 欲張りですね。

이 달걀 썩은 것 같은 냄새는 무엇입니까?

(A) 좋은 향기가 나네요.

(B) 너무 싱거워요.

(C) 내가 방귀를 뀌었어요.

(D) 욕심쟁이네요.

ⓜ 나쁜 냄새가 나는 이유를 묻고 있다.

卵(たまご) 알, 달걀 | 腐(くさ)る 썩다, 상하다, 부패하다 | 臭(にお)い 냄새, 향기 | 香(かお)りがする 향기가 나다 | 水臭(みずくさ)い 수분이 많다, 싱겁다, 서먹서먹하게 굴다, 남 대하듯 하다 | おならをする 방귀를 뀌다 | 欲張(よくば)り 욕심을 부림, 욕심쟁이

29

このごろ、猫の手も借りたいほど忙しいんですよ。

(A) じゃ、私はこの件では手を引きます。

(B) じゃ、手を貸しましょうか。

(C) 並たいていの力じゃ無理ですよ。

(D) 猫は嫌いですから、ちょっと困ります。

요즈음 고양이 손이라도 빌리고 싶을 정도로 바빠요.

(A) 그럼, 저는 이 건에서는 손을 떼겠습니다.

(B) 그럼, 손을 빌려줄까요?

(C) 이만저만한 노력 아니면 무리에요.

(D) 고양이는 싫어해서 좀 곤란합니다.

📖 몹시 바쁘다고 말하고 있다.

このごろ 요즈음, 최근, 근래 | 猫(ねこ)の手(て)も借(か)りたい 고양이 손이라도 빌리고 싶다. 대단히 바쁘다 | 手(て)を引(ひ)く 손을 잡아 이끌다. 손을 떼다 | 手(て)を貸(か)す 손을 빌려주다. 돕다 | 並(なみ)たいてい (부정어와 함께) 보통 정도, 흔함, 이만저만 | 嫌(きら)い 싫음. 싫어함. 꺼림

30

今日、夕食一緒にどう？

(A) 今日、待ち合わせがあるから、ごめんね。

(B) ややこしい作業だね。

(C) すごい行列ができているね。

(D) あの店の弁当は絶品なのよね。

오늘 저녁 함께 어때?

(A) 오늘 선약이 있어서, 미안.

(B) 까다로운 작업이네.

(C) 엄청난 행렬이 생겼네.

(D) 저 가게 도시락은 일품이지

📖 저녁을 같이 하자고 제의하고 있다.

夕食(ゆうしょく) 저녁밥, 저녁 식사 | 待(ま)ち合(あ)わせ 시간/장소를 미리 정하고 거기서 만나기로 함 | ややこしい 복잡해서 알기 어렵다. 까다롭다 | 作業(さぎょう) 작업 | すごい 무시무시하다. 굉장하다. 대단하다 | 行列(ぎょうれつ) 행렬 | 弁当(べんとう) 도시락 | 絶品(ぜっぴん) 일품. 우수한 물건이나 작품

31

明日の午前中にお伺いしてもよろしいでしょうか。

(A) ええ、かまいませんよ。

(B) それはいけませんね。

(C) 何か質問があるんですが。

(D) こちらこそ、よろしくお願いします。

내일 오전 중에 찾아 뵈어도 괜찮겠습니까?

(A) 네, 상관없어요.

(B) 그건 안 되겠네요.

(C) 뭐 좀 질문이 있습니다만.

(D) 이쪽이야말로, 잘 부탁합니다.

📖 찾아 뵈어도 되는지 묻고 있다.

明日(あす) 내일 | 伺(うかが)う 묻다/듣다/방문하다의 겸양어 | かまいません 상관없습니다. 괜찮습니다 | いけない 바람직하지 않다. 좋지 않다. ~해서는 안 된다

32

日本人はどうして相づちを打ちながら話を聞くんですか。

(A) 話している相手が気に食わなかったからです。

(B) 相づちは相手の話を聞いているという合図なんです。

(C) 話している人をシカトするためです。

(D) 話にもならないことを言う人がたくさんいるからです。

일본 사람은 왜 맞장구를 치면서 이야기를 듣는 겁니까?

(A) 말하고 있는 상대가 마음에 들지 않기 때문입니다.

(B) 맞장구는 상대방의 이야기를 듣고 있다는 신호입니다.

(C) 말하고 있는 사람을 무시하기 때문입니다.

(D) 말도 안 되는 것을 말하는 사람이 많이 있기 때문입니다.

📖 왜 맞장구를 치며 이야기를 듣는지 묻고 있다.

相(あい)づちを打(う)つ 맞장구를 치다 | 気(き)に食(く)わない 마음에 들지 않다 | 合図(あいず) 신호 | シカトする 남을 무시하다

33

中村さん、何か落ち着かない様子ですが、どうかしましたか。

(A) はい、気が利かない部下が多いですから。

(B) はい、この雨の中息子が外に飛び出していったので気が気じゃありません。

(C) ええ、ちょっと気が差しちゃって。

(D) ええ、ちょっと考え事をしていまして。

나카무라 씨, 왠지 불안한 모습입니다만, 무슨 일 있었습니까?

(A) 네, 눈치가 없는 부하가 많아서요.

(B) 네, 이 빗속에 아들이 밖으로 뛰쳐나갔기 때문에 안절부절 못하겠습니다.

(C) 네, 좀 꺼림칙한 느낌이 들어서.

(D) 네, 잠시 여러 가지 생각을 좀 하고 있어서.

🔑 왜 안절부절 못하는지 묻고 있다.

落(お)ち着(つ)く 자리 잡다. 진정되다. 안정되다 ┃ どうかする 무언가 이상이 있다 ┃ 気(き)が利(き)く 생각이 세심한 데까지 잘 미치다. 눈치가 빠르다. 재치가 있다 ┃ 飛(と)び出(だ)す 뛰어나오(가)다. 뛰쳐나오(가)다 ┃ 気(き)が気(き)でない 걱정이 되어 안절부절 못하다. 제정신이 아니다 ┃ 気(き)が差(さ)す 어쩐지 마음에 걸려 불안해지다. 꺼림칙한 느낌이 들다 ┃ 考(かんが)え事(ごと) 갖가지 생각, 궁리, 걱정거리

34

ゆうべ、7年付き合った恋人にふられてしまいました。

(A) 雨に降られて、風邪を引きませんでしたか。

(B) それは大事になさってください。

(C) それはお気の毒です。

(D) 本当に嬉しいことずくめですね。

어젯밤, 7년 사귀었던 애인에게 차이고 말았습니다.

(A) 비를 맞아서, 감기에 걸리지 않았습니까?

(B) 그것은 소중히 다루어 주세요.

(C) 그것참 안됐습니다.

(D) 정말로 기쁜 일 투성이네요.

🔑 그녀에게 차이고 말았다.

付(つ)き合(あ)う 교제하다. 사귀다 ┃ ふられる 차이다. 거절당하다 ┃ 風邪(かぜ)を引(ひ)く 감기 걸리다 ┃ 大事(だいじ) 대사. 큰일. 소중함. 중요함 ┃ 気(き)の毒(どく) 딱함. 가엾음. 불쌍함. 폐를 끼쳐 미안스러움 ┃ ~ずくめ ~일색 ~투성이

35

伊藤さんは高橋さんが悪いと決め込んでいるようだけど。

(A) そんな思い込みはやめてほしいですよ。私は何もしていませんから。

(B) そんな無理なことは即刻やめてください。

(C) 決めることは私たちの仕事じゃありませんから。

(D) あちこちから貴重なご意見をいただきました。

이토 씨는 다카하시 씨가 나쁘다고 단정 짓고 있는 것 같던데.

(A) 그런 단정은 그만두었으면 해요. 나는 아무것도 하지 않았으니까요.

(B) 그런 무리한 일은 즉시 그만 둬 주세요.

(C) 결정하는 건 우리들의 일이 아니니까요.

(D) 여기저기서 귀중한 의견을 받았습니다.

🔑 나쁘다고 단정 짓고 있는 것 같다.

決(き)め込(こ)む 그런 줄로 믿다 ┃ 思(おも)い込(こ)む 단단히 마음먹다. 굳게 결심하다. 꼭 그렇다고 믿다 ┃ 即刻(そっこく) 즉각, 즉시 곧 ┃ 決(き)める 결정하다 ┃ あちこち 여기저기, 이곳저곳. 사방 ┃ 貴重(きちょう) 귀중함

36

見終わったものはきちんと巻き戻してから返してください。

(A) 本当に見間違えるほどきれいでした。

(B) ええ、それから貸し出し期限は2週間でしたよね。

(C) 貸し出し期限が過ぎてしまったんですか。

(D) 早送りをしようとして壊れてしまいました。

다 본 것은 제대로 되감아서 돌려 주세요.

(A) 정말로 못 알아볼 정도로 예뻤습니다.

(B) 네, 그리고 대여 기한은 2주간이었지요.

(C) 대여 기한이 지나버린 겁니까?

(D) 빨리 감기를 하려다가 망가뜨리고 말았습니다.

🔑 잘 되감아서 돌려달라고 말하고 있다.

ください

見終(みお)わる 다 보다 | きちんと 정돈되어 흩어지지 않은 모양(깔끔히, 말쑥이 말끔히), 규칙이 바른 모양, 정확히, 옷 등이 잘 맞는 모양(딱) | 巻(ま)き戻(もど)す 되감다 | 返(かえ)す 되돌리다, 돌려주다, 돌려보내다 | 見間違(みまちが)える 잘못 보다 | それから 그 다음에, 그리고, 그 뒤 | 貸(か)し出(だ)し 대출 | 早送(はやおく)り 녹음기 등의 테이프를 빨리 앞으로 돌림 | 壊(こわ)れる 깨지다, 부서지다, 파손되다, 고장 나다

37

加藤(かとう)さんが会社(かいしゃ)を急(きゅう)に辞(や)めちゃった理由(りゆう)は何(なん)ですか。

(A) 鞄(かばん)なんか提(さ)げて行(い)くからですよ。
(B) 会社(かいしゃ)の人事(じんじ)で地位(ちい)を下(さ)げられたからですよ。
(C) 犯人(はんにん)に食(く)い下(さ)がったからですよ。
(D) 会社(かいしゃ)のために立(た)ち上(あ)がったからです。

가토 씨가 회사를 갑자기 그만 둔 이유는 무엇입니까?

(A) 가방 같은 것을 들고 가기 때문이에요.
(B) 회사의 인사로 지위가 낮춰졌기 때문이에요.
(C) 범인을 물고 늘어졌기 때문이에요.
(D) 회사를 위해서 나섰기 때문입니다.

🔟 회사를 갑자기 그만둔 이유는?
急(きゅう)に 갑자기 | 辞(や)める 사직하다, 사임하다, 그만두다 | 提(さ)げる 손에 들다 | 人事(じんじ) 인사 | 地位(ちい) 지위 | 下(さ)げる 가격 등을 내리다, 지위 등을 낮추다 | 犯人(はんにん) 범인 | 食(く)い下(さ)がる 물고 늘어지다, 끈덕지게 다투다 | 立(た)ち上(あ)がる 일어서다, 나서다

38

結婚(けっこん)しても子供(こども)を産(う)まない家庭(かてい)が増(ふ)えているそうですよ。

(A) 子供(こども)は宝(たから)ですからね。
(B) 共働(ともばたら)きの家庭(かてい)が増(ふ)えて、育児(いくじ)に使(つか)う時間(じかん)が無(な)くなっているようですね。
(C) 専業主婦(せんぎょうしゅふ)の割合(わりあい)が急激(きゅうげき)に増加(ぞうか)しています。
(D) 家庭内離婚(かていないりこん)も増(ふ)える傾向(けいこう)にありますね。

결혼을 해도 아이를 낳지 않는 가정이 늘고 있다고 해요.

(A) 아이는 보물이니까요.
(B) 맞벌이 가정이 늘어서, 육아에 쓰는 시간이 없어지고 있는 것 같아요.
(C) 전업주부 비율이 급격하게 증가하고 있습니다.
(D) 가정 내 이혼도 느는 경향이에요.

🔟 결혼을 해도 아이를 낳지 않는 가정이 늘고 있다.
産(う)む 낳다 | 宝(たから) 보배, 보물 | 共働(ともばたら)き 맞벌이 | 育児(いくじ) 육아 | 専業主婦(せんぎょうしゅふ) 전업주부 | 割合(わりあい) 비율 | 急激(きゅうげき) 급격 | 離婚(りこん) 이혼 | 傾向(けいこう) 경향

39

先生(せんせい)、漢字(かんじ)を覚(おぼ)えるのがとても難(むずか)しいので今回(こんかい)の日本語能力試験(にほんごのうりょくしけん)は受験(じゅけん)を辞退(じたい)したいのですが。

(A) そんなことを言(い)っては弱(よわ)り目(め)に祟(たた)り目(め)だ。
(B) 今(いま)から申(もう)し込(こ)もうと思(おも)っても期限(きげん)が過(す)ぎてしまったな、よわったなぁ。
(C) 勉強(べんきょう)をはじめたそばから、そんな弱音(よわね)を吐(は)いてどうする。もう少(すこ)し頑張(がんば)ってみろ。
(D) 今(いま)からその調子(ちょうし)で頑張(がんば)ったら、必(かなら)ずいい結果(けっか)が出(で)るはずだ。

선생님, 한자를 외우는 것이 너무 어려워서 이번 일본어 능력시험은 포기하고 싶습니다만.

(A) 그런 소리를 해서는 설상가상이다.
(B) 지금부터 신청하려고 해도 기한이 지나버렸군, 난처하구나.
(C) 공부를 시작하자마자, 그런 약한 소리를 하면 어떻게 해. 좀 더 힘내 봐.
(D) 지금부터 그 상태로 분발하면, 반드시 좋은 결과가 나올 것이다.

🔟 수험을 단념(포기)하고 싶다.
辞退(じたい) 사퇴 | 弱(よわ)り目(め)に祟(たた)り目(め) 엎친 데 덮치기, 설상가상 | 申(もう)し込(こ)む 신청하다, 제기하다, 제의하다 | 期限(きげん) 기한 | 弱(よわ)る 약해지다, 곤란해지다, 난처해지다 | そばから ~하자마자 | 弱音(よわね)を吐(は)く 나약한 소리를 하다 | ~はず 당연히 그렇게 되어야 함을 나타냄(~할 터, ~일 것), 그럴 예정임을 나타냄(~할 예정, ~할 것), 과거에 있었던 일을 확인하는 뜻을 나타냄(~했을 터)

40

お得意様(とくいさま)に新年(しんねん)の挨拶(あいさつ)をしてきなさい。

(A) はい、私(わたし)は生(い)け花(ばな)と書道(しょどう)が得意(とくい)なんです。
(B) 今年(ことし)もいろいろとお世話(せわ)になりましたと言(い)えばいいんですよね。

(C) このたびはご愁傷様でしたと言えばいいんで
すよね。

(D) 喪中のお得意様の家には行かなくてもいいん
ですよね。

고객님에게 새해 인사를 하고 오세요.

(A) 네, 저는 꽃꽂이와 서도가 가장 자신 있습니다.

(B) 올해도 여러 가지로 신세를 졌다고 말하면 되는 거지요.

(C) 이번에는 얼마나 애통하냐고 말하면 되는 거지요.

(D) 상중인 고객님 집에는 가지 않아도 되지요.

🔊 새해 인사를 하고 오세요.

お得意(とくい) 단골, 고객 | 新年(しんねん)の挨拶(あいさつ) 새
해 인사 | 生(い)け花(ばな) 꽃꽂이 | 書道(しょどう) 서도, 서예 | 得
意(とくい) 득의양양, 가장 숙련되어 있음 | このたび 이번, 금번 | ご愁
傷様(しゅうしょうさま) 얼마나 애통하십니까? (불행을 당한 사람에게
하는 인사말) | 喪中(もちゅう) 상중

41

これ少しですが、使ってください。餞別で
す。

(A) こんなお心遣いまでいただくなんて申し訳ご
ざいません。

(B) では美味しく食べさせていただきます。

(C) こんなにかわいいものをいただくなんてあり
がとうございます。

(D) 食べ物はお受け取りできないんです。

이거 약소합니다만, 사용해 주세요. 전별 금품입니다.

(A) 이러한 배려까지 해 주시다니, 죄송합니다.

(B) 그럼 맛있게 먹도록 하겠습니다.

(C) 이토록 귀여운 것을 주시다니, 감사합니다.

(D) 음식은 받을 수 없습니다.

🔊 전별 금품입니다.

餞別(せんべつ) 전별 금품. 이별을 아쉬워하는 징표로 금품을 줌 | 心遣
(こころづか)い 마음을 씀, 걱정함, 심려, 배려 | 食(た)べ物(もの) 먹을
거리, 음식물 | 受(う)け取(と)り 받음, 수취함

42

時が経つのは早いもので、今年ももうお盆
の季節がやってきましたね。

(A) 日本には食事をお盆にのせて運ぶ習慣があり
ますよね。

(B) そうですね、もう10月なんて信じられません
ね。

(C) 母が他界してもう5年にもなるんですね。

(D) 今年は初詣でには行かないつもりです。

**시간이 가는 것은 빨라서, 올해도 벌써 오본의 계절이 다가
왔네요.**

(A) 일본에는 식사를 쟁반에 올려서 옮기는 습관이 있지요.

(B) 그렇네요, 벌써 10월이라니 믿기지 않네요.

(C) 어머니가 타계한지 벌써 5년이나 되는군요.

(D) 올해는 정월 첫 참배에는 가지 않을 생각입니다.

🔊 오본의 계절이 다가오다.

時(とき)が経(た)つ 시간이 지나다 | お盆(ぼん) 쟁반. 오본(음력 7월
보름) | 季節(きせつ) 계절 | 運(はこ)ぶ 나르다. 옮기다. 운반하다 | 他
界(たかい) 타계 | 初詣(はつもう)で 정월의 첫 참배

43

新入社員の皆さん、分からないことはすぐ
聞いてください。知らないままにすると皆
さんが後で恥ずかしい思いをすることにな
りますよ。

(A) つまり一を知って二を知らずってことです
ね。

(B) つまり聞いた後から忘れちゃう社員が多いと
いうことですよね。

(C) つまり聞き流してもいい内容だということで
すよね。

(D) つまり聞くは一時の恥、聞かぬは一生の恥と
いうことですね。

**신입사원 여러분, 모르는 것은 바로 물어보세요. 모르는
채로 하게 되면 여러분이 나중에 부끄러운 경험을 하게 됩
니다.**

(A) 즉, 하나는 알고 둘은 모른다는 거군요.

(B) 즉, 듣고 난 후에 잊어버리는 사원이 많다는 거군요.

(C) 즉, 귀담아 듣지 않아도 되는 내용이라는 거군요.

(D) 즉, 묻는 것은 한 때의 수치, 묻지 않는 것은 일생의 수치라는 거군요.

모르는 것은 바로 질문해 주세요.

思(おも)いをする ~한 경험을 하다 | 一(いち)を知(し)って二(に)を知(し)らず 하나만 알고 둘은 모르다, 어설프게 알다 | 聞(き)き流(なが)す 건성으로 듣다, 귀담아 듣지 않다 | 聞(き)くは一時(いちじ)の恥(はじ)、聞(き)かぬは一生(いっしょう)の恥(はじ) 묻는 것은 한 때의 수치, 묻지 않는 것은 일생의 수치

44

彼(かれ)の動(うご)きはまだぎこちないですね。

(A) 踊(おど)りを始(はじ)めたばかりだからしょうがないですよ。

(B) 彼(かれ)はもうかれこれ10年(ねん)はダンスをしているベテランのダンサーですよ。

(C) 動(うご)きやすい服装(ふくそう)を着(き)ていますね。

(D) 彼(かれ)は運動不足(うんどうぶそく)を解消(かいしょう)するためにダンスを習(なら)うそうですよ。

그의 움직임은 아직 어색하네요.

(A) 춤을 막 시작했기 때문에 어쩔 수 없어요.

(B) 그는 이제 그럭저럭 10년은 댄스를 하고 있는 베테랑 댄서예요.

(C) 움직이기 쉬운 복장을 입고 있네요.

(D) 그는 운동부족을 해소하기 위해 댄스를 배운다고 해요.

움직임이 어색하다.

ぎこちない 동작 등이 어색하다. 딱딱하다 | かれこれ 이러쿵저러쿵, 그럭저럭 | ベテラン 베테랑, 고참자 | 動(うご)きやすい 움직이기 쉽다 | 服装(ふくそう) 복장 | 運動不足(うんどうぶそく) 운동부족

45

私(わたし)は、この技術(ぎじゅつ)を見(み)よう見(み)まねで覚(おぼ)えたんですよ。

(A) やっぱりしっかり教(おし)えてくれるから助(たす)かりますね。

(B) 技術(ぎじゅつ)は見(み)て盗(ぬす)めと言(い)いますからね。

(C) ちゃんと見(み)ていないといけませんよ。

(D) 真似(まね)はいけませんよ。

저는 이 기술을 어깨너머로 배웠어요.

(A) 역시 건실하게 가르쳐 주니까, 도움이 되네요.

(B) 기술은 보고서 훔치라고 하니까요.

(C) 제대로 보고 있지 않으면 안 됩니다.

(D) 흉내는 안 됩니다.

어깨너머로 배웠어요.

見(み)よう見(み)まねで覚(おぼ)える 어깨너머로 배우다 | しっかり 견고한 모양, 단단히, 견실하게, 충분한 모양 | 助(たす)かる 살아나다, 도움이 되다 | 真似(まね) 흉내, 모방, 시늉 | いけない 바람직스럽지 않다, 좋지 않다, 나쁘다

46

金子社長(かねこしゃちょう)の秘書(ひしょ)が賄賂(わいろ)を受(う)け取(と)った疑(うたが)いで逮捕(たいほ)されたそうよ。

(A) 社長(しゃちょう)の顔(かお)が売(う)れることになりますね。

(B) 社長(しゃちょう)の顔(かお)が立(た)つようにしてくれたのね。

(C) 社長(しゃちょう)も顔負(かおま)けしてしまったね。

(D) 社長(しゃちょう)の面目(めんぼく)を失(うしな)わせるようなことをしてしまったね。

가네코 사장의 비서가 뇌물을 받은 혐의로 체포되었대.

(A) 사장이 유명해지게 되겠네요.

(B) 사장의 체면이 설 수 있도록 해 준 거로군.

(C) 사장도 무색해져 버렸군.

(D) 사장의 면목을 잃게 하는 짓을 하고 말았군.

사장 비서가 뇌물 혐의로 체포되었다.

賄賂(わいろ) 뇌물 | 疑(うたが)い 의심, 혐의 | 顔(かお)が売(う)れる 얼굴이 팔리다, 유명해지다 | 顔(かお)が立(た)つ 체면이 서다 | 顔負(かおま)け 무색해짐 | 面目(めんぼく)を失(うしな)う 면목을 잃다

47

雑誌(ざっし)の記事(きじ)の締切(しめき)りが近(ちか)づいてきたので、土日(どにち)も会社(かいしゃ)に行(い)かなければなりません。

(A) それはいいことですね。

(B) 見違(みちが)えるようになりましたね。

(C) 休日(きゅうじつ)も出勤(しゅっきん)するなんて、ご愁傷様(しゅうしょうさま)です。

(D) 有給休暇(ゆうきゅうきゅうか)なんて羨(うらや)ましいかぎりです。

잡지 기사의 마감이 다가왔기 때문에, 토요일과 일요일에도 회사에 가지 않으면 안 됩니다.

(A) 그건 좋은 일이네요.

(B) 몰라보게끔 되었네요.

(C) 휴일에도 출근하다니, 애통하겠습니다.

(D) 유급 휴가라니, 부러울 따름입니다.

🎧 토요일, 일요일에도 회사에 나가야 된다.

締切(しめき)り 마감 | 近(ちか)づく 접근하다. 가까이 가다. 다가오다 | 見違(みちが)える 잘못 보다. 몰라보다. 착각하다 | ご愁傷様(しゅうしょうさま) 얼마나 애통하십니까(불행을 당한 사람에게 하는 인사말) | 有給休暇(ゆうきゅうきゅうか) 유급 휴가 | 羨(うらや)ましい 부럽다. 샘이 나다

48

最近、自家製野菜の栽培をはじめたんですよ。

(A) 残留農薬の濃度が高くて食べられませんでした。

(B) 最近は農家の収入がぐっと減りました。

(C) 車で運搬するのにはコストがかかりすぎです。

(D) 自給自足の生活をはじめたんですね。

최근에 집에서 채소 재배를 시작했어요.

(A) 잔류 농약 농도가 높아서 먹을 수가 없었습니다.

(B) 최근에는 농가의 수입이 확 줄었습니다.

(C) 차로 운반하려면 비용이 너무 많이 듭니다.

(D) 자급자족의 생활을 시작했군요.

🎧 집에서 채소 재배를 시작했다.

自家製(じかせい) 자가제, 집에서 만듦 | 栽培(さいばい) 재배 | 残留農薬(ざんりゅうのうやく) 잔류 농약 | 濃度(のうど) 농도 | ぐっと 꿀꺽, 팍, 한층, 훨씬 | 運搬(うんぱん) 운반 | コスト 코스트, 생산비, 원가 | 自給自足(じきゅうじそく) 자급자족

49

次の給料日まで、まだかなりあるのに手持ちのお金がほとんどないね。

(A) 穴があったら入りたい気分ですね。

(B) せっかくここまで来たのにまた振出しに逆戻りね。

(C) 忍耐と努力の賜物ですよ。

(D) せっかく貯めたへそくりを使う時が来ましたね。

다음 월급날까지 아직 꽤 남았는데, 수중에 돈이 거의 없군.

(A) 구멍이 있으면 들어가고 싶은 기분이네요.

(B) 모처럼 여기까지 왔는데, 다시 원점으로 되돌아가는군.

(C) 인내와 노력의 덕택이에요.

(D) 모처럼 모아둔 비상금을 사용할 때가 왔군요.

🎧 수중에 돈이 없다!

給料日(きゅうりょうび) 월급날 | 手持(ても)ち 현재 수중에 가지고 있음. 현재의 소유 | せっかく 모처럼, 벼르고 함 | 振出(ふりだ)し 출발점 | 逆戻(ぎゃくもど)り 본래의 자리나 상태로 되돌아감 | 忍耐(にんたい) 인내 | 賜物(たまもの) 하사품, 보람, 덕택 | 貯(た)める 돈을 모으다 | へそくり 주부 등이 살림을 절약하거나 하여 남편 모르게 은밀히 모은 돈, 비상금

50

山本さんには、仕事中にインターネットで遊ばないように何度も注意したんですよ。

(A) 河童の川流れだよ。

(B) 彼にはほとほと愛想が尽きちゃったよ。

(C) 愛嬌があるかわいい山本さんですね。

(D) 初志貫徹は意外と難しいですよね。

야마모토 씨에게는 일하는 중에 인터넷으로 놀지 말라고 몇 번이나 주의를 줬어요.

(A) 원숭이도 나무에서 떨어져.

(B) 그에게는 정말이지 정나미가 떨어졌어.

(C) 애교가 있는 귀여운 야마모토 씨네요.

(D) 초지일관은 의외로 어렵지요.

🎧 몇 번이나 주의를 했다.

インターネット 인터넷 | 河童(かっぱ)の川流(かわなが)れ 아무리 숙련된 사람도 실수하는 일이 있음을 비유, 헤엄을 잘 치는 かっぱ가 물에 빠져 죽을 수 있다는 뜻 | ほとほと 정나미가 떨어진 모양, 몹시, 아주, 정말이지 | 愛想(あいそう)が尽(つ)きる 정나미 떨어지다 | 愛嬌(あいきょう) 애교 | 初志貫徹(しょしかんてつ) 초지일관 | 意外(いがい) 의외, 뜻밖, 생각 밖

PART3 회화문 (정답 및 해설) 문제집 120~123쪽

51

男：会社に行くとき、何で会社に行きますか。
女：いつもは地下鉄とバスですが、朝寝坊した時はタクシーで行きます。
男：じゃ、今日は何で来ましたか。
女：今日はタクシーで来ました。

女の人は、今日、何で会社に来ましたか。

(A) 地下鉄
(B) バス
(C) 徒歩
(D) タクシー

남 : 회사에 갈 때, 뭘로 회사에 갑니까?
여 : 보통 때는 지하철과 버스입니다만, 늦잠을 잤을 때는 택시로 갑니다.
남 : 그럼, 오늘은 뭘로 왔습니까?
여 : 오늘은 택시로 왔습니다.

여자는 오늘, 뭘로 회사에 왔습니까?

(A) 지하철
(B) 버스
(C) 도보
(D) 택시

会社(かいしゃ) 회사ㅣ地下鉄(ちかてつ) 지하철ㅣ朝寝坊(あさねぼう) 늦잠ㅣ徒歩(とほ) 도보

52

男：いい天気ですね。公園に散歩に行きませんか。
女：ええ、学校の隣の公園に行きましょうか。近いから。
男：あそこは子供や生徒がたくさん来て、うるさいですよ。図書館の前はどうですか。
女：じゃあ、少し遠いですが、その公園にしましょう。

2人はどうしますか。

(A) 図書館の前の公園に行く。
(B) 図書館の隣の公園に行く。
(C) 学校の隣の公園に行く。
(D) 学校の前の公園に行く。

남 : 날씨가 좋네요. 공원에 산책하러 가지 않겠습니까?
여 : 네, 학교 옆 공원에 갈까요? 가까우니까.
남 : 거기는 아이와 학생이 많이 와서, 시끄러워요. 도서관 앞은 어때요.
여 : 그럼, 좀 멀지만 그 공원으로 하죠.

두 사람은 어떻게 합니까?

(A) 도서관 앞 공원에 간다.
(B) 도서관 옆 공원에 간다.
(C) 학교 옆 공원에 간다.
(D) 학교 앞 공원에 간다.

公園(こうえん) 공원ㅣ散歩(さんぽ) 산책ㅣ隣(となり) 이웃, 곁, 옆, 이웃집, 옆집ㅣ生徒(せいと) 학생(중/고교)ㅣ図書館(としょかん) 도서관

53

男：すみません。この辺に八百屋がありますか。
女：はい、デパートの向かいにあります。
男：本屋もデパートの向かいにありますか。
女：本屋は、駅のとなりです。

八百屋はどこにありますか。

(A) デパートのとなり
(B) 本屋の向かい
(C) 本屋のそば
(D) デパートの向かい

남 : 저기요. 이 근처에 채소 가게가 있습니까?
여 : 네, 백화점 맞은편에 있습니다.
남 : 서점도 백화점 맞은편에 있습니까?
여 : 서점은 역 옆입니다.

채소 가게는 어디에 있습니까?

(A) 백화점 옆

(B) 서점 맞은편

(C) 서점 옆

(D) 백화점 맞은편

八百屋(やおや) 채소 가게, 채소 장수 | デパート 백화점 | 向(む)か
い 마주 봄, 맞은편, 건너편 | 本屋(ほんや) 책방, 서점 | そば 곁, 옆, 근처

54

女：吉田さんは、アルバイトをしていますか。

男：はい、新聞配達のアルバイトをしています。

女：どうやって見つけたんですか。

男：雑誌で見つけました。履歴書を送って、面接
をしました。

**吉田さんはどうやってアルバイトを見つけ
ましたか。**

(A) 新聞の広告で見つけた。

(B) 雑誌で見つけた。

(C) 知人に聞いた。

(D) 新聞配達の人と知り合いになった。

여：요시다 씨는 아르바이트를 하고 있습니까?

남：네, 신문 배달 아르바이트를 하고 있습니다.

여：어떻게 찾았습니까?

남：잡지에서 찾았습니다. 이력서를 보내고, 면접을 봤습
니다.

요시다 씨는 어떻게 해서 아르바이트를 찾았습니까?

(A) 신문 광고에서 찾았다.

(B) 잡지에서 찾았다.

(C) 지인에게 들었다.

(D) 신문 배달하는 사람과 아는 사이가 되었다.

新聞配達(しんぶんはいたつ) 신문 배달 | 雑誌(ざっし) 잡지 | 見
(み)つける 발견하다, 찾다 | 履歴書(りれきしょ) 이력서 | 送(おく)
る 부치다, 보내다, 파견하다 | 面接(めんせつ) 면접 | 広告(こうこく)
광고 | 知(し)り合(あ)い 서로 앎, 아는 사이, 친지

55

女：今度の週末、どこか行きませんか。

男：今度の週末は祖父の命日でして、墓参りに行
かなければならないんです。

女：それじゃ、田舎に帰るんですか。

男：そうです。金曜日から日曜日まで田舎に行っ
てくるつもりです。

男の人は週末、何をしますか。

(A) どこかに遊びに行くつもりだ。

(B) 祖父の田舎に遊びに行くつもりだ。

(C) 祖父の命日なので田舎に行くつもりだ。

(D) どこにも行くつもりはない。

여：이번 주말, 어딘가 가지 않겠습니까?

남：이번 주말은 할아버지 기일이라서, 성묘하러 가야 합
니다.

여：그럼, 시골에 돌아가는 거예요?

남：그렇습니다. 금요일부터 일요일까지 시골에 갔다 올
예정입니다.

남자는 주말에 무엇을 합니까?

(A) 어딘가에 놀러 갈 예정이다.

(B) 할아버지가 계신 시골에 놀러 갈 예정이다.

(C) 할아버지의 기일이기 때문에 시골에 갈 예정이다.

(D) 어디에도 가지 않을 예정이다.

週末(しゅうまつ) 주말 | 祖父(そふ) 조부, 할아버지 | 命日(めいに
ち) 명일, 기일 | 墓参(はかまい)り 성묘

56

男：すみません。東京デパートはどこですか。

女：あの白くて古い建物ですよ。見えますか。

男：あ、郵便局の隣の建物ですね。

女：いいえ、警察署の向かいの建物ですよ。

東京デパートはどこにありますか。

(A) 白い建物の隣

(B) 郵便局の向かい

(C) 郵便局の隣

(D) 警察署の向かい

남 : 저기요. 도쿄 백화점은 어디입니까?

여 : 저 하얗고 낡은 건물이에요. 보입니까?

남 : 아, 우체국 옆 건물이네요.

여 : 아니요. 경찰서 맞은편 건물이에요.

도쿄 백화점은 어디에 있습니까?

(A) 하얀 건물 옆

(B) 우체국 맞은편

(C) 우체국 옆

(D) 경찰서 맞은편

白(しろ)い 희다 | 古(ふる)い 낡다, 오래되다 | 建物(たてもの) 건물 | 見(み)える 보이다 | 警察署(けいさつしょ) 경찰서

57

女 : 今度の旅行、どこに行こうか。

男 : 北海道はどう？ スキーをしたり、温泉に行ったり…。

女 : どうせなら海外に行こうよ。ハワイで海水浴はどう？

男 : 話だけならいいんだけど、お金がないから、国内で決まりだね。

二人はどこに行くことにしましたか。

(A) ハワイ

(B) 北海道

(C) 海外

(D) どこにも行かない。

여 : 이번 여행, 어디로 갈까?

남 : 홋카이도는 어때? 스키를 타거나, 온천에 가기도 하고…….

여 : 어차피 갈 거라면 해외로 가자. 하와이에서 해수욕은 어때?

남 : 말 뿐이라면 좋겠지만 돈이 없으니까, 국내로 결정해.

두 사람은 어디에 가기로 했습니까?

(A) 하와이

(B) 홋카이도

(C) 해외

(D) 어디에도 가지 않는다.

スキー 스키 | 温泉(おんせん) 온천 | 海外(かいがい) 해외 | 海水浴(かいすいよく) 해수욕 | 国内(こくない) 국내 | 決(き)まり 규정, 규칙, 매듭, 결말, 결정

58

男 : 明日の歴史の試験、どんな問題が出るか知ってる？

女 : 選択問題は4つと、論述の問題が3つだって聞いたけど。

男 : 試験時間は？

女 : 1時間半だって。

明日の試験について合っているものは？

(A) 歴史の試験で、選択問題4つ、論述問題は3つ

(B) 歴史の試験で、選択問題4つ、論述問題は4つ

(C) 国語の試験で、選択問題4つ、論述問題は3つ

(D) 国語の試験で、選択問題4つ、論述問題は4つ

남 : 내일 볼 역사 시험, 어떤 문제가 나올지 알아?

여 : 선택문제는 4개이고, 논술문제가 3개라고 들었는데.

남 : 시험 시간은?

여 : 1시간 반이래.

내일의 시험에 대해서 알맞은 것은?

(A) 역사 시험이고, 선택문제 4개, 논술문제는 3개

(B) 역사 시험이고, 선택문제 4개, 논술문제는 4개

(C) 국어 시험이고, 선택문제 4개, 논술문제는 3개

(D) 국어 시험이고, 선택문제 4개, 논술문제는 4개

歴史(れきし) 역사 | 選択問題(せんたくもんだい) 선택문제 | 論述問題(ろんじゅつもんだい) 논술문제

59

女 : 田中さん、今日の朝ごはんは何でしたか。

男 : 今日は、忙しくて朝食をとりませんでした。いつもはパンと牛乳ですが。

女 : 朝ごはんは、必ず食べた方がいいですよ。果物でもいいですから。

男 : そうですね。今度からは、忙しくても、軽く食べてくるようにします。

田中さんの今日の朝ごはんは何でしたか。

(A) パン

(B) ごはん

(C) 牛乳

(D) 何も食べなかった。

여 : 다나카 씨, 오늘 아침밥은 무엇이었습니까?

남 : 오늘은 바빠서 아침을 먹지 않았습니다. 보통 때는 빵과 우유입니다만.

여 : 아침밥은 반드시 먹는 편이 좋아요. 과일이라도 괜찮아요.

남 : 그렇군요. 다음부터는 바쁘더라도 가볍게 먹고 오도록 하겠습니다.

다나카 씨의 오늘 아침밥은 무엇이었습니까?

(A) 빵

(B) 밥

(C) 우유

(D) 아무것도 먹지 않았다.

朝(あさ)ごはん 아침밥 | 朝食(ちょうしょく) 조식, 조반 | 牛乳(ぎゅうにゅう) 우유 | 果物(くだもの) 과일

60

男 : ハンバーガーのセットをお願いします。

女 : こちらでお召し上がりですか。

男 : いいえ。

女 : お包み致します。少々お待ちください。

男の人はこれからどうしますか。

(A) ハンバーガーを包む。

(B) ハンバーガーのセットを持って帰る。

(C) ハンバーガーのセットをこの店で食べる。

(D) ハンバーガーのセットを配達してもらう。

남 : 햄버거 세트를 부탁합니다.

여 : 여기서 드실 겁니까?

남 : 아니요.

여 : 포장해 드리겠습니다. 잠시 기다려 주세요.

남자는 앞으로 어떻게 합니까?

(A) 햄버거를 싼다.

(B) 햄버거 세트를 가지고 돌아간다.

(C) 햄버거 세트를 이 가게에서 먹는다.

(D) 햄버거 세트를 배달해 받는다.

召(め)し上(あ)がる 드시다. 잡수시다 | 包(つつ)む 싸다. 두르다. 둘러싸다 | 少々(しょうしょう) 약간, 잠시. 대단찮음

61

女 : 今日の会議のことなんだけど、何部資料を準備したらいいかしら。

男 : 部長が急用で参加できないとのことだから…。

女 : じゃあ、8部でいいかしら。

男 : でも部長の代わりに山田さんが参加されると聞いたよ。

女の人は資料を何部準備すればいいですか。

(A) 6部

(B) 7部

(C) 8部

(D) 9部

여 : 오늘 회의 말인데, 자료를 몇 부 준비하면 될까?

남 : 부장님이 급한 용무로 참가할 수 없다고 하니까……

여 : 그럼, 8부면 되겠네.

남 : 하지만, 부장님 대신에 야마다 씨가 참가한다고 들었어.

여자는 자료를 몇 부 준비하면 됩니까?

(A) 6부

(B) 7부

(C) 8부

(D) 9부

資料(しりょう) 자료 | 準備(じゅんび) 준비 | 参加(さんか) 참가 | 代(か)わり 대리, 대신, 대체 교체

62

男 : 今日はどうしましたか。

女 : 頭が痛くて、鼻水が出るんです。

男 : 風邪のようですね。薬を出しておきますから、カプセルは1日に3回食後に飲んでください。3日分出しておきますから、また3日後に来てください。

女：はい、ありがとうございました。

女の人はどんな薬を、どのくらいもらいましたか。

(A) カプセルを9個

(B) カプセルを3個

(C) カプセルを1個

(D) 錠剤を9錠

남 : 오늘은 어디가 아프신가요?

여 : 머리가 아프고, 콧물이 나와요.

남 : 감기인 것 같네요. 약을 처방해 줄 테니, 캡슐은 하루에 3회 식후에 복용하세요. 3일분 처방해 줄 테니, 3일 후에 다시 오세요.

여 : 네, 감사합니다.

여자는 약을 어느 정도 받았습니까?

(A) 캡슐을 9개

(B) 캡슐을 3개

(C) 캡슐을 1개

(D) 알약을 9알

頭(あたま)が痛(いた)い 머리가 아프다 | 鼻水(はなみず) 콧물 | カプセル 캡슐(capsule) | 食後(しょくご) 식후 | 錠剤(じょうざい) 정제, 알약 | 錠(じょう) 알약을 세는 말, ~정, ~알

63

女：日本人と話をする時、大切なことは何ですか。

男：話す時は、相手の顔を見ながら話すことですね。

女：では、話を聞く時にはどうすればいいですか。

男：日本では相づちを打ちながら聞くといいですね。

日本人の話を聞く時に注意しなければならないのはどんなことですか。

(A) 相手の顔を見ながら、話を聞くこと

(B) 相手の話に茶々を入れずに聞くこと

(C) 相手の話を理解できなくても、聞くこと

(D) 相手の話に反応を示しながら聞くこと

여 : 일본인과 이야기를 할 때, 중요한 것은 무엇입니까?

남 : 이야기할 때는 상대방의 얼굴을 보면서 이야기 하는 거예요.

여 : 그럼, 이야기를 들을 때는 어떻게 하면 됩니까?

남 : 일본에서는 맞장구를 치면서 들으면 좋아요.

일본인의 이야기를 들을 때 주의하지 않으면 안 되는 것은 어떤 것입니까?

(A) 상대방의 얼굴을 보면서 이야기를 듣는 것

(B) 상대방의 이야기에 훼방을 놓지 않고 듣는 것

(C) 상대방의 이야기를 이해할 수 없어도 듣는 것

(D) 상대방의 이야기에 반응을 보이면서 듣는 것

相手(あいて) 상대 | 茶々(ちゃちゃ)を入(い)れる 훼방을 놓다 | 反応(はんのう) 반응

64

女：田中さん、先週の家族旅行はどうでしたか。

男：家族旅行で沖縄に行くつもりだったんですが、娘が急用で行けなくなりましたので、妻と二人で箱根温泉に行って来たんですよ。

女：そうですか。少し残念でしたね。

男：そうですね。でも久しぶりに妻と二人っきりでいい時間を過ごすことができましたよ。

男の人は先週どこに行きましたか。

(A) 妻と二人で温泉旅行に行って来た。

(B) 家族で沖縄に行って来た。

(C) 娘だけで沖縄に行って来た。

(D) 一人で温泉旅行に行って来た。

여 : 다나카 씨, 지난주 가족여행은 어땠어요?

남 : 가족여행으로 오키나와에 갈 예정이었지만 딸이 급한 일로 갈 수 없게 되어서, 아내와 둘이서 하코네 온천에 다녀왔어요.

여 : 그래요? 좀 아쉬웠겠네요.

남 : 그렇지요. 하지만 오랜만에 아내와 단 둘이서 좋은 시간을 보낼 수 있었어요.

남자는 지난주 어디에 갔었습니까?

(A) 아내와 둘이서 온천여행을 다녀왔다.

(B) 가족끼리 오키나와를 다녀왔다.

(C) 딸만 오키나와를 다녀왔다.

(D) 혼자서 온천여행을 다녀왔다.

家族旅行(かぞくりょこう) 가족여행 | 急用(きゅうよう) 급한 용무 | 妻(つま) 아내, 처, 마누라 | 温泉(おんせん) 온천 | 時間(じかん)を過(す)ごす 시간을 보내다

65

男：梅雨の時期なのに雨が降らないのは困りますね。

女：どうしてですか。私は晴れの日が続いていいと思いますけど。

男：このまま雨が降らないと去年のように断水することになるんですよ。

女：それは困ります。集中豪雨も困りますけど、雨が降らないのも生活に影響が出てくるんですね。

女の人が雨が降らないと困ると言っているのはどうしてですか。

(A) 晴れの日が続くと暑くなるから

(B) 梅雨の楽しみがなくなるから

(C) 集中豪雨が来る可能性が高くなるから

(D) 水が不足し生活に影響が出てくるから

남：장마철인데도 비가 오지 않으면 난처하지요.

여：어째서죠? 저는 맑은 날이 계속되어서 좋은 것 같은데요.

남：이 상태로 비가 오지 않으면 작년처럼 단수를 하게 되거든요.

여：그건 곤란합니다. 집중호우도 곤란하지만, 비가 오지 않는 것도 생활에 영향을 주는군요.

여자가 비가 오지 않으면 곤란하다고 말하는 것은 어째서입니까?

(A) 맑은 날이 계속되면 더워지기 때문에

(B) 장마의 낙(즐거움)이 없어지기 때문에

(C) 집중호우가 올 가능성이 높아지기 때문에

(D) 물이 부족하여 생활에 영향을 주기 때문에

梅雨(つゆ) 장마 | 時期(じき) 시기 | 困(こま)る 어려움을 겪다, 궁하다, 난처해지다 | 晴(は)れ 갬, 맑음, 날씨가 좋음 | 続(つづ)く 이어지다, 계속되다 | 断水(だんすい) 단수 | 集中豪雨(しゅうちゅうごうう) 집중호우 | 不足(ふそく) 부족

66

男：昨日、警察官が飲酒運転で捕まったんだって。

女：また？ 同じような事件が最近多いわよね。

男：まったくだよ。警察はどうなっているんだろうね。

女：開いた口が塞がらないわ。

女の人は警察に対してどう思っていますか。

(A) すごいと感心している。

(B) かわいそうだと同情している。

(C) 呆気にとられて、呆れている。

(D) これ以上は無理だとあきらめている。

남：어제 경찰관이 음주운전으로 붙잡혔대.

여：또? 똑같은 사건이 최근에 많네.

남：정말 그래. 경찰은 어떻게 되어 있는 건지.

여：어이가 없어 말이 나오지 않아.

여자는 경찰에 대해서 어떻게 생각하고 있습니까?

(A) 대단하다고 감탄하고 있다.

(B) 불쌍하다고 동정하고 있다.

(C) 어안이 벙벙하고 기가 막히다.

(D) 이 이상 무리라고 체념하고 있다.

警察官(けいさつかん) 경찰관 | 飲酒運転(いんしゅうんてん) 음주운전 | 捕(つか)まる 잡히다, 붙잡히다 | まったく (부정어와 함께) 전혀, 완전히, 아주, 정말로, 참으로 | 開(あ)いた口(くち)が塞(ふさ)がらない 벌어진 입이 닫히지 않다, 어안이 벙벙하다, 어이가 없어서 말이 나오지 않다 | 感心(かんしん) 깊이 마음으로 느낌, 감탄 | 同情(どうじょう) 동정 | 呆気(あっけ)にとられる 어리둥절하다, 어안이 벙벙하다 | 呆(あき)れる 어이가 없어 놀라다, 기가 막히다, 엄청나서 기가 질리다

67

男：今日は快晴ですね。雲一つありません。

女：そうですね。昨日の天気予報では、今日は雨と言っていましたが。

男：天気予報が外れる時もありますよ。

女：明日も晴れればいいですね。

今日の天気はどうですか。

(A) 曇り

(B) 晴れ

(C) 雨
(D) 雲が多い。

남 : 오늘은 쾌청하네요. 구름 한 점 없습니다.

여 : 그렇네요. 어제 일기예보에서는 오늘은 비라고 했습니다만.

남 : 일기예보가 빗나가는 경우도 있어요.

여 : 내일도 맑았으면 좋겠어요.

오늘 날씨는 어떻습니까?

(A) 흐림

(B) 맑음

(C) 비

(D) 구름이 많다.

快晴(かいせい) 쾌청 | 雲(くも) 구름 | 天気予報(てんきよほう) 일기예보 | 曇(くも)り 흐림, 개운하지 않음

68

女 : 来週の火曜日は田中さんの誕生日ですよね。

男 : 田中さんの誕生日は15日だったはずですよ。

女 : じゃあ、来週の水曜日ですね。

男 : それじゃあ、来週の月曜日、一緒にプレゼントを買いに行きませんか。

田中さんの誕生日はいつですか。

(A) 来週の月曜日

(B) 来週の火曜日

(C) 来週の水曜日

(D) 今週の水曜日

여 : 다음 주 화요일은 다나카 씨의 생일이지요?

남 : 다나카 씨의 생일은 15일이에요.

여 : 그럼, 다음 주 수요일이군요.

남 : 그러면 다음 주 월요일에 함께 선물을 사러 가지 않겠습니까?

다나카 씨의 생일은 언제입니까?

(A) 다음 주 월요일

(B) 다음 주 화요일

(C) 다음 주 수요일

(D) 이번 주 수요일

来週(らいしゅう) 다음 주, 내주 | 誕生日(たんじょうび) 생일 | 一緒(いっしょ)に 함께

69

男 : 1番ホームからは東京行き快速が、2番ホームからは大阪行き特急が、3番ホームからは名古屋行き普通が発車致します。

女 : 名古屋に行きたいんだけど、どれが一番速いのかしら。

男 : 名古屋行きの普通電車は途中で大阪行き特急に追い越されるので一番早く到着するのは大阪行きですね。

女 : どうもありがとうございます。

女の人は何番ホームの電車に乗ればいいですか。

(A) 1番ホーム

(B) 2番ホーム

(C) 3番ホーム

(D) 4番ホーム

남 : 1번 플랫폼에서는 도쿄 행 쾌속이, 2번 플랫폼에서는 오사카 행 특급이, 3번 플랫폼에서는 나고야 행 보통이 발차합니다.

여 : 나고야에 가려고 하는데, 어느 것이 가장 빠르지?

남 : 나고야 행 보통 전철은 도중에 오사카 행 특급에 추월당하기 때문에 가장 빨리 도착하는 것은 오사카 행이에요.

여 : 대단히 감사합니다.

여자는 몇 번 플랫폼의 전철을 타면 됩니까?

(A) 1번 플랫폼

(B) 2번 플랫폼

(C) 3번 플랫폼

(D) 4번 플랫폼

ホーム 플랫폼(platform) | ~行(ゆ)き ~행 | 快速(かいそく) 쾌속 | 特急(とっきゅう) 특급 | 発車(はっしゃ) 발차 | 追(お)い越(こ)す 앞지르다, 추월하다

70

女：昨日の野球の試合見た？

男：ああ、見たよ。ジャイアンツとソフトバンクの優勝決定戦、手に汗握る試合だったよな。

女：試合にも感動したけど、優勝したジャイアンツの監督が胴上げされる場面が一番感動したよね。

男：俺も感動したよ。あんなに苦労した監督だから、より一層感動したんだよ。

二人が一番感動したのは何ですか。

(A) ジャイアンツが優勝したこと
(B) 監督が手に汗を握っていたこと
(C) 苦労した監督が胴上げされたこと
(D) 監督が胴上げしていること

여：어제 야구 시합, 봤어?

남：어어, 봤어. 자이언츠와 소프트뱅크의 우승 결정전, 손에 땀을 쥐는 시합이었어.

여：시합에도 감동했지만, 우승을 한 자이언츠 감독이 헹가래 받는 장면이 가장 감동이었지.

남：나도 감동했어. 그토록 고생한 감독이니까, 훨씬 더 감동적이었어.

두 사람이 가장 감동을 한 것은 무엇입니까?

(A) 자이언츠가 우승한 것
(B) 감독이 손에 땀을 쥐고 있었던 것
(C) 고생한 감독이 헹가래를 받았던 것
(D) 감독이 헹가래를 하고 있는 것

試合(しあい) 시합 ┃ 優勝決定戦(ゆうしょうけっていせん) 우승 결정전 ┃ 手(て)に汗(あせ)を握(にぎ)る 손에 땀을 쥐다 ┃ 監督(かんとく) 감독 ┃ 胴上(どうあ)げ 헹가래 ┃ 一層(いっそう) 한층. 한층 더

71

男：最近、ひったくりが多いですから、佐々木さん、気を付けてくださいね。

女：はい。だから、最近、都内の監視カメラの台数も増えたんですね。

男：警察は監視カメラで24時間、犯罪に目を光らせていますけど、やっぱり自分の身は自分で守れといいますから…。

女：そうですね。私も気をつけるようにします。

最近のひったくりに対して、警察はどんな対策を講じていますか。

(A) 警察のパトロールで犯罪に目を光らせている。
(B) 犯人が目を光らせているか、監視カメラで見ている。
(C) 自分の身は自分で守るように、市民に教えている。
(D) 監視カメラで犯罪が起きないように監視している。

남：최근 날치기가 많으니까, 사사키 씨도 조심하세요.

여：네. 그래서 최근 도내의 감시카메라 대수도 늘었지요.

남：경찰은 감시카메라로 24시간 범죄에 눈을 번뜩이고 있지만, 역시 자신의 몸은 자신이 지키라고 하니까요…….

여：그렇네요. 저도 조심하도록 할게요.

최근의 날치기에 대해서, 경찰은 어떤 대책을 강구하고 있습니까?

(A) 경찰 패트롤로 범죄에 눈을 번뜩이고 있다.
(B) 범인이 눈을 번뜩이고 있는지, 감시카메라로 보고 있다.
(C) 자신의 몸은 자신이 지키도록 시민에게 알리고 있다.
(D) 감시카메라로 범죄가 일어나지 않도록 감시하고 있다.

ひったくり 날치기 ┃ 気(き)を付(つ)ける 조심하다. 주의하다. 정신 차리다 ┃ 台数(だいすう) 대수 ┃ 増(ふ)える 늘다. 늘어나다. 증가하다. 불어나다 ┃ 犯罪(はんざい) 범죄 ┃ 目(め)を光(ひか)らせる 눈에 불을 켜다. 눈을 번뜩이다 ┃ 対策(たいさく)を講(こう)じる 대책을 강구하다 ┃ パトロール 패트롤(patrol). 방범 등을 위한 순찰. 경찰관. 경비원

72

男：山下さん、今月限りで仕事をやめて、自営業をするそうですよ。

女：山下さんの会社は給料も待遇も悪くなかったはずですが、どうして辞めちゃうんですか。

男：自分の実力を試したいと、わざと茨の道を選んだそうです。

女：そうですか。山下さんのこれからのご活躍を心から祈っています。

山下さんはどうして会社を辞めましたか。

(A) 待遇は良かったが、給料が気に入らなかったから

(B) 給料は良かったが、待遇が悪かったから

(C) 自分の実力を自営業を通して試したかったから

(D) 茨が好きで、自分の実力で育ててみたかったから

남 : 야마시타 씨, 이번 달을 끝으로 일을 그만두고 자영업을 한대요.

여 : 야마시타 씨의 회사는 월급도 대우도 나쁘지 않았을 텐데, 왜 그만둬 버렸나요?

남 : 자신의 실력을 시험해 보고 싶다며, 일부러 가시밭길을 선택했다고 합니다.

여 : 그래요? 야마시타 씨의 앞으로의 활약을 진심으로 기원합니다.

야마시타 씨는 왜 회사를 그만두었습니까?

(A) 대우는 좋았지만, 월급이 마음에 들지 않기 때문에

(B) 월급은 좋았지만, 대우가 좋지 않기 때문에

(C) 자신의 실력을 자영업을 통해 시험해 보고 싶었기 때문에

(D) 가시나무를 좋아해서, 자신의 실력으로 키우고 싶었기 때문에

限(かぎ)り 한, 끝. ~까지, ~만 | 自営業(じえいぎょう) 자영업 | 待遇(たいぐう) 대우 | 辞(や)める 사직하다. 그만두다 | 試(ため)す 시험하여 보다 | 茨(いばら)の道(みち) 가시밭길, 고난의 길 | 活躍(かつやく) 활약

73

男：景気はなかなかよくなりませんね。

女：給料は削減されるのに、支出は変わらないので大変です。

男：今は、辛抱して景気が回復するまで待つしかないですね。

女：だから最近は財布の紐を絞めて節約しています。

女の人は不景気の今、どんな事に気を使っていますか。

(A) 給料を削減されないようにしている。

(B) 不必要な支出をしないようにしている。

(C) ただ我慢して景気回復を待っている。

(D) 景気が悪いので、財布を持ち歩かないようにしている。

남 : 경기는 좀처럼 좋아지지 않네요.

여 : 월급은 삭감되었는데, 지출은 변하지 않아서 큰일입니다.

남 : 지금은 참으면서 경기가 회복될 때까지 기다리는 수밖에 없어요.

여 : 그래서 최근에는 지갑 끈을 졸라매고 절약하고 있습니다.

여자는 불경기인 지금, 어떠한 것에 신경을 쓰고 있습니까?

(A) 월급을 삭감되지 않도록 하고 있다.

(B) 불필요한 지출을 하지 않도록 하고 있다.

(C) 그냥 참으며 경기 회복을 기다리고 있다.

(D) 경기가 좋지 않기 때문에, 지갑을 갖고 다니지 않도록 하고 있다.

なかなか 꽤, 상당히, 매우, 좀처럼 | 削減(さくげん) 삭감 | 支出(ししゅつ) 지출 | 辛抱(しんぼう) 참음, 참고 견딤, 인내 | 財布(さいふ)の紐(ひも)を締(し)める 지갑 끈을 졸라매다. 돈을 절약하다 | 節約(せつやく) 절약

74

男：山田さん、朝からパチンコに没頭しているようですね。

女：先月、パチンコで大金を儲けたそうですよ。それで…。

男：パチンコの味を占めてしまったわけか…。

女：人生は甘くありませんからね。一度、パチンコで痛い目にあえば、山田さんもあきらめるかもしれませんね。

山田さんはどうして朝からパチンコをしていますか。

(A) パチンコのおいしい味を知ってしまったから

(B) する事がなく手持ち無沙汰だったから

(C) パチンコでお金を儲けられることを知ったから

(D) パチンコで負けたので復讐するために

男 : 야마다 씨, 아침부터 파칭코에 몰두하고 있는 것 같아요.

여 : 지난달, 파칭코에서 큰돈을 벌었다고 해요. 그래서……

남 : 파칭코에 재미 들린 건가……

여 : 인생은 만만한 게 아니니까요. 한 번 파칭코에서 따끔한 맛을 보면, 야마다 씨도 단념할지도 모르겠어요.

야마다 씨는 왜 아침부터 파칭코를 하고 있습니까?

(A) 파칭코의 맛있는 맛을 알아버렸기 때문에

(B) 할 일이 없고 무료했기 때문에

(C) 파칭코로 큰돈을 벌 수 있다는 것을 알았기 때문에

(D) 파칭코에서 진 것을 복수하기 위해서

パチンコ 파칭코, 슬롯머신 | 没頭(ぼっとう) 몰두 | 大金(たいきん)を儲(もう)ける 큰돈을 벌다 | 味(あじ)を占(し)める 맛 들이다. 재미 붙이다 | 痛(いた)い目(め)にあう 따끔한 맛을 보다. 혼나다 | 手持(ても)ち無沙汰(ぶさた) 할 일이 없어 심심함. 무료함. 따분함 | 復讐(ふくしゅう) 복수

75

男 : 最近、景気が悪くてリストラの波が押し寄せているよ。

女 : 私も、いつ肩をたたかれるかビクビクしていますよ。

男 : 君はまだ独身だから、まだいいが、私は所帯持ちだから、なおさら怖いんだよ。

女 : 独身でも所帯持ちでも、肩をたたかれれば、なす術はありませんよ。今からでも次の事を考えておかないと。

二人は何について話していますか。

(A) いつクビになるかわからないこと

(B) 結婚生活の難しさについて

(C) 体の調子が悪くなったことについて

(D) 最近の流行のファッションについて

남 : 최근 경기가 좋지 않아서 구조조정의 파도가 밀려오고 있어.

여 : 나도 언제 해고될지 몰라 벌벌 떨고 있어요.

남 : 자네는 아직 독신이라서 괜찮지만, 나는 가정을 가진 사람이기 때문에 더욱 더 무서워.

여 : 독신이건 가정을 가진 사람이건, 해고되면 어쩔도리는 없어요. 이제부터라도 이후의 일을 생각해 두지 않으면.

두 사람은 무엇에 대해서 이야기하고 있습니까?

(A) 언제 해고가 될지 모르는 것

(B) 결혼 생활의 어려움에 대해서

(C) 몸 상태가 나빠진 것에 대해서

(D) 최근 유행 패션에 대해서

リストラ 구조조정, 정리해고, 명예퇴직 | 波(なみ)が押(お)し寄(よ)せる 파도가 밀려오다 | 肩(かた)をたたかれる 해고되다 | ビクビク 겁이 나서 떠는 모양(흠칫흠칫 벌벌), 발작적으로 조금 떠는 모양(바르르, 오들오들) | 独身(どくしん) 독신 | 所帯持(しょたいも)ち 살림을 꾸려 나가는 일, 가정을 가진 사람 | なおさら 더욱 더, 더 한층 | なす術(すべ) 별도리

76

女 : 田中さんと山田さんって仲がいいよね。

男 : 仲がいいってもんじゃないよ。彼らは、4年間も同じ釜の飯を喰った仲だからな。

女 : それは、すごいですね。

男 : 最初は赤の他人でも4年もすれば、家族以上の絆になるんだよ。

田中さんと山田さんはどんな関係ですか。

(A) 4年間、恋人だった。

(B) 4年間、家族として過ごした。

(C) 4年間、一緒に住んだ。

(D) 4年間、一度も会うことができなかった。

여 : 다나카 씨와 야마다 씨는 사이가 좋네요.

남 : 사이가 좋은 정도가 아니야. 그들은 4년 동안이나 한솥밥을 먹은 사이니까.

여 : 참으로 대단하네요.

남 : 처음에는 생판 남이라도, 4년이나 함께 하면 가족 이상의 유대가 되지.

다나카 씨와 야마다 씨는 어떤 관계입니까?

(A) 4년 동안 연인이었다.

(B) 4년 동안 가족으로서 지냈다.

(C) 4년 동안 함께 살았다.

(D) 4년 동안 한 번도 만날 수가 없었다.

仲(なか)がいい 사이가 좋다 | 同(おな)じ釜(かま)の飯(めし)を喰(く)う 한솥밥을 먹다, 고락을 같이하다 | 赤(あか)の他人(たにん) 생판 남, 전혀 관계가 없는 사람 | 絆(きずな) 고삐, 끊기 어려운 정리(情理), 유대, 기반

77

男：もしもし、先週注文した品物がまだ届いていないんですが。

女：申し訳ありませんが、担当者が今席を外しておりますので、担当者が戻り次第、こちらから連絡させて頂きます。

男：分かりました。一両日中に、必ず連絡をお願いします。

女：はい、かしこまりました。担当者からご連絡差し上げます。

女の人はお客さんに何と約束しましたか。

(A) 届いていない品物を今日中に届けると約束した。

(B) 2日以内に必ず担当者がお客様に電話すると約束した。

(C) 今日はもう遅いので、明日の午前中に連絡すると約束した。

(D) 注文した品物を調査して電話すると約束した。

남 : 여보세요, 지난주 주문한 물품이 아직 도착하지 않았습니다만.

여 : 죄송합니다만, 담당자가 지금 자리를 비웠기 때문에 담당자가 돌아오는 대로 이쪽에서 연락드리도록 하겠습니다.

남 : 알겠습니다. 오늘 내일 중으로, 꼭 연락 부탁합니다.

여 : 네, 알겠습니다. 담당자로부터 연락을 드리도록 하겠습니다.

여자는 손님에게 뭐라고 약속했습니까?

(A) 도착하지 않은 물품을 오늘 중으로 보내주기로 약속했다.

(B) 이틀 이내에 꼭 담당자가 손님에게 전화하기로 약속했다.

(C) 오늘은 이미 늦었기 때문에, 내일 오전 중에 연락하기로 약속했다.

(D) 주문한 물품을 조사해서 전화하기로 약속했다.

席(せき)を外(はず)す 자리를 뜨다, 자리를 비우다 | 戻(もど)り次第(しだい) 돌아오는 대로 | 一両日(いちりょうじつ) 하루 또는 이틀, 오늘과 내일

78

女：教授が、この前の授業で試験について何か言ってなかった？

男：教授が何かおっしゃったかもしれないけど、僕、その時転た寝してて…。

女：じゃ、聞いてなかったの？

男：うん。役に立てなくて、ごめんね。

男の人はどうして試験について何も知りませんでしたか。

(A) 前回の授業に行かなかったから

(B) 前回の授業で歌の練習をしたから

(C) 前回の授業の時、授業中に寝てしまったから

(D) 前回の授業の時、朝寝坊して遅れてしまったから

여 : 교수님이 이전 수업에서 시험에 대하여 뭔가 얘기하지 않았어?

남 : 교수님이 뭔가 말씀하셨을지도 모르겠지만, 나는 그때 깜빡 졸아서…….

여 : 그럼, 못 들은 거야?

남 : 응. 도움이 안 돼서, 미안.

남자는 어째서 시험에 대하여 아무것도 몰랐습니까?

(A) 지난번 수업에 가지 않았기 때문에

(B) 지난번 수업에서 노래 연습을 했기 때문에

(C) 지난번 수업 때, 수업 중에 자고 말았기 때문에

(D) 지난번 수업 때, 늦잠을 자서 늦었기 때문에

教授(きょうじゅ) 교수 | 授業(じゅぎょう) 수업 | おっしゃる 말씀하시다 | 転(うた)た寝(ね) 잠자리에 들지 않고 조는 선잠. 깜빡 졸음 | 役(やく)に立(た)つ 쓸모가 있다. 도움이 되다

突然(とつぜん)の訃報(ふほう) 갑작스런 부보 | 寝耳(ねみみ)に水(みず) 불의의 사건으로 놀람을 비유. 아닌 밤중에 홍두깨 | 幼馴染(おさななじみ) 어릴 때 친하던 아이, 소꿉친구 | 死(し)に水(みず)を取(と)る 임종 때 입술을 축여주다. 임종 때까지 돌보다 | 悔(くや)しい 분하다. 억울하다. 유감스럽다. 후회스럽다 | 冥福(めいふく) 명복 | 竹馬(ちくば)の友(とも) 죽마고우 | 最期(さいご)を看取(みと)る 임종을 지켜보다 | 他界(たかい) 타계

79

男: 鈴木(すずき)さんの死(し)は本当(ほんとう)に突然(とつぜん)だったよ。

女: 突然(とつぜん)の訃報(ふほう)は、寝耳(ねみみ)に水(みず)で最初(さいしょ)は信(しん)じられなかったわ。

男: 幼馴染(おさななじみ)の僕(ぼく)にとっては、死(し)に水(みず)を取(と)ることもできずに本当(ほんとう)に悔(くや)しいよ。

女: 今(いま)はただ彼(かれ)の冥福(めいふく)を祈(いの)るだけしかできないわ。

男(おとこ)の人(ひと)は何(なに)が悔(くや)しいと言(い)っていますか。

(A) 竹馬(ちくば)の友(とも)として、鈴木(すずき)さんの最期(さいご)を看取(みと)ることができなかったから

(B) 彼(かれ)が寝(ね)ている時(とき)に鈴木(すずき)さんが他界(たかい)してしまったから

(C) 彼(かれ)には何(なに)もできないまま、鈴木(すずき)さんが他界(たかい)してしまったから

(D) 鈴木(すずき)さんに水(みず)をあげることもできないまま、他界(たかい)してしまったから

남: 스즈키 씨의 죽음은 정말로 갑작스러웠어.

여: 갑작스런 부보는 아닌 밤중에 홍두깨로, 처음에는 믿을 수가 없었어.

남: 소꿉친구인 나로서는 임종 때까지 돌보지도 못하고, 정말로 분해.

여: 지금은 단지 그의 명복을 비는 것밖에 할 수 없어.

남자는 무엇이 분하다고 말하고 있습니까?

(A) 죽마고우로서, 스즈키 씨의 임종을 지켜볼 수가 없었기 때문에

(B) 그가 자고 있을 때 스즈키 씨가 타계해 버렸기 때문에

(C) 그에게는 아무것도 할 수 없는 채로, 스즈키 씨가 타계해 버렸기 때문에

(D) 스즈키 씨에게 물을 주는 것도 할 수 없는 채로, 타계해 버렸기 때문에

80

男: 佐藤(さとう)さん、最近(さいきん)ニュースでよく聞(き)く「懲戒解雇(ちょうかいかいこ)」って何(なん)ですか。

女: 会社(かいしゃ)である程度(ていど)の地位(ちい)にある人(ひと)が本来(ほんらい)するべきではない行動(こうどう)をして、その罰(ばつ)として解雇(かいこ)されることです。

男: たとえば、警察官(けいさつかん)が飲酒運転(いんしゅうんてん)をするとかですか。

女: そうです。そんな警察官(けいさつかん)が市民(しみん)を守(まも)ることはできませんからね。

懲戒解雇(ちょうかいかいこ)される行動(こうどう)はどんな行動(こうどう)ですか。

(A) 言語道断(ごんごどうだん)な行(おこな)いをしたとき

(B) 言葉(ことば)にもできない行動(こうどう)をしたとき

(C) 途方(とほう)に暮(く)れるような行動(こうどう)をしたとき

(D) 水臭(みずくさ)いことを言(い)ったとき

남: 사토 씨, 최근에 뉴스에서 자주 듣는 '징계 해고'란 무엇입니까?

여: 회사에서 어느 정도 지위가 있는 사람이 본래 해서는 안 되는 행동을 해서, 그 벌로서 해고되는 것입니다.

남: 예를 들면, 경찰관이 음주운전을 한다거나 하는 거죠?

여: 그렇습니다. 그런 경찰관이 시민을 지키는 일은 할 수 없으니까요.

징계 해고되는 행동은 어떤 행동입니까?

(A) 언어도단의 행위를 했을 때

(B) 말로도 할 수 없는 행동을 했을 때

(C) 어찌할 바를 모르는 행동을 했을 때

(D) 서먹한 것을 말했을 때

懲戒解雇(ちょうかいかいこ) 징계 해고 | 地位(ちい) 지위 | 言語道断(ごんごどうだん) 언어도단. 어처구니가 없어 말이 막힘 | 途方(とほう)に暮(く)れる 어찌할 바를 모르다 | 水臭(みずくさ)い 수분이 많아 싱겁다. 친한 사이인데도 남남처럼 덤덤하다. 서먹하다

PART4 설명문 (정답 및 해설) 문제집 124~127쪽

81~84

今やアジアの韓国まで広まったホワイトデーの文化ですが、これは日本から始まったと言われています。ヨーロッパにもアメリカにも、このような文化はありません。日本では、結婚式やお見舞いでもお金を送る習慣がありましたが、これにお返しとして物を送る習慣が昔からありました。それを受けて、日本のお菓子メーカーがバレンタインデーのお返しのイベントとして始めたのがホワイトデーと言われています。それが日本全国に広まり、今に至っています。最近では、男は3倍返しといって、バレンタインデーにもらった物の3倍の価値があるものをお返しとして送ることが流行のようです。

지금은 아시아의 한국까지 퍼진 화이트 데이의 문화입니다만, 이것은 일본에서 시작되었다고 합니다. 유럽에도 미국에도, 이러한 문화는 없습니다. 일본에서는 결혼식이나 병문안 때도 돈을 보내는 습관이 있었습니다만, 이에 대한 답례로서 물건을 보내는 습관이 옛날부터 있었습니다. 그것을 받아들여서, 일본의 과자 메이커가 발렌타인 데이의 답례 이벤트로서 시작한 것이 화이트 데이라고 일컬어지고 있습니다. 그것이 일본 전국으로 퍼져, 지금에 이르고 있습니다. 최근에는 남자는 3배 반환이라고 해서, 발렌타인 데이에 받은 물건 3배의 가치가 있는 것을 답례로서 보내는 것이 유행인 것 같습니다.

81 ホワイトデーが始まったのはどこの国からですか。

(A) 日本
(B) 韓国
(C) ヨーロッパ
(D) アメリカ

81 화이트 데이가 시작된 것은 어느 나라에서입니까?

(A) 일본
(B) 한국
(C) 유럽
(D) 미국

82 ホワイトデーが始まったのはどんなことからですか。

(A) アメリカには男性が女性に告白する機会がなかったから
(B) 日本には他人から何かをもらったら、お返しをする風習があったから
(C) 日本のお菓子メーカーはいつも何かしらのイベントをする必要があったから
(D) 日本の人は物を送る習慣があったから

82 화이트 데이가 시작된 것은 어떤 일 때문입니까?

(A) 미국에는 남성이 여성에게 고백할 기회가 없었기 때문에
(B) 일본에는 타인으로부터 무언가를 받으면, 답례를 하는 풍습이 있었기 때문에
(C) 일본의 과자 메이커는 언제나 뭔가의 이벤트를 할 필요가 있었기 때문에
(D) 일본 사람은 물건을 보내는 습관이 있었기 때문에

83 ホワイトデーは誰が始めましたか。

(A) アメリカのお菓子メーカー
(B) 韓国のお菓子メーカー
(C) 日本のお菓子メーカー
(D) 誰が始めたか分かっていない。

83 화이트 데이는 누가 시작했습니까?

(A) 미국의 과자 메이커
(B) 한국의 과자 메이커
(C) 일본의 과자 메이커
(D) 누가 시작했는지 모른다.

84 今、どのようなことが流行していますか。

(A) 女性が男性に今までより3倍のプレゼントをすること
(B) 男性が女性に3倍のプレゼントを持っていくこと
(C) 男性はもらった物の3倍の価値のあるものをお返しすること
(D) 男性は3倍の価値があるものをもらえること

84 지금 어떠한 것이 유행하고 있습니까?

(A) 여성이 남성에게 지금까지 보다 3배의 선물을 하는 것
(B) 남성이 여성에게 3배의 선물을 가지고 가는 것
(C) 남성은 받은 물건 3배의 가치가 있는 것을 답례하는 것
(D) 남성은 3배의 가치가 있는 것을 받을 수 있는 것

お見舞(みま)い 문병, 위문 | 送(おく)る 부치다, 보내다 | 習慣(しゅうかん) 습관 | お返(かえ)し 돌려줌, 반환, 답례

85~88

地震が2週間に50回の頻度で起こる地震大国日本では、気象庁が地震予知を進めている。気象庁のホームページによれば、地震を予知するということは、地震の起る時、場所、大きさの三つの要素を精度よく限定して予測することとし、予知のできる可能性があるのは、現在のところマグニチュード8クラスのいわゆる大地震で、それ以外の地震については直前に予知できるほど現在の科学技術が進んでいないと言う。また、気象庁が中心となって提供している緊急地震速報というものがある。地震が発生した際に生じる地震波のうち、早く伝わる小さな縦揺れと、その後に伝わる大きな横揺れの到達時間の違いを利用して、大きな揺れの前に警告をするものである。あくまで生じた地震の速報をするシステムであって、地震を予知するものではない。

지진이 2주 동안 50회의 빈도로 일어나는 지진 대국 일본에서는 기상청이 지진 예지를 진행하고 있다. 기상청의 홈페이지에 의하면, 지진을 예지한다는 것은 지진이 일어나는 때, 장소, 크기의 세 가지 요소를 정밀도 좋게 한정해서 예측하며, 예지를 할 수 있을 가능성이 있는 것은 현재로서는 매그니튜드 8클라스의 이른바 대지진으로, 그 이외의 지진에 대해서는 직전에 예지할 수 있을 만큼 현재의 과학기술이 발전하지 않았고 한다. 또한, 기상청이 중심이 되어 제공하고 있는 긴급 지진 속보라는 것이 있다. 지진이 일어났을 때에 생기는 지진파 가운데, 빨리 전해지는 작은 상하 흔들림과 그 후에 전해지는 큰 좌우 흔들림 도달 시간의 차이를 이용해서 큰 흔들림 전에 경고를 하는 것이다. 어디까지나 발생한 지진의 속보를 하는 시스템이며, 지진을 예지하는 것은 아니다.

85 地震予知で必要な要素ではないものはどれですか。
(A) 地震の起きる時
(B) 地震の起きる場所
(C) 地震の大きさ
(D) 地震の被害予想

85 지진 예지에서 필요한 요소가 아닌 것은 어느 것입니까?

(A) 지진이 일어나는 때

(B) 지진이 일어나는 장소

(C) 지진의 크기

(D) 지진의 피해 예상

86 今、地震予知について合っているものはどれですか。
(A) 地震の直前でも、予知ができるようになった。
(B) 地震の大きさに関わらず予知が可能になった。
(C) 現在は大きな地震しか予知ができない。
(D) 地震の直後に地震の被害状況を速報することが可能になった

86 현재 지진 예지에 대해서 맞는 것은 어느 것입니까?

(A) 지진의 직전이라도, 예지를 할 수 있게 되었다.

(B) 지진의 크기에 상관없이 예지가 가능하게 되었다.

(C) 현재는 큰 지진밖에 예지할 수 없다.

(D) 지진 직후에 지진의 피해 상황을 속보하는 것이 가능하게 되었다.

87 地震緊急速報について正しいものはどれですか。
(A) 地震発生の直前に予知し、警告を出すシステム
(B) 地震発生時に被害を予測し、知らせてくれるシステム
(C) 地震発生時、大きな揺れが来る前に警告を出すシステム
(D) 大地震を予知し、それを精密に計算して警告を出すシステム

87 지진 긴급 속보에 대해 올바른 것은 어느 것입니까?

(A) 지진 발생 직전에 예지하여, 경고하는 시스템

(B) 지진 발생 시에 피해를 예측해, 알려주는 시스템

(C) 지진 발생 시, 큰 흔들림이 오기 전에 경고하는 시스템

(D) 대지진을 예지하여, 그것을 정밀하게 계산하고 경고하는 시스템

88 日本の地震対策として合っているものはどれですか。
(A) 日本は、技術の進歩によりすべての地震を予知できるようになった。
(B) 日本は、大地震を予知し、大きな揺れの前に警告を出せるようになった。
(C) 日本は、地震を予知する技術はまだ持っていない。
(D) 日本は、地震の発生を抑える技術も開発中である。

88 일본의 지진 대책으로서 알맞은 것은 어느 것입니까?

(A) 일본은 기술의 진보에 의해 모든 지진을 예지할 수 있게 되었다.

(B) 일본은 대지진을 예지해, 큰 흔들림 전에 경고를 할 수 있게 되었다.

(C) 일본은 지진을 예지하는 기술은 아직 가지고 있지 않다.

(D) 일본은 지진의 발생을 억제하는 기술도 개발 중이다.

地震(じしん) 지진 | 頻度(ひんど) 빈도 | 気象庁(きしょうちょう) 기상청 | 予知(よち) 예지, 미리 앎 | 予測(よそく) 예측 | 大地震(おおじしん) 대지진 | 縦揺(たてゆ)れ 상하로 흔들림 | 横揺(よこゆ)れ 옆으로 흔들림 | 警告(けいこく) 경고

89~91

パクさんは、5年間、日本へ留学しました。その5年間、様々な苦労を味わったと言います。大学院への進学を目標に、一生懸命に日本語の勉強をするかたわら、アルバイトに精を出し、学費を捻出しました。残念ながら、目指していた大学院には進学できませんでしたが、試験に合格したほかの大学院で最善を尽くして勉学に励んだと言います。そのお陰で、韓国に戻ってからというもの、多くの会社で日本語を教え、本を出版するようになりました。パクさんは、日本で学んだことは日本語だけじゃなかったと言っています。日本での生活の中で、時には挫折し、時には悔しい時もあったけれど、最後まであきらめない不屈の精神が今の自分を形成していると語ってくれました。

パクさんへのインタビューを通して、人間が生きていくのには、勉学ももちろん必要ですが、どんな時にもめげずに進み続ける精神力も必要なんだということを改めて感じさせられました。

박 씨는 5년 동안 일본으로 유학 갔습니다. 그 5년 동안 다양한 고생을 맛보았다고 합니다. 대학원 진학을 목표로 열심히 일본어 공부를 하면서, 아르바이트를 열심히 하며 학비를 마련했습니다. 유감스럽게도 목표로 하고 있던 대학원에는 진학할 수 없었지만, 시험에 합격한 다른 대학원에서 최선을 다해 면학에 힘썼다고 합니다. 그 덕분에, 한국에 돌아오고 나서는 많은 회사에서 일본어를 가르치며, 책을 출판하게 되었습니다. 박 씨는 일본에서 배운 것은 일본어만이 아니었다고 말합니다. 일본에서의 생활 속에서 때로는 좌절하며 때로는 분할 때도 있었지만, 끝까지 포기하지 않는 불굴의 정신이 지금의 자신을 형성하고 있다고 말해 주었습니다.

박 씨와의 인터뷰를 통해서 인간이 살아가는 데는 면학도 물론 필요하겠지만, 어떤 때에도 굴하지 않고 계속 나아가려는 정신력도 필요하다는 것을 다시 한 번 느낄 수 있었습니다.

89 パクさんは、日本でどんなことをしていましたか。

(A) 7年間、アルバイトだけに精を出して大金持ちになった。
(B) 勉強のかたわら、アルバイトをして、大学院に進学した。
(C) 勉強のかたわら、アルバイトをしたが、大学院には行けなかった。
(D) 留学したが、日本の厳しさに負けて、すぐに帰国した。

89 박 씨는 일본에서 어떤 일을 하고 있었습니까?

(A) 7년 동안 아르바이트만 열심히 해서 갑부가 되었다.
(B) 공부를 하면서 아르바이트를 하고, 대학원에 진학했다.
(C) 공부를 하면서 아르바이트를 했지만, 대학원에는 갈 수 없었다.
(D) 유학 갔지만, 일본의 엄격함에 져서 곧바로 귀국했다.

90 今のパクさんを形成している要素は何ですか。

(A) 日本の時に受けた悔しさや挫折感
(B) 日本で身につけたどんな時にも笑顔を見せる余裕
(C) 日本での経験から得た不屈の精神力
(D) 本さえ出版すればいいんだという気持ち

90 지금의 박 씨를 형성하고 있는 요소는 무엇입니까?

(A) 일본에 있을 때 받은 분함과 좌절감
(B) 일본에서 몸에 익힌 어떤 때라도 웃는 얼굴을 보이는 여유
(C) 일본에서의 경험으로부터 얻은 불굴의 정신력
(D) 책만 출판하면 된다는 마음가짐

91 インタビューをした人は、人間が生きていくときに 必要なものは何だと言っていますか。

(A) 人生の様々な経験を通して学ぶ、命への欲求
(B) 勉学を通して得た様々な知識
(C) どんなことにもめげない強い精神力
(D) 他人を踏み倒してでも、伸し上がろうとする野心

91 인터뷰를 한 사람은 인간이 살아갈 때에 필요한 것은 무엇이라고 말하고 있습니까?

(A) 인생의 다양한 경험을 통해 배우는 생명에 대한 욕구
(B) 면학을 통해 얻은 다양한 지식
(C) 어떤 일에도 굴하지 않는 강한 정신력
(D) 타인을 밟아 쓰러뜨려서라도, 오르려고 하는 야심

苦労(くろう) 고생, 수고, 노고 | 進学(しんがく) 진학 | 精(せい)を出(だ)す 힘내다. 열심히 힘쓰다[일하다]. 열중하다 | 捻出(ねんしゅつ) 짜냄. 생각해 냄, 변통해 냄 | 最善(さいぜん)を尽(つく)す 최선을 다하다 | 励(はげ)む 노력하다. 힘쓰다 | 挫折(ざせつ) 좌절 | 改(あらた)めて 다른 기회에, 다시, 새삼스럽게 | 踏(ふ)み倒(たお)す 밟아 쓰러뜨리다 | 伸(の)し上(あ)がる 뻗어 오르다. 지위 등이 두드러지게 빨리 오르다

気象庁は14日関東地方が梅雨明けしたと見られると発表した。平年より6日早く、昨年より5日早い。本州では一番早い梅雨明けとなる。気象庁によると、梅雨前線をもたらす南からの湿った空気が今後、関東地方上空で弱まると見られるという。このため全国的には前線の影響で雨が続くが、関東地方では限定的としている。

기상청은 14일, 관동지방이 장마가 끝난 것으로 보여진다고 발표했다. 평년보다 6일 빨리, 작년보다 5일 빠르다. 혼슈에서는 가장 빨리 장마가 끝나게 된다. 기상청에 따르면, 장마 전선을 가져오는 남쪽에서의 습한 공기가 향후, 관동지방 상공에서 약해질 것으로 보여진다고 한다. 이 때문에 전국적으로는 전선의 영향으로 비가 계속되지만, 관동지방에서는 한정적으로 남아 있다.

92 何についての話ですか。

(A) 関東地方の雨について
(B) 関東地方の梅雨明けについて
(C) 関東地方の道路情報
(D) 関東地方の風について

92 무엇에 대한 이야기입니까?

(A) 관동지방의 비에 대하여

(B) 관동지방의 장마가 끝나는 것에 대하여

(C) 관동지방의 도로 정보

(D) 관동지방의 바람에 대하여

93 梅雨明けについて正しいものはどれですか。

(A) 本州では一番早い梅雨明けだった。
(B) 平年より5日早かった。
(C) 去年より6日早かった。
(D) 平年より5日遅かった。

93 장마가 끝나는 것에 대해 올바른 것은 어떤 것입니까?

(A) 혼슈에서는 가장 빨리 장마가 끝났다.

(B) 평년보다 5일 빨랐다.

(C) 작년보다 6일 빨랐다.

(D) 평년보다 5일 늦었다.

94 全国的な天気はどうなりますか。

(A) 関東地方のようにすぐ梅雨明けする。
(B) 前線の影響で雨が降り続く。
(C) 雨が降ったり止んだりする。
(D) 風が弱まる。

94 전국적인 날씨는 어떻게 됩니까?

(A) 관동지방처럼 곧 장마가 끝난다.

(B) 전선의 영향으로 비가 계속 내린다.

(C) 비가 내리거나 그치거나 한다.

(D) 바람이 약해진다.

梅雨明(つゆあ)け 장마가 끝남 | 本州(ほんしゅう) 혼슈, 일본 열도의 주가 되는 가장 큰 섬 | 梅雨前線(つゆぜんせん) 장마전선 | 湿(しめ)る 축축해지다, 습기 차다, 우울해지다 | 上空(じょうくう) 상공 | 限定的(げんていてき) 한정적

オリコンが1月に実施した「イケメンが多いと思う都市ランキング」では1位がミラノ、2位がローマと、イタリアが大人気だったが、では、美人の場合はどうなのだろうか。「きれいな女性が多いと思う海外都市」に関するアンケート調査をしたところ、総合1位はフランスのパリという結果となった。第2位はロシアのモスクワで「色が白くてキレイに感じる」「オリンピックなどでロシアの選手を見ると、ものすごく色白で目の色もキレイ」など、抜けるような肌の白さから、キレイな女性をイメージする人が多かった。第3位は韓国のソウル。「韓国ドラマに出てくる女優さんは、みんな肌がキレイ」など、韓国ドラマや映画を見た時の印象を理由にあげている人が多数を占めた。また「圧倒的にスタイルがいい」など、スタイルの良さに言及する声も多数。昔から「色白は七難を隠す」と言われるが、今回の結果を見ると、美人の条件の中で「肌の美しさ」というのが重要な要素の一つだということがわかる。

오리콘이 1월에 실시한 '꽃미남이 많다고 생각되는 도시 랭킹'에서는 1위가 밀라노, 2위가 로마로, 이탈리아가 큰인기였지만, 그럼 미인의 경우는 어떨까? '예쁜 여성이 많다고 생각되는 해외 도시'에 관한 앙케트 조사를 해 봤더니, 종합 1위는 프랑스의 파리라는 결과가 나왔다. 제2위는 러시아의 모스크바로 '피부가 하얘서 예쁘게 느껴진다' '올림픽 등에서 러시아 선수를 보면, 대단히 살갗이 희고 눈의 빛깔도 예쁘다' 등 매끈하고 하얀 피부로부터 예쁜 여성을 이미지 하는 사람이 많았다. 제3위는 한국의 서울. '한국 드라마에 나오는 여배우는 모두 피부가 좋다' 등 한국의 드라마나 영화를 보았을 때의 인상을 이유로 들고 있는 사람이 다수를 차지했다. 또한 '압도적으로 스타일이 좋다' 등 스타일이 좋은 점을 언급하는 목소리도 다수. 옛날부터 '흰 피부는 칠난을 숨긴다'고 하지만, 이번 결과를 보면 미인의 조건 중에서 '아름다운 피부'라는 것이 중요한 요소 중 하나라는 것을 알 수 있다.

95 かっこいい男の人が多いのはどこの国ですか。

(A) フランス

(B) イタリア

(C) 韓国

(D) ロシア

95 근사한 남자가 많은 것은 어느 나라입니까?

(A) 프랑스

(B) 이탈리아

(C) 한국

(D) 러시아

96 ロシアがアンケートで第2位になった理由として正しいものはどれですか。

(A) 色白で目の色もきれいだから

(B) スタイルがいいから

(C) ドラマに出てくる女優がきれいだから

(D) オリンピックに出ているから

96 러시아가 앙케트에서 제2위가 된 이유로서 올바른 것은 어느 것입니까?

(A) 피부가 희고 눈의 빛깔도 예쁘기 때문에

(B) 스타일이 좋으니까

(C) 드라마에 나오는 여배우가 예쁘기 때문에

(D) 올림픽에 나오고 있기 때문에

97 アンケートの結果から、美人の条件は何だと思われますか。

(A) 目がきれいであること

(B) スタイルがいいこと

(C) 肌が美しいこと

(D) 肌の色が白いこと

97 앙케트의 결과로부터, 미인의 조건은 무엇이라고 생각됩니까?

(A) 눈이 예쁜 것

(B) 스타일이 좋은 것

(C) 피부가 아름다운 것

(D) 피부색이 흰 것

オリコン 오리콘(original confidence). 레코드의 매상 등을 제시해 주는 업계 전문 히트 차트지 | イケメン 꽃미남 | ものすごい 매우 무섭다. 끔찍하다. 대단하다. 굉장하다 | 色白(いろじろ) 살찾[얼굴]이 흼 | 女優(じょゆう) 여배우 | 色白(いろじろ)は七難(しちなん)を隠(かく)す(＝色(いろ)の白(しろ)いは七難(しちなん)を隠(かく)す) 빛이 희면 칠난을 감춘다. 얼굴빛이 희면 못생겨도 예쁘게 보인다 | 美人(びじん) 미인 | 肌(はだ) 피부, 살찾, 살결

98~100

大阪府高槻市の路上で、警察官の職務質問から逃げようとして、急発進した車が原付きバイクに衝突、高校2年の女子生徒ら3人が死傷した事件で、府警高槻署は13日、車を運転していた大阪市の自称アルバイト従業員山本祐介容疑者を逮捕した。同署によると、「申し訳ないことをした」と容疑を認めているという。逮捕容疑としては、11日午前1時50分ごろ、同市今城町の交差点で、3人が乗った原付きバイクに車で衝突、いずれも同市内に住む女子生徒と少年を死亡させたほか、別の少年を意識不明の重体とさせた疑い。

오사카 부 다카쓰키시 노상에서 경찰관의 불심검문으로부터 도망치려고 급발진한 차가 오토바이와 충돌, 고교 2학년 여학생들 3명이 사상한 사건으로, 부경 다카쓰키서는 13일, 차를 운전하고 있던 오사카 시의 자칭 아르바이트 종업원 야마모토 유스케 용의자를 체포했다. 다카쓰키 경찰서에 의하면, '변명할 여지가 없는 짓을 했다'고 혐의를 인정하고 있다고 한다. 체포 혐의로는 11일 오전 1시 50분쯤, 다카쓰키시 이마시로쵸 교차로에서 3명이 탄 오토바이에 차로 충돌, 모두 같은 시내에 사는 여학생과 소년을 사망케 한 것 외에 다른 소년을 의식 불명의 중태에 빠뜨린 혐의.

98 男の人が逮捕されたのはどうしてですか。

(A) 女子生徒にわいせつな行為をしたから

(B) 女子生徒と少年を交通事故で死なせてしまったから

(C) 女子生徒と少年に暴力を振るい、死なせてしまったから

(D) 警察の命令に従わなかったから

98 남자가 체포된 것은 어째서입니까?

(A) 여학생에게 외설행위를 했기 때문에

(B) 여학생과 소년을 교통사고로 죽게 했기 때문에

(C) 여학생과 소년에게 폭력을 휘둘러 죽게 했기 때문에

(D) 경찰의 명령에 따르지 않기 때문에

99 逮捕された男の人の態度はどんな態度でしたか。

(A) 自分はやっていないと容疑を否認した。

(B) 自分は知らないと容疑を黙秘した。

(C) 自分には関係ないこととして、釈放を要求している。

(D) 自分がやったことを認め、反省している。

99 체포된 남자는 어떤 태도였습니까?

(A) 자신은 하지 않았다고 혐의를 부인했다.

(B) 자신은 모른다고 혐의를 묵비했다.

(C) 자신과는 관계없는 일로서, 석방을 요구하고 있다.

(D) 자신이 한 짓을 인정해, 반성하고 있다.

100 男(おとこ)の人(ひと)がバイクにぶつかったのはどうしてですか。

(A) 飲酒運転(いんしゅうんてん)をしていて、それが警察(けいさつ)にばれそうになったため

(B) 高校生(こうこうせい)が通行(つうこう)の邪魔(じゃま)をしていたため

(C) バイクが急発進(きゅうはっしん)したので、避(さ)けられなかったため

(D) 警察(けいさつ)を振(ふ)り切(き)ろうとして急発進(きゅうはっしん)したため

100 남자가 오토바이에 부딪친 것은 어째서입니까?

(A) 음주 운전을 하다가, 그것이 경찰에 발각될 것 같았기 때문에

(B) 고교생이 통행에 방해가 되었기 때문에

(C) 오토바이가 급발진해서, 피할 수 없었기 때문에

(D) 경찰을 뿌리치려고 급발진했기 때문에

路上(ろじょう) 노상, 길 위, 길바닥 | 職務質問(しょくむしつもん) 불심검문 | 逃(に)げる 도망치다, 달아나다, 물러나다 | 急発進(きゅうはっしん) 급발진 | 原付(げんつ)きバイク 원동기 달린 오토바이 | 死傷(ししょう) 사상(자) | 事件(じけん) 사건 | 従業員(じゅうぎょういん) 종업원 | 容疑者(ようぎしゃ) 용의자 | 逮捕(たいほ) 체포 | 交差点(こうさてん) 교차점, 교차로 | 衝突(しょうとつ) 충돌 | 意識不明(いしきふめい) 의식불명 | 重体(じゅうたい) 중태 | 疑(うたが)い 혐의, 의심, 의문

101

저는 학생이 아닙니다.

学生(がくせい) 학생 (대학생) ※ 生徒(せいと) 학생 (중/고등학생)

102

제 생일은 3월 5일입니다.

8日(ようか) 8일 | 5日(いつか) 5일 | 20日(はつか) 20일 | 4日(よっか) 4일

103

집에서는 집중하기 어렵기 때문에, 자습실에 가려고 합니다.

集中(しゅうちゅう) 집중 | ます형＋にくい ~하기 어렵다

104

유일한 방법은 4종류로 분류할 수 있다.

唯一(ゆいいつ) 유일 | 種類(しゅるい) 종류 | 分類(ぶんるい) 분류

105

아이들 세대에 꿈을 이어줄 수 없었던 것이 그저 분하고 유감입니다.

悔(くや)しい 분하다, 억울하다, 유감스럽다, 후회스럽다 | 詳(くわ)しい 상세하다, 자세하다, 잘 알고 있다 | 苦(くる)しい 답답하다, 고통스럽다, 괴롭다, 난감하다 | 狂(くる)わしい 미칠 것만 같다, 미친듯하다

106

기억을 더듬어서, 지금까지 읽은 코믹 평가 리스트를 만들어 보았습니다.

辿(たど)る 모르는 길을 헤매며 찾아가다, (뚜렷하지 않은 기억 등) 더듬어가다 | 滞(とどこお)る 밀리다, 막히다, 정체되다 | 憤(いきどお)る 노하다, 개탄하다, 분개하다 | 溯・遡(さかのぼ)る 거슬러 올라가다, (과거/근본으로) 되돌아가다

107

이것은 일본뿐만 아니라 세계적으로 봐도 희한한 사건입니다.

～だけでなく ~뿐만 아니라 | 世界的(せかいてき) 세계적 | 稀有(けう) 희유, 아주 드묾 | 事件(じけん) 사건

108

교토에서 온 야마다라고 합니다.

参(まい)る 가다/오다의 겸양어

109

상식에서 현저하게 벗어난 존재, 그것이 AB형의 특징이라고
말할 수 있다.

著(いちじる)しい 현저하다, 두드러지다, 명백하다 | 外(はず)れる 빠지다,
벗겨지다, 벗어나다 | 特徴(とくちょう) 특징

110

차마 들을 수 없는 푸념만 하는 녀석이다.

1. 堪(た)える 견디다, 참아내다, ~할 만하다 ⇒ 주로 정신적
   인 작용이고, 감정을 억제하는 의미로 사용

   예 批判(ひはん)に堪えてやり遂(と)げる。 비판에 견디어 완수하다.
   憂慮(ゆうりょ)に堪えない。 우려에 참지 않는다.

2. 耐(た)える 견디다, 감당하다 ⇒ 주로 물리적인 작용에 사용

   예 高熱(こうねつ)に耐える。 고열에 견디다.
   この金属(きんぞく)は酸(さん)には耐えられない。
   이 금속은 산에는 견디지 못한다.

111

이 방, 덥네요. 창문이라도 열까요?

暑(あつ)い 덥다 | 寒(さむ)い 춥다 | 冷(つめ)たい 차갑다, 냉담하다, 매정
하다 | 涼(すず)しい 시원하다, 선선하다

112

일요일에 과장님 댁을 방문했습니다.

訪(たず)ねる 찾다, 방문하다 | 都合(つごう) 형편, 사정 | 手伝(つだ)う
도와주다, 거들다

113

이 책은 아이용으로 만들어져 있습니다.

「명사 + 向けに / 向けの」 ~을/를 대상으로

예 これは若(わか)い女性(じょせい)向けに作(つく)られたものだ。
이것은 젊은 여성용으로 만들어진 것이다.
留学生(りゅうがくせい)向けに編集(へんしゅう)された雑誌(ざっし)。
유학생용으로 편집된 잡지.
アメリカの自動車(じどうしゃ)メーカーは、日本人(にほんじん)向けに、右(みぎ)
ハンドルの車(くるま)を輸出(ゆしゅつ)している。 미국 자동차 메이커는
일본인을 대상으로 오른쪽 핸들이 달린 차를 수출하고 있다.

114

나는 총각입니다.

チョンガー 총각, 독신 남자(한국어의 '총각'이 어원)

115

그런 것을 할 수 있을 리가 없다.

「동사 ます형 + ~っこない」 절대 ~없다, ~일리가 없다

예 あんなに忙(いそが)しい彼女(かのじょ)がやりっこない。
저렇게 바쁜 그녀가 할 리가 없다.
黙(だま)ってさえいれば誰(だれ)にもわかりっこない。
잠자코만 있으면 누구도 알 리가 없다.

116

사토 과장님의 이야기에는 도무지 납득이 가지 않는 점이 있다.

腑(ふ)に落(お)ちない 납득이 가지 않다, 이해할 수 없다 | 合点(がってん)
승낙, 수긍함, 동의, 납득 | 聞(き)き分(わ)け 말귀를 알아들음, 듣고 분별함 |
無骨(ぶこつ) 세련되지 못함, 매끄럽지 못함, 무례함, 버릇없음 | 無愛想(ぶあ
いそう) 붙임성이 없음, 무뚝뚝함, 상냥치 않음

117

원숭이도 나무에서 떨어진다.

(A) 백 엔만 있으면 된다.

(B) 돈은 1엔도 남아 있지 않다.

(C) 10년이나 걸렸다.

(D) 너무나도 잔혹한 사건이다.

「も」 용법 정리

① 동일한 사항 중 하나를 예시하여 이밖에도 있음을 나타냄. ~도

예 山田(やまだ)さんが行(い)くなら、私(わたし)も行(い)きます。
야마다 씨가 간다면, 저도 가겠습니다.

② 비슷한 사항을 열거. ~도

예 兄(あに)にも姉(あね)にも見(み)せた。 형에게도 누나에게도 보였다.

③ 극단적인 예를 들어 그것도 예외가 아님을 나타냄. ~(조
차)도

예 猿(さる)も木(き)から落(お)ちる。 원숭이도 나무에서 떨어진다.

④ 대략적인 정도. ~쯤, ~정도

예 100円(えん)もあればいい。 백 엔만 있으면 된다.
ビールは5本(ほん)もあれば十分(じゅうぶん)だ。
맥주는 5병만 있으면 충분하다.

⑤ 사실에 대한 강조. ~도, ~나

예 10年(ねん)もかかった。 10년이나 걸렸다.

⑥ 영탄, 감탄을 나타냄. ~도

예 子供だと思っていた息子も今年成人式を迎える。

아이라고 여겼던 아들도 올해 성인식을 맞이한다.

⑦ 완전 부정을 나타냄. ~도

예 私は何も知らない。 나는 아무것도 모른다.

118

딸은 오늘 아침도 밥을 먹지 않고 나갔다. 〈부대 상황(상태)〉

(A) 부모가 오지 않고, 아이가 왔다. 〈대비적〉

(B) 이를 닦지 않고 자면 안 됩니다. 〈부대 상황(상태)〉

(C) 교토에는 가지 않고, 도쿄와 홋카이도에 갔다. 〈대비적〉

(D) 아이가 전혀 공부를 하지 않아 난처합니다. 〈원인〉

「~ないで」 용법 정리

① 부대 상황(상태) (= ずに)

예 歯を磨かないで寝てはいけません。

이를 닦지 않고 자면 안 됩니다.

傘を持たないで出かけて雨に降られてしまった。

우산을 안 들고 나가서 비를 맞고 말았다.

② 대신에 (= ずに) ⇒ 대비적으로 나타내는 표현

예 親が来ないで子供が来た。

부모가 오지 않고, 아이가 왔다.

京都には行かないで、東京と北海道に行った。

교토에는 가지 않고, 도쿄와 홋카이도에 갔다.

③ 원인 (= なくて)

예 子供がちっとも勉強しないで困っています。

아이가 전혀 공부를 하지 않아 난처합니다.

大事故にならないでよかった。

큰 사고가 되지 않아서 다행이다.

119

부재중에 야마다 씨라는 사람이 왔어. 〈~라고 하는〉

(A) 이건 후지라는 작가가 쓴 책입니다. 〈~라고 하는〉

(B) 사이토 과장님은 정말로 친절한 사람이네요. 〈~은/는〉

(C) JAL이라는 것은 무엇입니까? 〈~라고 하는 것은〉

(D) 낙제할지도 모른다고 해서 선생님께 주의를 받았다. 〈~라고 해서〉

「~って」 용법 정리

① 「~という」 ~라고 하는

예 留守中に山田さんって人が来たよ。

부재중에 야마다 씨라는 사람이 왔어.

これ、藤井って作家の書いた本です。

이건 후지라는 작가가 쓴 책입니다.

② 「~とは」 ~은/는

예 斎藤課長って、本当に優しい人ですね。

사이토 과장님은 정말로 친절한 사람이네요.

WHOって、何のとこですか。

WHO는 무엇을 하는 곳입니까?

③ 「~と」 ~라고

예 小林さん、パーティーには来ないって言ってた

よ。 고바야시 씨, 파티에는 오지 않는다고 말했어.

④ 「~というのは」 ~라고 하는 것은

예 JALって何ですか。 JAL이라는 것은 무엇입니까?

デジカメって面白い。

디지털 카메라라는 것은 재미있다.

⑤ 「~と言って」 ~라고 해서

예 落第するかもしれないって先生に注意された。

낙제할지도 모른다고 해서 선생님께 주의를 받았다.

先生をカラオケに誘おうとしたら、忙しいって断

れた。 선생님을 노래방에 부르려고 했더니, 바쁘다고 해서

거절당했다.

⑥ 「~と言っている・と言っていた」 ~라고 한다

예 星野さんは少し遅れるって。 호시노 씨는 조금 늦는대.

120

시내의 책방을 돌다.

(A) 피곤하기 때문에, 오늘은 술이 퍼지는 것이 빠른 것 같다.

(B) 오늘 하루 부장님과 함께 인사하러 돌았기 때문에 힘들었다.

(C) 이 빌딩에서는 한 달에 한 번, 청소 당번이 돌아오게 되어

있다.

(D) 술을 너무 많이 마셔서, 혀가 잘 움직이지 않게 되어 버렸다.

回る

① 어떤 범위에 골고루 미치다, 퍼지다

예 毒が回る。 독이 퍼지다.

手が回る。 손길이 미치다. 경찰의 손이 뻗치다.

気が回る。세심한 데까지 주의가 미치다.

火が回る。불이 퍼지다.

② 여러 장소에 차례차례로 가다

예 得意先を回る。거래처를 돌다.

③ 순서나 시기 등이 돌아오다

예 付けが回る。

계산서가 돌아오다. 이전의 실수를 나중에 메워야 할 지경이
되다.

④ 잘 작용하여 도움이 되다, 충분하게 작용하다

예 頭が回る。머리가 잘 돌다.

PART6 오문정정 (정답 및 해설) 문제집 130~131쪽

121 (C) どれ → どちら・どっち

여기에 있는 2권 중 어느 것이 다나카 씨 책입니까?

🔟「どれ」⇒ 셋 이상 중에서 한 가지를 선택할 때 사용
「どちら・どっち」⇒ 둘 중에서 한 가지를 선택할 때 사용

122 (A) セータ → セーター

스웨터를 갖고 싶은데, 이 검은 것은 수수하다. 좀 더 화려한
것을 원한다.

🔟 외래어 표기에 주의할 것!

セーター 스웨터(sweater)

123 (D) ようとします → ようにします

냉동과 냉장이 필요한 식품은 마지막에 구입하고, 가능한 한
빨리 돌아가도록 하겠습니다.

🔟 1.「기본형·ない형 + ようにする」

① 말하는 사람 자신이 '노력하다, 명심하다, 배려하다'의 의미
를 나타냄 ⇒ 의지 동사를 사용

예 これからは先生に何でも相談するようにします。
앞으로는 선생님께 뭐든지 상담하도록 하겠습니다.

② 다른 것에 작용시켜 실현하도록 하는 것을 나타냄 ⇒ 무의
지 동사를 사용

예 私は肉を小さく切って、子供にも食べられるように
した。나는 고기를 작게 잘라서, 아이도 먹을 수 있게 했다.

2.「기본형, ない형 + ようになる」⇒ 불가능한 상태에서 가
능한 상태로, 실행되지 않던 상태에서 실행되는 상태로 변화
하는 것을 나타냄

예 日本語が話せるようになりました。
일본어를 말할 수 있게 되었습니다.

最近は多くの女性が外で働くようになった。
최근에는 많은 여성이 밖에서 일하게 되었다.

124 (D) しました → させました

어머니는 싫어하는 아이에게 방 청소를 시켰습니다.

🔟 의미 파악 문제로, 제대로 수동 의미를 파악할 수 있다면 쉽게
풀 수 있다.

125 (B) 一緒に → ×(필요 없음)

이상형인 여성과 결혼했습니다만, 집안일을 해 주지 않습니다.

🔟 1. 상호적인 동작을 나타내는 경우
예 前田さんは遠藤さんと結婚した。
마에다 씨는 엔도 씨와 결혼했다.

星野さんは野村さんと喧嘩をした。
호시노 씨는 노무라 씨와 싸웠다.

2. 동작을 함께 행하는 상대를 나타내는 경우
예 友達と一緒に映画を見に行く。
친구와 함께 영화를 보러 간다.

126 (C) 近い → 近くの

이렇게 여러 가지 물건이 비싸지면, 백화점 쇼핑보다 가까운
편의점에서 저렴한 것을 찾아서 구입한다.

🔟 현재 기점을 기준으로 한 거리를 나타내는 경우에는「近くの
/遠くの」를 사용해야 한다.

예 ((○)近くの/(×)近い)デパートまで買い物に行った。
가까운 백화점까지 쇼핑하러 갔다.

((○)遠くの/(×)遠い)方から僕らを呼んでいる声。
먼 곳에서 우리들을 부르는 소리.

127 (C) 泣いた → 泣いて

귀여워하던 고양이가 죽어 버려서, 여동생은 울고만 있습니다.

🔟「〜てばかり」〜만, 〜뿐(한 가지에 한정됨을 나타냄)

128 (D) ご覧になりました → 拝見しました

어젯밤 사토 씨가 출연하신 텔레비전 방송을 봤습니다.

🄜 「ご覧になる」 '보다'의 존경어
「拝見する」 '보다'의 겸양어

129 (A) 愛しない → 愛さない

죄는 신과 사람을 사랑하지 않는 것이며, 구원은 신과 사람을 사랑하기 시작하는 거라고 말할 수 있습니다.

🄜 「愛する」의 부정형 ⇒ 愛さない(○), 愛しない(×)

130 (A) 今月に → 今月は

이번 달에는 그리스도 탄생일을 축하하는 '크리스마스'를 기념하여 '십자석'을 소개해 드리겠습니다.

🄜 때를 나타내는 명사

① 조사 「に」가 붙지 않는 것
昨日(어제), 今日(오늘), 明日(내일), 今(지금), さっき(조금 전), 今週(이번 주), 来週(다음 주), 先週(지난주), 今月(이번 달), 来月(다음 달), 先月(지난달), 今年(올해), 来年(내년), 去年(작년), 午前(오전), 午後(오후), 最近(최근), このごろ(요즘), 将来(장래), 未来(미래), 昔(옛날), 朝(아침), 昼(낮), 夜(밤) 등

🄔 朝、何を食べますか。 아침에 무엇을 먹습니까?
昔はここに池がありました。
옛날에는 여기에 연못이 있었습니다.

② 조사 「に」를 반드시 붙여야 하는 것
～時(시), ～日(일), ～月(월), ～曜日(요일), ～年(년) 등

🄔 毎日6時に起きます。 매일 6시에 일어납니다.
日本では4月に入学式があります。
일본에서는 4월에 입학식이 있습니다.

③ 조사 「に」를 붙여도 되고, 안 붙여도 되는 것
翌日(익일), 前日(요전 날), 春(봄), 春休み(봄방학), 夏(여름), 夏休み(여름방학), 秋(가을), 冬(겨울), 冬休み(겨울방학) 등

🄔 卒業式の翌日(に)パーティーがありました。
졸업식 이튿날에 파티가 있었습니다.

131 (B) に → から

국민의 권리는 나라로부터 주어지는 것이 아니라 획득하는 것이다.

🄜 「から」격(格)으로 나타내는 경우
무언가를 받는 사람을 「に」격(格)으로 나타내는 동사의 경우, 수동문의 동작주를 「に」격(格)으로 나타내면 혼란이 생기기 때문에 동작주는 「から」격(格)으로 나타낸다.
「渡す(건네다)・送る(보내다)・与える(주다, 제공하다)」

🄔 大学生((○)から/(×)に)メールで送られたアンケートに怒る。 대학생으로부터 메일로 받은 앙케트에 화가 난다.
大会委員長((○)から/(×)に)参加者全員に記念品が渡された。 대회위원장으로부터 참가자 전원에게 기념품이 건네졌다.

132 (C) つけて → 尽くして

어느 아동이나 끝까지 전력을 다해 달리는 모습에는 감동했습니다.

🄜 全力を尽くす 전력을 다하다

133 (D) 敬服しざるを得ない → 敬服せざるを得ない

사회에 폐를 끼치지 않는 것을 원칙으로 하는 배려의 국민성에 탄복하지 않을 수 없다.

🄜 「동사 ない형 + ざるを得ない ～하지 않을 수 없다 (※「する」⇒せざるを得ない)

🄔 間違っていると言わざるを得ない。
틀렸다고 말해야만 한다.
これだけはっきりした証拠がある以上、罪を認めざるを得ない。 이토록 확실한 증거가 있는 이상, 죄를 인정하지 않을 수 없다.

134 (B) について → に対して

내가 손을 흔들어서 신호를 한 것에 대해서, 그녀는 크게 팔을 흔들어 응해 주었다.

🄜 1. 「～に対して」 ～에 대해서
① 대조의 의미를 나타냄
🄔 日本人が他人に無関心なのに対して、韓国人は人情があります。 일본 사람이 타인에게 무관심한 데 비해, 한국 사람은 인정이 있습니다.

② 동작이 향하는 대상/방향/상대 등을 나타냄

예 私の質問に対して何も答えてくれなかった。

　　내 질문에 대해서 아무것도 대답해 주지 않았다.

2. 「~について」~에 대해서

① 어떤 주제나 내용(~에 관해서/대해서)의 의미로 사용

예 日本の経済について話をしました。

　　일본 경제에 대해서 이야기를 했습니다.

② 한정된 범위를 집약시킨 내용으로, 상세하고 치밀하게 전개하는 경우

예 試験問題3番に((○)ついて/(×)関して)も、説明してほしいですが。 시험 문제 3번에 대해서도, 설명해주었으면 합니다만.

③ '각각, ~당' 의미로 사용되는 경우 ⇒ ~につき

예 社員一人に((○)ついて/(×)関して)二万円ずつ支給された。 사원 한 사람당 2만 엔씩 지급되었다.

135 (D) 見当がついた → 見当がつかない

필리핀 회화에 완전히 무지한 나에게는 그것이 무엇을 의미하는지, 도무지 짐작이 가지 않는다.

문 「とんと」의 의미

　① 긍정문(완전히)

예 とんと忘れた。 까맣게(완전히) 잊어버렸다.

　② 부정문(조금도, 전혀, 도무지)

예 とんと美味しくない。 조금도 맛이 없다.

　　とんと存じません。 전혀 모릅니다.

136 (B) 頃 → ぐらい

적어도 2시간 정도 스모 경기의 종반을 볼 수 있도록 잤다가, 정신없이 깊이 잠들어서 못 보고 말았다.

문 1. 「~頃」 ~경, ~쯤 ⇒ 대략적인 시각을 나타냄

예 今日2時頃地震がありました。

　　오늘 2시경 지진이 있었습니다.

2. 「~ぐらい」~가량, ~정도 ⇒ 대강의 시간의 길이를 나타냄

예 昨日は3時間ぐらい勉強しました。

　　어제는 3시간 정도 공부했습니다.

137 (B) 中断される → 中断された

주민의 반대가 있어서, 공사는 **중단된 채** 해결의 전망도 보이지 않는다.

문 1. 「동사 완료형 + なり」~한 채 (= 「~したまま」)

예 座ったなり動こうともしない。

　　앉은 채 움직이려고도 하지 않는다.

　　うつむいたなり黙りこんでいる。

　　고개를 숙인 채 입을 다물고 있다.

2. 「동사 기본형 + なり」~하자마자

⇒ 그 동작 직후이거나 그 동작 직후에 예기치 못한 일이 일어난 경우, 동일 주어 문장에 사용.

예 彼は横になるなりいびきをかき始めた。

　　그는 눕자마자 코를 골기 시작했다.

　　そう言うなり出て行った。

　　그렇게 말하자마자 나가 버렸다.

138 (A) 覚える → 覚え

처음 갓 배울 때는 아주 즐겁고, 레슨 하러 가는 것이 기뻤습니다.

문 「ます형 + 立て」 막 ~한, 방금 ~한

예 焼き立ての魚。 갓 구운 생선.

　　ペンキ塗り立て。 갓 칠한 페인트.

139 (B) みたいな → ような

회사의 자금운용에 마치 의혹이 있는 것 같은 말투이지만, 적정하게 운용되어 임원회에서도 승인되어 있다.

문 「まるで / あたかも / いかにも / ちょうど / さながら~ようだ」 마치 ~같다

≒ 「まるで / ちょうど~みたいだ」 마치 ~같다

⇒ 「あたかも」「いかにも」「さながら」 등은 문장체적인 딱딱한 표현이기 때문에, 회화체 표현에 사용하는 「みたいだ」와 함께 사용할 수 없다.

140 （C）それで → だから

그는 아무리 부탁해도 빌려 주지 않는 인색한 녀석이다. 그러니까 모두에게 미움을 받는 것이다.

📖 1. だから 그래서, 그러니까 ⇒ 앞의 내용과 뒤의 내용 사이에, 명확한 인과관계가 있는 경우에 사용함.

예 ここは危ないです。だから入ってはいけません。
여기는 위험합니다. 그래서 들어가면 안 됩니다.

※「だから 〜のだ」그러니까 〜인 것이다

2. それで 그래서, 그러므로, 그렇기 때문에
⇒ 앞의 내용이 그다지 구체적이지 않은 경우에도 사용하며, 가장 폭넓게 사용할 수 있음.

예 飲み過ぎた。それで頭が痛い。
과음을 했다. 그래서 머리가 아프다.

PART7 공란메우기 **(정답 및 해설)** 문제집 132~137쪽

141

비행기가 하늘을 날고 있습니다.

📖 「を(〜을/를)」⇒ 통과하는 장소(渡る(건너다), 通る(통과하다)), 이동(飛ぶ(날다), 走る(달리다), 歩く(걷다))를 나타내는 동사와 함께 사용한다.

142

나는 좋은 카메라를 갖고 싶다.

📖 「〜がほしい(〜을/를 갖고 싶다)」⇒ 주어가 말하는 사람(1인칭)인 경우에만 사용할 수 있다.

143

언니(누나)는 여동생보다 키가 작습니다.

📖 辛い 맵다　　　　多い 많다
低い 낮다, (키가) 작다　　少ない 적다

144

테스트는 생각보다 쉬운 문제가 많이 있었습니다.

📖 安い 싸다, 저렴하다　　優しい 상냥하다, 부드럽다
易しい 쉽다

145

일기예보에 의하면, 내일 오전 중에는 비라고 합니다.

📖 「〜によると」는 말하는 사람 자신의 판단이 아니라, 다른 판단의 근거가 되는 정보 출처가 존재하는 것을 나타낸다. 따라서 문장 끝에는 「〜らしい, 〜そうだ, 〜ということだ」와 같은 표현이 온다.

146

잡지를 사 줘서 고마워.

📖 감사 표현이 이어지는 경우, 뒤에 접속하는 표현에 따라 달라진다.

예 雑誌を買って((◯)くれて /(✕)もらって)どうもありがとう。잡지를 사 줘서 너무 고마워.
雑誌を買っていただきどうもありがとうございます。잡지를 사 주셔서 너무 감사합니다.

147

바빠서 연구실을 나갈 수가 없다.

📖 「を(〜을/를)」⇒ 출발점, 기점을 나타냄

148

이것은 오피스 레이디를 위한 잡지입니다.

📖 「명사 + 向けだ / 向けに / 向けの」〜대상이다 / 〜을 대상으로 / 〜을 대상으로 한

149

남동생이 카메라를 망가뜨렸다.

📖 「〜に 〜(ら)れる」〜에게 〜당하다(의역 : 〜이/가 〜하다)
⇒ 수동문
壊す 망가뜨리다 → 壊される 망가뜨림을 당하다

150

그녀의 마음은 얼음처럼 차갑다.

📖 1. 「ように + 용언(동사, 형용사)」〜같이, 〜처럼
예 夢のように感じられた。꿈처럼 느껴졌다.
私のようにしてください。나처럼 해 주세요.

2.「ような + 체언(명사, 대명사, 수사)」~같은

📒 夢のような話だ。 꿈 같은 이야기다.

あなたが思っているような人ではない。

당신이 생각하고 있는 것 같은 사람이 아니다.

151

스즈키 씨는 조금 전 막 돌아갔습니다.

📖「~たばかりだ」막 ~하다

📒 買ったばかりの中古車が故障してしまいました。

산지 얼마 안 되는 중고차가 고장 나고 말았습니다.

152

딸이 진학할 수 있도록 저금했습니다.

📖「A ように B」A 하도록 B

⇒ B에는 의지적인 동작이 오고, A에는 의지적인 동작이 아닌 가능형 / 부정형 /「なる」등 상태를 나타내는 동사가 온다.

📒 進学する((×)ように /(○)ために)貯金しました。

〈의지적, 동일 주체〉

진학하기 위해 저금했습니다.

進学できる((○)ように /(×)ために)貯金しました。

〈무의지적, 동일 주체〉

진학할 수 있도록 저금했습니다.

弟が進学できる((○)ように /(×)ために)貯金しました。〈무의지적, 다른 주체〉

남동생이 진학할 수 있도록 저금했습니다.

153

어머니가 방에 들어갔을 때, 여동생은 텔레비전을 보고 있었다.

📖 1.「~とき(に)」~할 때(에)

⇒ 앞에 계속적으로 생긴 일과 순간적으로 생긴 일 양쪽에 모두 사용할 수 있다.

2.「~うち(に) / ~あいだ(に)」~동안(에) / ~사이(에)

⇒ 앞에 계속적으로 생긴 일에는 사용 가능하지만, 순간적으로 생긴 일에는 사용할 수 없다.

📒 母が洗濯をしている(とき / あいだ)妹はテレビを見ていた。 어머니가 세탁을 (하고 있을 때 / 하는 사이) 여동생은 텔레비전을 보고 있었다.

154

감독은 팀에게 일부러 시합에 패하도록 했습니다.

📖 동작주가 동작을 의지적으로 일으키는 경우에는 조사「に」를 사용하는 것이 가장 자연스럽다.

📒 今度は私((○)に /(?)を)やらせてください。

이번에는 저에게 시켜 주세요.

155

내일 이벤트입니다만, 대단히 기대하고 있습니다.

📖 い형용사의 명사화

① 형용사 어간 ⇒ 주로 색을 나타내는 단어

白い 하얗다 → 白 백색, 흰색

黒い 검다 → 黒 검정, 검은색

青い 파랗다 → 青 파랑, 파란색

丸い 둥글다 → 丸 둥근 것, 동그라미

② 형용사 어간 + く ⇒ 형용사의 연용형 형태(※ 연용형 : 용언(동사/형용사)을 연결하기 위한 활용형)

近い 가깝다 → 近く 근처

遠い 멀다 → 遠く 먼 곳

多い 많다 → 多く 많음, 많은 것, 대부분

③ 형용사 어간 + さ ⇒ 성질이나 정도

暑い 덥다 → 暑さ 더위

寒い 춥다 → 寒さ 추위

高い 높다 → 高さ 높이

長い 길다 → 長さ 길이

重い 무겁다 → 重さ 무게, 중량

深い 깊다 → 深さ 깊이(척도)

痛い 아프다 → 痛さ 아픔, 아픈 정도

④ 형용사 어간 + み ⇒ 주체의 감정적인 상태나 느낌

重い 무겁다 → 重み 중후함

甘い 달다 → 甘み 단맛

痛い 아프다 → 痛み 아픔

深い 깊다 → 深み 깊이, 깊은 맛

親しい 친하다 → 親しみ 친밀감, 친숙

楽しい 즐겁다 → 楽しみ 즐거움, 낙, 취미

⑤ 형용사 어간 + け ⇒ 느낌이나 기분

寒い 춥다 → 寒け 오한, 한기

眠い 졸리다 → 眠け 졸음

156

선생님, 커피 어떠세요?

ⓣ 손윗사람에게 직접적으로 희망사항을 묻거나 「~てください (~해 주세요)」 형식을 사용하면 실례가 된다.

157

나카야마 씨는 예쁘다기 보다 오히려 귀여운 타입이다.

ⓣ 必ず 반드시, 꼭, 틀림없이　　よけい 쓸데없음, 부질없음

何とか 어떻게든, 이럭저럭　　むしろ 오히려, 차라리

158

맛은 같기 때문에, 산지 표시 등은 아무래도 괜찮다고 생각했다.

ⓣ 특수 な형용사(형용동사)

な형용사(형용동사)의 연체형은 어미 「~だ」가 「~な」로 변하여 명사를 수식하지만, 예외적으로 「同じだ(같다), こんなだ (이러하다), そんなだ(그러하다), あんなだ(저러하다), どんなだ(어떠하다)」에 한해서 명사를 수식할 경우에는 어미가 활용하는 것이 아니라 그대로 어간에 연결시킨다.

※ 연체형 : 체언(명사, 대명사, 수사 등)을 수식하는 형태

同じ本 같은 책　こんな本 이러한 책

★ 일반 な형용사(형용동사)처럼, 「~な」로 변하여 명사를 수식하는 경우

同じな + の 같은 것　同じな + のに 같은데

同じな + ので 같기 때문에

159

웃고 있던 과장님은 사이토 씨의 이야기를 듣고 갑자기 표정이 변했다.

ⓣ にわかに 갑자기

一段と 한층, 더욱, 훨씬

一向に 완전히, 아주, 매우, (부정어와 함께) 조금도/전혀/통 ~않다

幸いに 다행스럽게

160

남동생이 늦잠을 잔 탓에 지각하고 말았다.

ⓣ 1.「~せいで」~한 탓에, ~한 바람에

⇒ 바람직하지 않은 결과를 초래한 주체를 예상할 수 있는 경우에 사용. 즉, 그 사람이나 사물에 책임을 전가할 수 있는 경우에 사용한다.

예 山田さんが遅れた((○)せいで/(?)ばかりに)会議に間に合わなかった。 야마다 씨가 늦는 바람에 회의 시간에 제대로 맞게 갈 수 없었다.

2.「~たばかりに」~한 탓에, ~한 바람에

⇒ 말하는 사람의 행위나 말하는 사람에 관계되는 일이 원인인 경우에 사용한다.

예 その場に私しかいなかった((?)せいで/(○)ばかりに)私が代表にさせられた。 그 자리에 나밖에 없었던 탓에 내가 어쩔 수 없이 대표를 하게 되었다.

161

화요일뿐만 아니라 금요일도 일을 하고 있다.

ⓣ 1.「~だけでなく ~뿐만 아니라 ⇒ 추가적으로 열거하는 경우에 사용

2.「~にとどまらず」~뿐만 아니라, ~에 그치지 않고

⇒ 단순히 추가시키는 것이 아니라 범위를 초과해 버렸다는 의외의 기분을 나타내는 경우에 사용

예 その流行は大都市にとどまらず地方にも広がっていった。 그 유행은 대도시뿐만 아니라 지방에도 퍼져나갔다.

162

아, 그렇지, 그리고 숙제는 빨리 제출해 주세요.

ⓣ 회화체에서 깜박 잊었던 것을 추가시켜서 말할 경우에는 「それから」가 자연스럽다.

예 報告は以上です。…あ、それから、次の会議は水曜に行います。 보고는 이상입니다. ……아, 그리고 다음 회의는 수요일에 합니다.

163

휴일이니까 기무라 씨는 집에 있을 것이다. 그런데 없다.

1. 「〜らしい」⇒ 외부에 의한 확신적인 추측, 외부로부터 들어온 정보에 근거해서 말할 때 사용
- あの人の話を聞くと、仕事はなかなかつらいらしいですよ。 저 사람의 이야기를 들으면, 일은 상당히 괴로운 것 같습니다.
- 医者の話では薬を飲んでも治らないらしい。 의사 말로는 약을 먹어도 낫지 않을 것 같다.

2. 「〜ようだ」⇒ 자기 자신이 그때의 감각에 의해 직감적으로 내린 판단을 말할 때 사용
- 僕、風邪を引いたようだよ。 나, 감기에 걸린 것 같아.
- 今日は疲れているようです。 오늘은 피곤한 것 같습니다

3. 「〜だろう」⇒ 어떤 내용이 그렇다고 말하는 사람이 생각하고 있는 경우에 사용
- たぶん今晩佐藤さんが来るだろう。 아마도 오늘 밤에 사토 씨는 오겠지.
- どうしてあんなことを言ったんだろう。 왜 그런 말을 했을까?.

4. 「〜はずだ」⇒ 무언가의 근거로부터 논리적으로 생각한 결과를 나타낼 때 사용
- あれから3年経ったのだから、今年はあの子も卒業のはずだ。 그로부터 3년이 지났으니까, 올해는 그 아이도 졸업일 것이다.
- その旅行には、私も行くはずでしたが、結局行けませんでした。 그 여행은 저도 가는 거였지만, 결국 못 갔습니다.

164

일상의 편리한 시스템이 프라이버시를 위태롭게 한다.

脅す 협박하다. 위협하다. 놀라게 하다
欺く 속이다. 기만하다
脅かす 위협하다. 협박하다. (안전한 상태를) 위태롭게 하다
営む 경영하다. 영위하다

165

해서 안 되는 일은 없다, 하지 않고서 될 리가 없다.

1. 「やってやれない」 해서 안 되다
2. 「〜わけがない」 〜리가 없다

166

개표 속보를 보고 탁하고 풀이 죽어 있다.

1. がっしり 튼튼하고 다부진 모양, 튼튼히, 다부지게 ⇒ 주로 눈에 비치는 모습을 나타냄
- がっしりとした体格. 다부진 체격.
- がっしりと組み立てる。 튼튼하게 조립하다[구성하다].

2. がっちり 잘 짜여져 빈틈이 없이 다부진 모양 ⇒ 주로 상황과 상태를 나타냄
- 体ががっちりしている。 몸이 딱 벌어져 튼튼하다.
- がっちりと儲ける。 알뜰하게 벌다.

3. がっかり 낙담하는 모양, 몹시 지쳐서 힘이 빠진 모양 ⇒ 정신 상태를 나타내는 경우가 많다.
- 試験に落ちてがっかりする。 시험에 떨어져 낙담하다.
- 試合に負けてがっかりする。 시합에 져서 실망하다.

4. がっくり 낙담하는 모양, 힘이 빠져서 갑자기 마음이 해이해진 모양, 갑자기 꺾어지거나 하는 모양 ⇒ 풀이 죽은 모양 (고개를 숙이는 모양/어깨를 축 늘어뜨리는 모양) 등 동작도 포함해서 표현하는 경우가 많다.
- がっくりと首をたれる。 고개를 푹 떨어뜨리다.
- がっくりと肩を落とす。 어깨를 축 늘어뜨리다.

167

국내여행이라면 어떨지 모르겠지만, 해외여행에서는 그 대응에 온갖 고생을 하게 되는 경우도 많지요.

いざ知らず 〜은/는 어떨지 모르지만
四苦八苦 심한 고통. 온갖 고생. 심하게 고뇌함

168

그의 연설은 심오한 경지에 이르러 있다.

堂に入る (학문/기예 등이) 심오한 경지에 이르다
堂に入った司会ぶり 도가 튼 사회 솜씨

169

일본 사람은 정보전달력에 뛰어나다.

🔟 ～に長(た)ける ～에 뛰어나다

170

가혹한 역경을 극복해 온 과거를 지닌 그녀 자신이 보는 사람으로 하여금 <u>탄성을 지르게 하는</u> 표현력과 존재감!

🔟 1. 「～ずにはいられない」 ～하지 않고서는 있을 수 없다 ⇒ 그 상태를 지속할 수 없다는 것을 나타냄.
   例 先生(せんせい)のおもしろい話(はなし)を聞(き)いて笑(わら)わないではいられなかった。 선생님의 재미있는 이야기를 듣고 웃지 않을 수 없다.

2. 「～ずにはすまない」 ～하지 않고서는 끝나지 않는다, ～하지 않고서는 해결되지 않는다 ⇒ 문제 해결을 위해서는 하지 않으면 안 된다는 의미를 나타냄.
   例 本当(ほんとう)のことを言(い)わずにはすまない。
   사실을 말하지 않으면 끝나지 않는다.

3. 「～ないわけはいかない」 ～하지 않을 수는 없다
   ⇒ 어쩔 수 없이 해야만 한다는 의미를 나타냄.
   例 部長(ぶちょう)の勧(すす)めだから行(い)かないわけにはいかない。
   부장님의 권유이기 때문에 안 갈 수는 없다.

4. 「～ずにはおかない」 ～하지 않고서는 그만두지 않는다, 반드시 ～하다 ⇒ 사람이 주어일 경우에는 강한 의지를 나타내고, 사물이 주어일 경우에는 말하는 사람이나 듣는 사람에게 확신을 나타냄.
   例 その物語(ものがたり)は、あなたを泣(な)かせずにはおかない。
   그 이야기는 당신을 반드시 울린다.

171~174

이탈리아에서 21일 행해진 세계수영선수권 오픈워터 남자 5킬로미터에서 출전한 선수 한 명이 우승자와 크게 차이가 벌어져, 시상식 때 ___①___ 골인하는 ② <u>진풍경</u>이 벌어졌다. 금메달 수상자와 30분 이상 크게 차이가 벌어진 것은 카리브 해의 Antigua and Barbuda의 카리미 발렌타인 선수. 회장인 해안에 모여 있던 관객 대부분은 당시, 발렌타인 선수가 아직 골인하지 않은 것을 모르고 있었다. 규정 상한시간을 넘겼기 때문에 이 선수에게 ③ <u>공식타임은 적용되지 않았다</u>.

171 ___①___ 에 들어갈 적절한 말을 아래에서 고르세요.

(A) 겨우겨우

(B) 따로따로

(C) 때때로

(D) 조마조마

172 ② 진풍경이란, 어떤 일입니까?

(A) 발렌타인 선수가 시상식에 난입한 일

(B) 발렌타인 선수가 시상자가 되어 버린 일

(C) 발렌타인 선수가 시상식 직전에 골인한 일

(D) 발렌타인 선수가 시상을 거부한 일

173 ③ 공식타임은 적용되지 않았다고 하는데, 그 이유는 왜입니까?

(A) 시상식 시간에 맞추지 못해, 분위기를 흐트러뜨린 죄로

(B) 규정 시간 내에 골인하지 못했기 때문에

(C) 회장의 관객에게 야유를 보내, 운동선수로서 지켜야 할 것을 지키지 않았기 때문에

(D) 규정 시간 외에 외출하여, 풍기문란을 일으켰기 때문에

174 본문의 내용과 맞는 것을 아래에서 고르세요.

(A) 이 수영대회에서 발렌타인 선수의 행동은 한 사람의 뒤떨어짐이 많은 사람에게 영향을 준다는 것을 널리 알리는 결과가 되었다.

(B) 발렌타인 선수가 규정시간 내에 골인하지 못한 것을 대부분의 관객이 알지 못했다.

(C) 발렌타인 선수가 규정시간 내에 골인했다면, 상을 받았을 것이었다.

(D) 이번에는 발렌타인 선수의 행동으로 모든 공식기록이 기록되지 않게 되었다.

行(おこな)う 행위를 하다. 행동하다. 실시하다 | 水泳(すいえい) 수영 | 出場(しゅつじょう) 출장. 참가함 | 優勝者(ゆうしょうしゃ) 우승자 | 大幅(おおはば) 큰 폭 | 表彰式(ひょうしょうしき) 시상식 | 海岸(かいがん) 해안 | 集(あつ)まる 모이다. 모여들다. 집합하다 | 観客(かんきゃく) 관객 | 気付(きづ)く 눈치 채다. 알아차리다. 생각나다 | 規定(きてい) 규정 | 公式(こうしき) 공식 | はらはら 하늘하늘. 우수수. 조마조마

175~178

　당신은 부인(또는 남편)과 같은 침실에서 자고 있습니까? 발견네트의 조사에 따르면,「매일 같은 침실」이라고 답한 사람은 55.3%, 이어서「매일 다른 침실」(28.1%),「대체로 다른 침실」(8.3%),「대체로 같은 침실」(6.0%)인 것을 알았다.「각각의 침실」로 답한 사람은, 언제부터 별도의 방에서 자고 있는 것일까. 가장 많았던 것은「3년~10년 정도 전부터」(43.0%), 이하「10년 이상 전부터」(40.5%),「1년~3년 정도 전부터」(13.9%),「반년~1년 정도 전부터」(2.6%)로 이어졌다. 또한 각각의 침실에서 자고 있는 이유를 물었더니,「생활의 리듬」(58.2%)과「코고는 소리와 이가는 소리/잠꼬대가 시끄럽다」(53.2%)를 드는 사람이 눈에 띄었다. 부부 함께 즐길 수 있는 취미를 가지고 있는 사람은 어느 정도 있는 것일까.「같은 취미를 가지고 있다」라고 한 사람은 46.5%에 달하는 반면,「가지고 있지 않고, 가질 필요는 없다고 생각하는」(37.4%) 사람도 4할에 가깝게 있었다.

175 배우자와 같은 방에서 잔다고 대답한 사람의 비율은 어느 정도입니까.

(A) 매일, 대체적으로 같은 침실의 사람을 합하면 8할을 넘는다.

(B) 매일, 대체적으로 같은 침실의 사람을 합하면 7할을 넘는다.

(C) 매일, 대체적으로 같은 침실의 사람을 합하면 6할을 넘는다.

(D) 매일, 대체적으로 같은 침실의 사람을 합하면 5할을 넘는다.

176 다른 침실에서 자는 것을 시작한 시기로서 가장 적은 것은 언제부터입니까.

(A) 3~10년 전부터

(B) 10년이상 전부터

(C) 1~3년정도 전부터

(D) 반년~1년정도 전부터

177 각각의 침실에서 자고 있는 이유로서 가장 많았던 것은 무엇입니까?

(A) 같은 취미를 가지고 있지 않다

(B) 생활의 리듬

(C) 코 고는 소리가 시끄럽다

(D) 잠꼬대가 시끄럽다

178 본문의 내용으로서, 맞는 것을 고르세요.

(A) 생활리듬의 차이 때문에, 부부가 각각의 방에서 자는 사람이 4할 조금 안 되는 정도 있다.

(B) 각각의 방에서 자는 부부는, 3~10년 전에 시작한 사람이 가장 적다.

(C) 특히 이유도 없는데, 부부가 별실에서 자는 것은 바람직하지 않다

(D) 부부가 별실에서 자는 것이 나아가서는 소자화에 영향을 주고 있다.

寝室(しんしつ) 침실 | 回答(かいとう) 회답 | だいたい 대체로, 대개 | 最(もっと)も 가장 | いびき 코고는 소리, 코골기 | 歯軋(はぎし)り 이를 갊. 이갈기 | 寝言(ねごと) 잠꼬대 | 目立(めだ)つ 눈에 띄다. 두드러지다 | 趣味(しゅみ) 취미 | ～に達(たっ)する ～에 달하다(이르다) | 少子化(しょうしか) 소자화. (각 세대의) 자녀수가 감소하는 일

179~181

　흡연자를 줄이려는 움직임이 전국적으로 퍼져가는 가운데, 이타미 시는 2010년도까지 시민의 흡연율을 제로퍼센트로 하겠다는 대담한 목표를 담은 시의 보건의료계획을 종합하여, ① 파문을 일으키고 있다. 제로퍼센트는 자치단체로서는 전국에서도 처음 있는 이 목표는 금연 찬성파에게는 물론 호평이지만, 애연가들로부터는 '개인의 자유다'라는 목소리도 나오고 　②　 찬반양론. 담배업계에서는 '자치단체가 ③ 그렇게까지 말하는 것은 도가 지나치다'며 목표의 철회를 요구하는 요망서도 제출되어, 이 논의는 당분간 계속될 것 같다.

179 ① 파문을 일으키고 있다고 하는데, 무엇이 파문을 일으키고 있습니까?

(A) 흡연자를 줄이려는 움직임이 전국적으로 퍼지고 있는 것

(B) 이타미 시가 시민 전체가 금연자가 되는 것을 목표로 하고 있는 것

(C) 금연 찬성파가 호평인 것

(D) 애연가들의 자유가 빼앗긴 것

180 　②　 에 들어갈 적절한 말을 아래에서 고르세요.

(A) 그야말로

(B) 그것밖에

(C) 전혀

(D) 그렇다고 해도

181 ③ 그렇게까지 말하는 것은이란 말의 의미는 무엇입니까?

(A) 애연가가 흡연은 개인의 자유라고 말하는 것

(B) 금연 찬성파가 찬성의 의견을 발표한 것

(C) 이타미 시가 흡연율을 제로퍼센트로 하겠다고 발표한 것

(D) 금연 목표의 철회를 요구하는 요망서도 제출된 것

喫煙者(きつえんしゃ) 흡연자 | 減(へ)らす 줄이다. 덜다. 감하다 | 大胆(だいたん) 대담 | 盛(も)り込(こ)む 깊은 그릇에 음식을 담다. 여러 가지 생각 등을 포함시키다 | 波紋(はもん) 파문 | 好評(こうひょう) 호평 | 愛煙家(あいえんか) 애연가 | 賛否両論(さんぴりょうろん) 찬부과 반대 양론 | 撤回(てっかい) 철회

182~184

미에현 북부의 후지하라 지역에서는 이제까지 쓰레기로서 버려졌던 ① 튀김 기름을 차의 연료로 재활용하는 대처가 시작되었다. 마을을 흐르는 강의 환경을 지키기 위해서 시작된 것으로, 마을 내 전체 가정에 회수용 용기를 배분, 주민은 용기에 모은 기름을 월 2회 집합소 회수용기에 옮겨 담는다. 모여진 기름은 마을이 천만 엔으로 구입한 장치에 넣어서 가공되어, 디젤엔진으로 사용할 수 있는 연료로. 이제까지 모아진 기름은 예상보다 2배 이상으로, 만들어진 연료는 쓰레기 회수차량에 사용되고 있다. 원가는 비싸지지만, 환경 대책 측면에서 주목을 끌고 있어, 전국의 자치단체로부터 ② 문의가 이어지고 있다고 한다.

182 ① 튀김 기름을 차의 연료로 재활용하는 대처는 무엇 때문입니까?

(A) 기름을 팔아 마을의 재정을 보조하기 위해서

(B) 마을을 흐르는 강의 환경을 지키기 위해

(C) 환경 대책 측면에서 전국의 자치단체로부터 주목을 받기 위해

(D) 각 가정에 기름이 축적, 환경오염이 퍼지고 있기 때문에

183 ② 문의가 이어지고 있다는 것은 어째서입니까?

(A) 기름을 재이용하는 장치가 천만 엔의 가치가 있기 때문에

(B) 기름이 디젤엔진의 연료가 되기 때문에

(C) 기름의 재이용 원가는 높지만, 환경 대책 측면에서 주목받을 가치가 있기 때문에

(D) 마을 내 주민이 적극적으로 대처하고 있기 때문에

184 본문의 내용과 맞는 것을 고르세요.

(A) 마을 내 쓰레기가 많은 것에 놀란 주민이 시작한 시도는 지금, 전국 자치단체의 뜨거운 주목의 대상이 되고 있다.

(B) 마을 내 강 환경을 지키려고 시작된 기름의 재이용 대처는 그 원가 퍼포먼스 때문에 전국 자치단체로부터 문의가 끊이지 않는다.

(C) 마을 내 전 가정에서 회수된 튀김 기름은 쓰레기 회수차량의 연료로서 재이용된다.

(D) 마을 내 유지로 시작된 이 대처는 지금은 일본 전국으로 퍼지고 있다.

燃料(ねんりょう) 연료, 땔감 | リサイクル 리사이클(recycle). 자원의 절약과 환경오염을 방지하기 위해 폐품 등을 재활용하는 것 | 取(と)り組(く)み 맞붙음. 대처 | 環境(かんきょう) 환경 | 回収(かいしゅう) 회수 | 溜(た)める 한곳에 모아 두다 | 加工(かこう) 가공 | 問(と)い合(あ)わせ 조회. 문의 | 相次(あいつ)ぐ 잇달다. 연달다

185~188

시게오는 밤이 되면 자주 별을 바라보았습니다. ① 특히, 옥상 위에 올라가서 사과나 무언가를 먹으면서 별을 보는 것이 유쾌했습니다. 반짝하고 빛나면서 긴 꼬리를 그리며 하늘 깊숙이 사라져 가는 별똥별을 발견하면, 뛸 듯이 기뻤습니다. '나도 저렇게 하늘을 날 수 있으면……'이라고 그는 생각했습니다. _____②_____ 하늘을 나는 것은 쉬운 일이 아니었습니다. 그래서 시게오는 높은 곳으로 뛰어오르거나 뛰어 내려, 작게나마 ③ 기분전환을 하고 싶다고 생각했습니다. 뛰어오르는 것은 어렵지만, 뛰어내리는 것은 그렇게 어렵지만은 않았습니다. 시게오는 열심히 높은 곳에서 뛰어내리는 연습을 했습니다. 야산을 이리저리 뛰어다니기도 하고, 나무에 기어오르기도 하는 등 장난만 치고 있었기 때문에 몸이 매우 가뿐해지게 되었습니다. 일년이나 지나는 사이에 짧은 호흡으로 지붕이나 나뭇가지, 그 외 높은 곳에서 손쉽게 뛰어내릴 수 있게 되었습니다. '시게오는 새의 환생이다' 등이라고 하면서 주변 사람들은 놀랐습니다. 그는 _____④_____ 잘하게 되어, 그 기술을 연습했습니다.

185 ① 특히에 가까운 의미를 가진 말을 고르세요.

(A) 별로

(B) 각별(히)

(C) 최초로

(D) 말을 표현하면

186 _____②_____ 에 들어갈 적절한 말을 아래에서 고르세요.

(A) 그러나

(B) 그리고 나서

(C) 그에 변하여

(D) 그렇지 않으면

187 ③ 기분전환을 하고 싶다는 설명으로 맞는 것을 고르세요.

(A) 하늘을 날고 싶다는 꿈을 향한 구체적인 한걸음이라는 것

(B) 하늘을 날고 싶지만 현실적이지 않으므로, 적어도 마음의 위로라는 것

(C) 하늘을 날고 싶지만, 먼저 현실적으로 연습해야 한다는 것

(D) 하늘을 날고 싶지만, 지금은 포기해 버렸다는 것

188 _____④_____ 에 들어갈 적절한 말을 아래에서 고르세요.

(A) 부스럭부스럭

(B) 술술

(C) 점점

(D) 우르르

眺(なが)める 지그시 보다. 응시하다. 조망하다 | 屋根(やね) 지붕 | 愉快(ゆかい) 유쾌 | 光(ひか)る 빛나다. 반짝이다. 반사하다 | 流(なが)れ星(ぼし) 유성, 별똥별 | 飛(と)び上(あ)がる 높이 날아오르다. 뛰어오르다 | 心(こころ)やり 기분전환. 심심풀이, 마음을 씀. 배려함 | 呼吸(こきゅう) 호흡 | 驚(おどろ)く 놀라다. 경악하다 | 技(わざ) 기술

189~192

'환자의 말을 왜 들어주지 않는 겁니까?' '환자에 대한 횡포가 아닙니까?' 미나마타병 문제의 '제2의 정치 결착'이 되는 미인정 환자의 구제법이 7월 8일에 성립했습니다. 2만 명이 새롭게 구제된다고 하지만, 법률에는 가해기업인 chisso의 분사화가 포함되어 있어 환자 단체는 국회 주변에서 연일 반대를 호소하고 있었습니다. 분사화는 1,700억 엔 이상의 민간 기업이라면 언제 도산해도 이상하지 않은 채무를 껴안은 chisso에 보상금을 염출시키는 ① 고육지책이기도 했습니다. 비판도 고려하여 자회사의 주식매각은 환자 구제 종료까지 동결한다는 등의 조건이 붙여져 있어, 마음대로 해산할 수는 없습니다. 환경청 담당자로부터 '몇 번이나 설명했는데요……'라는 말을 들었습니다. ② , chisso가 결국은 소멸한다는 것은 변함이 없고, 어떤 조건이 붙어 있다 해도 용인할 수 없는 환자의 마음은 이치에 맞지 않는 것이겠죠. 피해자의 고령화가 진행되고 있고, 하루라도 빨리 구제해야 할 필요가 있습니다. 그 의미로 큰 전진이라고는 생각하지만, 반대하는 환자와 그렇지 않은 환자와의 사이에 선을 긋는 것으로 이어지는 참을 수 없는 생각이 남습니다. ③ 그것은 미나마타병의 공식 확인으로부터 반세기 이상이 지나도 묻히지 않는 공해병이 남긴 깊은 상처 자국을 나타내고 있는 듯한 생각이 듭니다.

189 ① 고육지책이란, 어떤 의미입니까?

(A) 힘들면서도 대책을 실시하는 것
(B) 괴로운 나머지 생각해낸 수단의 것
(C) 괴로운 경험을 하는 것
(D) 괴로우면서도 거기에 기쁨이 있는 것

190 ② 에 들어갈 적절한 말을 고르세요.

(A) 그러나
(B) 그러면
(C) 그렇게 해서
(D) 그것을 통해서

191 ③ 그것이란, 무엇을 가리키고 있습니까?

(A) 미나마타병의 가해회사인 chisso가 분사화되는 것
(B) 미나마타병의 가해회사인 chisso가 언젠가는 소멸하는 것
(C) 미나마타병의 구제를 둘러싸고, 환자 안에서 선긋기가 이루어지고 있는 것
(D) 미나마타병의 발생이 반세기를 지나도, 아직 해결할 수 없는 문제가 있는 것

192 본문의 내용과 맞는 것을 고르세요.

(A) 미나마타병은 발생한지 반세기가 되는 올해 겨우 해결을 보았다.
(B) 미나마타병의 가해자인 chisso의 해산이 결정되어, 이제부터의 보상이 걱정이다.
(C) 미나마타병에 걸린 환자 중에는 어떤 조건이라도 용인할 수 없다는 사람들도 있는 것은 확실하다.
(D) 미나마타병은 다양한 과정을 거쳐, 드디어 해결을 향해 나아가기 시작했다.

切(き)り捨(す)て 베어서 버림. 끝수를 버림 | 水俣病(みなまたびょう) 미나마타병. 폐수 공해로 인한 중독성 질환의 한 가지 | 救済(きゅうさい) 구제 | 訴(うった)える 소송하다. 고소하다. 호소하다 | 抱(かか)える 안다. 껴안다. 맡다 | 捻出(ねんしゅつ) 염출. 짜냄, 변통해 냄 | 苦肉(くにく)の策(さく) 고육지책 | 子会社(こがいしゃ) 자회사 | 理屈(りくつ) 이치. 도리, 억지 이론. 구실. 핑계 | やりきれない 해낼 수 없다. 참을 수 없다. 견뎌낼 수 없다 | 埋(う)める 묻다. 매우다. 막다 | 傷跡(きずあと) 상처. 자국. 흉터. 흠

193~196

전화로 집에 현금을 준비시킨 다음 빈집에 들어갔다고 해서. 사이타마현 경찰 조사 3과와 다케난서 등 합동조사반이 22일, 절도 등의 혐의로 도쿄도 미나토구 다카나와의 무직 사사키 용의자 등 남자 3명을 다시 체포, 같은 혐의로 이타바시구의 무직 소년을 체포했다. 조사반의 조사로는 4명은 1월 27일 오후 0시 50분경에서 5시 35분경 사이에, 가와구치시의 남성 회사원 집에 창문을 부수고 침입, 현금 약 90만 엔 등을 훔친 혐의 등을 가지고 있다. 조사반에 의하면, 4명은 사전에 남성 집에 아들을 가장하여 '주식으로 실패하여, 160만 엔이 필요' 등으로 전화. 자택에 현금을 준비시켰다. 사사키 용의자는 '계좌 송금 사기를 했었는데 대책이 강화되어 순조롭지 않게 되자, ① 수법을 바꾸었다' 등으로 진술하고 있다고 한다. 조사반은 4명이 헤이세이 20년(2008년) 11월경부터 21년(2009년) 3월 하순까지 사이에 ② 동일수법으로 현 남부에서 약 30건의 빈집을 반복하여 약 2,000만 엔을 훔쳤다고 추정, 확실한 증거 수사를 서두르고 있다. 중에는 '돈은 집에 두고 밖에서 밥이라도 먹자' 등으로 외출을 하게 만들고 나서, 빈집에 들어가는 ③ '외출 유도 절도'도 있었다고 한다.

193 ① 수법을 바꾸었다고 하는데, 어떻게 바꾸었습니까?

(A) 송금 사기를 하고 있었는데, 지금은 손을 씻었다.

(B) 송금 사기를 하고 있었는데, 지금은 사기를 단속하는 쪽을 담당하고 있다.

(C) 송금 사기를 하고 있었는데, 절도를 하게 되었다.

(D) 송금 사기를 하고 있었는데, 지금은 다른 형태로 사기를 치고 있다.

194 ② 동일수법이라는 것은 구체적으로는 어떤 것입니까?

(A) 이전부터 하고 있던 송금 사기

(B) 전화로 집에 현금을 준비하게 한 다음, 도둑으로 들어가는 것

(C) 집 창문유리를 부수고 침입하는 것

(D) 돈을 지불하지 않고, 밖에서 밥을 먹었던 것

195 ③ 외출 유도 절도란, 어떤 것입니까?

(A) 밖에서 식사를 하자고 권유해서 집에서 외출하게 하고, 그 사이에 집에 방화를 하는 것

(B) 밖에서 식사를 하자고 권유해서 외출한 후, 피해자 집에 침입하여 도둑질을 하는 것

(C) 밖에서 식사를 하자고 권해두고, 약속은 지키지 않는 것

(D) 밖에서 식사를 하자고 권해두고, 함께 도둑질을 하자고 권유하는 것

196 본문의 내용으로 맞는 것을 고르세요.

(A) 이번에 체포된 4명은 전원 과거에 송금사기를 했었는데, 최근 절도를 하게 되었다.

(B) 이번에 체포된 4명은 이번 사건 외에도 많은 절도를 했고, 피해 총액은 2,000만 엔을 밑도는 것이 확실하다.

(C) 이번에 체포된 4명은 피해자의 아들을 납치하여, 몸값으로 90만 엔을 받아서 체포되었다.

(D) 이번에 체포된 4명은 피해 남성의 아들이라고 거짓말을 해서 돈을 준비하게 하고, 그 돈을 가로챘다고 한다.

空(あ)き巣(す) 빈 둥지, 보금자리, 빈집 | 逮捕(たいほ) 체포 | 盗(ぬす)む 훔치다, 도둑질하다 | 疑(うたが)い 의심, 의문, 혐의 | 装(よそお)う 치장하다, 차려 입다, 가장하다 | 手口(てぐち) 범죄 등의 수법 | 供述(きょうじゅつ) 공술, 진술 | 裏付(うらづ)け 뒷받침, 확실한 증거 | 追(お)い出(だ)し 쫓아냄

197~200

　친구와 걷고 있는데, 그에게만 유독 벌레가 날아들었다. 상대편 옷은 노란색이고, 나는 그레이. '옷의 색깔 탓이야'라고 그는 말하지만, 과연 색으로 벌레를 오게 한다/오지 않게 한다는 것을 알 수 있는 걸까? '우리들에게 보이는 색을 기준으로 하자면, 노란색이 가장 벌레를 모이게 한다는 실험 결과가 나와 있습니다. 실제로 노란색은 해충을 유인하여 구제하는 『스틱키트랩』에도 사용되고 있습니다'라고 곤충학 연구자인 도쿄농업대학 오카지마 히데지 교수가 말합니다. ① 벌레와 색의 관계를 생각할 때 중요한 것이 '꽃'. 예를 들면 나비나 벌 같은 벌레들은 꽃에 모여드는 성질이 있어, 화려한 색의 옷을 꽃이라고 생각해 다가온다. 특히 노란색은 민들레나 유채꽃 등 다양한 꽃에 보이는 색으로, 하늘의 푸른색과도 조화가 강하고 날면서도 식별하기 쉬운 것 같다. 　②　 곤충의 시력은 사람의 100분 1정도로 전체적으로 희미하게 보인다고 하는데, 인간의 눈으로는 감지할 수 없는 자외선을 볼 수가 있다. '벌레들이 색에 모여드는 경우는 먹잇감이나 구석, 이성을 원할 때 날아드는 것이 대부분. 때문에, 이상하게 자극하지 않는 한 공격받을 염려는 없습니다. 　③　, 예외는 말벌. 그들은 검정에 반응하는데, 이것은 천적인 곰의 색. 검정으로 보이면, 공격을 가해 옵니다. 여름은 캠프 등으로 산이나 강에 갈 기회도 늘어나므로, 두발을 수건으로 감싸는 등 검은 부분이 잘 드러나지 않도록 주의하세요.'

197 ① 벌레와 색의 관계 설명으로 올바른 것을 아래에서 고르세요.

(A) 모든 벌레가 노란색에 날아들기 때문에, 노란색 이외의 옷을 입고 가면 벌레가 모일 일도 없다.

(B) 대부분의 벌레는 노란색을 먹이나 이성과 관련짓기 때문에 아무런 행동도 하지 않는 한 우리들에게 피해가 올 일도 없다.

(C) 말벌은 검정색을 좋아해서, 인간의 머리를 공격하는 성향이 있으므로, 야산을 걸을 때에는 충분히 주의를 해야 한다.

(D) 벌레와 색의 관계는 아직 연구단계로 확실한 것은 알 수 없다.

198 　②　 에 들어갈 적당한 말을 아래에서 고르세요.

(A) 덧붙여서 말하면

(B) 무턱대고

(C) 특별히

(D) 별로

199 　③　 에 들어갈 적당한 말을 아래에서 고르세요.

(A) 그리고 나서

(B) 그에 어울리는

(C) 그렇다고만 할 수는 없는

(D) 단

200 본문의 내용과 맞는 것을 아래에서 고르세요.

(A) 벌레의 시력은 인간보다도 발달되어 있어, 100분의 1정도의 작은 것까지 볼 수가 있다.

(B) 벌레는 시력은 떨어지지만, 인간이 감지할 수 없는 자외선을 느낄 수가 있다.

(C) 벌레는 노란색에 모여드는 성향이 있어, 그것을 이용한 방향제도 개발되고 있다.

(D) 벌레는 색에 반응하지만, 날면서 인식하는 것은 어렵다고 한다.

寄(よ)る 다가서다. 접근하다. 모이다 | グレー 그레이(gray). 잿빛. 회색 | 引(ひ)き寄(よ)せる 끌어당기다. 가까이 잡아끌다. 저절로 가까이 오게 하다 | 駆除(くじょ) 구제. 쪼아 없앰 | 識別(しきべつ) 식별 | ぼやける 흐릿해지다. 희미해지다. 멍해지다 | 紫外線(しがいせん) 자외선 | 餌(えさ) 모이 먹이 사료. 미끼 | 刺激(しげき) 자극 | 反応(はんのう) 반응 | 天敵(てんてき) 천적 | 仕掛(しか)け 궁리된 장치. 조작. 속임수 | 頭髪(とうはつ) 두발 | 格好(かっこう) 모습. 모양. 꼴 | 心掛(こころが)ける 마음을 쓰다. 유의하다. 조심하다

실전모의고사 **3회** 문제집 152~195쪽

PART1 사진묘사 **(정답 및 해설)** 문제집 153~162쪽

1

(A) 男の人が浴衣を着ています。
(B) 男の人が着物を着ています。
(C) この人はカメラを向けてポーズを取っています。
(D) この人は花火模様の浴衣を着ています。

(A) 남자가 유카타를 입고 있습니다.
(B) 남자가 기모노를 입고 있습니다.
(C) 이 사람은 카메라를 향해서 포즈를 취하고 있습니다.
(D) 이 사람은 불꽃무늬의 유카타를 입고 있습니다.

浴衣(ゆかた) 유카타. 아래위에 걸쳐서 입는 두루마기 모양의 긴 무명 홑옷. 목욕 후 또는 여름철에 평상복으로 입음 | 向(む)ける 향하게 하다. 돌리다 | ポーズを取(と)る 포즈를 취하다 | 花火模様(はなびもよう) 불꽃무늬

2

(A) これは丸い時計です。
(B) これは四角い時計です。
(C) もうすぐ4時になります。
(D) 時計の上に乾電池が置いてあります。

(A) 이것은 둥근 시계입니다.
(B) 이것은 네모난 시계입니다.
(C) 곧 4시가 됩니다.
(D) 시계 위에 건전지가 놓여 있습니다.

丸(まる)い 둥글다. 모나지 않고 온후하다 | 四角(しかく)い 네모지다. 네모꼴이다 | 乾電池(かんでんち) 건전지

3

(A) ここは踏み切りです。
(B) ここは横断歩道です。
(C) ここは交差点です。
(D) ここは駅のホームです。

(A) 여기는 건널목입니다.
(B) 여기는 횡단보도입니다.

(C) 여기는 교차로입니다.
(D) 여기는 역의 플랫폼입니다.

踏(ふ)み切(き)り 건널목 | 横断歩道(おうだんほどう) 횡단보도 | 交差点(こうさてん) 교차점, 교차로 | ホーム 플랫폼

4

(A) 女の人は携帯電話を取り合っています。
(B) 女の人は携帯電話を手に取っています。
(C) 女の人はかばんを選んでいます。
(D) 女の人はかばんの中に携帯電話を入れています。

(A) 여자는 휴대전화를 서로 빼앗고 있습니다.
(B) 여자는 휴대전화를 손에 쥐고 있습니다.
(C) 여자는 가방을 고르고 있습니다.
(D) 여자는 가방 안에 휴대전화를 넣고 있습니다.

携帯電話(けいたいでんわ) 휴대전화 | 取(と)り合(あ)う 서로 손을 잡다. 손을 맞잡다. 서로 차지하려고 다투다. 서로 빼앗다 | 手(て)に取(と)る 손에 쥐다

5

(A) 弁当が横一列に並べられています。
(B) 弁当が縦一列に並べられています。
(C) ここでは飲み物も買うことができます。
(D) 弁当が陳列されています。

(A) 도시락이 가로 일렬로 나열되어 있습니다.
(B) 도시락이 세로 일렬로 나열되어 있습니다.
(C) 여기서는 마실 것도 살 수가 있습니다.
(D) 도시락이 진열되어 있습니다.

弁当(べんとう) 도시락 | 横(よこ) 가로, 옆 | 並(なら)べる 줄지어 놓다. 나란히 놓다. 죽 늘어놓다 | 縦(たて) 수직 세로 | 陳列(ちんれつ) 진열

6

(A) ここでは、ラーメンを買うことができます。
(B) ここでは、缶ジュースを買うことができます。
(C) ここでは、缶ビールを買うことができます。
(D) ここに生ゴミを捨ててはいけません。

(A) 여기서는 라면을 살 수가 있습니다.

(B) 여기서는 캔 주스를 살 수가 있습니다.

(C) 여기서는 캔맥주를 살 수가 있습니다.

(D) 여기에 음식물 쓰레기를 버려서는 안 됩니다.

ラーメン 라면 | 缶(かん)ジュース 캔 주스 | 生(なま)ゴミ 음식물 쓰레기, 부엌 쓰레기 | 捨(す)てる 버리다, 내다버리다

(A) 이 사람은 쌍안경을 들여다보고 있습니다.

(B) 이 사람은 망원경을 들여다보고 있습니다.

(C) 이 사람은 현미경을 들여다보고 있습니다.

(D) 이 사람은 카메라를 들여다보고 있습니다.

双眼鏡(そうがんきょう) 쌍안경 | 覗(のぞ)き込(こ)む 목을 길게 빼어 들여다보다. 얼굴을 가까이 들이밀고 보다 | 望遠鏡(ぼうえんきょう) 망원경 | 顕微鏡(けんびきょう) 현미경

7

(A) 女(おんな)の人(ひと)は手(て)を合(あ)わせています。

(B) 女(おんな)の人(ひと)は腕(うで)を組(く)んでいます。

(C) 女(おんな)の人(ひと)は手(て)を上(あ)げています。

(D) 女(おんな)の人(ひと)は右手(みぎて)にかばんを持(も)っています。

(A) 여자는 손을 모으고 있습니다.

(B) 여자는 팔짱을 끼고 있습니다.

(C) 여자는 손을 들고 있습니다.

(D) 여자는 오른손에 가방을 들고 있습니다.

手(て)を合(あ)わせる 손을 모으다, 합장하다 | 腕(うで)を組(く)む 팔짱을 끼다 | 手(て)を上(あ)げる 손을 들어 올리다, 항복하다 | 右手(みぎて) 오른손

10

(A) ズボンが干(ほ)してあります。

(B) スカートが干(ほ)してあります。

(C) 縫(ぬ)いぐるみが干(ほ)してあります。

(D) 帽子(ぼうし)が干(ほ)してあります。

(A) 바지를 말리고 있습니다.

(B) 치마를 말리고 있습니다.

(C) 봉제 인형을 말리고 있습니다.

(D) 모자를 말리고 있습니다.

ズボン 바지 | 干(ほ)す 말리다 | スカート 스커트(skirt), 치마 | 縫(ぬ)いぐるみ 봉제 인형, 솜이나 헝겊 등을 속에 넣고 꿰맴 | 帽子(ぼうし) 모자

8

(A) 道路(どうろ)の手前(てまえ)に大(おお)きなビルがあります。

(B) 道路(どうろ)の奥(おく)には川(かわ)が流(なが)れています。

(C) ビルの奥(おく)に道路(どうろ)があります。

(D) ビルの手前(てまえ)には川(かわ)が流(なが)れています。

(A) 도로 앞에 큰 빌딩이 있습니다.

(B) 도로 안쪽에는 강이 흐르고 있습니다.

(C) 빌딩 안쪽에 도로가 있습니다.

(D) 빌딩 앞에는 강이 흐르고 있습니다.

道路(どうろ) 도로 | 手前(てまえ) 자기 앞, 자기의 바로 앞, 자기에게 가까운 쪽 | ビル 빌딩(building) | 流(なが)れる 흐르다, 흘러가다, 떠내려가다

11

(A) 男(おとこ)の人(ひと)は姿勢(しせい)を正(ただ)して座(すわ)っています。

(B) 男(おとこ)の人(ひと)は居眠(いねむ)りをしています。

(C) 男(おとこ)の人(ひと)は足(あし)を組(く)んでいます。

(D) 男(おとこ)の人(ひと)は腕(うで)を組(く)んでいます。

(A) 남자는 자세를 바로잡고 앉아 있습니다.

(B) 남자는 졸고 있습니다.

(C) 남자는 다리를 꼬고 있습니다.

(D) 남자는 팔짱을 끼고 있습니다.

姿勢(しせい) 자세 | 正(ただ)す 바로잡다, 고치다, 가다듬다 | 居眠(いねむ)り 앉아서 졺, 말뚝잠 | 足(あし)を組(く)む 다리를 꼬다

9

(A) この人(ひと)は双眼鏡(そうがんきょう)を覗(のぞ)き込(こ)んでいます。

(B) この人(ひと)は望遠鏡(ぼうえんきょう)を覗(のぞ)き込(こ)んでいます。

(C) この人(ひと)は顕微鏡(けんびきょう)を覗(のぞ)き込(こ)んでいます。

(D) この人(ひと)はカメラを覗(のぞ)き込(こ)んでいます。

12

(A) このショッピングセンターは駅(えき)とは繋(つな)がっていません。

(B) このショッピングセンターは24時間営業(じかんえいぎょう)です。

(C) このショッピングセンターは駐車料金（ちゅうしゃりょうきん）が無料（むりょう）になるサービスはありません。

(D) このショッピングセンターは宝石（ほうせき）を買（か）うこともできます。

(A) 이 쇼핑센터는 역과는 연결되어 있지 않습니다.

(B) 이 쇼핑센터는 24시간 영업입니다.

(C) 이 쇼핑센터는 무료 주차 요금 서비스는 없습니다.

(D) 이 쇼핑센터에서는 보석을 살 수도 있습니다.

ショッピングセンター 쇼핑센터(shopping center) | 繋(つな)がる 이어지다. 연결되다. 관계가 있다 | 営業(えいぎょう) 영업 | 駐車料金(ちゅうしゃりょうきん) 주차 요금 | 無料(むりょう) 무료 | 宝石(ほうせき) 보석

13

(A) 男（おとこ）の人（ひと）は多（おお）くの観客（かんきゃく）に取（と）り囲（かこ）まれています。

(B) 男（おとこ）の人（ひと）は多（おお）くの観客（かんきゃく）から野次（やじ）を飛（と）ばされています。

(C) 男（おとこ）の人（ひと）は多（おお）くの観客（かんきゃく）から捕（つか）まえられました。

(D) 多（おお）くの観客（かんきゃく）は男（おとこ）の人（ひと）に寄（よ）り添（そ）っています。

(A) 남자는 많은 관객에게 둘러싸여 있습니다.

(B) 남자는 많은 관객으로부터 야유를 받고 있습니다.

(C) 남자는 많은 관객에게 붙잡혔습니다.

(D) 많은 관객은 남자에게 바싹 붙어 있습니다.

観客(かんきゃく) 관객 | 取(と)り囲(かこ)む 둘러싸다. 에워싸다 | 野次(やじ)を飛(と)ばす 야유하다 | 捕(つか)まえる 잡다. 붙잡다. 붙들다 | 寄(よ)り添(そ)う 바싹 달라붙다. 다가붙다

14

(A) この人（ひと）は荷物（にもつ）を吊（つ）り下（さ）げています。

(B) この人（ひと）は引（ひ）っ越（こ）しの準備（じゅんび）をしています。

(C) この人（ひと）は荷物（にもつ）の積（つ）み降（お）ろしをしています。

(D) この人（ひと）は荷物（にもつ）を肩（かた）に担（かつ）いでいます。

(A) 이 사람은 짐을 매달고 있습니다.

(B) 이 사람은 이사 준비를 하고 있습니다.

(C) 이 사람은 짐을 내리고 있습니다.

(D) 이 사람은 짐을 어깨에 메고 있습니다.

吊（つ）り下（さ）げる 매달다. 늘어뜨리다 | 荷物（にもつ）짐. 화물 | 引（ひ）っ越（こ）し 이사 | 積（つ）み下（お）ろす 실어 있는 짐을 내리다 | 肩（かた）に担（かつ）ぐ 어깨에 메다

15

(A) トイレットペーパーがきれいに重（かさ）ねてあります。

(B) トイレットペーパーは横一列（よこいちれつ）に並（なら）べてあります。

(C) トイレットペーパーは先端（せんたん）が三角（さんかく）に折（お）ってあります。

(D) トイレットペーパーが２つ転（ころ）がっています。

(A) 화장지가 예쁘게 겹쳐 있습니다.

(B) 화장지는 가로 일렬로 늘어서 있습니다.

(C) 화장지는 끝이 삼각으로 접혀 있습니다.

(D) 화장지가 2개 굴러다니고 있습니다.

トイレットペーパー 화장지(toilet paper) | 重(かさ)ねる 겹치다. 포개다. 되풀이하다 | 先端(せんたん) 선단. 끝 | 三角(さんかく) 삼각 | 折(お)る 접다. 굽히다. 구부리다 | 転(ころ)がる 구르다. 넘어지다

16

(A) ジョイシネマ3はこの建物（たてもの）の向（む）かい側（がわ）にあります。

(B) ジョイシネマ2はこの建物（たてもの）にはありません。

(C) ジョイシネマ1はこの建物（たてもの）の二階（にかい）です。

(D) ジョイシネマは全（すべ）てこの建物（たてもの）の中（なか）にあります。

(A) 조이시네마3은 이 건물 맞은편에 있습니다.

(B) 조이시네마2는 이 건물에는 없습니다.

(C) 조이시네마1은 이 건물 2층입니다.

(D) 조이시네마는 모두 이 건물 안에 있습니다.

建物(たてもの) 건물 | 向(む)かい側(がわ) 맞은편. 상대편 쪽. 정면 | 全(すべ)て 모두. 모조리. 전부

17

(A) 女（おんな）の人（ひと）は手前（てまえ）から奥（おく）に向（む）かって矢（や）を投（な）げています。

(B) 女（おんな）の人（ひと）は左手（ひだりて）で矢（や）を投（な）げています。

(C) 的（まと）の周（まわ）りには矢（や）が散乱（さんらん）しています。

(D) 多（おお）くの矢（や）が的（まと）に入（はい）っています。

(A) 여자는 앞에서 안쪽을 향해서 화살을 던지고 있습니다.

(B) 여자는 왼손으로 화살을 던지고 있습니다.

(C) 과녁의 주변에는 화살이 흩어져 있습니다.

(D) 많은 화살이 과녁에 들어가 있습니다.

奥(おく) 속, 깊숙한 안쪽 | 矢(や)を投(な)げる 화살을 던지다 | 左手(ひだりて) 왼손 | 的(まと) 과녁, 표적, 대상, 목표 | 散乱(さんらん) 산란

18

(A) 子供(こども)はお父(とう)さんの足(あし)に座(すわ)り込(こ)もうとしています。

(B) 子供(こども)はお父(とう)さんの足(あし)にまたがっています。

(C) 男(おとこ)の人(ひと)は子供(こども)を背中(せなか)におんぶしています。

(D) 男(おとこ)の人(ひと)は子供(こども)を肩車(かたぐるま)に乗(の)せています。

(A) 아이는 아버지 다리에 주저앉으려 하고 있습니다.

(B) 아이는 아버지 다리에 걸터앉아 있습니다.

(C) 남자는 아이를 등에 업고 있습니다.

(D) 남자는 아이를 목말 태우고 있습니다.

座(すわ)り込(こ)む 주저앉다, 눌러앉다, 버티고 있다 | またがる 두 다리를 벌리고 올라타다, 걸터앉다 | 背中(せなか) 등 뒤 | おんぶ 어부바, 업음 | 肩車(かたぐるま) 목말

19

(A) 島(しま)には家(いえ)や高層(こうそう)の建物(たてもの)が林立(りんりつ)していますが、山(やま)の麓(ふもと)には、家(いえ)は一軒(いっけん)も建(た)っていません。

(B) 山(やま)の麓(ふもと)に家(いえ)が建(た)っていますが、山(やま)の頂上(ちょうじょう)には、家(いえ)は一軒(いっけん)も見当(みあ)たりません。

(C) この山(やま)の頂上(ちょうじょう)は尖(とが)っていますが、山(やま)の麓(ふもと)は非常(じょう)に緩(ゆる)やかで、多(おお)くの集落(しゅうらく)は頂上近(ちょうじょうちか)くに家(いえ)を構(かま)えています。

(D) 山(やま)の左手(ひだりて)には、工場(こうじょう)が見(み)えるし、煙(けむり)がもくもくと立(た)ち上(あ)がっています。

(A) 섬에는 집이나 고층 건물이 숲처럼 죽 늘어서 있습니다만, 산기슭에는 집은 한 채도 없습니다.

(B) 산기슭에 집이 있습니다만, 산 정상에는 집은 한 채도 눈에 띄지 않습니다.

(C) 이 산의 정상은 뾰족하지만, 산기슭은 매우 완만하고 많은 취락은 정상 근처에 집을 짓고 있습니다.

(D) 산 왼쪽에는 공장이 보이고, 연기가 뭉게뭉게 피어 오르고 있습니다.

島(しま) 섬 | 高層(こうそう) 고층 | 林立(りんりつ) 임립, 숲을 이루고 서 있음 | 山(やま)の麓(ふもと) 산기슭 | 一軒(いっけん) 집 한 채 | 頂上(ちょうじょう) 정상 | 見当(みあ)たる 발견되다, 눈에 띄다 | 尖(とが)る 뾰족해지다, 날카로워지다 | 緩(ゆる)やか 완만함, 느릿함 | 集落(しゅうらく) 취락, 인가가 모여 있는 곳 | 構(かま)える 차리다, 꾸리다, 자세를 취하다, 태세를 갖추다 | もくもく 연기나 구름 등이 잇달아 피어오르는 모양(뭉게뭉게), 불가져 통통한 모양(볼통볼통), 입을 다문 채 씹는 모양(우물우물) | 立(た)ち上(あ)がる 일어서다, 솟아오르다

20

(A) 三角形(さんかくけい)の枠(わく)の中(なか)に花(はな)びらが見(み)えます。

(B) 五角形(ごかくけい)の模様(もよう)の中(なか)に花柄(はながら)の模様(もよう)が見(み)えます。

(C) 六角形(ろっかくけい)の連結(れんけつ)だけの模様(もよう)です。

(D) 六角形(ろっかくけい)の模様(もよう)の中(なか)に花柄(はながら)の模様(もよう)が見(み)えます。

(A) 삼각형 테두리 안에 꽃잎이 보입니다.

(B) 오각형 도안(무늬) 안에 꽃무늬 모양이 보입니다.

(C) 육각형으로만 연결된 도안(무늬)입니다.

(D) 육각형 도안(무늬) 안에 꽃무늬 모양이 보입니다.

三角形(さんかくけい) 삼각형 | 枠(わく) 테, 테두리 | 花(はな)びら 꽃잎 | 五角形(ごかくけい) 오각형 | 模様(もよう) 무늬, 도안 | 花柄(はながら) 꽃무늬 | 六角形(ろっかくけい) 육각형

21

野村さんは朝7時に起きますか。

(A) はい、そうです。

(B) はい、起きません。

(C) いいえ、違います。

(D) いいえ、起きません。

노무라 씨는 아침 7시에 일어납니까?

(A) 네, 그렇습니다.

(B) 네, 일어나지 않습니다.

(C) 아니요, 다릅니다.

(D) 아니요, 일어나지 않습니다.

📖 문장 중에 의문사를 포함하지 않고 참과 거짓을 묻는 의문문에서 술어가 형용사, 동사인 경우에는 「はい、そうです」「いいえ、ちがいます / そうではありません」으로 대답할 수 없다. 반드시 술어를 반복해서 대답해야 한다.

朝(あさ) 아침 | 起(お)きる 일어나다. 기상하다. 바로 서다 | 違(ちが)う 다르다. 상이하다

22

郵便局までどのくらいかかりますか。

(A) 地下鉄で行けます。

(B) 駅で降りてバスに乗ります。

(C) 新宿駅で降ります。

(D) バスで二十分です。

우체국까지 어느 정도 걸립니까?

(A) 지하철로 갈 수 있습니다.

(B) 역에서 내려 버스를 탑니다.

(C) 신주쿠 역에서 내립니다.

(D) 버스로 20분입니다.

📖 지시어(어느 정도)에 주의할 것!

郵便局(ゆうびんきょく) 우체국 | 地下鉄(ちかてつ) 지하철 | 降(お)りる 내리다. 내려오(가)다 | 乗(の)る 타다

23

お先に失礼します。

(A) そうだったんですか。

(B) それは困りましたね。

(C) お疲れ様でした。

(D) 失礼しました。

먼저 실례하겠습니다.

(A) 그랬던 겁니까?

(B) 정말로 난처했지요.

(C) 수고하셨습니다.

(D) 실례했습니다.

📖 기본 인사 표현!

お先(さき)に失礼(しつれい)します 남보다 먼저 자리를 뜨거나 어떤 일을 할 때 하는 인사말(먼저 실례하겠습니다)

24

今からこちらに来ませんか。

(A) 電話をしてから行きましたよ。

(B) 両親が来ていますから、後で行きます。

(C) 分かりました、もう少し待ってみます。

(D) 今は忙しくないから、明日は行けます。

지금 이쪽으로 오지 않겠습니까?

(A) 전화하고 나서 갔어요.

(B) 부모님이 와 있으니, 나중에 가겠습니다.

(C) 알겠습니다, 조금 더 기다려 보겠습니다.

(D) 지금은 바쁘지 않으니까, 내일은 갈 수 있습니다.

📖 지금 와 주세요

後(あと)で 나중에 | 分(わ)かる 알다. 이해할 수 있다 | もう少(すこ)し 조금 더. 약간 더 | 待(ま)つ 기다리다 | 忙(いそが)しい 바쁘다. 분주하다

25

どうしよう、電車の中で財布を盗まれちゃったわ。

(A) どこでやられたの?

(B) どこで落としたのか覚えてないの?

(C) 届けは出したの?

(D) 早く家へ帰った方がいいんじゃないの?

어떻게 하지, 전철 안에서 지갑을 도둑맞았어.

(A) 어디서 당한 거야?

(B) 어디서 떨어뜨렸는지 기억이 안 나?

(C) 신고는 했어?

(D) 빨리 집에 돌아가는 편이 좋지 않겠어?

🇯🇵 지갑을 도둑맞았다.

電車(でんしゃ) 전철 | 財布(さいふ) 지갑 | 盗(ぬす)む 훔치다, 도둑질하다 | 落(お)とす 떨어뜨리다, 낙하시키다

26

申し訳ございませんが、料金は先払いでお願いします。

(A) はい、カードでもいいですか。

(B) はい、後で払います。

(C) 分かりました。帰るときお願いします。

(D) では、明日でいいんですね。

죄송합니다만, 요금은 선불로 부탁합니다.

(A) 네, 카드라도 괜찮습니까?

(B) 네, 나중에 지불하겠습니다.

(C) 알겠습니다. 돌아갈 때 부탁합니다.

(D) 그럼, 내일로 괜찮은 거네요.

🇯🇵 선불로 부탁합니다.

料金(りょうきん) 요금 | 先払(さきばら)い 선불, 운임이나 우편료 등을 수취인이 지급하는 방법, 수취인 부담 | カード 카드(card) | 払(はら)う 지불하다, 없애다, 털어내다

27

すみません、口座を開きたいんですが。

(A) 人数は何名ぐらいですか。

(B) かしこまりました、少々お待ちください。

(C) 寒いから開けないでください。

(D) 場所はどちらですか。

저기요, 계좌를 개설하고 싶습니다만.

(A) 인원은 몇 명 정도입니까?

(B) 알겠습니다, 잠시 기다려 주세요.

(C) 추우니까 열지 마세요.

(D) 장소는 어느 쪽입니까?

🇯🇵 계좌를 개설하고 싶다.

口座(こうざ)を開(ひら)く 계좌를 만들다, 계좌를 개설하다 | 人数(にんずう) 인원수, 사람의 수 | かしこまりました 분부대로 하겠습니다, 알겠습니다 | 寒(さむ)い 춥다, 무서움 등으로 오싹하다, 써늘하다

28

大変お待たせしてして申し訳ございません。

(A) まったくせちがらい世の中です。

(B) いいえ、倒産してしまいました。

(C) いえいえ、私も来たばかりですので。

(D) ばれちゃいましたね。

너무 기다리게 해서 죄송합니다.

(A) 정말이지 살아가기가 어려운 세상입니다.

(B) 아니요, 도산하고 말았습니다.

(C) 아니에요, 저도 막 와서요.

(D) 들키고 말았네요.

🇯🇵 기다리게 해서 죄송합니다.

まったく 완전히, 아주, 정말, 참으로 | せちがらい 세상 살아가기가 힘들다, 밥 먹고 살기가 어렵다 | 世(よ)の中(なか) 세상, 세간, 사회 | 倒産(とうさん) 도산 | ～たばかり 동작이 끝난 지 얼마 되지 않았음을 나타냄, ~한 지 얼마 안 되는 | ばれる 발각되다, 탄로 나다, 들키다

29

田中さんは本業以外にもいろいろなことをなさっているそうですね。

(A) はい、彼はいろいろとできる能力がありますからね。

(B) はい、それは以ての外ですよ。

(C) そんな、話にもなりませんよ。

(D) その話は水に流してください。なかったことにしましょう。

다나카 씨는 본업 이외에도 여러 가지 일을 하고 계시다고 하지요.

(A) 네, 그는 여러 가지를 할 수 있는 능력이 있으니까요.

(B) 네, 그야말로 당치도 않아요.

(C) 그런, 말도 안 되지요.

(D) 그 이야기는 흘려 버리세요. 없었던 걸로 합시다.

다양한 일을 하고 있다.

本業(ほんぎょう) 본업 | 以外(いがい) 이외, 그 밖 | 色々(いろいろ) 여러 가지, 갖가지, 가지각색 | なさる 하시다 | 以(もっ)ての外(ほか) 뜻하지 않음, 당치도 않음 | 水(みず)に流(なが)す 물에 흘려 버리다, 지나간 일은 없었던 것으로 하고 일체 탓하지 않다

30

もう子供じゃあるまいし、おもちゃで遊ぶのはやめなさい。

(A) 親にとっては子供はいつまでも子供だからしょうがないよ。

(B) 子離れできない親が増えているからしょうがないよ。

(C) まだ大人になりきれていないんじゃないかな。

(D) よく寝る子は育つっていうからね。

이제 어린아이도 아니고, 장난감 가지고 노는 것은 그만둬라.

(A) 부모에게 있어서 아이는 언제까지나 아이이기 때문에 어쩔 수 없어요.

(B) 아이에게서 떨어질 수 없는 부모가 늘고 있기 때문에 어쩔 수 없어요.

(C) 아직 완전한 어른이 되지 않은 게 아닐까?

(D) 잘 자는 아이는 잘 큰다고 하니까요.

📝 아이가 아닌 다 컸다는 것에 주의할 것

もう 이미, 벌써, 이제 | ~まい 부정적인 의지를 나타냄(~하지 않을 작정이다), 부정적인 추측을 나타냄(~않겠지, ~않을 것이다) | おもちゃ 장난감 | しょうがない 어쩔 수 없다 | 子離(こばな)れ 부모가 자식으로부터 정신적으로 떨어짐 | なりきれる 완전히 ~가 되어 버리다

31

山本さん、お暇でしたら手を貸していただけませんか。

(A) 私も手が離せないんです。

(B) 席が空いたら、こちらに座ってお待ちください。

(C) 身を粉にして働いている姿、感動するよ。

(D) この件からは手を引かせてもらいます。

야마모토 씨, 한가하면 도와 주시지 않겠습니까?

(A) 나도 일손을 뺄 수가 없어요.

(B) 자리가 비면, 이쪽에 앉아서 기다려 주세요.

(C) 노고를 마다 않고 일하는 모습, 감동이에요.

(D) 이 건에서는 손을 떼도록 하겠습니다.

📝 한가하면 손을 빌려 주세요.

手(て)を貸(か)す 손을 빌려주다, 돕다 | 手(て)が離(はな)せない 일손을 뺄 수가 없다 | 席(せき)が空(あ)く 자리가 비다 | 身(み)を粉(こ)にする 노고를 마다하지 않고 일하다, 분골쇄신하다 | 手(て)を引(ひ)く 손을 이끌다, 손을 떼다

32

日本語がぺらぺらになるために、何か秘訣がありますか。

(A) 会話をするときに、ぶつぶつ話すことですよ。

(B) 日本人の先生とばったりと会いました。

(C) 日本語の教科書をぱらぱら見ることです。

(D) 毎日、こつこつ単語を覚えることです。

일본어가 능숙해지기 위해서 뭔가 비결이 있습니까?

(A) 회화를 할 때, 중얼중얼 말하는 거예요.

(B) 일본인 선생님과 딱 마주쳤습니다.

(C) 일본어 교과서를 훌훌 보는 것입니다.

(D) 매일 꾸준히 단어를 외우는 거예요.

📝 일본어를 잘하기 위한 비결은?

ぺらぺら 거침없이 잘 지껄이는 모양, 종잇장 같은 것을 연달아 넘기는 모양, 펄럭펄럭 | 秘訣(ひけつ) 비결 | ぶつぶつ 낮은 소리로 중얼거리거나 불평불만을 늘어놓는 모양, 중얼중얼, 투덜투덜 | ばったり 갑자기 쓰러지거나 떨어지는 모양(푹), 뜻밖에 마주치는 모양(딱), 갑자기 막히거나 끊어지는 모양(뚝) | ぱらぱら 책장 등을 빠르게 넘기는 모양, 물건을 가볍게 뿌리는 모양, 훌훌 | こつこつ 꾸준히 노력하는 모양

33

あの歯医者さん、料金は安いけれど腕がいいのか分からないわ。

(A) お医者が腕によりをかけて作ってくれるそうですよ。

(B) 有名な大学の出身だから、腕は確かなはずよ。

(C) お客さんが多いから、人気があるんだろうな。

(D) 今が、腕の見せどころだからね。

저 치과의사 선생님, 요금은 싸지만 솜씨가 좋은지 모르겠어.

(A) 나도 일손을 뺄 수가 없어요.

(B) 자리가 비면, 이쪽에 앉아서 기다려 주세요.

저 치과 의사, 요금은 저렴하지만 솜씨가 좋은지 모르겠어.

(A) 의사가 열심히 노력해서 만들어 준다고 해요.

(B) 유명한 대학 출신이니까, 실력은 확실할 거야.

(C) 손님이 많으니까, 인기가 많은 거겠지.

(D) 지금이 실력을 발휘할 때니까.

🔟 싸지만 실력은 어떨지?

歯医者(はいしゃ) 치과 의사 | 腕(うで)がいい 실력이 좋다. 솜씨가 좋다 | 腕(うで)によりをかける 크게 분발하다. 열심히 노력하다 | 人気(にんき) 인기 | 腕(うで)の見(み)せどころ 실력을 발휘할 때, 솜씨를 보일 때

34

セクハラをするなんて、教師(きょうし)としてあるまじき行為(こうい)ですよ。

(A) それこそ教師(きょうし)の鏡(かがみ)と言(い)えるのです。

(B) これ以上(いじょう)、教師(きょうし)として教(おし)える資格(しかく)はありませんよ。

(C) これ以上(いじょう)の成果(せいか)はありません。

(D) それは誰(だれ)でもできることではありません。

성희롱을 하다니, 교사로서 해서는 안 될 행위에요.

(A) 그거야말로 교사의 거울이라고 할 수 있을 것입니다.

(B) 더 이상 교사로서 가르칠 자격은 없어요.

(C) 이 이상의 성과는 없습니다.

(D) 그것은 아무나 할 수 있는 일은 아닙니다.

🔟 교사에게 있어서는 안 될 행위.

セクハラ 성희롱 | 教師(きょうし) 교사 | 〜まじき ~해서는 안 되는 | 行為(こうい) 행위 | 鏡(かがみ) 거울, 귀감 | 資格(しかく) 자격

35

私(わたし)は今日(きょう)をかぎりにたばこをやめようと思(おも)います。

(A) やはりたばこにも限(かぎ)りがありますからね。

(B) 一緒(いっしょ)にたばこを買(か)いに行(い)きませんか。

(C) たばこの成分(せいぶん)は何(なん)でしょうか。

(D) たばこは百害(ひゃくがい)あって一利(いちり)なしですからね。

저는 오늘을 끝으로 담배를 끊을 생각입니다.

(A) 역시 담배에도 한계가 있으니까요.

(B) 함께 담배를 사러 가지 않겠습니까?

(C) 담배의 성분은 무엇일까요?

(D) 담배는 백해무익하니까요.

🔟 오늘로 금연!

限(かぎ)り 한, 한계, 끝, 최후 | 成分(せいぶん) 성분 | 百害(ひゃくがい)あって一利(いちり)なし 백해무익하다

36

最近(さいきん)、悪夢(あくむ)を見(み)ることがよくあるんです。何(なん)か変(へん)ですね。

(A) 夢(ゆめ)を抱(いだ)いて生(い)きていくことはむしろいいことです。

(B) 悪夢(あくむ)じゃなくていい夢(ゆめ)は見(み)たことないんですか。

(C) そんな夢(ゆめ)も希望(きぼう)もないこと言(い)わないでください。

(D) 見(み)た夢(ゆめ)が現実(げんじつ)に起(お)こることを正夢(まさゆめ)と言(い)うんです。

요즘 악몽을 자주 꿔요. 뭔가 이상하네요.

(A) 희망을 품고 살아가는 건 오히려 좋은 일입니다.

(B) 악몽이 아닌 좋은 꿈을 꾼 적은 없는 겁니까?

(C) 그런 꿈도 희망도 없는 말 하지 말아 주세요.

(D) 꾼 꿈이 현실로 일어나는 것을 맞는 꿈이라고 하는 거예요.

🔟 악몽을 꾼다.

悪夢(あくむ) 악몽 | 夢(ゆめ)を抱(いだ)く 꿈[희망]을 품다 | むしろ 오히려, 차라리 | 正夢(まさゆめ) 사실과 부합되는 꿈, 맞는 꿈

37

野村(のむら)さんが紹介(しょうかい)してくださったお店(みせ)のケーキ、本当(ほんとう)に美味(おい)しかったですよ。

(A) ほっぺたが落(お)ちそうな美味(おい)しさですよね。

(B) 顎(あご)が外(はず)れちゃったみたいです。

(C) 舌(した)が回(まわ)らなくなっちゃいました。

(D) 人(ひと)を顎(あご)で使(つか)いますから。

노무라 씨가 소개해 주신 가게의 케이크, 정말로 맛있었어요.

(A) 둘이 먹다가 하나가 죽어도 모르는 맛이지요.

(B) 턱이 빠진 것 같습니다.

(C) 혀가 잘 안 돌아가게 되어 버렸습니다.

(D) 사람을 막 대하니까요.

🔊 가게의 케이크가 맛있다.

紹介(しょうかい) 소개 | ほっぺたが落(お)ちる 음식이 매우 맛있다는 비유, 둘이 먹다가 하나가 죽어도 모르다 | 顎(あご)が外(はず)れる 턱이 빠지다, 크게 웃다 | 舌(した)が回(まわ)る 혀가 잘 돌아가다, 막힘없이 잘 지껄이다 | 顎(あご)で使(つか)う 사람을 턱으로 부리다, 막 대하다

38

昨日(きのう)見(み)たアクション映画(えいが)はどうでしたか。

(A) 香(かお)りがよくて最高(さいこう)でした。

(B) 汗水(あせみず)たらして頑張(がんば)りましたから、感動(かんどう)しましたね。

(C) 緊張(きんちょう)の連続(れんぞく)で、とても面白(おもしろ)かったですよ。

(D) 汗(あせ)くさい匂(にお)いが本当(ほんとう)に良(よ)かったです。

어제 본 액션 영화는 어땠습니까?

(A) 향기가 좋아서 최고였습니다.

(B) 땀을 뻘뻘 흘리면서 분발했기 때문에, 감동했어요.

(C) 긴장의 연속으로, 아주 재밌었어요.

(D) 땀내 나는 냄새가 정말로 좋았습니다.

🔊 액션 영화 어땠는지?

アクション映画(えいが) 액션 영화 | 香(かお)り 향기, 좋은 냄새 | 最高(さいこう) 최고 | 汗水(あせみず)たらす 땀을 뻘뻘 흘리다 | 感動(かんどう) 감동 | 緊張(きんちょう) 긴장 | 連続(れんぞく) 연속 | 汗(あせ)くさい 땀냄새가 나다

39

私(わたし)のクラスの担任(たんにん)の先生(せんせい)は若者(わかもの)の意見(いけん)を聞(き)こうともしない石頭(いしあたま)です。

(A) 確(たし)かに頭(あたま)隠(かく)して尻(しり)隠(かく)さずの先生(せんせい)が多(おお)いですね。

(B) 頭(あたま)が固(かた)いと言(い)うよりは、考(かんが)え方(かた)の違(ちが)いじゃないかな。

(C) まさに典型的(てんけいてき)な頭(あたま)でっかちと言(い)えますね。

(D) 頭(あたま)が痛(いた)いときは病院(びょういん)に行(い)くといいですよ。

우리 반 담임선생님은 젊은이의 의견을 들으려고도 하지 않는 융통성이 없는 사람입니다.

(A) 확실히 결점의 일부만 감추고는 다 감춘 줄 아는 선생이 많지요.

(B) 고지식하기 보다는 사고방식이 다른 것은 아닐까?

(C) 참으로 전형적인 말만 많고 행동이 따르지 않는 사람이라고 할 수 있지요.

(D) 머리가 아플 때는 병원에 가면 좋아요.

🔊 담임선생님은 융통성이 없는 사람이다.

担任(たんにん) 담임 | 若者(わかもの) 젊은이, 청년 | 石頭(いしあたま) 돌대가리, 융통성이 없고 몹시 둔한 머리 | 頭(あたま)を隠(かく)して尻(しり)を隠(かく)さず 꿩은 머리만 풀에 감춘다, 결점의 일부만 감추고 다 감춘 것으로 여기는 어리석음을 비유 | 頭(あたま)が堅(かた)い 완고하다, 고지식하다 | 考(かんが)え方(かた) 사고 방식, 생각 | 頭(あたま)でっかち 머리만 유난히 큼, 조직 따위에서 위쪽이 불균형하게 큰 모양, 지식만 풍부하고[말만 많고] 행동이 따르지 않는 모양[사람]

40

近所(きんじょ)で強盗事件(ごうとうじけん)が発生(はっせい)していますので、皆(みな)さんも注意(ちゅうい)してください。

(A) そんなことはあっと言(い)う間(ま)にできます。

(B) 明日(あす)は我(わ)が身(み)かもしれませんね。

(C) 私(わたし)は逃(に)げ足(あし)が速(はや)いですから。

(D) 手取(てと)り足取(あしと)り教(おし)えてもらいました。

근처에서 강도사건이 발생하고 있으니, 여러분도 주의하세요.

(A) 그런 일은 순식간에 생깁니다.

(B) 내일은 내 처지일지도 모르겠네요.

(C) 나는 도망치는 발걸음이 빠르니까요.

(D) 친절하게 가르쳐 주셨습니다.

🔊 강도 사건이 발생하니 주의하라고 말하고 있다.

近所(きんじょ) 근처, 근방 | 強盗事件(ごうとうじけん) 강도 사건 | 発生(はっせい) 발생 | あっと言(い)う間(ま) 순식간, 눈 깜짝할 사이 | 我(わ)が身(み) 자기 몸, 자기 자신의 처지 | 逃(に)げ足(あし)が速(はや)い 도망치는 발걸음이 빠르다 | 手取(てと)り足取(あしと)り 친절히 가르치고 이끌어 주는 모양, 꼼짝 못하게 손과 발을 잡음

41

インドで活躍(かつやく)したマザーテレサの行動力(こうどうりょく)と愛(あい)の深(ふか)さには頭(あたま)が下(さ)がります。

(A) 正直者(しょうじきもの)はバカを見(み)るなんてひどいですよ。
(B) 彼女(かのじょ)は世渡(よわた)り上手(じょうず)ってことですよ。
(C) 私(わたし)も心(こころ)から彼女(かのじょ)を尊敬(そんけい)しています。
(D) これは頭(あたま)の痛(いた)い問題(もんだい)ですね。

인도에서 활약했던 테레사 수녀의 행동력과 사랑의 깊이에는 머리가 수그러집니다.

(A) 정직한 사람은 어이없는 꼴을 당한다니 심하네요.
(B) 그녀는 처세가 능숙하다는 거예요.
(C) 저도 진심으로 그녀를 존경하고 있습니다.
(D) 이것은 머리 아픈 문제네요.

📖 테레사 수녀에게 감복하다.

活躍(かつやく) 활약 | マザーテレサ 테레사 수녀 | 頭(あたま)が下(さ)がる 머리가 수그러지다 | 正直者(しょうじきもの) 정직한 사람 | バカを見(み)る 어이없는 꼴을 당하다. 헛수고하다 | 世渡(よわた)り 처세, 세상살이 | 尊敬(そんけい) 존경

42

昨日(きのう)、課長(かちょう)に怒(おこ)られたんですが、ぐうの音(ね)も出(で)ませんでしたよ。

(A) 自分(じぶん)が失敗(しっぱい)したら反論(はんろん)もできないからね。
(B) そんな弱音(よわね)を吐(は)いてはいけません。
(C) そこで反論(はんろん)したら今(いま)までの努力(どりょく)が水(みず)の泡(あわ)ですよ。
(D) しっかりと油(あぶら)を絞(しぼ)ってくださいよ。

어제 과장님에게 혼났습니다만, 끽소리도 못했어요.

(A) 자신이 실패를 하면 반론도 할 수 없으니까요.
(B) 그런 약한 소리를 하면 안 됩니다.
(C) 거기서 반론하면 지금까지의 노력이 수포로 돌아가요.
(D) 제대로 호되게 꾸짖어 주세요.

📖 혼났지만 아무 말도 못하다.

怒(おこ)られる 야단맞다 | ぐうの音(ね)も出(で)ない 아무 말도 못하다. 끽소리도 못하다 | 反論(はんろん) 반론 | 弱音(よわね)を吐(は)く 약한 소리를 하다. 못난 소리를 하다 | 水(みず)の泡(あわ) 물거품, 수포 | しっかり 꽉, 확실히, 착실히, 잔뜩 | 油(あぶら)を絞(しぼ)る 호되게 꾸짖다. 기름을 짜다

43

佐藤(さとう)さん、まだやくざの世界(せかい)で活躍(かつやく)してるんですってよ。

(A) まぁ、そんなことしたら、いつか痛(いた)い目(め)に会(あ)わせてやるよ。
(B) 本当(ほんとう)に素晴(すば)らしい成績(せいせき)でしたね。
(C) これからのご活躍(かつやく)をお祈(いの)りいたします。
(D) 早(はや)くそんな世界(せかい)から足(あし)を洗(あら)ってくれればいいんですけどね。

사토 씨, 아직 야쿠자 세계에서 활약하고 있대요.

(A) 음, 그런 짓 하면 언젠가 뜨거운 맛을 보여주지.
(B) 정말로 훌륭한 성적이었지요.
(C) 앞으로의 활약을 기원합니다.
(D) 빨리 그런 세계에서 손을 뗐으면 좋겠는데요.

📖 아직 야쿠자 생활을 하고 있다.

やくざ 가치가 없음, 쓸모없음, 깡패 | 痛(いた)い目(め)に会(あ)う 호되게 혼이 나다 | 成績(せいせき) 성적 | 祈(いの)る 빌다, 기원하다 | 간절히 바라다 | 足(あし)を洗(あら)う 나쁜 일에서 손을 떼다

44

先日(せんじつ)の東京大地震(とうきょうおおじしん)は、本当(ほんとう)にあっと言(い)う間(ま)のでき事(ごと)で何(なに)もできなかったわ。

(A) だから、備(そな)えあれば憂(うれ)い無(な)しよ。万(まん)が一(いち)のために準備(じゅんび)しなくちゃね。
(B) 人生(じんせい)は一期一会(いちごいちえ)だからね。一度(いちど)の機会(きかい)を大切(たいせつ)にしなくちゃね。
(C) それは一世一代(いっせいいちだい)の機会(きかい)だったのに、残念(ざんねん)だったね。
(D) いつまで経(た)っても変(か)わらないものもあるよ。

요전의 도쿄 대지진은 정말로 순식간에 생긴 일로, 아무것도 할 수 없었어요.

(A) 그래서 유비무환이야. 만일을 대비해서 준비해 둬야지.
(B) 인생은 일생에 한 번뿐이니까. 한 번의 기회를 소중히 해야지.
(C) 그건 일생에 단 한 번의 기회였는데, 유감이었네.
(D) 언제까지나 지나도 변하지 않는 것도 있어요.

ⓜ 대지진으로 아무 것도 할 수 없었다.

大地震(おおじしん) 대지진 | 備(そな)えあれば憂(うれ)い無(な)し 대비가 되어 있으면 걱정이 없다. 유비무환 | 万(まん)が一(いち) 만에 하나, 만일 | 一期一会(いちごいちえ) 일생에 한 번뿐인 만남. 일생에 한 번뿐임 | 一世一代(いっせいいちだい) 일생에 단 한 번. 은퇴하는 가부키/노 등의 배우가 생애 마지막으로 연기하는 영광의 무대

45

私の息子(むすこ)がアメリカの名門大学(めいもんだいがく)に合格(ごうかく)して、本当(ほんとう)に鼻(はな)が高(たか)いわ。
(A) それは目(め)と鼻(はな)の先(さき)にあるじゃないか。
(B) 同(おな)じことを何度(なんど)も聞(き)いて耳(みみ)が痛(いた)いよ。
(C) あの分(わ)からず屋(や)め、ただじゃおかないぞ。
(D) 本当(ほんとう)におめでとうございます。

우리 아들이 미국 명문대학에 합격해서, 정말이지 우쭐해.
(A) 그건 엎드리면 코 닿을 데에 있잖아.
(B) 똑같은 말을 몇 번이나 들어서 귀가 따가워.
(C) 저 벽창호 녀석, 가만두지 않을 테다.
(D) 정말로 축하드립니다.

ⓜ 명문대학에 합격해서 우쭐해지다.

名門大学(めいもんだいがく) 명문대학 | 鼻(はな)が高(たか)い 코가 높다. 우쭐해하다 | 目(め)と鼻(はな)の先(さき) 엎드리면 코 닿을 데 | 耳(みみ)が痛(いた)い 귀가 따갑다. 남의 말이 자신의 약점을 찔러 듣기에 괴롭다 | 分(わ)からず屋(や) 사리를 모름, 알려고도 하지 않음, 벽창호 | ただではおかない 그냥 두지 않다. 가만두지 않다

46

娘(むすめ)が退院(たいいん)したと思(おも)ったら、今度(こんど)は夫(おっと)の調子(ちょうし)が悪(わる)くなっちゃって。
(A) 奥(おく)の手(て)がものを言(い)ったね。
(B) 口(くち)は禍(わざわい)の門(かど)だから注意(ちゅうい)しなくちゃ。
(C) 人生楽(じんせいらく)あれば苦(く)ありだよ。
(D) 一難(いちなん)去(さ)ってまた一難(いちなん)ね。

딸이 퇴원을 하자마자, 이번에는 남편의 상태가 나빠져 버려서.
(A) 비법의 효과가 나타났네.
(B) 입이 화근이니까 주의해야지.
(C) 인생 낙이 있으면, 그 다음은 괴로움이야.
(D) 산 넘어 산이네.

ⓜ 딸이 퇴원했더니, 이번에는 남편의 상태가 좋지 않게 되어 버렸다.

夫(おっと) 남편 | 奥(おく)の手(て) 비법, 비장의 솜씨 | ものを言(い)う 입을 열다. 효력이나 효과가 나타나다. 증명하다 | 口(くち)は禍(わざわい)の門(かど) 입은 화의 근원. 입을 조심해야 한다는 교훈 | 楽(らく)あれば苦(く)あり 낙이 있으면 그 다음엔 괴로움이 있다. 세상일은 언제나 즐거움만 있는 것이 아니다 | 一難(いちなん)去(さ)ってまた一難(いちなん) 갈수록 태산, 한 재난이 물러가자 다시 새로운 재난이 닥침. 산 넘어 산

47

彼(かれ)は墜落(ついらく)した飛行機(ひこうき)から生(い)き残(のこ)った唯一(ゆいいつ)の生存者(せいぞんしゃ)です。
(A) まさに九死(きゅうし)に一生(いっしょう)を得(え)たんですね。
(B) 彼(かれ)がこういうことになったのも自業自得(じごうじとく)ですよ。
(C) きっと虫(むし)の知(し)らせですよ。
(D) それは泣(な)き面(つら)に蜂(はち)ですね。

그는 추락한 비행기에서 살아남은 유일한 생존자입니다.
(A) 참으로 구사일생이었네요.
(B) 그가 이렇게 된 것도 자업자득이요.
(C) 분명히 불길한 예감이에요.
(D) 정말로 설상가상이네요.

ⓜ 살아남은 유일한 생존자.

墜落(ついらく) 추락 | 生(い)き残(のこ)る 살아남다 | 唯一(ゆいいつ) 유일 | 生存者(せいぞんしゃ) 생존자 | 九死(きゅうし)に一生(いっしょう)を得(え)る 구사일생하다 | 自業自得(じごうじとく) 자업자득 | 虫(むし)の知(し)らせ 어쩐지 느껴지는 불길한 일, 좋지 않은 예감 | 泣(な)き面(つら)に蜂(はち) 우는 얼굴에 벌침, 엎친 데 덮치기, 설상가상

48

私(わたし)の友達(ともだち)は軽(かる)い冗談(じょうだん)にも向(む)きになって怒(おこ)るんですよ。
(A) ちょっと大人気(おとなげ)無(な)い友達(ともだち)ですね。
(B) まだ幼(おさな)さが残(のこ)る友達(ともだち)ですね。
(C) 向(む)きになるほどでもないのに、心(こころ)が狭(せま)いんですよ。
(D) あなたも怒(おこ)り心頭(しんとう)でしょう?

제 친구는 가벼운 농담을 곧이듣고 화를 내요.

(A) 좀 철없는 친구네요.

(B) 아직 유치함이 남아 있는 친구네요.

(C) 정색하고 화를 낼 정도도 아닌데, 속이 좁네요.

(D) 당신도 노발대발하지요?

⑪ 사소한 농담에 화를 낸다.

向(む)きになる (사소한 일에) 정색하고 대들다[화내다] | 大人気無(おとなげな)い 어른답지 못하다, 분별없다, 철없다 | 幼(おさな)い 어리다, 미숙하다, 유치하다 | 残(のこ)る 남다, 사라지지 않다 | 心(こころ)が狭(せま)い 마음이 좁다 | 怒(いか)り心頭(しんとう)に発(はっ)する 화가 머리끝까지 치밀다, 노발대발하다

49

この度はご愁傷様でした。お父様の最後を看取ることはできましたか。

(A) いいえ、出張中でしたので父親の死に目にあえなかったんですよ。

(B) はい、つい見惚れてしまったんです。

(C) 本当に長生きしました。老衰だったんですよ。

(D) 野次馬が多くて、何もできませんでした。

이번에는 얼마나 애통하십니까? 아버님의 임종을 지켜볼 수 있었습니까?

(A) 아니요, 출장 중이었기 때문에 아버지 임종을 보지 못했어요.

(B) 네, 그만 넋을 잃고 바라봤습니다.

(C) 정말로 장수했습니다. 노쇠였어요.

(D) 구경꾼들이 많아서, 아무것도 할 수 없었습니다.

⑪ 아버님의 임종을 보셨습니까?

この度(たび) 이번, 금번 | ご愁傷様(しゅうしょうさま) 문상하거나 상대를 딱하게 여기는 말, 얼마나 애통하십니까, 참 안됐습니다 | 最後(さいご)を看取(みと)る 임종을 지켜보다 | 死(し)に目(め)にあえない 임종을 못 보다 | つい 무심코, 그만 | 見惚(みと)れる 넋을 잃고 보다, 정신없이 보다 | 長生(ながい)き 장수 | 老衰(ろうすい) 노쇠 | 野次馬(やじうま) 덩달아 떠들어댐, 구경꾼들

50

昨日の伊藤さんの発言は理解しかねるわ。

(A) 私も彼の発言には理解すべからずの点があるよ。

(B) 私も彼の発言には理解しかねないよ。

(C) 私も彼の発言には理解すべきではないと思うよ。

(D) 私も彼の発言に腑に落ちないものを感じていたの。

어제 이토 씨의 발언은 이해할 수 없어.

(A) 나도 그의 발언에는 이해해서는 안 되는 점이 있어.

(B) 나도 그의 발언은 이해하는 데 어렵지 않아.

(C) 나도 그의 발언은 이해해서는 안 된다고 생각해.

(D) 나도 그의 발언에 이해할 수 없는 것을 느꼈어.

⑪ 이해할 수 없는 발언이다.

発言(はつげん) 발언 | 〜べからず 〜할 수 없다, 있을 수 없다, 〜해서는 안 된다 | 〜かねない 〜할지도 모른다, 〜할 법하다, 〜않는다고 말할 수 없다 | 〜べき 〜해야 할, 〜이 온당한 | 腑(ふ)に落(お)ちない 납득이 가지 않다, 이해할 수 없다

51

男：すみません。今何時ですか。

女：今、3時5分前ですが。

男：そうですか。ありがとうございます。

女：いいえ。

今、何時ですか。

(A) 2時55分

(B) 3時

(C) 3時5分

(D) 3時55分

남：미안합니다. 지금 몇 시입니까?

여：지금 3시 5분 전입니다만.

남：그래요? 감사합니다.

여：아니에요.

지금, 몇 시입니까?

(A) 2시 55분

(B) 3시

(C) 3시 5분

(D) 3시 55분

何時(なんじ) 몇 시ㅣ前(まえ) 전, 앞, 이전

52

女：風邪、どうですか。

男：もう大丈夫です。病院へ行きましたから。

女：薬は飲みましたか。

男：薬はあまり飲みたくないんですが、おとといから飲んでいます。

男の人はどうですか。

(A) 病院へ行かなければならない。

(B) 昨日から薬を飲み始めた。

(C) 薬はまだ飲んでない。

(D) 2日前から薬を飲んでいる。

여：감기는 어때요?

남：이제 괜찮습니다. 병원에 갔었으니까요.

여：약은 먹었습니까?

남：약은 별로 먹고 싶지 않지만, 그저께부터 먹고 있습니다.

남자는 어떻습니까?

(A) 병원에 가지 않으면 안 된다.

(B) 어제부터 약을 먹기 시작했다.

(C) 약은 아직 먹고 있지 않다.

(D) 이틀 전부터 약을 먹고 있다.

風邪(かぜ) 감기ㅣ病院(びょういん) 병원ㅣ薬(くすり) 약ㅣ飲(の)む 마시다. 먹다. 삼키다

53

男：明日は何時に来ればいいですか。

女：明日は午前10時に出発です。

男：わかりました。

女：でも、10時には出発しますから、5分前までには来ておいてください。

男の人は何時までに来ればいいですか。

(A) 午前10時

(B) 午前9時55分

(C) 午前10時5分

(D) 午後10時

남：내일은 몇 시에 오면 됩니까?

여：내일은 오전 10시에 출발합니다.

남：알겠습니다.

여：하지만 10시에는 출발하니까, 5분 전까지는 와 있어 주세요.

남자는 몇 시까지 오면 됩니까?

(A) 오전 10시

(B) 오전 9시 55분

(C) 오전 10시 5분

(D) 오후 10시

明日(あした) 내일ㅣ出発(しゅっぱつ) 출발

54

女：お茶はいかがですか。
男：コーヒーはありますか。
女：コーヒーはあいにく、切らしておりまして。
男：じゃ、お冷は頂けますか。

男の人は何を頼みましたか。

(A) お茶
(B) コーヒー
(C) お湯
(D) 冷たい水

여：차는 어떠세요?
남：커피는 있습니까?
여：커피는 공교롭게도 다 떨어져서.
남：그럼, 냉수를 주시겠어요?

남자는 무엇을 부탁했습니까?

(A) 차
(B) 커피
(C) 뜨거운 물
(D) 차가운 물

お茶(ちゃ) 차 | コーヒー 커피 | あいにく 공교롭게도, 마침 | 切(き)らす 다 없애다. 바닥내다. 끊어진 상태가 되다 | お冷(ひや) 냉수, 찬물 | 頼(たの)む 부탁하다. 의뢰하다 | お湯(ゆ) 뜨거운 물. 더운물. 끓인물

55

男：2階にあった婦人服売り場はどこに変わったんですか。
女：婦人服売り場は新館の3階に移りました。
男：それから、6階にあったのおもちゃ売り場はどこですか。
女：今、6階は工事中なので、新館の5階に変わりました。

おもちゃ売り場はどこに変わりましたか。

(A) 2階から新館の3階に変わった。
(B) 6階から新館の5階に変わった。

(C) 3階から6階に変わった。
(D) 3階から新館の5階に変わった。

남：2층에 있던 여성복 매장은 어디로 바뀌었습니까?
여：여성복 매장은 신관 3층으로 이동했습니다.
남：그리고, 6층에 있던 장난감 매장은 어디입니까?
여：지금 6층은 공사 중이기 때문에 신관 5층으로 바뀌었습니다.

장난감 매장은 어디로 바뀌었습니까?

(A) 2층에서 신관 3층으로 바뀌었다.
(B) 6층에서 신관 5층으로 바뀌었다.
(C) 3층에서 6층으로 바뀌었다.
(D) 3층에서 신관 5층으로 바뀌었다.

婦人服(ふじんふく) 부인복, 여성복 | 売(う)り場(ば) 파는 곳, 매장 | 新館(しんかん) 신관 | 移(うつ)る 바뀌다, 옮기다, 이동하다 | 工事中(こうじちゅう) 공사 중 | 変(か)わる 바뀌다, 변하다, 색다르다

56

女：京都行きの電車の切符を買いたいんですが。
男：はい、普通ですと3,200円、快速ですと4,000円、特急ですと4,500円になります。
女：急いでいるので、早く着く電車に乗りたいんです。
男：はい、ではこちらにお乗りください。

女の人はどの電車の切符を買いますか。

(A) 特急電車
(B) 快速電車
(C) 普通電車
(D) 切符を買わなかった。

여：교토 행 전철표를 사고 싶습니다만.
남：네, 보통이면 3,200엔, 쾌속이면 4,000엔, 특급이면 4,500엔입니다.
여：급하니까, 빨리 도착하는 전철을 타고 싶은데요.
남：네, 그럼 이것을 타세요.

여자는 어느 전철표를 구입합니까?

(A) 특급 전철

(B) 쾌속 전철

(C) 보통 전철

(D) 표를 사지 않았다.

~行(ゆ)き ~행 | 切符(きっぷ) 표 | 普通(ふつう) 보통 | 快速(か
いそく) 쾌속 | 特急(とっきゅう) 특급

57

男：結婚って不思議だよね。

女：どうして？ 好きな人と一緒になることって
素敵じゃない？

男：そうだけど、まったくの赤の他人が家族にな
るってことじゃないか。

女：赤の他人が愛で結ばれるってこと、考えただ
けでも素敵だわ。

女の人は何が素敵だと言っていますか。

(A) 男女が愛し合って結婚すること

(B) 家族がお互いを愛すること

(C) 結婚式で初めてお互い顔を合わせること

(D) 結婚を通して他人が家族となること

남：결혼은 불가사의해.

여：왜? 좋아하는 사람과 같이 한다는 게 멋지지 않아?

남：그렇기는 하지만, 전혀 관계없는 사람이 가족이 된다
는 거잖아.

여：생판 남이 사랑으로 맺어지는 것, 생각만 해도 멋져.

여자는 무엇이 멋지다고 말하고 있습니까?

(A) 남녀가 서로 사랑해서 결혼하는 것

(B) 가족이 서로를 사랑하는 것

(C) 결혼식에서 처음으로 서로 얼굴을 대하는 것

(D) 결혼을 통해서 타인이 가족이 되는 것

結婚(けっこん) 결혼 | 不思議(ふしぎ) 불가사의, 이상함, 괴이함 | 素
敵(すてき) 매우 근사함, 매우 훌륭함, 굉장함 | 赤(あか)の他人(たに
ん) 생판 남, 전혀 관계가 없는 사람 | 結(むす)ばれる 맺히다. 남과 어떤
관계가 맺어지다

58

男：この車を売りたいんですが、どのくらいにな
りますか。

女：そうですね。買値はいくらでしたか。

男：150万円でした。4年間乗ったんですが。

女：中古車は1～2年は買値の6割、3年から5年は4
割、それ以上は3割です。

この車はいくらで売ることができますか。

(A) 150万円

(B) 90万円

(C) 60万円

(D) 45万円

남：이 차를 팔고 싶습니다만, 얼마가 됩니까?

여：글쎄요. 매입가는 얼마였습니까?

남：150만 엔이었습니다. 4년 동안 탔습니다만.

여：중고차는 1～2년은 매입가의 6할, 3년부터 5년은 4할,
그 이상은 3할입니다.

이 차는 얼마에 팔 수 있습니까?

(A) 150만 엔

(B) 90만 엔

(C) 60만 엔

(D) 45만 엔

買値(かいね) 산 값, 매입가 | 中古車(ちゅうこしゃ) 중고차 | 売
(う)る 팔다, 세상에 널리 알리다, 유명해지다

59

男：昨日は天気が良かったですね。どこかへ遊び
に行きましたか。

女：午前中は家で家事をしていました。

男：午後も家にいたんですか。

女：いいえ、午後は久しぶりに妹と買い物に行き
ましたよ。

女の人は昨日、何をしましたか。

(A) 一日中、家にいた。

(B) 午後はショッピングに行った。

(C) 午後は家で家事をしていた。
(D) 妹が家に遊びに来た。

남 : 어제는 날씨가 좋았지요. 어딘가로 놀러 갔었습니까?
여 : 오전 중에는 집에서 집안일을 했습니다.
남 : 오후에도 집에 있었던 겁니까?
여 : 아니요, 오후에는 오랜만에 여동생과 쇼핑하러 갔어요.

여자는 어제 무엇을 했습니까?

(A) 온종일 집에 있었다.
(B) 오후에는 쇼핑을 갔다.
(C) 오후에는 집에서 집안일을 하고 있었다.
(D) 여동생이 집에 놀러 왔다.

遊(あそ)び 놀이, 장난, 오락, 유흥 | 家事(かじ) 가사 | 午後(ごご) 오후 | 妹(いもうと) 여동생

60

男 : 昨日のサッカーの試合の結果どうだった？
女 : あれ、昨日会社を早退して、家で見るって言ってなかった？
男 : それが、早退できなかった上に夜勤までさせられちゃって。
女 : そうだったの。昨日の試合、日本が負けちゃったわよ。

男の人は昨日、何をしましたか。

(A) 会社を早退した。
(B) サッカーの試合を見に行った。
(C) 家でサッカーの試合を見た。
(D) 会社で夜勤をした。

남 : 어제 축구 시합 결과는 어떻게 됐어?
여 : 어, 어제 회사를 조퇴하고 집에서 본다고 하지 않았어?
남 : 그게 조퇴를 못 한데다가, 야근까지 하게 되어 버려서.
여 : 그랬구나. 어제 시합, 일본이 지고 말았어.

남자는 어제 무엇을 했습니까?

(A) 회사를 조퇴했다.
(B) 축구 시합을 보러 갔다.
(C) 집에서 축구 시합을 봤다.
(D) 회사에서 야근을 했다.

サッカー 축구 | 試合(しあい) 시합 | 結果(けっか) 결과 | 早退(そうたい) 조퇴 | 夜勤(やきん) 야근

61

女 : 山田さんは、入社して何年目ですか。
男 : 今年で35年目です。退職するまで後5年ですよ。
女 : もうそんなになるんですか。失礼ですが、山田さんのお年を聞いてもいいですか。
男 : 私は昭和44年生まれなんですよ。

山田さんは入社して何年目ですか。

(A) 35年目
(B) 40年目
(C) 44年目
(D) 60年目

여 : 야마다 씨는 입사한 지 몇 년째입니까?
남 : 올해로 35년째입니다. 퇴직하기까지 앞으로 5년이에요.
여 : 벌써 그렇게 됩니까? 실례지만, 야마다 씨의 나이를 물어봐도 됩니까?
남 : 저는 쇼와 44년(1969년) 출생이에요.

야마다 씨는 입사한 지 몇 년째입니까?

(A) 35년째
(B) 40년째
(C) 44년째
(D) 60년째

入社(にゅうしゃ) 입사 | 退職(たいしょく) 퇴직 | 昭和(しょうわ) 쇼와(서기 1926년 12월 25일~1989년 1월 7일 사이의 일본 연호)

62

男：すみません。通帳を作りたいんですが。

女：身分証明書と印鑑をお持ちですか。

男：身分証明書は旅券でも大丈夫ですか。

女：はい、結構ですよ。

通帳を作るときに必要なものは何ですか。

(A) パスポートだけでよい。

(B) パスポートと現金

(C) パスポートと判子

(D) 署名さえすれば、何も必要ない。

남：저기요. 통장을 만들고 싶습니다만.

여：신분증명서와 인감을 갖고 계십니까?

남：신분증명서는 여권도 괜찮습니까?

여：네, 괜찮아요.

통장을 만들 때에 필요한 것은 무엇입니까?

(A) 여권만으로 된다.

(B) 여권과 현금

(C) 여권과 도장

(D) 서명만 하면, 아무것도 필요 없다.

通帳(つうちょう) 통장 | 身分証明書(みぶんしょうめいしょ) 신분증명서 | 印鑑(いんかん) 인감 | 旅券(りょけん) 여권 | 結構(けっこう) 훌륭함. 좋음. 충분함. 꽤, 상당히 | 判子(はんこ) 도장 | 署名(しょめい) 서명

63

男：すみません。このファイルをイ・メールに添付して送りたいんですが、どうしてもうまくいかなくて。

女：このファイルは600MBですから、10分くらいかかりますよ。圧縮ファイルというものを使えば、今までよりは速く送ることができますよ。

男：サイズと時間はどうなりますか。

女：サイズは4分の1に、時間は今までの半分の時間で送ることができますよ。

圧縮ファイルを使うと、ファイルのサイズと送信時間はどのようになりますか。

(A) 150MB、10分

(B) 150MB、5分

(C) 300MB、10分

(D) 300MB、5分

남：저기요. 이 파일을 이메일로 첨부해서 보내고 싶은데요, 아무리 해도 잘 되지 않아서.

여：이 파일은 600MB이기 때문에, 10분 정도 걸려요. 압축 파일이라는 것을 사용하면, 지금보다는 빠르게 보낼 수가 있어요.

남：용량과 시간은 어떻게 됩니까?

여：용량은 1/4로, 시간은 지금보다 절반의 시간이면 보낼 수가 있어요.

압축 파일을 사용하면, 파일 용량과 송신 시간은 어떻게 됩니까?

(A) 150MB, 10분

(B) 150MB, 5분

(C) 300MB, 10분

(D) 300MB, 5분

イ・メール 이메일(E-mail). 전자우편 | 圧縮(あっしゅく) 압축 | 送(おく)る 보내다. 부치다. 파견하다 | 送信(そうしん) 송신

64

女：鈴木さんは仕事が終わってからいつも何をしますか。

男：いつもは、会社の近くで軽く同僚と一杯飲んでから、家に帰りますよ。

女：じゃ、昨日も一杯飲まれたんですか。

男：いや、昨日は、会社の取引先との会議が長引いてね。

男の人は昨日、何をしましたか。

(A) 会社の会議が早く終わったので、同僚と一杯した。

(B) 取引先に挨拶回りに行った。

(C) すぐに家に帰った。

(D) 取引先と会議をした。

여 : 스즈키 씨는 일이 끝나고 나면 보통 무엇을 합니까?

남 : 보통 때에는 회사 근처에서 가볍게 동료와 한 잔하고 나서, 집에 돌아가요.

여 : 그럼, 어제도 한 잔 하셨어요?

남 : 아뇨, 어제는 회사 거래처와의 회의가 길어져서.

남자는 어제 무엇을 했습니까?

(A) 회사에서 회의가 빨리 끝났기 때문에, 동료와 한 잔 했다.

(B) 거래처에 인사차 갔다.

(C) 바로 집에 돌아갔다.

(D) 거래처와 회의를 했다.

近(ちか)く 근처, 가까운 곳 | 同僚(どうりょう) 동료 | 取引先(とりひきさき) 거래처 | 長引(ながび)く 오래 걸리다. 지연되다. 길어지다 | 挨拶回(あいさつまわ)り 인사차 돎

65

男 : 加藤さん、ここの数値間違っているよ。プロジェクトの端からしくじるようでは先が思いやられるよ。

女 : はい、部長、申し訳ありません。すぐに修正致します。

男 : 何でもはじめが肝心なんだから。君はいつも始めからミスをするから。

女 : はい、特に注意して作業に当たるようにします。

女の人はどうして部長から怒られましたか。

(A) プロジェクトのことを忘れていたから

(B) 数字を入力するのを忘れていたから

(C) プロジェクトの最初からミスをしたから

(D) プロジェクトに思い入れが感じられないから

남 : 가토 씨, 여기 수치 틀렸어. 프로젝트 초장부터 실수해서는 앞날이 걱정이군.

여 : 네, 부장님 면목 없습니다. 바로 수정하겠습니다.

남 : 뭐든지 시작이 중요하단 말야. 자네는 언제나 시작부터 실수를 하니까.

여 : 네, 각별히 주의해서 작업에 임하도록 하겠습니다.

여자는 왜 부장님에게 혼났습니까?

(A) 프로젝트 일을 잊고 있었기 때문에

(B) 숫자를 입력하는 것을 잊고 있었기 때문에

(C) 프로젝트 처음부터 실수를 했기 때문에

(D) 프로젝트에 대한 깊은 생각을 느낄 수 없기 때문에

数値(すうち) 수치 | 間違(まちが)う 틀리다. 잘못되다. 실수하다 | 端(はし)からしくじる 처음부터 그르치다 | 先(さき)が思(おも)いやられる 앞날이 걱정이다. 장래가 염려되다 | 修正(しゅうせい) 수정 | 肝心(かんじん) 중요, 소중. 요긴함 | 作業(さぎょう)に当(あ)たる 작업을 맡다 | 思(おも)い入(い)れ 깊이 생각함. 생각에 잠김

66

男 : いよいよ9回の裏だね。いよいよこれで最後だよ。

女 : これでアウトを取れば、ジャイアンツの優勝が決まるのよ。

男 : お、相手のチームは最後に控えの選手を出すんだね。

女 : 大丈夫よ。控えの選手が出てきたって、結果は同じことよ。

相手のチームはどんな選手を出してきましたか。

(A) チームの中で一番優秀な選手

(B) チームの補欠だった選手

(C) チームの中で仲間外れにあった選手

(D) チームの中で一番年が若い選手

남 : 결국 9회 말이군. 드디어 이것으로 마지막이야.

여 : 이걸로 아웃을 잡으면, 자이언츠의 우승이 결정돼.

남 : 오, 상대팀은 마지막에 대기 선수를 내보내는군.

여 : 괜찮아. 대기 선수가 나와 봤자, 결과는 마찬가지야.

상대팀은 어떤 선수를 내보냈습니까?

(A) 팀 안에서 가장 우수한 선수

(B) 팀의 후보였던 선수

(C) 팀 안에서 동료 측에 끼지 못했던 선수

(D) 팀 안에서 가장 나이가 젊은 선수

裏(うら) 뒤, 뒷면. (야구에서)말 | 控(ひか)えの選手(せんしゅ) 대기 선수 | 補欠(ほけつ) 보결, 후보(선수) | 仲間外(なかまはず)れ 동료 측에 끼지 못함, 따돌림을 당함

67

男：山田さん、どうしたんですか。首が痛いんですか。

女：はい。昨日寝ている途中にちょっと…。

男：ははは、山田さんは寝相が悪いからですよ。

女：そうですか。自分では分かりませんからね。

山田さんの首が痛い理由は何ですか。

(A) 昨日、寝ることができなかったから

(B) 自分では分からない変な姿勢をしているから

(C) 寝ているときの姿勢が悪いから

(D) 歩くときの姿勢が悪いから

남 : 야마다 씨, 왜 그러세요? 목이 아픈 거예요?

여 : 네. 어제 자는 도중에 약간……

남 : 하하하, 야마다 씨는 험하게 자기 때문이에요.

여 : 그래요? 본인은 잘 모르니까요.

야마다 씨의 목이 아픈 이유는 무엇입니까?

(A) 어제 잠을 잘 수가 없었기 때문에

(B) 본인은 잘 모르는 이상한 자세를 하기 때문에

(C) 잘 때 자세가 좋지 않기 때문에

(D) 걸을 때 자세가 좋지 않기 때문에

途中(とちゅう) 도중 | 寝相(ねぞう)が悪(わる)い 잠자는 모습이 흉하다, 험하게 자다 | 姿勢(しせい) 자세

68

男：社長の午前中のスケジュールはどうなっていますか。

女：今日は10時から会議、12時から取引先との昼食会が予定されております。

男：10時前には何も予定がないんだよね。

女：あ、すみません。うっかりしておりました。9時30分から朝礼です。

社長が今日、一番最初にすることは何ですか。

(A) 朝食

(B) 会議

(C) 取引先との昼食会

(D) 朝礼

남 : 사장님의 오전 스케줄은 어떻게 됩니까?

여 : 오늘은 10시부터 회의, 12시부터 거래처와의 점심 모임이 예정되어 있습니다.

남 : 10시 전에는 아무런 예정이 없는 거죠?

여 : 아, 죄송합니다. 깜빡하고 있었습니다. 9시 30분부터 조례입니다.

사장님이 오늘 가장 먼저 하는 것은 무엇입니까?

(A) 조식

(B) 회의

(C) 거래처와의 점심 모임

(D) 조례

スケジュール 스케줄(schedule), 일정 | 取引先(とりひきさき) 거래처 | 昼食会(ちゅうしょくかい) 점심 모임 | 予定(よてい) 예정 | うっかり 깜빡, 멍청히, 무심코 | 朝礼(ちょうれい) 조례

69

男：もしもし、吉田クリーニング店の電話番号を教えて欲しいんですが。

女：吉田クリーニングですね。03-212-9721です。

男：ありがとうございます。03-212-9723ですね。

女：いいえ、最後の4桁が違います。9721です。

吉田クリーニング店の電話番号は何番ですか。

(A) 03-212-9721

(B) 03-212-9722

(C) 03-121-9723

(D) 03-121-9721

남 : 여보세요, 요시다 클리닝점의 전화번호를 가르쳐 주셨으면 합니다만.

여 : 요시다 클리닝이죠? 03 - 212 - 9721입니다.

남 : 감사합니다. 03 - 212 - 9723이군요.

여 : 아니요, 마지막 4자릿수가 다릅니다. 9721입니다.

요시다 클리닝점의 전화번호는 몇 번입니까?

(A) 03 - 212 - 9721

(B) 03 − 212 − 9722

(C) 03 − 121 − 9723

(D) 03 − 121 − 9721

クリーニング 클리닝(cleaning). 세탁 | 桁(けた) 자릿수, 규모

70

男：田中先輩、最近金回りがいいですよね。

女：何でも、競馬で一山当てたそうよ。今まで死に物狂いで仕事してたのに、一山当てた後は、人が変わったように仕事をしなくなったわよ。

男：だからだったのか。最近、田中先輩の顔が見えないなあって思ってたんですよ。

女：これ以上、会社に来なかったら、首になっちゃうのに…。 心配だわ。

田中先輩が会社に来なくなった理由は何ですか。

(A) 仕事が忙しくて、死にそうだったから

(B) 山に上って、首を痛めたから

(C) お金をたくさん儲たから

(D) 借金が多くて、首が回らなくなったから

남：다나카 선배, 최근에 주머니 사정이 좋지요?

여：확실히는 모르나, 경마로 한밑천 잡았대. 지금까지 필사적으로 일을 했었는데, 한밑천 잡은 후에는 사람이 변한 것처럼 일을 하지 않게 되었어.

남：그래서 그랬나. 최근에 다나카 선배의 얼굴을 볼 수가 없다고 생각하고 있었거든요.

여：이 이상 회사에 오지 않으면, 해고되고 말 텐데…….
걱정이야.

다나카 선배가 회사에 오지 않게 된 이유는 무엇입니까?

(A) 일이 바빠서 죽을 것 같았기 때문에

(B) 산에 올라서 목을 다쳤기 때문에

(C) 돈을 많이 벌었기 때문에

(D) 빚이 많아서, 옴짝달싹 못하게 되었기 때문에

金回(かねまわ)り 돈의 유통. 주머니 사정 | 競馬(けいば) 경마 | 一山(ひとやま)当(あ)てる 한밑천 잡다 | 死(し)に物狂(ものぐる)い 필사적임. 필사적으로 발버둥침 | 首(くび)になる 해고되다 | 首(くび)が回(まわ)らない 빚에 몰려 옴짝달싹 못하다

71

女：最近、子供たちの自殺が増えているわね。

男：そうだね。去年だけでも150人以上の子供が自殺したというからね。

女：最近は、クラスの中でみんなと違うことをしたという理由だけで、シカトされたりするケースが増えて、それを苦に自殺する子供も多くいると聞いたよ。

男：それは大きな問題だね。学校の教育だけじゃなくて、家庭での教育も大切だよ。一人一人の個性を認め合うことも重要だよね。

子供の自殺の原因は何だと言われていますか。

(A) 学校の教育に問題があるから

(B) 家庭の教育に問題があるから

(C) みんな一人一人違う個性を持っているから

(D) 個性を認めないで、無視するケースが多くなっているから

여：최근 아이들의 자살이 늘고 있어.

남：그러네. 작년만 하더라도 150명 이상의 아이가 자살했다고 하니까.

여：최근에는 학급에서 모두와 다른 짓을 했다는 이유만으로 무시를 당하기도 하는 케이스가 늘어서, 그것을 괴로워해 자살하는 아이도 많이 있다고 들었어.

남：정말 큰 문제군. 학교 교육뿐만 아니라 가정 교육도 중요해. 한 사람 한 사람의 개성을 서로 인정하는 것도 중요하지.

아이의 자살 원인은 무엇이라고 말하고 있습니까?

(A) 학교 교육에 문제가 있기 때문에

(B) 가정 교육에 문제가 있기 때문에

(C) 모두 한 사람 한 사람 다른 개성을 가지고 있기 때문에

(D) 개성을 인정하지 않고, 무시하는 케이스가 많아졌기 때문에

自殺(じさつ) 자살 | シカトする 무시하다 | 苦(く) 고생, 괴로움, 근심. 걱정 | 教育(きょういく) 교육 | 個性(こせい) 개성

72

男：伊藤さん、東京都内に、ついに家を買ったんですか。

女：ええ、一軒家なんですが、庭は猫の額ほどしかないんですよ。

男：でも、都内に家を持つなんて、私たちサラリーマンからすれば夢のまた夢ですよ。

女：私も家を買うまで血の滲むような思いをしたんです。

伊藤さんの家はどんな家ですか。

(A) アパートで小さな庭がある家
(B) 一戸建ての小さな庭がある家
(C) 一戸建ての血のついた家
(D) アパートで、大きな庭がある家

남 : 이토 씨, 도쿄 도내에 마침내 집을 구입한 거예요?

여 : 네, 독립 주택이지만, 정원은 손바닥만 한 정도예요.

남 : 하지만 도내에 집을 가지다니, 우리들 샐러리맨 입장에서는 하늘의 별따기예요.

여 : 나도 집을 구입하기까지 피나는 경험을 했어요.

이토 씨의 집은 어떤 집입니까?

(A) 아파트이고, 작은 정원이 있는 집
(B) 단독 주택의 작은 정원이 있는 집
(C) 단독 주택의 피가 묻은 집
(D) 아파트이고, 큰 정원이 있는 집

ついに 마침내, 드디어, 결국 | 一軒家(いっけんや) 외딴집, 독립 주택, 독채 집 | 猫(ねこ)の額(ひたい) 토지나 장소가 매우 좁음을 비유, 손바닥만 한 | 夢(ゆめ)のまた夢(ゆめ) 하늘의 별따기 | 血(ち)の滲(にじ)むよう 피나는, 피맺히는 | 一戸建(いっこだ)て 독채, 단독 주택

73

女：この前、首相の息子が芸能界デビューしたってニュースを聞いたけれど。

男：そうそう。俺もドラマで見たよ。でもあまり演技はうまくなかったな。

女：演技がうまくないのにどうしてドラマになんか出ることができたんだろう。

男：やっぱり、親の七光りって言うじゃないか。

男の人は首相の息子がドラマに出ることができたのはどうしてだと言っていますか。

(A) 息子の演技が上手だったから
(B) 首相の一人息子だから
(C) 父親が首相だという恩恵を受けることができたから
(D) ただ自分の実力で勝負してみたいと思っていたから

여 : 요전에 수상의 아들이 연예계에 데뷔했다는 뉴스를 들었는데.

남 : 그래그래. 나도 드라마에서 봤어. 하지만 별로 연기는 잘하지 않았어.

여 : 연기를 잘하지 못하는데, 어째서 드라마 같은데 나올 수가 있는 거지?

남 : 역시 부모 덕이라고 하잖아.

남자는 수상의 아들이 드라마에 나올 수 있었던 이유를 뭐라고 말하고 있습니까?

(A) 아들의 연기가 능숙했기 때문에
(B) 수상의 외아들이기 때문에
(C) 부친이 수상이라는 혜택을 입을 수 있었기 때문에
(D) 단지 자신의 실력으로 승부해 보고 싶다는 생각을 하고 있었기 때문에

首相(しゅしょう) 수상 | 芸能界(げいのうかい) 예능계, 연예계 | 演技(えんぎ) 연기 | 親(おや)の七光(ななひか)り 부모의 덕망이 높으면 자식은 여러모로 그 혜택을 받기 마련이다 | 恩恵(おんけい)を受(う)ける 은혜를 입다 | 勝負(しょうぶ) 승부

74

男：東京では1日400万人が電車で通勤していると聞いたよ。

女：だから朝の通勤ラッシュのときの電車は、すし詰め電車と言われるほどよ。

男：東京では通勤するだけでも一苦労だね。

女：だから東京都でも新しい路線を開通させるなどして、混雑の緩和には努力しているようよ。

東京では通勤するだけでも一苦労するのはどうしてですか。

(A) 満員電車に乗らなくてはいけないから

(B) 朝食（ちょうしょく）も取（と）る時間（じかん）もないほど忙（いそが）しいから

(C) 電車（でんしゃ）の他（ほか）に通勤手段（つうきんしゅだん）がないから

(D) 新（あたら）しい路線（ろせん）の工事（こうじ）をしているから

남 : 도쿄에서는 하루에 400만 명이 전철로 통근하고 있다고 들었어.

여 : 그렇기 때문에 아침 통근 러시(혼잡) 때의 전철은 만원 전철이라고 불릴 정도야.

남 : 도쿄에서는 통근하는 것만으로도 고생이군.

여 : 그렇기 때문에 도쿄도에서도 새로운 노선을 개통시키는 등 혼잡 완화에 노력을 하고 있는 것 같아.

도쿄에서는 통근하는 것만으로도 고생하는 것은 어째서입니까?

(A) 만원 전철을 타지 않으면 안 되기 때문에

(B) 아침을 먹을 시간도 없을 정도로 바쁘기 때문에

(C) 전철 이외에 통근 수단이 없기 때문에

(D) 새로운 노선의 공사를 하고 있기 때문에

通勤（つうきん） 통근 | すし詰（づ）め電車（でんしゃ） 콩나물시루 같은 전철, 만원 전철 | 一苦労（ひとくろう） 약간의 고생, 상당한 수고 | 路線（ろせん） 노선 | 開通（かいつう） 개통 | 混雑（こんざつ） 혼잡 | 緩和（かんわ） 완화

75

男（たなか） : 田中（たなか）に貸（か）した本（ほん）、ボロボロになって返（かえ）ってきたんだって？

女 : そうなの。本当（ほんとう）にひどいわ。ごめんの一言（ひとこと）も言（い）ってくれなかったのよ。

男 : 君（きみ）は何（なに）か言（い）ってやったのかい？

女 : 一言（ひとこと）言（い）いたかったけれど、言（い）うと角（かど）が立（た）つから言（い）わなかったわ。

女（おんな）の人（ひと）はどうして一言（ひとこと）言（い）いませんでしたか。

(A) 開（あ）いた口（くち）が塞（ふさ）がらなくて

(B) 言（い）うと物事（ものごと）がもっと複雑（ふくざつ）になると思（おも）って

(C) 田中（たなか）君（くん）が怖（こわ）い人（ひと）だから

(D) 一言（ひとこと）言（い）うと、本（ほん）の角（かど）で殴（なぐ）られると思（おも）ったから

남 : 다나카에게 빌려준 책, 너덜너덜해져서 돌아왔다며?

여 : 그래. 정말 너무해. 한마디 사과도 해주지 않았어.

남 : 너는 뭐라고 좀 얘기해 줬어?

여 : 한마디 하고 싶었지만, 말하면 일이 악화되기 때문에 하지 않았어.

여자는 왜 한마디도 하지 않았습니까?

(A) 어이가 없어 말이 나오지 않아서

(B) 말하면 일이 더욱 복잡해질 것 같아서

(C) 다나카 군이 무서운 사람이기 때문에

(D) 한마디 하면, 책 모서리로 맞을 것 같았기 때문에

ぼろぼろ 물건이나 옷 등이 형편없이 낡고 해진 모양(너덜너덜), 심신이 몹시 지쳐 있는 모양 | 一言（ひとこと） 일언, 한마디 | 角（かど）が立（た）つ 모가 나다, 일이 악화되다 | 開（あ）いた口（くち）が塞（ふさ）がらない 벌어진 입이 닫히지 않다, 어안이 벙벙하다, 어이가 없어서 말이 나오지 않다 | 殴（なぐ）る 때리다, 치다, 아무렇게나 ~하다

76

女 : すみません。この近（ちか）くで子供（こども）の教育（きょういく）に関（かん）して相談（そうだん）できるところはありますでしょうか。

男 : 児童相談所（じどうそうだんじょ）や、役場（やくば）の福祉課（ふくしか）などでも相談（そうだん）できますよ。お子様（こさま）のどんなことについてお悩（なや）みなのか、すこし聞（き）かせて頂（いただ）けますか。

女 : 最近（さいきん）、子供（こども）が「ああ言（い）えば、こう言（い）う」で、困（こま）っているんです。どうやって子供（こども）を仕付（しつ）ければいいのか、子供（こども）にどうやって接（せっ）したらいいのか、悩（なや）んでいるんです。

男 : そうでしたか。そういうことでしたら、児童相談所（じどうそうだんじょ）に相談（そうだん）なさってみるのがいいと思（おも）います。

女（おんな）の人（ひと）は何（なに）について悩（なや）んでいますか。

(A) 子供（こども）の成長（せいちょう）が遅（おそ）いこと

(B) 子供（こども）が言葉（ことば）をうまく話（はな）せないこと

(C) 子供（こども）が最近（さいきん）、親（おや）に反抗（はんこう）するようになったこと

(D) 子供（こども）が最近（さいきん）、家（いえ）に帰（かえ）って来（こ）なくなったこと

여 : 저기요. 이 근처에서 아이 교육에 관하여 상담할 수 있는 곳은 있는지요?

남 : 아동상담소나 사무소의 복지과 등에서도 상담할 수 있어요. 자녀분의 어떤 것에 대해서 고민이신지, 잠깐 얘기해 주시겠어요?

여 : 최근 아이가 '이리저리 변명만 해서' 난처해하고 있어요. 어떻게 예의범절을 가르치면 좋을지, 아이에게 어떻게 접근해야 좋을지 고민하고 있습니다.

남 : 그랬군요. 그러한 일이라면, 아동상담소에 상담해 보는 편이 좋을 것 같습니다.

여자는 무엇에 대하여 고민하고 있습니까?

(A) 아이의 성장이 늦는 것
(B) 아이가 말을 잘 말하지 못하는 것
(C) 아이가 요즘 부모에게 반항하게 된 것
(D) 아이가 요즘 집에 돌아오지 않게 된 것

相談(そうだん) 상담 | 児童相談所(じどうそうだんじょ) 아동상담소 | 役場(やくば) 지방 공무원이 사무를 보는 곳, 공증인 등의 사무소 | 福祉(ふくし) 복지 | 悩(なや)む 괴로워하다, 고민하다 | ああ言(い)えばこう言(い)う 이리저리 변명만 하다, 요리조리 발뺌만 하다 | 仕付(しつ)ける 예의범절을 가르치다 | 反抗(はんこう) 반항

77

女 : 加藤(かとう)さん、先月(せんげつ)は1回(かい)も残業(ざんぎょう)したことがないのに、残業代(ざんぎょうだい)をくれというのよ。

男 : そんな馬鹿(ばか)なことがあるか。

女 : 取引先(とりひきさき)との飲(の)み会(かい)は、仕事(しごと)の一部(いちぶ)だ。だから残業代(ざんぎょうだい)を払(はら)えというのよ。

男 : そんな虫(むし)のいい話(はなし)あるかよ。昔(むかし)の同僚(どうりょう)と一緒(いっしょ)にお酒(さけ)を飲(の)んでただけじゃないか。

加藤(かとう)さんはどんな人(ひと)ですか。

(A) 自分勝手(じぶんかって)でずうずうしい人(ひと)
(B) 残業(ざんぎょう)を一生懸命(いっしょうけんめい)する人(ひと)
(C) 虫(むし)が好(す)きでたまらない人(ひと)
(D) お酒(さけ)に目(め)がない人(ひと)

여 : 가토 씨, 지난달은 한 번도 잔업을 한 적이 없는데도 잔업수당을 달라고 해요.

남 : 그런 어처구니없는 일이 있어?

여 : 거래처와의 술 모임은 일의 일부다. 그렇기 때문에 잔업수당을 지불하라는 거예요.

남 : 그런 뻔뻔스런 얘기가 어디 있어. 옛날 동료와 함께 술을 마신 것뿐이잖아.

가토 씨는 어떤 사람입니까?

(A) 제멋대로이고 뻔뻔스러운 사람
(B) 잔업을 열심히 하는 사람
(C) 벌레를 너무나 좋아하는 사람
(D) 술을 아주 좋아하는 사람

そんな馬鹿(ばか)なこと 그런 어처구니없는 일 | 虫(むし)がいい 뻔뻔스럽다, 염치없다, 제멋대로이다 | 図々(ずうずう)しい 뻔뻔스럽다, 낯두껍다, 넉살 좋다 | 目(め)がない 판단하는 안목이 없다, 열중하다, 매우 좋아하다

78

女 : 前回(ぜんかい)の新製品開発(しんせいひんかいはつ)のプロジェクトの結果(けっか)を教(おし)えてください。

男 : はい。新製品開発(しんせいひんかいはつ)はうまく行(い)き、多(おお)くのお客(きゃく)さんにご満足頂(まんぞくいただ)いたのですが、開発経費(かいはつけいひ)が予算(よさん)をはるかに上回(うわまわ)り足(あし)が出(で)てしまいました。

女 : 次(つぎ)のプロジェクトでは節約(せつやく)しながら、いい製品(せいひん)を作(つく)るように、努力(どりょく)しなければならないですね。

男 : はい、そうですね。

前回(ぜんかい)のプロジェクトでは何(なに)が問題(もんだい)でしたか。

(A) 開発経費(かいはつけいひ)を節約(せつやく)しすぎて、いい製品(せいひん)ができなかった。
(B) 開発経費(かいはつけいひ)に対(たい)して、お客(きゃく)さんの満足度(まんぞくど)が低(ひく)かった。
(C) 開発経費(かいはつけいひ)が予算(よさん)を上回(うわまわ)ってしまった。
(D) 開発経費(かいはつけいひ)が予算(よさん)を下回(したまわ)ってしまった。

여 : 지난번 신제품 개발의 프로젝트 결과를 가르쳐 주세요.

남 : 네. 신제품 개발은 잘 진행되어 많은 고객이 만족을 하셨지만, 개발 경비가 예산을 훨씬 웃돌아 적자가 나고 말았습니다.

여 : 다음 프로젝트에서는 절약하면서, 좋은 제품을 만들도록 노력하지 않으면 안 되겠어요.

남 : 네, 그러네요.

지난번 프로젝트에서는 무엇이 문제였습니까?

(A) 개발 경비를 지나치게 절약해서, 좋은 제품을 완성할 수 없었다.

(B) 개발 경비에 대해서 고객의 만족도가 낮았다.

(C) 개발 경비가 예산을 웃돌고 말았다.

(D) 개발 경비가 예산을 밑돌고 말았다.

経費(けいひ) 경비 | 予算(よさん) 예산 | 足(あし)が出(で)る 지출이 예산을 초과하다. 적자가 나다. 탄로 나다. 들통 나다

79

男：小林さん、寿司の握り方教えてくれますか。

女：そんなものは見よう見まねで覚えるものよ。

男：そんなこと言わずに教えてくださいよ。

女：技術は教えられるものではなくて、自分で習得するものなのよ。

女の人が寿司の握り方を教えないのはどうしてですか。

(A) 寿司の握り方は自分で見て、覚えるものだから

(B) 寿司の握り方は秘密なので、教えることができないから

(C) 寿司の握り方を知らないから

(D) 男の人が嫌いなので、教えたくないから

남：고바야시 씨, 초밥 쥐는 방법을 가르쳐 주겠습니까?

여：그러한 것은 어깨너머로 배우는 거지.

남：그렇게 말하지 말고, 가르쳐 주세요.

여：기술은 가르쳐 받는 게 아니라, 자신이 습득하는 거야.

여자가 초밥 쥐는 방법을 가르쳐 주지 않는 것은 왜 입니까?

(A) 초밥 쥐는 방법은 자신이 보고, 익히는 것이기 때문에

(B) 초밥 쥐는 방법은 비밀이라서, 가르쳐 줄 수가 없기 때문에

(C) 초밥 쥐는 방법을 모르기 때문에

(D) 남자를 싫어해서, 가르쳐 주고 싶지 않기 때문에

握(にぎ)り方(かた) 쥐는 법 | 見(み)よう見(み)まねで覚(おぼ)える 어깨너머로 배우다

80

女：最近は不景気で、会社の倒産も増えていますね。

男：そして今は、グローバル時代で世界的な企業競争の時代だから、今までの伝統だけを守るという保守的な体制にこだわっていてはだめだな。

女：厳しい国際競争から生き残るためには、独自の技術を開発・保有することが重要だと思いますよ。伝統は今からは通用しない時代になると思います。

男：いや、伝統を守りながらも、新しい技術を開発し既存の製品に反映させることが重要じゃないか。温故知新ともいうからな。新しいものだけがいいとは限らないからな。

男の人は国際競争から生き残るためには、どうすればいいと考えていますか。

(A) どんな時代も伝統を守っていかなければならないと思っている。

(B) 伝統を無視して独自の技術を開発・保有することが重要だと思っている。

(C) 新しいものだけがいいと思っている。

(D) 伝統を守りながらも、新しい技術を開発していくことが重要だと思っている。

여：최근에는 불경기로, 도산하는 회사도 늘고 있네요.

남：그리고 지금은 글로벌 시대로 세계적인 기업과 경쟁하는 시대이기 때문에, 지금까지의 전통만을 지키려는 보수적인 체제에 집착해서는 안 돼.

여：혹독한 국제경쟁에서 살아남기 위해서는 독자적인 기술을 개발·보유하는 것이 중요하다고 생각해요. 전통은 이제부터는 통용되지 않는 시대가 될 것 같아요.

남：아니, 전통을 지키면서도 새로운 기술을 개발하여 기존의 제품에 반영시키는 것이 중요하지 않을까? 온고지신이라고도 하잖아. 새로운 것만이 좋다고는 할 수 없으니까.

남자는 국제경쟁에서 살아남기 위해서는 어떻게 하면 된다고 생각하고 있습니까?

(A) 어떤 시대도 전통을 지켜나가지 않으면 안 된다고 생각하고 있다.

(B) 전통을 무시하고 독자적인 기술을 개발·보유하는 것이 중요하다고 생각하고 있다.

(C) 새로운 것만이 좋다고 생각하고 있다.

(D) 전통을 지키면서도, 새로운 기술을 개발해 나가는 것이 중요하다고 생각하고 있다.

倒産(とうさん) 도산 | 企業競争(きぎょうきょうそう) 기업경쟁 | 伝統(でんとう) 전통 | 保守的(ほしゅてき) 보수적 | 通用(つうよう) 통용 | 反映(はんえい) 반영 | 温故知新(おんこちしん) 온고지신, 옛것을 익혀 새것을 앎

PART4 설명문 **(정답 및 해설)** 문제집 168~171쪽

81~84

ひきこもりとは、「6ヶ月以上自宅にひきこもって、会社や学校に行かず、家族以外との親密な対人関係がない状態」のことをさします。「ひきこもり」状態になる原因はさまざまで、精神疾患が影響している場合もあれば、とりたてて原因といえるものが見つからない場合もあります。2005年度のひきこもりは160万人以上。稀に外出する程度のケースまで含めると300万人以上存在します。その内インターネットを利用しているのは10%程度で、「テレビゲームをしたり、部屋の中で歩き回ったり、ビールや焼酎を飲んだり、中には何週間もの間ずっと何もしない者もいる」という例もあります。

은둔형 외톨이란, '6개월 이상 자택에 틀어박혀서 회사나 학교에 가지 않고, 가족 이외에 친밀한 대인관계가 없는 상태'를 가리킵니다. '은둔형 외톨이' 상태가 되는 원인은 다양한데, 정신 질환이 영향을 주고 있는 경우도 있으며, 내세울 만한 원인이 발견되지 않는 경우도 있습니다. 2005년도 은둔형 외톨이는 160만 명 이상. 간혹 외출하는 정도의 케이스까지 포함하면 300만 명 이상 존재합니다. 그 중 인터넷을 이용하고 있는 사람은 10퍼센트 정도로, '텔레비전 게임을 하거나 방안을 걸어 다니거나 맥주나 소주를 마시거나, 그 중에는 몇 주씩이나 쭉 아무것도 하지 않는 사람도 있다'는 예도 있습니다.

81 ひきこもりとはどんな人ですか。

(A) 6ヶ月以上外出せず、家族以外の人とは親しくない人

(B) 6ヶ月以上家に帰らず、家族に連絡しないでいる人

(C) 6ヶ月以上外出せず、家族とは連絡しない人

(D) 6ヶ月以上誰にも連絡せず、一人でいることを望む人

81 은둔형 외톨이란 어떤 사람입니까?

(A) 6개월 이상 외출하지 않고, 가족 이외의 사람과는 친하지 않은 사람

(B) 6개월 이상 집에 돌아가지 않고, 가족에게 연락하지 않고 있는 사람

(C) 6개월 이상 외출하지 않고, 가족과는 연락하지 않는 사람

(D) 6개월 이상 누구에게도 연락하지 않고, 혼자서 있는 것을 바라는 사람

82 ひきこもりの人は今、どのくらいいますか。

(A) 300万人

(B) 140万人

(C) 160万人

(D) まったく分からない。

82 은둔형 외톨이인 사람은 지금 어느 정도 있습니까?

(A) 300만 명

(B) 140만 명

(C) 160만 명

(D) 전혀 모른다.

83 ひきこもりが部屋の中でしていないことはどれですか。

(A) テレビゲーム

(B) 走り回っている。

(C) ビールや焼酎を飲む。

(D) 何もしない。

83 은둔형 외톨이가 방안에서 하고 있지 않은 것은 어느 것입니까?

(A) 텔레비전 게임

(B) 뛰어 돌아다니고 있다.

(C) 맥주나 소주를 마신다.

(D) 아무것도 하지 않는다.

84 ひきこもりの説明として正しいものはどれですか。

(A) 自分の部屋でインターネットばかりしているが、よく外出する。

(B) 自分の部屋で寝てばかりいるが、時にはテレビゲームをする。

(C) 家族とも関係を断ち、今は誰とも連絡しないで孤独の中で生活している。

(D) 自分の部屋では様々な活動をしているが、自宅の外にはあまり出ない。

84 은둔형 외톨이의 설명으로서 올바른 것은 어느 것입니까?

(A) 자기 방에서 인터넷만 하고 있지만, 자주 외출한다.

(B) 자기 방에서 자기만 하지만, 가끔 텔레비전 게임을 한다.

(C) 가족과도 관계를 끊어, 지금은 누구와도 연락하지 않고 고독 속에서 생활하고 있다.

(D) 자기 방에서는 다양한 활동을 하고 있지만, 자택 밖으로는 별로 나오지 않는다.

引(ひ)き籠(こも)り 외출하지 않고 집안에 틀어박혀 있는 상태나 그런 사람 | 引(ひ)き籠(こも)る 틀어박히다. 죽치다. 들어앉다 | 様々(さまざま) 가지가지, 여러 가지, 가지각색 | 稀(まれ) 드묾, 많지 않음, 좀처럼 없음 | 焼酎(しょうちゅう) 소주

85~88

日本道路交通情報センターは17日、お盆の時期、8月6日から19日までの14日間の高速道路での交通集中による状態予測を発表した。お盆の時期の状態は「下り方面」では、8月13日～14日。「上り方面」では、8月14日間～16日の3日間に特に多く発生すると予測された。また、全国で最も長い渋滞は、「下り方面」が8月13日の神戸トンネル付近で約65km。「上り方面」が8月14日、15日の栃木インターチェンジ付近で約50kmの渋滞を見込んでいる。同社では、「今春から導入されたETC休日特別割引による影響として、ゴールデンウィークで確認された交通量の増加実績を踏まえ渋滞予測をしているが、利用動向が例年と異なることが予想され、例年は渋滞が発生しない個所でも渋滞が発生する場合がある」と説明している。

일본 도로 교통정보센터는 17일, 오본 시기인 8월 6일부터 19일까지 14일간 고속도로에서의 교통 집중으로 인한 정체 예측을 발표했다. 오본 시기의 정체는 '하행 방면'에서는 8월 13일~14일. '상행 방면'에서는 8월 14일~16일의 3일 동안 특히 많이 발생한다고 예측되었다. 또한, 전국에서 가장 긴 정체는 '하행 방면'이 8월 13일 고베 터널 부근에서 약 65킬로미터. '상행 방면'이 8월 14, 15일의 도치기 인터체인지 부근에서 약 50킬로미터의 정체를 전망하고 있다. 일본 도로 교통정보센터에서는 '이번 봄부터 도입된 ETC 휴일 특별 할인에 의한 영향으로서 골든 위크에서 확인된 교통량 증가 실적을 포함하여 정체 예측을 하고 있지만, 이용 동향이 예년과 다른 점이 예상되어 예년에는 정체가 발생하지 않은 곳에서도 정체가 발생하는 경우가 있다'고 설명하고 있다.

85 何についての話ですか。

(A) 日本人のお盆の過ごし方について

(B) 渋滞が発生する時間帯について

(C) お盆の渋滞の予測について

(D) お盆の渋滞が及ぼす被害額について

85 무엇에 대한 이야기입니까?

(A) 일본인이 오본을 보내는 방법에 대해

(B) 정체가 발생하는 시간대에 대해

(C) 오본 정체의 예측에 대해

(D) 오본 정체가 미치는 피해액에 대해

86 全国でもっとも長い渋滞はどのくらいですか。

(A)「上り方面」で65km

(B)「上り方面」で50km

(C)「下り方面」で65km

(D)「下り方面」で50km

86 전국에서 가장 긴 정체는 어느 정도입니까?

(A) '상행 방면'에서 65킬로미터

(B) '상행 방면'에서 50킬로미터

(C) '하행 방면'에서 65킬로미터

(D) '하행 방면'에서 50킬로미터

87 今年の交通渋滞はどうなると言っていますか。

(A) 去年とほぼ同じで、渋滞が起こる場所は決まっている。

(B) ETC導入により、渋滞が起こらなかった場所でも渋滞する可能性がある。

(C) ETC導入により、渋滞が緩和され、高速道路は通行しやすくなる。

(D) ゴールデンウィークと同じような結果になると予測される。

87 올해의 교통 정체는 어떻게 된다고 말하고 있습니까?

(A) 작년과 거의 같고, 정체가 일어나는 장소는 정해져 있다.

(B) ETC 도입에 의해, 정체가 일어나지 않았던 장소에서도 정체할 가능성이 있다.

(C) ETC 도입에 의해, 정체가 완화되어 고속도로는 통행하기 쉬워진다.

(D) 골든 위크와 같은 결과가 된다고 예측된다.

88 道路交通センターは何について発表しましたか。

(A) 交通渋滞のひどさについて

(B) お盆の時期の交通渋滞について

(C) ゴールデンウィークの交通渋滞について

(D) 道路の渋滞が悪化したことについて

88 도로 교통센터는 무엇에 대해 발표했습니까?

(A) 교통 정체의 심각함에 대해

(B) 오본 시기의 교통 정체에 대해

(C) 골든 위크의 교통 정체에 대해

(D) 도로 정체가 악화했던 것에 대해

日本道路通常法(にほんどうろつうじょうほう) 일본 도로 통상법 | 時期(じき) 시기 | 交通集中(こうつうしゅうちゅう) 교통 집중 | 状態予測(じょうたいよそく) 상태 예측 | 下(くだ)り 내려감, 수도에서 지방으로 내려감 | 上(のぼ)り 올라감, 상경 | 発生(はっせい) 발생 | 渋滞(じゅうたい) 정체 | 見込(みこ)む 내다보다, 예상하다 | ゴールデンウィーク 골든 위크(golden week), 황금주말, 4월말부터 5월초까지의 휴일이 많은 기간 | 踏(ふ)まえる 판단의 근거로 삼다, 입각하다

89~91

日本語検定委員会が一作年春、「正しい日本語の使い方」を身につける新しい手立てとしてスタートさせた「日本語検定」。小学生から社会人までそれぞれの生活環境と発達段階に応じて、楽しく、興味深く日本語の力を確認し、学習することを目指したものです。検定では、「敬語」、「文法」、「語彙」、「言葉の意味」、「漢字」、「表記」の6領域から出題し、日本語の総合的な運用能力を測定します。時事通信社は、この日本語検定委員会主催による同事業に共感し、事業立ち上げから「協賛」しています。公式サイトに各種教育関係のニュースを配信するとともに、ニュースと写真を組み合わせたクイズなども提供しています。

일본어 검정 위원회가 재작년 봄, '올바른 일본어 사용법'을 몸에 익히는 새로운 수단으로서 스타트시킨 '일본어 검정'. 초등학생부터 사회인까지 각각의 생활환경과 발달 단계에 따라서, 즐겁고 흥미롭게 일본어 실력을 확인하며 학습하는 것을 목표로 한 것입니다. 검정에서는 '경어', '문법', '어휘', '말의 의미', '한자', '표기'의 6영역에서 출제하며, 일본어의 종합적인 운용 능력을 측정합니다. 시사통신사는 이 일본어 검정 위원회 주최에 의한 동일 사업에 공감하여, 사업 시작부터 '협찬'하고 있습니다. 공식 사이트에 각종 교육 관계 뉴스를 전달하는 것과 동시에, 뉴스와 사진을 조합한 퀴즈 등도 제공하고 있습니다.

89 日本語検定の目的は何ですか。

(A) 正しい敬語を使うことができるようにするため

(B) ニュースに加えて、クイズなどを提供するため

(C) 日本語の総合的な運用能力をつけるため

(D) 正しい日本語の使い方を身につけることができるようにするため

89 일본어 검정의 목적은 무엇입니까?

(A) 올바른 경어를 사용할 수 있도록 하기 위해

(B) 뉴스와 더불어 퀴즈 등을 제공하기 위해

(C) 일본어의 종합적인 운용 능력을 키우기 위해

(D) 올바른 일본어 사용법을 몸에 익힐 수 있도록 하기 위해

90 時事通信社は、どんなことをしていますか。

(A) この事業に共感し、日本語検定のニュースを配信している。

(B) 日本語検定委員会と共に、日本語検定を実施している。

(C) ニュースと写真を組み合わせ、楽しいニュースを配信している。

(D) 公式サイトに教育関係のニュースを配信し、クイズも提供している。

90 시사통신사는 어떤 일을 하고 있습니까?

(A) 이 사업에 공감하여, 일본어 검정 뉴스를 전달하고 있다.

(B) 일본어 검정 위원회와 함께, 일본어 검정을 실시하고 있다.

(C) 뉴스와 사진을 조합해 즐거운 뉴스를 전달하고 있다.

(D) 공식 사이트에 교육 관계 뉴스를 전달하며, 퀴즈도 제공하고 있다.

91 日本語検定の出題範囲でないものはどれですか。

(A) 敬語

(B) 語彙

(C) 作文能力

(D) 言葉の意味

91 일본어 검정의 출제 범위가 아닌 것은 어떤 것입니까?

(A) 경어

(B) 어휘

(C) 작문 능력

(D) 말의 의미

手立(てだ)て 방법, 수단 | それぞれ 저마다, 각기, 각각 | 興味深(きょうみぶか)い 흥미 깊다, 흥미롭다 | 目指(めざ)す 목표로 하다, 노리다 | 語彙(ごい) 어휘 | 表記(ひょうき) 표기 | 共感(きょうかん) 공감 | 配信(はいしん) 통신사/신문사/방송국 등이 취재한 사항 등을 관계 기관에 보냄 | 提供(ていきょう) 제공 | 組(く)み合(あ)わせる 짜 맞추다, 짝을 짓다, 편성하다

92~94

私の家族を紹介します。昨年、新しい命が誕生してから、私達の家族は5人家族になりました。私と主人、上に息子二人と、下に娘一人の5人です。息子は今年で7歳と5歳で、今が一番の遊び盛りです。毎日、昼寝もそこそこに外へ飛び出して、日が沈むまで遊んでいます。それにひきかえ、娘は静かに一人で遊ぶのが好きなようです。今は、主人は大手の保険会社に勤めていますが、今年末でその仕事を辞め、来年、家族みんなで田舎に移り、農業を始めるつもりです。これから、私達家族は新しい出発をしますが、苦しい時も、楽しい時もいつも家族みんなで励まし合って、楽しい家族でいたいと思っています。

우리 가족을 소개합니다. 작년 새로운 생명이 탄생하고 나서, 저희는 5인 가족이 되었습니다. 저와 남편, 위에 아들 두 명에 아래는 딸 한 명의 5명입니다. 아들은 올해로 7세와 5세이고, 지금이 가장 놀기에 정신이 없는 시기입니다. 매일 낮잠도 자는 둥 마는 둥 밖으로 뛰쳐나가서 해가 질 때까지 놀고 있습니다. 그것에 비해, 딸은 조용하게 혼자서 노는 것을 좋아하는 것 같습니다. 지금 남편은 대기업 보험 회사에 근무하고 있습니다만, 올해 말로 그 일을 그만두고 내년에 가족 모두 시골로 옮겨 농사일을 시작할 생각입니다. 이제부터 저희 가족은 새로운 출발을 합니다만, 괴로울 때나 즐거운 때나 언제나 가족 모두가 서로 격려하고, 즐겁게 살아가고 싶습니다.

92 この家族の子供たちはどんな子供たちですか。
(A) 日が沈み、暗くなるまで息子達は外で遊んでいる。
(B) 娘は室内で静かに友達と遊ぶことが好きだ。
(C) 息子達は、昼寝を全くせずに外へ遊びに行ってしまう。
(D) 息子達は農業に興味を持っている。

92 이 가족의 아이들은 어떤 아이들입니까?
(A) 해가 지고 어두워질 때까지 아들들은 밖에서 놀고 있다.
(B) 딸은 실내에서 조용히 친구와 노는 것을 좋아한다.
(C) 아들들은 낮잠을 전혀 자지 않고, 밖으로 놀러나가 버린다.
(D) 아들들은 농업에 흥미를 가지고 있다.

93 ご主人の今の仕事は何ですか。
(A) 大手の保険会社で仕事をしている。
(B) 田舎で農業をしている。
(C) 保険会社の仕事のかたわら、農業もしている。
(D) 今は何もしていないが、来年から農業を始めるつもりだ。

93 남편의 현재 일은 무엇입니까?
(A) 대기업의 보험 회사에서 일을 하고 있다.
(B) 시골에서 농업을 하고 있다.
(C) 보험 회사의 일을 하면서, 농업도 하고 있다.
(D) 지금은 아무것도 하고 있지 않지만, 내년부터 농업을 시작할 생각이다.

94 女の人は、どんな家族でいたいと言っていますか。
(A) 苦しみをお互い分かち合う家族
(B) 楽しい思い出を残すことができる家族
(C) どんな時も励まし合う家族
(D) 静かで幸せな家族

94 여자는 어떠한 가족으로 살고 싶다고 말합니까?
(A) 괴로움을 서로 분담하는 가족
(B) 즐거운 추억을 남길 수 있는 가족
(C) 어떠한 때라도 서로 격려하는 가족
(D) 조용하고 행복한 가족

昼寝(ひるね) 낮잠 | そこそこ 될까말까한 정도, ~하는 둥 마는 둥 | 飛(と)び出(だ)す 뛰어나오다. 뛰어나가다 | 日(ひ)が沈(しず)む 해가 지다 | 移(うつ)る 옮기다. 이동하다 | 農業(のうぎょう) 농업 | 励(はげ)まし合(あ)う 서로 격려하다

95~97

最近、日本ではメタボリックシンドロームという言葉をよく聞きます。これは肥満や高血圧、糖尿病などの生活習慣病は、それぞれが独立した別の病気ではなく、特に内臓に脂肪が溜まることが原因であることが分かってきました。これによって、さまざまな病気が引き起こされやすくなった状態を『メタボリックシンドローム』といい、治療の対象として考えられるようになってきました。日本人の三大死因はがん、心臓病、脳卒中ですが、最近の研究では、肥満がさまざまな生活習慣病を引き起こし、それらの重なりが重大な病気を起こすことが分かってきました。

최근 일본에서는 메타보릭크 신드롬이라는 말을 자주 듣습니다. 이것은 비만이나 고혈압, 당뇨병 등의 생활 습관병은 각각이 독립된 다른 병이 아니라, 특히 내장에 지방이 쌓이는 것이 원인이라는 것을 알게 되었습니다. 이것에 의해서 다양한 병이 발생되기 쉬운 상태를 '메타보릭크 신드롬'이라고 하여, 치료의 대상으로서 생각할 수 있게 되었습니다. 일본인의 3대 사인(死因)은 암, 심장병, 뇌졸중입니다만, 최근 연구에서는 비만이 다양한 생활 습관병을 일으켜, 그러한 것들이 중복되면서 중대한 병을 일으킨다는 것을 알게 되었습니다.

95 メタボリックシンドロームの原因は何ですか。

(A) 糖尿病などの生活習慣病
(B) 内臓に脂肪が溜まること
(C) さまざまな病気
(D) 心臓病

95 메타보릭 신드롬의 원인은 무엇입니까?

(A) 당뇨병 등의 생활 습관병
(B) 내장에 지방이 쌓이는 것
(C) 다양한 병
(D) 심장병

96 日本の死亡の原因の３つに当てはまらないのは
どれですか。

(A) がん
(B) 心臓病
(C) 脳卒中
(D) 糖尿病

96 일본의 사망 원인 세 가지에 적합하지 않은 것은 어느 것
입니까?

(A) 암
(B) 심장병
(C) 뇌졸중
(D) 당뇨병

97 メタボリックシンドロームとして正しいものは
どれですか。

(A) 治療できない不治の病として恐れられている。
(B) さまざまな病気の原因となり得ることが分かってき
た。
(C) 日本の死亡者のほとんどはメタボリックシンドローム
だ。
(D) 研究は始まったばかりで、分かっていることは何も
ない。

97 메타보릭 신드롬으로서 올바른 것은 어느 것입니까?

(A) 치료할 수 없는 불치병으로서 두려워하고 있다.
(B) 다양한 병의 원인이 될 수 있는 것을 알게 되었다.
(C) 일본의 사망자 대부분은 메타보릭 신드롬이다.
(D) 연구는 막 시작되었고, 알고 있는 것은 아무것도 없다.

肥満(ひまん) 비만 | 高血圧(こうけつあつ) 고혈압 | 糖尿病(とう
にょうびょう) 당뇨병 | 独立(どくりつ) 독립 | 内臓(ないぞう) 내장 |
脂肪(しぼう) 지방 | 溜(た)まる 괴다. 모이다. 늘다. 쌓이다 | 心臓病(し
んぞうびょう) 심장병 | 脳卒中(のうそっちゅう) 뇌졸중 | 重大(じ
ゅうだい) 중대함 | 起(お)こす 일으키다. 일으켜 세우다. 깨우다

98~100

私は20代後半ですが、今のお笑いにはあまり面白さを感じません。お笑いブームといいますが、今のお笑いが面白いものだとすると、現代の若い人達はこれで笑っているということがかわいそうな気もします。芸人のトークショーもアドリブだらけで、質問されたことに対して答えられずに困っている姿で笑いをとる。何だかプロ意識に欠けているように思ってしまいます。お笑い芸人は雑談者でも司会者でもなく、視聴者を笑わせることが仕事であるのに…。

저는 20대 후반입니다만, 요즘 개그에는 별로 재미를 느끼지 않습니다. 개그 붐이라고 하여 요즘 개그가 재미있는 거라고 한다면, 현대의 젊은 사람들은 이걸 보며 웃고 있는 모습이 불쌍한 생각도 듭니다. 연예인의 토크 쇼도 애드리브 투성이로, 질문 받았던것에 대해 대답하지 못하고 곤란해하고 있는 모습으로 웃음을 준다. 왠지 프로 의식이 부족한 것처럼 생각되고 맙니다. 코미디언(개그맨)은 잡담자도 사회자도 아닌 시청자를 웃기는 것이 일인데……

98 筆者は、どうして現代の若者はかわいそうだと
言っていますか。

(A) プロ意識に欠けたお笑いを見て、面白いと感じている
から
(B) 本当のお笑いを知らずにいるから
(C) 今のお笑いに面白さを感じることができなかったから
(D) お笑い芸人が司会者の役割をしているのを見たから

98 필자는 어째서 현대의 젊은이는 불쌍하다고 말하고 있습
니까?

(A) 프로 의식이 결여된 개그를 보고, 재미있다고 느끼고 있기 때
문에
(B) 진짜 개그를 알지 못하고 있기 때문에
(C) 지금의 개그에 재미를 느낄 수 없기 때문에
(D) 코미디언(개그맨)이 사회자의 역할을 하고 있는 것을 보았기
때문에

99 男の人が、今の芸人がプロ意識に欠けていると
言っている理由は何ですか。

(A) お笑い芸人が司会者の役目を果たすようになり、視
聴者を笑わせることが少なくなったから
(B) 芸人はトークショーでもアドリブだらけで、質問に答
えられない姿で笑いをとっているから
(C) 芸人が、本当の笑いを研究せず、行き当たりばった
りでお笑いをしているから

(D) アドリブで笑いをとるような余裕が今の芸人にはなく
　　なったから

99 남자가 지금의 연예인이 프로 의식이 결여되어 있다고 하
는 이유는 무엇입니까?

(A) 코미디언이 사회자의 책임을 다하게 되어, 시청자를 웃기는
　　일이 적어졌기 때문에

(B) 연예인은 토크 쇼에서도 애드리브 투성이로, 질문에 답할 수
　　없는 모습으로 웃음을 주고 있기 때문에

(C) 연예인이 진정한 개그를 연구하지 않고, 되는 대로 개그를 하
　　고 있기 때문에

(D) 애드리브로 웃음을 유발할 만한 여유가 지금의 연예인에게는
　　없기 때문에

100 お笑い芸人の仕事は何だと言っていますか。

(A) 視聴者を笑わせることに、力を注ぐこと

(B) お笑い芸人が司会者の役目を果たし、番組を進行する
　　こと

(C) 本当のお笑いを研究し、発表すること

(D) 雑談者になり、様々な話題について話すこと

100 코미디언(개그맨)의 일은 무엇이라고 말합니까?

(A) 시청자를 웃기는 것에 힘을 쏟는 것

(B) 코미디언(개그맨)이 사회자의 책임을 다해, 프로그램을 진행
　　하는 것

(C) 진정한 개그를 연구해, 발표하는 것

(D) 잡담자가 되어, 다양한 화제에 대해 이야기하는 것

お笑(わら)い 만담, 웃음거리, 개그 | かわいそう 가엾음, 불쌍함 | 欠(か)
ける 깨져 떨어지다, 흠지다, 부족하다, 모자라다 | 芸人(げいにん) 예능인,
연예인 | 雑談者(ざつだんしゃ) 잡담자 | 司会者(しかいしゃ) 사회자
| 視聴者(しちょうしゃ) 시청자

PART5 정답찾기 (정답 및 해설) 문제집 172~174쪽

101

나는 가을을 제일 좋아합니다.

冬(ふゆ) 겨울 | 夏(なつ) 여름 | 春(はる) 봄 | 秋(あき) 가을

102

하와이 여행을 갈 예정입니다.

旅行(りょこう) 여행 | 予定(よてい) 예정

103

야마다 씨는 다나카 씨보다 젊습니다.

若(わか)い 젊다, (나이가) 어리다 | 苦(にが)い (맛이) 쓰다. 언짢다, 불쾌하다
| 苦(くる)しい 괴롭다, 고통스럽다, 난처하다, 난감하다 | 可愛(かわい)い
귀엽다, 사랑스럽다, 예쁘장하다

104

다행히 그것으로 충족되었다.

辛(から)い 맵다, 얼큰하다, 짜다 | 辛(つら)い 괴롭다, 고통스럽다, 가혹하다,
매정스럽다 | 苦(にが)い (맛이) 쓰다, 언짢다, 불쾌하다 | 幸(さいわ)い 운이
좋다, 다행이다

105

타이틀로 독자를 속이는 것은 그만두었으면 한다.

騙す 속이다, 달래다

乱す 흩뜨리다, 어지럽히다

犯す (법률/규칙/도덕 등을) 어기다, 범하다

侵す 침범하다, 침해하다

冒す 무릅쓰다, 해를 끼치다, 병에 걸리게 하다

ごまかす 속이다, 어물어물 넘기다, 얼버무리다

106

확신을 가질 수 없을 때는 깨끗하게 단념한다.

鈍(にぶ)い 무디다, 둔하다 | 清(きよ)い 맑다, 결백하다, (태도가) 시원스럽다
| 潔(いさぎよ)い 맑고 깨끗하다, 결백하다, 떳떳하다 | 賢(かしこ)い 현명
하다, 영리하다, 요령 있다, 약삭빠르다

107

많은 지방 특색 산업은 생활에 밀착한 상품 만들기를 실시하고 있습니다.

地場(じば) 그 고장, 본고장

108

행방불명인 딸을 찾고 있다.

1. 探す 찾다 ⇒ 손에 넣고 싶은 것, 보고 싶은 것을 찾으려고 할 때 사용

예 宝物(たからもの)を探(さが)す。 보물을 찾다.

職(しょく)を探(さが)す。 직장을 찾다.

2. 捜す 찾다 ⇒ 안 보이게 된 것을 찾아내려고 할 때 사용

예 犯人(はんにん)を捜(さが)す。 범인을 찾다.

落(お)し物(もの)を捜(さが)す。 잃어버린 물건을 찾다.

109

마무리에 가루 치즈를 넣어 주세요.

仕上(しあ)げ 마무리, 완성 | 粉(こな)チーズ 가루 치즈, 분말 치즈

110

어떠세요, 올해의 유카타를 맞추어 보지 않겠습니까?

誂(あつら)える 맞추다, 주문하다

111

야마다 씨, 함께 커피를 마십시다.

一緒(いっしょ)に 함께, 같이 | コーヒー 커피

112

사장님이 집에 초대해 주셨습니다만, 오늘은 사양했습니다.

招待(しょうたい) 초대 | 遠慮(えんりょ) 삼감, 사양함

113

이런 친절한 메일에 대한 반응으로서는 너무 유치하잖아.

幼稚(ようち) 유치, 나이 어림, 미숙함 | 優(やさ)しい 온화하다, 부드럽다, 우아하다 | 易(やさ)しい 쉽다, 용이하다 | 冷(つめ)たい 차갑다, 매정하다 | 厳(きび)しい 엄하다, 험하다, 냉엄하다, 혹독하다 | 幼(おさな)い 어리다, 미숙하다, 유치하다

114

그녀는 대학 입학을 계기로, 부모 곁을 떠났다.

1. 「명사 + を契機(けいき)に」 ~을/를 계기로

예 病院(びょういん)に入院(にゅういん)したことを契機(けいき)にお酒(さけ)をやめた。
병원에 입원한 것을 계기로 술을 끊었다.

2. 「명사 + をきっかけに」 ~을/를 계기로

예 日本留学(にほんりゅうがく)をきっかけに、日本(にほん)の国(くに)についていろいろ考(かんが)えるようになった。 일본 유학을 계기로, 일본이라는 나라에 대해서 여러 가지로 생각하게 되었다.

115

그는 천천히 일어섰다.

徐(おもむろ)に 서서히, 천천히 | 急(いそ)ぐ 서두르다, 조급히 굴다, 바삐 움직이다 | 無闇(むやみ)に 무턱대고, 터무니없이 지나치게 | ゆっくり 천천히, 느긋하게

116

다시 내년을 목표로 바통을 넘겨주고 싶습니다.

襷(たすき) 양어깨에서 겨드랑이에 걸쳐 'X'모양으로 엇매어 일본 옷의 옷소매를 걷어매는 끈, 어깨띠

襷(たすき)を繋(つな)ぐ 바통을 넘겨주다, 바통을 잇다 (= バトンを渡(わた)す)

117

이 우유는 싱거워서 맛이 없어.

(A) 저 사람은 자주 잊어버려서 난처하다.

(B) 아무래도 내일은 비일 것 같다.

(C) 야마다 씨는 아주 화를 잘 내는 성격이다.

(D) 30살이나 되어서 그런 일로 화를 내다니, 유치해요.

「~っぽい」 용법 정리

① 「동사 + っぽい」 ⇒ 좋지 않은 상태에 자주 빠지기 쉬운 성질임을 나타냄.

예 あの人(ひと)は忘(わす)れっぽくて困(こま)る。
저 사람은 자주 잊어서 난처하다.

② 「색채 형용사/속성 형용사 + っぽい」 ⇒ 전형적인 상태는 아니지만, 그와 같은 성질을 띠고 있음을 나타냄.

예 男(おとこ)は白(しろ)っぽい服(ふく)を着(き)ている。
남자는 흰색을 띤 옷을 입고 있다.

③ 「명사 + っぽい」 ⇒ 그 명사가 나타내고 있는 상태에 가까운 속성을 지닌 것을 나타냄.

예 この牛乳(ぎゅうにゅう)水(みず)っぽくてまずいよ。
이 우유는 싱거워서 맛이 없어.

④ 상황으로부터의 판단을 나타냄.

예 どうやら明日は雨っぽい。

아무래도 내일은 비일 것 같다.

118

이제 늦었으니, 그만 실례하겠습니다.

(A) 저 가게는 저렴하고, 맛있다.

(B) 저 아이는 머리도 좋고, 성격도 좋다.

(C) 이 아파트는 조용하고, 햇빛도 잘 든다.

(D) 그곳은 전기도 없고, 아주 불편한 곳이었다.

🗨 「～し」용법 정리

① 병렬/나열

예 あの店は安いし、うまい。저 가게는 저렴하고, 맛있다.

今日は雨だし、それに風も強い。

오늘은 비이고, 게다가 바람도 강하다.

② 이유

예 暗くなってきたし、そろそろ帰りましょうか。

어두워졌으니, 슬슬 돌아갈까요?

そこは電気もないし、ひどく不便なところだっ

た。그곳은 전기도 없고, 아주 불편한 곳이었다.

119

이 가방은 무겁지 않고, 딱 좋은 크기다.

(A) 대형사고가 되지 않아서 다행이다.

(B) 먹지도 않고 마시지도 않는다.

(C) 생각보다 비싸지 않아서 안심했다.

(D) 아이의 몸이 튼튼하지 않아서 큰일이다.

🗨 「동사 / 형용사 / 명사 だ + なくて」용법 정리

① 원인 / 이유

예 子供がちっとも勉強しなくて困っています。

아이가 전혀 공부를 하지 않아서 난처합니다.

故障の原因が簡単じゃなくて、困っている。

고장의 원인이 간단하지 않아서, 난처하다.

② 병렬 / 동시 병행 성립

예 このかばんは重くなくて、ちょうどいい大きさだ。

이 가방은 무겁지 않고, 딱 좋은 크기다.

食べもしなくて飲みもしない。

먹지도 않고 마시지도 않는다.

120

5년간의 편지 왕래를 통해서, 두 사람의 사랑은 결실을 맺었다.

(A) 이 지방은 일 년 내내 비가 오는 날이 적다.

(B) 실험을 통해서 얻을 수 있는 결과밖에 신용할 수 없다.

(C) 5일 동안의 회의에서, 다양한 의견이 교환되었다.

(D) 이번 일주일 동안, 밖에 나간 것은 겨우 두 번뿐이다.

🗨 「～を通して」용법 정리

① 중개 / 수단

예 私たちは友人を通して知り合いになった。

우리들은 친구를 통해서 알게 되었다.

実験を通して得られる結果しか信用できない。

실험을 통해서 얻을 수 있는 결과밖에 신용할 수 없다.

② 기간 동안

예 この地方は1年を通して雨の降る日が少ない。

이 지방은 일 년 내내 비가 오는 날이 적다.

5日間を通しての会議で、様々な意見が交換され

た。5일 동안의 회의에서, 다양한 의견이 교환되었다.

この1週間を通して、外に出たのはたった2度だけ

だ。이번 일주일 동안, 밖에 나간 것은 겨우 두 번뿐이다.

PART6 오문정정 (정답 및 해설) 문제집 175~176쪽

121 (C) あります → ありません

이 책에는 이름이 써 있지 않기 때문에, 누구 것인지 알 수 없습니다.

🗨 의미 파악 문제로, 제대로 의미를 파악할 수 있다면 쉽게 풀 수 있다.

122 (A) 今週 → 先週

지난주에 막 이사를 했기 때문에, 아직 정리가 되어 있지 않습니다.

🗨 시제의 일치에 주의할 것

今週 이번 주, 금주　　先週 지난주

123 （D） 住む → 住み

거리도 깨끗하고 상점가도 가깝고, 아주 살기 편합니다.

> 「ます형 + やすい」 ~하기 쉽다
>
> こわれやすい 깨지기 쉽다　　燃えやすい 타기 쉽다
> 入りやすい 들어가기 쉽다　　間違いやすい 틀리기 쉽다

124 （C） 予定ますが → 予定ですが

이번 일요일에 친구와 드라이브 갈 예정입니다만, 만약에 괜찮으시면 함께 가지 않겠습니까?

> 1.「명사 / 형용사 + です」 ~입니다
> 예 本です。 책입니다.
> 静かです。 조용합니다.
> 2.「동사 + ます」 ~합니다, ~입니다
> 예 行きます。 갑니다.
> 食べます。 먹습니다.

125 （B） 思われる → 思われている

일본의 물가는 비싸다고 여겨지고 있지만, 나는 그렇게는 생각하지 않는다.

> 1.「~と思われる」 ~(이)라고 여겨지다 ⇒ 1인칭의 인식
> 예 私にはこのことが正しいと思われる。
> 나에게는 이 일이 올바르다고 여겨진다.
> 2.「~と思われている」 ~(이)라고 여겨지고 있다 ⇒ 일반적인 인식

126 （C） 買ってくれ → 買ってあげ

이번 일요일, 아이에게 신규로 도코모 휴대전화를 사 주려고 생각하고 있습니다.

> 1.「くれる」 (상대방이 나에게) 주다 ⇒ 대등하거나 손아랫사람이 나에게 줄 때 사용
> 예 友達が私に本をくれました。
> 친구가 나에게 책을 주었습니다.
> 2.「やる」 주다 ⇒ 동식물이나 손아랫사람에게 줄 때 사용
> 예 鳥に餌をやりました。 새에게 모이를 주었습니다.
> 3.「あげる」 (내가 상대방에게) 주다 ⇒ 대등한 관계에 있는 사람에게 줄 때 사용
> 예 友達にプレゼントをあげました。
> 친구에게 선물을 주었습니다.

127 （C） で → に

어렸을 때, 자주 놀던 공원 근처에 유명한 도서관이 있었습니다.

> 1.「장소 + に(~에)」 ⇒ 존재 장소를 나타냄.
> 예 妹はあの部屋((○)に /(×)で)います。
> 여동생은 저 방에 있습니다.
> 2.「장소 + で(~에서)」 ⇒ 동작의 장소를 나타냄.
> 예 妹はあの部屋((×)に /(○)で)勉強をしています。
> 여동생은 저 방에서 공부를 하고 있습니다.

128 （C） 飲み始めた → 飲み始めて

약을 먹기 전에 해야 할 일이 있고, 게다가 약을 먹기 시작하고 나서도 주의를 하지 않으면 안 된다.

> 「~てから」 ~하고 나서, ~하고부터

129 （B） すべて → 残らず

설령 그것들을 하나도 남김없이 정리해서 인정했다 해도, 이 시점에서 그것은 전혀 관계가 없다.

> 「たとえ~ても」 설령/비록 ~하더라도
> 一つ残らず 하나도 남김없이
> 一人残らず 한 사람도 남김없이

130 （D） もの → こと

주제넘게 말할 수 있는 입장은 아닙니다만, 내일 일을 걱정할 필요는 없습니다.

> 「~ことはない」 ~할 필요는 없다

131 （A） 嫌い → 嫌いだ

집안일이 싫고, 얽매이는 것이 싫어, 놀고 싶어서 이혼한다는 사람도 있는 듯하다.

> い형용사와 な형용사의 연결 형태에 주의할 것!
> 「종지형 + し」 ~고, ~며

132 （C） 出張 → 出張の・出張する

감사의 기분을 사물로 표현하면, 출장 때마다 제 지갑은 허전해집니다.

ⓣ 명사 の / 동사 기본형 + たび / たびに」~때마다

ⓔ この写真を見るたびに昔のことが思い出される。

이 사진을 볼 때마다 옛날 일이 생각난다.

133 (D) ている → ていない

드래프트 상위로 대대적인 선전을 통해 입단했으면서, 1군에서 그다지 활약하지 못하고 있다.

ⓣ 1.「大して」그다지, 별로 ⇒ 부정(금지) 표현을 동반하는 부사

ⓔ 大して遠くない。 그다지 멀지 않다.

大して苦しくはない。 그다지 괴롭지는 않다.

2.「鳴り物入り」대대적인 선전, 악기에 반주를 넣어 가무의 흥을 돋움

ⓔ 鳴り物入りの会議。 요란하게 떠벌리는 회의

134 (B) 関して → ついて

죄송합니다, 승객 한 명당 3개까지만 수화물을 가지고 들어갈 수 있습니다.

ⓣ 1.「~について」~에 대해서

① 어떤 주제나 내용에 대해 '~에 관해서/대해서'의미로 사용

ⓔ 日本の経済について話をしました。

일본 경제에 대해서 이야기를 했습니다.

② 한정된 범위를 집약시킨 내용으로 상세하고 치밀하게 전개하는 경우

ⓔ 試験問題3番に((○)ついて / (×)関して)も、説明してほしいですが。 시험 문제 3번에 대해서도 설명해 주었으면 합니다만.

2.「~に関して」~에 관해서

① 어떤 주제나 내용 '~에 관해서/대해서'의 의미로 사용. 단,「~に関して」는 약간 딱딱한 느낌을 준다.

ⓔ この点に関して、何か質問はありませんか。

이 점에 관해서, 무언가 질문은 없습니까?

②「~に関して」는 대부분「~について」로 대체할 수 있지만, 다양한 것이 포함되고 다각적으로 폭넓게 전개하는 경우에는「~に関して」가 자연스럽다.

ⓔ 日本文化に((○)関して / (△)ついて)興味があります。 일본 문화에 대해서 흥미가 있습니다.

135 (C) 戻・戻さざるを得ない → 戻さざるを得ない

이토록 국제적인 비난을 받게 되면, 정부도 계획을 백지로 되돌릴 수밖에 없는 것은 아닌가?

ⓣ 1. 자동사와 타동사의 구분

자동사 : 戻る(되돌아가다, 되돌아오다)

타동사 : 戻す(되돌리다, 돌려주다)

2.「동사 ない형 + ざるを得ない」~하지 않을 수 없다

136 (C) にとどまって → にとどまらず

대기오염으로 인한 피해는 노인과 어린아이들뿐만 아니라, 젊은이들에게까지 퍼졌다.

ⓣ「~にとどまらず」~뿐만 아니라, ~에 그치지 않고

137 (C) につき → で

막 오픈한 음식점이 가게 안을 새롭게 단장하느라 휴업한다는 의미는 왜일까?

ⓣ「~につき」: 게시 등 불특정 다수에 대하여 의사를 표명하거나 의뢰/명령/금지를 나타내거나 할 경우에 사용한다.

ⓔ 店内の改装中につきしばらく休ませていただきます。 가게를 새롭게 단장 중이기 때문에 잠시 가게를 닫도록 하겠습니다.

※ 사실의 원인/이유를 나타내는 경우에는「~につき」를 사용할 수 없고,「で」를 사용해야 한다.

138 (D) 忘れないべきだ → 忘れるべきではない

연구 도서관이 축적한 정보 전자화에는 막대한 비용이 필요한 것을 잊어서는 안 된다.

ⓣ「기본형 + べきだ」~해야 한다 ⇒ 앞에 오는 동사는 부정형이 올 수 없다.

ⓔ 他人のことは簡単に((○)判断するべきではない / (×)判断しないべきだ)。 타인의 일은 간단하게 판단해서는 안 된다.

139 (B) なしで → なしに

결혼의 이상은 서로 상대를 속박하지 않고, 그 위에 긴밀하게 맺어져 있는 것이다.

Ⓣ 보통은 「なしで」와 「なしに」를 같이 사용할 수 있지만, 절로 이어진 경우에는 사용할 수 없다.

「절 + ことなしに ～」(○)

「절 + ことなしで ～」(×)

Ⓔ 地図((○)なしに /(○)なしで)目的地を目指す。

　　지도 없이 목적지를 향해 간다.

140 （A） ありふれる → ありふれた

흔해 빠진 생활 속에서 교묘히 '사건'을 건져 올리는 수완에는 항상 놀라게 된다.

Ⓣ 제4종 동사 (第四種動詞)

⇒ 명사를 수식하는 표현에서는 일반적으로 「～た」형태로 사용하고, 문장 끝에는 주로 「～ている」형태로 사용.

有り触れる 흔하게 있다, 쌔고 쌔다, 흔해 빠지다

ずば抜ける 빼어나다, 뛰어나게 우수하다

優れる 뛰어나다, 우수하다, 훌륭하다

聳える 높이 솟다, 치솟다

尖る 뾰족해지다, 날카로워지다

似る 닮다, 비슷하다

馬鹿げる 시시하게 여겨지다, 바보스럽게 느껴지다

曲がる 구부러지다, 방향을 바꾸다, 돌다

丸い形をする 둥근 형태를 하다

面する 면하다, 향해, 인접하다

Ⓔ 最も地球に((×)似る /(○)似た /(○)似ている)惑星。

　　가장 지구를 닮은 혹성.

山田さんの部屋は南に((×)面する /(○)面している)。

　　야마다 씨의 방은 남쪽을 향해 있다.

銅貨は((×)丸い形をする /(○)丸い形をしている)。

　　동전은 둥근 형태를 하고 있다.

141

우표가 3장 있습니다.

Ⓣ 1. ～個 ～개 ⇒ 별로 크지 않은 입체적인 물건의 개수를 세는 단위

　Ⓔ 과자, 감, 귤, 사과, 돌 등

2. ～本 ～개, ～자루, ～개피, ～그루, ～통화 ⇒ 가늘고 긴 물건이나 그러한 상태의 모습인 것을 세는 단위

　Ⓔ 우산, 넥타이, 연필, 담배, 대나무, 통화 등

3. ～枚 ～장, ～매 ⇒ 얇고 넓적한 물건을 세는 단위

　Ⓔ 종이, 우표, 엽서, 사진, 손수건, 접시 등

4. ～冊 ～권 ⇒ 책이나 노트 등을 세는 단위

　Ⓔ 교과서, 참고서, 잡지, 만화책 등

142

도쿄는 활기차고, 재미있는 곳입니다.

Ⓣ 賑やかだ 활기차다 → 賑やかで 활기차고, 활기차서

きれいだ 깨끗하다 → きれいで 깨끗하고, 깨끗해서

元気だ 건강하다 → 元気で 건강하고, 건강해서

静かだ 조용하다 → 静かで 조용하고, 조용해서

143

거스름돈은 300엔입니다.

Ⓣ 「～になる」 ～이/가 되다

⇒ 일반적으로 자연적인 변화를 나타내지만, 상점이나 은행 등 돈을 취급하는 장소에서 공손함을 나타내고자 하는 경우에 사용

144

도쿄까지 무엇으로 갑니까?

Ⓣ 교통수단을 묻는 것이므로 「何で(무엇으로)」가 정답이다.

何 무엇　　どう 어떻게　　どこ 어디　　誰 누구

145

야마다 선생님은 시간에 엄격하다.

ⓣ 嬉しい 기쁘다

さびしい 쓸쓸하다, 허전하다

厳しい 엄하다, 엄격하다, 혹독하다

うらやましい 부럽다, 샘이 나다

146

아이가 열이 난 지 5일이 경과했습니다만, 식욕이 전혀 없습니다.

ⓣ 「全然～ない」전혀 ～않다

147

그 책을 거기에 놔 둬(놓아 두어) 주세요.

ⓣ 「～ておく」～해 두다

148

어젯밤은 매우 조용했다.

ⓣ な형용사의 과거형 ⇒ 「な형용사 어간 + だった」

上手だ 능숙하다 → 上手だった 능숙했다

嫌いだ 싫다 → 嫌いだった 싫었다

賑やかだ 활기차다 → 賑やかだった 활기찼다

149

크림스튜 만드는 법을 가르쳐 주셔서 감사합니다.

ⓣ 감사 표현이 뒤에 이어지는 경우에는 「～てくれる」나 「～ていただいて」를 사용하며, 일반적으로는 「～てもらう」를 사용할 수 없다.

150

1시에 우체국으로 와 주세요.

ⓣ 1. 「行く(가다), 来る(오다)」와 같은 이동에 관계되는 동사는 「장소 명사 + に/へ行く・来る」의 형태로 사용

* 장소 명사 : 장소를 나타내는 고유 명사, 건물(학교, 역 등), 방, 교실, 출구 등

예 6時に駅((○)に /(×)のところに)来てください。

6시에 역으로 와 주세요.

2. 「장소 성질을 갖지 않는 명사 + のところ + に/へ行く・来る」

* 장소 성질을 갖지 않는 명사 : 물건, 생물, 사람 등

예 6時に私((×)に /(○)のところに)来てください。

6시에 나에게 와 주세요.

151

어머니가 나에게 사과를 보내주었습니다.

ⓣ 일본어는 '이동'을 나타내는 동사의 문장에서 말하는 사람이 주어가 되는 경향이 강하다. 그래서 말하는 사람 이외를 주어로 하면 부자연스럽게 되는 경우가 있다. 이러한 경우에는 말하는 사람을 주어 이외의 위치에 둔 채로 「～てくれる」를 사용하면 자연스러운 문장이 된다.

152

야마다 씨, 윗도리의 단추가 떨어질 것 같아요.

ⓣ 「동사 ます형, い형용사 / な형용사의 어간 + ～そうだ」～인 것 같다, ～할 것 같다

153

응원하는 사람이 많음에 놀랐다.

ⓣ 「い형용사의 어간 + さ(い형용사의 명사형)」⇒ 성질이나 정도를 나타냄

154

가토 씨의 태도로 보면, 분명히 합격했음에 틀림없다.

ⓣ 「～からすると」～으로 보아, ～입장으로 생각해보면

예 佐藤君の成績からすると大学受験は難しいだろう。

사토 군의 성적으로 보아 대학 수험은 어렵겠지.

155

그때의 실패가 절실히 애석하게 여겨진다.

ⓣ 자발형 「れる・られる」⇒ 어떤 동작이나 생각이 그렇게 하려 하지 않아도 자연적으로 그렇게 되는 것을 나타냄.

〈주로 자발형으로 사용되는 동사〉

案じる 염려하다 → 案じられる 염려되다

心配する 걱정하다 → 心配される 걱정되다

感じる 느끼다 → 感じられる 느껴지다

忘れる 잊다 → 忘れられる 잊혀지다

思う 생각하다 → 思われる 생각되다

考える 생각하다 → 考えられる 생각되다

思い出す 생각해내다 → 思い出される 생각나다

偲ぶ 그리워하다 → 偲ばれる 그리워지다

悔やむ 후회하다, 애석하게 여기다 → 悔やまれる 후회되다,
애석하게 여겨지다

156

사토 씨는 정말이지 난처한 것 같은 얼굴을 하고 있었습니다.

Ⓣ 1. 如何に 어떻게, 얼마나, 아무리

　Ⓔ 如何にお過ごしですか。어떻게 지내십니까?

　　如何に努力しても天才には及ばない。
　　아무리 노력해도 천재에는 미치지 못한다.

　2. 如何なる 어떤, 어떠한

　Ⓔ 如何なる理由があろうとも許せない。
　　어떤 이유가 있더라도 용서할 수 없다.

　　如何なる星のもとに生まれたか。
　　이 무슨 얄궂은 운명이란 말인가?

　3. 如何にも 정말로, 아무리 봐도, 제법, 과연

　Ⓔ 如何にも学生らしい態度。정말 학생다운 태도.

　　如何にも街道という感じのする松並木。
　　제법 간선도로의 느낌이 드는 소나무 가로수.

　　如何にも、お説の通り。과연. 말씀대로요.

　4. 一概に 일률적으로, 무조건(주로 부정 표현과 함께 사용)

　Ⓔ 一概には言えないが。일률적으로는 말할 수 없지만.

　　一概に信じる。무조건 믿다.

157

노무라 씨는 왜 회의에 오지 않는 걸까?

Ⓣ 「どうして(왜)」 등 의문사와 함께 사용할 경우에는 「の」를 사
용해야 한다.

158

집에 돌아오자마자 자기 방에 틀어박혀서 나오지 않는다.

Ⓣ 「동사 기본형 + なり」〜하자마자

　Ⓔ 彼は横になるなりいびきをかき始めた。
　　그는 눕자마자 코를 골기 시작했다.

　　そう言うなり出て行った。그렇게 말하자마자 나갔다.

159

최근에 전혀 가라오케에 가지 않았다.

Ⓣ とんと (부정의 말을 수반하여) 조금도, 전혀, 도무지, 완전히

　Ⓔ とんとおいしくない。조금도 맛이 없다.

　　とんと忘れた。까맣게 잊어버렸다.

160

제대로 조사하고 나서 가면 헛걸음하지 않아도 되었는데.

Ⓣ 無駄足を踏む・運ぶ 헛걸음하다

161

**내가 후방의 안전 확인을 소홀히 하는 바람에, 사망 사고를
일으키고 말았다.**

Ⓣ 「동사형 / 형용사형 + ばかりに」〜탓으로, 〜한 바람에
　⇒ 말하는 사람의 행위나 말하는 사람에 관계되는 일이 원인인
　　경우에 사용

　Ⓔ 学校に遅刻したばかりに先生に叱られた。
　　학교에 지각한 바람에 선생님에게 혼났다.

　　お金がないばかりに大学に進学できなかった。
　　돈이 없는 탓으로 대학에 진학할 수 없었다.

　　あの魚を食べたばかりにひどい目にあった。
　　저 생선을 먹는 바람에 심하게 혼났다.

　　日本語が下手なばかりに、いいアルバイトが探せま
　　せん。일본어를 못하는 탓에, 좋은 아르바이트를 찾을 수 없
　　습니다.

162

형이 가르쳐 주어 차츰 알게 되었다.

Ⓣ 続々と 속속, 잇달아, 연이어, 끊임없이

　いちいち 하나하나, 일일이, 낱낱이, 빠짐없이, 모두

　順々に 차례차례, 차례대로, 순차대로

　しだいに 서서히, 차츰, 점점

163

과장이 되어 월급이 왕창 올랐다.

Ⓣ 1. とんと 완전히, 아주, (부정어와 함께) 조금도, 전혀

　Ⓔ その約束をとんと忘れていた。
　　그 약속을 까맣게 잊고 있었다.

とんと見当がつかない。 전혀 짐작이 가지 않는다.

2. どんと 물건이 많은 모양(왕창, 그득히), 힘차게 부딪치는 모양

예 料理がどんと出る。 요리가 왕창 나오다.

どんとぶつかる。 세게 부딪치다.

3. でんと 묵직하고 당당하게 앉아 있는 모양(의젓하게, 듬직하게)

예 でんと構える。 의젓한 자세를 취하다.

4. ちんと 침착하게 시치미 떼고 있는 모양

예 ちんと座る。 침착하게 시치미 떼고 앉다.

164

일류 호텔이라서 외국인 숙박 손님도 많고, 마치 외국에서 숙박하고 있는 것 같다.

「まるで / あたかも / いかにも / ちょうど / さながら~ようだ」 마치 ~같다

≒「まるで / ちょうど~みたいだ」 마치 ~같다

⇒「あたかも」「いかにも」「さながら」 등은 문장체적인 딱딱한 표현에 사용하기 때문에, 회화체 표현에 사용하는 「みたいだ」와는 같이 사용할 수 없다.

165

과장님은 그 계획을 일고조차 않았다.

「だに」는「さえ」나「すら」 등과 같은 의미를 나타내지만, 고어체적인 표현이다. 다음은 관용적으로 정해진 표현이다.

예 予想だにしない 예상조차 못하다

想像だにしない 상상조차 못하다

微動だにしない 미동조차 하지 않다

夢にだに見ない 꿈에서 조차 보지 못하다

夢想だにしない 꿈에도 조차 생각하지 않다

一顧だにしない 일고조차 않는다(일고:한 번 돌이켜 봄, 잠깐 돌아봄)

一瞥だにしない 한 번 슬쩍 보기조차 않는다

166

이미 알고 계시겠지만, 어젯밤 회장님이 돌아가셨습니다.

かつて 일찍이, 이전에, 옛날에

すでに 이미, 벌써, 때를 놓친 모양 ⇒ 과거의 어느 시점에서 그 사태가 성립되어 있는 것을 나타낸다.

예 すでに述べたように。 이미 말한 것처럼.

もはや 이제는, 벌써, 이미 ⇒ 현 시점에서 그렇게 되었다고 하는 경우에 사용한다.

예 もはや逃れるすべはない。 이제는 달아날 방법은 없다.

ましてや 더구나, 하물며

167

부장님, 늦게까지 일을 하셔서 필시 피곤하시지요?

ふと 문득, 그때 갑자기, 우연히, 어쩌다

さぞ 추측컨대, 아마, 필시, 오죽이나

よほど 상당히, 무척, 어지간히, 훨씬

いかにも 정말로, 매우, 아무리 봐도, 제법

168

남동생은 회사를 그만두고 나서부터는 매일 한가해서 주체 못하고 있다.

持て余す 어떻게 해야 할지 난처해하다, 주체 못하다, 처치 곤란해하다

예 泣く子を持て余す。

우는 아이를 어떻게 해야 할지 몰라 난처해한다.

暇を持て余す。 한가한 시간을 주체 못하다.

169

콧노래를 부르며 기분 좋게 목욕물에 몸을 담근다.

1. ぬくぬく

① 쾌적하게 뜨뜻한 모양

예 ぬくぬくとした部屋。 훈훈한 방.

② 흡족하거나 편안한 모양, 편히

예 ぬくぬくとした生活。 편안한 생활.

③ 주위에 아랑곳없이 뻔뻔스러운 모양, 뻔뻔스레

예 ぬくぬくとのさばっている。

뻔뻔스럽게 거들먹거리고 있다.

④ 음식물 등이 방금 만들어져 따뜻한 모양, 따끈따끈, 뜨끈뜨끈

예 ぬくぬくのまんじゅう。 따끈따끈한 만두.

2. ぬるぬる

① 미끈미끈한 것

예 卵のぬるぬる。 달걀의 흰자위.

② 미끈거리는 모양

예 油でぬるぬるになる。 기름으로 미끈미끈해지다.

3. ねちねち

① 불쾌하게 달라붙는 모양. 끈적끈적

例 汗(あせ)で身体中(からだじゅう)がねちねちしてたまらない。

땀으로 온몸이 끈적끈적해서 못 견디겠다.

② 싫도록 귀찮게 구는 모양. 추근추근, 치근치근, 깐죽깐죽.

例 ねちねちとした言(い)い方(かた)。지근덕지근덕 약을 올리는 말투.

ねちねちといやみを言(い)う。깐죽깐죽 약을 올리다.

4. のこのこ

뻔뻔히 또는 형편이 어색한 마당에 태연히 나타나는 모양. 어슬렁어슬렁, 태연스레, 뻔뻔스레

例 のこのこと帰(かえ)れるか。뻔뻔스레 돌아갈 수 있단 말인가.

掃除(そうじ)がすんだころのこのこと現(あらわ)れる。

청소가 끝났을 때쯤 어슬렁어슬렁 나타나다.

170

그러니까 그의 비즈니스도 인간성과 마찬가지로, 너무 노골적이라 맛도 정취도 없다.

訳 身(み)も蓋(ふた)もない 지나치게 노골적이라 맛도 정취도 없다

PART8 독해 (정답 및 해설) 문제집 182~195쪽

171~174

　오늘은 올해 처음으로 기온이 30℃를 넘었습니다. 그야말로 더웠네요. 하지만 저녁때부터는 억수같이 쏟아지는 비로, 역시 장마가 가까워진 것을 느꼈어요. 점심때가 지나 급한 용무가 생겨서 나갔었는데, 창가에 청바지를 널어 놓았던 것을 새까맣게 잊고 있었습니다. 돌아와서 알게 되어, 어쩌야 하나 ①맥이 풀렸는데, 어쩐지 생각보다 젖어 있지 않아서 안심. 바람 방향 때문에 비가 들이치지 않았던 것 같습니다. 내일도 비 예보가 있는 걸 보니, 아마도 장마철에 접어드는 걸지도 모르겠네요. 요전 날, 옆집 부부가 이사하게 되었습니다. 도내에서 기르고 있던 강아지도 함께. 갑자기 조용해져서, 왠지 매우 쓸쓸해졌습니다. 그건 그렇고, 요즘 같은 세상에 집합주택 사정에 대해 잘은 모르지만, 이사를 와도 인사하지 않는 걸까요? 모든 집은 아니어도 좌우라던가 아래층에는 인사하는 것이 당연하다고 생각하는데……, 아무 것도 하지 않고 쿵쿵 덜커덩거리는 날에는 부동산에 불평을 이야기할까……라고 심각하게 생각하기도 합니다. 계속 옆에서 사는 것은 아니지만, 처음부터 함께였던 분이 가시게 되는 것은 정말　②　네요. 나도 소음없이 에어컨이 있는 새로운 곳으로 이사 가고 싶어졌습니다.

171 오늘의 날씨는 어떻습니까?

(A) 온종일 맑았다.

(B) 아침부터 비가 내렸다.

(C) 비와 함께 바람이 강했다.

(D) 심하게 비가 내렸다.

172 ① 맥이 풀렸던 것은 왜입니까?

(A) 옆집 사람이 이사했기 때문에

(B) 이제부터는 강아지를 만날 수 없기 때문에

(C) 갑자기 강한 비가 내렸기 때문에

(D) 빨래를 널었는데, 비가 내렸기 때문에

173 내일의 날씨는 어떻게 됩니까?

(A) 비와 함께 바람이 강해진다.

(B) 예보에 의하면 비가 내린다.

(C) 오전 중에는 맑지만, 오후부터 비가 내린다.

(D) 장마철이기 때문에, 내일도 비가 내린다.

174 　②　에 들어갈 적당한 말은 무엇입니까?

(A) 기쁘다

(B) 슬프다

(C) 허전하다

(D) 고맙다

越(こ)える 넘다, 넘어가다 | 夕方(ゆうがた) 해질녘, 저녁때 | 土砂降(どしゃぶ)り 비가 억수같이 쏟아짐 | 梅雨(つゆ) 장마, 장마철 | 間近(まぢか) 얼마 남지 않음, 임박함, 가까움 | ジーパン 청바지 | 干(ほ)す 말리다 | がっかり 실망하거나 낙심하는 모양 | 左右(さゆう) 좌우 | 苦情(くじょう) 불평, 불만, 푸념, 고충 | 真剣(しんけん) 진검, 진정임, 진지함 | 騒音(そうおん) 소음

175~178

　우리 회사는 이전에, 부도난 회사의 업무와 그곳에서 일하던 ① 사원을 그대로 받아들인 적이 있었습니다. 그리고 그곳에서 일하던 사람이 최근 불만을 말하기 시작했습니다. 그 사람은 운전수로 일하고 있었는데, 그 사람이 말하기를 '이전 회사는 사원에 대한 대우가 좋았다'라든가 '전에는 이런 수당이 있었는데, 회사의 경영자가 바뀌고 나서부터 월급이 줄었다'라든지 자기 좋을 대로만 말하고 있습니다. 그러나 그 전 회사의 사원에 대한 대우는 사원에게는 좋았더라도, 회사로서는 정말로 그대로 좋았던 걸까요? 아마 회사로서는 경비가 더해져서 경영악화로 인해 도산한 것은 아닐까요? 그것을 이해하지 못하는 이전 회사의 사원은 ② 이상한 프라이드를 가지고 납득하지 못하는 것 같습니다. 도중에 채용한 사람도 그렇지만, 중동무이(어중간한) 경험을 한 사람일수록 다음 회사에 그 프라이드를 넘기는 사람이 많은 듯한 기분이 듭니다. 심기일전하여 새로운 기분으로　③　사람은 적은 듯합니다.

175 ① 사원에 대해서 올바른 것은 어느 것입니까?

(A) 항상 불만만 말한다.

(B) 야근을 한 적이 있다.

(C) 운전수로 일하고 있다.

(D) 프라이드를 가져 새로운 기분이다.

176 이전 회사의 사원에 대한 대우는 어땠습니까?

(A) 불만을 말해도 해결책이 없었다.

(B) 지금 회사보다 대우가 좋았다.

(C) 상사가 바뀌고 나서 월급이 줄었다.

(D) 사원에 대한 대우는 좋지 않았지만, 수당이 붙었다.

177 ② 이상한 프라이드란, 어느 것입니까?

(A) 월급이 적다고 생각한다.

(B) 중도 채용한 사람보다 낫다고 생각한다.

(C) 어중간한 경험을 한 적이 없다.

(D) 경영악화로 인해 도산한 것은 어쩔 수 없다.

178 ___③___ 에 들어갈 적당한 말은 무엇입니까?

(A) 전하려는

(B) 혼잡해지려는

(C) 취급하려는

(D) 열심히 하려는

倒産(とうさん) 도산 | 業務(ぎょうむ) 업무 | 受(う)け継(つ)ぐ 계승하다. 이어받다 | 文句(もんく) 불만. 트집 | 待遇(たいぐう) 대우 | 勝手(かって) 제멋대로 굶. 자기 좋을 대로 함 | 経費(けいひ) 경비 | 中途半端(ちゅうとはんば) 엉거주춤함. 어중간함 | 越(こ)す 넘다. 넘기다 | 心機一転(しんきいってん) 심기일전

179~181

후쿠오카 시에 있는 규슈대 법과대학원과 가고시마 시의 가고시마대 법과대학원은 23일, ___①___ 대학원에서 배울 수 있는 교육제휴협정을 체결하였다. 법과대학원은 사법시험 합격률이 저조, 지원자의 감소로 이어지고 있어, 두 대학원의 제휴는 살아남으려는 대책으로서도 주목받을 것 같다. 협정으로는 3년 코스로 배우는 학생이 희망하면, 3년차 전기에 ___①___ 의 법과대학원으로 '유학'하여 학점을 취득할 수 있다. 성적이 우수한 학생이 연장을 희망하면 그대로 후기에도 배울 수 있고, 수료는 입학한 원래의 대학원이 된다. 학생은 상호적으로 받아들이는데, 지적 재산 등 첨단교육이 충실한 규슈대 법과대학원에서 배우는 케이스가 대부분이 될 것으로 보인다.

179 ___①___ 에 들어갈 적절한 말을 아래에서 고르세요.

(A) 한쪽의

(B) 양손의

(C) 한쪽

(D) 상호의

180 두 대학원의 제휴란, 어떤 것입니까?

(A) 대학원 학생이라면 누구라도, 희망에 따라서 상호의 대학원으로 유학할 수 있는 것

(B) 각 대학원 학생이 자주적으로 학습할 수 있도록 시스템 공유를 하려는 것

(C) 각 대학원의 학생이 사회에서 살아남을 수 있도록 기술을 협력하여 확립해 나간다는 것

(D) 각 대학원의 3년차 전기에는 상호 대학원으로 유학할 수 있는 것

181 본문의 내용으로 올바른 것은 어느 것입니까?

(A) 양대학원은 지원자가 감소하는 중에, 학생이 사회에서 살아남을 수 있도록 양대학원의 제휴를 강화하는 협정을 체결하였다.

(B) 양대학원의 지원자가 저조한 가운데, 학생 유치에 한몫을 하고 있다고 생각되는 이 협정은 대학원 측의 치밀한 계산 하에 체결된 것이다.

(C) '유학'한 곳에서 취득한 학점은 기본적으로 '유학'처에서의 학점이 되고, 그 학점을 인정할지 안 할지는 각 대학원의 재량에 맡겨진다.

(D) 양대학원은 제휴를 강화하는 협정을 체결, 상호의 학생이 '유학'할 수 있도록 했지만, 교육의 질로 봐서는 한쪽 대학원으로의 '유학'이 대부분이 될 것으로 예상되고 있다.

学(まな)ぶ 배우다. 본받아 체득하다 | 連携(れんけい) 연계. 밀접한 관계를 가짐 | 協定(きょうてい) 협정 | 締結(ていけつ) 체결 | 低迷(ていめい) 나쁜 상태에서 헤어나지 못하고 헤맴 | 志願者(しがんしゃ) 지원자 | 減少(げんしょう) 감소 | 延長(えんちょう) 연장 | 修了(しゅうりょう) 수료 | 相互(そうご) 상호 | 受(う)け入(い)れる 받아들이다. 승낙하다 | 先端教育(せんたんきょういく) 첨단교육

182~184

엔가(일본 트로트) 가수 야마모토 죠지(59)가 지난 밤 도내에서 긴급회견을 열어, 오른쪽 귀에 종양이 생겨 난청이 된 것을 충격 고백하였다. 병명은 안면신경양성종양으로, 치료법에 따라서는 안면신경통을 일으킬 가능성이 높다고 한다. 야마모토에 의하면, 올해 5월 말부터 오른쪽 귀가 ① 잘 들리지 않게 되어, 6월 24일에 도내의 병원에서 고막을 찢어 귀 속에 고인 물을 제거하는 치료를 받았다. 7월 2일에 CT 검사로 중이에 돌기물이 있다는 것을 발견. 21일 MRI검사에서 '안면신경양성종양'으로 진단받았다. 야마모토는 '오른쪽 귀 아래에 둔통이 있습니다. 이런 상태에서 최고의 상태라고 거짓말을 하는 것이 싫었다. 속이고 가는 것보다는 당당해지고 싶다'고 회견을 연 이유를 설명. 병의 전례는 적고, 원인도 불명하다고 한다. 심각한 진단결과로, 한때는 ② 자포자기가 되어 21일 블로그에서 '나는 오른쪽 귀는 버렸다. 왼쪽 귀로 살아간다'는 등으로 적어 놓았다. ___③___ 팬으로부터의 격려 메시지가 쇄도하여, 긍정적인 기운을 되찾았다.

182 ① 잘 들리지 않게 되어와 같은 의미를 가지는 문장을 고르세요.

(A) 듣기 어렵게 되어

(B) 들리기 힘들어져

(C) 듣기 어려워

(D) 들릴 뿐

183 ② 자포자기라는데, 어떤 의미입니까?

(A) 생각한 대로 되지 않아 자신을 쓸모없는 사람으로 생각하여, 자포자기하는 것

(B) 주변이 적과 반대하는 사람뿐으로, 내 편이 없는 것

(C) 자신의 행동 결과를 자신이 받아들이는 것

(D) 자살하고 싶은 생각에 뛰어들어, 행동으로 옮겨 버린 것

184 ③ 에 들어갈 적절한 말을 아래에서 고르세요.

(A) 그리고 나서

(B) 그러나

(C) 그렇다고 해도

(D) 아랑곳없이

演歌(えんか) 엔카, 현재 유행가의 한 분야 | 緊急(きんきゅう) 긴급 | 腫瘍(しゅよう) 종양 | 難聴(なんちょう) 난청 | 衝撃(しょうげき) 충격 | 告白(こくはく) 고백 | 併発(へいはつ) 병발, 둘 이상의 병이 동시에 일어남 | 鼓膜(こまく) 고막 | 溜(た)まる 괴다, 고이다 | 自暴自棄(じぼうじき) 자포자기 | 激励(げきれい) 격려 | 殺到(さっとう) 쇄도 | 前向(まえむ)き 앞쪽을 향함, 적극적이고 긍정적인 생각이나 태도 | 取(と)り戻(もど)す 되찾다, 회복하다

185~188

일본에는 날씨에 관한 속담이 많이 있다. '제비가 낮게 날면 비'라는 것이 유명한데, 그 밖에도 '개미가 이사를 하면 폭우의 징조'와 '달에 그늘이 지면 다음날 비' '민들레가 입을 다물면 비' 등 옛날 사람의 지혜가 고스란히 담겨져 있는 것이다.   ①   ② 이것들의 대부분은 과학적으로도 뒷받침이 되는 것이 많다. 비가 내리기 전에는 기압이 내려가고, 기압이 내려가면 공기는 습기를 머금는다. 그러면 제비의 먹이는 뭘까? 맞다, 작은 벌레이다. 습기가 많은 공기가 무거운 상태면 벌레는 높게 날지 못하고, 지면의 주변을 날아다니게 된다. 그것을 노리고, 제비도 낮게 나는 것이다. 아버지라면 이런 것을 알고 있으면 아이에게 ③ 능력을 인정받는 일이 된다. 민들레가 꽃 몽우리를 오므리고 있는 것을 보았다면 강수 확률이 높고, 이러한 사소한 것을 기억하고 있으면 손해 볼 일은 없다.

185 ① 에 들어갈 적절한 말을 아래에서 고르세요.

(A) 이것이야말로

(B) 그것이야말로

(C) 물론

(D) 그건 그렇다 치고

186 ② 이것들이란, 무엇을 의미하고 있습니까?

(A) 옛날 사람의 지혜

(B) 날씨에 관한 속담

(C) 아버지와 아이

(D) 제비와 벌레

187 ③ 능력을 인정받는다는 것은 어떤 의미입니까?

(A) 조금 이상한 사람이면, 주위 사람이 피하는 것

(B) 눈과 눈이 맞아 서로 따뜻한 기분이 되는 것

(C) 자신과는 다르다는 이유로, 따돌림을 받는 것

(D) 뛰어난 것을 인정하고, 존경하는 것

188 본문의 내용으로 올바른 것을 아래에서 고르세요.

(A) '제비가 낮게 날면 비'라는 것은 과학적인 연구 결과인 것을 알았기 때문에 속담이라고 말하기 어렵다.

(B) 작은 지식을 몸에 익혀도 그다지 좋은 일이 없으므로, 아버지는 아이로부터 존경받는 일은 없다.

(C) 날씨에 관한 속담은 모두 과학적 근거에 의거한 것으로, 엉터리가 아니다.

(D) '제비가 낮게 날면 비'라는 속담은 옛날 사람의 지혜가 과학적으로도 증명된 형태가 되었다.

諺(ことわざ) 속담 | 燕(つばめ) 제비 | 蟻(あり) 개미 | 兆(きざ)し 조짐, 전조, 징조 | 蒲公英(たんぽぽ) 민들레 | 知恵(ちえ) 지혜 | ぎっしり 빈틈없이 차 있는 모양, 가득, 빽빽이 | 裏付(うらづ)け 뒷받침, 확실한 증거 | 気圧(きあつ) 기압 | 餌(えさ) 먹이, 모이, 사료, 미끼 | 一目置(いちもくお)く 자기보다 능력이 우월함을 인정하여 한 수 위로 여기다 | 確率(かくりつ) 확률

189~192

마차 위에는 두 사람의 승객이 마주보며 타고 있었다. 두 사람 모두 ① 초라한 옷차림으로, 한 사람은 50세에 가까운 아주머니였다. 한 사람은 역시 같은 나이 정도의 아저씨였다. 아저씨는 계속 담배를 태우고 있었다. 그 연기가 어떤가 하면, 바람의 형태 때문에 아주머니의 얼굴에 닿았다. 아주머니는 그때마다 고개를 옆으로 돌리고, 그 연기를 피하려고 하였다. '이걸 어째, 당신 쪽으로만 연기를 뿜는 것 같아……' 아저씨는 가볍게 머리를 숙이면서 말했다.   ②   , 아저씨는 역시 그대로 담배를 계속 피웠다. '연기가 와도 괜찮아요. 상관없습니다. 담배를 좋아하는 분은 어쩔 수 없지요' 아주머니는 미소를 머금고 말하였다. '나는 도저히 눈을 뜨고 있는 동안은 담배를 어째서 놓지 못하는 건지' 아저씨는 이렇게 말하고, 이번에는 감청색 하늘을 향해서 연기를 뿜어 올렸다. '담배를 좋아하는 분은 밤중에 눈이 떠져도, 마루에서 담배를 피우기 때문에' '저는 정말 그 정도는 아닙니다. 어쨌든 밤중이든지 낮이든지 눈을 뜨고 있는 동안은 이렇게 담배를 입에 물고 있는   ③   . 뭐라 해도, 저는 열다섯 여섯 때부터 피어 왔기 때문에' '그럼 벌써 3, 40년이나 피워 오신 거네요.' '아, 벌써 35, 6년이나 되었나요?' 아저씨는 그렇게 말하고, 먼 기억을 떠올리려는 듯이 가볍게 눈을 감았다.

189 ① **초라한이란, 어떤 의미입니까?**

(A) 가난함에도 불구하고, 부자로 보이게 한다는 의미

(B) 가난한 것처럼 지저분하고 변변치 못한 모습

(C) 부자임에도 불구하고, 가난하게 보이게 하는 것

(D) 주변 사람과 맞추지 않고, 자기 스타일을 일관하는 것

190 _____②_____ **에 들어갈 적당한 말을 고르세요.**

(A) 그러나

(B) 슬며시

(C) 그러면

(D) 그러고 나서

191 _____③_____ **에 들어갈 적당한 말을 고르세요.**

(A) 형편입니다.

(B) 결과입니다.

(C) 결말입니다.

(D) 익숙해지기 시작입니다.

192 **본문의 내용으로 올바른 것을 고르세요.**

(A) 아저씨는 아주머니에게 담배연기가 가기 때문에, 미안해서 담배를 껐다.

(B) 아주머니는 담배를 피우는 아저씨에게 웃으면서 담배를 피워도 상관없다고 했다.

(C) 아저씨는 눈을 감으면서 담배를 피고 있다.

(D) 아저씨는 옛날이야기를 하면서 담배를 피우는 것이 습관이다.

馬車(ばしゃ) 마차 | 向(む)かい合(あ)う 마주 보다. 마주 대하다 | みすぼらしい 몰골이 초라하다. 볼품없다. 빈약하다 | 身(み)なり 옷을 입은 모습. 옷차림. 몸매 | 同(おな)じ 年(どし) 같은 해[년]. 같은 나이 | 爺(じい)さん 할아버지. 늙은 남자. 노인 | 引(ひ)っ切(き)りなし 쉴 새 없음. 부단함. 끊임없음 | 煙草(たばこ) 담배 | それはそれは 정말. 참으로. 매우 | 微笑(びしょう) 미소 | 紺碧(こんぺき) 감벽. 감청색. 검푸른 빛깔

193~196

잠시 외출한 곳에서, 화장실이 보이지 않아 대단히 곤란해 한 경험이 있다. 그럴 때 백화점이 눈에 들어오면 안심이 된다. 편의점 화장실은 좁고 들어가기 불편하며, 뭐라도 사지 않고 나오는 것은 불편하다. 하지만 백화점이라면 넓고 깨끗하고, 사람의 출입도 빈번하지 않기 때문에 기분 좋게 볼일을 볼 수 있는 것이다. _____①_____, 백화점의 화장실은 1층에는 없는 경우가 매우 많다는 것을 알고 있는가? 이쪽은 화장실에 한시라도 빨리 들어가고 싶은데, 입구에서 먼 에스컬레이터 등으로 윗층까지 가지 않으면 화장실에 도착할 수 없는 것이다. 이것은 접객업으로서 ② 다소 불친절한 것은 아닌가? 하지만 가게 입장에서 생각해 보면, 화장실을 목적으로 들러서 선물만 남기고 돌아간다는 것은 _____③_____. 물론 화장실을 이용해도 상관없지만, 무언가를 구매해 주기를 바라는 것이 본심일 것이다. 그 때문에 2층 등에 화장실을 설치하여, 고객이 화장실에 가는 길목 사이에 좋은 상품을 놓아두어 구매하도록 하는 것이다. 과연 화장실에서 돌아가는 길에라도 싼 식료품을 발견하면 사고 싶어질 것이고, 2층 의료품 매장에서는 처분목록 세일로 눈을 끌게 할지도 모른다. 모처럼 방문한 고객을 화장실만으로 놓치는 건 안타깝다. 점포로서 보면 화장실을 멀리 두고 싶은 것은 ④ 당연지사의 발상인 것이다. 화장실 배치라는 것은 상당히 심오하다. 볼일을 보면서 배치가 의도하는 것을 생각해 보면, 지루하지 않을지도 모른다.

193 _____①_____ **에 들어갈 적당한 말을 아래에서 고르세요.**

(A) 그것은 그렇고

(B) 그러나

(C) 그렇다고 해도

(D) 그건 그렇다 치고

194 ② **다소 불친절이란, 어떤 것입니까?**

(A) 편의점 화장실이 좁고 불편하다는 것

(B) 백화점 1층에는 화장실이 설치되어 있지 않은 것

(C) 화장실에 가는 김에 손님에게 무언가 구매하게 하는 것

(D) 화장실로 가는 길에 여러 가지 상품을 두고, 화장실을 사용하지 못하도록 하고 있는 것

195 _____③_____ **에 들어갈 적당한 말을 아래에서 고르세요.**

(A) 참지 않고 있는 것이다

(B) 참을 만한 것이 아니다

(C) 참을성의 한계이다

(D) 참아야 한다

196 ④ **당연지사의 발상이란, 어떤 것입니까?**

(A) 처분하기 위한 상품을 화장실 근처에 두고, 고객에게 사게 하는 발상

(B) 화장실에 들어간 고객을 놓치지 않으려고 상품을 사도록 협박한다는 발상

(C) 화장실을 멀리 설치하여 화장실에 가는 도중에 눈을 끌게 하는 상품을 두고, 고객이 구입하도록 하는 발상

(D) 상품을 사지 않는 고객에게는 화장실도 사용하지 못하도록 하는 발상

苦労(くろう) 고생. 수고. 노고 | ほっと 한숨짓는 모양. 긴장이 풀려 마음을 놓는 모양 | 出入(でい)り 출입. 드나듦 | 頻繁(ひんぱん) 빈번 | 用(よう)を足(た)す 볼일을 보다. 볼일을 마치다. 용변을 보다 | いささか 조금. 약간. 좀. 다소 | 本音(ほんね) 본심에서 우러나온 말. 속마음 | 仕向(しむ)ける 대하다. 굴다. ~하게 만들다 | もったいない 과분하다. 아깝다 | 発想(はっそう) 발상 | 配置(はいち) 배치 | 意図(いと) 의도 | 退屈(たいくつ) 지루함. 따분함. 무료함. 싫증이 남

197~200

현재 자판기에서는 실로 다양한 물건이 판매되고 있다. 음료나 담배는 　①　, 표, 입장권, 달걀, 쌀, 낫토, 어묵, 신문, 잡지, CD, DVD, 꽃에 속옷 등등…… 그 중에서도 자주 이용하는 것이 음료나 담배 등을 살 때와 전철 표를 살 때일 것이다. 그런데, ② 이 두 종류의 자판기에는 결정적인 차이가 있다는 것을 알고 있는가? 그것은 동전투입구의 형태. 음료수 종류의 자판기 투입구는 가로형태인데, 역에서 표를 판매하는 것은 세로인 것이다. 이것은 도대체 왜 그런 걸까? 세로형태의 투입구에 투입되는 동전은 　③　 굴러가서 신속하게 식별장치에 들어가 상품 구입이 가능하게 된다. 그러나 가로형태라면 미끄러지면서 떨어져서 저항이 크기 때문에 처리속도는 떨어져 버린다. 대부분의 사람이 줄 서서 사는 표의 판매기 경우, 처리속도가 생명이다. 조금이라도 늦으면 손님에게 스트레스를 주어, 행렬이 길어져 업무에도 지장을 초래한다. 그래서 표의 발권기에는 세로형태의 투입구가 채용되고 있는 것이다. 그럼, 왜 음료용 투입구는 가로일까? 음료수를 살 때도 마찬가지로 빠르면 더 좋은데? 실은 세로 형태에는 결점이 있다. 식별장치가 공간을 차지해 버려, 자판기의 사이즈가 커지게 되는 것이다. 반면에 가로형태를 사용하면 소형 크기로 간편하다. 음료나 담배 등의 자판기는 설치장소의 형편상, 되도록 슬림한 디자인이어야 한다. 게다가 상품을 가능한 한 많이 넣을 필요가 있는 다소 처리는 늦어져도, 장소를 차지하지 않는 가로형태 투입구를 사용하는 것이 유리하다는 것이다.

197 　①　 에 들어갈 적절한 말을 아래에서 고르세요.

(A) 말할 필요도 없이

(B) 말해도 소용이 없지만

(C) 말해도

(D) 이야깃거리도 되지 않지만

198 ② 이 두 종류의 자판기의 설명으로 올바른 것을 아래에서 고르세요.

(A) 음료 판매의 자판기는 동전 투입이 어렵고, 표 판매 자판기가 동전 투입을 간단하게 할 수 있는 이유는 고객의 연령층 차이에서 오는 것이다.

(B) 음료 판매의 자판기는 동전 투입구가 세로형태인 반면에, 표 판매의 자판기는 동전 투입구가 가로형태인 이유는 고객의 연령층 차이에서 오는 것이다.

(C) 음료 판매의 자판기는 동전 투입이 어렵지만, 표 판매 자판기가 동전 투입을 간단히 할 수 있는 이유는 고객의 취향에서 오는 것이다.

(D) 음료 판매 자판기는 동전 투입구가 가로형태인 반면에, 표 판매 자판기는 동전 투입구가 세로인 이유는 자동판매기의 사용목적에 맞춘 것이다.

199 　③　 에 들어갈 적절한 말을 아래에서 고르세요.

(A) 데굴데굴

(B) 뚝뚝

(C) 덜커덩덜커덩

(D) 후드득후드득

200 본문의 내용으로 올바른 것을 아래에서 고르세요.

(A) 자동판매기는 각각의 용도에 맞추어, 동전 투입구의 형태가 정해진다.

(B) 자동판매기는 파는 물건의 크기에 따라서, 동전 투입구의 형태가 정해진다.

(C) 자동판매기에서는 지금 다양한 것이 판매되고 있는데, 동전 투입구의 형태가 다르기 때문에 불편한 생각이 든다.

(D) 이제부터 자동판매기는 모두 같은 동전 투입구의 형태가 되도록 통일한 규격을 취하게 되었다.

自販機(じはんき) 자판기 | 下着(したぎ) 속옷, 내복 | 硬貨(こうか) 동전, 금속 화폐 | 横型(よこがた) 가로형태 | 縦型(たてがた) 세로형태 | 素早(すばや)く 재빠르다, 민첩하다, 날렵하다 | 識別(しきべつ) 식별 | 滑(すべ)る 미끄러지다 | 抵抗(ていこう) 저항 | 行列(ぎょうれつ) 행렬 | 支障(ししょう)を来(き)たす 지장을 초래하다 | 収(おさ)まる 알맞게 들어앉다, 보기 좋게 들어가다, 받아들여지다

실전모의고사 4회

PART1 사진묘사 (정답 및 해설) 문제집 199~208쪽

1

(A) ここでは魚を売っています。
(B) ここでは花を売っています。
(C) 野菜を安く売っているところです。
(D) 花に水をやっています。

(A) 여기서는 생선을 팔고 있습니다.
(B) 여기서는 꽃을 팔고 있습니다.
(C) 채소를 싸게 팔고 있는 곳입니다.
(D) 꽃에 물을 주고 있습니다.

魚(さかな) 생선, 물고기 | 売(う)る 팔다 | 花(はな) 꽃 | 野菜(やさい) 채소 | 水(みず)をやる 물을 주다

2

(A) 人々が踏切の前で信号が青になるのを待っています。
(B) 人々が横断歩道を渡っています。
(C) 傘を斜めに差している人も見えます。
(D) 傘を差していない人も見えます。

(A) 사람들이 건널목 앞에서 파란 신호로 바뀌기를 기다리고 있습니다.
(B) 사람들이 횡단보도를 건너고 있습니다.
(C) 우산을 비스듬하게 쓰고 있는 사람도 보입니다.
(D) 우산을 쓰지 않은 사람도 보입니다.

踏切(ふみきり) 건널목 | 信号(しんごう) 신호 | 横断歩道(おうだんほどう)を渡(わた)る 횡단보도를 건너다 | 傘(かさ)を差(さ)す 우산을 쓰다 | 斜(なな)め 비스듬함, 경사짐

3

(A) 男の人はお辞儀をしています。
(B) 男の人は握手しています。
(C) 男の人は名刺を渡しています。
(D) 男の人は見詰め合っています。

(A) 남자는 인사를 하고 있습니다.
(B) 남자는 악수를 하고 있습니다.
(C) 남자는 명함을 건네고 있습니다.
(D) 남자는 서로 응시하고 있습니다.

お辞儀(じぎ)をする 인사를 하다 | 握手(あくしゅ) 악수 | 名刺(めいし)を渡(わた)す 명함을 건네다 | 見詰(みつ)め合(あ)う 서로 응시하다

4

(A) 日本の伝統的な仮面が売られています。
(B) 日本の伝統的なかつらが売られています。
(C) 日本の伝統的な帽子が売られています。
(D) 日本の伝統的な人形が売られています。

(A) 일본의 전통적인 가면이 팔리고 있습니다.
(B) 일본의 전통적인 가발이 팔리고 있습니다.
(C) 일본의 전통적인 모자가 팔리고 있습니다.
(D) 일본의 전통적인 인형이 팔리고 있습니다.

伝統的(でんとうてき) 전통적 | 仮面(かめん) 가면 | かつら 가발 | 帽子(ぼうし) 모자 | 人形(にんぎょう) 인형

5

(A) 三人は向かい合って座っています。
(B) 一人は眼鏡をかけています。
(C) 三人は壁に寄り掛かっています。
(D) 二人は帽子を被っています。

(A) 세 사람은 마주보고 앉아 있습니다.
(B) 한 사람은 안경을 쓰고 있습니다.
(C) 세 사람은 벽에 기대고 있습니다.
(D) 두 사람은 모자를 쓰고 있습니다.

向(む)かい合(あ)う 마주보다, 마주 대하다 | 眼鏡(めがね)をかける 안경을 쓰다 | 壁(かべ) 벽 | 寄(よ)り掛(か)かる 기대다, 의지하다, 의존하다 | 帽子(ぼうし)を被(かぶ)る 모자를 쓰다

6

(A) 女の人は泣いています。

(B) 女の人は着物を着ています。

(C) 女の人は袴を履いています。

(D) 女の人は話し合っています。

(A) 여자는 울고 있습니다.

(B) 여자는 기모노를 입고 있습니다.

(C) 여자는 하카마를 입고 있습니다.

(D) 여자는 서로 이야기하고 있습니다.

泣(な)く 울다 | 着物(きもの)を着(き)る 기모노를 입다 | 袴(はかま) 일본 옷의 겉에 입는 아래옷, 허리에서 발목까지 덮으며 넉넉하게 주름이 잡혀 있고 바지처럼 가랑이진 것이 보통이나 스커트 모양의 것도 있음 | 袴(はかま)を履(は)く 하카마를 입다 | 話(はな)し合(あ)う 서로 이야기하다, 이야기를 나누다, 서로 의논하다

7

(A) これは建物の設計図です。

(B) これはエレベーターが２つあることを示しています。

(C) ここには避難器具が一つもありません。

(D) ここには消火器が一つもありません。

(A) 이것은 건물의 설계도입니다.

(B) 이것은 엘리베이터가 2개 있는 것을 나타내고 있습니다.

(C) 여기에는 피난기구가 하나도 없습니다.

(D) 여기에는 소화기가 하나도 없습니다.

建物(たてもの) 건물 | 設計図(せっけいず) 설계도 | 示(しめ)す 나타내다, 가리키다 | 避難器具(ひなんきぐ) 피난기구 | 消火器(しょうかき) 소화기

8

(A) 大勢の人たちが集まっています。

(B) この人は手提げかばんを持っています。

(C) この人はカメラを向けてにっこりと微笑んでいます。

(D) この人は宮殿を背景に写真を撮られています。

(A) 많은 사람들이 모여 있습니다.

(B) 이 사람은 손가방을 들고 있습니다.

(C) 이 사람은 카메라를 향해서 방긋 미소 짓고 있습니다.

(D) 이 사람은 궁전을 배경으로 사진을 찍히고 있습니다.

大勢(おおぜい) 여럿, 여러 사람, 많은 사람 | 集(あつ)まる 모이다, 모여들다, 집합하다 | 手提(てさ)げかばん 손가방 | にっこり 생긋, 방긋 | 微笑(ほほえ)む 미소 짓다 | 宮殿(きゅうでん) 궁전, 대궐 | 背景(はいけい) 배경

9

(A) ２台の公衆電話は両方ともテレホンカードが使えます。

(B) ２台の公衆電話は両方とも国際電話専用です。

(C) 公衆電話の下にある箱には使用済みのテレホンカードを入れます。

(D) ここで携帯電話を使ってはいけません。

(A) 2대의 공중전화는 양쪽 모두 전화카드를 사용할 수 있습니다.

(B) 2대의 공중전화는 양쪽 모두 국제전화 전용입니다.

(C) 공중전화 아래에 있는 상자에는 다 쓴 전화카드를 넣습니다.

(D) 여기서 휴대전화를 사용해서는 안 됩니다.

公衆電話(こうしゅうでんわ) 공중전화 | 両方(りょうほう) 양방, 양쪽 | 国際電話(こくさいでんわ) 국제전화 | 専用(せんよう) 전용 | 箱(はこ) 상자 | 使用済(しようず)み 다 사용함, 사용을 마침

10

(A) ハンバーガーは二重に包装されています。

(B) ハンバーガーは紙に包まれています。

(C) ハンバーガーは何も包まれていません。

(D) ハンバーガーは一つしかありません。

(A) 햄버거는 이중으로 포장되어 있습니다.

(B) 햄버거는 종이에 싸여 있습니다.

(C) 햄버거는 아무것도 싸여 있지 않습니다.

(D) 햄버거는 한 개밖에 없습니다.

ハンバーガー 햄버거(hamburger) | 二重(にじゅう) 이중, 겹 | 包装(ほうそう) 포장 | 紙(かみ) 종이 | 包(つつ)む 싸다, 두르다, 둘러싸다, 에워싸다

11

(A) この切符は2008年5月4日から1年間有効です。

(B) この切符は2008年5月4日しか使えません。

(C) この切符は江ノ島で発行されました。

(D) この切符の運賃は270円です。

(A) 이 표는 2008년 5월 4일부터 1년간 유효합니다.

(B) 이 표는 2008년 5월 4일밖에 사용할 수 없습니다.

(C) 이 표는 에노시마에서 발행되었습니다.

(D) 이 표의 운임은 270엔입니다.

有効(ゆうこう) 유효 | 江(え)ノ島(しま) 에노시마(지역 이름) | 発行(はっこう) 발행 | 運賃(うんちん) 운임

12

(A) 女の子はうつむいています。

(B) 女の子は手を広げています。

(C) 女の子のスカートはひらひらと舞っています。

(D) 女の子はスカートの端を持ち上げています。

(A) 여자아이는 고개를 숙이고 있습니다.

(B) 여자아이는 손을 벌리고 있습니다.

(C) 여자아이의 스커트는 팔랑팔랑 날리고 있습니다.

(D) 여자아이는 스커트의 가장자리를 들고 있습니다.

うつむく 머리[고개]를 숙이다 | 手(て)を広(ひろ)げる 손을 벌리다 | ひらひら 가볍고 얇은 것이 날리는 모양(펄럭펄럭, 팔랑팔랑, 훨훨), 빛이 번쩍이거나 불꽃이 일렁이는 모양(번쩍), 얇은 종이나 천 등이 팔락거리는 것 | 舞(ま)う 날다, 흩날리다, 춤추다 | 端(はし) 끝, 가장자리 | 持(も)ち上(あ)げる 들어 올리다, 쳐들다

13

(A) ここは家庭ゴミを分別して捨てるところです。

(B) ここで粗大ゴミを捨ててもかまいません。

(C) 新聞や雑誌は右端のゴミ箱に捨てなければなりません。

(D) 生ゴミは右から2番目のゴミ箱に捨てなければなりません。

(A) 여기는 가정용 쓰레기를 구분해서 버리는 곳입니다.

(B) 여기서 대형 폐기물을 버려도 됩니다.

(C) 신문이나 잡지는 오른쪽 끝에 있는 쓰레기통에 버려야 합니다.

(D) 음식물 쓰레기는 오른쪽에서 두 번째 쓰레기통에 버려야 합니다.

分別(ぶんべつ) 분별, 구별 | 粗大(そだい)ゴミ 대형 쓰레기, 세탁기/냉장고 등 부피가 큰 쓰레기 | 右端(みぎはし) 오른쪽 끝 | ゴミ箱(ばこ) 쓰레기통 | 生(なま)ゴミ 음식물 쓰레기, 부엌 쓰레기

14

(A) 中央の女の人はかばんを持っています。

(B) 中央の女の人は片目をつむっています。

(C) 左端の女の人は両手を上げています。

(D) 左端の女の人は片手を水平に上げています。

(A) 가운데 있는 여자는 가방을 들고 있습니다.

(B) 가운데 있는 여자는 한쪽 눈을 감고 있습니다.

(C) 왼쪽 끝에 있는 여자는 양손을 들고 있습니다.

(D) 왼쪽 끝에 있는 여자는 한 손을 수평으로 들고 있습니다.

中央(ちゅうおう) 중앙 | 片目(かため)をつむる 한쪽 눈을 감다 | 左端(ひだりはし) 왼쪽 끝 | 両手(りょうて) 양손, 두 손 | 水平(すいへい) 수평

15

(A) モンゴルフィエが空高く舞い上がっています。

(B) 熱気球が空高く舞い上がっています。

(C) 凧が空高く舞い上がっています。

(D) 風船が空高く舞い上がっています。

(A) 몽골피에(열기구)가 하늘 높이 올라가고 있습니다.

(B) 열기구가 하늘 높이 올라가고 있습니다.

(C) 연이 하늘 높이 올라가고 있습니다.

(D) 풍선이 하늘 높이 올라가고 있습니다.

モンゴルフィエ 몽골피에(열기구) | 空高(そらたか)く 하늘 높이 | 舞(ま)い上(あ)がる 날아 올라가다 | 熱気球(ねつききゅう) 열기구 | 凧(たこ) 연 | 風船(ふうせん) 풍선

16

(A) 男の人は犬と一緒に寝ています。

(B) 犬は座ったまま何かを見つめています。

(C) 男の人は手を後ろで組んで、仰向けになっています。

(D) 男の人は何かを覗き込んでいます。

(A) 남자는 개와 함께 자고 있습니다.

(B) 개는 앉은 채로 무언가를 주시하고 있습니다.

(C) 남자는 손을 뒤로 깍지 끼고, 위를 보며 누워 있습니다.

(D) 남자는 무언가를 들여다보고 있습니다.

犬(いぬ) 개 | 見(み)つめる 응시하다. 주시하다 | 手(て)を組(く)む 팔짱을 끼다. 깍지를 끼다. 손을 맞잡다 | 仰向(あおむ)け 위를 향한 상태 | 覗(のぞ)き込(こ)む 목을 길게 빼고 들여다보다. 얼굴을 가까이 들이밀고 보다

17

(A) 階段は途中で二手に分かれています。

(B) 階段は途中で真っ二つに分かれています。

(C) 階段は途中で途切れています。

(D) 階段の先は断崖絶壁です。

(A) 계단은 도중에 둘로 나누어져 있습니다.

(B) 계단은 도중에 두 동강이로 나누어져 있습니다.

(C) 계단은 도중에 끊어져 있습니다.

(D) 계단 앞은 낭떠러지 절벽입니다.

階段(かいだん) 계단 | 二手(ふたて) 양쪽, 양편 | 分(わ)かれる 갈리다. 분리되다. 갈라지다 | 真(ま)っ二(ぷた)つ 두 동강. 딱 절반 | 途切(とぎ)れる 왕래가 끊기다. 중도에서 끊어지다. 중단되다 | 断崖絶壁(だんがいぜっぺき) 낭떠러지. 절벽

18

(A) 二人は直立不動の姿勢で写真を撮り、微動だにしません。

(B) 左側の人も右側の人も向かい合って立ち、何かを呟いています。

(C) 左側の人は植木と椅子の間に立っており、背は右側の人に比べて、やや大きいようです。

(D) 左側の人は片手にマイクを握り締めて、右側の人は両手でマイクを握って譜面台の前に立っています。

(A) 두 사람은 직립부동의 자세로 사진을 찍고, 미동조차 하지 않습니다.

(B) 좌측 사람도 우측 사람도 서로 마주 보고 서서, 무언가를 중얼거리고 있습니다.

(C) 좌측 사람은 화분과 의자 사이에 서 있고, 키는 우측 사람과 비교해서 약간 큰 것 같습니다.

(D) 좌측 사람은 한 손에 마이크를 꽉 쥐고, 우측 사람은 양손으로 마이크를 쥐고 악보대 앞에 서 있습니다.

直立不動(ちょくりつふどう) 직립부동 | 微動(びどう) 미동 | 向(む)かい合(あ)う 마주보다. 마주 대하다 | 呟(つぶや)く 중얼거리다. 투덜거리다 | やや 얼만간. 약간. 다소. 조금 | 握(にぎ)り締(し)める 꽉 쥐다. 움켜쥐다 | 譜面台(ふめんだい) 악보대

19

(A) 手前の人は欄干に手をかけていますが、奥の人は手で体を支えています。

(B) 手前の人の手はだらりとぶら下がっていますが、奥の人の手は真っ直ぐ前に伸びています。

(C) 手前の人は正面を向いていますが、奥の人はそっぽを向いています。

(D) 手前の人も奥の人も正装を着ています。

(A) 앞 사람은 난간에 손을 얹고 있습니다만, 안쪽 사람은 손으로 몸을 지탱하고 있습니다.

(B) 앞 사람의 손은 축 늘어져 있습니다만, 안쪽 사람의 손은 똑바로 앞으로 뻗어 있습니다.

(C) 앞 사람은 정면을 향하고 있습니다만, 안쪽 사람은 다른 쪽을 향하고 있습니다.

(D) 앞 사람도 안쪽 사람도 정장을 입고 있습니다.

手前(てまえ) 자기 앞. 자기의 바로 앞. 자기에게 가까운 쪽 | 欄干(らんかん) 난간 | 手(て)をかける 손을 얹다 | 奥(おく) 속. 깊숙한 안쪽 | 支(ささ)える 받치다. 떠받치다. 버티다. 지탱하다 | だらり 물건이 힘없이 늘어진 모양. 축 | ぶら下(さ)がる 늘어지다. 매달리다 | 正面(しょうめん) 정면 | そっぽを向(む)く 외면하다. 무시하는 태도를 보이다. 모른 체하다 | 正装(せいそう)を着(き)る 정장을 입다

20

(A) この道路は両側を高層ビルに囲まれており、急勾配の上り坂に加えて、急カーブが連続する道路です。

(B) この道路は家に囲まれた急勾配の上り坂ですが、道路は車なら問題なく上がれそうです。

(C) ここは緩やかなカーブが続く上り坂で、歩道としては適していません。

(D) この道路は垂直に近い角度の道路なので、歩道としては適していません。

(A) 이 도로는 양쪽이 고층빌딩에 둘러싸여 있고, 급경사 오르막길에 더해져 급커브가 연속되는 도로입니다.

(B) 이 도로는 집에 둘러싸인 급경사 오르막길이지만, 도로는 차라면 문제없이 오를 수 있을 것 같습니다.

(C) 여기는 완만한 커브가 이어지는 오르막길이고, 보도로서는 적당하지 않습니다.

(D) 이 도로는 수직에 가까운 각도의 도로이기 때문에, 보도로서는 적당하지 않습니다.

高層(こうそう)ビル 고층빌딩 | 囲(かこ)む 두르다, 둘러싸다, 에워싸다, 포위하다 | 急勾配(きゅうこうばい) 급경사 | 上(のぼ)り坂(ざか) 오르막길, 고갯길 | 緩(ゆる)やか 완만함, 느릿함 | 歩道(ほどう) 보도 | 垂直(すいちょく) 수직 | 角度(かくど) 각도

PART2 질의응답 (정답 및 해설) 문제집 209쪽

21

日本語は毎日どのくらい勉強しますか。

(A) 日本へ行ったことはありません。

(B) ドラマを見ながら勉強しています。

(C) もう3年になりますよ。

(D) 一日1時間ぐらいやっています。

일본어는 매일 어느 정도 공부합니까?

(A) 일본에 간 적은 없습니다.

(B) 드라마를 보면서 공부하고 있습니다.

(C) 이제 3년이 되네요.

(D) 하루에 1시간 정도 하고 있습니다.

🔟 지시어(어느 정도)에 주의할 것!

勉強(べんきょう) 공부 | ドラマ 드라마 | もう 이미, 벌써, 이제 | 時間(じかん) 시간

22

「雪国」はどんな本ですか。

(A) はい、面白いです。

(B) いいえ、あまり面白くありません。

(C) とても面白いです。

(D) 面白い本です。

'설국'은 어떤 책입니까?

(A) 네, 재미있습니다.

(B) 아니요, 별로 재미없습니다.

(C) 아주 재미있습니다.

(D) 재미있는 책입니다.

🔟 의문사 의문문

雪国(ゆきぐに) 설국, 눈이 많이 오는 지방 | どんな 어떤, 어떠한 | あまり ~ない 별로[그다지] ~않다

23

このビルはどう思う？

(A) ちょっと苦い味がするよ。

(B) 日本酒よりはいいと思う。

(C) 日当たりもよく明るいからいいじゃない。

(D) 生ビールの方が高いよ。

이 빌딩은 어떻게 생각해?

(A) 약간 쓴 맛이 나.

(B) 청주보다는 좋은 것 같아.

(C) 볕이 잘 들고 환하니까 좋잖아.

(D) 생맥주 쪽이 비싸.

🔟 빌딩을 어떻게 생각하는가?

ビル 빌딩 | 苦(にが)い 맛이 쓰다, 언짢다, 불쾌하다 | 味(あじ)がする 맛이 나다 | 日当(ひあ)たり 볕이 듦, 양지바른 곳 | 明(あか)るい 밝다, 환하다 | 生(なま)ビール 생맥주

24

田中さんの趣味は何ですか。

(A) 先週友達と映画を見ました。

(B) デパートには行きませんでした。

(C) 新しい自転車がほしいです。

(D) お菓子を食べながら映画を見ることです。

다나카 씨의 취미는 무엇입니까?

(A) 지난주 친구와 영화를 봤습니다.

(B) 백화점에는 가지 않았습니다.

(C) 새 자전거를 갖고 싶습니다.

(D) 과자를 먹으면서 영화를 보는 것입니다.

🎙 취미는 무엇?

趣味(しゅみ) 취미｜デパート 백화점｜新(あたら)しい 새롭다. 새 것이다｜ほしい 갖고 싶다. 탐나다｜お菓子(かし) 과자

25

誰と一緒に旅行に行きましたか。

(A) 弟です。

(B) 僕はハワイへ行ったことがあります。

(C) 来週、友達と一緒にハワイへ行きます。

(D) 旅行に行って楽しかったです。

누구와 함께 여행을 갔습니까?

(A) 남동생입니다.

(B) 나는 하와이에 간 적이 있습니다.

(C) 다음 주 친구와 함께 하와이에 갑니다.

(D) 여행 가서 즐거웠습니다.

🎙 누구와 여행?

旅行(りょこう) 여행｜僕(ぼく) 나(남자가 동등하거나 손아랫사람에게 쓰는 허물없는 말)｜楽(たの)しい 즐겁다. 재미있다

26

期末テストはいつだっけ？

(A) とても難しかったよ。

(B) 僕は受けないよ。

(C) 頑張ってね。

(D) 金曜じゃない？

기말 테스트는 언제였지?

(A) 아주 어려웠어.

(B) 나는 안 봐(시험 보지 않아).

(C) 힘내.

(D) 금요일 아냐?

🎙 언제인지를 묻고 있다.

期末(きまつ)テスト 기말 테스트｜～っけ 잊었던 일을 어떤 기회에 회상하며 아쉬워하는 뜻을 나타냄(~였지). 잊었던 일이나 분명하지 않은 일을 묻거나 확임함을 나타냄(~였지?. ~던가?)｜難(むずか)しい 어렵다. 복잡하다. 곤란하다｜受(う)ける 받다. 응하다. 피해 등을 입다｜頑張(がんば)る 견디며 버티다. 끝까지 노력하다｜金曜(きんよう) 금요일

27

営業部の高橋さんは結婚していますか。

(A) はい、来週結婚してアメリカに行きます。

(B) 去年結婚した人が何人かいました。

(C) いいえ、私はまだ結婚のことは考えていません。

(D) いいえ、まだ結婚していません。

영업부의 다카하시 씨는 결혼했습니까?

(A) 네, 다음 주에 결혼해서 미국에 갑니다.

(B) 작년에 결혼한 사람이 몇 명인가 있었습니다.

(C) 아니요, 저는 아직 결혼은 생각하고 있지 않습니다.

(D) 아니요, 아직 결혼하지 않았습니다.

🎙 결혼을 했는지?

営業部(えいぎょうぶ) 영업부｜結婚(けっこん) 결혼｜去年(きょねん) 작년｜考(かんが)える 생각하다. 헤아리다. 사고하다

28

薬は一日二回飲めばいいんですよね？

(A) いいえ、それは無理ですね。

(B) はい、そうです。お大事に。

(C) お引き取りください。

(D) はい、一日三回毎食後です。

약은 하루에 두 번 먹으면 되는 거죠?

(A) 아니요, 그건 무리에요.

(B) 네, 그렇습니다. 몸조리 잘하세요.

(C) 물러나 주세요.

(D) 네, 하루에 세 번 매 식후입니다.

하루에 두 번 먹으면 되는지?

お大事(だいじ)に 몸조리 잘하세요 | 引(ひ)き取(と)る 물러나다. 인수하다. 떠맡다 | 毎食後(まいしょくご) 매 식후. 식후마다

도장을 찍어 주세요.

EMS 국제특급우편 | 判子(はんこ) 도장 | 印鑑(いんかん) 인감 | 持(も)ち合(あ)わせ 마침 가진 돈

29

遠藤さん、図書の貸し出し期限が切れていますよ。

(A) あ、すみません。うっかりしていましたので、明日必ず…。

(B) あ、すみません。ついうっとりしていましたので。

(C) あ、すみません。本を貸していただけますか。

(D) 本の貸し出し期限は２週間ですか。

엔도 씨, 도서 대출 기한이 지났어요.

(A) 아, 미안합니다. 깜빡하고 있어서, 내일 반드시……

(B) 아, 미안합니다. 그만 넋을 잃고 있어서요.

(C) 아, 미안합니다. 책을 빌려주시겠습니까?

(D) 책의 대출 기간은 2주간입니까?

대출 기한이 지났다.

図書(としょ) 도서 | 貸(か)し出(だ)し 대출 | 期限(きげん) 기한 | 切(き)れる 베이다. 끊어지다. 기한 등이 다 되다 | うっかり 깜빡. 멍청히. 무심코 | つい 무심코. 그만. 어느덧 | うっとり 황홀히. 멍하니. 넋을 잃고 | 週間(しゅうかん) 주간

30

山田さん、韓国からのEMSです。こちらに判子をお願いします。

(A) はい、ご飯はこちらの方にどうぞ。

(B) 今、印鑑を持っていないんですが。

(C) はい、ではいくらになりますか。

(D) 持ち合わせがないので、カードでもいいですか。

야마다 씨, 한국에서 온 EMS입니다. 이쪽에 도장을 부탁합니다.

(A) 네, 식사는 이쪽에서 하세요.

(B) 지금, 인감을 갖고 있지 않습니다만.

(C) 네, 그럼 얼마가 됩니까?

(D) 마침 가진 돈이 없는데, 카드라도 괜찮습니까?

31

あの人たち、集まって何をしているのかしら。

(A) いつも洗面所で洗っているんじゃない？

(B) 人の陰をさがしているんじゃない？

(C) 新入社員の陰口をたたいているんじゃない？

(D) 大船に乗った気分でいるんじゃない？

저 사람들, 모여서 뭘 하고 있는 걸까?

(A) 늘 화장실에서 씻고 있는 것 아냐?

(B) 사람의 그림자를 찾고 있는 것 아냐?

(C) 신입사원의 험담을 하고 있는 것 아냐?

(D) 마음을 놓고 있는 것 아냐?

사람들은 무엇을 하고 있나?

～かしら 주로 여성이 사용하는 말로, 의문의 뜻을 나타냄(~일지 몰라. ~을까?. ~일까?) | 洗面所(せんめんじょ) 세면소. 화장실 | 陰口(かげぐち)をたたく 뒤에서 험담하다 | 大船(おおぶね)に乗(の)る 큰 배에 탄 듯 마음을 놓을 수 있는 상태가 되다

32

田中さんは、昨日彼女にふられたそうよ。

(A) じゃ、今日はそっとしておいたほうがいいね。

(B) じゃ、今日はどきどきしているはずよ。

(C) だから、今日はぺこぺこじゃないかしら。

(D) だから、彼はにこにこしているのね。

다나카 씨는 어제 애인에게 차였대.

(A) 그럼, 오늘은 가만두는 편이 좋겠네.

(B) 그럼, 오늘은 두근두근하고 있을 거야.

(C) 그래서 오늘은 배가 몹시 고프지 않을까?

(D) 그래서 그는 싱글벙글하고 있는 거군.

애인에게 퇴짜 맞았다.

彼女(かのじょ) 그녀. (어떤 남성의) 애인 | ふられる 거절당하다. 이성에게 퇴짜 맞다 | そっとしておく 상대편의 기분을 거슬리지 않게 가만 그대로 두다 | どきどき 두근두근 | ぺこぺこ 몹시 배가 고픔. 굽실굽실 | にこにこ 생글생글. 싱글벙글

33

そんなところで油を売っていないでさっさ
と仕事をしなさい。

(A) ガソリンが高くなっていますから。
(B) 油を売っているんじゃなくて、販売先の人が
来るのを待っているのです。
(C) そんな危険なことは一人の力じゃできません
から。
(D) 三人寄れば文殊の知恵ですよ。

그런 곳에서 시간을 낭비하지 말고 빨리 일하세요.

(A) 가솔린이 비싸지고 있기 때문이에요.
(B) 아까운 시간을 낭비하는 게 아니라, 판매처 사람이 오
기를 기다리고 있는 거예요.
(C) 그런 위험한 일은 혼자 힘으로는 할 수 없으니까요.
(D) 세 사람이 모여 상의하면 문수보살 같은 지혜가 나와
요.

🔟 게으름 피우지 말고 일을 해라.

油(あぶら)を売(う)る 작업 중에 잡담을 하거나 하여 게으름을 피우다ㅣ
さっさと 동작이 재빠른 모양이나 일을 서둘러 하는 모양, 후딱후딱, 냉큼냉
큼, 빨랑빨랑ㅣ販売先(はんばいさき) 판매처ㅣ危険(きけん) 위험ㅣ
三人(さんにん)寄(よ)れば文殊(もんじゅ)の知恵(ちえ) 세 사람이
모여 상의하면 문수보살 같은 지혜가 나온다

34

散々悩んだあげく、留学に行くことにした
わ。

(A) 色々考えた末の決断だから、応援するよ。
(B) 僕は物知りだから、何でも聞いてくれよ。
(C) 本当に今日は散々だね。
(D) そんなことはないよ。

충분히 고민한 끝에, 유학을 가기로 했어.

(A) 여러 가지로 생각한 끝에 내린 결단이니까, 응원할게.
(B) 나는 박식하니까, 뭐든지 물어봐.
(C) 정말로 오늘은 엉망이네.
(D) 그런 일은 없어.

🔟 유학 가기로 결심했어!

散々(さんざん) 심하게, 몹시, 실컷, 호되게, 형편없음ㅣ悩(なや)む 고민
하다, 번민하다ㅣあげく 끝, 종말, 결과ㅣ〜た末(すえ) ~한 끝에ㅣ物知
(ものし)り 박식함, 박식한 사람

35

能力もさることながら、運に恵まれなけれ
ば、この仕事の成功は難しいと思わない？

(A) やっぱり運だけを信じてこの仕事しなければ
ならないね。
(B) 実力があっても運が悪ければこの仕事で成功
するのは難しいということだね。
(C) この仕事は天候まかせだから、しょうがない
かもしれないね。
(D) 自分を信じさえすればどんな壁も乗り越えら
れるってことか。

**능력도 물론이거니와 운을 타고 나지 않으면, 이 일은 성공
하기 어렵지 않을까?**

(A) 역시 운만을 믿고 이 일을 하지 않으면 안 되네.
(B) 실력이 있어도 운이 좋지 않으면 이 일에서 성공하는
것은 어렵다는 거군.
(C) 이 일은 날씨에 좌우되기 때문에, 어쩔 수 없을지도 모
르겠네.
(D) 자신을 믿기만 하면 어떤 장애도 극복할 수 있다는 건
가.

🔟 운이 없으면 이 일의 성공은 어렵지.

〜さることながら ~은 물론이거니와ㅣ運(うん)に恵(めぐ)まれる
운을 타고나다ㅣ天候(てんこう)まかせ 기후에 맡김, 날씨에 좌우됨ㅣ
壁(かべ) 벽, 장애, 난관ㅣ乗(の)り越(こ)える 타고 넘다, 극복하다, 뛰어
넘다

36

時刻表通りに行くかと思って、電車に乗っ
たんですが…。

(A) 旅の恥は掻き捨てですよね。
(B) 時刻表通りに運転するのは簡単なことです
ね。
(C) 今までの苦労が水の泡ですね。
(D) 東京の電車が遅れるのは日常茶飯事なんで
す。

시간표대로 갈 것으로 생각하고, 전철을 탔습니다만……。

(A) 객지에서는 아는 사람도 없으므로, 어떤 창피를 당한다
해도 떠나면 그만이지요.

(B) 시각표대로 운전하는 것은 간단한 일이네요.

(C) 지금까지의 고생이 물거품이네요.

(D) 도쿄 전철이 늦는 것은 일상 있는 보통 일입니다.

🔟 시간대로 전철을 탔는데…….

時刻表(じこくひょう) 通(どお)り 시간표대로 | 旅(たび)の 恥(はじ)は 掻(か)き捨(す)て 여행길에는 아는 사람이 없으니, 어떤 부끄러운 짓을 해도 그때뿐이다(여행지에서 부끄러운 일을 아무렇지도 않게 하는 경우에 쓰임) | 苦労(くろう) 고생, 수고, 노고 | 水(みず)の 泡(あわ) 물거품, 수포 | 日常茶飯事(にちじょうさはんじ) 일상 있는 보통 일

37

以前(いぜん)立(た)ち入(い)りが禁止(きんし)されていたところも、加藤(かとう)さんの一言(ひとこと)で禁止(きんし)が解除(かいじょ)されたのよ。

(A) 加藤(かとう)は、当局(とうきょく)で顔(かお)が利(き)くからできたんだろう。

(B) 人事(じんじ)を尽(つ)くして天命(てんめい)を待(ま)つとはこのことだ。

(C) 狭(せま)き門(もん)から入(い)れとあるじゃないか。

(D) 門(もん)を叩(たた)けば開(ひら)かれるともあるじゃないか。

이전에 출입금지가 되던 곳도 가토 씨의 한마디에 금지가 해제되었어요.

(A) 가토는 당국에서 얼굴이 통하니까, 가능했겠지.

(B) 진인사 대천명이라는 건 이것이다.

(C) 좁은 문으로 들어가라고 하잖아.

(D) 문을 두드리면 열린다고도 하잖아.

🔟 가토 씨의 한마디로 금지가 해제되었다.

立(た)ち入(い)り禁止(きんし) 출입금지 | 一言(ひとこと) 일언, 한마디 말 | 顔(かお)が 利(き)く 얼굴이 통하다, 안면이 넓어 말발이 서다 | 人事(じんじ)を 尽(つ)くして 天命(てんめい)を 待(ま)つ 진인사 대천명, 최선을 다하고 하늘의 뜻을 기다리다 | 狭(せま)き 門(もん)から 入(はい)れ 좁은 문으로 들어가라 | 門(もん)を 叩(たた)けば 開(ひら)かれる 문을 두드리면 열린다

38

最近(さいきん)、流行(はや)っている「逆(ぎゃく)ナンパ」って何(なん)ですか。

(A) 船(ふね)が台風(たいふう)にあって難破(なんぱ)することですよ。

(B) 若(わか)い男(おとこ)の人(ひと)が女(おんな)の人(ひと)に声(こえ)をかけることですよ。

(C) 子供(こども)が先生(せんせい)に声(こえ)をかけることですよ。

(D) 若(わか)い女(おんな)の人(ひと)が男(おとこ)の人(ひと)に声(こえ)をかけることです

최근에 유행하고 있는 '역 헌팅'이라는 것은 무엇입니까?

(A) 배가 태풍을 만나서 난파되는 거예요.

(B) 젊은 남자가 여자에게 말을 거는 거예요.

(C) 아이가 선생님께 말을 거는 거예요.

(D) 젊은 여자가 남자에게 말을 거는 거예요.

🔟 '역 헌팅'은 무엇?

流行(はや)る 유행하다, 널리 퍼지다, 만연하다 | 逆(ぎゃく) 역, 반대, 거꾸로 | ナンパ 헌팅, 마음에 드는 여성에게 작업을 거는 행위 | 難破(なんぱ) 난파, 파선 | 声(こえ)をかける 말을 걸다, 말을 붙이다

39

ついに新薬(しんやく)の開発(かいはつ)に成功(せいこう)したそうですね。

(A) 悪戦苦闘(あくせんくとう)の末(すえ)やっとのことで成功(せいこう)しました。

(B) 私(わたし)が悪(わる)いんじゃないんです。

(C) ちょっと腑(ふ)に落(お)ちません。

(D) 大(おお)きな間違(まちが)いでした。

드디어 신약 개발에 성공했다고 하네요.

(A) 악전고투 끝에 어렵사리 성공했습니다.

(B) 제가 나쁜 게 아닙니다.

(C) 좀 납득이 가지 않습니다.

(D) 큰 실수였습니다.

🔟 신약 개발에 성공!

ついに 마침내, 드디어, 끝끝내, 끝까지 | 新薬(しんやく) 신약 | 悪戦苦闘(あくせんくとう) 악전고투 | やっとのこと 겨우, 가까스로, 어렵사리 | 腑(ふ)に落(お)ちない 납득이 가지 않다, 이해할 수 없다 | 間違(まちが)い 틀림, 잘못됨, 실수, 과실

40

老人(ろうじん)ばかりを狙(ねら)ってものを売(う)り付(つ)けるセールスマンが増(ふ)えているそうですよ。

(A) 最善(さいぜん)を尽(つ)くしたんですが、力不足(ちからぶそく)でした。

(B) 体裁(ていさい)が悪(わる)いやつらが多(おお)いですね。

(C) 本当(ほんとう)にあくどい遣(や)り口(くち)ですね。

(D) それは結構(けっこう)なことですね。

노인만을 노려서 물건을 팔아넘기는 세일즈맨이 늘고 있다고 하네요.

(A) 최선을 다했습니다만, 역부족이었습니다.

(B) 볼꼴사나운 놈들이 많군요.

(C) 정말로 악랄한 수법이군요.

(D) 그야말로 훌륭한 일이네요.

🔟 노인을 노리는 세일즈맨이 늘고 있다.

狙(ねら)う 겨누다. 노리다 | 売(う)り付(つ)ける 억지로 사게 하다. 강매하다 | セールスマン 세일즈맨. 외판원 | 最善(さいぜん)を尽(つ)くす 최선을 다하다 | 力不足(ちからぶそく) 역부족 | 体裁(ていさい) 외관, 겉모양, 체면, 남의 이목 | 体裁(ていさい)が悪(わる)い 창피하다, 멋쩍다, 몰골이 흉하다, 볼꼴사납다 | あくどい 지독하다, 악랄하다 | 遣(や)り口(くち) 방법, 수법

41

斎藤(さいとう)さんは地震(じしん)の被災地(ひさいち)でボランティアに行(い)って来(こ)られたそうですね。

(A) ええ、被災地(ひさいち)のやりくりが難(むずか)しいかもしれませんね。

(B) ええ、地震(じしん)の被害(ひがい)は甚大(じんだい)で、街(まち)はしいんと静(しず)まり返(かえ)っていました。

(C) ボランティアの経験(けいけん)がありますから、大丈夫(だいじょうぶ)です。

(D) ボランティアとしていつでも行(い)く用意(ようい)があります。

사이토 씨는 지진 재해지역에 자원봉사자로 다녀오셨다면서요.

(A) 네, 재해지역의 변통이 어려울지도 모르겠어요.

(B) 네, 지진 피해는 막대해서 거리는 쥐죽은 듯 조용했습니다.

(C) 자원봉사자의 경험이 있기 때문에, 괜찮습니다.

(D) 자원봉사자로서 언제든지 갈 용의가 있습니다.

🔟 재해지역 자원봉사자로 다녀온 적이 있다.

被災地(ひさいち) 재해지역 | ボランティア 자원봉사 | やりくり 변통, 주변, 둘러댐 | 甚大(じんだい) 심대함, 막대함, 지대함 | しいんと静(しず)まり返(かえ)って 쥐죽은 듯 조용하여 | 用意(ようい) 준비, 채비, 대비, 조심, 용의

42

金子(かねこ)さんは誰(だれ)にでも、調子(ちょうし)のいいことを言(い)ってご機嫌(きげん)を取(と)ろうとするよね。

(A) いわゆるがり勉(べん)という奴(やつ)だよ。

(B) いわゆるぼったくりという奴(やつ)だよ。

(C) いわゆる野次馬(やじうま)って奴(やつ)だよ。

(D) いわゆる八方美人(はっぽうびじん)って奴(やつ)だよ。

가네코 씨는 누구에게나 그럴 듯한 말을 해서, 비위를 맞추려고 하지요.

(A) 이른바 공부벌레 같은 녀석이야.

(B) 이른바 바가지 씌우는 녀석이야.

(C) 이른바 구경꾼 같은 녀석이야.

(D) 이른바 팔방미인 같은 녀석이야.

🔟 누구에게나 비위를 맞추려고 한다.

調子(ちょうし)がいい 남의 말이나 행동에 장단을 잘 맞추다 | 機嫌(きげん)を取(と)る 비위를 맞추다 | いわゆる 소위, 이른바, 흔히 말하는 | がり勉(べん) 오직 학교 공부만 열심히 하거나 그런 사람, 공부벌레 | ぼったくり 손님을 속여서 정당하지 못한 돈을 갈취함, 바가지 | 八方美人(はっぽうびじん) 누구에게나 기분 좋게 대하는 사람, 어느 쪽에서 보아도 결점이 없는 미인

43

明日(あした)から冬(ふゆ)が本格的(ほんかくてき)に始(はじ)まるそうですよ。

(A) 夏(なつ)ばてには十分注意(じゅうぶんちゅうい)しなければなりませんね。

(B) では寄(よ)り道(みち)をしてちょっと友達(ともだち)の家(いえ)に寄(よ)ってきます。

(C) ついに冬将軍(ふゆしょうぐん)が来(く)るんですね。

(D) そんな話(はなし)を聞(き)くと途方(とほう)に暮(く)れてしまいます。

내일부터 겨울이 본격적으로 시작된대요.

(A) 더위를 먹지 않도록 충분히 주의해야 해요.

(B) 그럼, 가는 길에 잠시 친구 집에 들렀다 오겠습니다.

(C) 마침내 동장군이 오는군요.

(D) 그런 이야기를 들으면 어찌할 바를 모르겠습니다.

🔟 본격적인 겨울이 시작!

本格的(ほんかくてき) 본격적 | 夏(なつ)ばて 여름을 탐, 더위를 먹음 | 寄(よ)り道(みち) 도중에 다른 곳에 들름 | 寄(よ)る 접근하다, 들르다 | 冬将軍(ふゆしょうぐん) 동장군, 엄동 | 途方(とほう)に暮(く)れる 어찌할 바를 모르다

44

明日からついに夏休みですね。

(A) もう過ぎたことですから、今更くだくだ言っても後の祭です。

(B) 先生から、休みになっても羽目を外さないように釘をさされましたよ。

(C) 本当に楽しい夏休みでした、後悔することなんてありません。

(D) 避けることのできない道ですから、頑張ってください。

내일부터 드디어 여름방학이네요.

(A) 이미 지난 일이니까, 이제 와서 장황하게 말해봤자 늦었습니다.

(B) 선생님한테서 방학이 되어도 도를 지나치지 않도록 다짐을 받았어요.

(C) 정말로 즐거운 여름방학이었습니다, 후회 따위 하지 않습니다.

(D) 피할 수가 없는 길이니까, 힘내세요.

🔟 드디어 여름방학!

今更(いまさら) 새삼스럽게, 지금에 와서, 이제 와서 | くだくだ 같은 말을 되풀이하여 늘어놓는 모양, 장황하게 | 後(あと)の祭(まつり) 시기를 놓침, 행차 뒤의 나팔 | 羽目(はめ)を外(はず)す 흥겨운 나머지 도를 지나치다 | 釘(くぎ)をさす 다짐을 두다

45

東京に旅行に行くついでに箱根まで足を伸ばしてみようと思ったんだけど…。

(A) それはいいね、足手まといになるといけないから。

(B) いいね、箱根も温泉で有名な町だからね。

(C) それは難しいよ。そんなに広い部屋じゃないからね。

(D) じゃ、箱根を中心にして東京を観光するんだね。

도쿄로 여행간 김에 하코네까지 들렀다 오려고 하는데……

(A) 그거 좋지, 걸림돌이 되면 안 되니까.

(B) 좋지, 하코네도 온천으로 유명한 곳이니까.

(C) 그건 어려워. 그렇게 넓은 방이 아니니까.

(D) 그럼, 하코네를 중심으로 해서 도쿄를 관광하는 거네.

🔟 가는 김에 하코네까지 가 볼 예정이다.

箱根(はこね) 하코네 | 足(あし)を伸(の)ばす 어떤 지점에서 더욱 멀리까지 가다 | 足手(あして・あしで)まとい 걸림돌이 되다

46

頭に来るわ、おばさんたちが平気で列に割り込んでくるんですもの！

(A) おばさんたちは顔が広いですもんね。

(B) おばさんたちは夜行性だから、しょうがないですよ。

(C) 本当に厚かましいおばさんたちですね。

(D) おしとやかなおばさんたちですね。

화가 나, 아줌마들이 태연하게 새치기해 들어온단 말이야!

(A) 아줌마들은 발이 넓거든요.

(B) 아줌마들은 야행성이라서 어쩔 수 없어요.

(C) 정말로 뻔뻔스런 아줌마들이네요.

(D) 조신한 아줌마들이네요.

🔟 아줌마들이 새치기를 한다!

頭(あたま)に来(く)る 악이 오르다, 화가 나다 | 平気(へいき) 태연함, 예사로움, 끄떡없음 | 割(わ)り込(こ)む 비집고 들어가다, 새치기하다, 억지로 들어가다 | 顔(かお)が広(ひろ)い 교제 범위가 넓다, 발이 넓다 | 夜行性(やこうせい) 야행성 | 厚(あつ)かましい 뻔뻔하다, 염치없다 | お淑(しと)やか 조신함, 정숙함

47

最近、封切りされたあの映画、もう見ましたか。

(A) いいえ、あまり感心できないことですね。

(B) いいえ、あの状況では手も足も出ませんでした。

(C) はい、緊迫感あふれるストーリーでした。

(D) はい、楽あれば苦ありです。

최근에 개봉된 그 영화, 벌써 봤습니까?

(A) 아니요, 별로 탐탁지 않아요.

(B) 아니요, 그 상황에서는 어찌해 볼 도리가 없었습니다.

(C) 네, 긴박감 넘치는 스토리였습니다.

(D) 네, 낙이 있으면 괴로움도 있습니다.

🔟 최근 개봉한 영화를 봤는가?

封切(ふうき)り 일의 시작, 영화의 개봉 | 感心(かんしん) 깊이 마음으로 느낌, 감탄, 기가 막힘, 어이없음, 기특함, 신통함 | 手(て)も足(あし)も出(で)ない 꼼짝달싹 못하다, 어찌해 볼 도리가 없다 | 緊迫感(きんぱくかん)あふれる 긴박감 넘치다 | 楽(らく)あれば苦(く)あり 낙이 있으면 그 다음엔 괴로움이 있다, 세상일은 언제나 즐거움만 있는 것이 아니다

もったいない 황송하다, 과분하다, 아깝다 | 宝(たから)の持(も)ち腐(ぐさ)れ 훌륭한 것을 가지고 있으면서도 활용하지 못하고 썩힘 | 足(あし)が出(で)る 지출이 예산을 초과하다, 적자가 나다, 탄로 나다 | 耐(た)える 견디다, 참다, 감당하다 | 甲斐(かい) 보람, 효과

48

明日(あした)の旅行(りょこう)はどこに行(い)くかまだ決(き)めてないんだけど。

(A) 行(い)ったり来(き)たりする旅行(りょこう)もいいんじゃない。
(B) 手(て)の施(ほどこ)しようがありませんね。
(C) 行(ゆ)き当(あ)たりばったりの旅行(りょこう)もいいですね。
(D) そんなことしてたら乗(の)り遅(おく)れちゃうよ。

내일 여행은 어디로 갈지, 아직 정하지 않았는데.

(A) 왔다갔다 하는 여행도 좋잖아.
(B) 손을 쓸 도리가 없네요.
(C) 무계획적인 여행도 좋지요.
(D) 그런 일 하다가 놓치고 말아.

Ⓜ 여행을 어디로 갈지 결정하지 못했는데……

行(い)ったり来(き)たり 왔다갔다 | 手(て)の施(ほどこ)しようがない 손을 쓸 도리가 없다 | 行(ゆ)き当(あ)たりばったり 아무런 계획도 없이 그때그때 되어가는 대로 함 | 乗(の)り遅(おく)れる 늦어서 못 타다, 놓치다, 시류에 뒤지다

49

持(も)っている技術(ぎじゅつ)は積極的(せっきょくてき)に使(つか)わないともったいないですよ。

(A) 宝(たから)の持(も)ち腐(ぐさ)れってことですね。
(B) 足(あし)が出(で)てしまうということですね。
(C) それはけっこういいことですよ。
(D) 最後(さいご)まで耐(た)えた甲斐(かい)がありましたね。

지니고 있는 기술은 적극적으로 사용하지 않으면 아까워요.

(A) 보물을 가지고도 썩히는 거네요.
(B) 적자가 나고 만다는 거네요.
(C) 그야말로 꽤 좋은 일이에요.
(D) 마지막까지 견딘 보람이 있었네요.

Ⓜ 사용하지 않으면 아깝다!

50

田中(たなか)さんが辞職(じしょく)するということをちょっと小耳(こみみ)に挟(はさ)んだんですが。

(A) 噂(うわさ)かもしれませんから、真偽(しんぎ)のほどを確(たし)かめないといけませんね。
(B) そこのところをなんとかしていただけませんか。
(C) ちょっとお耳(みみ)をお貸(か)しください。
(D) それは耳寄(みみよ)りな情報(じょうほう)ですね。

다나카 씨가 사직한다는 것을 언뜻 들었습니다만.

(A) 소문일지도 모르니까, 진위 여부를 확인하지 않으면 안 되겠네요.
(B) 그 점을 어떻게 해 주시지 않겠습니까?
(C) 잠시 귀를 빌려 주세요.
(D) 정말로 귀가 솔깃한 정보네요.

Ⓜ 사직한다는 것을 언뜻 들었다.

辞職(じしょく) 사직 | 小耳(こみみ)に挟(はさ)む 귓결에 듣다, 언뜻 듣다 | 真偽(しんぎ) 진위, 참과 거짓, 옳고 그름 | 確(たし)かめる 확인하다, 분명히 하다 | 耳寄(みみよ)り 들을 만함, 귀가 솔깃함

PART3 회화문 (정답 및 해설) 문제집 210~213쪽

51

女：この本は誰のですか。

男：田中さんのです。

女：じゃ、この眼鏡も田中さんのですか。

男：いいえ、それは鈴木さんのです。

本は誰のですか。

(A) 男の人

(B) 女の人

(C) 鈴木さん

(D) 田中さん

여：이 책은 누구의 것입니까?

남：다나카 씨의 것입니다.

여：그럼, 이 안경도 다나카 씨의 것입니까?

남：아니요, 그건 스즈키 씨의 것입니다.

책은 누구의 것입니까?

(A) 남자

(B) 여자

(C) 스즈키 씨

(D) 다나카 씨

本(ほん) 책｜誰(だれ) 누구｜眼鏡(めがね) 안경

52

男：山田さん、東京会社に電話しましたか。

女：はい、今日2回連絡しましたが、斎藤課長、いませんでした。

男：そうですか。この話は佐藤さんも分かりますから、佐藤さんに話してください。

女：分かりました。すぐ電話します。

女の人は誰に電話しますか。

(A) 佐藤さん

(B) 斎藤さん

(C) 佐藤課長

(D) 斎藤課長

남：야마다 씨, 도쿄 회사에 전화했습니까?

여：네, 오늘 두 번 연락했습니다만, 사이토 과장이 없었습니다.

남：그래요? 이 이야기는 사토 씨도 아니까, 사토 씨에게 이야기해 주세요.

여：알겠습니다. 바로 전화하겠습니다.

여자는 누구에게 전화합니까?

(A) 사토 씨

(B) 사이토 씨

(C) 사토 과장

(D) 사이토 과장

連絡(れんらく) 연락｜課長(かちょう) 과장｜分(わ)かる 알다. 이해할 수 있다｜話(はな)す 말하다. 이야기하다

53

男：明日の午後、映画を見ませんか。

女：明日の午後は都合が悪いんです。明日の午前はどうですか。

男：午前は私の都合が悪いんですよ。明後日なら何とか…。

女：じゃ、明後日、見に行くことにしましょう。

2人はいつ映画を見に行きますか。

(A) 明日の午前

(B) 明日の午後

(C) 今日の午後

(D) 明後日

남：내일 오후, 영화를 보지 않겠습니까?

여：내일 오후는 일이 있거든요. 내일 오전은 어떻습니까?

남：오전은 제가 일이 있어서 안 돼요. 모레라면 어떻게든…….

여：그럼, 모레에 보러 가기로 하죠.

두 사람은 언제 영화를 보러 갑니까?

(A) 내일 오전

(B) 내일 오후

(C) 오늘 오후

(D) 모레

午後(ごご) 오후 | 映画(えいが) 영화 | 都合(つごう) 형편, 사정, 편의 | 午前(ごぜん) 오전 | 明後日(あさって) 모레

54

女：すみません。窓を閉めてもいいですか。

男：ええ、いいですよ。寒いですか。

女：いいえ、寒くはないんですが、雨が降り込んでくるので。

男：そうですね。じゃ、あちらの窓も閉めましょう。

女の人はどうして窓を閉めますか。

(A) すこし寒いから

(B) 窓から雨が降り込んでくるから

(C) 部屋の空気を入れ替えたいから

(D) 窓の外から変な臭いがするから

여：죄송한데요. 창문을 닫아도 될까요?

남：네, 괜찮아요. 춥습니까?

여：아니요, 춥지는 않습니다만, 비가 들이쳐서요.

남：그러네요. 그럼, 저쪽 창문도 닫읍시다.

여자는 왜 창문을 닫습니까?

(A) 약간 춥기 때문에

(B) 창문에서 비가 들이치기 때문에

(C) 방의 공기를 바꾸고 싶기 때문에

(D) 창문 밖에서 이상한 냄새가 나기 때문에

窓(まど) 창, 창문 | 閉(し)める 닫다 | 寒(さむ)い 춥다, 오싹하다, 싸늘하다 | 降(ふ)り込(こ)む 비/눈 등이 들이치다 | 空気(くうき) 공기 | 入(い)れ替(か)える 교체하다, 갈아 넣다, 바꾸어 넣다

55

女：この前の試験の成績、もう出たの？

男：うん、出たよ。国語は平均点数より4点下だったよ。

女：平均点数は何点だったの？

男：56点だったよ。

子供の国語の点数は何点でしたか。

(A) 46点

(B) 50点

(C) 52点

(D) 56点

여：요전의 시험 성적, 벌써 나왔어?

남：응, 나왔어. 국어는 평균 점수보다 4점 아래였어.

여：평균 점수는 몇 점이었어?

남：56점이었어.

아이의 국어 점수는 몇 점이었습니까?

(A) 46점

(B) 50점

(C) 52점

(D) 56점

成績(せいせき) 성적 | 国語(こくご) 국어 | 平均(へいきん) 평균 | 点数(てんすう) 점수

56

女：ここから、会社までどうやって行きますか。

男：前まではバスで通勤していたんですが、最近は健康を考えて…。

女：じゃ、自転車で？

男：いいえ、自分の足で歩いて通っています。

今、男の人は何で会社に通っていますか。

(A) 徒歩で

(B) バスで

(C) 自転車で

(D) 自動車で

여：여기서부터 회사까지 어떻게 해서 갑니까?

남：전에는 버스로 통근했지만, 최근에는 건강을 생각해서…….

여：그럼, 자전거로?

남：아니요, 직접 발로 걸어서 다니고 있습니다.

지금 남자는 무엇으로 회사에 다니고 있습니까?

(A) 도보로

(B) 버스로

(C) 자전거로

(D) 자동차로

通勤(つうきん) 통근 | 健康(けんこう) 건강 | 自転車(じてんしゃ) 자전거 | 歩(ある)く 걷다 | 通(かよ)う 다니다. 왕래하다. 오가다. 통하다 | 徒歩(とほ) 도보

57

男：今度の休み、山登りに行かない？

女：山登りもいいけれど、やっぱり私は山より海がいいわ。

男：じゃ、近くの海岸をドライブしよう。

女：そうね、そうしましょう。

2人は今度の休み、どこへ行きますか。

(A) 山登りに行く。

(B) 海岸をドライブする。

(C) 山をドライブする。

(D) 海で泳ぐ。

남：이번 휴일, 등산하러 가지 않을래?

여：등산도 좋지만, 역시 나는 산보다 바다가 좋아.

남：그럼, 근처 해안을 드라이브하자.

여：그래, 그렇게 하자.

두 사람은 이번 휴일, 어디에 갑니까?

(A) 등산하러 간다.

(B) 해안을 드라이브한다.

(C) 산을 드라이브한다.

(D) 바다에서 수영한다.

山登(やまのぼ)り 등산. 산에 오름 | 海岸(かいがん) 해안 | ドライブ 드라이브(drive)

58

男：もしもし、お客様相談室ですよね。

女：いえ、違いますが。こちらは営業部です。

男：では、お客様相談室の電話番号は何番ですか。

女：03-221-6651です。

男の人はどこに電話をかけましたか。

(A) お客様

(B) 取引先

(C) お客様相談室

(D) 営業部

남：여보세요, 고객 상담실이지요?

여：아뇨, 잘못 거셨는데요. 여기는 영업부입니다.

남：그럼, 고객 상담실 전화번호는 몇 번입니까?

여：03-221-6651입니다.

남자는 어디에 전화를 걸었습니까?

(A) 고객

(B) 거래처

(C) 고객 상담실

(D) 영업부

相談室(そうだんしつ) 상담실 | 営業部(えいぎょうぶ) 영업부

59

女：あの、324号室なんですが、部屋が汚いので別の部屋に替えて頂けませんか。

男：申し訳ございません。同じ階の321号室に替えさせて頂きます。

女：もう少し上の階に替えて頂けませんか。最上階に部屋はありますか。

男：あいにくですが、最上階の部屋は満室なので、8階の824号室にご案内させて頂きます。

女の人はどこに泊まることになりましたか。

(A) 324号室

(B) 321号室

(C) 823号室

(D) 824号室

여：저기 324호실 말인데요, 방이 지저분하니까 다른 방으로 바꿔주시지 않겠습니까?

남：죄송합니다. 같은 층의 321호실로 바꿔드리도록 하겠습니다.

여：좀 더 위층으로 바꿔주시지 않겠습니까? 최상층에 방은 있습니까?

남：공교롭게도 최상층의 방은 만실이라서, 8층의 824호실로 안내해 드리도록 하겠습니다.

여자는 어디에 숙박하기로 되었습니까?

(A) 324호실

(B) 321호실

(C) 823호실

(D) 824호실

汚(きたな)い 더럽다. 불결하다. 지저분하다 ┃ 替(か)える 바꾸다. 교환하다 ┃ 最上階(さいじょうかい) 최상층 ┃ あいにく 공교롭게도, 마침 ┃ 満室(まんしつ) 만실. 빈방이 없음

60

女：お客様、よくお似合いですね。

男：そうですか。このズボンに合うセーターを探していたんですが、これに決めました。

女：では、サイズはどうなさいますか。

男：一番大きいサイズをください。

男の人は何を買いに来ましたか。

(A) ズボン

(B) セーター

(C) ズボンとセーター

(D) 靴

여：손님, 잘 어울리시네요.

남：그래요? 이 바지에 맞는 스웨터를 찾고 있었는데, 이걸로 결정하겠습니다.

여：그럼, 사이즈는 어떻게 되십니까?

남：가장 큰 사이즈로 주세요.

남자는 무엇을 사러 왔습니까?

(A) 바지

(B) 스웨터

(C) 바지와 스웨터

(D) 신발

似合(にあ)い 어울림. 걸맞음 ┃ ズボン 바지 ┃ 探(さが)す (손에 넣고 싶은 것을) 찾다 ┃ セーター 스웨터

61

女：すみません。眼鏡を無くしてしまったんですが。

男：いつ、どこで落としましたか。

女：1時間ほど前に、たしかデパートだったと思うのですが。

男：では、この紛失届けに必要事項を記入してください。見付かり次第、ご連絡します。

男の人はいつ連絡すると言っていますか。

(A) 眼鏡が見付かったら、その2時間後

(B) 眼鏡が見付かってから1時間後

(C) 眼鏡が見付かったらすぐに

(D) 眼鏡が見付からなくてもすぐに

여：저기요. 안경을 잃어버렸습니다만.

남：언제, 어디서 잃어버리셨습니까?

여：1시간 정도 전에, 확실히 백화점이었던 것 같은데요.

남：그럼, 이 분실신고서에 필요사항을 기입해 주세요. 찾게 되는 즉시 연락드리겠습니다.

남자는 언제 연락하겠다고 말하고 있습니까?

(A) 안경이 발견되면, 그 2시간 후

(B) 안경이 발견되고 나서 1시간 후

(C) 안경이 발견되면 바로

(D) 안경이 발견되지 않더라도 바로

無(な)くす 없애다. 잃다. 분실하다 ┃ 紛失(ふんしつ) 분실 ┃ 届(とど)け 신고, 신고서 ┃ 見付(みつ)かる 찾게 되다. 발견되다 ┃ ～次第(しだい) ~하는 대로

62

男：名古屋に行きたいんですが、バスと電車と、どちらが安いでしょうか。

女：基本的にはバスの方が安いんですが、週末や祝日はバスの方が高いんですよ。

男：今度のゴールデンウィークに名古屋に行こうと思っているんです。

女：それでは…。

男の人がゴールデンウィークに名古屋へ安く行く方法はどれですか。

(A) バス

(B) 電車

(C) バスと電車を乗り継ぐ。

(D) 飛行機

남 : 나고야에 가고 싶습니다만, 버스랑 전철 중 어느 쪽이 저렴할까요?

여 : 기본적으로는 버스 쪽이 저렴합니다만, 주말이나 경축일은 버스 쪽이 비싸요.

남 : 이번 황금휴일에 나고야에 가려고 하거든요.

여 : 그러면……

남자가 황금휴일에 나고야에 저렴하게 가는 방법은 어느 것입니까?

(A) 버스

(B) 전철

(C) 버스와 전철을 갈아탄다.

(D) 비행기

祝日(しゅくじつ) 축일, 경축일 | ゴールデンウィーク 골든 위크 (golden week), 황금휴일, 4월 말에서 5월 초에 걸쳐서 휴일이 가장 많은 주간 | 乗(の)り継(つ)ぐ 갈아타다

63

男 : このごろ、エコカーというのが流行っていますよね。

女 : ハイブリットカーが代表的ですよね。

男 : でも、電気自動車や、液体燃料で走る自動車も出てきていますね。

女 : エコカーはなんと言っても、燃費がよくて、環境にも優しいですから一石二鳥ですね。

女の人は何について話をしていますか。

(A) 燃費がいい車について

(B) 電気自動車の利点について

(C) ハイブリットカーの利点について

(D) エコカーの利点について

남 : 요즈음 환경자동차라는 것이 유행하고 있네요.

여 : 하이브리드 차가 대표적이지요.

남 : 하지만, 전기자동차나 액체연료로 달리는 자동차도 생겨났지요.

여 : 환경자동차는 뭐니뭐니 해도 연비가 좋고, 환경에도 친화적이기 때문에 일석이조네요.

여자는 무엇에 대해서 이야기를 하고 있습니까?

(A) 연비가 좋은 자동차에 대해서

(B) 전기자동차의 이점에 대해서

(C) 하이브리드 차의 이점에 대해서

(D) 환경자동차의 이점에 대해서

エコカー 환경자동차, 자연자동차 | ハイブリットカー 하이브리드 차 (hybrid car) | 液体燃料(えきたいねんりょう) 액체연료 | 燃費(ねんぴ) 연비 | 一石二鳥(いっせきにちょう) 일석이조, 일거양득 | 利点(りてん) 이점

64

男 : やっぱり3万円くらい包んだ方がいいのかな。

女 : そうね。お祝い事だしね。ご祝儀袋に名前を書くのを忘れないでね。

男 : 名前は封筒の裏に書くんだったっけ？

女 : 名前は封筒の表に金額と一緒に縦書きで書くのよ。

二人は何についての話をしていますか。

(A) 結婚式の話

(B) 葬式の話

(C) 卒業式の話

(D) お見舞いの話

남 : 역시 3만 엔 정도 보내는 편이 좋겠지.

여 : 그러네. 축하할 일이고, 축의금 봉투에 이름 쓰는 것을 잊지 마.

남 : 이름은 봉투 뒷면에 쓰는 거였나?

여 : 이름은 봉투 앞면에 금액과 함께 세로로 쓰는 거야.

두 사람은 무엇에 대한 이야기를 하고 있습니까?

(A) 결혼식 이야기

(B) 장례식 이야기

(C) 졸업식 이야기

(D) 병문안 이야기

包(つつ)む 싸다, 두르다, 돈을 종이에 싸서 주다 | お祝(いわ)い 축하, 축하선물 | ご祝儀袋(しゅうぎぶくろ) 부의금, 축의금 봉투 | 封筒(ふうとう) 봉투 | 縦書(たてが)き 세로쓰기

65

男：今日は、本当に天気がいいね。

女：今日は、遠足にもってこいの日和だわ。

男：そうだね。じゃ、今からお弁当持って遠足に行くのはどうかな。

女：今日はあいにくだけど、午後から子供の授業参観があるの。

女の人は今日、何をしますか。

(A) 子供のお弁当を作る。

(B) 午後から遠足に行く。

(C) 学校に子供の授業を見学に行く。

(D) 学校に子供の弁当を持って行く。

남 : 오늘은 정말로 날씨가 좋네.

여 : 오늘은 소풍 가기에 안성맞춤인 날씨야.

남 : 그러네. 그럼, 지금 도시락을 들고 소풍 가는 건 어떨까?

여 : 오늘은 공교롭게도, 오후부터 아이의 수업참관이 있어.

여자는 오늘 무엇을 합니까?

(A) 아이의 도시락을 만든다.

(B) 오후부터 소풍을 간다.

(C) 학교에 아이의 수업을 견학하러 간다.

(D) 학교에 아이의 도시락을 들고 간다.

遠足(えんそく) 소풍 | もってこい 안성맞춤 | 日和(ひより) 일기, 날씨, 좋은 날씨, ~하기에 날씨가 안성맞춤임 | 授業参観(じゅぎょうさんかん) 수업참관 | 見学(けんがく) 견학

66

女：あの子、泣いているわ。

男：お母さんに怒られたんだよ。

女：あの子が何か悪いことでもしたの？

男：お客さんの食べ物をつまみ食いしたのさ。

子供はどうして怒られましたか。

(A) お客さんの食べ物を黙って食べたから

(B) お客さんの食べ物を捨ててしまったから

(C) お客さんに失礼な言葉を使ったから

(D) お客さんに無視されて悲しかったから

여 : 저 아이, 울고 있어.

남 : 엄마한테 혼난 거야.

여 : 저 아이가 뭔가 나쁜 짓이라도 했어?

남 : 손님의 음식을 몰래 먹었거든.

아이는 왜 혼났습니까?

(A) 손님의 음식을 말없이 먹었기 때문에

(B) 손님의 음식을 버려버렸기 때문에

(C) 손님에게 실례되는 말을 했기 때문에

(D) 손님에게 무시를 당해 슬펐기 때문에

つまみ食(ぐ)い 손가락으로 집어먹음, 몰래 먹음 | 黙(だま)る 입을 다물다, 침묵하다, 가만히 있다 | 捨(す)てる 버리다, 내다버리다

67

男：あのさ、悪いけど、明日1万円貸してくれない？

女：いいけど、1万円で何をするつもりなの？

男：明日、彼女の誕生日なんだけど、来週が給料日で今は一文無しなんだよ。

女：そうだったの。お金は明日持ってくればいいのよね。

男の人は今、いくらお金を持っていますか。

(A) 1万円

(B) 2万円

(C) お金がまったくない。

(D) わからない。

남 : 저기 말이야, 미안하지만 내일 만 엔만 빌려주지 않을래?

여 : 괜찮지만, 만 엔으로 무엇을 하려고 그래?

남 : 내일이 여자 친구 생일인데, 다음 주가 월급날이라서 지금은 빈털터리야.

여 : 그랬구나. 돈은 내일 가져 오면 되는 거지?

남자는 지금 돈을 얼마 가지고 있습니까?

(A) 만 엔

(B) 2만 엔

(C) 돈이 전혀 없다.

(D) 알 수 없다.

貸(か)す 빌려 주다, 사용하게 하다 | 給料日(きゅうりょうび) 월급날 | 一文無(いちもんな)し 무일푼, 빈털터리

68

女 : 鈴木さんは、教会に通っていますか。

男 : 昔は通っていたんですが、今は…別の所に通っています。

女 : 別のところって、もしかして神社ですか。

男 : いえ、今はお寺に通っているんです。

男の人の今の宗教は何ですか。

(A) キリスト教

(B) 仏教

(C) 神道

(D) どの宗教でもない。

여 : 스즈키 씨는 교회에 다닙니까?

남 : 예전에는 다녔습니다만, 지금은…… 다른 곳에 다니고 있습니다.

여 : 다른 곳이라면, 혹시 신사입니까?

남 : 아뇨, 지금은 절에 다니고 있습니다.

남자의 지금의 종교는 무엇입니까?

(A) 기독교

(B) 불교

(C) 신도

(D) 아무 종교도 아니다.

教会(きょうかい) 교회 | 通(かよ)う 다니다, 왕래하다, 오가다, 통하다 | 神社(じんじゃ) 신사 | 寺(てら) 절 | 仏教(ぶっきょう) 불교 | 神道(しんとう) 신도, 국가적/민족적 바탕을 이루는 신들을 숭배하는 일본 민족의 전통적 신앙

69

男 : 日本のビザを取得する手続きはどうすればいいですか。

女 : まずは書類に必要事項を記入し、銀行残高証明書、身元保証書を添付して大使館に提出してください。

男 : 書類を提出すれば、確実にビザを取得することができますか。

女 : 書類審査の次に面接に合格すれば、ビザを取得することができますよ。

ビザの取得に必要な条件は何ですか。

(A) 書類審査だけ

(B) 面接だけ

(C) 書類審査と面接

(D) 書類審査とお金

남 : 일본 비자를 취득하는 수속은 어떻게 하면 됩니까?

여 : 우선은 서류에 필요사항을 기입하고, 은행 잔액 증명서, 신원 보증서를 첨부해서 대사관에 제출하세요.

남 : 서류를 제출하면, 확실하게 비자를 취득할 수가 있습니까?

여 : 서류 심사 후에 면접에 합격하면, 비자를 취득할 수 있어요.

비자 취득에 필요한 조건은 무엇입니까?

(A) 서류 심사뿐

(B) 면접뿐

(C) 서류 심사와 면접

(D) 서류 심사와 돈

ビザ 비자(visa) | 手続(てつづ)き 절차, 수속 | 残高証明書(ざんだかしょうめいしょ) 잔액 증명서 | 身元保証書(みもとほしょうしょ) 신원 보증서 | 添付(てんぷ) 첨부 | 大使館(たいしかん) 대사관

70

男 : 航空券の予約をしたいんですが。

女 : では、まずこちらにお名前と電話番号を記入してください。その後、全額の2割を手付け金としてお支払いください。これで予約が完了します。

男 : では、残額はいつ払えばいいですか。

女 : ご出発になる日の前日までにお支払い頂ければ結構です。

航空券の予約をするにはどうすればいいですか。

(A) 名前と電話番号だけを記入すればよい。

(B) 名前と電話番号の他に手付金を払わなければならない。

(C) 出発の前日までに航空券代を2割払えばよい。
(D) 予約と同時に航空券代全額を払わなければならない。

남 : 항공권 예약을 하고 싶습니다만.

여 : 그럼, 우선 이쪽에 성함과 전화번호를 기입해 주세요. 그 다음에, 전액의 2할을 계약금으로 지불해 주세요. 이것으로 예약이 완료됩니다.

남 : 그럼, 잔액은 언제 지불하면 됩니까?

여 : 출발하시는 날 전날까지 지불해 주시면 됩니다.

항공권 예약을 하려면 어떻게 하면 됩니까?

(A) 이름과 전화번호만을 기입하면 된다.
(B) 이름과 전화번호 이외에 계약금을 지불해야 한다.
(C) 출발 전날까지 항공권 요금 2할을 지불하면 된다.
(D) 예약과 동시에 항공권 요금 전액을 지불해야 한다.

航空券(こうくうけん) 항공권 | 全額(ぜんがく) 전액 | 手付(てつ)け金(きん) 계약금, 착수금 | 完了(かんりょう) 완료 | 残額(ざんがく) 잔액

71

男 : 山中さん、来週の月曜日食事でもいかがですか。

女 : いいですね。何を食べましょうか。

男 : 和食と中華料理、山中さんはどちらがお好きですか。山中さんの好きなものを食べましょう。

女 : 私は和食派なんです。

二人は来週の月曜日何を食べることにしましたか。

(A) 日本料理
(B) 中華料理
(C) 韓国料理
(D) 洋食

남 : 야마나카 씨, 다음 주 월요일 식사라도 할까요?

여 : 좋지요. 무엇을 먹을까요?

남 : 일식과 중국요리, 야마나카 씨는 어느 쪽을 좋아하십니까? 야마나카 씨가 좋아하는 걸로 먹어요.

여 : 저는 일식주의에요.

두 사람은 다음 주 월요일에 무엇을 먹기로 했습니까?

(A) 일본요리
(B) 중국요리
(C) 한국요리
(D) 서양요리

和食(わしょく) 일식 | 中華料理(ちゅうかりょうり) 중국요리, 중화요리 | 洋食(ようしょく) 양식, 서양요리

72

男 : 大阪行きの電車は何時に出発しますか。

女 : 3時24分に3番ホームから出発しますよ。

男 : あ、乗り遅れてしまいましたね、今3時26分ですから。

女 : じゃあ、1時間後にも電車がありますよ。大阪行き電車は毎時24分出発ですから。

男の人は何時の電車に乗りますか。

(A) 3時24分
(B) 3時26分
(C) 4時24分
(D) 4時26分

남 : 오사카 행 전철은 몇 시에 출발합니까?

여 : 3시 24분에 3번 플랫폼에서 출발해요.

남 : 아, 놓치고 말았네요. 지금 3시 26분이니까.

여 : 그럼, 1시간 후에도 전철이 있어요. 오사카 행 전철은 매시 24분에 출발하니까요.

남자는 몇 시 전철을 탑니까?

(A) 3시 24분
(B) 3시 26분
(C) 4시 24분
(D) 4시 26분

~行(ゆ)き ~행 | ホーム 플랫폼(platform) | 乗(の)り遅(おく)れる 늦어서 못타다, 놓치다 | 毎時(まいじ) 매시, 시간마다

73

男：今度、学校でマラソン大会があって、1名選手を選抜しなければならないんだけど…。

女：田中君と山田君はどうですか。田中君と山田君、長距離は得意ですから。

男：あ、そうだ。この前転校してきた鈴木君はどうかな。前の学校でも陸上やっていたって言ってたし。

女：あ、鈴木君に敵う人はいませんよ。田中君と山田君も得意ですが、彼ほどではありませんよ。

誰がマラソン選手に選ばれましたか。

(A) 鈴木君

(B) 山田君

(C) 田中君

(D) 誰にも決まらなかった。

남 : 이번에 학교에서 마라톤 대회가 있어서, 한 명의 선수를 선발해야 하는데……

여 : 다나카 군과 야마다 군은 어떻습니까? 다나카 군과 야마다 군은 장거리를 잘 하니까.

남 : 아, 맞다. 요전에 전학 온 스즈키 군은 어떨까? 이전 학교에서도 육상을 했다고 했고.

여 : 아, 스즈키 군에 대적할 사람은 없어요. 다나카 군과 야마다 군도 잘 하지만, 스즈키 군 정도는 아니에요.

누가 마라톤 선수로 선발되었습니까?

(A) 스즈키 군

(B) 야마다 군

(C) 다나카 군

(D) 아무도 결정되지 않았다.

大会(たいかい) 대회 | 選抜(せんばつ) 선발 | 長距離(ちょうきょり) 장거리 | 得意(とくい) 숙달되어 있음. 자신이 있음 | 転校(てんこう) 전교, 전학 | 陸上(りくじょう) 육상 | 敵(かな)う 필적하다. 대적하다

74

男：最近、街がきれいになった気がしますね。

女：先月から、ごみのポイ捨て禁止条例ができてからですね。

男：そうだったんですか。やはり自分達の街は自分達できれいに保ちたいものですよね。

女：そうですね。来月からは歩きたばこも条例で禁止されますよ。

最近、街がきれいになったのは、どうしてですか。

(A) 自分達の街をきれいにしようという運動が起こっているから

(B) 歩きながらたばこを吸うことが禁止されているから

(C) ごみをどこでも捨ててはいけないという決まりができたから

(D) ごみを拾う人が多くなったから

남 : 최근 거리가 깨끗해진 느낌이 드네요.

여 : 지난달부터 불법투기 금지 조례가 생겨나면서부터에요.

남 : 그랬군요. 역시 자신들의 거리는 스스로 깨끗하게 유지하고 싶기 마련이지요.

여 : 그렇지요. 다음 달부터는 걸어 다니면서 담배를 피우는 것도 조례로 금지돼요.

최근 거리가 깨끗해진 것은 어째서입니까?

(A) 자신들의 거리를 깨끗하게 하려는 운동이 일어나고 있기 때문에

(B) 걸으면서 담배를 피우는 것이 금지되어 있기 때문에

(C) 쓰레기를 아무데나 버려서는 안 된다는 규칙이 생겼기 때문에

(D) 쓰레기를 줍는 사람이 많아졌기 때문에

気(き)がする 생각이 들다 | ポイ捨(す)て 불법투기, 함부로 버림 | 禁止条例(きんしじょうれい) 금지 조례 | 保(たも)つ 유지되다. 견디다. 유지하다 | 歩(ある)きたばこ 걸어 다니면서 담배를 피움

男：昨日の新聞によると、今の40代の男性の4割が将来介護を必要とするだろうっていう調査結果が出たよ。

女：深刻な結果ね。介護となると、介護する側される側も大きな負担になるでしょう。

男：心理的な負担もそうだけど、私たちが払う介護費用も莫大なものになるだろうね。今は、国が6割を負担しているけど、将来は3割に減らされることになるし。

女：じゃ、今からでも運動して少しでも健康な体作りをすることが一番の対策かもしれないわね。

今、私たちが払っている介護費用は将来どうなりますか。

(A) 国からの補助が今より3割減らされる。

(B) 国からの補助が4割に減らされる。

(C) 国からの補助が莫大なものになる。

(D) 国からの補助が無くなる。

남 : 어제의 신문에 의하면, 현재 40대 남성의 4할이 장래 병구완을 필요로 할 거라는 조사 결과가 나왔어.

여 : 심각한 결과네. 병구완하게 되면, 병구완하는 측도 받는 측도 큰 부담이 되겠네.

남 : 심리적인 부담도 그렇지만, 우리들이 지불하는 병구완 비용도 막대해지겠지. 지금은 나라가 6할을 부담하고 있지만, 장래에는 3할로 줄어들게 될 거고.

여 : 그럼, 지금부터라도 운동해서 조금이라도 건강해지는 게 최고의 대책일지도 모르겠네.

현재 우리들이 지불하고 있는 병구완 비용은 장래에 어떻게 됩니까?

(A) 나라에서의 보조가 지금보다 3할 줄어들게 된다.

(B) 나라에서의 보조가 4할로 줄어들게 된다.

(C) 나라에서의 보조가 막대하게 된다.

(D) 나라에서의 보조가 없어진다

介護(かいご) (자택에서 요양하는 환자의) 간호, 병구완 | 莫大(ばくだい) 막대함 | 減(へ)らす 줄이다. 덜다. 감하다 | 補助(ほじょ) 보조

男：すみません。この領収書間違っているようですけれど。

女：はい、何かおかしい部分がありますでしょうか。

男：サービス料が2度も徴収されているのですが。

女：あ、申し訳ございません。次回お越しの際に、サービス料を除いた料金でご利用頂けるように致します。

女の人はおかしい部分に対してどのように対処しますか。

(A) サービス料をもう一度計算し直す。

(B) 請求書をもう一度作り直す。

(C) 次回、利用の際にサービス料を除いたお金を払うようにする。

(D) 余計に払った分を口座に振り込む。

남 : 저기요. 이 영수증 잘못되어 있는 것 같은데요.

여 : 네, 뭔가 이상한 부분이 있는지요?

남 : 서비스 요금이 두 번이나 징수되어 있습니다만.

여 : 아, 죄송합니다. 다음에 오실 때, 서비스 요금을 제외한 요금으로 이용할 수 있도록 해드리겠습니다.

여자는 이상한 부분에 대해서 어떻게 대처합니까?

(A) 서비스 요금을 다시 한 번 계산하여 고친다.

(B) 청구서를 다시 한 번 작성하여 고친다.

(C) 다음에 이용할 때 서비스 요금을 제외한 금액을 지불하도록 한다.

(D) 여분으로 지불한 부분을 계좌에 이체한다.

領収書(りょうしゅうしょ) 영수증 | 間違(まちが)う 틀리다. 잘못되다. 실수하다 | 徴収(ちょうしゅう) 징수 | お越(こ)し 오심 왕림 | 対処(たいしょ) 대처 | 請求書(せいきゅうしょ) 청구서

77

男：田中君は最初から喧嘩腰で、僕の話なんか聞いてくれないよ。

女：田中君がすこし落ち着くまで待ってみたら。田中君も大人なんだから分かるはずよ。

男：そうかな。じゃ、ちょっと待ってみることにするよ。

女：落ち着いて話せば、お互い分かり合えるはずよ。

男の人は田中君のどんな態度に困っていますか。

(A) 話の最初から怒ったような態度でいるから
(B) 他人の話を聞かずに、自分の話だけをするから
(C) 他人の話を聞かず、無視するから
(D) 幼い子供のように話すから

남 : 다나카 군은 초장부터 시비조로, 내 이야기 따위 들어주지 않아.

여 : 다나카 군이 좀 진정될 때까지 기다려 봐. 다나카 군도 어른이니까 알 거야.

남 : 그럴까? 그럼, 잠시 기다려 보기로 하지.

여 : 진정하고 이야기하면, 상호간에 서로 이해할 수 있을 거야.

남자는 다나카 군의 어떠한 태도에 곤란해하고 있습니까?

(A) 이야기 시작부터 화난 듯한 태도이기 때문에
(B) 타인의 이야기를 듣지 않고, 자신의 이야기만을 하기 때문에
(C) 타인의 이야기를 듣지 않고, 무시하기 때문에
(D) 어린아이처럼 이야기하기 때문에

喧嘩腰(けんかごし) 싸움을 걸려는 자세, 시비조로 덤비는 태도 | 落(お)ち着(つ)く 안정되다, 진정되다, 자리 잡다 | 大人(おとな) 어른, 성인

78

女：山田さんっていつも男の人の前と女の人の前では態度が全然違うよね。

男：他はいいけれど、私も山田さんのそこだけは許せないのよね。

女：女の人は猫を被るってのを男の人にはわからないのかな。

男：男の人って鈍感な人多いから。

2人は、山田さんのどんな部分が嫌いですか。

(A) 男の人だけに厳しくすること
(B) 男の人の前ではよく見せようとすること
(C) 女の人をいじめること
(D) 女の人に鈍感な人が多いこと

여 : 야마다 씨는 항상 남자 앞에서와 여자 앞에서의 태도가 전혀 달라요.

남 : 다른 건 괜찮지만, 나도 야마다 씨의 그런 점은 용서할 수 없어.

여 : 여자의 내숭을 남자는 알 수 없는 건가.

남 : 남자란 둔감한 사람이 많으니까.

두 사람은 야마다 씨의 어떤 부분을 싫어합니까?

(A) 남자에게만 엄하게 하는 것
(B) 남자 앞에서는 좋게 보이려고 하는 것
(C) 여자를 괴롭히는 것
(D) 여자에게 둔감한 사람이 많은 것

許(ゆる)す 허가하다, 허락하다, 용서하다 | 猫(ねこ)を被(かぶ)る 본성을 숨기고 얌전한 체하다, 시치미를 떼다 | 鈍感(どんかん) 둔감

79

男：先週、引っ越ししたそうですね。

女：はい、前よりも広いところに引っ越しました。部屋も3つだし、南向きだし、とても気に入っています。

男：いいですね。私の家なんか、部屋は2つだし、バス・トイレは共同で、そして何と言っても北向きですから、寒いんです。

女：それは、大変ですね。

男の人はどんな家に住んでいますか。

(A) 部屋が3つあって、南向きの家
(B) 部屋が3つあって、北向きの家
(C) 部屋が2つあって、トイレが共同の家
(D) 部屋が2つあって、南向きの家

남 : 지난주에 이사했다면서요.

여 : 네, 전보다도 넓은 곳으로 이사했습니다. 방도 3개고, 남향이라서 아주 마음에 듭니다.

남 : 좋겠어요. 우리집 같은 경우 방은 2개고, 욕실·화장실은 공동이라서 그리고 무엇보다 북향이라서 춥거든요.

여 : 정말 힘들겠네요.

남자는 어떤 집에 살고 있습니까?

(A) 방이 3개 있고, 남향인 집

(B) 방이 3개 있고, 북향인 집

(C) 방이 2개 있고, 화장실이 공동인 집

(D) 방이 2개 있고, 남향인 집

南向(みなみむき) 남향 | 気(き)に入(い)る 마음에 들다. 만족하다 | 共同(きょうどう) 공동 | 北向(きたむき) 북향

80

女 : このごろ、子供(こども)の言葉遣(ことばづか)いが悪(わる)くなったってニュースになってるわね。

男 : 子供(こども)が悪(わる)いんじゃなくて、大人(おとな)の言葉遣(ことばづか)いが悪(わる)くなったからだよ。

女 : 親(おや)の背中(せなか)を見(み)て、子供(こども)は育(そだ)つというからね。

男 : まず、大人(おとな)が襟(えり)を正(ただ)さなければ、子供(こども)がよくなることは難(むずか)しいかもしれないね。

男(おとこ)の人(ひと)は、大人(おとな)がどうするべきだと言(い)っていますか。

(A) 子供(こども)が悪(わる)いので、大人(おとな)がすることは何(なに)もない。

(B) 子供(こども)の模範(もはん)となるように、大人(おとな)は襟(えり)がきちんとした洋服(ようふく)を着(き)なければならない。

(C) 子供(こども)はいつでも大人(おとな)を見(み)ているので、大人(おとな)は背中(せなか)を見(み)せなければならない。

(D) 子供(こども)はいつも大人(おとな)を見(み)ているので、大人(おとな)の態度(たい)を改(あらた)めなければならない。

여 : 요즈음 아이들 말투가 거칠어졌다는 게 뉴스가 되고 있어.

남 : 아이가 나쁜 게 아니고, 어른의 말투가 거칠어졌기 때문이야.

여 : 부모의 등을 보고, 아이는 자란다고 하니까.

남 : 우선 어른이 자세를 바로잡지 않으면, 아이가 잘 되는 것은 어려울지도 모르지.

남자는 어른이 어떻게 해야 한다고 말하고 있습니까?

(A) 아이가 나쁘기 때문에, 어른이 할 일은 아무것도 없다.

(B) 아이의 모범이 되도록 어른은 옷깃이 깔끔한 양복을 입지 않으면 안 된다.

(C) 아이는 언제나 어른을 보고 있기 때문에, 어른은 등을 보여주지 않으면 안 된다.

(D) 아이는 언제나 어른을 보고 있기 때문에, 어른의 태도를 고치지 않으면 안 된다.

言葉遣(ことばづか)い 말씨. 말투 | 育(そだ)つ 자라다. 성장하다 | 改(あらた)める 고치다. 바꾸다. 변경하다. 개선하다 | 模範(もはん) 모범 | 襟(えり)を正(ただ)す 옷깃을 여미다. 자세를 바로잡다. 정신을 차리다

PART4 설명문 (정답 및 해설) 문제집 214~217쪽

81~84

日本(にほん)では庶民(しょみん)の細(ささ)やかな遊(あそ)びとして、パチンコがある。パチンコは日本(にほん)でもっとも普及(ふきゅう)した娯楽(ごらく)の一(ひと)つである。どんな地方(ちほう)の町(まち)にもパチンコ店(てん)がある。全国(ぜんこく)にパチンコ店(てん)が17,200軒(けん)、パチンコ台(だい)は480万台(まんだい)もあり、総売上(そううりあげ)は21兆円(ちょうえん)もあった。しかし、1996年頃(ねんごろ)から若者(わかもの)層(そう)、高齢者層(こうれいしゃそう)を中心(ちゅうしん)とした客離(きゃくばな)れで、パチンコ業界(ぎょうかい)はやや下火(したび)になっている。日本(にほん)でパチンコが普及(ふきゅう)したのは、短時間(たんじかん)で手軽(てがる)に楽(たの)しめ、これが日本人(にほんじん)の好(この)みに合(あ)っていたからだろう。パチンコの人気(にんき)がいつまでも衰(おとろ)えないのは、パチンコ台(だい)のメーカーが次々(つぎつぎ)と新(あたら)しいものを作(つく)り出(だ)し、客(きゃく)を飽(あ)きさせないようにしているからであろう。

일본에는 서민의 자그마한 놀이로서 파칭코가 있다. 파칭코는 일본에서 가장 보급된 오락 중 하나이다. 어느 지방 마을에도 파칭코 점이 있다. 전국에 파칭코 점이 17,200채, 파칭코 기계는 480만대나 있으며, 총 매상은 21조 엔이나 됐다. 그러나 1996년경부터 젊은 층과 고령자 층을 중심으로 한 손님 감소로 파칭코 업계는 약간 기세가 죽어 있다. 일본에서 파칭코가 보급된 것은 단시간에 간편하게 즐길 수 있어, 이것이 일본인의 기호에 맞았기 때문일 것이다. 파칭코의 인기가 언제까지나 쇠약해지지 않는 것은 파칭코 기계의 메이커가 차례차례로 새로운 것을 만들어 내, 손님을 질리게 않도록 하고 있기 때문일 것이다.

81 日本にはいくつのパチンコ台がありますか。

(A) 480台

(B) 17,200台

(C) 480万台

(D) 21兆台

81 일본에는 몇 대의 파칭코 기계가 있습니까?

(A) 480대

(B) 17,200대

(C) 480만대

(D) 21조대

82 1996年頃にパチンコ業界はどうなりましたか。

(A) 若者達がパチンコを始めるようになり、大きな利益を得た。

(B) 高齢者達がパチンコをしなくなり、パチンコの人気は下がった。

(C) 未成年者のパチンコ店への出入りができなくなった。

(D) 国民の多くがパチンコを楽しむようになり、パチンコが国民の娯楽の一つとなった。

82 1996년경에 파칭코 업계는 어떻게 되었습니까?

(A) 젊은이들이 파칭코를 시작하게 되어, 큰 이익을 얻었다.

(B) 고령자들이 파칭코를 하지 않게 되어, 파칭코의 인기는 떨어졌다.

(C) 미성년자는 파칭코 가게에 출입을 할 수 없게 되었다.

(D) 국민의 대부분이 파칭코를 즐기게 되어, 파칭코가 국민의 오락 중 하나가 되었다.

83 日本でパチンコが普及した理由として正しいものはどれですか。

(A) 短時間で手軽にできる性質が日本人の好みに合ったから

(B) パチンコが庶民的な値段で楽しめるものだから

(C) どの地方にもあり、手軽にできる娯楽だから

(D) 若者や高齢者の好みに合っていたから

83 일본에서 파칭코가 보급된 이유로서 올바른 것은 어느 것입니까?

(A) 단시간에 간편하게 할 수 있는 성질이 일본인의 기호와 맞았기 때문에

(B) 파칭코가 서민적인 가격으로 즐길 수 있는 것이기 때문에

(C) 어느 지방에도 있어, 간편하게 할 수 있는 오락이기 때문에

(D) 젊은이나 고령자의 취향에 맞기 때문에

84 パチンコの人気がいつまでも衰えないのはどうしてですか。

(A) パチンコ台メーカーが新しいスタイルのパチンコ台を次々と作っているから

(B) パチンコ台メーカーが短時間で楽しめるように工夫しているから

(C) 日本の至るところにパチンコ店があり、手軽にできる娯楽だから

(D) パチンコ台メーカーが試行錯誤をしながら、あ客の好みに合ったパチンコ台を生産しているから

84 파칭코의 인기가 언제까지나 쇠퇴하지 않는 것은 어째서입니까?

(A) 파칭코 기계 메이커가 새로운 스타일의 파칭코 기계를 계속해서 만들고 있기 때문에

(B) 파칭코 기계 메이커가 단시간에 즐길 수 있도록 궁리하고 있기 때문에

(C) 일본의 도처에 파칭코 가게가 있으며, 손쉽게 할 수 있는 오락이기 때문에

(D) 파칭코 기계 메이커가 시행착오를 겪으면서, 손님의 취향에 맞는 파칭코 기계를 생산하고 있기 때문에

庶民(しょみん) 서민 | 細(ささ)やか 자그마함, 사소함, 변변찮음 | パチンコ 파칭코, 슬롯머신 | 普及(ふきゅう) 보급 | 客離(きゃくばな)れ 손님 감소 | やや 얼마간, 약간, 다소, 조금 | 下火(したび) 불기운이 약해짐, 기세가 약해짐, 밑불 | 手軽(てがる) 간편함, 간단함, 손쉬움 | 好(この)み 좋아함, 기호, 취향 | 衰(おとろ)える 쇠약해지다, 쇠퇴하다 | 飽(あ)きる 물리다, 싫증 나다, 질리다

85~88

エポック社は、トイレの流水音が流れるおもちゃの発売を発表した。「女性のトイレの『恥ずかしさ』を解消すると共に、無駄にトイレの水を流す必要がなくなる節水エコ商品としても開発した」という商品。ハートやリボンなどをあしらったデザインと本格的な流水音で、女性の心に訴えかける。トイレで用を足す際に、水を流しっぱなしにしてカムフラージュする女性が多く、水の無駄遣いが問題になったことから生まれた製品。この種のおもちゃは各メーカーから発売されており、商業施設やオフィスビル、高速道路サービスエリアなど様々な場所で採用されているが、小さい店舗や古いビルなどでは備え付けられていない場合も多い。ボタンを押すと約25秒間流水音が流れるこの商品は、外出先でトイレに行った時にも活躍する。また、

同社は「不特定多数に触れるような備え付けの機器とは違い、個人用に常に携帯してご利用いただける」と述べており、『衛生面』での安心感についてもアピールする。

에폭사는 화장실에 유수음(流水音)이 흐르는 장난감 발매를 발표했다. '여성 화장실의 『부끄러움』을 해소함과 동시에, 쓸데없이 화장실의 물을 흘릴 필요가 없어지는 절수 에코 상품으로도 개발했다'는 상품. 하트나 리본 등을 다룬 디자인과 본격적인 유수음(流水音)으로, 여성의 마음에 호소한다. 화장실에서 볼일을 볼 때 물을 흘려버리면서 위장하는 여성이 많고, 물 낭비가 문제가 되면서 생겨난 제품. 이런 종류의 장난감은 각 메이커로부터 발매되고 있고, 상업 시설이나 오피스 빌딩, 고속도로 서비스 구역 등 다양한 장소에서 채용되고 있지만, 작은 점포나 낡은 빌딩 등에는 설치되어 있지 않은 경우도 많다. 버튼을 누르면 약 25초간 유수음(流水音)이 흐르는 이 상품은 외출한 곳에서 화장실에 갔을 때에도 활약한다. 또한, 에폭사는 '불특정 다수가 접하는 설치 기기와는 다르며, 개인용으로 항상 휴대하여 이용하실 수 있다'고 말하고 있으며, 『위생면』에서도 안심할 수 있다는 점으로도 어필한다.

85 エポック社が開発したのは、どんなものですか。

(A) トイレの水をきれいにするおもちゃ
(B) トイレの使用する際に流水音が出るおもちゃ
(C) トイレのない場所でも用を足すことができるようにしたおもちゃ
(D) トイレに行けない時に、音で知らせてくれるおもちゃ

85 에폭사가 개발한 것은 어떤 물건입니까?

(A) 화장실 물을 깨끗하게 하는 장난감
(B) 화장실을 사용할 때에 유수음(流水音)이 나오는 장난감
(C) 화장실이 없는 장소에서도 볼일을 볼 수 있도록 한 장난감
(D) 화장실에 갈 수 없을 때 소리로 알려주는 장난감

86 このおもちゃができた理由は何ですか。

(A) 女性が用を足す際に出る音を恥ずかしがってトイレの水を流しっぱなしにしていたから
(B) 女性が外出の際にトイレに行きづらかった環境があったから
(C) 女性がトイレに行く際に、衛生面で気にしていたから
(D) 女性が外出の際にトイレに行くのを我慢している現状があったから

86 이 장난감이 생긴 이유는 무엇입니까?

(A) 여성이 볼일을 볼 때에 나오는 소리를 부끄러워해, 화장실의 물을 계속 흘려버리고 있기 때문에
(B) 여성이 외출 시에 화장실에 가기 힘들었던 환경이 있었기 때문에
(C) 여성이 화장실에 갈 때, 위생 측면에서 신경이 쓰였기 때문에
(D) 여성이 외출 시에 화장실에 가는 것을 참고 있는 현상이 있었기 때문에

87 このおもちゃを設置している場所として合っている説明はどれですか。

(A) 商業施設やオフィスビルには設置している場所も多い。
(B) 高速道路のサービスエリアには設置している場所も多い。
(C) 個人の家には全く設置されていない。
(D) 小さい店舗や古いビルには設置している場所が少ない。

87 이 장난감을 설치하고 있는 장소로서 맞는 설명은 어느 것입니까?

(A) 상업 시설이나 오피스 빌딩에는 설치되어 있는 장소도 많다.
(B) 고속도로 서비스 구역에는 설치되어 있는 장소도 많다.
(C) 개인의 집에는 전혀 설치되어 있지 않다.
(D) 작은 점포나 낡은 빌딩에는 설치되어 있는 장소가 적다.

88 このおもちゃの機能として正しいものは何ですか。

(A) 女子トイレの節水機能を高めるおもちゃだ。
(B) 女子トイレの衛生度を高めるおもちゃだ。
(C) 女子トイレの安全性を高めるおもちゃだ。
(D) 女性のトイレについての悩みを解決するおもちゃだ。

88 이 장난감의 기능으로서 올바른 것은 무엇입니까?

(A) 여자 화장실의 절수 기능을 높이는 장난감이다.
(B) 여자 화장실의 위생도를 높이는 장난감이다.
(C) 여자 화장실의 안전성을 높이는 장난감이다.
(D) 여성의 화장실에 대한 고민을 해결하는 장난감이다.

流水音(りゅうすいおん) 유수음 | 流(なが)れる 흐르다. 흘러내리다 | 発売(はつばい) 발매 | 恥(は)ずかしさ 부끄러움. 수줍음 | 解消(かいしょう) 해소 | 節水(せっすい) 절수 | エコ商品(しょうひん) 환경(자연) 상품 | 用(よう)を足(た)す 볼일을 보다. 용변을 보다 | カムフラージュ 위장. 본래의 모습을 알아차리지 못하도록 하는 일 | 採用(さいよう) 채용 | 店舗(てんぽ) 점포 | 備(そな)え付(つ)ける 비치하다. 설치하다

89~91

日本は世界で最も少子高齢化の進んだ国だ。総人口は2005年以降、減少局面に突入した。人口問題研究所が2006年に公表した最も現実的な見通しでは、総人口は現在の約1億2,770万人から、2055年には8,993万人へと減る。50年もしないうちに3割もの日本人が日本列島から姿を消す。約100年後の2105年には4,459万人にまで落ち込む。このままなら労働力不足で経済は縮小する。年金など社会システムの影響も避けられない。日本は今「国家存亡の危機」に立たされている。

일본은 세계에서 가장 소자 고령화가 진행된 나라이다. 총인구는 2005년 이후, 감소 국면에 돌입했다. 인구 문제 연구소가 2006년에 공표한 가장 현실적인 전망에서는 총인구는 현재의 약 1억 2,770만 명에서 2055년에는 8,993만 명으로 줄어든다. 50년도 지나지 않아 3할이나 되는 일본인이 일본 열도에서 자취를 감춘다. 약 100년 후인 2105년에는 4,459만 명까지 뚝 떨어진다. 이대로라면 노동력 부족으로 경제는 축소된다. 연금 등 사회 시스템으로의 영향도 피할 수 없다. 일본은 지금 '국가 존망의 위기'에 처해 있다.

89 日本の人口が減少を始めたのはいつからですか。

(A) 2005年
(B) 2006年
(C) 2055年
(D) 2105年

89 일본의 인구가 감소되기 시작한 것은 언제부터입니까?

(A) 2005년
(B) 2006년
(C) 2055년
(D) 2105년

90 50年後、日本はどうなると言っていますか。

(A) 日本の人口は3割も増加する。
(B) 日本の人口は3割も減少する。
(C) 日本の人口のほとんどが姿を消す。
(D) 日本の労働力が消滅する。

90 50년 후, 일본은 어떻게 된다고 말하고 있습니까?

(A) 일본의 인구는 3할이나 증가한다.
(B) 일본의 인구는 3할이나 감소한다.
(C) 일본의 인구 대부분이 자취를 감춘다.
(D) 일본의 노동력이 소멸한다.

91 日本が直面している危機はどういうものですか。

(A) 年金制度が消滅するかもしれないこと
(B) 人口減少が国家の存亡をもたらすかもしれないこと
(C) 経済が破綻する可能性があること
(D) 日本列島に沈没の恐れがあること

91 일본이 직면하고 있는 위기는 어떠한 것입니까?

(A) 연금 제도가 소멸될지도 모르는 것
(B) 인구 감소가 국가의 존망을 초래할지도 모르는 것
(C) 경제가 파탄될 가능성이 있는 것
(D) 일본 열도의 침몰 우려가 있는 것

少子高齢化(しょうしこうれいか) 소자 고령화(출생률의 저하로 인해 아이의 수가 줄어들고, 평균수명이 늘어남에 따라 인구 전체를 차지하는 아이의 비율은 줄고, 65세 이상의 고령자의 비율은 높아지는 것) | 総人口(そうじんこう) 총인구 | 減少(げんしょう) 감소 | 突入(とつにゅう) 돌입 | 日本列島(にほんれっとう) 일본 열도 | 落(お)ち込(こ)む 강물/함정 등에 빠지다. 좋지 못한 상태에 빠지다 | 労働力不足(ろうどうりょくぶそく) 노동력 부족 | 縮小(しゅくしょう) 축소 | 避(さ)ける 피하다. 멀리하다. 삼가다

92~94

浴衣は夏に着る最もラフな着物で、元々はお風呂で着る室内着でした。しかし、最近は浴衣のデザインも素材も様々なものが使われるようになり、ファッションの一部として現在も若い世代や外国人に人気の夏の着物となりました。夏になると、お祭りや花火大会などでは、浴衣を着て歩く人々の姿も見掛けることができます。最近、浴衣が若者の間で人気があるのは、デザインの良さだけでなく、安く手に入ること、そして簡単に着られるようになったことなどの理由が挙げられます。

유카타는 여름에 입는 가장 러프한 의복으로, 원래는 목욕 후에 입는 실내복이었습니다. 그러나 최근에는 유카타의 디자인이나 소재도 다양하게 사용되면서, 패션의 일부로서 현재도 젊은 세대나 외국인에게 인기 있는 여름 의복이 되었습니다. 여름이 되면, 축제나 불꽃놀이 등에서는 유카타를 입고 걸어가는 사람들의 모습도 볼 수가 있습니다. 최근 유카타가 젊은이들 사이에서 인기가 있는 것은 좋은 디자인뿐만 아니라 싸게 구입할 수 있는 점, 그리고 간단하게 입을 수 있게 된 점 등의 이유를 들 수 있습니다.

92 浴衣は元々どんなものでしたか。

(A) 夏だけに着る外出用の服
(B) お祭りや花火大会だけで着る特別な服
(C) お風呂上がりに着る室内服
(D) 安く手に入る作業着

92 유카타는 원래 어떤 것이었습니까?

(A) 여름에만 입는 외출용 옷
(B) 축제나 불꽃놀이에서만 입는 특별한 옷
(C) 목욕을 마치고 나서 입는 실내복
(D) 저렴하게 살 수 있는 작업복

93 浴衣が若い世代に人気があるのはどうしてですか。

(A) お祭りや花火大会に着ていくと人気者になれるから
(B) デザインはあまり良くないが、とにかく安いから
(C) 安くはないが、簡単に着ることができるようになったから
(D) デザインも良く、安く手に入れることができるようになったから

93 유카타가 젊은 세대에 인기가 있는 것은 어째서 입니까?

(A) 축제나 불꽃놀이에 입고 가면 인기인이 될 수 있기 때문에
(B) 디자인은 그다지 좋지 않지만, 어쨌든 저렴하기 때문에
(C) 저렴하지는 않지만, 간단하게 입을 수 있게 되었기 때문에
(D) 디자인도 좋고, 저렴하게 구입할 수 있게 되었기 때문에

94 浴衣の説明として合っているものはどれですか。

(A) 浴衣は昔から様々なデザインや素材が使われていた。
(B) 夏になると、全ての日本人が浴衣を着てお祭りに行く。
(C) 安さに加え、デザインの良さが受け、人気が出た。
(D) 外国人にはあまり人気がないようだ。

94 유카타의 설명으로서 맞는 것은 어느 것입니까?

(A) 유카타는 옛날부터 다양한 디자인이나 소재가 사용되고 있었다.
(B) 여름이 되면, 모든 일본인이 유카타를 입고 축제에 간다.
(C) 저렴함과 더불어, 좋은 디자인이 받아들여져 인기가 있다.
(D) 외국인에게는 별로 인기가 없는 것 같다.

ラフ 러프(rough). 거칠, 거칠고 난폭함. 조잡함 | 着物(きもの) 기모노, 옷. 의복 | 室内着(しつないぎ) 실내복 | 素材(そざい) 소재 | 花火大会(はなびたいかい) 불꽃놀이 대회 | 見掛(みか)ける 눈에 띄다. 언뜻 보다

95~97

書店に行くと多くの本を見ることができる。私達は本を買ったり、時に借りたりして本を読む。しかし、その本1冊が読者のもとに届けられるまでには多くの過程を経ているのだ。まずは企画から始まり、企画に合わせ筆者は原稿を書き、何度も校正をする。校正が終わると、本の内容に合わせたデザインや写真を選び、本のカバーを作る。それを印刷会社に送り、いよいよ印刷し製本となるのだが、その過程でも色やサイズなど何度も調整が行われる。最後に本は仲介業者を通して書店に送られ、我々が買うことになるのだ。本1冊と言っても、様々な人の努力が重ねられ、作られているのだ。だから、簡単に他の人の本の内容をまねしたり、デザインをまねするのは、単なる知的財産の侵害だけではなく、多くの人の努力を踏みにじる行為とも言える。だから、私達は著作権を守り、人間の創作能力を尊厳する必要があるのだ。

서점에 가면 많은 책을 볼 수 있다. 우리들은 책을 사거나, 때로는 빌리거나 해서 책을 읽는다. 그러나 그 책 한 권이 독자 앞으로 도착되기까지는 많은 과정을 거치고 있다. 우선은 기획부터 시작하여, 기획에 맞추어 필자는 원고를 쓰고 몇 번이나 교정을 한다. 교정이 끝나면 책 내용에 맞춘 디자인이나 사진을 선택하고, 책 커버를 만든다. 그것을 인쇄 회사에 보내드리어 인쇄하여 제본이 되지만, 그 과정에서도 색이나 사이즈 등 몇 번이나 조정을 한다. 마지막으로 책은 중개업자를 통해서 서점에 보내져, 우리가 사게 되는 것이다. 책 한 권이라고 해도, 다양한 사람의 노력이 더해져 만들어지는 것이다. 그렇기 때문에 간단하게 다른 사람의 책 내용을 모방하거나 디자인을 모방하는 것은 단순한 지적 재산의 침해뿐만 아니라, 많은 사람의 노력을 유린하는 행위라고도 말할 수 있다. 그렇기 때문에 우리들은 저작권을 지키며, 인간의 창작 능력을 존엄할 필요가 있는 것이다.

95 印刷会社ですることは何ですか。

(A) 文章の内容の企画と校正
(B) 仲介業者と協議すること
(C) 他のデザインをまねすること
(D) 色やサイズの調整と製本

95 인쇄 회사에서 하는 일은 무엇입니까?

(A) 문장 내용의 기획과 교정
(B) 중개업자와 협의하는 일
(C) 다른 디자인을 모방하는 일
(D) 색이나 사이즈의 조정과 제본

96 私達が著作権を守らなければならない理由は何ですか。

(A) 様々な人の意見を聞いて尊重しなければならないから
(B) 内容はどうであれ、デザインには知的財産があるから
(C) 単なる知的財産の侵害だけの問題だから
(D) 様々な人の努力を通して作られたものだから

96 우리들이 저작권을 지키지 않으면 안 되는 이유는 무엇입니까?

(A) 다양한 사람의 의견을 듣고 존중해야 하기 때문에
(B) 내용은 어떻든, 디자인에는 지적 재산권이 있기 때문에
(C) 단순한 지적 재산 침해만의 문제이기 때문에
(D) 다양한 사람의 노력을 통해 만들어진 것이기 때문에

97 1冊の本ができるまでの過程について正しいものはどれですか。

(A) まずは企画から始まり、内容の校正が行われ、印刷所に送られる。
(B) まず内容の校正が行われ、印刷所で製本された後、最後の校正が行われる。
(C) 企画と校正、デザインなどの作業は同時に行われる。
(D) 全て自動的にコンピューター管理されているので人が手を加えることはない。

97 한 권의 책이 만들어지기까지의 과정에 대해 올바른 것은 어느 것입니까?

(A) 우선은 기획부터 시작하여, 내용의 교정이 이루어져 인쇄소에 보내진다.
(B) 우선 내용의 교정이 이루어지고 인쇄소에서 제본된 후, 마지막 교정이 이루어진다.
(C) 기획과 교정, 디자인 등의 작업은 동시에 행해진다.
(D) 모두 자동적으로 컴퓨터 관리가 되고 있으므로, 사람이 손볼 필요는 없다.

書店(しょてん) 서점 | 読者(どくしゃ) 독자 | 届(とど)ける 보내다. 전하다. 신고하다 | 企画(きかく) 기획 | 筆者(ひっしゃ) 필자 | 原稿(げんこう) 원고 | 校正(こうせい) 교정 | 製本(せいほん) 제본 | 真似(まね) 흉내. 모방. 동작. 몸짓. 시늉 | 侵害(しんがい) 침해 | 踏(ふ)み躙(にじ)る 밟아 뭉개다. 짓밟다. 유린하다 | 著作権(ちょさくけん) 저작권 | 尊厳(そんげん) 존엄

98~100

私はあまりダイエット体験はないのですが、年齢と共に何の努力もしないではいられなくなってきました。理由は、体力がなくて風邪を引くだけで長いこと寝込んでしまう。年と共にあちこち下がってきた。というわけで、今年から重い腰を上げて、運動不足を解消すべく奮起しまして、現在、平日だけですが毎朝30分、3~5kmほど走っています。雪がちらついていた3月からスタートしたのでかれこれ4ヶ月ほど続いています。私としては「辞めても良いこと無し」なので続けているという感じです。巷では様々なダイエットの話題も尽きませんが、たかが一日30分でも、何でもとにかく続けることに意味があるなあとつくづく感じています。

저는 별로 다이어트 경험은 없습니다만, 나이를 먹으면서 어떠한 노력도 하지 않으면 안 되게 되었습니다. 이유는 체력이 없어서 감기에 걸리는 것만으로도 오랫동안 몸져 드러눕고 말기 때문이다. 세월과 함께 이곳저곳 처졌다. 그런 연유로 금년부터 무거운 허리를 올려서 운동부족을 해소할 수 있도록 분기해서, 현재 평일이지만 매일 아침 30분, 3~5킬로미터 정도 달리고 있습니다. 눈이 조금씩 날리던 3월부터 시작했으므로, 그럭저럭 4개월 정도 계속되고 있습니다. 저로서는 '그만두어도 좋을 것 없어'이기에 계속하고 있다는 느낌입니다. 번화한 거리에서는 다양한 다이어트 화제도 끊이지 않습니다만, 고작 하루 30분이라도 뭐든지 어쨌든 계속하는 것에 의미가 있다는 것을 절실히 느끼고 있습니다.

98 この人がダイエットを始めた理由は何ですか。

(A) ダイエットをしないと体が維持できなくなったから
(B) 年を重ねる毎に、体の肉が垂れ下がってきたから
(C) 今までダイエットをしたことがなかったから
(D) 腰が重く感じていたから

98 이 사람이 다이어트를 시작한 이유는 무엇입니까?

(A) 다이어트를 하지 않으면 몸을 유지할 수 없게 되었기 때문에

(B) 해를 거듭할 때마다, 몸의 근육이 처져버렸기 때문에

(C) 지금까지 다이어트를 했던 적이 없었기 때문에

(D) 허리가 무겁게 느껴지고 있었기 때문에

99 ダイエットのためにしていることは何ですか。

(A) 毎晩30分、3〜5km程度走っている。
(B) 食後30分、3〜5km程度走っている。
(C) 毎朝30分、3〜5km程度走っている。
(D) 最近4ヶ月はダイエットをしていない。

99 다이어트를 위해서 하고 있는 것은 무엇입니까?

(A) 매일 저녁 30분, 3〜5킬로미터 정도 달리고 있다.

(B) 식후 30분, 3〜5킬로미터 정도 달리고 있다.

(C) 매일 아침 30분, 3〜5킬로미터 정도 달리고 있다.

(D) 최근 4개월은 다이어트를 하고 있지 않다.

100 この人がダイエットを通して感じたことは何ですか。

(A) ダイエットして健康を維持する大切さ
(B) ダイエットをやめたら、いいことが待っている期待感
(C) 1日たかが30分程度では効果がないということへの絶望感
(D) 1日たかが30分でも、続けることに意味があるということ

100 이 사람이 다이어트를 통해서 느낀 점은 무엇입니까?

(A) 다이어트 해서 건강을 유지하는 소중함

(B) 다이어트를 그만두면, 좋은 일이 기다리고 있다는 기대감

(C) 하루 고작 30분 정도로는 효과가 없다는 것에 대한 절망감

(D) 하루 고작 30분이라도, 계속한다는 것에 의미가 있다는 점

体験(たいけん) 체험 | 寝込(ねこ)む 깊이 잠들다. 숙면하다. 병으로 자리에 눕다 | 奮起(ふんき) 분기 | 巷(ちまた) 갈림길, 기로, 시중의 번화한 거리, 많은 사람에 의해 어떤 일이 진행되고 있는 장소 | つくづく 곰곰이, 골똘히, 주의 깊게

PART5 정답찾기 (정답 및 해설) 문제집 218~220쪽

101

일요일에 남편이 빨래를 해주었습니다.

音(おと) 소리 | 夫(おっと) 남편 | 妻(つま) 아내 | 이と코 사촌

102

맥주가 맛있는 계절입니다.

ビール 맥주 | おいしい 맛있다 | 季節(きせつ) 계절

103

건강을 위해서 우유를 마시세요.

健康(けんこう) 건강 | 牛乳(ぎゅうにゅう) 우유

104

쓰레기 분리수거에 협력해 주세요.

分別 분별, 지각, 철

例 分別が無さ過ぎる。 너무도 지각이 없다.
分別 분별, 종류에 따라 구별/구분함

例 分別書き。 띄어쓰기.

105

협력해 주실 분을 모집하고 있습니다.

雇(やと)う 고용하다 | 頼(たよ)る 의지하다. 믿다. 연줄을 찾다 | 募(つの)る 더해지다. 모으다. 모집하다 | 慕(した)う 그리워하다. 사모하다. 뒤를 쫓다

106

덧문은 바람이나 비를 막는 것은 물론이거니와, 방범대책으로서도 재검토되고 있습니다.

雨戸(あまど) (비바람을 막기 위한) 빈지문. 덧문 | 防(ふせ)ぐ 막다. 방비하다. 방지하다 | 見直(みなお)す 다시 보다. 재점검하다. 재인식하다

107

운치는 일본 예로부터 존재하는 미의식 중 하나.

風情(ふぜい) 풍치, 운치, 정서, 모양, 기미 | 古来(こらい) 자고이래로, 예로부터 | 美意識(びいしき) 미의식

108

유명인의 결혼기념일을 소개해 드리겠습니다.

有名人(ゆうめいじん) 유명인 | 記念日(きねんび) 기념일

109

이 만 엔권 잔돈으로 바꿔줄 수 있습니까?

崩(くず)す 무너뜨리다, 어지르다, 잔돈으로 바꾸다

110

과점화란, 소수의 공급자가 시장을 지배하는 것.

寡占化(かせんか) 과점화 (소수의 대기업이 시장의 대부분을 지배함)

111

노무라 씨는 꼭 올 거라고 생각합니다.

きっと 꼭, 반드시, 틀림없이 | ゆっくり 천천히, 느긋하게, 충분히, 넉넉히, 여유 있게 | まっすぐ 똑바름, 곧장, 똑바로 | たまに 어쩌다가, 이따금, 간혹 | 必(かなら)ず 반드시, 꼭, 틀림없이

112

친구는 많이 먹는데도, 말랐다.

痩(や)せる 여위다, 마르다, 살이 빠지다 | 太(ふと)る 살찌다, 굵어지다 | 細(ほそ)い 가늘다, (폭이) 좁다, (양이) 적다

113

호시노 씨가 안 갈 리가 없다.

🄜 1. 「～ないはずがない」～하지 않을 리가 없다 ⇒ 이중부정으로 강한 긍정의 뜻을 나타냄.
2. 「～に決まっている」～(으)로 정해져 있다, 반드시 ～이다, ～임에 틀림없다
🄜 池田(いけだ)さんが来(く)るに決(き)まっている。
이케다 씨가 올 것임에 틀림이 없다.

114

건방진 말씀을 드리는 것 같습니다만.

口幅(くちはば)ったい 입찬소리를 하다, 건방지다, (분수도 모르고) 큰소리치다 | 生意気(なまいき) 건방짐, 주제넘음 | わがまま 제멋대로 굶, 버릇없음 | とんでもない 터무니없다, 당치도 않다, 상대의 말 등을 강하게 부정하는 말 (천만에) | ばかばかしい 시시하다, 어처구니없다, 터무니없다

115

중국이 일본의 전철을 밟게 된다.

🄜 二(に)の舞(まい) 같은 실패를 되풀이 함, 전철을 밟음
二(に)の舞(まい)を演(えん)ずる・じる 전철을 밟다

116

오늘은 내 생일인데, 기묘하게도 아버지의 기일이 되고 말았다.

奇(く)しくも 기묘하게도, 이상하게도 | 皮肉(ひにく)にも 얄궂게도, 짓궂게도 | 不幸(ふこう)にも 불행하게도 | 残念(ざんねん)なことに 유감스럽게도 | 不思議(ふしぎ)なことに 기묘하게도, 이상하게도

117

재질적으로는 아주 부드럽고 잘 깨지지 않습니다.

(A) 이 논문은 읽기 어렵다.

(B) 신발이 발에 맞지 않아서 걷기 어렵다.

(C) 경사의 설치가 좋지 않아서, 더러운 물이 잘 흐르지 않는다.

(D) 저 사람의 이야기는 발음이 명확하지 않아서 알기 어렵다.

🄜 「ます형 + にくい」 용법 정리
① ～하기 어렵다, ～하는 것이 곤란하다 ⇒ 의지적인 행위를 나타내는 동사에 사용
🄜 この論文(ろんぶん)は読(よ)みにくい。 이 논문은 읽기 어렵다.
靴(くつ)が足(あし)に合(あ)わなくて歩(ある)きにくい。
신발이 발에 맞지 않아서 걷기 어렵다.
あの人(ひと)の話(はなし)は発音(はつおん)が不明瞭(ふめいりょう)で分(わ)かりにくい。
저 사람의 이야기는 발음이 명확하지 않아서 알기 어렵다.
② ～하기 어렵다, 좀처럼 ～않다 ⇒ 무의지성 동사에 사용
🄜 物質(ぶっしつ)には電気(でんき)が流(なが)れやすい物(もの)と流(なが)れにくい物(もの)がある。 물질에는 전기가 잘 흐르는 물건과 잘 흐르지 않는 물건이 있다.
材質的(ざいしつてき)には非常(ひじょう)に柔(やわ)らかく割(わ)れにくいです。
재질적으로는 아주 부드럽고 잘 깨지지 않습니다.
傾斜(けいしゃ)の取(と)り方(かた)が悪(わる)いので汚水(おすい)が流(なが)れにくい。
경사의 설치가 좋지 않아서, 더러운 물이 잘 흐르지 않는다.

118

결혼식에 참석한다면, 검은 양복을 사겠습니다.

(A) 그녀가 그렇게 싫으면, 헤어지면 된다.

(B) 우체국에 가는 거라면, 이 편지를 부치고 와 주겠습니까?

(C) 당신이 그토록 반대하면, 단념하겠습니다.

(D) 전화를 줄 거라면, 좀 더 이른 시간에 전화했으면 좋았다.

① 가정 조건

⇒ 상대방이 말한 것과 그 장소의 상황을 포함해서, 자신의 의견이나 의향을 나열하기도 하고 상대방에게 의뢰/충고 등을 하거나 할 경우에 사용

예 彼女のことがそんなに嫌いなら別れたらいい。

그녀가 그렇게 싫으면, 헤어지면 된다.

行きたくないならやめておいたらどうですか。

가고 싶지 않으면 그만두는 게 어떻습니까?

郵便局に行くのなら、この手紙を出してきてくれますか。 우체국에 가는 거라면, 이 편지를 부치고 와 주겠습니까?

あなたがそんなに反対するのならあきらめます。

당신이 그토록 반대하면, 단념하겠습니다.

② 반(反)사실

⇒ 사실에 반(反)하는 내용을 나타내는 경우에 사용

예 結婚式に出席するなら黒いスーツを買うのだが。

결혼식에 참석한다면 검은 양복을 사겠지만. (결혼식에 출석하지 않기 때문에 양복을 사지 않는다)

あいつが来るのならこのパーティには来なかったんだが。 저 녀석이 오는 거였다면, 이 파티에는 오지 않았을 텐데.(※ 저 녀석이 오지 않을 것 같아서 이 파티에 왔는데. 이 파티에 온 것에 대한 비난/후회의 기분을 나타냄)

東京に来ていたのなら、電話してくれればよかったのに。 도쿄에 와 있었으면, 전화해 주면 좋았을 것을.(※ 그렇다면 전화를 해주었으면 좋았는데, 상대가 전화를 하지 않은 것에 대한 비난/후회의 기분을 나타냄)

電話をくれるのなら、もう少し早い時間に電話してほしかった。 전화를 줄 거라면, 좀 더 이른 시간에 전화했으면 좋았다.(※ 좀 더 이른 시간에 전화를 하지 않은 것에 대한 비난/후회의 기분을 나타냄)

119

가토 씨는 여행 중입니다.

(A) 스즈키 군은 밤새도록 공부했다.

(B) 여름방학 중에 해외여행을 갈 예정입니다.

(C) 내일 중으로 돈을 지불해 주세요.

(D) 청소를 하지 않아서, 온 방안이 쓰레기투성이다.

---

⑪ 1. 「中」

① 마침 그 행위와 동작을 하고 상태/도중

仕事中 일하는 중 食事中 식사 중 滞在中 체재 중 工事中 공사 중 会議中 회의 중 試験中 시험 중 準備中 준비 중 充電中 충전 중 出張中 출장 중 旅行中 여행 중

② 그 기간 내내/시작부터 끝날 때까지

今週中 이번 주 내내 今月中 이번 달 내내

③ 수나 양을 나타내는 단어에 붙어서 전체의 양[수]을 나타냄

5人中3人 5명 중 3명

④ 中に 그 기간에/그 범위에

午前中に 오전 중에 今週中に 이번 주 중에
今月中に 이번 달 중에 夏休み中に 여름방학 중에

예 今週中に会議をしなければなりません。

이번 주 중에 회의를 하지 않으면 안 됩니다.

2. 「中」

① 그 기간 내내/시작부터 끝날 때까지

一日中 온종일 一年中 일년 내내 一晩中 밤새도록
今週中 이번 주 내내 今月中 이번 달 내내

예 今週中休業します。 이번 주 내내 휴업합니다.

② 그 장소나 범위의 전체, 그 범위의 모든 것

身体中 온몸 部屋中 온 방안 家中 온 집안
国中 온 나라 世界中 온 세계 学校中 온 학교(학교 전체)

예 カギをなくして学校中を探しまわる。

열쇠를 잃어버려서 학교 전체를 찾아다니다.

③ 그 멤버 전원

学校中 학교 전원 クラス中 반 전원 会社中 회사 전원

예 試験の結果を学校中に知らせる。

시험 결과를 모든 학생에게 알리다.

④ 中に 그 기간에/그 범위에

今日中に 오늘 중에 明日中に 내일 중에
今週中に 이번 주 중에 今年中に 금년 중에

예 今年中に結婚する予定です。

금년 중에 결혼할 예정입니다.

120

이 지면을 통해서 여러분께 인사를 전하는 것을 감사하게 생각하고 있습니다.

(A) 그 나라는 일년 내내 따뜻합니다.

(B) 3억 엔을 일본 적십자사를 통해서 기부했습니다.

(C) 이 주변은 사계절 내내 관광객이 끊이지 않습니다.

(D) 그 작가는 평생동안 여러 가지 형태로 억압받아 온 사람들을 계속 묘사했습니다.

🔟 「～をつうじて」용법 정리

① ~을 경유해서, ~을 매개로 해서

예 その話は田中さんをつうじて相手にも伝わっているはずです。 그 이야기는 다나카 씨를 통해서 상대방에게도 전달되었을 겁니다.

この紙面をつうじて皆様にご挨拶を伝えることを有り難く思っています。 이 지면을 통해서 여러분께 인사를 전할 수 있는 것을 감사하게 생각하고 있습니다.

3億円を日本赤十字社をつうじて寄付しました。 3억 엔을 일본 적십자사를 통해서 기부했습니다.

② 일정기간 끊어지는 일 없이 계속 (=「～をとおして」)

예 その国は1年をつうじて暖かいです。 그 나라는 일년 내내 따뜻합니다.

この辺りは四季をつうじて観光客の絶えることがないです。 이 주변은 사계절 내내 관광객이 끊이지 않습니다.

その作家は、生涯をつうじて、様々な形で抑圧されてきた人々を描き続けました。 그 작가는 평생동안 여러 가지 형태로 억압받아 온 사람들을 계속 묘사했습니다.

PART6 오문정정 (정답 및 해설) 문제집 221~222쪽

121 (A) は → が

지난주에 아버지가 일본에 왔을 때, 나는 함께 관광했습니다.

🔟 「～とき」절 안에서는 일반적으로 주제를 나타낼 수 없다.

122 (D) しずかです → きれいです

매일 청소를 하고 있기 때문에, 방 안은 아주 깨끗합니다.

🔟 의미 파악 문제로, 제대로 의미를 파악할 수 있다면 쉽게 풀 수 있다.
掃除 청소 静かだ 조용하다, 고요하다
きれいだ 깨끗하다, 예쁘다

123 (B) 狭さ → 広さ

이 방의 넓이라면, 어느 정도의 조명 밝기가 필요합니까?

🔟 「ます형＋やすい」 ～하기 쉽다
こわれやすい 깨지기 쉽다 燃えやすい 타기 쉽다
入りやすい 들어가기 쉽다 間違いやすい 틀리기 쉽다

124 (B) 座りながら → 座って

이 벤치에 앉아서 도시락을 먹으면 괜찮은 피크닉 기분이 된다.

🔟 「～ながら」～하면서
⇒ 어떤 주체가 동작을 행할 때 동시에 다른 행동을 행하는 것을 나타내기 때문에, 어느 정도 시간적인 폭이 있는 동작이어야 한다.
예 私は音楽を聴きながら勉強することが多いです。 나는 음악을 들으면서 공부하는 경우가 많습니다.

125 (B) 倒して → こぼして

노트북에 물을 엎질러 버려서 작동하지 않게 되었다.

🔟 水をこぼす 물을 엎지르다

126 (B) 閉め → 閉まり

엘리베이터 문이 닫히려고 할 때에 다른 사람이 타려고 하면 기다려 준다.

🔟 자동사와 타동사를 구분할 것!
(자동사) 閉まる 닫히다 (타동사) 閉める 닫다

127 (B) ばかり → ところ

지금 막 전철을 탔기 때문에, 회사에 도착하기까지는 앞으로 한 시간 정도 걸립니다.

1. 「～たばかりだ」막/방금 ～하다 ⇒ 단순히 어떤 일이 생긴 직후를 나타냄.

예 この子は一昨日生まれたばかりです。
이 아이는 그저께 막 태어났습니다.

2. 「～たところだ」막/방금 ～하다 ⇒ 새로운 동작이나 어떤 일로 이동하기 전의 단계를 나타냄.

128 (C) 歩き続く → 歩き続ける

홋카이도에서 출발하여, 그냥 오로지 계속해서 걷는 여행을 하고 있는 남자가 있다.

「ます형 + 続ける」계속해서 ～하다
⇒ 「続ける」는 타동사이지만 자동사와 함께 사용할 수 있고, 타동사인 「続く」는 일부 동사(降る(내리다), 鳴る(울리다) 등)에 한해서 사용할 수 있다.

예 雪が(降り続ける / 降り続く)。눈이 계속해서 내리다.

129 (A) 弱ければ → 弱いから

몸이 약하기 때문에 싫어하는 것도 무리해서 먹지 않으면 안 된다.

「명사＋であれば/동사＋ば/い형용사＋ければ/な형용사＋であれば + こそ」～이기에
⇒ 마이너스적인 평가로, 원인/이유가 되는 경우에는 사용하기 어렵다.

예 健康であればこそ、食欲もわき、生活を楽しむことができます。건강하기에 식욕이 솟고, 생활을 즐기는 것이 가능합니다.

130 (D) 抱く → 抱き合う

아일랜드에서는 친애의 정을 나타내기 위해, 친구끼리 등은 서로 껴안는 습관이 있습니다.

상호문(相互文)에서 「抱く(안다)」는 상호적인 동작을 충분하게 나타낼 수 없기 때문에 「抱き合う(서로 껴안다)」를 사용해야 한다.

131 (C) もっと → ずっと

기무라 씨의 환영회는 예상했던 것 보다 훨씬 많은 사람이 모여 주었습니다.

1. 「ずっと」훨씬, 아주, 매우 ⇒ 둘을 비교해서 어느 한쪽이 보다 ～인 경우에 사용

예 弟は食の細い兄より((×)もっと /(○)ずっと)よく食べる。남동생은 먹는 양이 적은 형보다 훨씬 잘 먹는다.

2. 「もっと」더욱, 한층 ⇒ 둘 모두 ～이지만, 그 둘을 비교하면 어느 한쪽이 더욱 ～인 경우

예 弟も欲張りだが、兄は((○)もっと /(×)ずっと)欲張りだ。남동생도 욕심쟁이지만, 형은 더욱 욕심쟁이이다.

132 (B) にしては → わりに

간호보험은 보험료가 비싼 것치고는 급부금을 받을 수 있는 가능성이 한없이 낮다.

1. 「명사, 동사형 + にしては ～치고는」
⇒ 어느 전제에서 일반적으로 예상되는 기준/표준과 비교할 때 사용. 단, 형용사에 사용할 수 없다.

예 このアパートは都心にしては家賃が安い。
이 아파트는 도심치고는 집세가 저렴하다.

2. 「명사 の, 형용사형, 동사형＋わりに(は) ～비해서, ～치고는」
⇒ 어느 정도에서 일반적으로 예상되는 기준/표준과 비교할 때 사용

예 あのレストランは値段のわりにおいしい料理を出す。저 레스토랑은 가격에 비해서 맛있는 요리를 내놓는다.

133 (D) であり → である

지구적(세계적) 규모로 자연파괴가 진행되고 있다. 인간은 자연에 대하여 더욱 겸허해야만 한다.

「동사 기본형 + べき / べきだ / べきではない ～해야 할 / ～해야 한다 / ～해서는 안 된다
(※「する」→「するべきだ / すべきだ」두 가지 형태가 있음)
⇒ 사회통념상 ～하는 것이 당연하다

예 あれはあなたがやるべきだ。저것은 당신이 해야만 한다.
どんな場合でも約束は守るべきだ。
어떠한 경우에도 약속은 지켜야 한다.

134 (B) わけ → ん/の

제가 지금 쇼핑하러 가는데요, 뭔가 사줬으면 하는 것은 없습니까?

1. 「～わけだが」말하는 사람도 듣는 사람도 알고 있을 경우
2. 「～のだが」듣는 사람은 모르는 경우

135 (C) こそ → も

요전번 예선에서는 전원 무패로, 단체 우승을 할 수 있었다. 다음에도 우승하자.

🔟 「～こそ」~이야말로, ~만은
⇒ 다른 것보다 눈에 띄게 하기 위해 사용하는 것으로, 동등한 것을 병립하는 경우에는 부적절하다.
📕 今会議室にいるのは山田さん((○)だけ /(×)こそ)です. 지금 회의실에 있는 것은 아마다 씨뿐입니다.

136 (C) 出る → 出た

결국 이번 스캔들은 나올 것이 나왔다는 거지요.

🔟 「동사 기본형 + べくして」~해야 할 것이 / ~해야 할 것을
(※「する」→「するべくして / すべくして」)
📕 残るべくして残った.
당연히 남아야 했기에 남았다(남을 것이 남았다).

137 (C) ふけて → ふけって

이것은 이색적일지 모르겠습니다만, 멋대로 골똘히 생각하고 들어도 재미없는 것 같습니다.

🔟 1. 耽る 열중하다, 빠지다, 골몰하다 ⇒ 1그룹 활용
思案に耽る 골똘히 생각하다. 근심에 잠기다
飲酒に耽る 술에 빠지다
読書に耽る 독서에 열중하다
2. やたら 멋대로, 함부로, 마구잡이로
やたらにしゃべる 멋대로 지껄이다
やたらに金を使う 마구 돈을 쓰다
やたらに眠い 마구 졸리다. 졸음이 쏟아지다

138 (D) お見 → 拝見

부부가 함께 건강하게 손자에 둘러싸여 지내고 계시는 모습을 뵈어서 정말로 기쁩니다.

🔟 ます형의 어간이 1음절인 동사는 「お/ご～する」・「お/ご～になる」 형태를 사용하지 않고, 특별한 형태의 경어를 사용한다.
見る → お見する(×) 拝見する(○) 삼가보다
居る → お居になる(×) いらっしゃる・おいでになる(○) 계시다

来る → お来になる(×) いらっしゃる・おいでになる(○) 오시다
寝る → お寝になる(×) お休みになる(○) 주무시다
着る → お着になる(×) お召しになる(○) 입으시다
する → おしになる(×) なさる(○) 하시다

139 (B) 不幸に → 不幸なことに/不幸にも

인간은 천사도 아니지만 짐승도 아니다. 하지만 불행하게도 인간은 천사처럼 행동을 하려고 하면서도, 마치 짐승처럼 행동한다.

🔟 문부사(文副詞 : 문장 전체를 수식하는 부사)의 형태를 알아 두자.
意外にも(뜻밖에도), 不幸にも(불행하게도), 幸運にも(행운스럽게도/다행스럽게도), 皮肉にも(얄궂게도/짓궂게도), 残忍にも(잔인하게도), 奇しくも(기묘하게도/이상하게도), 悲しくも(슬프게도/애처롭게도), 畏れ多くも(송구하게도/황송하게도)

140 (B) を問わず → にかかわらず

수입이 많고 적음에 관계없이 구입한 사람 모두에게 동일한 액수의 세금이 든다.

🔟 「～にかかわらず(~와 관계없이)는 대부분 「～を問わず(~을 불문하고)와 같이 사용할 수 있지만, 동사와 형용사의 긍정과 부정 또는 반대어를 병행해 놓은 것에는 「～にかかわらず(~와 관계없이)」만 사용할 수 있다.
📕 雨が降る降らない((×)を問わず /(○)にかかわらず)運動会を行います. 비가 오고 안 오고는 관계없이 운동회가 열립니다.

141

여보세요, 누구십니까?

📖 「だれ」 보다 「どなた」 쪽이 공손한 표현이다.

142

나카야마 씨가 언제 오는지 압니까?

📖 「何, 誰, いつ, どこ」 등을 포함한 의문사 의문문의 경우, 「의문사 + か」의 형태로 표현한다. 의문사를 포함하지 않은 선택 의문문의 경우는 「~かどうか」의 형태가 된다.

143

괜찮다면, 함께 마시지 않겠습니까?

📖 「~ませんか」 ~하지 않겠습니까? ⇒ 상대방의 의향을 묻거나 권유를 나타내는 표현

144

이번에 파리의 대학원에 들어가게 되었습니다.

📖 「기본형, ない형 + ことになる」 ~하게 되다
⇒ 말하는 사람의 의지 표현을 피하는 심리 표현
例 今度、山田さんと結婚することになりました。
이번에 야마다 씨와 결혼하게 되었습니다.

145

사적인 질문을 했더니, 답장이 오지 않게 되었습니다.

📖 「い형용사 어간 + く + 동사」 ⇒ い형용사의 동사 수식 표현
さむい(춥다) + く + なる(되다) → さむくなる(추워지다)
やすい(싸다) + く + する(하다) → やすくする(싸게 하다)
はやい(빠르다) + く + 走る(달리다) → はやく走る(빨리 달리다)

146

나에게는 숫자가 풍경으로 보인다.

📖 見る 보다 　　見える 보이다
見られる 볼 수 있다. 남에게 그렇게 보이다
見せる 보여주다

147

2시가 되면 외출합시다.

📖 문말(文末)이 의도형(권유형)이고, 확정조건에서는 일반적으로 「たら」를 사용한다.

148

이 책은 선생님께 받은 것입니다.

📖 1. いただく (손윗사람에게서) 받다 ⇒ 손아랫사람이 손윗사람인 상대방에게 받을 때 사용
例 私は先生にネクタイをいただきました。
나는 선생님께 넥타이를 받았습니다.

2. くださる 주시다 ⇒ 손아랫사람이 손윗사람인 상대방이 주실 때 사용
例 社長は私にボーナスをくださいました。
사장님은 나에게 보너스를 주셨습니다.

3. さしあげる 드리다 ⇒ 손아랫사람이 손윗사람인 상대방에게 드릴 때 사용
例 私は先生に花束をさしあげました。
나는 선생님께 꽃다발을 드렸습니다.

4. めしあがる 드시다
例 ご飯をめしあがる。진지를 드시다. ('먹다'의 존경 의미)
お酒をめしあがる。술을 드시다. ('마시다'의 존경 의미)

149

아이는 채소를 싫어하는 경우가 많다.

📖 희망, 좋고 싫음, 가능, 능력 등을 나타내는 표현에는 조사 「が」를 사용한다.
~が好きだ ~을/를 좋아하다
~が嫌いだ ~을/를 싫어하다
~がほしい ~을/를 원하다, 갖고 싶다
　　　　　　⇒ 3인칭의 경우는 「~をほしがる」
~が~たい ~을/를 ~하고 싶다
~が上手だ ~을/를 잘하다
~が下手だ ~을/를 못하다
~ができる ~을/를 할 줄 알다
~がわかる ~을/를 알다
~が+가능동사 ~을/를 ~할 수 있다

150

그는 매일 술만 마시고, 전혀 일하지 않는다.

🆄 1. 「~だけ」⇒ ~이외의 것은 존재하지 않는다는 것을 나타냄.
　 2. 「~のみ」⇒ 「だけ/ばかり」의 격식을 차린 말씨.
　 3. 「~ばかり」⇒ ~가 많다는 것을 나타냄. 「酒ばかり飲んで」 술을 마시는 일이 많다

151

나에게는 사토 씨 의견 쪽이 올바른 것처럼 생각됩니다만.

🆄 「~ように思える」 ~처럼 생각되다 ⇒ 주어를 명시할 때는 「には」를 사용하는 것이 일반적이다.

152

옆집 사람이 밤새 소란을 피워서 잠을 잘 수가 없었다.

🆄 간접 수동문에서 동작주는 「に격(格)」으로 나타낸다.

153

야마다 씨가 나에게 전화를 걸어왔다.

🆄 「品物を送る(물건을 보내다), 手紙を書く(편지를 쓰다), 電話をかける(전화를 걸다), 届ける(보내주다)」 등 대상의 이동을 나타내거나 그것에 준하는 이동의 의미를 갖는 동사는 말하는 사람의 방향으로 이동을 그대로 나타낼 수 없다. 이 경우에는 반드시 「~てくる」를 사용해야 한다.

154

해외에서 일본 프로그램을 볼 수 있는 편리한 서비스가 있다.

🆄 의식적으로 주의를 향하게 하는 경우에는 가능형을 사용한다.

見る 보다

見える 보이다

見られる 볼 수 있다. 남에게 그렇게 보이다

見せる 보여주다

155

노무라 씨가 시골로 돌아간다는 소문을 들었다.

🆄 「意見(의견), 考え(생각(사고)), 訴え(호소), 噂(소문), 命令(명령), こと(형식명사)」 등처럼 이야기하는 것과 사고(思考)를 나타내는 명사의 내용을 명사 수식절로 나타내는 경우에는 「~という」를 사용하는 것이 자연스럽다.

156

여동생은 늘 이러니저러니 불평만 하고 있다.

🆄 なんだかんだ 이것저것, 여러 가지로, 이러니저러니, 이러쿵저러쿵

　🔲 なんだかんだでご心配を掛けました。
　　여러 가지 일로 걱정을 끼쳤습니다.

157

문을 여는 순간, 고양이가 뛰어들어 왔다.

🆄 「동사 た형 + とたん / とたんに」 ~한 순간 / ~한 순간에

　🔲 授業のベルが鳴ったとたん、子供たちは本を閉じた。 수업 벨이 울리자마자 아이들은 책을 덮었다.

158

나는 여동생에게 위험한 장소를 걷게 했습니다.

🆄 타동사는 아니지만 「道を歩く(길을 걷다)」「川を渡る(강을 건너다)」「空を飛ぶ(하늘을 날다)」 등의 통과를 나타내는 「を격(格)」이 있는 경우에는 「に격(格)」이 온다.

159

이번에 교토 지점에서 온 다카하시라고 합니다.

🆄 1. 参る (제가) 오다/가다, (공손한 의미로) 오다/가다
　🔲 私が参ります。 제가 가겠습니다. 〈겸양어〉
　　電車が参ります。 전철이 옵니다. 〈공손어〉
　 2. 伺(うかが)う (삼가)듣다, 여쭙다, 찾아뵙다
　🔲 お話を伺う。 말씀을 듣다. 〈'듣다'의미의 겸양어〉
　　ちょっと伺いますが。
　　잠깐 여쭙겠습니다만. 〈'묻다'의미의 겸양어〉
　 3. おいでになる 가시다, 오시다, 계시다
　🔲 明日はどこかへおいでになりますか。
　　내일은 어디 가십니까? 〈'가다'의미의 존경어〉

　　どちらからおいでになったのですか。
　　어디서 오셨습니까? 〈'오다'의미의 존경어〉

160

이것은 컴퓨터 프로그램에 의해 작곡된 것입니다.

図 「作る(만들다)」, 「建てる(세우다)」, 「書く(쓰다)」, 「編む(짜다)」 등 생산물이 생기는 동사의 경우, 생산물을 받는 사람이 「に격 (格)」으로 나타나게 되는 가능성이 있기 때문에 동작주는 「に 격(格)」이 아닌 「~によって」로 나타내는 것이 보통이다.

161

아버지, 잔업치고는 너무 늦네.

図 1. 「명사, 동사형 + にしては」 ~치고는
⇒ ~라고 하는 전제에서 일반적으로 예상되는 기준/표준과 비교하면 ~이다, 형용사에 사용할 수 없다.
예 このアパートは都心にしては家賃が安い。
이 아파트는 도심치고는 집세가 저렴하다.
山田さんは年齢((×)にしては / (○)のわりに) 体が小さい。 야마다 씨는 연령에 비해서 몸이 작다.

2. 「명사 の, 형용사형, 동사형 + わりに(は)」 ~비해서, ~치고는
⇒ ~의 정도에서 일반적으로 예상되는 기준/표준과 비교하면 ~이다
예 あのレストランは値段のわりにおいしい料理を出す。 저 레스토랑은 가격에 비해서 맛있는 요리를 내 놓는다.
よく勉強したわりにはあまりいい成績とは言えない。 충분히 공부한 것 치고는 그다지 좋은 성적이라고는 할 수 없다.
あの人は細いわりに力がある。
저 사람은 날씬한 것에 비해 힘이 있다.

162

피곤할 때는 푹 쉬는 것이 제일이다.

図 「명사/동사 기본형/형용사 기본형/ない형 + に限る」 ~로 한정하다, ~이/가 제일이다
예 入場は子供に限る。 입장은 아이로 한정한다.
無理はしないに限る。 무리하지 않는 것이 제일이다.

163

내일은 대강 몇 시경에 오면 됩니까?

図 1. 大体 거의(정도), 대략, 대강, 대체로
⇒ 완전/사실/기준에 가까운 80%의 상태를 나타내며, 부정 표현에는 잘 사용하지 않는다.
예 事件は大体片付いた。
사건은 대강 처리되었다.

2. 大抵 거의(빈도), 대략, 거의, 대부분, 대개
⇒ 상태/행위 전체를 차지하는 경우의 수나 확률이 높을 때 사용하는 표현이다.
예 大抵の人は何か趣味を持っている。
대개의 사람은 무언가 취미를 갖고 있다.

164

오전 중에 템스 강을 따라 자전거로 산책하고 왔습니다.

図 1. 「명사 + に沿って」 ~에 따라서, ~을/를 따라서
예 海岸線に沿って歩く。
해안선을 따라 걷다.
線路に沿って歩いたら大きな橋が見えてきた。
철도를 따라 걸으니 큰 다리가 보였다.

2. 「명사 + に限って」 ~에 한해서
예 うちの子に限って、そんなことをするわけがない。
우리 아이만은 그런 짓을 할 리가 없다.

3. 「~にもまして」 ~보다 더, ~이상으로
예 個々の善意や努力、ご苦労は何にもまして貴重なものでしょう。 개개인의 선의와 노력, 수고는 그 무엇보다 더 귀중한 것일 겁니다.
それにもまして気がかりなのは家族の安否だ。
그것보다 더 걱정되는 것은 가족의 안부다.

4. 「명사/동사 기본형 + につれて」 ~함에 따라, ~을/를 데리고
예 体の老化につれて目もだんだん悪くなる。
신체가 노화함에 따라 눈도 점점 나빠진다.
子供たちを川につれて行った。
아이들을 강에 데리고 갔다.

165

여러 가지로 걱정이 되어, 밤에도 안심하고 잘 수 없게 되었습니다.

図 1. ひしひし
① 자꾸자꾸 다가오는 모양. 바싹바싹
예 ひしひしと押し寄せる。
바싹바싹 밀려오다.
② 강하게 느끼는 모양
예 寒さがひしひしと身にしみる。
추위가 오싹오싹 몸에 스며들다.

2 おちおち (부정어를 수반) 안정하고, 안심하고, 마음 놓고

㈜ おちおちできない。 마음 놓을 수 없다.

3 くらくら

① 현기증이 나는 모양. 아찔아찔, 어질어질

㈜ 頭がくらくらする。 머리가 어질어질하다.

② 물이 마구 끓는 모양. 펄펄, 부글부글 ⇒ ぐらぐら

㈜ お湯がくらくらと煮えたぎる。

　　물이 부글부글 끓어오르다.

③ 질투, 분노 등으로 속이 끓어오르는 모양. 부글부글

㈜ くらくらと燃え上がる怒り。

　　부글부글 치밀어 오르는 분노.

4 ぐらぐら

① 크게 흔들려 움직이는 모양. 흔들흔들

㈜ 地震で家がぐらぐらと揺れる。

　　지진으로 집이 흔들흔들 흔들리다.

② 물이 마구 끓는 모양. 펄펄, 부글부글 ⇒ 「くらくら」 보다 정도가 심한 모양

㈜ ぐらぐら煮え立つ。 펄펄 끓어오르다.

166

공사는 지지부진하다.

🔞 遅々 사물의 진도가 늦음

㈜ 遅々として進まない。 지지부진하다.

167

준비할 것은 종이, 가위, 색연필, 게다가 고무밴드입니다.

🔞 「しかも, そのうえ, おまけに」는 명사를 추가할 때는 사용할 수 없다.

1. それに

① 그런데도, 그러함에도

㈜ 今日は熱があります。それに主人は仕事ばかりさせます。

　　오늘은 열이 있습니다. 그런데도 주인은 일만 시킵니다.

② 게다가, 더욱이

㈜ 部屋には財布とかぎ、それに手帳が残されていた。

　　방에는 지갑과 열쇠, 게다가 수첩이 남겨져 있었다.

2. しかも

① 그 위에, 게다가

㈜ 最初でしかも最後のチャンス。

　　처음이자 마지막 찬스.

② 그럼에도 불구하고, 그런데도

㈜ 注意を受けしかも改めない。

　　주의를 받고서도 고치지 않는다.

3. そのうえ 더구나, 게다가, 또한

㈜ 天気もいいし、そのうえ風も涼しい。

　　날씨도 좋고, 게다가 바람도 시원하다.

4. おまけに 그 위에, 게다가

㈜ おまけに雨まで降り出した。

　　게다가 비까지 오기 시작했다.

168

언제나처럼 자명종이 울리자마자 일어나서 조깅하러 나갔다.

🔞 예상대로의 전개이기 때문에 「～や/～や否や」 표현이 오는 것이 가장 자연스럽다.

1. 「동사 기본형 + なり」～하자마자

⇒ 그 동작 직후이거나 그 동작 직후에 예기치 못한 일이 일어난 경우에 사용. 동일 주어 문장에 사용.

2. 「동사 완료형 + なり」～한 채(= 「～したまま」)

3. 「동사 과거형 + たとたん / たとたんに」～한 순간 / ～한 순간에

⇒ ～가 끝난 순간에, 바로 ～가 일어나다(놀람, 의외성) 처음부터 예정되어 있던 행동과 의도적인 동작에는 사용할 수 없다.

4. 「동사 기본형 + ～や/～や否や」～하자마자(문어체)

⇒ ～가 끝난 순간에, 바로 ～가 일어나다(예상대로)

169

사이트에서는 매너와 상식을 분별하여, 표현에는 배려를 가지고 이용해 주었으면 합니다.

🔞 1. 割り切る 어떤 원칙에 따라 단순/명쾌하게 결론을 내다, 끝수 없이 나누다

㈜ 仕事は仕事として割り切る。 일은 일로서 받아들이다.

　　生活のためと割り切って仕事をする。 생활을 위해서라고 깨끗이 받아들이고 일을 하다.

　　割り切った考え。 명쾌하고 단순한 생각.

　　2は8を割り切る。 2는 8을 끝수 없이 나눈다.

2. 弁える 변별하다, 분별하다, 분간하다

㈜ 礼儀を弁えた人。 예의를 차릴 줄 아는 사람.

　　身のほどを弁える。 분수를 알다.

3. 捕・捉える 잡다, 포착하다, 파악하다, 사로잡다

예 手をとらえて離さない。손을 붙잡고 놓지 않다.

機会をとらえる。기회를 잡다.

真相をとらえる。진상을 파악하다.

若者の心をとらえる音楽。젊은이의 마음을 사로잡는 음악

4. 拵える 만들다, 마련하다, 꾸미다, 속이다

예 洋服を拵える。양복을 맞추다.

資金を拵える。자금을 마련하다.

顔を拵える。얼굴을 화장하다.

その場を拵える。그 자리를 얼버무려 넘기다.

170

어머니는 연일 할머니 간병으로 녹초가 되어 있다.

단 綿のように疲れる 몹시 피로하다, 녹초가 되도록 지치다

PART8 독해 (정답 및 해설) 문제집 228~241쪽

171~174

새로운 비즈니스인 것처럼 과장되게 써 보았지만, 단순한 식품유통 사업입니다. 게다가 상품재료는 초콜릿. 물론 일반 초콜릿은 아니고, 이 시대에 드문 좀 특수한 초콜릿입니다만. 이것을 선물의 집 점두에 진열하는 일을 목표로 하고 있습니다. 예전에 식품 도매 일에 종사한 적이 있어서 다소의 지식은 있습니다만, 이번에는 채널이 전혀 다릅니다. 영업은 하나부터 새로 시작입니다. 비즈니스 파트너(Y씨)도 식품유통의 스페셜리스트이지만, 이 채널은 처음입니다. 처음에는 Y씨와 회사를 만드는 것을 생각했지만, Y씨 친구 회사의 한 사업부로서 시작하기로 했습니다. 설립에 다소나마 돈과 시간이 드는 것, 팔린 경우에 운전자금이 부족해지는 것, 거래처를 대할 때 신용문제가 있는 것이 이유입니다. 이번 연휴에 판매플랜을 작성하여, 매입처에 오늘 제출했습니다. 앞으로가 ___①___ 됩니다.

171 필자와 Y씨는 어떤 관계입니까?

(A) 친구

(B) 소꿉동무

(C) 회사 동료

(D) 비즈니스 동료

172 새로운 비즈니스에 대해서 올바른 것은 어느 것입니까?

(A) 진귀한 초콜릿을 만든다.

(B) 식품 도매에 종사한다.

(C) 초콜릿을 매장에 둔다.

(D) 특수한 초콜릿을 소비자에게 판매한다.

173 새로운 비즈니스는 어떻게 되었습니까?

(A) Y씨와 회사를 만들어 시작하기로 했다.

(B) 비즈니스 파트너의 친구 회사에서 시작하기로 했다.

(C) 거래처에 대한 신용문제가 있어서 포기했다.

(D) 이 채널은 처음이라서, 판매 플랜을 만들어 매입처에 제출했다.

174 ___①___ 에 들어갈 적당한 말은 무엇입니까?

(A) 기대

(B) 기쁘다

(C) 바람직하다

(D) 부럽다

大(おお)げさ 과장됨, 보통 정도를 넘는 모양 | 単(たん)なる 단순한 | 流通(りゅうつう) 유통 | 商材(しょうざい) 상품재료 | 特殊(とくしゅ) 특수 | 携(たずさ)わる 관계하다, 관여하다, 종사하다 | 飛(と)び込(こ)む 뛰어들다 | 仕入(しい)れ先(さき) 매입처, 구입처

175~178

드디어 한 해의 ___①___ 이 왔네요. 우리 회사도 연말연시 휴가는 없지만, 어쨌든 분발하고 있습니다. 그런데, 어떤 사람과 이야기를 하다가 생각한 것이 있었습니다. 그것은 자신의 재산이란 게 있느냐는 것입니다. 여기에서 말하는 재산은 돈이라든가 자산이 아니고, 본인의 인간으로서의 재산. 예를 들면, 인간관계라든가 사람과의 신뢰관계ㆍ친구관계. ②그 사람은 영업용 차를 운전하고 있고, 사람을 대하는 것이 좋으며, 밝은 성격으로 영업처에서의 평판도 좋고 확실하고 정확하게 일을 해내고 있는데, 그 사람이 영업처에 가면 파트타임 아주머니가 '고로케 줄게'라는 말을 자주 하면서 일관된 모습을 보여준다고 합니다. 그 사소한 아주머니의 행동도 역시 평소의 신뢰관계가 없으면 아주머니도 고로케를 주려고 하지 않을 것입니다. 잠시 내용은 다를지도 모르지만, 그 신뢰관계야말로 자신의 재산이라고 생각했습니다. 아무리 일을 해내도, 지식을 가지고 있어도, 돈을 가지고 있어도, 이 재산은 ___③___ 것으로 쉽게 손에 넣을 수 없다고 생각합니다.

175 ___①___ 에 들어갈 적당한 말은 무엇입니까?

(A) 가장자리

(B) 연말

(C) 저녁

(D) 공

176 '본인의 재산'이란, 다음 중 어느 것입니까?

(A) 돈

(B) 일

(C) 지식

(D) 신뢰관계

177 ② 그 사람에 대해서 올바른 것은 어느 것입니까?

(A) 강인한 사람

(B) 착실한 사람

(C) 붙임성이 좋은 사람

(D) 예의 바른 사람

178 _____ ③ 에 들어갈 적당한 말은 무엇입니까?

(A) 일생

(B) 과거

(C) 신뢰

(D) 관계

年(とし)の瀬(せ) 세모, 연말 | 年末年始(ねんまつねんし) 연말연시 | 人当(ひとあ)たり 남에게 주는 인상, 대인 관계, 응대하는 태도 | 評判(ひょうばん) 평판 | 日頃(ひごろ) 평소, 요즈음, 근래, 최근

179~181

일본 우정성은 야마구치 현의 호우재해 이재민에 대해서 통장이나 인감을 분실해도 본인 확인이 가능하면, 전국의 우체국이나 우편은행에서 ① 예금 지급에 응하겠다고 발표했다. _____ ②_____, 간포 생명보험에서는 보험증서가 없어도 본인 확인이 가능하면 당사 후쿠오카 지점이나 해당 현 호후 시내 우체국에서 보험금을 즉시 지불하는 것 외에, 보험료 납입 유예기간을 최장 6개월(통상 3개월)까지 연장한다.

179 ① 예금 지급에 응하겠다는 조건은 어떤 조건입니까?

(A) 통장이나 인감을 분실해도, 본인으로 확인할 수 있으면 누구라도 지급할 수 있다.

(B) 야마구치 현의 호우재해 이재민이라면, 누구라도 본인 확인 없이 지급을 받을 수 있다.

(C) 야마구치 현의 호우재해 이재민이고, 또 본인으로 확인되면 통장이나 도장 없이 지급을 받을 수 있다.

(D) 야마구치 현 이외의 호우재해 이재민이고, 또 본인으로 확인되면 통장이나 도장 없이 지급을 받을 수 있다.

180 _____ ② 에 들어갈 적절한 말을 아래에서 고르세요.

(A) 또한

(B) 그에 따라서

(C) 그렇다 해도

(D) 또다시

181 본문의 내용으로 맞는 것을 아래에서 고르세요.

(A) 야마구치 현의 호우재해자는 지금도 생명보험도 본인 확인만 가능하면, 다양한 우대를 받을 수 있다.

(B) 야마구치 현의 호우재해자라도 조건에 맞지 않는 사람은 엄격한 벌칙이 내려진다.

(C) 야마구치 현의 호우재해자는 현 내에 있는 우체국에서만 본인 확인 후, 지급을 받을 수 있다.

(D) 야마구치 현의 호우재해자는 본인 확인이 가능하면, 전국 어디에서나 돈을 빌릴 수 있다.

豪雨(ごうう) 호우 | 通帳(つうちょう) 통장 | 印章(いんしょう) 도장 | 貯金(ちょきん) 저금 | 即時(そくじ) 즉시 | 払(はら)い込(こ)み 불입, 납부, 납입 | 猶予(ゆうよ) 유예 | 延長(えんちょう) 연장

182~184

속도제한이 없는 것으로 알려진 독일의 아우토반(자동차 고속도로)에서 자동차 260대가 얽히는 ① 연쇄충돌사고가 발생했다. 이 사고로 66명이 부상을 입고, 이 중 10명은 생명이 위험한 상태이다. 독일 경찰은 20일, 블랑슈바이크 근처의 A2고속도로에서 갑자기 호우가 쏟아져 사고가 발생했다고 전했다. 독일의 미디어는 '사상 최악의 교통사고'라며 사고현장의 모습을 전하고 있다. 이 사고에서 ② 구사일생으로 살아난 운전자의 증언에 의하면, 이 사고는 차가 비로 인해 미끄러져서 일어났다고 한다. 석양으로 시야가 극도로 나빠진 운전자가 전방에서의 사고를 빨리 발견하지 못한 채 브레이크를 밟으면서 미끄러져, 연이은 추돌이 대형사고로 이어졌다고 보고 있다. 히틀러가 건설에 공헌한 것으로 알려진 아우토반은 폭 18.5미터~20미터로, 총 길이는 12,000킬로미터에 이른다.

182 ① 연쇄충돌사고의 원인은 뭐라고 여기고 있습니까?

(A) 사상 최악의 호우가 덮쳤기 때문에

(B) 시야가 극도로 나빠진 데다가, 호우로 미끄러졌기 때문에

(C) 갑작스런 호우로 차가 미끄러짐에도 불구하고, 고속으로 계속 주행했기 때문에

(D) 속도제한이 없어서, 속도를 너무 내다가 충돌사고가 발생했기 때문에

183 ② 구사일생으로 살아난이란, 어떤 의미입니까?

(A) 평소의 행실이 나빠서, 재난을 만날 운명이었다.

(B) 위험한 상태였는데, 기적적으로 살아났다.

(C) 죽음은 갑자기 오므로, 미리 준비해 두었다.

(D) 어떤 때라도 열심히 한다.

184 본문의 내용과 맞는 것을 아래에서 고르세요.

(A) 이번 연쇄사고의 원인은 예측할 수 없다.

(B) 이번 연쇄사고로 도로는 미끄러운 상태가 되었다.

(C) 갑작스런 호우가 사고의 간접적인 원인라고 할 수 있다.

(D) 이 사고를 접하고, 아우토반에서는 제한속도가 설정되게 되었다.

制限(せいげん) 제한 | 玉突(たまつ)き衝突(しょうとつ) 연쇄충돌 | 襲(おそ)う 습격하다. 덮치다. 들이닥치다 | 九死(きゅうし)に一生(いっしょう)を得(え)る 구사일생하다 | 証言(しょうげん) 증언 | 早期(そうき) 조기 | 貢献(こうけん) 공헌

185~188

강력하게 내리쬐는 여름 햇살. 뜨거운 태양. 피어오르는 아지랑이. 밀짚모자에 모기장 속 아이들. 모습을 드러내지 않는 매미들의 대합창. 그리고 툇마루에 모기향과 시원한 수박. 아버지는 여기에 맥주만 있으면 최고다. 그런데 수박은 채소인가 과일인가 하는 논쟁은 여기저기서 볼 수 있어 ① 그다지 진귀한 모습은 아니다. 단맛이 있고 서민의 대표적 '과일'이라고 할 수 있는 수박은 실은 채소라고 한다면, 조금 실망이다. ___②___, 수박은 채소로 분류하는 것이 맞을 것이다. 과일과 채소의 차이는 과실이 나무에서 열리는지 지면에 뻗어서 생기는지로 결정된다. 단맛이 있고 나무에 열리는 것이 과일이라면, 수박은 ③ 이 범주에서 벗어난 채소이다. 게다가 수박은 오이과 식물. 오이를 과일이라는 사람은 없을 것이다. 이렇게 생각하면 수박을 채소라고 정의하는 것은 부득이하다고 할 수 있다. 보통 과일에 속해도 실은 채소인 것은 멜론이나 딸기 등 수박 외에도 있다. 결국 이것들은 우연히 '단 채소'가 된 것뿐이다.

185 ① 그다지의 의미로서 올바른 것을 아래에서 고르세요.

(A) 그다지

(B) 가리키고

(C) 나타내고

(D) 터무니없이

186 ___②___ 에 들어갈 적절한 말을 아래에서 고르세요.

(A) 그렇다 해도

(B) 그러나

(C) 그런데도

(D) 그렇게라도 있다면

187 ③ 이 범주의 구체적인 설명으로 적절한 것을 아래에서 고르세요.

(A) 과일과 채소의 차이는 과실이 나무에서 열리는지 지면에 뻗어서 열리는지의 것

(B) 과일과 채소의 차이는 과실이 단지 어떤지의 것

(C) 과일과 채소의 차이는 사람들의 인식에 의해서 바뀐다는 것

(D) 단 채소는 모두 과일로 분류되도록 된 것

188 본문의 내용으로 올바른 것을 아래에서 고르세요.

(A) 수박은 채소인가 과일인가 하는 논의는 옛날부터 있었던 것인데, 이번에 사람들의 인식으로 과일로 분류되었다.

(B) 멜론이나 딸기, 수박 등은 과일로 오해받기 쉽지만, 채소이기 때문에 '단 채소'라는 새로운 분류가 생겼다.

(C) 수박은 과일로 오해받기 쉽지만, 정의에 적용하여 생각하면 채소로 정의되는 것은 입증이 안 된 사실이다.

(D) 수박은 과일로 오해받기 쉽지만, 정의적으로는 채소가 되기 때문에 이제부터 '단 채소'라는 특별한 카테고리로서 취급하기로 했다.

照(て)り付(つ)ける 햇빛이 강하게 비치다. 햇볕이 세게 내리쬐다 | 日差(ひざ)し 햇볕이 쬠. 햇살. 볕 | 立(た)ち上(のぼ)る 연기나 수증기 등이 피어오르다 | 陽炎(かげろう) 아지랑이 | 麦(むぎ)わら帽子(ぼうし) 밀짚모자 | 縁側(えんがわ) 툇마루 | 蚊取(かと)り線香(せんこう) 모기향 | 這(は)う 기다. 기어가다. 덩굴을 기어가듯이 뻗다 | 範疇(はんちゅう) 범주, 카테고리

189~192

젊은 사람들의 최근 인간관계에 대한 조사가 이루어졌습니다. 조사 결과 중 '상담을 가장 먼저 누구에게 하는가?'라는 질문에서 '친구'가 상위에 오른 것은 ① 매우 흥미있는 일이었습니다. 젊은 사람들에게 있어 친구는 절대적인 것. 같은 연령대와의 교류가 다른 어떤 것 보다도 우선시되고 있는 것은 다른 조사에서도 같은 결과가 나와 있다고 합니다. ___②___, 그 내용이 문제입니다. 그들은 자신과 닮은꼴인 사람밖에 사귀지 않는 경향이 있으며, 모르는 사람과 서로 알기 위한 프로세스나 다른 생각을 가진 사람과의 교제 방법, 대인관계에 문제가 발생했을 때의 대처방법 등을 알지 못할 거라고 젊은 세대들의 인간관계를 염려하는 어른도 있습니다. 그리고 젊은 세대의 인간관계 형성에는 컴퓨터나 휴대전화 등의 진보도 관계하고 있다고 여겨집니다. 특히 메일에서는 상대의 표정이 보이지 않기 때문에 직접 만나면 하지 못할 것 같은 것도 전해지기도 하고, 모르는 사람에게 말은 걸지 못해도 메일만 있으면 보낼 수 있습니다. 신경 쓰지 않는다는 것은 자신의 생각과 다른 사람과 사귀기 위한 기술을 익힐 수 없다는 것이 됩니다. 일본인은 원래 '개인'보다도 '사회'를 중요시하는 민족입니다. '모두 다함께 사이좋게, 공동체 안에서는 일심동체가 된다'는 것은 어른들이 가르쳐 온 것입니다. 그러나 문제는 ③ 이 공동체 범위가 젊은이들은 좁다는 것입니다. 젊은이들에게는 자신 이외의 사람은 자신과 동일한 생각을 가지는 '자신의 일부'이던가, 또는 '다른 사람'이라고 간주되고 있는 것으로 여겨지기조차 합니다.

189 ① 매우 흥미있는 일이라고 했는데, 무엇이 흥미있는 것입니까?

(A) 최근 젊은 층의 인간관계에 대한 조사가 이루어진 것

(B) 대인관계에서 문제가 발생했을 때 대처방법을 모르는 젊은이가 많다는 것

(C) 젊은 층이 상담을 하는 상대는 친구가 대부분이고, 친구의 존재가 절대적인 것

(D) 젊은 층의 인간관계 형성에 컴퓨터나 휴대전화가 깊이 관여하고 있다는 사실을 알게 된 것

190 ② 에 들어갈 적당한 말을 고르세요.

(A) 그리고 나서

(B) 그럼에도 불구하고

(C) 그러나

(D) 그것뿐만 아니라

191 ③ 이 공동체 범위가 젊은이들은 좁다는 것은 어떤 의미입니까?

(A) 일본 사회는 개인보다도 공동체를 중심으로 한 사회이므로, 일본인으로서의 의식이 부족하다는 의미

(B) 젊은이들에게 있어 자신과 다른 것은 받아들이기 어렵게 되어, 모두 함께 사이좋게 지내는 넓은 공동체의 개념을 가지고 있지 않다는 의미

(C) 젊은 층은 같은 세대와의 교류가 전부이고, 다른 사람과의 교류를 피하는 경향이 있어서 조금 더 넓은 교류를 요구하는 의미

(D) 젊은 층의 사고방식이 치우쳐져 있으므로, 자신과는 다른 사람을 자신의 일부로 인식해 버린다는 의미

192 이 문장의 설명으로서 올바른 것을 고르세요.

(A) 젊은 사람들의 인간관계가 한정적이 된 것은 휴대전화나 컴퓨터의 보급에도 원인이 있다고 생각된다.

(B) 젊은 사람들은 동세대인 사람만 중요시 여기고, 자신과는 관계없는 사람들을 무시하는 경향이 보여 매우 위험하다.

(C) 일본은 개인보다도 사회를 중요시하는 민족인데, 지금의 젊은이들은 그것을 익히지 않아 일본의 장래가 염려된다.

(D) 젊은 사람 중에서 '자신의 일부'인지 '다른 사람'인지라는 이극화한 사고를 가지고 있는 젊은이가 늘어나고 있어, 일본인의 사고의 다양화를 반영하고 있다.

興味深(きょうみぶか)い 흥미롭다 | 対処法(たいしょほう) 대처법 | 危惧(きぐ) 위구. 걱정하고 두려워함 | 進歩(しんぽ) 진보 | 気(き)を遣(つか)う 주의하다. 신경을 쓰다 | 範囲(はんい) 범위 | 異物(いぶつ) 이물. 보통이 아닌 것 특이한 것

193~196

코끼리는 폭넓게 사랑을 받고 있는 동물이라고 할 수 있다. 얌전하고, 여유 있고, 그럼에도 힘이 강하다. 머리도 좋아, 산간부의 많은 나라에서는 훈련된 코끼리가 짐을 옮기거나 목재를 베는 일 등에 이용되고 있다. 또, 특징적인 긴 코도 사랑받는 요인 중 하나일 것이다. 이런 코이지만, 윗입술과 코가 극단적으로 발달된 것으로, 모두 근육으로 이루어져 있으며 뼈는 없다. 코끼리의 시력은 그다지 좋지 않고, 머리도 크게 움직일 수가 없다. 그 때문에 귀나 코로 얻을 수 있는 정보에 의존하게 되어, ① 이것들은 크게 발달되어 있는 것이다. 코끼리의 코는 냄새를 맡는 것 외에도, 풀을 뜯거나 나무의 열매를 따거나 물을 입까지 옮기는 등 인간의 손과 같은 기능을 하고 있다. ② , 코로서의 기능도 매우 높아, 공중에 높이 치켜 올려서 아주 희미한 냄새도 맡을 수가 있다. 코끼리는 수명도 인간과 비슷할 정도로, 주로 혈연관계에 있는 단체로 무리를 만들고 새끼를 교육시키는 등 ③ 친근감을 가진 생활을 하고 있다. 새끼일 때 잘 교육을 받지 못했던 코끼리는 흉악한 불량 코끼리가 되는 경우가 있다는데, 이것도 인간과 동일하다. 또, 코끼리는 장례식을 치른다고도 한다. 죽은 코끼리 앞에 일렬로 서서, 순서대로 다정하게 코로 몸을 쓰다듬어 준다. 때로는 꽃을 주는 것도 목격되었다. 뭔가 가슴이 따뜻해지는 이야기이다.

193 ① 이것들이란, 무엇을 가리키고 있습니까?

(A) 귀와 코

(B) 머리와 눈

(C) 시력과 입

(D) 입

194 ② 에 들어갈 적당한 말을 고르세요.

(A) 오히려

(B) 물론

(C) 도리어

(D) 그럼에도 불구하고

195 ③ 친근감을 가진이라고 하는데, 어째서입니까?

(A) 교육을 받지 못한 코끼리는 불량 코끼리가 될 가능성이 있는 것이 인간과 같기 때문에

(B) 장례식에서는 한 줄로 늘어서 순서대로 코를 쓰다듬어 주는 행위가 인간의 질서를 갖고 있는 것 같기 때문에

(C) 인간과 마찬가지로 몸을 사용한 스킨십을 통해서 교육을 하고 있기 때문에

(D) 혈연관계로 무리를 이루고, 아이의 교육도 실시하는 행위가 인간과 같기 때문에

196 본문의 내용과 맞는 것을 고르세요.

(A) 코끼리는 시력이 별로 좋지 않고, 코의 감촉만을 의지하고 있다.

(B) 코끼리의 코는 냄새를 맡는 것 이외에도 다양한 기능을 하지만, 코 자체는 민감하지 않다.

(C) 코끼리의 시력은 별로 좋지 않지만, 대신에 머리가 크게 발달해 있다.

(D) 코끼리의 코는 냄새를 맡을 뿐만 아니라 다양한 기능을 하며, 코 자체의 기능도 뛰어나다.

象(ぞう) 코끼리 | 切(き)り出(だ)し 베거나 잘라서 실어 냄 | 極端(きょくたん) 극단 | 筋肉(きんにく) 근육 | 血縁(けつえん) 혈연 | 群(む)れ 떼, 무리 | しつける 일상생활의 예의범절을 가르쳐 몸에 붙게 하다 | 凶暴(きょうぼう) 흉포함 | 葬式(そうしき) 장례식, 장례, 고별식 | 撫(な)でる 쓰다듬다, 어루만지다

197~200

우리들이 보다 나은 인생을 살기 위해서 인생에는 ① 전략이 필요합니다. 전략이란, 목표달성을 위해 종합적인 시책을 통하여, 자원을 효과적으로 배분 · 운용하는 기술입니다. 여기서 말하는 자원이란 주로 사람 · 물건 · 돈, 그리고 정보입니다만, '사람의 자원'이란 구체적으로 무엇을 가리키는 걸까요? 그것은 뛰어난 인재나 그 사람이 가지고 있는 스킬을 가리키며, 그 사람들이 얼마만큼의 시간을 목표달성을 위해서 사용할 필요가 있는지, 사람의 노동력 · 시간배분을 의미하는 것입니다. 평소 제가 느끼는 것은 일본인이 전체적으로 자신에 대해서도 타인에 대해서도 시간의 사용방법에 대해 무관심한 경향이 있어, 그것이 일본 전체의 ② '시간 빈곤'을 초래하고 있다는 것입니다. 일본은 금전적으로는 타국에 비해서 가난하지 않을지 모르지만, 노동시간이 길고 자유시간이 짧아, '시간 빈곤'이 아닐까요? ___③___, 헤이세이 18년 (2006년)도판 국민생활백서에 의하면, 주당 노동시간이 50시간 이상인 노동자 비율이 28.1퍼센트로, 여러 선진국 중에서 눈에 띄었습니다. 다른 나라에서는 미국 20퍼센트, 영국 15.5퍼센트가 눈에 띄고, 그 외에는 유럽제국은 모두 7퍼센트 미만입니다. ___④___, EU제국은 주 48시간 이내의 노동으로 끝나는 것에 대해서, 영국을 제외한 나라의 노사가 동의하고 있기 때문입니다. 그 배경에는 과로가 가정생활의 붕괴나 과로사를 초래한다는 염려가 있습니다. 그리고 짧은 노동시간 안에서 성과를 내는 것을 가치관으로 가지고 있기 때문에, 단위시간 당 만들어 낼 수 있는 부가가치(생산성)가 일본보다도 높은 것입니다. 한편, 일본의 노동생산성은 OECD 여러 국가 중에서 항상 최저수준입니다.

197 ① 전략이 가리키는 구체적인 내용으로 올바른 것은 어느 것입니까?

(A) 노동시간을 줄이고, 가정생활의 붕괴나 과로사를 방지하는 것

(B) 뛰어난 인재를 확보하여, 그것을 노동시간 배분을 위해 사용하는 것

(C) 사람 · 물건 · 돈 · 정보를 효과적으로 배분 · 운용하는 것

(D) 주당 노동시간을 조정하여, 노사 모두 좋은 관계를 만드는 것

198 ②「시간 빈곤」이란, 어떤 의미입니까?

(A) 장시간 노동의 결과, 가정 붕괴나 과로사를 일으켜 사회적으로 가난해진다는 의미

(B) 노동생산성이 나쁜 일본은 결국에 금전적으로도 가난해질 거라는 의미

(C) 노동시간이 길고, 자유시간이 없다는 의미

(D) 자신에 대해서도 타인에 대해서도 시간에 무관심하다는 의미

199 ___③___ 에 들어갈 적당한 말을 아래에서 고르세요.

(A) 예를 들면

(B) 우화

(C) 가령

(D) 예

200 ___④___ 에 들어갈 적당한 말을 아래에서 고르세요.

(A) 그건 그렇고

(B) 생각해 보면

(C) 그건 그렇다 치고

(D) 왜냐하면

施策(しさく) 시책 | 無頓着(むとんちゃく) 무관심함. 개의치 않음. 아랑곳하지 않음 | 貧乏(びんぼう) 빈핍. 가난. 빈궁 | 諸国(しょこく) 제국. 여러 나라. 여러 지방 | 軒並(のきな)み 집집마다. 모든 집 | 労使(ろうし) 노사 | 崩壊(ほうかい) 붕괴 | 懸念(けねん) 걱정. 염려

실전모의고사 5회

문제집 244~287쪽

PART1 사진묘사 (정답 및 해설) 문제집 245~254쪽

1

(A) たばこを吸っている人がいます。
(B) たばこを販売しています。
(C) 灰皿にたばこが一本置いてあります。
(D) 灰皿に吸殻がいっぱいです。

(A) 담배를 피우고 있는 사람이 있습니다.
(B) 담배를 판매하고 있습니다.
(C) 재떨이에 담배 한 개비가 놓여 있습니다.
(D) 재떨이에 담배꽁초가 가득합니다.

たばこを吸(す)う 담배를 피우다｜販売(はんばい) 판매｜灰皿(はいざら) 재떨이｜吸殻(すいがら) 담배꽁초

2

(A) 学生たちが陸橋を渡っているところです。
(B) 学生たちが踏切を渡っているところです。
(C) みんな同じ格好をしています。
(D) 生徒たちが歩いています。

(A) 학생(대학생)들이 육교를 건너고 있는 중입니다.
(B) 학생(대학생)들이 건널목을 건너고 있는 중입니다.
(C) 모두 똑같은 모습을 하고 있습니다.
(D) 학생(중고생)들이 걷고 있습니다.

学生(がくせい) 학생(대학생)｜陸橋(りっきょう) 육교｜渡(わた)る 건너다｜踏切(ふみきり) 건널목｜格好(かっこう) 모양, 모습｜生徒(せいと) 학생(중/고등학생)

3

(A) 男の人は顔を洗っています。
(B) 男の人は掃除をしています。
(C) 男の人は草木に水をやっています。
(D) 男の人は水を溜めています。

(A) 남자는 얼굴을 씻고 있습니다.
(B) 남자는 청소를 하고 있습니다.
(C) 남자는 초목에 물을 주고 있습니다.
(D) 남자는 물을 모으고 있습니다.

顔(かお)を洗(あら)う 얼굴을 씻다｜掃除(そうじ) 청소｜草木(くさき) 초목｜水(みず)をやる 물을 주다｜溜(た)める 한곳에 모아 두다

4

(A) ご飯は山盛りです。
(B) ご飯を食べています。
(C) ご飯は味噌汁の右側にあります。
(D) ご飯は味噌汁の左側にあります。

(A) 밥은 수북합니다.
(B) 밥을 먹고 있습니다.
(C) 밥은 된장국의 오른쪽에 있습니다.
(D) 밥은 된장국의 왼쪽에 있습니다.

ご飯(はん) 밥, 식사｜山盛(やまも)り 수북이 담음｜味噌汁(みそしる) 된장국｜右側(みぎがわ) 우측, 오른쪽｜左側(ひだりがわ) 좌측, 왼쪽

5

(A) この店ではトマト一盛300円です。
(B) この店ではトマト一つ300円です。
(C) この店ではトマト一箱300円です。
(D) この店では果物を売っています。

(A) 이 가게에서는 토마토 한 바구니에 300엔입니다.
(B) 이 가게에서는 토마토 한 개에 300엔입니다.
(C) 이 가게에서는 토마토 한 상자에 300엔입니다.
(D) 이 가게에서는 과일을 팔고 있습니다.

店(みせ) 가게｜一盛(ひともり) 한 그릇, 한 바구니｜一箱(ひとはこ) 한 상자｜果物(くだもの) 과일

6

(A) ここでは手を見て、運勢を知ることができます。
(B) ここでは手のマッサージを受けることができます。
(C) ここでは手を見ながら、話をすることができます。
(D) ここでは手にある傷の治療を受けることができます。

(A) 여기서는 손을 보고, 운세를 알 수가 있습니다.

(B) 여기서는 손 마사지를 받을 수가 있습니다.

(C) 여기서는 손을 보면서, 이야기를 할 수 있습니다.

(D) 여기서는 손에 있는 상처를 치료받을 수 있습니다.

運勢(うんせい) 운세 | マッサージを受(う)ける 마사지를 받다 | 傷(きず) 상처, 다친 데, 흉터 | 治療(ちりょう)を受(う)ける 치료를 받다

7

(A) 女(おんな)の人(ひと)はかばんを持(も)っています。

(B) 女(おんな)の人(ひと)は肩(かた)からかばんをかけています。

(C) 男(おとこ)の人(ひと)はかばんを背負(せお)っています。

(D) 男(おとこ)の人(ひと)は足(あし)を組(く)んでいます。

(A) 여자는 가방을 들고 있습니다.

(B) 여자는 어깨에 가방을 메고 있습니다.

(C) 남자는 가방을 등에 메고 있습니다.

(D) 남자는 다리를 꼬고 있습니다.

かばんを持(も)つ 가방을 들다 | 肩(かた) 어깨 | かばんをかける 가방을 걸다(메다) | 背負(せお)う 짊어지다. 등에 업다. 지다 | 足(あし)を組(く)む 다리를 꼬다

8

(A) ここには妊娠(にんしん)した人(ひと)も座(すわ)ることができます。

(B) ここは老人(ろうじん)だけは座(すわ)ることができない優先席(ゆうせんせき)です。

(C) ここには携帯電話(けいたいでんわ)の電源(でんげん)を切(き)った人(ひと)だけが座(すわ)ることができます。

(D) ここに健康(けんこう)な人(ひと)が座(すわ)ると、法律違反(ほうりついはん)となります。

(A) 여기에는 임신한 사람도 앉을 수가 있습니다.

(B) 여기는 노인만은 앉을 수가 없는 노약자석입니다.

(C) 여기에는 휴대전화의 전원을 끈 사람만이 앉을 수가 있습니다.

(D) 여기에 건강한 사람이 앉으면, 법률 위반이 됩니다.

妊娠(にんしん) 임신 | 老人(ろうじん) 노인 | 優先席(ゆうせんせき) 우선석, 경로석, 노약자석 | 電源(でんげん)を切(き)る 전원을 끊다 | 健康(けんこう) 건강 | 法律違反(ほうりついはん) 법률 위반

9

(A) 急(きゅう)カーブが続(つづ)く道(みち)です。

(B) 緩(ゆる)やかなカーブの道(みち)です。

(C) 緩(ゆる)やかな坂道(さかみち)です。

(D) 直角(ちょっかく)に曲(ま)がる道(みち)です。

(A) 급커브가 계속되는 길입니다.

(B) 완만한 커브길입니다.

(C) 완만한 비탈길입니다.

(D) 직각으로 굽어진 길입니다.

急(きゅう)カーブ 급커브 | 続(つづ)く 이어지다. 계속되다. 잇따르다 | 緩(ゆる)やか 완만함, 느릿함 | 坂道(さかみち) 고갯길, 비탈길 | 直角(ちょっかく) 직각 | 曲(ま)がる 구부러지다. 방향을 바꾸다. 돌다

10

(A) これは亡(な)くなった人(ひと)の記念碑(きねんひ)です。

(B) これは有名(ゆうめい)な人物(じんぶつ)の墓地(ぼち)です。

(C) これは人形(にんぎょう)を供養(くよう)するためのものです。

(D) これは有名(ゆうめい)な言葉(ことば)を記(しる)したものです。

(A) 이것은 죽은 사람의 기념비입니다.

(B) 이것은 유명한 인물의 묘지입니다.

(C) 이것은 인형을 공양하기 위한 것입니다.

(D) 이것은 유명한 말을 적은 것입니다.

亡(な)くなる 죽다 | 記念碑(きねんひ) 기념비 | 人物(じんぶつ) 인물 | 墓地(ぼち) 묘지 | 供養(くよう) 공양 | 記(しる)す 적다. 쓰다. 기록하다

11

(A) この人(ひと)は前屈(まえかが)みになっています。

(B) この人(ひと)は庭(にわ)の掃除(そうじ)をしています。

(C) この人(ひと)は横断歩道(おうだんほどう)で待(ま)っています。

(D) この人(ひと)は廊下(ろうか)のゴミを拾(ひろ)っています。

(A) 이 사람은 앞으로 구부리고 있습니다.

(B) 이 사람은 정원 청소를 하고 있습니다.

(C) 이 사람은 횡단보도에서 기다리고 있습니다.

(D) 이 사람은 복도의 쓰레기를 줍고 있습니다.

前屈(まえかが)み 상반신을 앞으로 구부림 | 横断歩道(おうだんほどう) 횡단보도 | 廊下(ろうか) 복도 | 拾(ひろ)う 줍다. 습득하다

12

(A) テーブルの上にマグカップがあります。
(B) テーブルの上にお皿が陳列してあります。
(C) テーブルの上に割れた瓶があります。
(D) テーブルの上にお皿が重ねて置いてあります。

(A) 테이블 위에 머그컵이 있습니다.
(B) 테이블 위에 접시가 진열되어 있습니다.
(C) 테이블 위에 깨진 병이 있습니다.
(D) 테이블 위에 접시가 겹쳐져 놓여 있습니다.

マグカップ 머그컵 | 皿(さら) 접시 | 陳列(ちんれつ) 진열 | 割(わ)れる 깨지다, 부서지다, 쪼개지다 | 瓶(びん) 병 | 重(かさ)ねる 겹치다. 포개다, 쌓아 올리다

13

(A) 女の人はしゃがんで飲み物を持っています。
(B) スカートを履いた女の人が両手に飲み物を持っています。
(C) 女の人は片手に飲み物を持っています。
(D) 女の人は腰を落として飲み物を取ろうとしています。

(A) 여자는 웅크리고 앉아 마실 것을 들고 있습니다.
(B) 스커트를 입은 여자가 양손에 마실 것을 들고 있습니다.
(C) 여자는 한 손에 마실 것을 들고 있습니다.
(D) 여자는 허리를 숙여 마실 것을 잡으려 하고 있습니다.

しゃがむ 웅크리고 앉다 | 飲(の)み物(もの) 음료, 마실 것 | スカートを履(は)く 치마(스커트)를 입다 | 両手(りょうて) 양손, 두 손 | 片手(かたて) 한손. 한쪽 손 | 腰(こし)を落(お)とす 허리를 숙이다

14

(A) 男の人は本屋で話し合っています。
(B) 男の人は本屋で万引きをしようとしています。
(C) 男の人は立ち読みをしています。
(D) 男の人は立ち尽くし本をあさっています。

(A) 남자는 책방에서 서로 이야기하고 있습니다.
(B) 남자는 책방에서 몰래 훔치려 하고 있습니다.
(C) 남자는 서서 책을 읽고 있습니다.
(D) 남자는 내내 서서 책을 뒤지고 있습니다.

本屋(ほんや) 책방, 서점 | 話(はな)し合(あ)う 서로 이야기하다, 이야기를 나누다, 서로 의논하다 | 万引(まんび)き 손님을 가장하여 물건을 훔침 | 立(た)ち読(よ)み 책은 사지 않고 선 채로 읽음 | 立(た)ち尽(つ)くす 언제까지나 그곳에 서 있다 | あさる 찾아다니다, 뒤지고 다니다

15

(A) 建物の壁は爆破されました。
(B) 建物の壁が斜めに傾いています。
(C) 建物の壁が剥がれています。
(D) 建物の窓が壊れています。

(A) 건물의 벽은 폭파되었습니다.
(B) 건물의 벽이 비스듬하게 기울어져 있습니다.
(C) 건물의 벽이 벗겨져 있습니다.
(D) 건물의 유리창이 깨져 있습니다.

建物(たてもの) 건물 | 壁(かべ) 벽 | 爆破(ばくは) 폭파 | 斜(なな)め 비스듬함. 경사짐 | 傾(かたむ)く 기울다. 비스듬해지다 | 剥(は)がれる 벗겨지다. 벗겨 떨어지다 | 壊(こわ)れる 깨지다. 부서지다. 파손되다. 고장 나다

16

(A) 女の人は木の陰で休んでいます。
(B) 女の人は木の間から顔を出しています。
(C) 女の人は木に寄り掛かっています。
(D) 女の人は木の隙間から覗き込んでいます。

(A) 여자는 나무 그늘에서 쉬고 있습니다.
(B) 여자는 나무 사이에서 얼굴을 내밀고 있습니다.
(C) 여자는 나무에 기대고 있습니다.
(D) 여자는 나무 틈으로 들여다보고 있습니다.

陰(かげ) 그늘 | 休(やす)む 휴식하다. 쉬다 | 顔(かお)を出(だ)す 얼굴을 내밀다 | 寄(よ)り掛(か)かる 기대다. 의지하다 | 覗(のぞ)き込(こ)む 목을 길게 빼어 들여다보다. 얼굴을 가까이 들이밀고 보다

17

(A) 道路は凸凹しています。
(B) 道路と歩道との間には柵が設置してあります。
(C) この道路は歩道との区別がありません。
(D) この道路の中央には街路樹が植えてあります。

(A) 도로는 울퉁불퉁합니다.

(B) 도로와 보도 사이에는 울타리가 설치되어 있습니다.

(C) 이 도로는 보도와의 구별이 없습니다.

(D) 이 도로 중앙에는 가로수가 심어져 있습니다.

凸凹(でこぼこ) 오철. 울퉁불퉁 | 歩道(ほどう) 보도 | 柵(さく) 울짱. 울타리 | 設置(せっち) 설치 | 街路樹(がいろじゅ) 가로수 | 植(う)える 심다

18

(A) 人々がごった返していて、黒山の人だかりです。

(B) 人々はみな集まって、座り込みをしています。

(C) 人々は今まさに立ち上がろうとしています。

(D) 人々は三々五々、あちこちに散らばって座っています。

(A) 사람들로 붐비면서, 인산인해를 이루고 있습니다.

(B) 사람들은 모두 모여, 연좌 농성을 하고 있습니다.

(C) 사람들은 지금 확실히 일어서려 하고 있습니다.

(D) 사람들은 삼삼오오, 여기저기에 흩어져 앉아 있습니다.

ごった返(がえ)す 심한 혼잡을 이루다. 들끓다. 몹시 붐비다 | 黒山(くろやま)の人(ひと)だかり 사람이 새까맣게 모임. 인산인해를 이룸 | 座(すわ)り込(こ)みをする 앉은 채 움직이지 않다. 연좌 농성을 하다 | 立(た)ち上(あ)がる 일어서다. 솟아오르다 | 三々五々(さんさんごご) 삼삼오오 | 散(ち)らばる 흩어지다. 산재하다. 어질러지다

19

(A) 男の人は二人とも股を開いたままピースのサインをして、女の人は向かい合って座っています。

(B) 二人は足を前に伸ばし、二人は足を曲げたままです。でも全員でピースのサインをしています。

(C) 右側の男の人は右腕に腕時計をして、女の人の一人はサンダルを履いています。

(D) 四人全員で肩を組んで、ピースのサインをしている楽しそうな姿が写真に収まっています。

(A) 남자는 두 명 모두 가랑이를 벌린 채 V자 사인을 하고, 여자는 서로 마주 앉아 있습니다.

(B) 두 명은 다리를 앞으로 펴고, 두 명은 다리를 굽히고 있습니다. 하지만 전원이 V자 사인을 하고 있습니다.

(C) 우측의 남자는 오른팔에 손목시계를 차고, 여자 중 한 명은 샌들을 신고 있습니다.

(D) 네 명 전원이 어깨동무를 하고, V자 사인을 하고 있는 즐거운 듯한 모습이 사진에 담겨 있습니다.

股(また)を開(ひら)く 가랑이를 벌리다 | ピースのサイン V자 사인 | 足(あし)を伸(の)ばす 다리를 펴다 | 足(あし)を曲(ま)げる 다리를 구부리다 | 腕時計(うでどけい) 손목시계 | 肩(かた)を組(く)む 어깨동무를 하다

20

(A) 全て直線でできた模様です。

(B) 直線の中にも丸みを帯びたものもあります。

(C) 四角いものと三角のものが交ざっています。

(D) 四角形と六角形が交ざっています。

(A) 전부 직선으로 된 무늬입니다.

(B) 직선 안에도 둥그스름함을 띤 것도 있습니다.

(C) 네모진 것과 삼각인 것이 섞여 있습니다.

(D) 사각형과 육각형이 섞여 있습니다.

直線(ちょくせん) 직선 | 模様(もよう) 무늬. 도안 | 丸(まる)みを帯(お)びる 둥그스름함을 띠다 | 四角(しかく)い 네모지다. 네모꼴이다 | 三角(さんかく) 삼각 | 交(ま)ざる 섞이다 | 四角形(しかくけい) 사각형 | 六角形(ろっかくけい) 육각형

PART2 질의응답 (정답 및 해설) 문제집 255쪽

21

山本さんは何を見たんですか。

(A) はい、友達と見ます。

(B) ドラマを見ました。

(C) はい、友達と見ました。

(D) いいえ、見ませんでした。

야마모토 씨는 무엇을 본 겁니까?

(A) 네, 친구와 봅니다.

(B) 드라마를 봤습니다.

(C) 네, 친구와 봤습니다.

(D) 아니요, 보지 않았습니다.

Ⓣ 「~の(です)か」 형태의 의문문은 그 내용이 옳다는 것을 알고 있으며, 그 내용의 일부분을 특정화하기 위해 사용한다. ⇒ 참인지 거짓인지를 묻고 있는 것이 아니기 때문에 「はい」나 「いいえ」로 대답할 수 없다.

見(み)る 보다 | 友達(ともだち) 친구 | ドラマ 드라마

22

田中(たなか)さんはアメリカに行(い)ったことがありますか。

(A) いいえ、まだ一度(いちど)も。

(B) いいえ、そんなことはありません。

(C) ええ、一度(いちど)だけ行(い)きます。

(D) 行(い)ってみてください。

다나카 씨는 미국에 간 적이 있습니까?

(A) 아니요, 아직 한 번도.

(B) 아니요, 그런 일은 없습니다.

(C) 네, 한 번만 갑니다.

(D) 가 봐 주세요.

Ⓣ 미국에 간 적이 있는가?

行(い)く 가다 | まだ 아직, 여태까지, 지금껏 | 一度(いちど) 한 번, 한 차례

23

大変(たいへん)ですね。何(なに)か手伝(てつだ)いましょうか。

(A) そうですね、お先(さき)に失礼(しつれい)します。

(B) こちらこそ、よろしくお願(ねが)いします。

(C) では、これを5部(ぶ)ずつコピーしてください。

(D) ありがとうございました。またご利用(りよう)ください。

엄청나네요. 뭐 좀 도와드릴까요?

(A) 그러네요, 먼저 실례하겠습니다.

(B) 이쪽이야말로, 잘 부탁합니다.

(C) 그럼, 이것을 5부씩 복사해 주세요.

(D) 감사합니다. 다시 이용해 주세요.

Ⓣ 도와드릴까요?

大変(たいへん) 큰일, 대사건, 대단함, 굉장함 | 手伝(てつだ)う 도와주다, 거들다 | コピー 복사, 사본 | 利用(りよう) 이용

24

昨日(きのう)、雨(あめ)に降(ふ)られて風邪(かぜ)を引(ひ)いてしまいました。

(A) おめでとうございます。

(B) おかげさまで。

(C) お元気(げんき)で。

(D) お大事(だいじ)に。

어제 비를 맞아서, 감기에 걸리고 말았습니다.

(A) 축하합니다.

(B) 덕분에.

(C) 잘 있어요.

(D) 몸조리 잘하세요.

Ⓣ 감기에 걸렸다!

おかげさまで 덕분에 | お元気(げんき)で 잘 있어요 | お大事(だいじ)に 몸조리 잘하세요

25

山本(やまもと)さんは彼女(かのじょ)と映画(えいが)を見(み)たんですか。

(A) はい、弟(おとうと)と見(み)ました。

(B) はい、明日(あした)一緒(いっしょ)に見(み)るつもりです。

(C) 彼女(かのじょ)とは見(み)ませんでした。

(D) あまり面白(おもしろ)くありませんでした。

야마모토 씨는 애인과 영화를 본 겁니까?

(A) 네, 동생과 봤습니다.

(B) 네, 내일 같이 볼 생각입니다.

(C) 애인하고는 보지 않았습니다.

(D) 별로 재미없었습니다.

Ⓣ 「~の(です)か」 형태의 의문문은 그 내용이 옳다는 것을 알고 있으며 그 내용의 일부분을 특정화하기 위해 사용한다. ⇒ 참인지 거짓인지를 묻고 있는 것이 아니기 때문에 「はい」나 「いいえ」로 대답할 수 없다.

一緒(いっしょ)に 같이, 함께 | あまり (부정어와 함께 사용하여) 그다지, 별로 | 面白(おもしろ)い 재미있다, 우습다

26

奥様(おくさま)はお元気(げんき)でお過(す)ごしですか。

(A) どういたしまして。

(B) あなたのせいです。

(C) 私(わたし)ですか。

(D) ええ、おかげさまで。

사모님은 잘 지내십니까?

(A) 천만의 말씀.

(B) 당신 탓입니다.

(C) 저 말입니까?

(D) 네, 덕분에.

📖 기본 인사 표현에 주의할 것!

奥様(おくさま) 남의 아내의 높임말, 부인, 사모님 | 過(す)ごす 시간을 보내다, 지내다, 생활하다 | せい 탓, 원인, 이유

27

斎藤(さいとう)さん、帰(かえ)りに一杯(いっぱい)やりませんか。

(A) いいですね。場所(ばしょ)は鈴木(すずき)さんにお任(まか)せします。

(B) そんなにたくさんは飲(の)めませんよ。

(C) おつまみがうまいんですよね、あの居酒屋(いざかや)。

(D) 喫茶店(きっさてん)なら駅前(えきまえ)の通(とお)りにたくさんありますよ。

사이토 씨, 돌아갈 때 한잔하지 않겠습니까?

(A) 좋지요. 장소는 스즈키 씨에게 맡기겠습니다.

(B) 그렇게 많이는 못 마셔요.

(C) 저 술집, 안주가 맛있지요.

(D) 커피숍이라면 역 앞 거리에 많이 있어요.

📖 식사 등의 접대를 받았을 때 정해진 인사 표현에 주의할 것!

帰(かえ)り 돌아옴(감). 돌아올(갈) 때 | 一杯(いっぱい) 한 잔, 한 그릇, 가볍게 술을 마심, 한잔함 | 任(まか)せる 맡기다 | おつまみ 손으로 집어 먹을 수 있는 간단한 술안주 | 居酒屋(いざかや) 선술집 | 通(とお)り 길, 도로, 통행, 왕래

28

今週(こんしゅう)の金曜日(きんようび)が待(ま)ちに待(ま)った給料日(きゅうりょうび)だわ。

(A) 夢(ゆめ)が叶(かな)えてよかったね。

(B) これでもう手(て)を加(くわ)えなくてもいいよね。

(C) それまで残(のこ)ったお金(かね)でやりくりしなくちゃ。

(D) そうだね。それも虫(むし)の知(し)らせだよ。

이번 주 금요일이 기다리고 기다리던 월급날이네.

(A) 꿈이 이루어져서 잘 됐네.

(B) 이것으로 이제 손 보지 않아도 되지.

(C) 그때까지 남은 돈으로 변통해야지.

(D) 그러네. 그것도 불길한 예감이야.

📖 기다리던 월급날이다.

待(ま)ちに待(ま)った 기다리고 기다리던 | 叶(かな)える 충족시키다, 들어주다, 이루어지다 | 手(て)を加(くわ)える 가공하다, 손질하다, 수정하다 | やりくり 변통, 주변, 둘러댐 | 虫(むし)の知(し)らせ 좋지 않은 예감

29

あら、私(わたし)携帯電話(けいたいでんわ)を落(お)としちゃったみたいだわ。

(A) 携帯電話(けいたいでんわ)の番号(ばんごう)を忘(わす)れちゃったんだね。

(B) すぐ見付(みつ)かってよかったね。

(C) どこに置(お)いたのかかいもく見当(けんとう)もつかないの？

(D) だったら、早(はや)く病院(びょういん)に行(い)かなくちゃ。

어머, 나 휴대전화를 떨어뜨린 것 같아.

(A) 휴대전화 번호를 잊어버린 거군.

(B) 바로 찾아서 다행이네.

(C) 어디에 뒀는지 전혀 짐작도 안 가?

(D) 그렇다면 빨리 병원에 가야지.

📖 휴대전화를 떨어뜨린 것 같다.

落(お)とす 떨어뜨리다, 놓치다 | すぐ 곧, 즉시, 금방 | 見付(みつ)かる 들키다, 발각되다, 찾게 되다, 발견되다 | かいもく (부정어와 함께) 전혀, 도무지 | 見当(けんとう) 어림, 짐작, 예상

30

さっきからそわそわしていますが、何(なに)かあったんですか。

(A) 外(そと)が騒(さわ)がしいので眠(ねむ)れないんですよ。

(B) 今日(きょう)は入学試験結果(にゅうがくしけんけっか)の発表(はっぴょう)の日(ひ)なんですよ。

(C) 待(ま)ち合(あ)わせした友達(ともだち)が来(こ)ないからですよ。

(D) 朝(あさ)から妻(つま)に小言(こごと)を言(い)われまして…。

아까부터 안절부절 못하고 있는데, 무슨 일 있었습니까?

(A) 밖이 소란스러워서 잠을 잘 수가 없어요.

(B) 오늘은 입학시험 결과 발표 날이에요.

(C) 만나기로 한 친구가 오지 않기 때문이에요.

(D) 아침부터 아내에게 잔소리를 들어서…….

🇺 안절부절 못하고 있는데, 무슨 일이 있었나?

そわそわ 안절부절 못하는 모양. 침착하지 못하고 불안해하는 모양 | 騒(さわ)しい 시끄럽다. 소란스럽다 | 待(ま)ち合(あ)わせ 시일이나 장소를 정해 놓고 거기서 상대를 기다림 | 小言(こごと) 잔소리. 꾸지람. 불평. 투덜댐

31

今まで頑張ってきたプロジェクトがついに終わったわね。

(A) 気が短い人達ばかりだったから、困っちゃうわね。

(B) 今までの売り上げが落ち込んだんだね。

(C) いつか夢は叶うから、あきらめちゃだめだよ。

(D) やっと肩の荷が下りた思いよ。

이제까지 힘들여 해 온 프로젝트가 마침내 끝났네.

(A) 성급한 사람들뿐이라서, 난처하군.

(B) 이제까지의 매상이 뚝 떨어졌군.

(C) 언젠가 꿈은 이루어지니까, 포기하면 안 돼.

(D) 겨우 어깨가 가벼워진 기분이야.

🇺 프로젝트가 끝났다!

プロジェクト 프로젝트 | ついに 마침내. 드디어 | 気(き)が短(みじか)い 성질이 급하다 | 売(う)り上(あ)げ 매상. 매출 | 落(お)ち込(こ)む 강물이나 함정 등에 빠지다. 좋지 못한 상태에 빠지다. 실적 등이 뚝 떨어지다 | やっと 겨우. 가까스로, 간신히 | 肩(かた)の荷(に)が下(お)りる 어깨의 짐이 내려지다. 어깨가 가벼워지다

32

今度のオリンピックで選手がいい成果を出してほしいわ。

(A) 僕も今回のオリンピックは辞めた方がいいと思うな。

(B) 僕も選手の活躍には期待しないよ。

(C) 僕も選手の苦労に心から拍手を送りたいね。

(D) 僕も選手の活躍に心から期待しているんだ。

이번 올림픽에서 선수가 좋은 성과를 냈으면 좋겠어.

(A) 나도 이번 올림픽은 그만두는 게 좋다고 생각해.

(B) 나도 선수 활약에는 기대하지 않아.

(C) 나도 선수의 고생에 진심으로 박수를 보내고 싶네.

(D) 나도 선수의 활약에 진심으로 기대하고 있어.

🇺 좋은 성과를 내기 바란다.

オリンピック 올림픽 | 成果(せいか)を出(だ)す 성과를 내다 | 拍手(はくしゅ) 박수 | 送(おく)る 보내다

33

加藤さんは給料が出るそばから、使ってしまうのでいつも貧乏よ。

(A) 加藤さんのそばには、鈴木さんがいるね。

(B) 給料を使いきってしまうなんて、自己管理ができていないね。

(C) 給料の額に不満があるらしいね。

(D) 家計簿をつけないから、使途不明金が出るね。

가토 씨는 월급이 나오자마자, 다 써 버리기 때문에 늘 가난해.

(A) 가토 씨 옆에는 스즈키 씨가 있군.

(B) 월급을 다 사용해 버리다니, 자기관리가 안 되어 있군.

(C) 월급 액수에 불만이 있는 것 같군.

(D) 가계부를 적지 않으니까, 용도를 알 수 없는 돈이 나오는군.

🇺 월급을 바로 써 버려서 늘 가난하다.

給料(きゅうりょう) 임금. 급여 | ~そばから ~하자마자 | 貧乏(びんぼう) 궁핍. 가난 | 使(つか)いきる 다 쓰다. 다 사용하다 | 自己管理(じこかんり) 자기관리 | 家計簿(かけいぼ)をつける 가계부를 적다 | 使途不明金(しとふめいきん) 용도를 알 수 없는 돈

34

東京の通勤電車の混雑ぶりは世界でもかなり有名ですよね。

(A) ラッシュアワーにもなると、身動き一つできないからね。

(B) 割り込みが禁止されているのも一つの原因ですよ。

(C) 東京へは飛行機で行くのが便利ですよ。

(D) 電車の中に痴漢もかなりの数に上ります。

도쿄 통근 전철의 혼잡한 모습은 세계에서도 아주 유명하지요.

(A) 러시아워라도 되면, 옴짝달싹도 할 수 없으니까.

(B) 새치기가 금지되어 있는 것도 하나의 원인이에요.

(C) 도쿄에는 비행기로 가는 것이 편리해요.

(D) 전철 안에 치한도 상당한 수에 달합니다.

🔟 도쿄 통근 전철의 혼잡은 아주 유명하다!

通勤電車(つうきんでんしゃ) 통근 전철 | 混雑(こんざつ) 혼잡 | ラッシュアワー 러시아워, 교통 혼잡 시간 | 身動(みうご)き 몸을 움직임, 자유로이 행동함 | 割(わ)り込(こ)み 비집고 들어감, 새치기 | 痴漢(ちかん) 치한 | 上(のぼ)る ~에 이르다, ~에 달하다

35

金子君(かねこくん)はよちよち歩(ある)きの子供(こども)だったのに、もう成人式(せいじんしき)を迎(むか)えるなんて…。

(A) 子供(こども)の成長(せいちょう)には目(め)を見張(みは)るものがありますからね。

(B) 子供(こども)はくよくよするのが好(す)きですから。

(C) 子供(こども)は親(おや)の背中(せなか)を見(み)て育(そだ)つといいますから。

(D) 子供(こども)がうろうろしていますよ。

가네코 군은 아장아장 걷는 아이였는데, 벌써 성인식을 맞이하다니……

(A) 아이의 성장에는 눈이 휘둥그레지니까요.

(B) 아이는 끙끙거리는 것을 좋아하니까요.

(C) 아이는 부모의 뒷모습을 보고 자란다고 하니까요.

(D) 아이가 허둥지둥하고 있어요.

🔟 아이였는데, 벌써 성인식을 맞이하다니.

よちよち 어린아이 등이 걷는 모양, 아장아장, 비틀비틀 | 成人式(せいじんしき)を迎(むか)える 성인식을 맞이하다 | 目(め)を見張(みは)る 화나거나 놀라거나 감탄하거나 하여 눈을 크게 뜨다, 눈이 휘둥그레지다 | くよくよ 사소한 일을 한없이 걱정하여 고민하는 모양, 끙끙 | うろうろ 목적도 없이 이리저리 헤매는 모양(어슬렁어슬렁), 당황하여 갈피를 못 잡는 모양(허둥지둥)

36

港(みなと)にパトカーや警察車両(けいさつしゃりょう)が止(と)まって物々(ものもの)しい雰囲気(ふんいき)でした。

(A) 海(うみ)で死体(したい)が発見(はっけん)されたらしいですよ。

(B) 駅(えき)で子供(こども)たちが喧嘩(けんか)をしていたらしいよ。

(C) 商店街(しょうてんがい)で大(おお)きな火災(かさい)が発生(はっせい)してかなりの死傷者(ししょう)が出(で)ているようですよ。

(D) 会社(かいしゃ)の経営(けいえい)が波(なみ)に乗(の)ってきたみたいですよ。

항구에 순찰차와 경찰 차량이 멈춰서 삼엄한 분위기였습니다.

(A) 바다에서 사체가 발견된 것 같아요.

(B) 역에서 아이들이 싸움을 하고 있었던 것 같아.

(C) 상점가에서 큰 화재가 발생해서 상당한 사상자가 나오고 있는 것 같아요.

(D) 회사 경영이 수준에 올라온 것 같아요.

🔟 삼엄한 분위기!!!

港(みなと) 항구 | パトカー 순찰차 | 物々(ものもの)しい 삼엄하다, 장엄하다 | 死体(したい) 사체, 시체 | 喧嘩(けんか) 싸움, 다툼 | 商店街(しょうてんがい) 상점가 | 火災(かさい) 화재 | 死傷者(ししょうしゃ) 사상자 | 波(なみ)に乗(の)る 물결을 타다, 시류에 편승하다

37

昨日(きのう)はタイガースが、9回(かい)の裏(うら)、田中選手(たなかせんしゅ)のホームランでさよなら勝(か)ちでしたよ！

(A) またタイガース負(ま)けたんですか。最下位決定(さいかいけってい)ですよ。

(B) それじゃ連戦連敗(れんせんれんぱい)ですね。目(め)を覆(おお)いたくなる結果(けっか)です。

(C) タイガースも波(なみ)に乗(の)り損(そこ)ねた感(かん)じですね。

(D) やってくれたよ！田中選手(たなかせんしゅ)はタイガースの攻撃(こうげき)の切札(きりふだ)だったんですよ。

어제는 타이거즈가 9회말, 다나카 선수의 굿바이 홈런으로 이겼어요!

(A) 또 타이거즈가 졌습니까? 최하위 결정이에요.

(B) 그럼, 연전연패네요. 차마 보고 싶지 않은 결과입니다.

(C) 타이거즈도 좋은 흐름의 기회를 놓친 느낌이군요.

(D) 해줬구나! 다나카 선수는 타이거즈 공격의 비장의 카드였어요.

🔟 다나카 선수 덕분에 승리했다.

回(かい)の裏(うら) ~회 말 | さよなら勝(か)ち 끝내기 승리 | 連戦連敗(れんせんれんぱい) 연전연패 | 目(め)を覆(おお)う 눈을 가리다, 차마 볼 수가 없다 | ~損(そこ)ねる ~하는 데 실패하다, ~할 기회를 놓치다, 잘못 ~하다 | 切札(きりふだ) 비장의 카드, 마지막에 내놓을 가장 강력한 수단

38

昨日(きのう)、道端(みちばた)で幼馴染(おさななじみ)にばったり会(あ)ったのよ。

(A) 思(おも)いもよらなかったから嬉(うれ)しかったでしょう。

(B) 突然(とつぜん)でしたから、ご苦労(くろう)もさぞかしのことと思(おも)います。

(C) それなりに覚悟(かくご)はしておいたのですが。

(D) 噂(うわさ)をすれば影(かげ)がさすってことですよ。

어제 길가에서 소꿉친구를 딱 만났어.

(A) 생각지도 못해서 기뻤겠네요.

(B) 갑작스러웠기 때문에, 필시 고생할 거라고 생각합니다.

(C) 나름대로 각오는 해 두었습니다만.

(D) 호랑이도 제 말 하면 온다는 거예요.

📖 소꿉친구를 만났다.

道端(みちばた) 길가, 도로변 | 幼馴染(おさななじみ) 어릴 때 친하던 아이, 소꿉친구 | ばったり 갑자기 쓰러지는 모양(픽, 털썩), 뜻밖에 마주치는 모양(딱) | 思(おも)いもよらない 생각지도 못함, 상상조차 못함, 뜻밖이다 | さぞかし 틀림없이, 아마 | 噂(うわさ)をすれば影(かげ)がさす 남의 말을 하고 있으면 신기하게도 그 사람이 그 자리에 온다, 호랑이도 제 말 하면 온다

39

田中(たなか)さんの勤勉(きんべん)さにひきかえ、鈴木(すずき)さんの態度(たいど)といったらないわ。

(A) 田中(たなか)さんも鈴木(すずき)さんも非常(ひじょう)に優秀(ゆうしゅう)な会社員(かいしゃいん)なんだね。

(B) 田中(たなか)さんも鈴木(すずき)さんのように真面目(まじめ)になればいいのにね。

(C) 田中(たなか)さんの勤勉(きんべん)さは、話(はなし)にならないね。

(D) 田中(たなか)さんの勤勉(きんべん)さには、同(おな)じ部(ぶ)の部長(ぶちょう)も感心(かんしん)しているね。

다나카 씨의 근면함과는 반대로, 스즈키 씨의 태도는 너무해.

(A) 다나카 씨도 스즈키 씨도 아주 우수한 회사원이군.

(B) 다나카 씨도 스즈키 씨처럼 성실하면 좋으련만.

(C) 다나카 씨의 근면함은 이야기할 가치가 없지.

(D) 다나카 씨의 근면함에는 같은 부서의 부장님도 감탄하고 있지.

📖 다나카 씨는 근면하지만, 스즈키 씨는 그렇지 않다.

勤勉(きんべん)さ 근면함 | ~にひきかえ ~에 반해서, ~와는 반대로 | ~といったらない ~하기 이를 데 없다. 너무나 ~하다 | 話(はなし)にならない 문제가 되지 않다, 이야기할 가치가 없다 | 感心(かんしん) 깊이 마음으로 느낌, 칭찬할 만하다고 여김

40

この仕事(しごと)は私(わたし)がしますと言(い)った以上(いじょう)、引(ひ)き下(さ)がれません。

(A) そうですね。自分(じぶん)が言(い)ったことでも挫(くじ)けることもあります。

(B) そうですか。それこそ不言実行(ふげんじっこう)というものですよ。

(C) そうですね。それこそ有言実行(ゆうげんじっこう)の精神(せいしん)ですよ。

(D) そうですか。今(いま)までご苦労様(くろうさま)でした。

이 일은 제가 하겠다고 말한 이상, 손을 뗄 수가 없습니다.

(A) 그러네요. 자신이 말한 거라도 약해지는 경우도 있습니다.

(B) 그렇습니까? 그거야말로 불언실행이라는 거예요.

(C) 그러네요. 그거야말로 유언실행의 정신이지요.

(D) 그렇습니까? 지금까지 수고하셨습니다.

📖 자기가 한 말에 책임을 진다.

引(ひ)き下(さ)がる 물러나다, 일 등에서 손을 떼다 | 挫(くじ)ける 기세가 꺾이다, 좌절되다, 약해지다 | 不言実行(ふげんじっこう) 불언실행, 말없이 실행함 | 有言実行(ゆうげんじっこう) 유언실행, 말한 것은 반드시 실행함

41

伊藤(いとう)さん、商売(しょうばい)の調子(ちょうし)はどうですか。

(A) 近(ちか)くに大型(おおがた)ショッピングセンターができて商売(しょうばい)あがったりですよ。

(B) ビジネスチャンスがごろごろ転(ころ)がっていますよ。

(C) 一身上(いっしんじょう)の都合(つごう)で辞職(じしょく)させていただきます。

(D) 商売繁盛(しょうばいはんじょう)の祈(いの)りをしに神社(じんじゃ)へ行(い)きました。

이토 씨, 장사는 어떻습니까?

(A) 근처에 대형 쇼핑센터가 생겨서 장사가 말이 아니에요.

(B) 비즈니스 기회가 데굴데굴 굴러가고 있어요(의미 없이 방치되어 있다).

(C) 개인적인 사정으로 사직하도록 하겠습니다.

(D) 장사 번영의 기원을 하러 신사에 갔습니다.

📕 장사 상태는?
あがったり 장사나 사업이 잘 되지 않아 어찌할 도리가 없는 일 ┃ ごろごろ 데굴데굴. 우글우글, 빈둥빈둥 ┃ 転(ころ)がる 구르다. 넘어지다 ┃ 一身上(いっしんじょう) 일신상, 개인적인 일 ┃ 商売繁盛(しょうばいはんじょう) 장사 번영(사업 번영)

42

斎藤さん、となりの部署の中村さんのことが好きなんでしょう？ 顔に書いてありますよ。

(A) そんな根も葉もないこと信じないでくださいよ。

(B) 斎藤さんも中村さんも顔が知れていますからね。

(C) 万が一失敗したら、一巻の終わりだよ。

(D) 図星だよ、どうして分かったんだろう。

사이토 씨, 옆 부서의 나카무라 씨를 좋아하죠? 얼굴에 써 있어요.

(A) 그런 아무런 근거도 없는 것 믿지 마세요.

(B) 사이토 씨도 나카무라 씨도 얼굴이 알려져 있으니까요.

(C) 만에 하나 실패하면, 끝장이야.

(D) 정곡을 찔렸어, 어떻게 알았지?

📕 사이토 씨는 나카무라 씨를 좋아한다!

根(ね)も葉(は)もない 뿌리도 잎도 없다는 뜻으로, 아무런 근거도 없다 ┃ 信(しん)じる 믿다 ┃ 知(し)れる 알려지다. 알 수 있다. 알게 되다 ┃ 万(まん)が一(いち) 만에 하나. 만약. 만일 ┃ 失敗(しっぱい) 실패 ┃ 一巻(いっかん)の終(お)わり 한 권으로 된 이야기가 끝난다는 뜻에서 끝장남. 죽음 ┃ 図星(ずぼし) 목표. 핵심. 급소

43

川口さん、昨日、はじめてのボーナスをもらったんですって？

(A) はい、へそくりは引き出しの奥にありますよ。

(B) はい、でも雀の涙ほどであってないようなものです。

(C) そんな変な話はまっぴらごめんですよ。

(D) 本当に癪に障る発言ですね。

가와구치 씨, 어제 처음으로 보너스를 받았다면서요?

(A) 네, 비상금은 서랍 깊숙한 곳에 있어요.

(B) 네, 하지만 쥐꼬리만 해서 없는 거나 마찬가지예요.

(C) 그런 이상한 이야기는 딱 질색이에요.

(D) 정말로 부아가 치미는 발언이네요.

📕 처음으로 보너스를 받았다.

へそくり 비상금 ┃ 引(ひ)き出(だ)し 서랍. 인출. 빼냄 ┃ 雀(すずめ)の涙(なみだ) 매우 사소함을 비유. 새 발의 피. 벼룩의 간 ┃ まっぴらごめん 정말 싫음. 딱 질색임 ┃ 癪(しゃく)に障(さわ)る 화가 나다. 부아가 치밀다

44

この前社長の送別会の食事は本当に美味しかったわ。

(A) まだ味見してみないと分からないよ。

(B) 課長が話に水をさしてしまって大変だったね。

(C) 社長は幼い時よく道草を食っていたそうだよ。

(D) 油の乗ったマグロの刺身は絶品だったよな。

요전 사장님의 송별회 식사는 정말로 맛있었어.

(A) 아직 맛을 보지 않으면 알 수 없어.

(B) 과장님이 이야기에 찬물을 끼얹어 버려서 힘들었지.

(C) 사장님은 어렸을 때 다른 일로 시간을 허비했대.

(D) 기름기 오른 참치 회는 일품이었지.

📕 식사는 정말로 맛있었다.

送別会(そうべつかい) 송별회 ┃ 味見(あじみ) 맛을 봄. 간을 봄 ┃ 水(みず)をさす 좋은 사이를 이간질하다. 잘 되어가는 일을 훼방하다 ┃ 道草(みちくさ)を食(く)う 도중에 다른 일로 시간을 허비하다. 옆길로 빠져 시간을 허비하다 ┃ 絶品(ぜっぴん) 일품

45

山田君、学校でたばこを吸ったのが、先生にばれたんだって？

(A) かっこういい先生になったのか。

(B) 先生にたっぷり油を注がれちゃったよ。

(C) 先生にこってり油を絞られちゃったよ。

(D) たばこを吸うことの何が悪いのか。

야마다 군, 학교에서 담배를 피우다 선생님에게 발각되었다면서?

(A) 멋진 선생님이 된 건가.

(B) 선생님이 듬뿍 기세를 북돋워줬어.

(C) 선생님한테 잔뜩 호되게 야단맞았어.

(D) 담배를 피우는 게 뭐가 나쁜 거지?

🎧 담배 피우는 것을 선생님에게 들켰다.

ばれる 들통 나다, 발각되다, 탄로 나다 | たっぷり 잔뜩, 듬뿍, 충분히 | 油(あぶら)を注(そそ)ぐ 기세를 북돋우다, 부추기다 | こってり 맛이나 빛깔 등이 짙고 끈끈한 모양, 정도가 심한 모양(잔뜩, 실컷) | 油(あぶら)を絞(しぼ)る 호되게 꾸짖다, 몹시 고생을 하다

46

夫婦(ふうふ)で口論(こうろん)の末(すえ)、挙(あ)げ句(く)の果(は)てに、妻(つま)が夫(おっと)を刺(さ)してしまったそうよ。

(A) こうなったらお手(て)上(あ)げだな。

(B) 妻(つま)もかっとなって刺(さ)したんだな。

(C) これじゃ火(ひ)の車(くるま)だよ。

(D) ここぞとばかりにやったんだよ。

부부가 말다툼 끝에, 결국 아내가 남편을 찌르고 말았대.

(A) 이렇게 되면 속수무책이군.

(B) 아내도 발끈해서 찔렀을 거야.

(C) 이래서는 너무 힘들어.

(D) 여기라는 듯이 한 거야.

🎧 부부 싸움에 아내가 남편을 찔렀다.

口論(こうろん) 언쟁, 말다툼 | 挙(あ)げ句(く)の果(は)て 끝에 가서는 결국 | 刺(さ)す 찌르다, 꿰다, 쏘다 | お手上(てあ)げ 항복하여 손을 든다는 뜻에서 더는 어찌할 수 없게 됨, 손듦, 항복, 속수무책 | かっとなる 발끈하다, 발칵 노하다 | 火(ひ)の車(くるま) 빈곤에 어려워하는 모양, 경제 상태가 몹시 궁한 모양

47

15年(ねん)逃亡(とうぼう)した犯人(はんにん)が昨日(きのう)、逮捕(たいほ)されたって本当(ほんとう)？

(A) ああ、犯人(はんにん)は足(あし)が早(はや)かったからさ。

(B) 整形手術(せいけいしゅじゅつ)をしていて、見分(みわ)けがつかないようにしたからさ。

(C) 宿泊先(しゅくはくさき)に実名(じつめい)で予約(よやく)していたことから足(あし)がついたそうだ。

(D) うん、犯人(はんにん)の手(て)がかりはないようだよ。

15년간 도망친 범인이 어제 체포되었다는데 정말이야?

(A) 아~, 범인은 발이 빨랐으니까 말이지.

(B) 성형수술을 해서 분간할 수 없게 했으니까.

(C) 숙박한 곳에서 실명으로 예약했다가 꼬리가 잡혔다고 해.

(D) 응, 범인의 단서는 없는 것 같아.

🎧 범인이 체포되었다.

逃亡(とうぼう) 도망 | 逮捕(たいほ) 체포 | 成形手術(せいけいしゅじゅつ) 성형수술 | 見分(みわ)け 분별, 분간, 판별 | 宿泊先(しゅくはくさき) 숙박한 곳 | 実名(じつめい) 실명, 본명 | 足(あし)がつく 범인 등의 꼬리가 잡히다, 행방이 드러나다 | 手(て)がかり 문제를 해결하기 위한 단서, 실마리

48

営業課(えいぎょうか)の佐藤(さとう)さんって、どこから見(み)たって二枚目(にまいめ)よね。

(A) 2枚目(まいめ)もいいけど、私(わたし)はやっぱり1枚目(まいめ)が一番(いちばん)いいね。

(B) でも、蓼食(たでく)う虫(むし)も好(す)き好(ず)きよ。私(わたし)のタイプじゃないね。

(C) 彼(かれ)は社内(しゃない)でもトップクラスの業績(ぎょうせき)を上(あ)げているよ。

(D) 彼(かれ)が二枚舌(にまいじた)を使(つか)うなんて信(しん)じられないね。

영업과의 사토 씨는 어떻게 봐도 미남이네.

(A) 두 번째 장도 좋지만, 나는 역시 첫 번째 장이 제일 좋아.

(B) 하지만, 사람의 기호는 가지각색이야. 내 타입은 아니야.

(C) 그는 사내에서도 톱클래스의 성적을 올리고 있어.

(D) 그가 거짓말을 하다니, 믿을 수가 없어.

🎧 사토 씨는 미남이다.

二枚目(にまいめ) 미남자, 미남 배우 | 蓼食(たでく)う虫(むし)も好(す)き好(ず)き 사람의 취미나 기호는 가지각색임 | 二枚舌(にまいじた) 거짓말을 함, 앞뒤가 안 맞는 말을 함

49

田中(たなか)さん、見(み)たいと言(い)っていたゴッホの絵画(かいが)を目(ま)の当(あ)りにして心境(しんきょう)はいかがですか。

(A) いや、やっぱりぐっすり眠(ねむ)れますね。

(B) 胸(むね)の高鳴(たかな)りを抑(おさ)えきれませんよ。

(C) 本当(ほんとう)にはらはらした気持(きも)ちです。

(D) ちょっといらいらした気持(きも)ちですね。

다나카 씨, 보고 싶다고 했던 고흐의 그림을 눈으로 직접
보니 심경은 어떻습니까?

(A) 아니, 역시 푹 잘 수 있겠네요.

(B) 두근거리는 가슴을 억누를 수가 없어요.

(C) 정말로 조마조마한 마음입니다.

(D) 좀 초조한 마음이네요.

📖 보고 싶던 고흐 그림을 본 심경은?

絵画(かいが) 회화, 그림ㅣ目(ま)の当(あ)たりにする 눈으로 직접 보다ㅣ心境(しんきょう) 심경ㅣ高鳴(たかな)り 크게 울림, 흥분하여 가슴이 두근거림ㅣはらはら 뚝뚝, 하늘하늘, 조마조마ㅣいらいら 안절부절 못하는 모양, 초조해하는 모양

50

田中さんの課長に対する態度は失礼極まり
ないわね。

(A) 本当に田中さんは礼をつくす人ね。

(B) 親しき中にも礼儀ありって言葉があるよね。

(C) 礼儀知らずとは田中さんのような人を指すん
ですね。

(D) 本当に素晴らしいですね。

다나카 씨의 과장님에 대한 태도는 너무나 실례네.

(A) 정말로 다나카 씨는 예의를 다하는 사람이네.

(B) 친한 사이에도 예의를 지켜야 한다는 말이 있지.

(C) 예의를 모르는 사람이란 다나카 씨 같은 사람을 가리키
지요.

(D) 정말로 훌륭하네요.

📖 다나카 씨의 태도는 너무나 실례이다.

失礼極(しつれいきわ)まりない 실례이기 짝이 없다. 너무나 실례이다ㅣ礼(れい)をつくす 예를 다하다ㅣ親(した)しき中(なか)にも礼儀(れいぎ)あり 친한 사이에도 예의를 지켜야 친분이 오래갈 수 있다ㅣ礼儀知(れいぎし)らず 예의를 모르는 사람

51

男：田中さん、夏休みにどこかへ行きましたか。

女：海へ行きましたよ。

男：海へ行って、何をしたんですか。

女：海水浴をしたり、釣りをしたり、家族で楽し
く過ごしました。

田中さんは、夏休みに何をしましたか。

(A) 海で泳いだ。

(B) 川で釣りをした。

(C) 家族で海外に行った。

(D) 家族で山に行った。

남：다나카 씨, 여름휴가 때 어딘가에 갔습니까?

여：바다에 갔었어요.

남：바다에 가서 무엇을 했습니까?

여：해수욕을 하고, 낚시를 하면서 가족끼리 즐겁게 보냈
습니다.

다나카 씨는 여름휴가 때 무엇을 했습니까?

(A) 바다에서 헤엄을 쳤다.

(B) 강에서 낚시를 했다.

(C) 가족이 해외에 갔다.

(D) 가족이 산에 갔다.

海(うみ) 바다ㅣ海水浴(かいすいよく) 해수욕ㅣ釣(つ)り 낚시ㅣ過(す)ごす 보내다. 지내다

52

女：昨日テレビで「お母さん」という映画を見ま
した。

男：どうでしたか。

女：きれいな川を見て、行きたくなりました。

男：そうですか。

女の人は何をしましたか。

(A) 友達と一緒に映画を見に行った。

(B) 一人で映画を見に行った。

(C) テレビで映画を見た。
(D) 川に遊びに行ってきた。

여 : 어제 텔레비전으로 '어머니'라는 영화를 봤습니다.

남 : 어땠습니까?

여 : 아름다운 강을 보고, 가고 싶어졌습니다.

남 : 그래요?

여자는 무엇을 했습니까?

(A) 친구와 함께 영화를 보러 갔다.

(B) 혼자서 영화를 보러 갔다.

(C) 텔레비전으로 영화를 봤다.

(D) 강에 놀러 갔다 왔다.

映画(えいが) 영화 | 川(かわ) 강, 하천, 시내 | 遊(あそ)び 놀이, 장난, 오락, 유흥

53

男 : あの…、りんごはいくらですか。

女 : 大きいりんごは3つで350円です。小さなものは一かごで300円です。

男 : じゃ、大きいのを3つください。

女 : はい、ありがとうございます。

男の人はいくら払いますか。

(A) 120円

(B) 350円

(C) 300円

(D) 650円

남 : 저기……, 사과는 얼마입니까?

여 : 큰 사과는 3개에 350엔입니다. 작은 것은 한 바구니에 300엔입니다.

남 : 그럼, 큰 것을 3개 주세요.

여 : 네, 감사합니다.

남자는 얼마를 지불합니까?

(A) 120엔

(B) 350엔

(C) 300엔

(D) 650엔

りんご 사과 | 大(おお)きい 크다 | 小(ちい)さい 작다

54

女 : 木村さんの毎月のお小遣いはいくらですか。

男 : そんなこと、聞くもんじゃありませんよ。秘密です。

女 : 教えてくださいよ。3万円ですか。

男 : あ、ずばり、そうです。どうして分かったのかな。

木村さんのお小遣いはいくらですか。

(A) 3万円以下

(B) 3万円

(C) 3万円以上

(D) 分からない。

여 : 기무라 씨는 매달 용돈이 얼마입니까?

남 : 그런 거 묻지 마세요. 비밀입니다.

여 : 가르쳐 주세요. 3만 엔입니까?

남 : 아, 딱 맞추네요. 어떻게 안 거지.

기무라 씨의 용돈은 얼마입니까?

(A) 3만 엔 이하

(B) 3만 엔

(C) 3만 엔 이상

(D) 알 수 없다.

毎月(まいつき) 매달, 매월 | 小遣(こづか)い 용돈 | 秘密(ひみつ) 비밀 | ずばり 칼 등으로 단번에 잘라 버리는 모양, 급소나 핵심을 정확하게 찌르는 모양

55

女 : 田中さん、おいくつですか。

男 : 今年で還暦ですよ。

女 : え、本当ですか。50歳くらいかと思っていました。

男 : 会社の人には、40代に見えるってよく言われるんですよ。

男の人は、何歳ですか。

(A) 50歳

(B) 40歳

(C) 20歳

(D) 60歳

여 : 다나카 씨, 몇 살입니까?

남 : 올해로 환갑이에요.

여 : 어, 정말입니까? 50살 정도로 생각했습니다.

남 : 회사 사람에게는 40대로 보인다는 말을 자주 들어요.

남자는 몇 살입니까?

(A) 50살

(B) 40살

(C) 20살

(D) 60살

いくつ 몇, 몇 개, 몇 살 | 還暦(かんれき) 환갑, 회갑

56

女 : 加藤君の学校に何人いる？

男 : 生徒と先生合わせて550人です。生徒が500人、先生が50人です。

女 : 女の先生もいるの？

男 : はい、15人います。

学校に生徒は何人いますか。

(A) 500人

(B) 50人

(C) 550人

(D) 分かりません。

여 : 가토 군의 학교에 몇 명 있어?

남 : 학생과 선생님 합쳐서 550명입니다. 학생이 500명, 선생님이 50명입니다.

여 : 여자 선생님도 있어?

남 : 네, 15명 있습니다.

학교에 학생은 몇 명 있습니까?

(A) 500명

(B) 50명

(C) 550명

(D) 모릅니다.

通勤(つうきん) 통근 | 健康(けんこう) 건강 | 自転車(じてんしゃ) 자전거 | 歩(ある)く 걷다 | 通(かよ)う 다니다, 왕래하다, 오가다, 통하다 | 徒歩(とほ) 도보

57

男 : いらっしゃいませ。ご注文は何になさいますか。

女 : チキンとハンバーガーのセットください。

男 : セットの飲み物はいかがいたしましょうか。

女 : オレンジジュースを一つお願いします。

女の人が注文したのは何ですか。

(A) チキンとオレンジジュース

(B) ハンバーガーとオレンジジュース

(C) オレンジジュースとチキンのセット

(D) チキンとハンバーガーのセット

남 : 어서 오세요. 주문은 무엇으로 하시겠습니까?

여 : 치킨과 햄버거 세트를 주세요.

남 : 세트 음료는 어떻게 해드릴까요?

여 : 오렌지 주스를 한 개 부탁합니다.

여자가 주문한 것은 무엇입니까?

(A) 치킨과 오렌지 주스

(B) 햄버거와 오렌지 주스

(C) 오렌지 주스와 치킨 세트

(D) 치킨과 햄버거 세트

注文(ちゅうもん) 주문 | なさる 하시다 | 飲(の)み物(もの) 음료, 마실 것

58

女 : すみません。そのスカート見せてください。

男 : こちらですか。どうぞ、試着なさっても大丈夫ですよ。

女 : サイズもデザインもいいんですが、青ではなくて赤のはありませんか。

男 : 申し訳ありません。ピンクはございますが…。

女の人が買いたいスカートの色は何色ですか。

(A) 赤

(B) 青

(C) ピンク

(D) 白

여 : 저기요. 그 스커트를 보여주세요.

남 : 이거요? 여기요. 입어보셔도 괜찮아요.

여 : 사이즈도 디자인도 좋은데요. 파란 것 말고 빨간 것은 없습니까?

남 : 죄송합니다. 핑크는 있습니다만……

여자가 사고 싶어하는 스커트 색은 무슨 색입니까?

(A) 빨강
(B) 파랑
(C) 핑크
(D) 흰색

試着(しちゃく) 옷을 사거나 할 때 옷이 몸에 맞는지 입어 봄 | 青(あお) 파랑, 청색, 초록 | 赤(あか) 빨강, 적색 | ピンク 핑크(pink), 분홍빛 | ござる 있다 (『ある』의 공손한 표현) | 白(しろ) 백색, 흰 것

59

女 : 昨日、地下鉄で財布を盗まれたんです。

男 : ええ？ 本当ですか。それで、犯人は？

女 : それが、覚えていないんです。

男 : 寝ている間に盗まれたんですね。

女の人に、昨日、どんな事がありましたか。

(A) 財布をすられた。
(B) 財布を落とした。
(C) 強盗を見た。
(D) 地下鉄に乗り遅れた。

여 : 어제 지하철에서 지갑을 도둑맞았어요.

남 : 뭐라고요? 정말입니까? 그래서, 범인은요?

여 : 그게 기억나지 않아요.

남 : 자고 있는 사이에 도둑맞았군요.

여자에게 어제, 어떤 일이 있었습니까?

(A) 지갑을 소매치기당했다.
(B) 지갑을 떨어뜨렸다.
(C) 강도를 봤다.
(D) 지하철을 놓쳤다.

盗(ぬす)まれる 도둑맞다 | 覚(おぼ)える 느끼다, 기억하다, 터득하다 | 掏(す)る 소매치기하다 | 強盗(ごうとう) 강도 | 乗(の)り遅(おく)れる 늦어서 못 타다, 놓치다

60

女 : すみません。この扇風機はいくらですか。

男 : はい、これですか。これは6,300円です。

女 : 6,300円ですか。デザインも色もいいんですが、ちょっと高いですね。

男 : では、これ1台に限り、下3桁は切り捨てとさせて頂きます。

扇風機はいくらになりますか。

(A) 6,000円
(B) 6,300円
(C) 6,500円
(D) 7,000円

여 : 실례합니다. 이 선풍기는 얼마입니까?

남 : 네, 이거요? 이것은 6,300엔입니다.

여 : 6,300엔이요? 디자인도 색도 괜찮은데, 좀 비싸네요.

남 : 그럼, 이거 한 대에 한해서, 아래 세 자릿수는 떼어내고 받도록 하겠습니다.

선풍기는 얼마가 됩니까?

(A) 6,000엔
(B) 6,300엔
(C) 6,500엔
(D) 7,000엔

扇風機(せんぷうき) 선풍기 | ~限(かぎ)り ~에 한해서 | 桁(けた) 자릿수, 규모 | 切(き)り捨(す)て 베어서 버림, (어느 단위 이하의) 끝수를 버림

61

女 : すみません。このバス、新宿に行きますか。

男 : このバスは上野行きです。新宿行きは反対側から乗ってください。

女 : あ、そうですか。

男 : あそこの陸橋を渡ればすぐ右側にバス停が見えますから。

新宿行きのバスに乗るにはどうすればいいですか。

(A) 反対側にあるバス停から乗らなければいけない。

(B) もう一つ先のバス停から乗らなければならない。

(C) 上野（うえの）まで行（い）って乗（の）り換（か）えなければならない。

(D) どのバスに乗（の）っても新宿（しんじゅく）を経由（けいゆ）する。

여 : 저기요. 이 버스, 신주쿠에 갑니까?

남 : 이 버스는 우에노 행입니다. 신주쿠 행은 반대쪽에서 승차하여 주세요.

여 : 아, 그래요?

남 : 저쪽 육교를 건너면 바로 우측에 버스 정류장이 보일 테니까요.

신주쿠 행 버스를 타기 위해서는 어떻게 하면 됩니까?

(A) 반대쪽에 있는 버스 정류장에서 타야 한다.

(B) 한 정거장 앞 버스 정류장에서 타야 한다.

(C) 우에노까지 가서 갈아타야 한다.

(D) 아무 버스나 타도 신주쿠를 경유한다.

反対側（はんたいがわ） 반대 측, 반대쪽 | 陸橋（りっきょう） 육교 | 渡（わた）る 건너다, 건너오(가)다 | バス停（てい） 버스 정류장 | 経由（けいゆ） 경유

62

男 : このマンションのゴミの出（だ）し方（かた）を教（おし）えてくれませんか。

女 : ええ、いいですよ。燃（も）えるゴミは月曜日（げつようび）と木曜日（もくようび）、燃（も）えないゴミは水曜日（すいようび）です。

男 : では、プラスチックや粗大（そだい）ゴミはどうすればいいんでしょうか。

女 : プラスチックや瓶（びん）・缶類（かんるい）は火曜日（かようび）に、粗大（そだい）ゴミは隔週（かくしゅう）の金曜日（きんようび）です。

テレビを捨（す）てるのは何曜日（なんようび）ですか。

(A) 月曜日（げつようび）と木曜日（もくようび）

(B) 火曜日（かようび）

(C) 水曜日（すいようび）

(D) 隔週（かくしゅう）の金曜日（きんようび）

남 : 이 맨션의 쓰레기 처리 방법을 가르쳐 주지 않겠습니까?

여 : 네, 좋아요. 가연성 쓰레기는 월요일과 목요일, 불연성 쓰레기는 수요일입니다.

남 : 그럼, 플라스틱과 대형 쓰레기는 어떻게 하면 될까요?

여 : 플라스틱과 병·캔류는 화요일에, 대형 쓰레기는 격주로 금요일입니다.

텔레비전을 버리는 것은 무슨 요일입니까?

(A) 월요일과 목요일

(B) 화요일

(C) 수요일

(D) 격주의 금요일

出（だ）し方（かた） 내는 방법 | 燃（も）えるゴミ 불에 타는 쓰레기, 가연성 쓰레기 | 燃（も）えないゴミ 불에 타지 않는 쓰레기, 불연성 쓰레기 | 粗大（そだい）ゴミ (세탁기, 냉장고 등 부피가 큰) 대형 쓰레기 | 隔週（かくしゅう） 격주, 일주간 걸러

63

男 : もしもし、今日（きょう）家（いえ）に着（つ）くのが遅（おそ）くなりそうなんだ。先（さき）にごはんを食（た）べておいて。

女 : どうしたの？ 会社（かいしゃ）で夜勤（やきん）でもすることになったの？

男 : いや、帰（かえ）り道（みち）、ちょっと寄（よ）り道（みち）をして、友人（ゆうじん）を見舞（みま）おうと思（おも）って。

女 : あ、あの田中（たなか）君（くん）の話（はなし）？ 早（はや）くよくなるといいわね。わかったわ。

男（おとこ）の人（ひと）はどうして家（いえ）に着（つ）くのが遅（おそ）くなりますか。

(A) 会社（かいしゃ）で夜勤（やきん）することになったから

(B) 友達（ともだち）を見舞（みま）おうと思（おも）っているから

(C) 田中（たなか）君（くん）の家（いえ）で夕食（ゆうしょく）を食（た）べることになっているから

(D) 寄（よ）り道（みち）をして、夕食（ゆうしょく）の材料（ざいりょう）を買（か）おうと思（おも）っているから

남 : 여보세요, 오늘 집에 늦게 도착할 것 같아. 먼저 밥 먹고 있어.

여 : 왜? 회사에서 야근이라도 하게 된 거야?

남 : 아니, 돌아가는 길에 잠시 친구 문병을 들렀다 가려고.

여 : 아, 그 다나카 군 이야기? 빨리 쾌차하면 좋겠네. 알았어.

남자는 왜 집에 늦게 도착합니까?

(A) 회사에서 야근하게 되었기 때문에

(B) 친구를 문병하려고 생각하고 있기 때문에

(C) 다나카 군의 집에서 저녁을 먹기로 되어 있기 때문에

(D) 다른 곳에 들러서, 저녁 재료를 사려고 생각하고 있기 때문에

家(いえ)に着(つ)く 집에 도착하다 | 夜勤(やきん) 야근 | 帰(かえ)り道(みち) 귀로, 돌아오(가)는 길 | 寄(よ)り道(みち) 가는 길에 들름, 돌아가서 다른 곳에 들름 | 見舞(みま)う 문안하다, 위문하다, 문병하다

64

男 : 携帯電話では、銀行への送金もできるそうですよ。

女 : でも手数料がかかるんですって。送金側は1回につき3万円未満は150円、3万円以上は210円で、受取り側は1回につき65円ですって。

男 : へぇ、そうなんだ。やっぱり手数料がかかるんだね。送金額とかは限度はないのかな。

女 : 送金額は1回に20万円、受取り額は1ヶ月200万円が限度ですって。

3万円を送金する際に、送金側はいくらの手数料を払わなければなりませんか。

(A) 65円

(B) 150円

(C) 210円

(D) 手数料は発生しない。

남 : 휴대전화로 은행 송금도 가능하다고 해요.

여 : 하지만, 수수료가 든대요. 송금하는 측은 1회당 3만 엔 미만은 150엔, 3만 엔 이상은 210엔이고, 받는 쪽은 1회당 65엔이래요.

남 : 와, 그렇구나. 역시 수수료가 드는군. 송금액 등은 한도는 없는 건가?

여 : 송금액은 1회에 20만 엔, 수령액은 1개월에 200만 엔이 한도래요.

3만 엔을 송금할 때에, 송금하는 쪽은 얼마의 수수료를 지불해야 합니까?

(A) 65엔

(B) 150엔

(C) 210엔

(D) 수수료는 발생하지 않는다.

送金(そうきん) 송금 | 手数料(てすうりょう) 수수료 | ~につき ~에 대하여, ~에 관하여, ~당, ~이므로 | 限度(げんど) 한도

65

女 : 鈴木さんは年上の奥さんと結婚したんでしょう？

男 : そうですよ。女性が年上だと色々といい事もありますよ。

女 : でも、尻に敷かれているんじゃないんですか。

男 : そんなことはありませんよ。妻は財布の紐を握っているだけです。

男の人の妻はどんな人ですか。

(A) 家計を管理している。

(B) 財布を作っている。

(C) 主人の尻に敷かれている。

(D) 男の人より年下だ。

여 : 스즈키 씨는 연상의 사모님과 결혼했지요？

남 : 맞아요. 여성이 연상이면 여러 가지로 좋은 점도 있어요.

여 : 하지만, 잡혀 사는 건 아닌가요？

남 : 그런 일은 없어요. 아내는 지갑의 끈을 쥐고 있을 뿐이에요.

남자의 아내는 어떤 사람입니까?

(A) 가계를 관리하고 있다.

(B) 지갑을 만들고 있다.

(C) 남편에게 잡혀 살고 있다.

(D) 남자보다 연하이다.

年上(としうえ) 손위, 연상 | 尻(しり)に敷(し)かれる 쥐어 살다, 잡혀 살다 | 財布(さいふ)の紐(ひも)を握(にぎ)る 돈지갑의 끈을 쥐다, 돈의 출납을 관리하는 권한을 쥐다 | 家計(かけい) 가계 | 管理(かんり) 관리

66

女 : 今度、新しくできた大学入試制度って何だっけ？

男 : あ、早期入学制度のこと。

女 : そうそう、それ。ところで早期入学制度って何？

男 : 呑み込みが早い高校生を1年早く大学に入学させることだよ。

早期入学制度の対象になるのはどんな高校
生ですか。

(A) 食欲旺盛な高校生
(B) 体力的に優秀な高校生
(C) 水泳が得意な高校生
(D) 勉学に秀でている高校生

여 : 이번에 새로워진 대학 입시제도는 뭐였지?

남 : 아, 조기 입학제도.

여 : 그래그래, 그거, 그런데 조기 입학제도는 뭐야?

남 : 이해가 빠른 고등학생을 일년 일찍 대학에 입학시키는
거야.

조기 입학제도의 대상이 되는 것은 어떤 고등학생입니까?

(A) 식욕이 왕성한 고등학생
(B) 체력적으로 우수한 고등학생
(C) 수영을 아주 잘하는 고등학생
(D) 면학에 뛰어난 고등학생

入試制度(にゅうしせいど) 입시제도 | ~っけ 과거를 회상(~었지, ~
하곤 했다), 상대방에게 묻거나 확인을 나타냄(~었나?, ~던가?) | 早期(そ
うき) 조기 | 吞(の)み込(こ)みが早(はや)い 이해가 빠르다 | 食欲
旺盛(しょくよくおうせい) 식욕 왕성 | 勉学(べんがく) 면학 | 秀
(ひい)でる 뛰어나다, 빼어나다, 탁월하다, 준수하다

67

女 : こんにちは。どちらからいらっしゃったんで
すか。

男 : 韓国から参りました。去年の冬から日本に住
んでいます。

女 : じゃ、今年がはじめての夏ですね。日本の夏
はどうですか。

男 : 暑くてたまりません。

男の人にとって日本の夏はどうですか。

(A) 暑くない。
(B) すこし暑い。
(C) とても暑い。
(D) 寒い。

여 : 안녕하세요. 어디에서 오셨습니까?

남 : 한국에서 왔습니다. 작년 겨울부터 일본에 살고 있습
니다.

여 : 그럼, 올해가 처음 맞는 여름이네요. 일본의 여름은 어
떻습니까?

남 : 더워서 견딜 수가 없습니다.

남자에게 있어서 일본의 여름은 어떻습니까?

(A) 덥지 않다.
(B) 약간 덥다.
(C) 아주 덥다.
(D) 춥다.

参(まい)る 가다/오다의 겸양어 | 暑(あつ)い 덥다 | 寒(さむ)い 춥다,
오싹하다, 써늘하다

68

男 : 東京行きの新幹線の切符を買いたいんです
が。

女 : のぞみ号とこだま号がありますが、のぞみ号
は目的地の東京まで停車しません。こだま号
は東京まで各駅に停車します。

男 : じゃ、各駅停車の新幹線でお願いします。

女 : はい、かしこまりました。4,500円になりま
す。

男の人はどんな新幹線に乗りますか。

(A) のぞみ号
(B) こだま号
(C) 各駅停車ののぞみ号
(D) 新幹線を利用しない。

남 : 도쿄 행 신칸센 표를 구입하고 싶습니다만.

여 : 노조미호와 고다마호가 있습니다만, 노조미호는 목적
지인 도쿄까지 정차하지 않습니다. 고다마호는 도쿄까
지 각 역에 정차합니다.

남 : 그럼, 각 역 정차인 신칸센으로 부탁합니다.

여 : 네, 알겠습니다. 4,500엔입니다.

남자는 어떤 신칸센을 탑니까?

(A) 노조미호

(B) 고다마호

(C) 각 역 정차인 노조미호

(D) 신칸센을 이용하지 않는다.

目的地(もくてきち) 목적지 | 停車(ていしゃ) 정차 | 各駅(かくえき) 각역

69

男：はい、こちら東京ホテルです。

女：ダブルルームを二つ予約したいんですが。

男：申し訳ございません。あいにくですが、ダブルルームは満室でして…。ダブルルーム1室にエキストラベッドを入れることができますが。

女：では、それで予約お願いします。

女の人はどんな部屋を予約しましたか。

(A) ダブルルーム2室

(B) ダブルルーム2室とエキストラベッド

(C) ダブルルーム1室

(D) ダブルルーム1室とエキストラベッド

남 : 네, 여기는 도쿄호텔입니다.

여 : 더블 룸을 두 개 예약하고 싶습니다만.

남 : 죄송합니다. 공교롭게도, 더블 룸은 빈 방이 없어서……. 더블 룸 1실에 엑스트라 베드를 넣을 수는 있습니다만.

여 : 그럼, 그것으로 예약을 부탁합니다.

여자는 어떤 방을 예약했습니까?

(A) 더블 룸 2실

(B) 더블 룸 2실과 엑스트라 베드

(C) 더블 룸 1실

(D) 더블 룸 1실과 엑스트라 베드

ダブルルーム 더블 룸(double room) | あいにく 공교롭게도, 마침 | 満室(まんしつ) 만실, 빈방이 없음 | エキストラベッド 엑스트라 베드(extra bed), 임시 침대

70

女：鈴木さん、昨日警察署に行ったんですって？何かあったの？

男：いえ、まぁ、ちょっと…。一昨日駐車違反をしてしまったもので。

女：警察署ではどんなことをされたの？

男：駐車違反がこれで2回目だったので、しっかり油を絞られましたよ。

男の人は警察署で何をされましたか。

(A) 駐車違反をして逮捕された。

(B) 駐車違反について裁判を受けた。

(C) 駐車違反について怒られた。

(D) 駐車違反について誉められた。

여 : 스즈키 씨, 어제 경찰서에 갔다며? 무슨 일 있었어?

남 : 아니요, 그게 좀……. 그저께 주차위반을 해서요.

여 : 경찰서에서는 무슨 일이 있었던 거야?

남 : 주차위반이 이번까지 두 번째였기 때문에, 호되게 혼났어요.

남자는 경찰서에서 무엇을 하게 되었습니까?

(A) 주차위반을 해서 체포되었다.

(B) 주차위반에 대해서 재판을 받았다.

(C) 주차위반에 대해서 야단맞았다.

(D) 주차위반에 대해서 칭찬받았다.

警察署(けいさつしょ) 경찰서 | 油(あぶら)を絞(しぼ)られる 호되게 야단맞다 | 逮捕(たいほ) 체포 | 裁判(さいばん) 재판

71

女：今日のコンサート、歌手の都合で1時間公演が繰り下がったんだって。

男：じゃあ、今5時だから、コンサートまで2時間もあるね。

女：軽く食事でもしてから行かない？

男：そうだね。

コンサートの元々の時間は何時からでしたか。

(A) 午後5時

(B) 午後6時

(C) 午後7時

(D) 午後8時

여 : 오늘 콘서트, 가수의 사정으로 공연이 1시간 늦어졌대.

남 : 그럼 지금 5시니까, 콘서트까지 2시간이나 있네.

여 : 가볍게 식사라도 하고 가지 않을래?

남 : 그러자.

콘서트의 원래 시간은 몇 시부터였습니까?

(A) 오후 5시

(B) 오후 6시

(C) 오후 7시

(D) 오후 8시

都合(つごう) 형편, 사정 | 公演(こうえん) 공연 | 繰(く)り下(さ)がる 예정보다 늦어지다 | 元々(もともと) 원래, 본디

72

男 : すみません。この近くに部屋がありますか。

女 : どんな部屋をお探しですか。

男 : 2LDKでお風呂つきはありますか。

女 : はい、ではこちらの物件はいかがでしょうか。

男の人はどんな部屋を探していますか。

(A) 台所はなくてもお風呂がついている部屋

(B) 台所はあるが、お風呂がついていない部屋

(C) 2つの部屋はあるが、台所はついていない部屋

(D) 2つの部屋があり、お風呂がついている部屋

남 : 저기요. 이 근처에 방이 있습니까?

여 : 어떤 방을 찾으십니까?

남 : 2LDK로, 욕실이 달려 있는 것은 있습니까?

여 : 네, 그럼 여기 물건은 어떻습니까?

남자는 어떤 방을 찾고 있습니까?

(A) 부엌은 없어도 욕실이 달려 있는 방

(B) 부엌은 있지만, 욕실이 달려 있지 않은 방

(C) 2개의 방은 있지만, 부엌은 달려 있지 않은 방

(D) 2개의 방이 있고, 욕실이 달려 있는 방

探(さが)す (손에 넣고 싶은 것을) 찾다 | LDK(リビング・ダイニング・キッチン/living room and dining kitchen) 거실과 식당 겸용 부엌 | 風呂(ふろ)つき 욕실이 달려 있음 | 物件(ぶっけん) 물건, 물품 | 台所(だいどころ) 부엌, 주방

73

男 : すみません。カレーライスとラーメンをください。

女 : 申し訳ありません。カレーライスが売り切れてしまいましたので、ラーメンと一緒にハヤシライスや牛丼などはいかがでしょうか。

男 : じゃ、牛丼でお願いします。

女 : かしこまりました。

男の人は何を食べますか。

(A) カレーライスとラーメン

(B) ハヤシライスとラーメン

(C) 牛丼とラーメン

(D) 牛丼だけ

남 : 저기요. 카레라이스와 라면을 주세요.

여 : 죄송합니다. 카레라이스가 매진되어 버려서, 라면과 함께 해시라이스나 쇠고기덮밥 등은 어떠신가요?

남 : 그럼, 쇠고기덮밥을 부탁합니다.

여 : 알겠습니다.

남자는 무엇을 먹습니까?

(A) 카레라이스와 라면

(B) 해시라이스와 라면

(C) 쇠고기덮밥과 라면

(D) 쇠고기덮밥만

売(う)り切(き)れる 다 팔리다, 매진되다 | ハヤシライス 해시라이스 (rice with hashed beef), 양파/쇠고기/채소를 잘 볶고 진한 소스를 넣어 끓인 것을 더운 밥 위에 부은 일본의 독특한 서양식 요리 | 牛丼(ぎゅうどん) 쇠고기덮밥

74

女 : あ、この人誰だったっけ？

男 : さぁ、ドラマのわき役でよく見るけれど、名前までは分からないなぁ。

女：この人、昔は有名な映画にも、わき役として
　　出ていたんだけどなあ。

男：そうそう！ でも、やっぱり名前は思い出せ
　　ないなあ。

二人は何について話していますか。
(A) ドラマに出てくる俳優について
(B) ドラマの名前について
(C) 昔の映画について
(D) 映画の主人公について

여：아, 이 사람 누구였지?
남：글쎄, 드라마 조연으로 자주 보는데, 이름까지는 모르
　　겠네.
여：이 사람, 옛날에는 유명한 영화에도 조연으로 나왔었
　　는데.
남：맞아 맞아! 하지만, 역시 이름은 생각나지 않네.

두 사람은 무엇에 대해서 이야기하고 있습니까?
(A) 드라마에 나오는 배우에 대해서
(B) 드라마의 이름에 대해서
(C) 옛날 영화에 대해서
(D) 영화의 주인공에 대해서

わき役(やく) 조연 ┃ 思(おも)い出(だ)す 생각해내다. 상기하다. 생각
나다 ┃ 俳優(はいゆう) 배우 ┃ 主人公(しゅじんこう) 주인공

75

女：昨日からJRの駅、全駅で禁煙になったそうで
　　すよ。
男：愛煙家の私にはたまりませんね。電車やバス
　　は数年前から全面禁煙でしたが、今度は駅ま
　　で禁煙になるなんて。
女：世論は禁煙を歓迎しているみたいですよね。
　　田中さんもこの際、禁煙したらどうですか。
男：いえ、私はこの際、まだ駅で喫煙ができる私
　　鉄を利用することにしますよ。

男の人は今後、どうするつもりですか。
(A) 喫煙ができる他の会社のバスに乗るつもり
　　だ。

(B) 駅構内で喫煙ができる他の会社の電車を利用
　　するつもりだ。
(C) 車内でも喫煙ができる他の会社の電車を利用
　　するつもりだ。
(D) この際、禁煙するつもりだ。

여：어제부터 JR 역, 모든 역에서 금연하게 되었대요.
남：애연가인 나로서는 참을 수가 없네요. 전철과 버스는
　　수년 전부터 전면 금연이었지만, 이번에는 역까지 금
　　연이 되다니.
여：여론은 금연을 환영하고 있는 것 같아요. 다나카 씨도
　　이번에 금연하는 게 어때요?
남：아뇨, 나는 이번에 아직 역에서 흡연할 수 있는 사철을
　　이용할 거예요.

남자는 앞으로 어떻게 할 예정입니까?
(A) 흡연할 수 있는 다른 회사의 버스를 탈 예정이다.
(B) 역 구내에서 흡연할 수 있는 다른 회사의 전철을 이용
　　할 예정이다.
(C) 차내에서도 흡연할 수 있는 다른 회사의 전철을 이용할
　　예정이다.
(D) 이번에 금연할 예정이다.

愛煙家(あいえんか) 애연가 ┃ 世論(よろん) 여론 ┃ 歓迎(かんげ
い) 환영 ┃ 私鉄(してつ) 사철 ┃ 喫煙(きつえん) 흡연

76

男：これ、どうですか。この前、タイに行ったと
　　きに買ったシルクのネクタイです。
女：わあ、よく似合っていますよ。でもシルクだ
　　と高いんじゃないんですか。
男：日本円では、3万円くらいでしたよ。
女：ええ？ 私の友達は同じものを1万円で買った
　　と言っていましたよ。

**男の人はタイに行って、どんなことをされ
ましたか。**
(A) シルクのネクタイを無理やり買わされた。
(B) ひったくりに遭った。
(C) ぼったくりに遭った。
(D) シルクのネクタイを安く買うことができた。

남 : 이것, 어떻습니까? 요전에 태국에 갔을 때 구입한 실크 넥타이입니다.

여 : 와~, 잘 어울려요. 하지만, 실크라면 비싸지 않습니까?

남 : 일본 엔으로는 3만 엔 정도였어요.

여 : 네~? 제 친구는 똑같은 것을 만 엔에 구입했다고 했어요.

남자는 태국에 가서, 무슨 일을 당했습니까?

(A) 실크 넥타이를 억지로 구입하게 되었다.

(B) 날치기를 당했다.

(C) 바가지를 썼다.

(D) 실크 넥타이를 저렴하게 구입할 수 있었다.

似合(にあ)う 어울리다, 잘 맞다 | 無理(むり)やり 억지로, 강제로 | ひったくりに遭(あ)う 날치기를 당하다 | ぼったくりに遭(あ)う 바가지를 쓰다

77

男 : 窓の外を見て！ すごい野次馬の数。

女 : あら、どうしたのかしら。本当にすごい野次馬の数ね。

男 : あ、救急車が来た。交通事故でも起こったのかもしれないね。

女 : 大きな事故じゃなければいいけれど…。

二人は何を見て驚いていますか。

(A) 救急車が来ているのを見て、大きな事故が起きたと分かったから

(B) 大きな事故が起きたのを見てしまったから

(C) 窓の外に多くの馬がいたから

(D) 窓の外に多くの人が集まっていたから

남 : 창밖을 봐! 엄청난 구경꾼들이야.

여 : 어머, 무슨 일이지? 정말로 엄청난 구경꾼들이네.

남 : 아, 구급차가 왔다. 교통사고라도 일어난 건지 모르겠어.

여 : 큰 사고가 아니라면 좋겠는데…….

두 사람은 무엇을 보고 놀라고 있습니까?

(A) 구급차가 오고 있는 것을 보고, 큰 사고가 일어났다는 것을 알았기 때문에

(B) 큰 사고가 일어난 것을 봐 버렸기 때문에

(C) 창문 밖에 많은 말이 있었기 때문에

(D) 창문 밖에 많은 사람이 모여 있었기 때문에

野次馬(やじうま) 덩달아 떠들어댐, 구경꾼들 | すごい 무시무시하다, 무섭다, 굉장하다 | 救急車(きゅうきゅうしゃ) 구급차

78

女 : 日本の新幹線は今まで一度も死亡事故を起こしたことがないそうですね。

男 : はい、そうです。安全の確認には念には念を入れて、取り組んでいるそうですよ。

女 : 人の命より大切なものはありませんからね。

男 : そうですね。これからも安全運行を心掛けて欲しいものです。

新幹線が今まで一度も死亡事故を起こしていない理由は何ですか。

(A) 安全確認には一層の努力をしているから

(B) 念を入れて新幹線を運転しているから

(C) 人命救助の訓練を取り入れているから

(D) 安全運行の規則が厳しく決められているから

여 : 일본의 신칸센은 지금까지 한 번도 사망사고를 일으킨 적이 없다고 하네요.

남 : 네, 그렇습니다. 안전 확인에는 아주 세심한 주의를 기울여서 임하고 있대요.

여 : 사람의 목숨보다 중요한 것은 없으니까요.

남 : 그렇지요. 앞으로도 안전운행에 유의해 주었으면 좋겠습니다.

신칸센이 지금까지 한 번도 사망사고를 일으키지 않은 이유는 무엇입니까?

(A) 안전 확인에는 한층 더 노력을 하고 있기 때문에

(B) 세심한 주의를 기울여 신칸센을 운전하고 있기 때문에

(C) 인명구조 훈련을 도입하고 있기 때문에

(D) 안전운행 규칙이 엄격하게 정해져 있기 때문에

念(ねん)には念(ねん)を入(い)れる 아주 세심한 주의를 기울이다, 주의에 주의를 거듭하다 | 取(と)り組(く)む 맞붙다, 몰두하다 | 心掛(こころが)ける 마음을 쓰다, 유의하다

79

男：このごろ、熟年離婚って言葉をよく聞くけ
　　ど、どんな意味なの？
女：結婚して20年以上、一緒に連れ添ってきた夫
　　婦が子供の独立などを節目に離婚すること
　　よ。
男：長年連れ添った夫婦なのに、そんなに簡単に
　　離婚できるものなのかな。
女：女性の意見を聞けば、今まで結婚して主人の
　　ために、子供のために、自分の人生を捧げて
　　きたんだから、離婚して自分のために自由な
　　人生を歩みたいと思っている人が増えたの
　　よ。

熟年離婚の理由は何ですか。

(A) 子供が独立して、お互い話をしなくなって夫
　　婦仲が不仲になるから
(B) 自分を犠牲にしてきた家庭生活だったが、こ
　　れからは自分のために人生を歩みたいと思う
　　女性が増えたから
(C) 主人が望んでいることだったので、20年間我
　　慢してきたが、我慢できなくなって離婚する
　　人が増えたから
(D) 子供の教育問題など、意見の食い違いが多く、堪
　　忍袋の緒が切れそうな女性が増えたから

남 : 요즈음 황혼 이혼이라는 말을 자주 듣는데, 무슨 의미
　　야?
여 : 결혼해서 20년 이상 부부로서 같이 살아온 부부가 아
　　이의 독립 등을 고비로 이혼하는 거야.
남 : 오랜 세월 부부로서 같이 살았는데, 그렇게 간단히 이
　　혼할 수 있는 건가.
여 : 여성의 의견을 들으면 지금까지 결혼해서 남편을 위해
　　아이를 위해 자신의 인생을 바쳐왔기 때문에, 이혼해
　　서 자신을 위해 자유로운 인생을 살고 싶어하는 사람
　　이 늘어난 거야.

황혼 이혼의 이유는 무엇입니까?

(A) 아이가 독립하여, 상호간 이야기를 하지 않게 되어서
　　부부 사이가 나빠지기 때문에

(B) 자신을 희생해 온 가정생활이었지만, 앞으로는 자신을 위
　　한 인생을 살고 싶다고 생각하는 여성이 늘었기 때문에
(C) 남편이 바라고 있는 것이었기 때문에 20년간 참아 왔지
　　만, 참을 수 없게 되어서 이혼하는 사람이 늘었기 때문에
(D) 아이의 교육문제 등 의견의 엇갈림이 많아, 더는 못 참
　　고 울화통이 터질 것 같은 여성이 늘었기 때문에

熟年離婚(じゅくねんりこん) 황혼 이혼 | 連(つ)れ添(そ)う 부부가
되다. 부부로서 같이 살다 | 節目(ふしめ) 마디나 옹이가 있는 부분, 단락,
구분, 고비 | 捧(ささ)げる 양손으로 높이 받들다, 아낌없이 주다, 바치다 |
歩(あゆ)む 걷다, 거쳐 오다, 지나다 | 不仲(ふなか) 사이가 나쁨 | 堪忍
袋(かんにんぶくろ)の緒(お)が切(き)れる 더는 참을 수 없게 되다,
더는 못 참고 울화통이 터지다

80

男：このごろ、日本人のための日本語検定という
　　のが人気らしいよ。
女：へえ、おもしろそうね。どんな試験なの？
男：正しい日本語の使い方ができるように、「敬
　　語」や「言葉の意味」、そして「漢字」など
　　6項目に渡って試験を受けるらしいよ。
女：日本人だからといって日本語をすべて知って
　　るわけではないのだから、日本人にとっても
　　自分達の言葉を見直すいい機会になるわね。

日本語検定の目的は何ですか。

(A) 正しい日本語の使い方を外国人に教えること
　　ができるようにするため
(B) 外国人が正しい日本語の使い方を勉強するた
　　め
(C) 日本人が自国の言葉の使い方を見直すいい機
　　会とするため
(D) 日本人が正しい日本語の使い方ができるよう
　　にするため

남 : 요즈음 일본인을 위한 일본어 검정이라는 것이 인기인
　　것 같아.
여 : 허~, 재미있을 것 같네. 무슨 시험이야?
남 : 일본어를 올바르게 사용할 수 있도록, '경어'와 '말의 의
　　미', 그리고 '한자' 등 6항목에 걸쳐서 시험을 치르는 것
　　같아.

여 : 일본인이라고 해서 일본어를 모두 알고 있는 것은 아니니까, 일본인에게 있어서도 자신들의 말을 다시 보는 좋은 기회가 되겠네.

일본어 검정의 목적은 무엇입니까?

(A) 올바른 일본어 사용법을 외국인에게 가르칠 수 있도록 하기 위해

(B) 외국인이 올바른 일본어 사용법을 공부하기 위해

(C) 일본인이 자국의 말 사용법을 다시 보는 좋은 기회로 삼기 위해

(D) 일본인이 올바르게 일본어를 사용할 수 있도록 하기 위해

日本語検定(にほんごけんてい) 일본어 검정 | 敬語(けいご) 경어 | 項目(こうもく) 항목 | 見直(みなお)す 다시 보다. 재점검하다

PART4 설명문 (정답 및 해설) 문제집 260~263쪽

81~84

雨で旅行を台無しにされてしまう顧客のために、フランスの旅行代理店が悪天候に備える保険の提供をスタートした。この保険では、1週間のうち雨の日が4日以上を占めた場合に、旅行代金の一部を返金してくれる仕組み。保険仲介企業が、フランスの気象庁から入手した衛星写真を元に、返金額を計算するという。今のところ、保証額は最高400ユーロで、旅行者は返金通知を携帯電話へのテキストメッセージか電子メールで受信。帰宅後数日以内に小切手を受け取ることができるという。

비로 여행을 망쳐버린 고객을 위해서, 프랑스의 여행 대리점이 악천후에 대비하는 보험 제공을 시작했다. 이 보험은 일주일 동안 비오는 날이 4일 이상을 차지했을 경우에, 여행 대금의 일부를 환불해 주는 구조. 보험 중개 기업이 프랑스 기상청으로부터 입수한 위성사진을 바탕으로, 환불금액을 계산한다고 한다. 현재 보상액은 최고 400유로로, 여행자는 환불 통지를 휴대전화 텍스트 메시지나 전자 메일로 수신. 귀가 후 수일 이내에 수표를 받을 수 있다고 한다.

81 この新しい保険はどんな人を対象にしていますか。

(A) 雨の日に旅行に出発する人

(B) 雨のために旅行が台無しになってしまう人

(C) 1週間のうち雨が4日以上降る地域に住んでいる人

(D) すべての旅行者

81 이 새로운 보험은 어떤 사람을 대상으로 하고 있습니까?

(A) 비오는 날에 여행을 출발하는 사람

(B) 비 때문에 여행을 망쳐버린 사람

(C) 일주일 동안 비가 4일 이상 내리는 지역에 살고 있는 사람

(D) 모든 여행자

82 返済額を決める根拠になるものは何ですか。

(A) 気象庁から入手したお金

(B) 旅行者から入手した小切手

(C) 気象庁から入手した衛星写真

(D) 旅行者から送られてくるテキストメッセージや電子メール

82 환불금액을 결정하는 근거가 되는 것은 무엇입니까?

(A) 기상청으로부터 입수한 돈

(B) 여행자로부터 입수한 수표

(C) 기상청으로부터 입수한 위성사진

(D) 여행자가 보내온 텍스트 메시지나 전자 메일

83 この保険で返済を受けられる条件はどんな条件ですか。

(A) 1週間のうち雨の日が2日以上だった旅行者

(B) 1週間のうち雨の日が4日以上だった旅行者

(C) 旅行の費用が400ユーロを越える旅行者

(D) 旅行で小切手を使うことができる旅行者

83 이 보험으로 환불을 받게 되는 조건은 어떤 조건입니까?

(A) 일주일 동안 비오는 날이 2일 이상이었던 여행자

(B) 일주일 동안 비오는 날이 4일 이상이었던 여행자

(C) 여행 비용이 400유로를 넘는 여행자

(D) 여행에서 수표를 사용할 수 있는 여행자

84 旅行者はどうやって返金を受けることができますか。

(A) 気象庁から衛生写真を直接手に入れて、保険会社に請求する。

(B) 旅行代理店を通して返金通知をもらう。

(C) 旅行会社からテキストメッセージか電子メールで返金について連絡を受ける。

(D) 保険会社に直接、テキストメッセージか電子メールで請求する。

84 여행자는 어떻게 환불을 받을 수 있습니까?

(A) 기상청으로부터 위성사진을 직접 입수하여, 보험 회사에 청구
한다.

(B) 여행 대리점을 통해 환불 통지를 받는다.

(C) 여행사로부터 텍스트 메시지나 전자 메일로 환불에 대해서 연
락을 받는다.

(D) 보험 회사에 직접 텍스트 메시지나 전자 메일로 청구한다.

台無(だいな)し 쓸모없는 모양, 엉망이 된 모양, 아주 망가진 모양 | 顧客(こ
きゃく) 고객 | 悪天候(あくてんこう) 악천후 | 備(そな)える 갖추다,
구비하다, 비치하다, 대비하다 | 保険(ほけん) 보험 | 返金(へんきん) 돈을
갚음 | 仕組(しく)み 사물의 구조, 장치, 방법, 계획 | 気象庁(きしょうち
ょう) 기상청 | 衛星写真(えいせいしゃしん) 위성사진 | 小切手(こ
ぎって) 수표

85~88

　日本では今、「エコバッグ」という言葉をよく耳に
するようになりました。街でも「エコバッグ」を持っ
ている人をよく見かけます。「エコバッグ」とは、買
い物客が買った商品を入れるために、家から持参する
買い物袋のことです。お店では使い捨てのビニール製
のレジ袋がもらえますが、資源の節約やゴミの削減な
ど、環境問題を考えて、レジ袋をもらわないようにす
るためです。しかし、「エコバッグ」を持つのは、な
にも環境のためだけではありません。多くのスーパー
では「エコバッグ」を持参すると割引やポイントを加
算してくれたりと、「エコバッグ」持参者には様々な
メリットがあります。このような取り組みは、集客効
果も生み、スーパーにも大きな利益をもたらします。
「エコバッグ」はまさに一石二鳥だと言えます。

　일본에서는 지금 '에코 백'이라는 말을 자주 듣게 되었습니
다. 거리에서도 '에코 백'을 가지고 있는 사람을 자주 볼 수
있습니다. '에코 백'이란, 쇼핑객이 구입한 상품을 넣기 위해
서 집에서부터 지참하는 쇼핑봉투입니다. 가게에서는 일회
용 비닐제품의 레지봉투를 받을 수 있습니다만, 자원 절약
이나 쓰레기 삭감 등 환경 문제를 생각해서 레지봉투를 받지
않기 위해서입니다. 그러나 '에코 백'을 드는 것은 모두 환경
만을 위한 것은 아닙니다. 많은 슈퍼에서는 '에코 백'을 지참
하면 할인이나 포인트를 가산해 주거나 '에코 백' 지참자에게
는 다양한 메리트가 있습니다. 이러한 대처는 손님을 모으는
효과도 낳아, 슈퍼에도 큰 이익을 가져옵니다. '에코 백'은 확
실히 일석이조라고 말할 수 있습니다.

85 エコバッグの説明として正しいものはどれです
か。

(A) スーパーで無料で配布されるビニール袋のことだ。

(B) 家にある使わないレジ袋のことだ。

(C) 買い物の際に家から持参する買い物袋のことだ。

(D) 使い捨ての袋のことだ。

85 에코 백의 설명으로서 올바른 것은 어느 것입니까?

(A) 슈퍼에서 무료로 배포되는 비닐봉투이다.

(B) 집에 있는 사용하지 않는 레지봉투이다.

(C) 쇼핑 시에 집에서부터 지참하는 쇼핑봉투이다.

(D) 일회용 봉투이다.

86 エコバッグは何のために使われますか。

(A) お店で使い捨ての袋が有料になるため、お金を節約
するため

(B) 資源を節約し、環境を守るため

(C) スーパーにお客さんが寄り付かないようにするため

(D) ポイントや割引を使うことができないようにするため

86 에코 백은 무엇을 위해서 사용됩니까?

(A) 가게에서 일회용 봉투가 유료이기 때문에, 돈을 절약하기 위해

(B) 자원을 절약하고, 환경을 지키기 위해

(C) 슈퍼에 손님이 다가가지 않게 하기 위해

(D) 포인트나 할인을 사용할 수 없게 하기 위해

87 エコバッグを使うとき、どんな利点があります
か。

(A) エコバッグを持参したお客さんは、現金がもらえる。

(B) エコバッグを持参したお客さんは、より多くのポイ
ントがもらえる。

(C) エコバッグを持参したお客さんは、割高な値段で買
い物ができる。

(D) お客さんには利益はないが、スーパーには利益がある。

87 에코 백을 사용할 때, 어떤 이점이 있습니까?

(A) 에코 백을 지참한 손님은 현금을 받을 수 있다.

(B) 에코 백을 지참한 손님은 보다 많은 포인트를 받을 수 있다.

(C) 에코 백을 지참한 손님은 비교적 비싼 가격으로 쇼핑을 할 수
있다.

(D) 손님에게는 이익은 없지만, 슈퍼에는 이익이 있다.

88 エコバッグについての正しい説明はどれですか。

(A) エコバッグはお客さんにもスーパーにもいいことは
　　あまりない。

(B) エコバッグは環境保護だけではなく、スーパーの経
　　営にも悪影響を与えている。

(C) エコバッグは様々な問題を起こしつつあるので、頭
　　の痛い問題だ。

(D) エコバッグはお客さんの財布にも優しく、スーパー
　　にも利益をもたらすため一石二鳥だ。

88 에코 백에 대한 올바른 설명은 어느 것입니까?

(A) 에코 백은 손님에게도 슈퍼에도 좋은 것은 별로 없다.

(B) 에코 백은 환경보호뿐만 아니라, 슈퍼 경영에도 악영향을 주
　　고 있다.

(C) 에코 백은 다양한 문제를 일으키고 있어서, 골치 아픈 문제이다.

(D) 에코 백은 손님의 지갑에도 좋고, 슈퍼에도 이익을 가져오기
　　때문에 일석이조다.

流水音(りゅうすいおん) 유수음 | 流(なが)れる 흐르다. 흘러내리다 |
発売(はつばい) 발매 | 恥(は)ずかしさ 부끄러움. 수줍음 | 解消(かい
しょう) 해소 | 節水(せっすい) 절수 | エコ商品(しょうひん) 환경[자
연] 상품 | 用(よう)を足(た)す 볼일을 보다. 용변을 보다 | カムフラージ
ュ 위장. 본래의 모습을 알아차리지 못하도록 하는 일 | 採用(さいよう) 채용
| 店舗(てんぽ) 점포 | 備(そな)え付(つ)ける 비치하다. 설치하다

89~91

はい、もしもし、こちら東京鉄道です。ご予約です
ね、ありがとうございます。8月8日、東京出発、北
海道行き列車は、特別室、そして一般席をご利用いた
だけます。特別室は個室となりベッドもございます。
一般席は座席のみとなります。列車内には食堂車もあ
り、別途料金をお支払い頂き、お食事も可能です。8
月8日は残りわずかとなっておりますが、翌日はまだ
十分に空きがございますが。…かしこまりました。で
は8月9日、個室のある部屋で2名様のご利用ですね。
予約 承 りました。ご利用まことにありがとうござい
ました。

네, 여보세요, 여기는 도쿄 철도입니다. 예약이시네요, 감
사합니다. 8월 8일 도쿄 출발, 홋카이도 행 열차는 특별실,
그리고 일반석을 이용하실 수 있습니다. 특별실은 개인실
로, 침대도 있습니다. 일반석은 좌석만 있습니다. 열차 안에
는 식당칸도 있어, 별도의 요금을 지불하시면 식사도 가능합
니다. 8월 8일은 약간 남아 있습니다만, 익일은 아직 많은 빈
좌석이 있습니다만. ……잘 알겠습니다. 그럼 8월 9일, 개인
실이 있는 방으로 두 분 이용이시네요. 예약 잘 받았습니다.
이용해 주셔서 정말로 감사합니다.

---

89 通話の内容から見て、今、どんな状況ですか。

(A) お客様から予約の電話がかかってきた。

(B) お客様の予約の変更をしている。

(C) お客様に予約ができないことを説明している。

(D) お客様の抗議に謝っている。

89 통화 내용으로 봐서, 지금 어떤 상황입니까?

(A) 고객으로부터 예약 전화가 걸려왔다.

(B) 고객이 예약 변경을 하고 있다.

(C) 고객에게 예약이 불가능하다는 것을 설명하고 있다.

(D) 고객의 항의에 사과하고 있다.

90 列車内で食事をするにはどうすればいいですか。

(A) 特別室は注文をするとベッドまで運んでくれる。

(B) 別途料金を払わなくても運賃に食事代が含まれている。

(C) 列車に食堂はないので、駅に停車したときに各自で
　　食事をしなければならない。

(D) 別途料金を払って、食事をしなければならない。

90 열차 안에서 식사를 하려면 어떻게 하면 됩니까?

(A) 특별실은 주문을 하면 침대까지 가져다 준다.

(B) 별도 요금을 지불하지 않아도 운임에 식사비용이 포함되어 있다.

(C) 열차에 식당은 없기 때문에, 역에 정차했을 때 각자 식사를 해
　　야 한다.

(D) 별도 요금을 지불하고, 식사를 해야 한다.

91 お客さんの予約の内容として正しいものはどれ
ですか。

(A) 8月8日の特別室を予約した。

(B) 8月8日の一般席を予約した。

(C) 8月9日の特別室を予約した。

(D) 8月9日の一般席を予約した。

91 손님의 예약 내용으로서 올바른 것은 어떤 것입니까?

(A) 8월 8일 특별실을 예약했다.

(B) 8월 8일 일반석을 예약했다.

(C) 8월 9일 특별실을 예약했다.

(D) 8월 9일 일반석을 예약했다.

鉄道(てつどう) 철도 | 特別室(とくべつしつ) 특별실 | 一般席(いっ
ぱんせき) 일반석 | 個室(こしつ) 독실. 독방 | わずか 근소함. 조금. 약간.
불과. 사소함. 하찮음 | 翌日(よくじつ) 익일. 이튿날. 다음날

92~94

今の高校1年生といえば、昭和と平成という2つの時代にまたがって生まれた世代です。今回はお小遣いについてアンケートを実施し、313人から回答が得られました。一番多かった額は、男女ともに5,000円で全体の39％に上ります。続いて3,000円の54人、2,000円の24人。1万円以上もらっている人も16人いました。必要に応じてもらうという人も36人います。もらっている人の平均額は4,327円となりました。お小遣いの使い道として、一番多かったのは「遊び」で男女あわせて100人。続いて「飲食品」の79人、「趣味」の52人です。男子はこの3件がほぼ同数なのに対し、女子は「遊び」が65人で「趣味」は19人とかなり差が開いています。

지금의 고교 1학년이라고 하면, 쇼와와 헤이세이라는 두 시대에 걸쳐 태어난 세대입니다. 이번에는 용돈에 대해 앙케트를 실시해, 313명으로부터 회답을 얻을 수 있었습니다. 제일 많았던 액수는 남녀 모두 5,000엔으로 전체의 39퍼센트에 이릅니다. 이어서 3,000엔 54명, 2,000엔 24명. 만 엔 이상 받고 있는 사람도 16명 있었습니다. 필요에 따라서 받는다는 사람도 36명 있습니다. 받는 사람의 평균 액수는 4,327엔이었습니다. 용돈의 용도로서 제일 많았던 것은 '놀이'로 남녀 합쳐서 100명. 이어서 '음식물'이 79명, '취미'가 52명입니다. 남자는 이 3건이 거의 같은 수인데 비해, 여자는 '놀이'가 65명이고 '취미'는 19명으로 상당한 차이가 나고 있습니다.

92 今回は何についてアンケートをしましたか。
(A) 高校生のお小遣いの額と使い道について
(B) 高校生の生活のスタイルについて
(C) 今、高校生が必要としているものについて
(D) 高校生のお小遣いと趣味の関係について

92 이번에는 무엇에 대하여 앙케트를 했습니까?
(A) 고교생의 용돈 액수와 용도에 대해
(B) 고교생의 생활 스타일에 대해
(C) 지금 고교생이 필요로 하고 있는 것에 대해서
(D) 고교생의 용돈과 취미 관계에 대해

93 高校生のお小遣いの額で一番人数が多かった額はいくらですか。
(A) 2,000円
(B) 3,000円
(C) 5,000円
(D) 10,000円

93 고교생의 용돈 액수로 가장 인원수가 많았던 액수는 얼마입니까?
(A) 2,000엔
(B) 3,000엔
(C) 5,000엔
(D) 10,000엔

94 高校生のお小遣いの使い道として一番多かったのは何ですか。
(A) 食べ物
(B) 飲食品
(C) 趣味
(D) 遊び

94 고교생의 용돈 용도로서 가장 많았던 것은 무엇입니까?
(A) 음식
(B) 음식물
(C) 취미
(D) 놀이

昭和(しょうわ) 서기 1926년 12월 25일 ~ 1989년 1월 7일 사이의 일본 연호 | 平成(へいせい) 일본의 현재 연호, 1989년 1월 8일 개원 | 世代(せだい) 세대 | 小遣(こづか)い 용돈 | 回答(かいとう) 회답 | 応(おう)じる 응하다. 승낙하다. 대답하다. 따르다. 호응하다 | 平均(へいきん) 평균 | 趣味(しゅみ) 취미

95~97

日本語はそれ自体は、学び始めるのに容易な言語の一つと言われている。発音が簡単で、文法にも例外が少ないことが挙げられる。しかし、漢字の読み書きは難しく、日本人さえも間違いをすることがよくある。日本語は話す主人公が男か女か、子供か大人かであるかによって、用法も少しずつ異なる。さらに面倒なのは、日本語が相手との関係によっても使い分けられることだ。その他には、同じ音で違う意味を持つ言葉が多かったりして、外国人にはすぐに理解しがたい部分がある。しかし、日本人は自分達が外国語を話すことが下手なため、外国人が日本語を間違えて話しても、できるだけ理解しようと努力する。

일본어는 그 자체를 배우기 시작하는 데는 용이한 언어 중 하나라고 여겨지고 있다. 발음이 간단하고, 문법에도 예외가 적은 것을 들 수 있다. 그러나 한자를 읽고 쓰기가 어렵고, 일본인조차도 실수를 하는 일이 자주 있다. 일본어는 말하는 주인공이 남자인지 여자인지, 아이인지 어른인지에 따라서 용법도 조금씩 다르다. 게다가 성가신 것은 일본어가 상대와

의 관계에 따라서도 구분하여 사용된다는 것이다. 그 외에는 같은 음으로 다른 의미를 갖는 말이 많기도 하고, 외국인에게는 바로 이해하기 어려운 부분이 있다. 그러나 일본인은 자신들이 외국어를 말하는 것이 서투르기 때문에, 외국인이 일본어를 틀리게 말해도 가능한 이해하려고 노력한다.

95 日本語が学び始めるのに容易な理由は何ですか。

(A) 発音が簡単だから
(B) 文法に例外が全くないから
(C) 漢字の読み書きを除いて、難しいことがないから
(D) 日本人が外国人の発音を理解しようと努力するから

95 일본어가 배우기 시작하는 데에 용이한 이유는 무엇입니까?

(A) 발음이 간단하기 때문에

(B) 문법에 예외가 전혀 없기 때문에

(C) 한자의 읽고 쓰기를 제외하고, 어려운 것이 없기 때문에

(D) 일본인이 외국인의 발음을 이해하려고 노력하기 때문에

96 日本語について正しいものはどれですか。

(A) 日本語は話す主人公が誰であるかだけが重要だ。
(B) 日本語は相手との関係だけを重要視する言語だ。
(C) 日本語は話す主人公、そして相手との関係の2つで用法が決定される。
(D) 日本語では相手を大切にする言葉が非常に重要だ。

96 일본어에 대하여 올바른 것은 어느 것입니까?

(A) 일본어는 말하는 주인공이 누구인지 만이 중요하다.

(B) 일본어는 상대와의 관계만을 중요시하는 언어이다.

(C) 일본어는 말하는 주인공, 그리고 상대와의 관계 두 가지로 용법이 결정된다.

(D) 일본어에서는 상대를 소중히 하는 말이 매우 중요하다.

97 外国人が日本語を話すことについての日本人の態度として正しいものはどれですか。

(A) 自分達も外国語を上手に話せないことは棚に上げ、外国人が話す日本語を聞くと批判ばかりを口にする。
(B) 自分達も外国語を上手に話せないので、外国人が日本語を話すとそれを理解しようと努める。
(C) 自分達も外国語を上手に話せないので、外国人が日本語を話すと聞き流そうとする。
(D) 自分達も外国語を上手に話せないので、外国人が日本語を話すと無視をしようと努力する。

97 외국인이 일본어를 말하는 것에 대한 일본인의 태도로서 올바른 것은 어느 것입니까?

(A) 자신들도 외국어를 능숙하게 말할 수 없는 것은 문제 삼지 않고, 외국인이 말하는 일본어를 들으면 비판만 한다.

(B) 자신들도 외국어를 능숙하게 말할 수 없기 때문에, 외국인이 일본어를 하면 그것을 이해하려고 노력한다.

(C) 자신들도 외국어를 능숙하게 말할 수 없기 때문에, 외국인이 일본어를 하면 건성으로 들으려고 한다.

(D) 자신들도 외국어를 능숙하게 말할 수 없기 때문에, 외국인이 일본어를 하면 무시하려고 노력한다.

読(よ)み書(か)き 읽고 쓰기 | 主人公(しゅじんこう) 주인공 | 異(こと)なる 같지 않다. 다르다 | 面倒(めんどう) 번거로움. 귀찮음. 성가심. 폐 | 間違(まちが)える 잘못하다. 틀리게 하다. 잘못 알다. 착각을 하다 | 棚(たな)に上(あ)げる 선반에 얹다. 젖혀 놓다. 짐짓 모른 체하고 문제 삼지 않다. 내버려 두다 | 聞(き)き流(なが)す 건성으로 듣다. 한 귀로 듣고 한 귀로 흘려버리다

98~100

日本の会社には年功序列というシステムがあります。年功序列とは、日本の企業などにおいて勤続年数、年齢などに応じて役職や賃金を上昇させる人事制度・慣習を指します。年功序列は、日本型雇用の典型的なシステムです。年功序列は、個人の資質、実績、能力に関わらず年数のみで評価する仕組みを指すこともあります。年功序列制度のメリットはまず、組織の和を保ちやすいというところにあります。実力よりも勤務年数に重きを置くので、社員が会社に根を下ろしやすく会社としてのチームワーク作りに役立ちます。しかし、能力に関係なく賃金を上昇させるので能力がある人を育てにくいというデメリットもあります。

일본 회사에는 연공서열이라는 시스템이 있습니다. 연공서열이란, 일본의 기업 등에 있어서 근속 연수, 연령 등에 따라서 직무나 임금을 상승시키는 인사제도·관습을 가리킵니다. 연공서열은 일본형 고용의 전형적인 시스템입니다. 연공서열은 개인의 자질, 실적, 능력에 관계없이 연수 만으로 평가하는 구조를 가리키기도 합니다. 연공서열 제도의 메리트는 우선, 조직의 화목을 유지하기 쉽다는 데 있습니다. 실력보다 근무 연수에 중점을 두기 때문에 사원이 회사에 뿌리내리기 쉬워, 회사로서는 팀워크 만들기에 도움이 됩니다. 그러나 능력에 관계없이 임금을 상승시키기 때문에 능력이 있는 사람을 육성하기 어렵다는 결점도 있습니다.

98 年功序列というシステムはどんなシステムですか。

(A) 年齢に応じて賃金を上昇させる人事制度だ。

(B) 個人の能力に応じて賃金を上昇させる人事制度だ。

(C) 会社に根を下ろすことができるように促進する制度だ。

(D) 日本の特別なチームワークを年功序列という。

98 연공서열이라는 시스템은 어떤 시스템입니까?

(A) 연령에 따라 임금을 상승시키는 인사제도이다.

(B) 개인의 능력에 따라 임금을 상승시키는 인사제도이다.

(C) 회사에 뿌리를 내릴 수 있도록 촉진하는 제도이다.

(D) 일본의 특별한 팀워크를 연공서열이라고 한다.

99 年功序列制度のいいところは何ですか。

(A) 会社に勤めた年数に合わせて年金をもらえる点だ。

(B) 会社を辞めるとすぐに就職を斡旋してくれる点だ。

(C) 会社に長く勤務してチームワークを作るのに役立つ点だ。

(D) 会社に勤めれば勤めるほど、能力があがる点だ。

99 연공서열 제도가 좋은 점은 무엇입니까?

(A) 회사에 근무한 연수에 맞춰서 연금을 받을 수 있는 점이다.

(B) 회사를 그만두자마자 취직을 알선해 주는 점이다.

(C) 회사에 길게 근무해서 팀워크를 만드는 데 도움이 되는 점이다.

(D) 회사에 근무하면 근무할수록, 능력이 오르는 점이다.

100 年功序列制度の悪いところは何ですか。

(A) 能力によって賃金を上昇させるので、能力がない人には魅力を感じない点だ。

(B) 能力に関係なく賃金が上昇するので、能力がある人を会社内で育てにくいという点だ。

(C) 勤務時間によって賃金が上昇するので、休日返上で仕事をする人が多くなった点だ。

(D) 勤務年数によって賃金が上昇するので、早期退職が難しいという点だ。

100 연공서열 제도가 좋지 않은 점은 무엇입니까?

(A) 능력에 따라서 임금을 상승시키므로, 능력이 없는 사람에게는 매력을 느끼지 않는 점이다.

(B) 능력에 관계없이 임금이 상승하므로, 능력이 있는 사람을 회사 내에서 육성하기 어렵다는 점이다.

(C) 근무 시간에 따라서 임금이 상승하므로, 휴일을 반납하고 일을 하는 사람이 많아진 점이다.

(D) 근무 연수에 따라서 임금이 상승하므로, 조기 퇴직이 어렵다는 점이다.

年功序列(ねんこうじょれつ) 연공서열 | 勤続年数(きんぞくねんすう) 근속연수 | 役職(やくしょく) 지위와 그 임무, 직무, 중요한 지위, 관리직 | 賃金(ちんぎん) 임금 | 指(さ)す 가리키다, 지적하다, 지명하다, 지목하다 | 資質(ししつ) 자질 | 能力(のうりょく) 능력 | 〜に関(かか)わらず ~에 관계없이 ~에 불구하고 | 根(ね)を下(お)ろす 뿌리를 내리다, 기초가 튼튼해지다 | 育(そだ)てる 기르다, 키우다, 양육하다, 양성하다, 길들이다 | デメリット 디메리트(demerit), 결점, 단점

PART5 정답찾기 (정답 및 해설) 문제집 264~265쪽

101

어렸을 적 사진이 반 밖에 없다.

〜頃(ころ) ~무렵, ~시절 | 半分(はんぶん) 반, 절반

102

날씨가 좋으니까, 산책합시다.

天気(てんき) 날씨 | 散歩(さんぽ) 산책

103

작은 생명을 지키는 모임.

命(いのち) 목숨, 생명 | 守(まも)る 지키다, 어기지 않다 | 会(かい) 모임, 집회

104

친구가 집을 나가, 방을 찾고 있습니다.

友人(ゆうじん) 친구, 벗 | 家出(いえで) 가출, 집을 나감 | 探(さが)す 찾다

105

검색 엔진으로의 일괄 등록도 가능합니다.

検索(けんさく) 검색 | 一括(いっかつ) 일괄 | 登録(とうろく) 등록

106

오늘은 품위 있게 변신해서 나가야지.

化(ば)ける 변신하다, 다른 사람처럼 가장하다 | 欠(か)ける 깨져 떨어지다, 흠지다, 부족하다 | ぼける 지각이 둔해지다, 멍청해지다 | とぼける 얼빠지다, 멍청하다

107

서포트(support) 대응이 매뉴얼대로이고, 융통성이 없다.

サポート 서포트(support), 지지, 지원함 | マニュアル 매뉴얼(manual) | 融通(ゆうずう)が利(き)く 융통성이 있다

108

저기에 지갑이 <u>떨어져</u> 있습니다.

財布(さいふ) 지갑 | 落(お)ちる 떨어지다, 하락하다

109

그녀는 실질적으로 이 단체를 <u>좌지우지하고</u> 있는 사람이다.

牛耳(ぎゅうじ)を執(と)る 주도권을 잡고 지배하다, 좌지우지하다

110

멸종 위기에 <u>직면한</u> 종의 보존에 관한 법률.

絶滅(ぜつめつ) 절멸, 근절 | 危機(きき) 위기 | 瀕(ひん)する (어떤 중대한 사태가) 임박하다, 박두하다, 닥치다 | 法律(ほうりつ) 법률

111

거실 에어컨을 <u>켠 채로</u> 외출했다.

🇲 「~たまま」~한 채

　例 眼鏡(めがね)をかけたままの証明写真(しょうめいしゃしん)はだめですか。
　　안경을 낀 채로 찍은 증명사진은 안 됩니까?

112

오늘은 <u>덥지 않은 것은 아니다.</u>

🇲 「~ないわけじゃない」~하지 않는 것은 아니다

113

이 문제는 대학생<u>조차</u> 풀 수 없습니다.

🇲 1. 「~すら」~조차, ~마저, ~까지

　例 親(おや)にすら話(はな)せない。 부모에게조차 이야기할 수 없다.
　　子供(こども)ですら動(うご)かせる。 아이조차 움직이게 할 수 있다.

　2. 「~さえ」~조차, ~마저

　例 自分(じぶん)の名前(なまえ)さえ書(か)けない。 자신의 이름조차 못 쓴다.
　　金(かね)さえあれば何(なん)だってできる。
　　돈만 있으면 뭐든지 할 수 있다.

114

논쟁 끝에 겨우 <u>결말이 났다.</u>

けり 사물의 끝, 결말, 끝장 | けりをつける 결말을 짓다 | けりがつく 끝장이 나다, 결말이 나다

115

누구든지 평화 기념 공원에서 인터넷을 <u>이용할 수 있습니다.</u>

🇲 1. 「お / ご~する」(제가) ~하다, (제가) ~해 드리다

　例 お招(まね)きする。 초대(초빙)해 드리다.
　　ご案内(あんない)する。 안내해 드리다.

　2. 「お / ご~になれる」~하실 수 있다 (「お / ご~になる(~하시다)」의 가능형)

　例 あのレストランならゆっくりお話(はな)しになれますよ。
　　저 레스토랑이라면 여유 있게 말씀하실 수 있습니다.

116

운이 좋으면 2억 엔의 이익을 얻을 수 있다.

あわよくば 잘 되면, 잘 하면

117

어머니는 내 얼굴을 보면 '공부하렴'이라고 말한다. 〈반복/습관〉

(A) 누구든지 칭찬을 들으면 기쁘다. 〈일반 조건〉

(B) 아버지는 날씨가 좋으면 매일 아침 근처를 산책합니다. 〈반복/습관〉

(C) 듣고 보면 그것도 맞는 기분이 든다. 〈확정 조건〉

(D) 주의를 했으면, 저런 사고는 일어나지 않았을 것이다. 〈반(反)사실〉

🇲 「ば」용법 정리

　① 일반 조건 ⇒ 'A가 성립하면 반드시 B가 성립한다'는 조건 관계를 나타냄.

　例 春(はる)が来(く)れば花(はな)が咲(さ)く。 봄이 오면 꽃이 핀다.
　　6を3で割(わ)れば2になる。 6을 3으로 나누면 2가 된다.

　② 반복 / 습관

　例 弟(おとうと)は暇(ひま)さえあればいつもテレビを見(み)ている。
　　동생은 틈만 나면 늘 텔레비전을 본다.
　　母(はは)は私(わたし)の顔(かお)を見(み)れば「勉強(べんきょう)しなさい」と言(い)う。
　　어머니는 내 얼굴을 보면 '공부하렴'이라고 말한다.

　③ 가정 조건 ⇒ 'A가 성립할 경우에 B가 성립한다'는 조건 관계를 나타냄.

　例 手術(しゅじゅつ)をすれば助(たす)かるでしょう。
　　수술을 하면 살아나겠지요.
　　山田(やまだ)さんが行(い)けば、私(わたし)も行(い)く。
　　야마다 씨가 가면, 나도 간다.

④ 반(反)사실 ⇒ 전후에 사실과 반대의 내용을 나열하여, 만약에 사정이 반대라면 실현될 거라는 것을 나타냄.

예 安ければ買った。

저렴하면 샀다.(저렴하지 않아서 사지 않았다.)

もっと早く来れば間に合った。

좀 더 일찍 왔으면 시간에 늦지 않았다.(일찍 오지 않아서 시간에 늦었다.)

⑤ 확정 조건 ⇒ 'A가 성립할 경우에 B를 새롭게 인식했다'고 하는 의미를 나타냄. 이 용법에는 「たら」와 「と」를 사용하는 것이 보통이고, 「ば」가 사용되는 것은 시가(詩歌)와 소설 등 고풍스러운 문학적인 표현에 한정적으로 사용된다.

예 言われてみればそれももっともな気がする。

듣고 보면 그것도 맞는 기분이 든다.

山田さんは変わり者だという評判だったが、会ってみれば、うわさほどのことはなかった。

야마다 씨는 괴짜라는 평판이었지만, 만나보면 소문만큼은 아니었다.

⑥ 서두

예 よろしければ、もう一杯いかがですか。

괜찮다면, 한잔 더 어떻습니까?

もし、お差し支えなければ、ご住所とお名前をお聞かせください。

만약 지장이 없으시다면, 주소와 성함을 알려 주세요.

118

피로를 풀기 위해 사우나에 갔다. 〈목적〉

(A) 아이들을 위해서는 자연이 있는 시골에서 생활하는 편이 좋다. 〈이익〉

(B) 세계 평화를 위해 국제회의가 열린다. 〈목적〉

(C) 사고 때문에 현재 3킬로미터 정체입니다. 〈원인〉

(D) 태풍이 다가오고 있어서 파도가 높아지고 있다. 〈원인〉

「ために」 용법 정리

① 이익 : 명사 + のために

예 家族のために働いている。 가족을 위해 일하고 있다.

みんなのために思ってやったことだ。

모두의 유익을 생각해서 한 것이다.

子供たちのためには自然のある田舎で暮らすほうがいい。 아이들을 위해서는 자연이 있는 시골에서 생활하는 편이 좋다.

② 목적 : 명사 + のために, 동사 기본형 + ために

예 家を買うために朝から晩まで働く。

집을 사기 위해서 아침부터 밤까지 일한다.

疲れをいやすためにサウナへ行った。

피로를 풀기 위해 사우나에 갔다.

世界平和のために国際会議が開かれる。

세계평화를 위해 국제회의가 열렸다.

③ 원인 : 명사 + のために, 형용사형/동사형 + ために

예 暑さのために家畜が死んだ。

더위 때문에 가축이 죽었다.

事故のために現在3キロの渋滞です。

사고 때문에 현재 3킬로미터 정체입니다.

台風が近づいているために波が高くなっている。

태풍이 다가오고 있기 때문에 파도가 높아져 있다.

株価が急落したために市場が混乱している。 주가가 급락했기 때문에 시장이 혼란되어 있다.

※ 원인을 나타내는 경우 ⇒ 내용의 원인은 가능하지만, 판단의 근거는 사용 불가

雨が降っている((×)ために /(○)から))今日の遠足は中止でしょう。 비가 내리고 있기 때문에 오늘 소풍은 중지겠지요.

☞ 「~ために」는 내용의 원인을 나타낼 수는 있지만 판단의 근거를 나타낼 수는 없으며, 뒤에 말하는 사람의 판단/명령/의뢰/의지 등의 표현은 올 수 없다.

★ 목적을 나타내기 위해서는 앞과 뒤에 있는 절의 주어가 같아야만 한다.

(목적) 息子を留学させるために大金を使った。

아들을 유학시키기 위해서 큰돈을 사용했다.

(원인) 息子が留学するために大金を使った。

아들이 유학하기 때문에 큰돈을 사용했다.

119

이 자료로 많은 사실이 명백해졌다. 〈수단〉

(A) 대부분의 회사는 불황으로 경영이 악화되었다. 〈원인〉

(B) 그 마을의 집 대부분은 홍수로 인해 떠내려갔다. 〈수동문의 동작주〉

(C) 컴퓨터로 대량의 문서 관리가 가능해졌다. 〈수단〉

(D) 선생님의 지도로 이 작품을 완성시킬 수 있었습니다. 〈근거/기반〉

ⓜ 「〜によって」용법 정리

　① 원인

　ⓔ 私の不注意な発言によって、彼を傷つけてしまっ
　　た。 내 부주의한 발언으로, 그에게 상처주고 말았다.

　　ほとんどの会社は不況によって経営が悪化した。
　　대부분의 회사는 불황으로 경영이 악화되었다.

　② 수동문의 동작주

　ⓔ 敵の反撃によって苦しめられた。
　　적의 공격으로 인해 고통 받았다.

　　その村の家の多くは洪水によって押し流された。
　　그 마을 집의 대부분은 홍수로 인해 밀려갔다.

　③ 수단

　ⓔ この資料によって多くの事実が明らかになった。
　　이 자료로 많은 사실이 명백해졌다.

　　コンピュータによって大量の文書管理が可能にな
　　った。 컴퓨터로 대량의 문서 관리가 가능하게 되었다.

　④ 근거/기반

　ⓔ 行くか行かないかは、明日の天気によって決めよ
　　う。 갈지 말지는 내일 날씨로 결정하자.

　　先生のご指導によってこの作品を完成させること
　　ができました。 선생님의 지도로 이 작품을 완성시킬 수
　　가 있었습니다.

　⑤ 경우

　ⓔ 人によって考え方が違う。
　　사람에 따라서 사고방식이 다르다.

　　場合によってはこの契約を破棄しなければならな
　　いかもしれない。 경우에 따라서는 이 계약을 파기하지
　　않으면 안 될지도 모른다.

120

차마 들을 수 없다.

(A) 추위를 참다.

(B) 상처의 아픔을 참다.

(C) 고온에 견디다.

(D) 감격할 만한 훌륭한 행위이다.

ⓜ 耐える・堪える

　① (쓰라림이나 괴로움 등을) 참다, 견디다
　　→ 耐える・堪える

　ⓔ 傷の痛みにたえる。 상처의 아픔을 참다.

　　寒さにたえる。 추위를 참다.

　② (외부의 힘이나 자극 등에) 견디다, 버티다
　　→ 耐える・堪える

　ⓔ 高温にたえる。 고온에 견디다.

　　弾圧にたえる。 탄압에 견디다.

　③ 〜할 만하다 → 堪える

　ⓔ 鑑賞に堪える作品だ。 감상할 만한 작품이다.

　　聞くに堪えない。 차마 들을 수 없다.

　　見るに絶えない惨事だ。 차마 눈 뜨고 볼 수 없는 참사다.

　　感にたえた立派な行為だ。 감격할 만한 훌륭한 행위다.

PART6 오문정정 (정답 및 해설) 문제집 266〜267쪽

121 （A） に → を

산을 오르고 있을 때, 갑자기 비가 내렸습니다.

ⓜ 「山に登る」⇒ 이동의 도착점으로서 '산'을 취급
　「山を登る」⇒ 통과하는 장소로서 '산'을 취급

　ⓔ 富士山((✕)に/(○)を)頂上まで登る。
　　후지산을 정상까지 오르다.

122 （D） が → を

**금연 장소가 많기 때문에, 밖에서는 담배를 마음껏 피우고
싶다.**

ⓜ 「〜を〜たい」 표현을 사용해야 하는 경우 ⇒ 「〜が〜たい」를
　사용할 수 없다.

　① 「を」격(格) 의미가 행위의 대상이 아닌 경우

　ⓔ 空((✕)が/(○)を)飛びたい。 하늘을 날고 싶다.

　☞ 空(하늘)는 통과하는 장소를 나타냄.

　② 「を」격(格)과 동사 사이에 다른 요소가 들어가 있는 경우

　ⓔ 美味しいコーヒー((✕)が/(○)を)たくさん飲みた
　　い。 맛있는 커피를 많이 마시고 싶다.

　③ 동사가 「〜ている」 형식인 경우

　ⓔ もっと話((✕)が/(○)を)していたい。
　　좀 더 이야기를 하고 싶다.

123 (C) で → に

이 공장은 도쿄 교외로 이사하기로 되었습니다.

⊞ 「〜に引っ越す」〜(으)로 이사하다
⇒ 「장소 + に」: 존재 장소를 나타냄. '〜에/로'로 번역.
「장소 + で」: 동작의 장소를 나타냄. '〜에서'로 번역.

124 (D) かわかった → かわいかった

도착하기까지 약간 두근두근했지만, 생각했던 것 이상으로 귀여웠습니다.

⊞ 「い형용사 어간 + かった」⇒ い형용사의 과거형
寒い 춥다 → 寒かった 추웠다　嬉しい 기쁘다 → 嬉しかった 기뻤다

125 (B) 考える方 → 考え方

나와 동갑인데 사고방식이 아주 견실해서, 언제나 공부가 됩니다.

「동사 ます형 + 方」〜하는 방법
例 使い方 사용 방법　読み方 읽는 방법
⊞ 水をこぼす 물을 엎지르다

126 (C) 冷たく → 冷たい

일본 술(정종)은 데워서 마시는 사람이 많지만, 나는 차가운 채로 마시는 것을 좋아한다.

⊞ 「동사 た형 / い형용사 기본형 / な형용사 어간 な / 명사 の + まま」〜한 채로

127 (B) まで → ぐらい

야마다 씨는 매일 몇 시간 정도 학교에서 공부합니까?

⊞ 「〜まで」〜까지
「〜ぐらい・くらい」〜정도, 〜가량

128 (B) 同じ → 同じな

자는 시간이 같은데, 일어나는 시간이 점점 빨라지고 있습니다.

⊞ 「な형용사 어간 な + のに」〜인데(도)

129 (B) 食べる → 食べた

롯데리아는 먹은 후에라도 돈을 돌려주는 외식 산업에서는 진귀한 시도를 시작했다.

⊞ 「동사 た형 + 後」〜한 후

130 (C) 入る → 入れる

이거 갓 구워낸 것이라서 비닐봉지에 넣는 데 아주 고생했습니다.

⊞ 1. 자동사/타동사 오용에 주의할 것!
・入る 들어오다, 들어가다 〈자동사〉
・入れる 넣다, 들이다 〈타동사〉
2. 「동사 ます형 + 立て」막 〜한, 방금 〜한
例 焼き立ての魚。갓 구운 생선.
ペンキ塗り立て。갓 칠한 페인트.

131 (C) 嫌い → 嫌いな

지금까지 특별히 좋아하고 싫어하는 것은 없었는데, 갑자기 싫어하는 것이 늘었다.

⊞ 1. な형용사의 명사 수식 형태에 주의할 것!
① 「な형용사 어간 な + 명사」
② 好き嫌い 호불호(好不好), 좋아함과 싫어함
例 誰にも好き嫌いはある。
누구에게나 좋아하고 싫어하는 것은 있다.

132 (A) 折りやすく → 折れやすく

급수관이 꺾이기 쉽게 되어 있기 때문에 수압이 걸린 채로 손을 대는 것은 대단히 위험합니다.

⊞ 「동사 ます형 + やすい」〜하기 쉽다, 〜하는 데 용이하다, 자주 〜하다

133 (D) お電話をしました → 電話をしました

완전히 차가워져 버린 몸을 다시 녹이고, 목욕을 한 후에 여동생에게 전화를 했습니다.

⊞ 「お電話(전화)는 존경어와 겸양어로 사용되지만, 미화어로는 사용되지 않는다.
例 わざわざお電話ありがとうございます。
일부러 전화 주셔서 감사합니다. ⇒ 〈존경어〉로 사용됨.
こちらからお電話をかけさせていただきます。
이쪽에서 전화를 드리도록 하겠습니다. ⇒ 〈겸양어〉로 사용됨.

134 (D) よこした → 書いた

지난주에 나는 오랜만에 친구인 야마다 씨에게 편지를 <u>썼다</u>.

📖 「よこす(보내오다, 넘겨주다)」는 구심적 방향성(말하는 사람 쪽으로 가까워지는 방향성)을 갖기 때문에 주어로부터 원심적 방향성(말하는 사람으로부터 멀어지는 방향성)을 나타내는 경우에는 사용할 수 없다.

📝 手紙をよこして来た。 편지를 보내 왔다.

その金は俺によこせ。 그 돈은 이리 줘.

135 (C) 激しかった → 激しい

어제는 구장으로 향하기 위해 호텔을 나설 무렵부터 세찬 비가 내리기 시작했습니다.

📖 형용사를 명사 앞에서 두고서 명사의 성질을 수식하는 경우에는 과거라 하더라도 보통은 과거형을 쓸 수 없다. 왜냐하면 형용사는 원래 명사의 본질적인 상태를 나타내는 기능을 지니며, 일시적인 상태를 나타내지 않기 때문이다. 과거형을 사용하면 상대적으로 이전의 일시적인 상태를 나타낸다.

📝 お祈りをすると、あんなに激しかった雨がぴたりと止んだ。 기도를 하자, 그토록 격렬했던 비가 딱 그쳤다.

136 (D) 意見 → という意見

오사카 시립 도서관을 일요일도 사용할 수 있기를 바란다는 <u>의견</u>이 있습니다.

📖 「意見(의견)、考え(생각)、訴え(호소)、噂(소문)、命令(명령)、こと(형식명사)」 등처럼 이야기하는 것과 사고(思考)를 나타내는 명사의 내용을 명사 수식절이 나타내는 경우에는 「〜という」를 사용하는 것이 자연스럽다.

📝 野村さんが田舎に帰るということを聞いた。 노무라 씨가 시골로 돌아간다는 얘기를 들었다.

137 (C) 週後 → 週間後

신종 인플루엔자의 감염을 유전자 검사에서 확인하는 체제가 빨라도 2주 후가 될 거라는 전망을 나타냈다.

📖 '〜주후'는 일본어로는 「〜週間後」로 나타냄.

138 (C) それは → これは

A사의 하청 회사인 B사가 도산했다. <u>이것은</u> 엔고의 영향으로, A사의 수출이 감소했기 때문이다.

📖 「これは〜ためだ / からだ」 이것은 〜때문이다 ⇒ 가리키는 것의 원인/이유를 자세하게 진술할 때 사용

139 (C) 限らず → とどまらず

이번 대규모 지진으로 인한 피해 총액은 수백억 엔에 <u>그치지 않고</u>, 몇 백조 엔에 달했다.

📖 1.「〜に限らず」〜에 한하지 않고, 〜뿐만 아니라 ⇒ 〜의 범위를 정하거나 한정하는 경우에 사용
2.「〜にとどまらず」〜에 그치지 않고 ⇒ 〜의 범위를 초과해 버렸다는 의외의 기분을 나타내는 경우에 사용

📝 彼は、国内市場に((○)とどまらず / (○)限らず)、遠く海外にも市場を求めた。 그는 국내시장에 그치지 않고/한하지 않고, 멀리 해외에도 시장을 바랐다.

部長の座に((○)とどまらず / (×)限らず)、社長の椅子を狙って根回しを始めた。 부장의 자리에 그치지 않고, 사장 자리를 노리고 사전교섭을 시작했다.

140 (B) 駆け上げ → 駆け上がり

도쿄 타워에서 '계단 뛰어 오르기 훈련'을 실시하여, 고층건물 화재를 대비한 체력 향상을 도모했다.

📖 「駆け上がる(뛰어 올라가다)、這い上る(기어오르다)、駆け下りる(뛰어서 내려가다)、走り回る(뛰어 돌아다니다)」
⇒ 「자동사 + 자동사」로 이루어진 복합동사

PART7 공란메우기 (정답 및 해설) 문제집 268~273쪽

141

당신은 <u>누구</u>입니까?

📖 「だれ」보다 「どなた」쪽이 공손한 표현이지만, 「どなた」는 불특정인 대상을 나타내고 「だれ」는 특정인 대상을 나타낸다.

142

테이블 위에 책이랑 펜이 있습니다.

📖 「〜や」〜이랑, 〜와/과 ⇒ 병렬조사로서 나열할 때 사용하며, 「など」와 같이 호응되어 사용되기도 함.

📝 葉書や切手を買う。 엽서랑 우표를 사다.
葉書や切手などを買う。 엽서와 우표 등을 사다.

143

그는 32살 때, 대학을 나왔다(졸업했다).

📖 大学を出る 대학을 나오다(졸업하다)

144

오늘은 별로 춥지 않습니다.

해 い형용사의 부정 표현 ⇒ 「い형용사 어간 + く + ない・あり
ません」

おおきい(크다) + ない → おおきくない(크지 않다)

おおきい(크다) + ありません → おおきくありません(크지 않습니다)

145

야마다 씨가 만든 요리가 냉장고 안에 있습니다.

해 명사 수식절 안에서의 주어는 「の」로 나타낸다.
예 山田さんが作った。 야마다 씨가 만들었다.
山田さんの作った料理。 야마다 씨가 만든 요리.

146

따뜻하고 기분 좋은 생활.

해 앞의 형용사가 원인/이유로서 뒤의 형용사에 관계되는 경우나
정반대의 것을 표현하는 경우에는 「~くて / ~く / ~で」로
나타내는 것이 자연스럽다.
예 韓国にとって近くて遠い国である日本。
한국에 있어서 가깝고도 먼 나라인 일본.

147

남성의 평균수명은 여성의 그것(평균수명)보다 짧다.

해 명사구의 일부만을 받을 경우에는 「それ」로 나타낸다.

148

시간이 없으니까 서둘러.

해 말하는 사람의 판단을 근거로 하여 뒤의 내용이 명령/권유/의
지 등일 경우에는 「~から」가 오는 것이 자연스럽다. 단, 뒤의
내용이 공손한 표현일 경우에는 「~ので」도 자연스럽다.
예 時間がない(ですから / ので)急いでください。
시간이 없으니까, 서둘러 주세요.

149

집을 나서려는데 전화가 걸려왔습니다.

해 1. 「~(よ)うとする」~하려고 하다
2. 「~(よ)うとするところ」~하려고 하는 참에

150

내일은 기다리고 기다리던 겨울방학이다.

해 待ちに待った 기다리고 기다리던, 오랫동안 기다리던

151

요코하마에 간다면, 항구를 보러 가면 좋아요.

해 행위를 단순히 권하는 경우에는 「~といい」로 나타내는 것이
좋다.
・「기본형 + といい」 ~하면 좋다 ⇒ 남에게 권장할 때 사용
・「기본형 + ほうがいい」 ~하는 편이 좋다(낫다) ⇒ 일반론
을 서술할 때나 단순한 비교를 나타낼 때 사용
예 A : 今休むのとあとで休むのとどちらがいいです
か。 지금 쉬는 것과 나중에 쉬는 것 어느 쪽이 좋습니까?
B : 今休むほうがいいです。 지금 쉬는 편이 좋습니다.
熱があるときは、厚着をするほうがいい。
열이 날 때는 옷을 많이 꺼입는 편이 좋다.
・「과거형 + ほうがいい」 ~하는 편이 좋다(낫다)
⇒ 구체적/개별적 장면에 사용하며, 조언・충고를 나타냄.
예 (熱がある人に)厚着をしたほうがいいですよ。
옷을 많이 꺼입는 편이 좋아요.

152

모니터 판매는 7월 말로 종료했습니다.

해 「にて」는 대부분 「で」를 사용해서 나타낼 수 있지만, 시간을 나
타내는 경우에는 종료하는 기한만을 나타낸다. 문장체로 주로
게시문이나 안내장 등에 사용된다.
예 受付は5時にて((×)開始いたしました / (○)終了いた
しました)。 접수는 5시에 종료했습니다.

153

**이것을 마시기 위해 일부러 자택에서 도보로 20분 걸려서
이 가게에 온 겁니다.**

해 「AしにB」 A 하러 B
⇒ A와 B가 밀접하게 연결된 하나의 연결 동작처럼 취급하기
때문에 A와 B사이에 다른 요소가 들어가면 부자연스럽게
된다.
예 昼食を((○)食べに / (○)食べるために)出掛けた。
점심을 (먹으러 / 먹기 위해) 외출했다.
昼食を((?)食べに / (○)食べるために)友達と出掛け
た。 점심을 먹기 위해 친구와 외출했다.

154

어머니 생신에 선물을 드렸습니다.

⚟ 나와 가족과의 수수(授受)를 나타내는 경우, 보통 존경형과 겸양형은 사용하지 않는다.
- 「くれる」상대방이 말하는 사람에게 주다
- 「あげる」말하는 사람(제 3자가)이 상대방에게 주다

155

오늘은 왠지 모르게 가고 싶지 않다.

⚟ 1. 何とも
① (부정어와 함께) 대수롭지 않다는 뜻을 나타냄. 아무렇지도, 어떻게도
예 悪口を言われても何ともない。
욕을 먹어도 아무렇지도 않다.

② (부정어와 함께) 불확실한 기분을 나타냄. 뭐라고도, 무엇인지, 어떻다고
예 何とも手の施しようがない。
어떻게도 손을 쓸 도리가 없다.

③ (감동사적으로) 정말로, 참으로
예 この度は何とも気の毒でした。
이번에는 참으로 안 됐습니다.

2. 何でも
① 무엇이든지, 어떤 것이든지, 모두
예 何でも売っている。 무엇이든 팔고 있다.

② 어떻든지, 어쨌든, 기어이
예 何でも私は行く。 어쨌든 나는 가겠다.

③ 확실히는 모르나, 듣건대, 아마, 어쩌면
예 何でも東京に住んでいるそうだ。
확실히는 모르나 도쿄에 살고 있다고 한다.

3. 何とか
① 확실치 않은 것을 나타냄. 뭐라던가
예 何とかという会社の社員。 뭐라든가 하는 회사의 사원.

② 어떻게 좀, 어떻게든
예 何とかやってみましょう。 어떻게든 해 봅시다.

③ 이럭저럭, 어떻게
예 何とかなるさ。 어떻게 되겠지.

④ 이것저것, 이러니저러니, 여러 가지
예 何とか口実を付けて金を払わなかった。
이러니저러니 핑계를 대고 돈을 내지 않았다.

4. 何となく
① 어쩐지, 어딘지 모르게, 왠지
예 何となく気に入らない。 어쩐지 마음에 안 들다.

② 아무 생각 없이, 무심코
예 何となく空を見上げた。 무심코 하늘을 쳐다보다.

156

레스토랑보다도 술집 쪽이 편할 수 있어서 좋지 않을까?

⚟ 「よりか」
① 비교의 표준을 나타냄. ~보다도 (= よりも)
예 それよりか立派だ。 그것보다 훌륭하다.

② (뒤에 부정의 말을 수반하여) 한정을 나타냄. ~밖에 (= しか)
예 辞めるよりか方法がない。 그만둘 수밖에 방법이 없다.

157

택시를 불렀더니, 바로 와 주었다.

⚟ 앞의 내용과 뒤의 내용이 함께 성립되어 있는 사실적 용법인 「と절 / たら절」을 포함한 복문에서, 뒤의 내용이 어느 상태의 인식과 발견이라는 의미를 갖는다. 그렇기 때문에 사역적인 성질이 있는 「～てもらう (어떤 일을 야기시키는 표현)」는 사용할 수 없다.

158

버스는 약 15분 간격으로 옵니다.

⚟ おきに 걸러서, 간격으로
예 5分おきに電車が着く。 5분 간격으로 전철이 도착한다.
3キロおきに立てる。 3킬로미터 간격으로 세우다.

159

방의 불이 꺼져 있으니까, 그녀는 없는 거겠지.

⚟ 「ため(に)」는 「から」나 「ので」보다 문어체적인 표현으로 내용의 이유를 나타내지만, 판단의 근거를 나타낼 수는 없다.

160

구조를 외치려 해도 목소리가 나오지 않는다.

⚟ 1. 「～(よ)うにも + 동사형 + ない」~하려 해도 ~하지 않다
예 機械を止めようにも、方法が分からなかったのです。 기계를 멈추려 해도, 방법을 몰랐던 겁니다.

2. 「～(よ)うにも + 가능형 + ない」 ~하려 해도 ~할 수가 없다
예 少し休みたいけれど、忙しくて休もうにも休めない。 잠시 쉬고 싶지만, 바빠서 쉬려고 해도 쉴 수가 없다.

161

이 프로젝트는 전문가인 엔도 씨가 <u>아니고서는</u> 진행하는 것이 어렵습니다.

1. 「명사(사람) + にとって」 ~에게 있어서
예 私にとって何よりうれしいことだ。 나에게 있어서 무엇보다 기쁜 일이다.

2. 「명사(장소) + においては」 ~에 있어서는
예 造形の美しさにおいてはこの作品が優れている。 조형의 아름다움에 있어서는 이 작품이 우수하다.

3. 「～をぬきにして」 ~을/를 제외하고서, ~을/를 빼고서
예 値段などをぬきにして、一番精度が高い翻訳ソフトを教えてください。 가격 등을 제외하고서, 가장 정밀도가 높은 번역 소프트를 가르쳐 주세요.

4. 「～はもとより」 ~은/는 물론, ~은/는 말할 것도 없고
예 あの女優は男性にはもとより女性にも人気がある。 저 여배우는 남성에게는 물론 여성에게도 인기가 있다.

162

항상 세계를 주시하며, 그 화제의 중심을 날카롭게 <u>추궁한</u>다.

切り込む 치고 들어가다. 매섭게 따지다

切り刻む 잘게 썰다

練り込む 이겨서 넣다

飲み込む 삼키다. 이해하다. 납득하다

163

내일은 일요일이니까, 오늘은 많이 <u>마시자.</u>

実に 실로, 참으로, 매우, 아주

より 그 이상으로, 더욱더, 보다

大いに 대단히, 매우, 크게, 많이

非常に 대단히, 몹시, 매우

164

조카는 아직 어리기 때문에 히라가나<u>조차</u> 쓸 수 없다.

「ひらがな」가 최저 레벨이기 때문에 「～まで」를 사용하면 무엇에 '추가시킨다'는 것이 불분명해지기 때문에 사용할 수 없고, 부정문에서 최저 레벨인 것을 강조하는 「さえ」를 사용해야 한다.

165

우리 아이는 고기와 생선뿐만 아니라 채소도 잘 먹어요.

1. 「A ばかりか Bも」 A뿐인가 B도 ⇒ B가 A보다 일반적인 경우에는 사용할 수 없다.
예 彼女は、現代語ばかりか古典も読める。 그녀는 현대어뿐인가 고전도 읽을 수 있다.

2. 「A のみならず Bも」 A뿐만 아니라 B도 ⇒ 회화체[구어체]에 사용할 수 없고, 서면체[문장체]로만 사용
예 若い人のみならず老人や子供達にも人気がある。 젊은 사람뿐만 아니라 노인과 아이들에게도 인기가 있다.

3. 「A ばかりでなくBも」 A뿐만 아니라 B도 ⇒ 일반적으로 널리 사용
예 漢字が書けないばかりでなく、ひらがなも書けない。 한자를 쓸 수 없을 뿐만 아니라, 히라가나도 쓸 수 없다.

166

이렇게 노력하고 있는데, <u>전혀</u> 능숙해지지 않는다.

敢えて 굳이, 억지로, 무리하게

決して 결코, 절대로

さっぱり 개운한 모양(산뜻이, 후련하게), (부정어와 함께) 도무지, 전혀, 조금도

滅多に (부정어와 함께) 좀처럼, 특별한 경우 외에는 거의

167

세면대가 물때로 <u>미끈미끈</u>해져서 기분이 찜찜하다.

1. ねばねば
① 끈끈하거나 차져서 잘 들러붙는 모양. 끈적끈적
예 ねばねばした土。 차진 흙.
② 끈적끈적한 것. 찰기, 끈기
예 ご飯のねばねば。 밥의 찰기.

2. つるつる
① 표면이 매끈한 모양. 반들반들, 매끈매끈
예 つるつるとした顔。 반들반들한 얼굴.

② 잘 미끄러지는 모양. 주르르, 미끈미끈

囫 道が凍り付いてつるつると滑る。

　길이 얼어붙어서 주르르 미끄러지다.

③ 국수 등을 먹을 때 나는 소리. 후르륵

囫 そばをつるつる食べる。

　메밀국수를 후르륵 (소리 내며) 먹다.

3. べたべた

① 끈끈하게 들러붙는 모양. 끈적끈적

囫 汗で下着がべたべたとくっつく。

　땀으로 속옷이 끈적거리다.

② 교태를 부리며 딱 달라붙는 모양. 찰싹

囫 いつもべたべたくっついている。

　언제나 찰싹 달라붙어 있다.

③ 온통 전면에 바르거나 붙이는 모양. 처덕처덕

囫 塀にべたべたポスターを貼る。

　담에 포스터를 처덕처덕 붙이다.

4. ぬるぬる

① 미끈미끈한 것

囫 卵のぬるぬる。달걀의 흰자위.

② 미끈거리는 모양

囫 油でぬるぬるになる。기름으로 미끄러지다.

168

오늘은 기온도 따뜻하고, 절호의 소풍 날씨가 되고 있습니다.

㎜ 1. 日光 일광, 햇빛

囫 日光で乾燥させる。일광으로 건조시키다.

2. 日向 양달, 양지

囫 日向に置かないようにする。양달에 두지 않도록 하다.

3. 日和

① 일기, 날씨

囫 今日はよい日和だ。오늘은 좋은 날씨다.

　日和がよくない。날씨가 좋지 않다.

② 좋은 날씨

囫 日和が続く。좋은 날씨가 계속되다.

③ 날씨가 안성맞춤임(명사에 붙어 접미어적으로 사용)

囫 行楽日和。행락에 좋은 날.

④ 형편, 형세

囫 日和を見る。형편을 보다.

169

지난번의 전철을 밟지 않도록 열심히 연습한다.

㎜ 1. 二の舞 같은 실패를 되풀이 함, 전철을 밟음

囫 二の舞を演ず(じ)る。전철을 밟다.

2. 二の足 다음에 내미는 발

囫 二の足を踏む。주저하다(망설이다).

170

업무상의 일 때문에 응어리를 남긴 채로 인연이 끊어졌던 사람과 1년 반 만에 재회했다.

㎜ 1. 固まり

① 덩어리, 뭉치

囫 砂糖の固まり。설탕 덩어리.

② 집단, 무리

囫 ひと固まりの家。한 무더기의 집들.

③ (「～の固まり」형태로) 어떤 경향이나 성질이 극단적인 것

囫 ファイトの固まり。투지로 뭉쳐짐.

2. 蟠り

① 복잡하게 얽혀 있음, 거치적거림

囫 何の蟠りも無く事が運ぶ。

　아무런 거치적거림도 없이 일이 진행되다.

② 마음속에 맺힌 꺼림칙한 느낌, 특히 불신/불만/의혹 등의 감정

囫 蟠りが解ける。맺힌 응어리가 풀리다.

PART8 독해 (정답 및 해설) 문제집 274~287쪽

171~174

　작년 가을에 차녀와 둘이서 지은 지 30년 된 주택으로 이사했는데, 세 번의 수도관 동결에는 질려버렸다. 이번 4월에 가족과 합쳐서, 4인 가족이 되었다. 아내는 정원이 달린 집에 대만족이고, 토마토가 익었다. 오이다, 가지다, 파라며 매우 기뻐하고 있다. ___①___ 에는 감자가 12킬로그램, 풋콩이 1킬로그램 수확되었다. 그것을 다시 그림으로 그려서 기뻐하고 있다. 덕분에 채솟값을 벌었다. 여름의 제초, 실수 대금 대신이다. 한동안 수도 요금이 24,000엔으로 4배나 된 금액이 청구가 되어져 왔다. 대학까지 걸어서 30분, 도서관까지 10분, 영화관까지 30분으로, 건강에도 취미로도 최적인 주거 환경이다. 다음은 오는 ___②___ 을 잘 보낼 수 있을까가 최대의 과제이다.

171 ____①____ 에 들어갈 적당한 말은 무엇입니까?

(A) 봄

(B) 여름

(C) 가을

(D) 겨울

172 ____②____ 에 들어갈 적당한 말은 무엇입니까?

(A) 봄

(B) 여름

(C) 가을

(D) 겨울

173 아내가 제일 기뻐하는 것은 어느 것입니까?

(A) 채솟값이 굳은 것

(B) 다양한 채소를 얻을 수 있던 것

(C) 주택으로 이사한 것

(D) 건강에도 취미에도 최적인 주거환경이다.

174 본문의 내용에 맞는 것은 어느 것입니까?

(A) 크게 수도 요금이 비싸졌다.

(B) 신축 주택으로 이사했다.

(C) 대학까지 버스로 30분 정도 걸린다.

(D) 채솟값이 24,000엔으로 4배나 되었다.

次女(じじょ) 차녀. 둘째 딸 | 一戸建(いっこだ)て 독채. 단독 주택 | 水道管(すいどうかん) 수도관 | 凍結(とうけつ) 동결 | 閉口(へいこう) 난처함. 질림. 손듦 | 合流(ごうりゅう) 합류 | 熟(な)れる 잘 익다. 맛들다 | 胡瓜(きゅうり) 오이 | 茄子(なす) 가지 | ネギ 파 | 枝豆(えだまめ) 풋콩

175~178

　나는 매일 아침 샤워를 한다. 10년 가까이 된 습관이다. 10년 정도 전에 당시 내가 근무했던 회사의 독신 사원 기숙사가 원룸 맨션이었을 때 시작된 습관이다. 그전까지는 저녁에 욕조에 들어가는 일반 패턴이었다. 그렇게 하면, 아침에 머리가 폭탄이 되고 만다. 그렇다고 해서 드라이기로 세팅하거나 하는 그런 귀찮은 일은 하지 않는다. 그래서 아마 보기 흉했었다고 생각한다. 그것이 원룸 맨션에서 언제라도 샤워를 할 수 있게 되어서, 마음먹고 아침에 샤워를 하기로 했다. 폭탄 머리도 진정되고, 잠도 깨는 것 같은 느낌이었고, 자면서 식은땀을 흘린 몸도 ____①____ 하고, 이건 기분이 좋다. 그 후, 독신인 동안은 겨울에도 아침에 샤워를 했다. 결혼해서 보일러가 있는 아파트로 이사했다. 물론 샤워기도 있어서, 매일 아침 샤워를 했다. ____②____, 겨울이 되었다. 춥다. 추워서 아침 샤워를 할 수가 없다. 독신 때는 두 번 이사했지만 모두 원룸으로, 작은 유닛 욕실이기 때문에 한겨울이라도 춥지 않았다. 그게 조금 넓은 욕실이라 추운 것이다. 그래서 어떻게 했나. 겨울 동안은 아침에 목욕물을 데워서, 아침 목욕을 했다.

175 저녁에 목욕을 하면 어떻게 됩니까?

(A) 잠이 깨는 듯한 기분이다.

(B) 피곤이 풀려 기분이 좋다.

(C) 아침에 일어나면, 자고 일어난 모습이 심하다.

(D) 드라이기로 세팅해야 한다.

176 언제부터 매일 아침, 샤워를 하게 되었습니까?

(A) 결혼하고 나서

(B) 어릴 적부터

(C) 독신일 때, 두 번 이사하고 나서

(D) 독신 사원 기숙사가 원룸 맨션이 되었을 때부터

177 ____①____ 에 들어갈 적당한 말은 무엇입니까?

(A) 산뜻이

(B) 깨끗이

(C) 개운하게

(D) 충분히

178 ____②____ 에 들어갈 적당한 말은 무엇입니까?

(A) 그러나

(B) 그리고

(C) 그런데

(D) 그것은 그렇고

勤(つと)める 근무하다. 종사하다 | 爆発(ばくはつ) 폭발 | 面倒(めんどう) 번거로움. 귀찮음. 성가심. 폐 | 見苦(みぐる)しい 보기 흉하다. 볼꼴사납다 | 寝汗(ねあせ) 식은땀 | 真冬(まふゆ) 한겨울. 엄동 | 風呂場(ふろば) 목욕탕

179~181

　고등학생 실태에 대한 앙케트를 실시한 결과, 휴대전화를 '가지고 있다'고 대답한 학생은 289명. 전체의 92퍼센트였습니다. 매월 평균 사용료는 전체의 절반 이상이 3,000엔~6,000엔 사이라고 대답하였고, 만 엔 이상의 학생이 14명, 모른다고 대답한 학생도 12명 있었습니다. 요금 지불에 관해서는 '부모'가 압도적으로 많아, 243명이 그렇게 대답하였습니다. 또 '무료 통화량을 초과하면 본인'이나 '절반씩'이라고 대답한 학생도 20명 있었습니다. 휴대전화를 어떤 경우에 자주 사용하는가에 대해서는 대답한 학생 전체의 79퍼센트____①____ 241명이 '친구와의 전화나 메일'을 꼽고 있습니다. 또, 휴대전화를 소지하고 있는 학생 전체의 80퍼센트____①____ 231명이 학교에 휴대전화를 가지고 간다고 대답했습니다.

179 이번 앙케트에 참가한 고등학생은 몇 명입니까?

(A) 289명

(B) 300명

(C) 314명

(D) 320명

180 ___①___ 에 들어갈 적당한 말을 고르세요.

(A) 로 하는

(B) 의 중에서

(C) 가 맞는

(D) 에 해당하는

181 고등학생의 휴대전화 사용에 대한 올바른 설명은 어느 것입니까?

(A) 휴대전화의 요금 지불은 대부분 부모가 지불하고 있다.

(B) 휴대전화는 긴급 시의 대비용으로서 소지하고 있는 고등학생이 많다.

(C) 학교에 휴대전화를 가지고 가는 고등학생도 늘고 있다.

(D) 무료 통화량을 넘으면, 부모에게 지불을 부탁하는 경우가 늘고 있다.

答(こた)える 대답하다 | 平均(へいきん) 평균 | 超(こ)える 넘다. 넘어서다. 초과하다 | 回答(かいとう) 회답

182~184

이집트의 피라미드는 어떻게 만들어진 걸까? 큰 돌을 어떻게 운반하여, 어떻게 자른 것일까? 저 거대한 돌을 자르는 방법으로서 몇 가지 학설이 있다. 먼저 바위 위에서 나무를 태워 열을 주고, 물을 뿌려 급격하게 식혀서 금을 내어 자른다는 것. 냉동고에서 만들어진 얼음에 뜨거운 물을 뿌리면 금이 가는데, ① 그것과 동일한 것이다. 또 하나도 온도 차를 이용한 것인데, 이것은 낮과 밤의 심한 기온 차를 이용한다. 저녁에 바위에 물을 뿌려 놓으면, 밤에는 얼어서 바위가 갈라진다. 거기에 나무 쐐기를 넣어서, 다시 물을 뿌린다. 그러면 나무가 부풀어서 ___②___ 바위가 갈라진다는 원리이다. 정말로 가능한지 어떤지, 호기심 많은 분은 겨울에라도 시험해 보기 바란다.

182 ① 그것이란, 어떤 것을 의미합니까?

(A) 바위 위에서 불을 피워, 그것을 식히는 것으로 바위를 갈라지게 하는 방법

(B) 냉동고에서 만들어진 얼음에 뜨거운 물을 뿌리면 금이 가는 것

(C) 거대한 돌을 자르는 방법으로서 몇 가지 학설이 있는 것

(D) 온도 차를 이용하여, 바위에 금이 가게 만드는 것

183 ___②___ 에 들어갈 적절한 말을 고르세요.

(A) 푹

(B) 왕창

(C) 탁

(D) 빠끔히

184 본문의 내용과 맞지 않는 것은 어느 것입니까?

(A) 돌을 자르는 방법으로서는 몇 가지 학설이 있다.

(B) 돌을 자르는 방법으로서 돌을 급격하게 식히는 방법이 있다.

(C) 돌을 자르는 방법으로서 돌을 급격하게 따뜻하게 하는 방법이 있다.

(D) 돌을 자르는 방법으로서 주야의 온도 차를 이용하는 방법이 있다.

切(き)り出(だ)す 베기 시작하다. 베거나 하여 실어 내다 | 巨大(きょだい) 거대 | 燃(も)やす 태우다. 어떤 의욕/감정을 고조시키다 | 急激(きゅうげき) 급격 | 楔(くさび) 쐐기 | 打(う)ち込(こ)む 박다. 두들겨 박다 | 膨(ふく)らむ 부풀다. 불룩해지다 | 物好(ものず)き 색다른 것을 좋아함. 호기심

185~188

다소 외관은 나쁘지만 싸고 맛있는 '가장자리 미식가'가 주목받고 있는 것 같다.

음식 ___①___, 한가운데보다 가장자리가 좋다고 생각한 적은 있을 것 같다. 이 '가장자리 애호가'에 대해서 아이쉐어가 의식조사를 실시. 20대에서 40대 남녀 590명의 대답을 집계했다. 빵이나 케이크, 베이컨의 자투리 등 음식의 가장자리를 좋아하는가를 물은 결과, '매우 좋아함'이 11.9퍼센트, '어느 쪽이냐고 물으면 좋아함'이 49.2퍼센트로, 합하면 『좋아함』파가 61.0퍼센트였다. 성별 내역에서는 여성은 66.1퍼센트로 남성보다도 9포인트 높고, 또 40대에서는 20대보다 10포인트 높은 65.6퍼센트로, 가장자리는 여성이나 연배가 높은 세대로부터 지지가 높은 경향이 있는 것 같다. 교통수단이나 음식점 등에서 가장자리 자리에 앉고 싶은지를 묻자 '매우 앉고 싶다'가 28.0퍼센트, '가능하면 앉고 싶다'가 45.3퍼센트로 『좋아함』파가 73.2퍼센트. 전체 3명 중 2명이 가장자리를 좋아한다는 것을 알았다. 음식이나 장소 등에서 이 '가장자리를 좋아한다'는 것을 자유답안 형식으로 예를 들어 달라고 하자, 바게트의 가장자리 등의 '빵류'(78표), 전철이나 비행기 등의 '교통 기관 종류'(71표), 회의실이나 음식점 자리 등의 '장소류'(34표)로 인기를 모았다. ___②___, 자리 바꾸기 등에서도 교실 맨뒤 가장자리가 인기였나.

185 가장자리 미식가란, 무엇을 말합니까?

(A) 빵의 테두리를 먹는 것

(B) 외견은 좋지 않지만, 맛은 맛있고 적당한 가격의 음식

(C) 가장자리 좌석에서 먹는 음식

(D) 음식의 끄트머리를 제외하고 먹는 음식

186 ___①___ 에 들어갈 적절한 말을 고르세요.

(A) 에서

(B) 에 있어서

(C) 에 대하여

(D) 뿐만 아니라

187 ___②___ 에 들어갈 적절한 말을 고르세요.

(A) 그런데

(B) 그러고 보면

(C) 그렇다고 해도

(D) 그때부터 쭉

188 빵이나 베이컨 등 음식의 가장자리에 대한 앙케트 결과 중에서, 올바른 것은 어느 것입니까?

(A) 가장자리를 좋아하는 남성은 약 57퍼센트이다.

(B) 여성보다 남성 쪽이 가장자리를 좋아한다.

(C) 연장자는 역시 가장자리를 좋아하지 않는 것 같다.

(D) 젊은 층 쪽이 가장자리를 보다 더 좋아하는 경향이 있다.

注目(ちゅうもく) 주목 | 端(はし) 끝, 끄트머리, 가장자리 | 愛好家(あいこうか) 애호가 | 集計(しゅうけい) 집계 | 切(き)れ端(はし) 끄트머리 조각, 쪼가리, 자투리, 토막 | 支持(しじ) 지지 | 席替(せきが)え 자리 이동, 자리 바꾸기

189~192

중의원 해산으로 사실상의 선거전에 돌입하는 가운데, 출산 예정일을 9월 말로 앞둔 소자화(출생률이 저하하여 아이의 수가 감소하는 것)담당 장관 오부치 유코도 임신한 몸으로 전국을 분주히 돌고 있다. 보기에도   ①   배를 안고, 공무와 다른 후보들의 응원 등 분을 쪼개는 스케줄. 22일에는 해산 후 처음으로 군마현에 갔는데, 대역풍의 자민당에서는 오부치 씨의 전국구 인기에 대한 기대가 크고, 자기 고장에 본인 부재의 경쟁을 강요받을 것 같다. 이번에는 체력적으로도 힘든 '마터니티 선거'가 되는데, 오부치 씨는 '뒤에 이어지는 여성의원들을 위해서도 주어진 일을   ②   싶다'고 의욕을 보이고 있다.

189   ①   에 들어갈 적절한 말을 아래에서 고르세요.

(A) 무뚝뚝한

(B) 통통한

(C) 울퉁불퉁한

(D) 까칠까칠한

190 마터니티 선거란, 어떤 것입니까?

(A) 아이를 낳은 엄마를 응원하는 것을 정치목표로 한 의원을 선출하는 것

(B) 아이를 낳지 못하는 부부를 응원하는 것을 정치목표로 한 의원을 선출하는 것

(C) 아이를 임신한 채로 선거운동을 하는 것

(D) 아이를 임신한 채로는 안 되기 때문에, 선거와 아이 중 어느 쪽인지를 선택하는 것

191   ②   에 들어갈 적절한 말을 아래에서 고르세요.

(A) 완수하고

(B) 전수

(C) 제공

(D) 열심히

192 본문의 내용으로 올바른 것을 아래에서 고르세요.

(A) 출산을 앞두고 있는 오부치 의원은 출산휴가를 얻는 것으로, 아이 중심의 사회 만들기를 지원자에게 호소하고 있다.

(B) 오부치 의원은 출산을 앞두고 있으면서도, 자기 고장 사람들과 함께 열심히 선거 활동을 하는 것으로 고장에서의 인기를 기반으로 당선을 목표로 하고있다.

(C) 오부치 의원은 출산을 앞두고 있으면서도 전국적으로 인기가 있어, 자기 고장에는 많이 머무르지 못한 채 선거전을 치르게 될 것 같다.

(D) 오부치 의원은 임신을 계기로 이번에는 선거 출마를 포기하였지만, 차기를 목표로 활동을 이미 시작하고 있다.

解散(かいさん) 해산 | 出産(しゅっさん) 출산 | 控(ひか)える 대기하다, 기다리다, 보류하다 | 少子化(しょうしか) 소자화, 아이를 낳는 부모 세대의 감소와 출생률의 저하로 인해 아이의 수가 감소하는 것 | 担当(たんとう) 담당 | 奔走(ほんそう) 분주, 뛰어다니며 노력함 | 候補(こうほ) 후보 | マタニティー 마터니티(maternity), 어머니다움, 임부의 상태, 어머니인 상태 | 意気込(いきご)む 어떤 일을 해내려고 의욕을 보이다, 힘을 내다, 분발하다

193~196

'변소 밥'이라는 말이 3년 정도 전부터 인터넷상에서 많이 보이고 있다. 학교나 직장 등 공공화장실에서 식사를 하는 현상이 일부 젊은이들 사이에서   ①   퍼지고 있다고 한다. 한편, 인터넷 프리 백과사전 '위키피디아'에서는 변소 밥의 항목이 삭제되어, 인터넷 게시판 관련 슬래드에서도 단순한 '기삿거리'로서 의문시한다는 목소리도 있다. 변소 밥은 실제로 있는지, 아니면 '도시전설'에 지나지 않는 것인지, '기삿거리를 기삿거리로 알아보지 못하는 놈……'이라는 말을 들을 것 같지만. 그러나, ② '변소 밥'은 실제로 존재했다. 회사나 대학에서 화장실에 틀어박혀 혼자서 식사를 하는 사람이 있었던 것이다. 당사자를 인터뷰해 보니, 의외인 점을 알게 되었다. '변소 밥'을 먹는 이유는 '자신의 시간, 혼자만의 시간을 즐기고 싶다'는 놀라운 것이었다. 바쁘고, 공동체를 강조하는 일본사회 안에서 최근 일본인은 여러 가지 형태로 개인적인 시간을 즐기고 있다는 것을 알았다. 하지만 다른 측면에서 보면, 이것은 현대 사회에 대한 ③ 작은 반항이라는 견해로도 볼 수 있다. 일에 쫓기는 사회생활, 그리고 ④ '뛰어 나온 말뚝은 얻어맞는다'라는 속담이 있는 것처럼 화합을 중요시하는 일본사회와 개인주의, 개개인을 존엄하는 현대인의 조용한 싸움이 시작된 것일지도 모른다.

193   ①   에 들어갈 적당한 말을 고르세요.

(A) 필사적으로

(B) 천연덕스럽게

(C) 은밀하게

(D) 온순하게

194 ② '변소 밥'은 인터넷에서는 어떻게 다루어지고 있습니까?

(A) 변소 밥은 존재할 리가 없다고, 비판의 대상이 되고 있다.

(B) 변소 밥에 대해서 많은 사람이 흥미를 가져, 많은 인터넷 사이트에서 문제시되고 있다.

(C) 변소 밥은 기삿거리로서 많은 사람이 인정하지만, 실제로 존재하지 않는다고 단언하고 있다.

(D) 변소 밥은 기삿거리의 하나로서 다루어지고, 실제로 존재하는지에 대해서는 의문시되고 있다.

195 ③ 작은 반항이라고 하는데, 어떤 의미입니까?

(A) 즐거움을 찾을 수 없는 사회에 대해, 화장실 안에서만이라도 자신의 즐거움을 만끽하려는 행동

(B) 바쁜 가운데 집단의 융화를 중요시하는 사회에 대해 개인의 존중을 호소하려는 행동

(C) 사회에 반항하여 현재 사회를 개혁하려는 행동

(D) 혼자만의 시간을 즐기고 싶은 사람들이 모여, 다양한 개인적인 시간을 즐기려는 행동

196 ④ '튀어 나온 말뚝은 얻어맞는다'란, 어떤 의미입니까?

(A) 일반적인 행동으로부터 특별한 행동을 유의하여, 개성을 중요하게 여기라는 의미

(B) 집단 안에 있을 때는 개성보다도 집단에 어울리게 행동하라는 의미

(C) 언제나 눈에 띄는 언동을 하면, 언젠가 큰 인물이 될 수 있다는 의미

(D) 언제나 조용히 있으면서, 윗사람의 지시에 따르라는 의미

便所(べんじょ) 변소 | 飛(と)び交(か)う 이리저리 뒤섞여 날다. 어지럽게 날다 | 現象(げんしょう) 현상 | ネタ 신문기사/소설/각본 등의 소재. 기삿거리. 범죄 등의 증거 | 見抜(みぬ)く 꿰뚫어보다. 알아채다. 간파하다 | 意外(いがい) 의외 | 反抗(はんこう) 반항 | 出(で)る杭(くい)は打(う)たれる 튀어 나온 말뚝은 얻어맞는다. 너무 잘하면 남에게 미움 받는다. 주제 넘는 짓을 하면 남에게 비난받는다 | 諺(ことわざ) 속담 | 尊厳(そんげん) 존엄

197~200

도쿄·야마테 거리의 공사현장에서 좀 ①낯선 것이 눈에 띄었다. 중기(중공업용 기계)에 처덕처덕 A4사이즈 정도의 종이가 붙어 있다. 가까이 가서 보자 '이 중기의 운전자는 저입니다'라고 쓰여 있다. 밑에는 자격증 복사와 운전자의 이름과 얼굴 사진. 게다가 이게 무엇을 위해, 언제부터 시작된 것일까? 최근 중기가 전복되는 사고 등이 연속해서 발생한 탓일까? 어떤 법으로 정해진 것일까? 실제로 작업을 하고 있는 회사 한군데에 물어 보자, 계기는 ② , 연이은 중기 사고라는데 '현장에서는 정기적으로 『안전 순찰』이라는 것을 하고 있습니다. 순찰 시에 누가 보아도 중기 운전자를 알 수 있도록 또, 운전자가 자격증을 소지하고 있다는 것을 정확히 알 수 있도록 붙이고 있습니다'. 일반 통행인에 대해서라기보다도, 현장의 안전 순찰용으로 붙이고 있는 것 같다. 그런데 무자격으로 중기 운전……이라고 들으면 무서운 느낌이 들지만, 조사해 보면 무자격으로 인한 중기사고는 이제까지 상당한 사례가 있는 것 같음. ③ , 자신의 소유지를 조성할 경우 등은 무자격이라도 중기 운전이 가능하지만, 물론 '사업'에서는 무자격증자의 운전은 금지되어 있고, 사업자도 무자격자에게 운전 업무를 시켜서는 안 되게 되어 있다. 잠시 의아하게 보인 중기 벽보. 안전을 지키기 위해 중요한 역할을 하고 있는 것 같다.

197 ①낯선 것이란, 무엇입니까?

(A) 일반 사람용으로 제작된 안전 선언 용지

(B) 일반 사람용으로 제작된 운전자의 자격증 표지판

(C) 현장의 안전을 위해 제작된 중기 운전자에 대해서 공표한 종이

(D) 현장의 안전을 위해 제작된 중기 운전자용의 정보게시판

198 ② 에 들어갈 적당한 말을 아래에서 고르세요.

(A) 이상에 반해서

(B) 이상과 같이

(C) 예상에 반해서

(D) 예상대로

199 ③ 에 들어갈 적당한 말을 아래에서 고르세요.

(A) 덧붙여서 말하면

(B) 그건 그렇고

(C) 그것은 제쳐두고

(D) 그때부터 쭉

200 본문의 내용으로 맞은 것을 고르세요.

(A) 중기를 운전할 때는 어디에서든지 면허증을 가지고 있어야 한다.

(B) 중기 사고가 많아져, 중기 운전자는 그 면허증을 공개하게 되었다.

(C) 안전 순찰을 위해 중기 운전자가 누군지, 면허의 유무 등을 표시하도록 되었다.

(D) 일반 사람에게도 안심시키기 위해 중기 운전자가 누군지, 면허의 유무 등을 표시하도록 되었다.

貼(は)る 바르다. 붙이다 | 横転(おうてん) 옆으로 넘어짐 | 定(さだ)める 정하다. 결정하다. 확정하다 | 度重(たびかさ)なる 거듭되다 | パトロール 패트롤(patrol). 방범 등을 위한 순찰. 경찰관. 경비원 | 事例(じれい) 사례 | 貼(は)り紙(がみ) 벽보 | 役割(やくわり) 역할 | 担(にな)う 짊어지다. 메다. 책임 등을 떠맡다

Chapter 03

반드시 알아야 할
JPT 공략 비법

사람의 동작, 상태 표현

❶ (本・絵本・漫画・新聞・雑誌)を読んでいます。 / を開いています。

(책, 그림책, 만화, 신문, 잡지)를 읽고 있습니다. / 를 펼치고 있습니다.

❷ (勉強・料理・食事・洗濯・掃除)をしています。

(공부, 요리, 식사, 세탁, 청소) 를 하고 있습니다.

(野球・サッカー・テニス・ボーリング・バレー)をしています。

(야구, 축구, 볼링, 테니스, 볼링, 배구)를 하고 있습니다.

❸ (コーヒー・ジュース・お茶・飲み物)を飲んでいます。

(커피, 주스, 차, 음료수)를 마시고 있습니다.

(果物・パン・魚・とうもろこし)を食べています。 / をかじっています。

(과일, 빵, 생선, 옥수수)를 먹고 있습니다. / 를 베어 먹고 있습니다.

❹ (部屋・床・倉庫)を掃除しています。　(방, 바닥, 창고)를 청소하고 있습니다.

(雑巾・布巾・タオル)を絞っています。　(걸레, 행주, 수건)을 짜고 있습니다.

布団を叩いています。　이불을 털고(두드리고) 있습니다.

布団たたきで叩いています。　이불 털기로 털고(두드리고) 있습니다.

(洗濯物・布団)を畳んでいます。 / を敷いています。

(세탁물, 이불)을 개고 있습니다. / 을 깔고 있습니다.

膝にサポーターをつけて床にひざまずき、掃除をしています。

무릎에 보호대를 차고 마루에 무릎을 꿇고, 청소를 하고 있습니다.

雑巾がけをしています。　걸레질을 하고 있습니다.

❺ 郵便局で切手を買っています。　우체국에서 우표를 사고 있습니다.

駅で切符を買っています。　역에서 표를 사고 있습니다.

(切手・絵)を貼っています。　(우표, 그림)을 붙이고 있습니다.

❻ (エレベーター・エスカレーター)の前に立っています。　(엘리베이터, 에스컬레이터) 앞에 서 있습니다.

椅子の上に立っています。　의자 위에 서 있습니다.

かばんを肩にかけて立っています。　가방을 어깨에 메고 서 있습니다.

(ペン・受話器・携帯電話・レンゲ)を持っています。　(펜, 수화기, 휴대전화, 숟가락)을 들고 있습니다.

階段を(下りて・上って)います。　계단을 (내려가고, 오르고) 있습니다.

❼ 黒板を消しています。　칠판을 지우고 있습니다.

黒板に文字を書いています。　칠판에 글자를 쓰고 있습니다.

❽ (手・顔・食器)を洗っています。　(손, 얼굴, 식기)를 씻고 있습니다.

靴を磨いています。　구두를 닦고 있습니다.

❾ 踊っています。　춤추고 있습니다.

ダンスしています。　춤추고 있습니다.

歌っています。　노래하고 있습니다.

楽器を演奏しています。　악기를 연주하고 있습니다.

❿ おにぎりを作っています。　오니기리(주먹밥)을 만들고 있습니다.

寿司を握っています。　초밥을 만들고 있습니다.

⓫ 髪を切っています。　머리를 자르고 있습니다.

爪を切っています。　손톱을 깎고 있습니다.

鉛筆を削っています。　연필을 깎고 있습니다.

⓬ (靴・スリッパ・サンダル・草履)を履いています。 / を履こうとしています。
　(구두, 슬리퍼, 샌들, 일본 짚신)을 신고 있습니다. / 을 신으려고 하고 있습니다.

(靴・スリッパ・サンダル・草履)に履き替えています。
　(구두, 슬리퍼, 샌들, 일본 짚신)으로 갈아 신고 있습니다.

⓮ ジャンプをしています。　　점프를 하고 있습니다.

じゃんけんをしています。　　가위 바위 보를 하고 있습니다.

ランニングをしています。　　달리기를 하고 있습니다.

⓯ エプロンをつけています。　　앞치마를 두르고 있습니다.

イヤリングをつけています。　　귀걸이를 하고 있습니다.

イヤホンをしています。　　이어폰을 끼고 있습니다.

ケーキの(ろうそく・キャンドル)に火をつけています。　　케이크의 촛불에 불을 붙이고 있습니다.

⓰ 体操をしています。　　체조를 하고 있습니다.

両手を横に広げています。　　양손을 옆으로 벌리고 있습니다.

腕を伸ばしています。　　팔을 뻗고 있습니다.

背中を掻いています。　　등을 긁고 있습니다.

⓱ 人指し指で指しています。　　집게손가락으로 가리키고 있습니다.

手のひらを上に向けています。　　손바닥을 위로 향하고 있습니다.

横を向いて話しかけています。　　옆을 보고 말을 걸고 있습니다.

⓲ 立ったまま食べています。　　선 채 먹고 있습니다.

みんな立って乾杯をしています。　　모두 일어서서 건배를 하고 있습니다.

みんな立ち上がって応援しています。　　모두 일서서서 응원을 하고 있습니다.

帽子を被って郵便局の前に立っています。　　모자를 쓰고 우체국 앞에 서 있습니다.

教壇に立って生徒を教えています。　　교단에 서서 학생을 가르치고 있습니다.

両足を閉じた状態で立っています。　　양발을 모은 상태에서 서 있습니다.

⓳ 逆立ちをしている人がいます。　　물구나무서기를 하고 있는 사람이 있습니다.

立ち読みをしています。　　서서 읽고 있습니다.

踏切の途中で立ち止まっています。　건널목 중간에서 멈춰 서 있습니다.

横断歩道の前で立ち止まって、信号が変わるのを待っています。

보행자는 횡단보도 앞에 멈춰 서서, 신호가 바뀌는 것을 기다리고 있습니다.

⑳ 二人は向かい合って立っています。　두 사람은 서로 마주보고 서 있습니다.

二人は背中あわせに立っています。　두 사람은 서로 등을 맞대고 서 있습니다.

二人は寄り添って立っています。　두 사람은 바싹 붙어 서 있습니다.

男の人と女の人は離れて立っています。　남자와 여자는 떨어져 서 있습니다.

㉑ 男の人と女の人は間にテーブルを挟んで向かい合うように座っています。

남자와 여자는 사이에 테이블을 사이에 두고 서로 마주보듯이 앉아 있습니다.

(椅子・ベンチ)に腰掛けています。　(의자, 벤치)에 걸터앉아 있습니다.

ベンチに腰掛けて、本を読んでいます。　벤치에 걸터앉아서, 책을 읽고 있습니다.

ベンチに腰を下ろしてお弁当を食べています。　벤치에 걸터앉아서 도시락을 먹고 있습니다.

㉒ 体を前屈みにして歯を磨いています。　몸을 앞으로 구부려서 이를 닦고 있습니다.

着物を着た人が畳の上に正座をしています。

기모노(일본 전통 의상)를 입은 사람이 다다미 위에 정좌하고 있습니다.

㉓ しゃがんでいます。　웅크리고 있습니다.

しゃがみこんで、道路にある何かを一生懸命に見詰めています。

웅크리고 앉아서, 도로에 있는 무엇인가를 열심히 응시하고 있습니다.

会社の前に座り込んで、デモをしています。　회사 앞에 버티고 앉아서, 데모를 하고 있습니다.

㉔ タクシーを拾っています。　택시를 잡고 있습니다.

(石・ゴミ・貝殻・吸い殻)を拾っています。　(돌, 쓰레기, 조개껍질, 담배꽁초)를 줍고 있습니다.

㉕ 赤ちゃんがうつぶせになって寝ています。　아기가 엎어져서 자고 있습니다.

寝そべって本を読んでいます。　엎드려서 책을 읽고 있습니다.

生徒が机に伏せて寝ています。　학생이 책상에 엎드려서 자고 있습니다.

㉖ 横になって本を読んでいます。　누워서 책을 읽고 있습니다.

横たわってテレビを見ています。　누워서 텔레비전을 보고 있습니다.

㉗ 床に寝転んでいます。　바닥에 드러누워 있습니다.

芝生の上に寝転んで本を読んでいます。　잔디 위에 드러누워서 책을 읽고 있습니다.

㉘ 背広を着た人が電車の中で居眠りをしています。　양복을 입은 사람이 전차 안에서 졸고 있습니다.

肘枕で寝ています。　팔베개를 하며 자고 있습니다.

赤ちゃんに腕枕をして寝かせています。　아기에게 팔베개를 해주며 재우고 있습니다.

膝枕で寝ています。　무릎베개로 자고 있습니다.

仰向けになって寝ています。　위를 보고(반듯하게 누어서) 자고 있습니다.

㉙ 男の人が女の人の手首を握っています。　남자가 여자의 손목을 잡고 있습니다.

足首にがっちり包帯を巻いた人がいます。　발목에 단단히 붕대를 감은 사람이 있습니다.

両手で足を持っています。　양손으로 발목을 잡고 있습니다.

㉚ 足を上げてダンスをしているところです。　발을 들어 춤을 추고 있는 중 입니다.

足を真っ直ぐ伸ばして座っています。　다리를 곧게 펴고 앉아 있습니다.

足を広げて座っています。　다리를 벌리고 앉아 있습니다.

足を揃えて座っています。　다리를 모아서 앉아 있습니다.

足を横に崩して座っています。　다리를 옆으로 편하게 하고 앉아 있습니다.

㉛ 胡座をかいています。　책상다리를 하고 있습니다.

足を組んでいます。　다리를 꼬고 있습니다.

腕を組んでいます。　팔짱을 끼고 있습니다.

肩を組んでいます。　어깨동무를 하고 있습니다.

後ろ手に組んでいます。　뒷짐 지고 있습니다.

㉝ 子供が棒にぶら下がっています。　어린이가 철봉에 매달리고 있습니다.

子供たちが手を振っています。　어린이들이 손을 흔들고 있습니다.

手を握って歩いています。　손을 잡고 걷고 있습니다.

花壇の脇を歩いています。　화단 옆을 걷고 있습니다.

手袋をはめて道を歩いています。　장갑을 끼고 길을 걷고 있습니다.

ポケットに手を入れて歩いています。　포켓(호주머니)에 손을 넣고 걷고 있습니다.

手を繋いで歩いている男女がいます。　손을 잡고 걷고 있는 남녀가 있습니다.

㉞ (頭・喉・頬・おでこ)に手を当てています。　(머리, 목, 뺨, 이마)에 손을 대고 있습니다.

(顔・おでこ)を触っています。　(얼굴, 이마)를 만지고 있습니다.

手で(顔・おでこ)を隠しています。　손으로 (얼굴, 이마)를 가리고 있습니다.

(子供・犬・猫)の頭を撫でています。　(아이, 개, 고양이)의 머리를 쓰다듬고 있습니다.

㉟ ボールを蹴ろうとしているところです。　볼을 차려고 하는 중입니다.

ボールを投げようとしているところです。　볼을 던지려고 하는 중입니다.

ボールを打とうとしているところです。　볼을 치려고 하는 중입니다.

㊱ 拍手をしています。　박수를 치고 있습니다.

背の高い人と背の低い人が握手しています。　키 큰 사람과 키 작은 사람이 악수를 하고 있습니다.

握手しながら頭を下げています。　악수를 하면서 머리를 숙이고 있습니다.

㉗ 小わきに本を抱えています。　겨드랑이에 책을 끼고 있습니다.

リュックサックを抱えています。　배낭을 안고 있습니다.

ランドセルを背負っています。　란도셀(초등학생용 책가방)을 메고 있습니다.

リュックサックを背負って歩いています。　배낭을 등에 메고 걷고 있습니다.

㉘ 糸を巻いています。　실을 감고 있습니다.

布を縫っています。　천을 바느질하고 있습니다.

布を広げています。　천을 펼치고 있습니다.

編み物をしています。　뜨개질을 하고 있습니다.

㉙ 合掌しています。　합장을 하고 있습니다.

両手を合わせています。　두 손을 모으고 있습니다(합장하고 있습니다).

前の人と手を合わせています。　앞사람과 손을 모으고 있습니다.

女の人が拝んでいます。　여자가 절을 하고 있습니다(합장하고 있습니다).

㊵ 万歳をしています。　만세를 부르고 있습니다.

たばこをくわえています。　담배를 입에 물고 있습니다.

ベンチに座ってたばこを吸っています。　벤치에 앉아서 담배를 피우고 있습니다.

あくびをしています。　하품을 하고 있습니다.

唾を吐いています。　침을 뱉고 있습니다.

雪を掃いています。　눈을 쓸고 있습니다.

㊶ お辞儀をしています。　머리 숙여 절하고 있습니다.

男の人と女の人は向き合って、お辞儀をしています。　남자와 여자는 서로 마주보고, 인사를 하고 있습니다.

生徒たちが起立して挨拶をしています。　학생들이 기립해서 인사를 하고 있습니다.

❹❷ 爪先立ちをしています。　(발뒤꿈치를 들고) 발끝으로 서 있습니다.

テーブルに肘をついて食事をしています。　팔꿈치를 괴고 식사를 하고 있습니다.

❹❸ 振り向いています。　뒤돌아보고 있습니다.

後ろを振り向いて手を振っています。　뒤를 돌아보고 손을 흔들고 있습니다.

見下ろしています。　내려다보고 있습니다.

下を見て歩いている人がいます。　아래를 보며 걷고 있는 사람이 있습니다.

見上げています。　올려다보고 있습니다.

空を見上げて歩いている人がいます。　하늘을 쳐다보며 걷고 있는 사람이 있습니다.

❹❹ 頬杖をついて窓の外を眺めています。　턱을 괴고 창밖을 바라보고 있습니다.

家の中から、窓越しに外の風景を眺めています。　집안에서, 창문 너머로 밖의 풍경을 바라보고 있습니다.

二人は別々の方向を見ています。　두 사람은 서로 다른 방향을 보고 있습니다.

❹❺ 背筋を伸ばしています。　기지개를 켜고 있습니다.

背伸びをしています。　기지개를 켜고 있습니다.

❹❻ 壁にもたれています。　벽에 기대고 있습니다.

壁に寄り掛かったまま寝ています。　벽에 기댄 채 자고 있습니다.

❹❼ 赤ん坊をおんぶしています。　아기를 업고 있습니다.

赤ん坊をおんぶして歩いています。　아기를 업고 걷고 있습니다.

赤ん坊はお母さんにおんぶされています。　아기는 엄마에게 업혀 있습니다.

赤ん坊をおぶって自転車に乗っています。　아기를 업고 자전거를 타고 있습니다.

子供を背負っています。　아이를 업고 있습니다.

❹❽ (人形・子供)を抱いています。　(인형, 아이)를 안고 있습니다.

熊のぬいぐるみを抱いています。　곰 봉제 인형을 안고 있습니다.

子供を抱っこしています。　아이를 안고 있습니다.

子供はお母さんに抱っこされています。　아이는 어머니에게 안겨 있습니다.

子供を抱き抱え、買物袋をさげた人がいます。　아이를 껴안고, 쇼핑백을 든 사람이 있습니다.

カップルが川岸で抱き合っています。　커플이 강가에서 서로 껴안고 있습니다.

❹❾ スポーツ刈りにしています。　스포츠 형태의 머리를 하고 있습니다.

鏡を見ながら髭を剃っています。　거울을 보면서 수염을 깎고 있습니다.

鏡の前で化粧をしています。　거울 앞에서 화장을 하고 있습니다.

❺⓿ 髪を後ろで束ねています。　머리를 뒤로 묶었습니다.

髪を結っています。　머리를 땋습니다.

髪をリボンで結んでいます。　머리를 리본으로 묶었습니다.

紐を結んでいます。　끈을 묶고 있습니다.

靴の紐を結ぼうとしています。　신발 끈을 묶으려고 하고 있습니다.

❺❶ 腰に手を当てて立っている人がいます。　허리에 손을 대고 서 있는 사람이 있습니다.

腰を屈めて掃除をしています。　허리를 숙이고 청소를 하고 있습니다.

腰が曲がっているおばあさんが荷物を持って横断歩道を渡ろうとしています。
허리가 굽어진 할머니가 짐을 들고 횡단보도를 건너려 하고 있습니다.

腰を曲げて自販機の取り口から何かを取り出しています。
허리를 숙여서 자동판매기의 상품 출구에서 무엇인가를 꺼내고 있습니다.

❺❷ にこにこ笑っています。　생글생글 웃고 있습니다.

にっこりと微笑んでいます。　빵긋이 미소를 짓고 있습니다.

微笑を浮かべています。　미소를 띠고 있습니다.

大きな声でげらげらと笑っています。　큰 소리로 껄껄 웃고 있습니다.

53 子供たちが運動会で走っています。 　어린이들이 운동회에서 달리고 있습니다.

裸足でランニングをしています。 　맨발로 달리기를 하고 있습니다.

54 車を片手で運転しています。 　차를 한 손으로 운전하고 있습니다.

車を押そうとしている男性がいます。 　차를 밀려고 하는 남성이 있습니다.

55 シャツの襟を立てています。 　셔츠의 깃을 세우고 있습니다.

袖をまくっています。 　소매를 걷어붙이고 있습니다.

無地の服を着ています。 　무늬가 없는 옷을 입고 있습니다.

だぶだぶの服を身に付けています。 　헐렁헐렁한 옷을 입고 있습니다.

56 改札の手前に人がいます。 　개찰구 앞에 사람이 있습니다.

店の前には、人が列を作って並んでいます。 　가게 앞에는 사람들이 줄을 이루고 늘어서 있습니다.

レジに長い行列ができています。 　계산대에 긴 행렬이 생겨 있습니다.

57 何かを囲んで話し合っています。 　무엇인가를 에워싸고 서로 이야기를 하고 있습니다.

みんな手を繋いで輪になって踊っています。 　모두 손을 잡고 원을 그리며 춤을 추고 있습니다.

58 船を漕いでいます。 　배를 젓고 있습니다.

自転車を漕いでいます。 　자전거를 타고 있습니다(자전거 페달을 밟고 있습니다).

ブランコを漕いでいます。 　그네를 타고 있습니다.

59 取っ手を握っています。 　손잡이를 잡고 있습니다.

蛇口をひねています。 　수도꼭지를 틀고 있습니다.

60 扇子であおいでいます。 　부채로 부치고 있습니다.

汗を拭き取っています。 　땀을 닦아내고 있습니다.

❻❶ 定規で直径を計っています。　자로 직경을 재고 있습니다.

店員が商品を棚にぎっしり詰め込んでいます。　점원이 상품을 선반에 가득 채우고 있습니다.

❻❷ 鉢植えに水をやっています。　화분에 물을 주고 있습니다.

お猪口に酒を注いでいます。　작은 사기잔에 술을 따르고 있습니다.

❻❸ 落ち葉を踏んで歩いています。　낙엽을 밟으며 걷고 있습니다.

箒で落葉を掃き集めています。　빗자루로 낙엽을 쓸어 모으고 있습니다.

❻❹ 口ひげを生やしています。　콧수염을 기르고 있다

半ズボンをはいています。　반바지를 입고 있습니다.

アイロンをかけています。　다림질을 하고 있습니다.

❻❺ 雪合戦をしています。　눈싸움을 하고 있습니다.

花火をしています。　불꽃놀이를 하고 있습니다.

❻❻ 卵を茹でています。　계란을 삶고 있습니다.

野菜を炒めています。　야채를 볶고 있습니다.

豆を炒めています。　콩을 볶고 있습니다.

殻を剥いています。　껍질을 벗기고(까고) 있습니다.

❻❼ 釘を抜いています。　못을 뽑고 있습니다.

金槌を使っています。　망치질 하고 있습니다.

ねじ穴にドライバを入れています。　나사 구멍에 드라이버를 넣고 있습니다.

❽ おみくじを引いています。　제비를 뽑고 있습니다.

雨漏りの修繕をしています。　비가 새는 곳의 수선을 하고 있습니다.

名前の横に判子を押しています。　이름 옆에 도장을 찍고 있습니다.

塀に梯子をかけています。　담장에 사다리를 걸치고 있습니다.

道端でチラシを配っています。　길가에서 전단지를 배부하고 있습니다.

荷物で両手が塞がっています。　짐으로 양손에 여유가 없습니다(양손에 짐을 들고 있습니다).

荷物を担いでいます。　짐을 메고 있습니다.

ページを捲っています。　책장을 넘기고 있습니다.

子供を肩車しています。　아이 목말을 태우고 있습니다.

子供たちがじゃぶじゃぶと水遊びを楽しんでいます。　아이들이 첨벙거리며 물놀이를 즐기고 있습니다.

사물의 상황 , 상태 표현

❶ 机の上に(本・鉛筆・鞄・雑誌)があります。　책상 위에 (책, 연필, 가방, 잡지)가 있습니다.

椅子の(上に・下に)荷物があります。　의자 (위에, 아래에) 짐이 있습니다.

テーブルに(果物・飲み物・食べ物)が置いてあります。　테이블에 (과일, 음료, 음식)이 놓여 있습니다.

❷ (本・絵本・辞書・漫画・新聞・雑誌)が閉じてあります。 / が開いてあります。

(책, 그림책, 사전, 만화, 신문, 잡지)가 덮여 있습니다. / 가 펼쳐져 있습니다.

(机・椅子・スーツケース・薬缶・ジョッキ)が並んでいます。

(책상, 의자, 슈트케이스, 주전자, 맥주잔)이/가 늘어서 있습니다.

宣伝の旗が並んでいます。　선전 깃발이 늘어서 있습니다.

❸ (ドア・扉)が閉まっています。 / が開いています。　문이 닫혀 있습니다. / 이 열려 있습니다.

後方の(ドア・扉)が開いています。　뒤쪽 문이 열려 있습니다.

カーテンが(開いて・閉まって)います。　커튼이 (열려, 닫혀) 있습니다.

窓が(開いて・閉まって)います。　창문이 (열려, 닫혀) 있습니다.

押し入れが(開いて・閉まって)います。　벽장이 (열려, 닫혀) 있습니다.

❹ (洗濯物・布団・毛布・タオル)を乾かしています。 / を干しています。

(세탁물, 이불, 모포, 수건)을 말리고 있습니다.

布団を干しています。　이불을 말리고 있습니다. 〈햇볕에 쬐는 경우에도 사용〉

❺ (服・布団・タオル)が畳んで重ねてあります。　(옷, 이불, 수건)이 개어 포개어져 있습니다.

(新聞・葉書・書類・パンフレット)が重ねて置いてあります。

(신문, 엽서, 서류, 팸플릿)이 겹쳐져 놓여 있습니다.

❻ (椅子・缶・瓶・カップ)が倒れています。　(의자, 캔, 병, 통조림, 컵)이 쓰러져 있습니다.

倒れている(椅子・缶・瓶・カップ)があります。　쓰러져 있는 (의자, 캔, 병, 통조림, 컵)이 있습니다.

❼ (缶・缶詰・ダンボール)が潰れています。　(캔, 통조림, 골판지)가 찌그러져 있습니다.

(缶・缶詰・ダンボール)が積み上げられています。　(캔, 통조림, 골판지)가 쌓아 올려져 있습니다.

(本・雑誌・テープ・ダンボール)が積んであります。　(책, 잡지, 테이프, 골판지)가 쌓여 있습니다.

❽ (瓶・ガラス・皿)が割れています。　(병, 유리, 접시)가 깨져 있습니다.

割れている(瓶・ガラス・皿)があります。　깨져 있는 (병, 유리, 접시)가 있습니다.

ガラスでできた瓶です。　유리로 된 병입니다.

部品が散らばっています。　부품이 흩어져 있습니다.

❾ (冷蔵庫・消火器)が置いてあります。　(냉장고, 소화기)가 놓여 있습니다.

切手と封筒が置いてあります。　우표와 봉투가 놓여 있습니다.

宛名が書いてあります。　수신인명이 쓰여 있습니다.

❿ (コップ・カップ・グラス)が置いてあります。　(손잡이 없는 잔, 손잡이 달린 잔, 유리컵)이 놓여 있습니다.

(コップ・カップ・グラス)が伏せてあります。　컵이 엎어져 있습니다.

(コップ・カップ・グラス)が粉々に砕けています。　컵이 산산조각으로 부서져 있습니다.

(コップ・カップ・グラス・皿・食器)の縁が欠けています。　(컵, 접시, 식기) 테두리의 이가 빠져 있습니다.

⓫ 地図が(貼って・広げて)あります。　지도가 (붙여, 펼쳐져) 있습니다.

地図が(本・雑誌)に挟んであります。　지도가 (책, 잡지)에 끼워져 있습니다.

壁に(カレンダー・ポスター・地図)があります。　벽에 (달력, 포스터, 지도)가 있습니다.

壁が(汚れて・剥がれて)います。　벽이 (더러워져, 벗겨져) 있습니다.

(カレンダー・ポスター・地図)が破れています。　(달력, 포스터, 지도)가 찢어져 있습니다.

(壁紙・掲示物)が剥がれています。　(벽지, 게시물)이 벗겨져 있습니다.

(帽子・浴衣・ネクタイ)が掛けてあります。　(모자, 유카타, 넥타이)가 걸려 있습니다.

⑫ お札が2枚あります。　지폐가 2장 있습니다.

お札が折ってあります。　지폐가 접혀 있습니다.

財布に(紙幣・小銭)があります。　지갑에 (지폐, 잔돈)이 있습니다.

⑬ 棚が開いています。　선반이 열려있습니다.

棚の上に荷物があります。　선반 위에 짐이 있습니다.

本棚に雑誌が並べてあります。　책장에 잡지가 가지런히 놓여 있습니다.

棚の中に携帯電話があります。　선반 안에 핸드폰이 있습니다.

⑭ (エレベーター・エスカレーター)の前です。　(엘리베이터, 에스컬레이터) 앞입니다.

(エレベーター・エスカレーター)があります。　(엘리베이터, 에스컬레이터)가 있습니다.

⑮ (雨・雪)が降っています。　(비, 눈)이 내리고 있습니다.

花が咲いています。　꽃이 피어 있습니다.

木が植えています。　나무가 심어져 있습니다.

竹が生えています。　대나무가 자라 있습니다.

⑯ コンセントに接続しています。　콘센트에 접속되어 있습니다.

パソコンの電源が切れています。　컴퓨터 전원이 꺼져 있습니다.

パソコンにメモが貼ってあります。　컴퓨터에 메모가 붙어 있습니다.

パソコンの横に花瓶があります。　컴퓨터 옆에 꽃병이 있습니다.

鞄の中にパソコンが入っています。　가방 안에 컴퓨터가 들어 있습니다.

パソコンの画面にひびが入っています。　컴퓨터 화면에 금이 가 있습니다.

⑰ 噴水がある場所です。　분수가 있는 장소입니다.

円形の噴水です。　원형 분수입니다.

庭の中央に(噴水・プール)があります。　정원의 중앙에 (분수, 수영장)이 있습니다.

噴水の水が噴き出しています。　분수의 물이 내뿜고 있습니다.

⓲ (動物園・遊園地・港・祭り・工場・田舎・河原・砂浜・海辺)の風景です。
(동물원, 유원지, 항구, 축제, 공장, 시골, 강변, 모래사장, 해변)의 풍경입니다.

(茶道の・材料を混ぜる・重さを量る)道具です。　(다도의, 재료를 섞는, 무게를 재는) 도구입니다.

⓳ 道が分かれています。　길이 갈라져 있습니다.

道が行き止まりになっています。　길이 막혀 있습니다.

⓴ 傘が閉じてあります。　우산이 접혀 있습니다.

傘が開いて置いてあります。　우산이 펴져 놓여 있습니다.

折り畳みできる傘があります。　접을 수 있는 우산이 있습니다.

傘が畳んであります。　우산이 접혀 있습니다.

畳んだ傘が立てられています。　접은 우산이 세워져 있습니다.

開いた傘が干してあります。　펴진 우산이 널려 있습니다.

㉑ 破れた(服・傘)が捨てられています。　찢어진 (옷, 우산)이 버려져 있습니다.

(空き缶・ペットボトル)が捨てられています。　(빈 캔, 페트병)이 버려져 있습니다.

㉒ 雨具が置いてあります。　우비가 놓여 있습니다.

雨の時に使う履物です。　비올 때 사용하는 신발입니다.

レインコートと浴衣です。　비옷과 유카타입니다.

㉓ 水の入ったバケツです。　물이 든 양동이입니다.

バケツが乾かしてあります。　양동이가 말라 있습니다.

バケツに水が溜まっています。　양동이에 물이 고여 있습니다.

❷❹ ホースから水が流れています。　ホ스에서 물이 흐르고 있습니다.

蛇口から水が出ています。　수도꼭지에서 물이 나오고 있습니다.

(エアコン・天井・水筒)から水が漏れています。　(에어컨, 천장, 물통)에서 물이 새고 있습니다.

❷❺ 看板が出ています。　간판이 나와 있습니다.

看板が倒れています。　간판이 쓰러져 있습니다.

看板にローマ字が書かれています。　간판에 로마자가 적혀 있습니다.

❷❻ (木・木材)が濡れてあります。　(나무, 목재)가 젖어 있습니다.

(木・木材)が積まれています。　(나무, 목재)가 쌓여 있습니다.

❷❼ 手のひらに(おもちゃ・指輪・貝殻)が載せてあります。
손바닥에 (장난감, 반지, 조개껍질)가 얹어져 있습니다.

❷❽ 蝶が飛んでいます。　나비가 날고 있습니다.

蜂が(花・葉っぱ)に留まっています。　벌이(꽃, 잎)에 앉아 있습니다.

人指し指に小鳥が留まっています。　집게손가락에 작은 새가 앉아 있습니다.

小鳥が木の枝に留まっています。　작은 새가 나뭇가지에 앉아 있습니다.

❷❾ (猫・犬・蜘蛛)が地面の上にいます。　(고양이, 개, 거미)가 땅위에 있습니다.

(猫・犬・鼠)が穴の中にいます。　(고양이, 개, 쥐)가 구멍 안에 있습니다.

❸⓪ (切符・切手)を買える場所です。　(표, 우표)를 살 수 있는 장소입니다.

陸上の競技をする場所です。　육상 경기를 하는 장소입니다.

防災訓練のための施設です。　방재 훈련을 위한 시설입니다.

❸❶ ファスナー(開いて・閉まって)います。   지퍼가 (열려, 닫혀) 있습니다.

リュックサックが置いてあります。   배낭이 놓여 있습니다.

❸❷ 無地のシャツです。   무늬가 없는 셔츠입니다.

模様の入った織物です。   무늬가 들어간 직물입니다.

縞模様の服です。   줄무늬 옷입니다.

花柄のブラウスです。   꽃무늬 블라우스입니다.

❸❸ 袖が長いです。   소매가 깁니다.

襟なしのワンピースです。   옷깃이 없는 원피스입니다.

襟があるシャツです。   옷깃이 있는 셔츠입니다.

胸にバッジが付いています。   가슴에 배지가 달려 있습니다.

❸❹ 道端に雑草が生えています。   길가에 잡초가 자라고 있습니다.

花壇に(花・チューリップ)が植えられてあります。   화단에 (꽃, 튤립)이 심어져 있습니다.

(道路・歩道)の脇に花壇があります。   (도로, 보도) 옆에 화단이 있습니다.

(道路・歩道・路地)に沿って溝があります。   (도로, 보도, 골목)을 따라서 도랑이 있습니다.

❸❺ 山脈が連ねています。   산맥이 연이어져 있습니다.

遺跡の発掘現場です。   유적 발굴 현장입니다.

❸❻ 滑走路に標識が立っています。   활주로에 표지판이 서 있습니다.

並行した滑走路があります。   평행한 활주로가 있습니다.

❸❼ (ロープ・チェーン・鎖)で繋いでいます。   (밧줄, 체인, 쇠사슬)로 연결되어 있습니다.

(電柱・梯子)が傾いています。   (전신주, 사다리)가 기울어져 있습니다.

❸❽ 橋が架かっています。　　다리가 놓여 있습니다.

森に囲まれた湖です。　　숲으로 둘러싸인 호수입니다.

❸❾ (船・ヨット・貨物船)の模型です。　　(배, 요트, 화물선)의 모형입니다.

(船・ヨット・貨物船)が通過しています。　　(배, 요트, 화물선)이 통과하고 있습니다.

(船・ヨット・貨物船)が浮かんでいます。　　(배, 요트, 화물선)이 떠 있습니다.

(船・ヨット・貨物船)が沖に出ています。　　(배, 요트, 화물선)이 앞바다에 나와 있습니다.

❹⓪ 名簿に名前が書いてあります。　　명부(명단)에 이름이 적혀 있습니다.

図と表が書かれています。　　그림과 표가 적혀 있습니다.

数字に括弧があります。　　숫자에 괄호가 있습니다.

数字に線が引かれています。　　숫자에 선이 그어져 있습니다.

❹① (書類・新聞)がファイルされています。　　(서류, 신문)이 철해져 있습니다.

(雑誌・新聞)が縛ってあります。　　(잡지, 신문)이 묶여 있습니다.

❹② (馬・山・里)の絵が描かれています。　　(말, 산, 시골)의 그림이 그려져 있습니다.

❹③ チラシが掲示してあります。　　전단지가 게시되어 있습니다.

様々なチラシが置いてあります。　　다양한 전단지가 놓여 있습니다.

❹④ (ひらがな・カタカナ・アルファベット・漢字・英語)で書かれています。

(히라가나, 가타카나, 알파벳, 한자, 영어)로 쓰여 있습니다.

(文字・数字)が逆さまになっています。　　(글자, 숫자)가 거꾸로 되어 있습니다.

背中に文字が書いてあります。　　등에 글자가 쓰여 있습니다.

ふりがなが付けられています。　　후리가나(루비)가 달려 있습니다.

㊺ 水が溜まっています。　　물이 고여 있습니다.

紙屑が溜まっています。　　휴지가 쌓여 있습니다.

不純物が沈殿しています。　　불순물이 침전되어 있습니다.

海藻がに浸してあります。　　해조가 물에 잠겨 있습니다.

㊻ 二人乗り自転車が置いてあります。　　2인용 자전거가 놓여 있습니다.

自転車が道路の端に止めてあります。　　자전거가 도로의 가장자리에 세워져 있습니다.

自転車に籠を付けています。　　자전거에 바구니를 달고 있습니다.

運転席に籠が置いてあります。　　운전석에 바구니가 놓여 있습니다.

自転車にカバーを付けています。　　자전거에 커버를 씌우고 있습니다.

㊼ 葉っぱが落ちています。　　잎이 떨어져 있습니다.

葉っぱが萎れています。　　잎이 시들어 있습니다.

葉っぱが枯れています。　　잎이 말라 있습니다.

㊽ 葉っぱに水滴が付いています。　　잎에 물방울이 맺혀 있습니다.

(服・帽子・眼鏡)に値札が付いています。　　(옷, 모자, 안경)에 가격표가 붙어 있습니다.

(鍵・取っ手)が付いています。　　(열쇠, 손잡이)가 달려 있습니다.

㊾ (クッキー・キャンデー・貝殻)が入っています。　　(쿠키, 캔디, 조개껍질)이 들어 있습니다.

蓋の付いた入れ物です。　　뚜껑이 달린 용기입니다.

02 질의응답 공략 총정리

1. 진위(眞僞) 의문문(Yes-No 의문문)

문장 중에 의문사를 포함하지 않고 참과 거짓을 묻는 의문문

❶ 술어가 명사인 경우

中村：山本さんは会社員ですか。

山本：はい、そうです。（○）　　はい、会社員です。（○）

　　　いいえ、違います。（○）　いいえ、会社員ではありません。（○）

📖 「はい、そうです」「いいえ、ちがいます / そうではありません」등으로 대답을 할 수 있다.

❷ 술어가 형용사, 동사인 경우

中村：山本さんは忙しいですか。

山本：はい、そうです。（×）　　はい、忙しいです。（○）

　　　いいえ、違います。（×）　いいえ、忙しくありません。（○）

中村：山田さんはきれいですか。

山本：はい、そうです。（×）　　はい、きれいです。（○）

　　　いいえ、違います。（×）　いいえ、きれいではありません。（○）

中村：山本さんは朝7時に起きますか。

山本：はい、そうです。（×）　　はい、起きます。（○）

　　　いいえ、違います。（×）　いいえ、（7時には）起きません。（○）

📖 「はい、そうです」「いいえ、ちがいます / そうではありません」으로 대답을 할 수 없다.
　　반드시 술어를 반복해서 대답을 해야만 된다.

2. 의문사 의문문(WH 의문문)

문장 중에 의문사를 포함하고 그 의문사의 내용을 특정화하는 의문문

中村：山本さんはどんな音楽をよく聞きますか。

山本：はい、聞きます。（×）　　いいえ、きません。（×）

山本：クラシック音楽です。（○）

📖 「はい」/「いいえ」로 대답할 수 없다.

3. 「～の(です)か」형태 의문문

그 내용이 옳다고 하는 것을 알고 있으며, 그 내용의 일부분을 특정화하기 위해 사용한다.

❶ 의문문 중에 의문사가 포함되어 있는 경우

山本さんが見たのは何のですか。（×）

山本さんが見たのは何ですか。（○）

📖 의문문 중에 의문사를 포함하고 있어도 그 의문사가 술어에 포함되어 있으면 「のだ」는 필요 없다.

中村：山本さんは何を見たのですか。

山本：はい、見ました。（×）　　いいえ、見ませんでした。（×）

　　　「愛の不時着」を見ました。（○）

📖 「山本さんが何かを見たこと」가 참인지 거짓인지를 묻고 있는 것이 아니기 때문에 「はい」/

　　「いいえ」로 대답할 수 없다.

❷ 의문문 중에 일부분이 음성적으로 강조되어 있는 경우

A : 山本さんは「愛の不時着」を見ましたか。

B : 山本さんは「愛の不時着」を見たのですか。

📖 의문문 중에서 일부분을 강조한다고 하는 것은, 그 내용이 참인지 거짓인지를 묻는 것이 아니고, 강조된 부분이 옳은지 아닌지를 묻는 것이 된다. 「愛の不時着」부분을 음성적으로 강조한 B와 그렇지 않은 A를 비교해보면, A에서는 '야마모토씨가 「愛の不時着」를 봤는지 아닌지'를 묻고 있다. B에서는 '야마모토씨가 드라마를 봤다'를 전제로 하고 있음을 알 수 있다.

❸ 의문문에 필수 성분 이외의 성분이 포함되어 있는 경우

中村 : 山本さんはこのカメラを買いましたか。

山本 : いいえ、買いませんでした。(○)

いいえ、買いませんでした。何も買いませんでした。(○)

中村 : 山本さんはこのカメラをあの店で買ったのですか。

山本 : いいえ、買いませんでした。(×)

いいえ、買いませんでした。何も買いませんでした。(×)

いいえ、あの店では買いませんでした。(○)

📖 말하는 사람이 강조하고 싶은 부분은, 초점이 되는 '야마모토씨가 이 카메라를 샀다'가 아니라 '저 가게에서'이다

中村 : 山本さんは彼女と「愛の不時着」を見たのですか。

山本 : いいえ、見ませんでした。(×)

いいえ、彼女とはませんでした。(○)

📖 말하는 사람이 강조하고 싶은 부분은, 초점이 되는 '야마모토씨가 사랑의 불시착을 봤다'가 아니라 '여자 친구와'이다.

03 헷갈리는 조사, 부사 총정리

❶ 희망, 좋고 싫음, 가능, 능력 등을 나타내는 표현에는 조사 「が」를 사용한다.

- ~がほしい   ~을(를) 원하다, 갖고 싶다
- ~が~たい   ~을(를) ~하고 싶다
- ~が嫌いだ   ~을(를) 싫어하다
- ~ができる   ~을(를) 할 줄 알다, 가능하다
- ~が + 가능동사   ~을(를) ~할 수 있다

- ~が上手だ   ~을(를) 잘하다
- ~が好きだ   ~을(를) 좋아하다
- ~が下手だ   ~을(를) 못하다
- ~がわかる   ~을(를) 알다

❷ 「~する」 관용 표현

- 味がする   맛이 나다
- 声がする   목소리가 나다
- 香りがする   향기가 나다
- 頭痛がする   두통이 나다
- 感じがする   느낌이 들다
- 火傷をする   화상을 입다

- 音がする   소리가 나다
- 匂いがする   냄새가 나다
- 寒気がする   오한이 나다
- 吐き気がする   구역질이 나다
- 怪我をする   부상을 입다

❸ 조사 「に」를 수반하는 동사

- ~に乗る   ~을(를) 타다
- ~に入る   ~에 들어가다
- ~に気をつける   ~을(를) 조심하다
- ~に似ている   ~을(를) 닮다
- ~に当たる   ~에 적중하다, 명중하다
- ~に反対する   ~을(를) 반대하다
- ~に負ける   ~에 지다, 패하다
- ~に付いて行く   ~을(를)/에 따라서 가다
- ~に迷う   ~을(를) 헤매다

- ~に通う   ~에 다니다
- ~に受かる   ~에 합격하다
- ~に沿う   ~을(를) 따르다
- ~に向かう   ~로 향하다
- ~に憧れる   ~을(를) 동경하다
- ~に代る   ~을(를) 대신하다
- ~に気付く   ~을(를) 깨닫다, 눈치 채다
- ~におくれる   ~에 늦다, ~에 뒤처지다
- ~に追い付く   ~에 따라붙다, 따라잡다

・～に従う　～을(를) 따르다	・～に勝つ　～에 승리하다, 이기다
・～に勝る　～보다 낫다, 우수하다	・～に背く　～을(를) 등지다, 배반하다
・～に耐える　～을(를) 참다, 견디다	・～に富む　～로 풍부하다
・～に酔う　～에 취하다	・～につかまる　～을(를) 꽉 잡다

❹ 격조사의 구별

に / で

妹はあの部屋(○ に / ✕ で)います。　여동생은 저 방에 있습니다.

妹はあの部屋(✕ に / ○ で)勉強をしています。　여동생은 저 방에서 공부하고 있습니다.

⇒「に」: '～에' 존재 장소를 나타냄.　예 ～に住む ～에 살다 / ～に勤める ～에 근무하다

　「で」: '～에서' 동작의 장소를 나타냄.　예 ～で暮らす ～에서 지내다 / ～で働く ～에서 일하다

> **TIP** 종료점이나 귀착점을 나타내는 경우에는 「で」를 사용
>
> 会議は3時(✕ に / ○ で)終わった。　회의는 3시에 끝났다.
> 試験は今日(✕ に / ○ で)終わった。　시험은 오늘로 끝났다.
> 時計は2時(✕ に / ○ で)止まっている。　시계는 2시에 멈추어 있다.
> 仕事は4時(✕ に / ○ で)止めましょう。　일은 4시에 그만둡시다.

> **TIP** 개시점을 나타내는 경우에는 「に」를 사용
>
> 朝9時(○ に / ✕ で)始まる。　아침 9시에 시작된다.
> 5時(○ に / ✕ で)余震があった。　5시에 여진이 있었다.
> 弟は6時(○ に / ✕ で)生まれた。　남동생은 6시에 태어났다.
> 日曜日(○ に / ✕ で)行く。　일요일에 가다.

あとに / あとで

食事のあとに、コーヒーを飲みます。　식사 후에, 커피를 마십니다.(「食事のあと」에 중점)

食事のあとで、コーヒーを飲みます。　식사 후에, 커피를 마십니다.(「コーヒーを飲む」에 중점)

⇒「後に」: 시간의 어느 한 점에 주목, 일반적으로 상태 표현이 이어짐. 지금 하던 일을 나중으로 미루는 의미.

「後で」: 어느 한 점의 시간 후에 일어나는 동사까지 영향을 미치고, 일반적으로 동작 표현이 이어짐. 순서적으로 '나중에'라고 하는 의미.

TIP 「あとに」는 두 가지 생긴 일의 전후관계를 나타냄.

「あとで」는 얘기하는 시점과 그 이후의 시점과의 관계를 나타냄.

(× あとに / ○ あとで) 行きます。　나중에 가겠습니다.
食事を済ませたあとに一時間ほど昼寝をした。　식사를 끝낸 후에 한 시간 정도 낮잠을 잤다.
今忙しいから、あとでお電話ください。　지금 바쁘니까, 나중에 전화해 주십시오.

TIP てから / あとで

「A てから B」: A하고 나서 B(A에 관심이 있는 표현)

　　　　　　　 A의 행위가 일어난 후에 비로소 B가 일어남을 나타냄.

「A あとで B」: A후에 B　단순히 A와 B의 전후관계를 객관적으로 나타냄.

(○ 見てから / × 見たあとで)買うか買わないかを決める。　보고 나서 살지 말지를 정한다.

に / を

富士山 (× に / ○ を) 頂上まで登る。　후지산을 정상까지 오르다.

⇒「に」: 이동의 도착점을 나타냄. /「を」: 통과점을 나타냄.

「富士山を」는 이동행위가 이루어지는 장소를 나타내고 있지만, 「富士山に」는 이미 목적지를 나타내고 있기 때문에 「頂上まで」를 쓰게 되면, 목적지를 겹쳐서 나타내게 되므로 잘못된 표현이 된다.

を / から

煙突 (× を / ○ から) 煙が出る。　굴뚝에서 연기가 나다.

⇒ 주체가 의지를 갖는 않는 경우(무생물 주어의 경우), 「から」만 사용된다.

部屋 (× を / ○ から) 廊下に出る。　방에서 복도로 나오다.

⇒ 이동하는 곳도 포함에서 말할 때, 「から」만 사용된다.

大学を出る。　대학을 나오다. ⇒ 대학을 졸업하다, 대학(건물)에서 나오다.

大学から出る。　대학에서 나오다. ⇒ 대학(건물)에서 나오다.

1番線（○を / ○から）「中央線」が発車した。　1번 선(을/에서) '중앙선'이 발차했다

⇒ 이동하는 장소, 기점을 나타낸다.

何番線（× を / ○から）「中央線」が発車するんですか？몇 번 선에서 '중앙선'이 발차합니까?

⇒ 이동의 기점을 강하게 제시하는 경우, 「から」만 사용된다.

に / へ

東京（○に / ○へ）行きます。　도쿄에(로) 갑니다.

⇒「に」: 이동의 도착점을 나타냄. /「へ」: 이동의 방향을 나타냄.

お風呂（○に / × へ）入る。　목욕을 하다.

電車（○に / × へ）乗る。　전차를 타다

⇒ 관용적으로 사용되는 경우.

に / と

友達に会った。　친구와 만났다. (약속은 없었지만 우연히 만났을 경우).

私は父に似ています。　저는 아빠를 닮았습니다.(내가 부모를 닮은 것이지 서로 닮은 것이 아니다.)

⇒「に」: 일방적 방향성 /「～に相談する」: 조언을 얻고 싶을 때 사용.

私は田中さんと似ています。　저는 다나까 씨와 닮았습니다. (서로 닮았다)

友達と会った。　친구와 만났다. (만나기로 약속한 후에 만났을 경우)

⇒「と」: 양방향성 /「～と相談する」: 대등한 입장에서 서로의 의견을 내는 경우에 사용.

まで / に・へ

時間がなかったので、駅（○まで / ○に / ○へ）バスで行った。

시간이 없기 때문에, 역(까지/에/으로)버스로 갔다.

⇒「行く、来る、着く」등의 동사는 이동이 끝나는 장소를「まで」,「に」,「へ」로 나타낸다.

公園（○まで / × に / × へ）走りましょう。　공원까지 달립시다.

毎日学校 (○ まで / × に / × へ) 歩きます。　매일 학교까지 걷습니다.

向こう岸 (○ まで / × に / × へ) 泳いだ。　건너편 물가까지 헤엄쳤다.

⇒「歩く、走る、泳ぐ」등의 동사는「まで」와 함께 사용할 수 있지만, 「に」, 「へ」와 함께 사용할 수 없다.

日本では東京と横浜 (× まで / ○ に / ○ へ) 行った。　일본에서는 도쿄와 요코하마에 갔다.

⇒「まで」는 계속되고 있는 동작이 종료된 장소를 나타내기 때문에, 동시에 두 가지 이상의 장소를 취할 수 없다.

と / に / や

병렬조사로서 나열하는 데 사용되지만 다음과 같은 차이점이 있다.

テーブルの上にはリンゴとみかんがある。　테이블 위에는 사과와 귤이 있다.

⇒ 테이블 위에 있는 것은 사과와 귤뿐이고 그 밖의 것은 없다는 암시.

テーブルの上にはリンゴやみかんがある。　테이블 위에는 사과랑 귤이 있다.

⇒ 테이블 위에 대표적으로 있는 것은 사과와 귤이고 그 밖의 것도 있다는 암시. 보통「～や～など」문형으로 사용.

明日は英語と数学のテストがある。　내일은 영어와 수학 테스트가 있다.

⇒ 단순히 영어와 수학의 테스트가 있다는 의미.

明日は英語に数学のテストがある。　내일은 영어에 수학 테스트가 있다.

⇒ 생각이 나면서 추가하는 뉘앙스가 있다.

『を』를 취하는 자동사에 대해서

일반적으로 동사는 목적어(조사「を」)를 취하지 않는 자동사와 목적어(조사「を」)를 취하는 타동사로 크게 구분되지만, 자동사의 이동 동사의 경우는 조사『を』를 취한다.

• 『を』를 취하는 자동사 (＝장소의 이동을 나타내는 자동사)

(1) ──(──→) (대상이 되는 장소를 '외부에서 안으로' 이동) → 조사는「に」

예 入る(들어가다/들어오다), 乗る(타다), 登る(오르다), 着く(도착하다)

(2) (──)──→ (대상이 되는 장소를 '안에서 외부로' 이동) → 조사는「を」

예 出る(나오다), 降りる(탈 것 등에서 내리다), 下りる(내리다), 離れる(떨어지다/멀어지다),
発つ(출발하다/떠나다)

(3) (──→) (대상이 되는 장소의 '안에서만' 이동) → 조사는「を」

예 歩く(걷다), 走る(달리다), 飛ぶ(날다), 流れる(흐르다), はう(붙어서 뻗어가다), 転がる(구르다),
橋を渡る(다리를 건너다)

(4) ─(──)→ (대상이 되는 장소를 '외부에서 안을 통해서 외부로' 이동) → 조사는「を」

예 川を渡る(강을 건너다), 山を越える(산을 넘다), トンネルを抜ける(터널을 빠져나가다)

(5) ＿/○＼＿ (대상이 되는 장소를 '스쳐서' 이동) → 조사는「を」

예 曲がる(돌다), 巡る(순회하다)

> TIP 「出る」는「私は部屋を出る」이고, 주어가 이동을 하는 것이고,「出す」는「私は子供を部屋か
> ら出す」이며, 목적어가 이동을 하는 것이다.
>
> 결국,「타동사」는 원칙적으로 목적어가 동사의 행위를 받는다. '장소의 이동을 나타내는 자동사'
> 라고 하는 개념으로서, 위에 예를 든 동사를 한데 묶어서,「자동사」로서 취급한다. '장소의 이동을
> 나타내는 자동사'는, 그 대상이 되는 장소의 뒤에「を」를 사용한다. 다만,「외부에서 안으로」를 의
> 미하는 동사의 경우에만,「に」를 사용한다. (위 예(1)).

❺ 혼동하기 쉬운 부사 비교

┌──────────────┐
│ 始めに / 初めて │
└──────────────┘

· 始めに 처음으로(순서상), 맨 처음

始めに醤油を入れて、それから胡椒を入れてください。
처음에 간장을 넣고 그다음에 후추를 넣어 주십시오.

始めにドイツへ行って、そのあと色々な国へ行くつもりです。
처음에 독일로 가고 그 후에 여러 나라에 갈 생각입니다.

・初めて 비로소, 처음으로(경험상)

病気になって初めて健康のありがたさがわかる。　병이 나서 비로소 건강의 고마움을 알다.

初めてにしてはよく出来だ。　첫 솜씨치고는 잘 됐다.

がっかり / がっくり

・がっかり 낙담하는 모양, 몹시 지쳐서 힘이 빠진 모양.

　: 정신 상태를 나타내는 경우가 많다.

試験に落ちてがっかりする。　시험에 떨어져 낙담하다.

試合に負けてがっかりする。　시합에 져서 실망하다.

疲れてがっかりした顔をしている。　피곤해서 노그라진 얼굴을 하고 있다.

がっかり落ち込んでいる。　낙담해 풀이 죽어 있다.

・がっくり 낙담하는 모양, 힘이 빠져서 갑자기 마음이 해이해진 모양, 갑자기 꺾어지거나 하는 모양

　: 풀이 죽은 모양(고개를 숙이는 모양/어깨를 축 늘어뜨리는 모양) 등, 동작도 포함해서 표현하는 경우가 많다.

がっくりと首をたれる。　푹 고개를 떨어뜨리다.

がっくりと肩を落とす。　푹 어깨를 늘어뜨리다.

父が死んでがっくりする。　아버지가 죽어 풀이 탁 죽다.

がっくりと落ち込んでいる。　탁하고 풀이 죽어 있다.

がっしり / がっちり

・がっしり 튼튼하고 다부진 모양, 튼튼히, 다부지게

　: 주로 눈에 비치는 모습을 나타냄

がっしりとした体格。　다부진 체격.

がっしりと組み立てる。　튼튼하게 조립하다(구성하다).

・がっちり 잘 짜여져 빈틈이 없이 다부진 모양

　:주로 상황과 상태를 나타냄

体ががっちりしている。　몸이 딱 벌어져 튼튼하다.

がっちりと儲ける。　알뜰하게 벌다.

がっちり屋。　(금전 관계에) 빈틈없는 사람.

がっちり計算する。　딱 떨어지게 계산하다.

大体 & 大抵

・大体 거의(정도), 대략, 대강, 대체로

　: 완전/사실/기준에 가까운 80%의 상태. 부정표현에는 잘 사용하지 않음.

事件は大体片付いた。　사건은 대강 처리되었다.

レポートは大体終わった。　리포트는 대략 끝났다.

・大抵 거의(빈도), 대략, 거의 대부분, 대개

　: 상태/행위 전체를 차지하는, 일어나는 경우의 수/확률이 높음.

大抵の人は何か趣味を持っている。　대개의 사람은 무언가 취미를 갖고 있다.

昼は大抵外で食べる。　점심은 대개 밖에서 먹는다.

そっと / こっそり

・そっと 살짝, 가만히, 몰래

　: 소리를 내지 않고 남이 모르게 행동하는 모양.

遅刻して教室にそっと入る。　지각해서 교실에 몰래 들어가다.

怒っているらしい、しばらくそっとしておこう。　화난 것 같아, 잠시 가만히 두자.

・こっそり 살짝, 가만히, 몰래

: 남에게 들키지 않게 숨기거나 숨기듯이 행동하는 모양.

こっそり人の物を盗む。　몰래 남의 물건을 훔치다.

こっそり学校を休んではだめよ。　몰래 학교를 쉬면 안 돼.

意外 / 案外

・意外 의외로, 뜻밖에

: 예상하고 있었던 것과 결과가 완전히 다른 경우.

意外にも驚かない。　뜻밖에도 놀라지 않는다.

意外なところで会いました。　뜻밖의 장소에서 만났습니다.

・案外 뜻밖에도, 예상외로, 의외로

: 예상하고 있었던 것과 결과가 빗나갔을 경우.

案外驚かない。　의외로 놀라지 않는다.

安いのに、案外きれいなホテルだった。　저렴한데도, 예상외로 깨끗한 호텔이었다.

むしろ / かえって

・むしろ 차라리, 오히려

: 두 가지를 비교해서 어느 한 쪽이 보다 정도가 높다고 하는 의미.

名よりも寧ろ実を選ぶ。　명분보다 오히려 실리를 택하다.

必要でよりも寧ろ好きでやっているのです。　필요해서라기보다는 오히려 좋아서 하고 있습니다.

生きて恥をさらすくらいなら寧ろ死んだ方がましだ。　수치를 당할 바에야 차라리 죽어 버리자.

・かえって 도리어, 오히려, 반대로

: 어떤 행위를 하면 당연한 어느 결과가 일어난다고 예상되는 경우에 의도/예상과는 반대의

　결과가 생기는 경우에 사용.

儲かるどころかかえって大損だ。　　벌기는 커녕 도리어 큰 손해다.

色々失敗したことが、かえっていい勉強になった。　　여러 가지 실패한 것이, 오히려 좋은 공부가 되었다.

手伝いに行ったつもりが、かえって邪魔にになってしまった。　　도와주러 간 것이, 도리어 방해가 되고 말았다.

せめて / 少なくとも

・せめて 하다못해, 적어도

: 불충분하지만 최소한 이 정도는 되었으면 좋겠다고 하는 의미로 의지, 희망 표현이 이어진다.

せめて論語ぐらいは読まねばなるまい。　　적어도 논어 정도는 읽어야 할 거야.

夏はせめて一週間ぐらい休みがほしい。　　여름에는 적어도 일주일간 정도 휴가를 원한다.

せめてあと３日あれば、もうちょっといい作品が出せるのだが。
적어도 3일 있으면, 좀 더 좋은 작품을 낼 수 있건만.

・少なくとも 적어도

: 양이나 질이 최소한이라도 이 정도라고 하는 의미.

駅まで歩くと、少なくとも１５分はかかる。　　역까지 걸으면, 적어도 15분은 걸린다.

少なくとも参加者は千人は越すだろう。　　적어도 참가자는 천명은 넘겠지.

少なくとも試験の日くらい早く起きよう。　　적어도 시험 날정도 일찍 일어나자.

うきうき / わくわく

・うきうき 룰루랄라

: 신바람이 나서 몸도 마음도 들뜬 모양.

家族でうきうきと花見に出かける。　　가족끼리 룰루랄라 꽃놀이 하러 나가다.

お祭りで、子供たちはうきうきしている。　　축제로 아이들이 들떠 있다.

サンバのリズムを聞くと思わず体がうきうきする。　　삼바 리듬을 들으면 나도 모르게 몸이 신바람 난다.

• わくわく 울렁울렁, 두근두근

: 기쁨/기대/걱정 따위로 가슴이 설레는 모양.

胸をわくわくさせて知らせを待つ。　가슴을 두근거리며 통지를 기다리다.

わくわくしながら発表を待つ。　두근두근 하면서 발표를 기다리다.

嬉しくて胸がわくわくする。　기뻐서 가슴이 울렁울렁하다.

┌─────────────────────────┐
│ つい / うっかり / 思わず │
└─────────────────────────┘

• つい 무심결에, 자신도 모르게, 그만

: 무의식중에 행하는 행위, 분위기에 휩쓸려 본능적/습관적으로 해버림.

甘いものを見ると、つい食べたくなる。　단 것을 보면, 그만 먹고 싶어진다.

言うつもりはなかったのに、つい言ってしまった。　말할 생각이 아니었는데, 그만 말하고 말았다

禁煙しているのに、ついポケットに手をやってたばこを探してしまう。
금연하고 있는데, 무심결에 주머니에 손을 넣어 담배를 찾고 만다.

• うっかり 무심코, 멍청히, 깜박

: 멍해있어서, 방심하거나 부주의로 인해 해서는 안 되는 것을 함.

うっかりコップを落として割ってしまった。　무심코 컵을 떨어뜨려서 깨고 말았다.

答案用紙にうっかり名前を書くのを忘れてしまった。　답안용지에 깜박 이름을 쓰는 것을 잊고 말았다.

うっかりほかの人の傘を持って帰ってしまった。　무심코 다른 사람의 우산을 갖고 돌아오고 말았다.

• 思わず 엉겁결에, 뜻하지 않게, 무의식중에, 나도 모르게

: 그 순간에 자연적으로 생겨난 감정과 조건 반사적인 1회 한정의 행위.

悔しくて、思わず涙が出た。　분해서, 나도 모르게 눈물이 났다.

素晴らしい歌声に思わず拍手した。　훌륭한 노랫소리에 나도 모르게 박수쳤다.

韓国のチームが逆転優勝をしたので、テレビの前で思わず立ち上がった。
한국 팀이 역전 우승을 했기 때문에, 텔레비전 앞에서 일어섰다.

いっそう / なお / さらに

・いっそう 한층 더, 더욱 더

: 무엇인가의 별도의 조건/상황/변화가 더해져서, 정도가 심해지고 높아짐.

より一層苦しくなる。　더 한층 괴로워지다.

末っ子だけに一層可愛い。　막내 자식이므로 더욱 더 귀엽다.

今後も一層努力します。　앞으로도 한층 더 노력하겠습니다.

・なお

① 다른 같은 종류의 것과 비교해서 그것보다 정도가 위이다. 한층, 더욱

:「一層」,「さらに」,「もっと」,「そのうえ」와 비슷한 의미

この方がなお良い。　이쪽이 더 한층 좋다.

あなたが来てくれれば、なお都合が良い。　당신이 와 주면, 더욱 상황이 좋다.

② 여전히 같은 상태가 계속 되고 있다. 여전히, 아직

:「まだ」,「相変わらず」,「今もなお」와 비슷한 의미

今でもなお貧乏だ。　지금도 여전히 가난하다.

期日はなお2週間ある。　기일은 아직 2주일이 남아 있다.

③ 전후가 대립적인 의미를 갖는다.

:「かえって」와 비슷한 의미가 됨

手術をしてなお悪くなった。　수술을 해서 오히려 더 나빠졌다.

反対されると、なおやってみたくなる。　반대를 하게 되면, 오히려 해보고 싶어진다.

④ 접속사로 부언할 때 사용. 더욱이, 더구나, 덧붙여 말하면, 또한

先日はお世話様でした。なお、結構なお土産まで頂戴しまして。

일전에는 폐를 끼쳤습니다. 더구나 좋은 선물까지 주셔서.

参加希望者は葉書で申し込んでください。なお、希望者多数の場合は、先着順とさせていただきます。
참가 희망자는 엽서로 신청해 주십시오. 덧붙여 말씀드리면, 희망자 다수의 경우에는 선착순으로 하도록 하겠습니다.

さらに

① 정도가 심해짐을 나타냄. 더 한층, 보다 더, 더욱더

これから更に難しくなる。　앞으로는 한층 더 어려워진다.

風は更に強くなってきた。　바람은 더욱더 강해졌다.

② 한 번 더 반복하거나 새로 추가함을 나나냄. 거듭, 다시금, 새로이, 또 한 번

更に交渉するつもりです。　다시금 교섭할 생각입니다.

更に申し込まないといけない。　다시 신청하지 않으면 안 된다.

③ (부정어와 함께) 조금도, 전혀, 도무지, 두 번 다시

更にない絶好のチャンス。　다시없는 절호의 기회.

気にする様子は更にない。　걱정하는 기색은 추호도 없다.

④ 관용 표현

更にも言わず。　되풀이해서 말할 필요도 없다.

04 반드시 알아두어야 할 문형 표현

문법 문제뿐만 아니라, 독해나 청해의 지문으로도 자주 출제되는 필수 문형(기능어구)을 정리하였다. 연결 형태도 주의해서 알아두어야 한다. 시험에 자주 출제되기 때문에 반드시 알고 있어야 하는 기본 문형(기능어구)이므로, 꼭 암기할 것!!!

□ 자동사 + ている ~해 있다 〈자동사의 상태표현〉

ここから道は曲がっています。　여기부터 길은 굽어져 있습니다.

真ん中のシャワーからお湯がたくさん出ています。　한 가운데의 샤워기에서 뜨거운 물이 많이 나오고 있습니다.

□ 타동사 + てある ~해 있다 〈타동사의 상태표현〉

テーブルの上には花が飾ってあります。　테이블 위에는 꽃이 장식되어 있습니다.

切ったケーキが一つ一つ皿の上に置いてあります。　자른 케이크가 한 개 한 개 접시 위에 놓여 있습니다.

□ ~ておく ~해 두다

帰るとき窓は開けておいてください。　돌아갈 때 창문은 열어둬 주십시오.

火傷の原因について看護師さんに説明しておきました。
화상의 원인에 대해서 간호사에게 설명을 해 두었습니다.

□ ~たことがある ~한 적이 있다 〈과거의 경험〉

私はハワイに行ったことがあります。　나는 하와이에 간 적이 있습니다.

木村さんにはこれまでに2度お会いしたことがあります。
기무라 씨하고는 이제까지 두 번 만나 뵌 적이 있습니다.

□ ~てもいい ~해도 좋다

テレビを見てもいいですか。　텔레비전을 봐도 좋습니까?

ワインの代わりに、醤油で味を付けてもいいです。　와인 대신에, 간장으로 맛을 내도 좋습니다.

□ ～てはいけない ～해서는 안 된다

この場所に駐車してはいけません。　이 장소에 주차해서는 안 됩니다.

危ないですから廊下で走ってはいけません。　위험하기 때문에 복도에서 뛰어서는 안 됩니다.

□ ～てから ～하고 나서

父はコーヒーを飲んでから食事をします。　아버지는 커피를 마시고 나서 식사를 합니다.

今は昼休みですので、1時になってから来てください。

지금은 점심시간이오니, 한 시가 되고 나서 와 주십시오.

□ 동사 기본형 + 前に ～하기 전에

父は食事をする前にコーヒーを飲みます。　아버지는 식사를 하기 전에 커피를 마십니다.

結婚する前には、東京の会社に勤めていました。　결혼하기 전에는, 도쿄 회사에 근무했습니다.

□ 동사 과거형 + 後に ～한 후에

父はコーヒーを飲んだ後に食事をします。　아버지는 커피를 마신 후에 식사를 합니다.

食事を済ませた後に1時間ほど昼寝をしました。　식사를 끝마친 후에 한 시간 정도 낮잠을 잤습니다.

□ ～うちに ～하는 동안에

昨日寝ているうちに地震がありました。　어제 자고 있는 동안에 지진이 있었습니다.

彼女は話しているうちに顔が真っ赤になりました。　그녀는 이야기 하는 동안에 얼굴이 새빨갛게 되었습니다.

□ ～ないうちに ～하기 전에(하지 않는 동안에)

暗くならないうちに帰りましょう。　어두워지기 전에 돌아갑시다.

お母さんが帰ってこないうちに急いでプレゼントを隠しました。

어머니가 돌아오기 전에 서둘러서 선물을 감추었습니다.

□ 동사 기본형 + 方ほうがいい ~하는 편이 좋다

▶ 단순히 비교를 나타내는 표현이고, 조언이나 충고의 의미는 약해짐

A：今いま休やすむのとあとで休やすむのとどちらがいいですか。　지금 쉬는 것과 나중에 쉬는 것과 어느 쪽이 좋습니까?
B：今いま休やすむほうがいいです。　지금 쉬는 편이 좋습니다.
　あすは上着うわぎがあるほうがいいです。　내일은 겉옷이 있는 편이 좋습니다.

□ 동사 과거형 + 方ほうがいい ~하는 편이 좋다

▶ 긍정적인 조언이나 충고를 나타냄

顔色かおいろが悪わるいですね。少すこし休やすんだほうがいいですよ。　안색이 안 좋네요. 잠시 쉬는 편이 좋겠어요.
あすは上着うわぎがあったほうがいいです。　내일은 겉옷이 있는 편이 좋습니다.

□ ~(よ)うとする ~하려고 하다

男おとこの人ひとはエスカレーターを降おりようとしています。　남자는 에스컬레이터를 내리려 하고 있습니다.
お風呂ふろに入はいろうとしたところに、電話でんわがかかってきた。　목욕을 하려고 하는 참에, 전화가 걸려왔다.

□ 동사 기본형 + ところ ~하려는 참

もう少すこしで遅おくれるところでした。　자칫하면 늦을 뻔했습니다.
上のぼりと下くだりの列車れっしゃがちょうどすれ違ちがうところです。　상행과 하행 열차가 막 엇갈리려는 참입니다.

□ ~ているところ ~하고 있는 참

仕事しごとを仕掛しかけているところに客きゃくが来きました。　일을 막 시작(준비)하고 있는데 손님이 왔습니다.
街角まちかどに設もうけられた灰皿はいざらのところで喫煙きつえんしているところです。
길거리(길모퉁이)에 마련된 재떨이가 있는 곳에서 흡연을 하고 있는 중입니다.

□ **～たところ 막～한 참**

たった今が終わったところです。　지금 막 끝난 참입니다.

寝入ったところを起こされました。　막 잠이 들었는데 깨워서 일어났습니다.

□ **～たところ ～했더니, 했던 바**

見たところ、特に問題はありませんでした。　봤는데, 특별히 문제는 없었습니다.

ホテルに電話したところ、そのような名前の人は泊まっていないそうです。

호텔에 전화했더니, 그와 같은 이름의 사람은 머물고 있지 않다고 합니다.

□ **～たところで ～해봤자**

もう12時だから今から出たところで、終電には間に合いそうもないです。

벌써 12시이니까 지금부터 나가봤자, 막차에는 시간이 맞을 것 같지도 않습니다.

頑丈な作りですから倒れたところで壊れる心配はありません。

튼튼한 만듦새이기 때문에 넘어져봤자 망가질 걱정은 없습니다.

□ **기본형 + どころか ～하기는커녕**

今朝は雨が降るどころか、雲一つないいい天気でした。

오늘 아침에는 비가 내리기는커녕, 구름 한 점 없는 좋은 날씨였습니다.

彼女は静かなどころか、すごいおしゃべりです。　그녀는 조용하기는커녕, 엄청난 수다쟁이입니다.

□ **ます형/동작성 명사 + に行く(来る) ～하러 가다(오다)**

中村さん、この手紙郵便局に出しに行ってくれませんか？

나카무라 씨, 이 편지 우체국에 부치러 가주지 않겠습니까?

木村さんは奥さんと食べに来ました。　기무라 씨는 부인과 먹으러 왔습니다.

□ 동사 기본형/ない형 + ようにする ～하도록 하다

できるだけ英会話のテレビを見るようにしています。
가능한 한 영어 회화 TV를 보려고 하고 있습니다.

大きな活字を使い、老人にも読みやすいようにしました。
큰 활자를 사용하여, 노인에게도 읽기 쉽도록 하였습니다.

□ 동사 기본형/ない형 + ようになる ～하게 되다

英語が話せるようになりました。 영어를 말할 수 있게 되었습니다.

就職してから毎朝ジョギングするようになりました。
취직하고 나서 매일 아침 조깅을 하게 되었습니다.

□ 동사 기본형/ない형 + ことにする ～하기로 하다

明日からお酒をやめることにしました。 내일부터 금주하기로 했습니다.

今日はどこへも行かないで勉強することにしました。
오늘은 어디에도 가지 않고 공부하기로 했습니다.

□ 동사 기본형/ない형 + ことになる ～하게 되다

空港まで誰が山本さんを迎えに行くことになりましたか。
공항까지 누가 야마모토 씨를 맞이하러 가게 되었습니까?

よく話し合った結果、やはり離婚するということになりました。
잘 이야기한 결과, 역시 이혼한다는 것으로 되었습니다.

□ 동사 기본형/ない형 + ことになっている ～하기로 되어 있다

日本では葬式には黒い服を着ることになっています。
일본에서는 장례식에는 검은 옷을 입게 되어 있습니다.

規則では、不正をおこなった場合は失格ということになっています。
규칙으로는, 부정을 저지른 경우는 실격이라는 것으로 되어 있습니다.

□ 동사 기본형/명사の + 予定だ ~할 예정이다

▶ 다른 사람과 상담 후에 정한 것이나 공적인 결정사항

来週の金曜日から十日間北海道へ出張に行く予定です。
다음 주 금요일부터 10일간 홋카이도로 출장 갈 예정입니다.

注文した商品は、1週間以内に航空便で送る予定です。
주문한 상품은, 일주일 이내에 항공편으로 보낼 예정입니다.

□ 동사 기본형/명사の + つもりだ ~할 작정(생각)이다

▶ 말하는 사람의 개인적인 마음가짐

冬休みはどこで過ごすつもりですか。　겨울 방학은 어디서 보낼 예정입니까?

友達が来たら、東京を案内するつもりです。　친구가 오면, 도쿄를 안내할 작정입니다.

□ 동사 과거형/~ている형/명사の + つもりだった ~할 작정(생각)이었다

▶ ~할 예정이었지만, 실제는 그렇지 않았다

名前を書いたつもりだったが、書いていなかったようだ。　이름을 쓰려고 했지만, 쓰지 않은 것 같다.

私は彼と友達のつもりだったが、彼はそう思っていなかったようだ。
나는 그와 친구로 생각했는데, 그는 그렇게 생각하지 않았던 것 같다.

□ ~たつもりで ~한 셈치고

旅行したつもりで、お金は貯金することにした。　여행한 셈치고, 돈은 저금하기로 했다.

生まれ変わったつもりで、やり直したいと思っています。　다시 태어난 셈치고, 다시 하려고 합니다.

□ ~において ~에 있어서, ~에서

学生において勉強は大切なものです。　학생에 있어서 공부는 중요한 것입니다.

卒業式は大講堂において行われました。　졸업식은 대강당에서 행하여졌습니다.

□ 〜について 〜에 대해서

▶ 〜의 범위를 집약시킨 내용으로 상세하고 치밀하게 전개되는 느낌

試験問題3番に(○ ついて / × 関して)も、説明してほしいですが。
시험 문제 3번에 대해서도, 설명해줬으면 합니다만.

今回の決定に(○ ついて / × 関して)は、賛成できない点がある。
이번 결정에 대해서는 찬성할 수 없는 점이 있다.

⇒ 한정된 A를 직접적인 표적으로 하여 B를 행하는 경우, 「AについてB」만이 사용 가능하다

□ 〜に関して 〜에 관해서(관계해서)

▶ 〜와 관련된 다양한 것이 포함되고 다각적이며 폭넓게 전개되는 느낌

この点に関して、何か質問はありませんか。
이 점에 관해서, 무엇인가 질문은 없습니까?

日本文化に(○ 関して / △ ついて)興味があります。
일본 문화에 관해서 흥미가 있습니다.

□ 〜に対して 〜에 대해서, 〜에 비해서

▶ 대조 의미를 나타내고, 동작이 향하는 대상/방향/상대 등을 나타냄

日本人が他人に無関心なのに対して、韓国人は人情があります。
일본 사람이 타인에게 무관심한 데 비해, 한국 사람은 인정이 있습니다.

私の質問に対して何も答えてくれなかった。
내 질문에 대해서 아무것도 대답해 주지 않았다.

□ 〜として 〜로서 〈자격〉

弟は留学生としてアメリカに行きました。
남동생은 유학생으로서 미국에 갔습니다.

彼は大学の教授としてより、むしろ作家としての方がよく知られています。
그는 대학의 교수로서보다, 오히려 작가로서의 쪽이 잘 알려져 있습니다.

□ ～にとって ～에(게) 있어서 〈입장/처지〉

あなたにとっていちばん大事なことは何でしょう。　당신에게 있어서 가장 중요한 것은 무엇인가요.
年金生活者にとってはインフレは深刻な問題です。　연금생활자에게 있어서는 인플레이션은 심각한 문제입니다.

□ 必ずしも～ない 반드시 ～아니다

金持ちが必ずしも幸福だとは限らない。　부자가 반드시 행복하다고는 할 수 없다.
必ずしもそうだとは言い切れない。　꼭 그렇다고는 단언할 수 없다.

□ ～くせに ～인 주제에

やめろ、何もできないくせに。　그만둬, 아무것도 못하는 주제에.
子供のくせに勉強もしないで、たばこばかり吸っている。　아이인 주제에 공부도 하지 않고, 담배만 피고 있다.

□ ～に違いない ～임에 틀림없다

卒業したら金子さんは田舎へ帰るに違いない。　졸업하면 가네코 씨는 시골로 돌아감에 틀림없다.
あそこにかかっている絵は素晴らしい。値段も高いに違いない。
저기에 걸려 있는 그림은 훌륭하다. 가격도 비쌈에 틀림없다.

□ ～さえ ～마저, ～조차

この問題は専門家の中田教授さえ、解けないそうだ。
이 문제는 전문가인 나카다 교수조차, 풀 수 없다고 한다.
その小説はあまりにもおもしろくて、食事の時間さえもったいないと思ったほどだった。
그 소설은 너무 재미있어서, 식사 시간마저 아깝다고 생각했을 정도였다.

□ ～てしかたがない ～해서 어쩔 수 없다(견딜 수 없다, 너무나 ～하다)

昨日徹夜したせいなのか、今日は眠くてしかたがない。　어제 철야를 한 탓인지, 오늘은 졸려서 견딜 수가 없다.
試験に合格したので、嬉しくてしかたがない。　시험에 합격해서, 너무나 기쁘다.

□ 〜かも知れない 〜지도 모른다

もしかしたら通り過ぎてしまったかも知れない。
어쩌면 그냥 지나쳐 버렸는지도 모른다.

ノックをしても返事がない。彼はもう寝てしまったのかもしれない。
노크를 해도 답변이 없다. 그는 이미 잠들어 버린 것인지도 모른다.

□ 〜に過ぎない 〜에 불과하다(〜에 지나지 않다)

去年からいくら働いても1ヶ月の収入は、十万円にすぎない。
작년부터 아무리 일해도 1개월의 수입은, 10만 엔에 불과하다.

その件は責任者に聞いてください。私は事務員にすぎませんので。
그 건은 책임자에게 물어 주십시오. 저는 사무원에 지나지 않기 때문에.

□ ます형/형용사 어간 + 過ぎる 너무 〜 하다

大好きな焼き肉を食べ過ぎてお腹を壊した。
아주 좋아하는 불고기를 과식해서 배탈이 났다.

この辺りの家は高すぎて、とても買えません。
이 주변의 집은 너무 비싸서, 도저히 살 수 없습니다.

□ ます형 + 続ける 계속해서 〜하다

朝までずっと寝続ける。 아침까지 쭉 계속 자다.
大人になると何故か集中して漫画を読み続けることができません。
어른이 되면 웬일인지 집중해서 만화를 계속 볼 수가 없습니다.

□ 동사 기본형 + たびに 〜할 때마다

父は出張に行くたびに人形を買ってくれる。
아버지는 출장을 갈 때마다 인형을 사 준다.

この写真を見るたびに昔を思い出す。
이 사진을 볼 때마다 옛날이 생각난다.

□ ～たり～たりする ～하기도 하고 ～하기도 하다

分からないことがあると、友達に聞いたり、インターネットで調べたりする。
모르는 것이 있으면, 친구에게 묻거나, 인터넷에서 조사하거나 한다.

休みの日には、ビデオを見たり音楽を聞いたりしてのんびり過ごすのが好きです。
휴일 날에는, 비디오를 보거나 음악을 듣거나 해서 느긋하게 지내는 것을 좋아합니다.

□ ～かどうか ～일지 어떤지

人が働かなくてもよい社会が来るかどうかについて、もう一度考えてみた。
사람이 일하지 않아도 되는 사회가 올지 어떤지에 대해서, 다시 한 번 생각해 봤다.

その映画がおもしろいかどうかは見てみなければ分からない。
그 영화가 재밌는지 어떤지는 봐 보지 않으면 알 수 없다.

□ ます형 ＋ ながら ～하면서, ～이지만

好きな音楽を聴きながら絵を描くのが私の趣味です。
좋아하는 음악을 들으면서 그림을 그리는 것이 나의 취미입니다.

残念ながら、結婚式には出席できません。
유감이지만, 결혼식에는 참석할 수 없습니다.

□ ます형 ＋ なさい ～하시오(해라)

うるさい。すこし静かにしなさい。
시끄럽다. 좀 조용히 해라.

「勉強しなさい」と毎日のように言われているお子さんは、言われていないお子さんよりも成績が悪いという結果が出ました。
'공부해라'라고 매일 같이 듣는 자녀분은, 듣지 않는 자녀분보다도 성적이 나쁘다고 하는 결과가 나왔습니다.

□ ～たばかり 막 ～한지 얼마 안 된다, ～하다

▶ 기준 시점 이전에 동작과 변화가 실현된 직후의 주관적인 상태

□ 〜たところ 〜한지 얼마 안 된다, 막 〜하다

▶ 기준 시점 직전에 동작과 변화가 실현된 직후의 객관적인 상태

入社した（○ ばかり / × ところ）で、何もわかりません。よろしくお願いします。
입사한지 얼마 안 되어서, 아무것도 모릅니다. 잘 부탁합니다.

数年前、奥さんを亡くした（○ ばかり / × ところ）ですから、寂しいんでしょうね。
수년전, 부인을 여의고 얼마 되지 않기 때문에, 쓸쓸하겠지요.

日本に来た（○ ばかり / × ところ）だった。友達もなく、毎日、本当に大変だった。
일본에 온지 얼마 되지 않았었다. 친구도 없고, 매일, 정말로 힘들었다.

お昼？ あ、今、食べた（○ ばかり / ○ ところ）。ごめん。また今度、誘ってくれる？
점심? 아, 방금 막 먹었어. 미안. 다음에. 같이 먹을래?

食べたところです。　（단순히）막 먹었습니다.

たべたばかりです。≒ 食べたところなんです。
（같이 먹으면 좋았을 것을）막 먹었습니다.

□ 〜てばかりいる 〜하기만 하다

遊んでばかりいないで、勉強しなさい。　놀기만 하지 말고, 공부해라.
母は朝から怒ってばかりいる。　엄마는 아침부터 화내고만 있다.

□ 명사 + ばかり 〜뿐, 만

彼はいつも文句ばかり言っている。　그는 늘 불평만 하고 있다.
うちの子は漫画ばかり読んでいる。　우리 아이는 만화만 보고 있다.

□ 동사 기본형 + ばかり(だ) 〜하기만 하다 〈일방적인 변화〉

手術が終わってからも、父の病気は悪くなるばかりでした。
수술이 끝나고 나서도, 아버지의 병은 나빠지기만 했습니다.

英語も数学も学校を出てからは、忘れていくばかりだ。
영어도 수학도 학교를 나오고부터는, 잊어가기만 한다.

□ **동사 기본형 + ばかり(だ) ~뿐이다 〈준비의 완료〉**

今はただ祈るばかりだ。　지금은 단지 빌 뿐이다.

荷物もみんな用意して、すぐにも出かけるばかりにしてあった。
짐도 모두 준비해서, 금방이라도 외출하기만 하고 있었다.

□ **~ばかりで + 부정 표현 ~뿐이고 ~하지 않다**

彼は言うばかりで自分では何もしない。　그는 말뿐이고 자신은 아무것도 하지 않는다.

サウナなんか熱いばかりで、ちっともいいと思わない。
사우나 따위 뜨겁기만 하고, 조금도 좋다고 생각하지 않는다.

□ **숫자 + ばかり ~정도, 가량**

1時間ばかり待ってください。　한 시간 정도 기다려 주십시오.

千円ばかり貸してくれませんか。　천 엔 정도 빌려주지 않겠습니까?

□ **~ばかりに ~한 탓으로, 한 바람에**

彼の言葉を信じたばかりにひどい目にあった。　그의 말을 믿은 바람에 혼쭐이 났다.

働きがないばかりに、妻にバカにされている。　수입이 없는 바람에, 아내에게 무시당하고 있다.

□ **~とばかりに ~라는 듯이**

今がチャンスとばかりに攻めかかった。　지금이 찬스라는 듯이 쳐들어갔다.

絶好の機会とばかりに飛び付いた。　절호의 기회라는 듯이 달려들었다.

□ **ない형 + んばかり (금방이라도) ~할 듯이**

彼女は、今にも泣かんばかりの表情で僕を振り向いた。
그녀는, 당장이라도 울 것 같은 표정으로 나를 돌아보았다.

彼はほとんど返事もせずに、早く帰れと言わんばかりだった。
그는 거의 답변도 하지 않으며, 빨리 돌아가라는 듯 이었다.

□ ～ばかりか～も・まで ～뿐인가 ～도/까지

彼女は、現代英語ばかりか古典も読める。　그녀는, 현대어뿐인가 고전도 읽을 수 있다.

会社の同僚ばかりか家族までが私を馬鹿にしている。　회사의 동료뿐인가 가족까지가 나를 바보 취급하고 있다.

□ ～ばかりでなく～も ～뿐만 아니라 ～도

佐藤さんは英語ばかりでなく韓国語も話せる。　사토 씨는 영어뿐만 아니라 한국어도 말할 수 있다.

漢字が書けないばかりでなく、平仮名も書けない。　한자를 못 쓸 뿐만 아니라, 히라가나도 못 쓴다.

□ ～だけでなく～も ～뿐만 아니라 ～도

肉だけでなく、野菜も食べなければいけない。　고기뿐만 아니라, 야채도 먹지 않으면 안 된다.

入札するだけでなく、自分でアイテムの出品・販売も可能です。

입찰을 할뿐만 아니라, 자신이 아이템의 출품・판매도 가능합니다.

□ ます형 + はじめる ～하기 시작하다

彼女はチョコレートを食べ始めるとやめられない。　그녀는 초콜릿을 먹기 시작하면 멈출 수 없다.

たばこを吸い始めたのは何歳で、吸い始めたきっかけは何ですか。

담배를 피기 시작한 것은 몇 살이고, 피기 시작한 계기는 무엇입니까?

□ ます형 + 出す ～하기 시작하다

外出から帰ってきたら雨が降り出した。　외출에서 돌아왔더니 비가 내리기 시작했다.

赤ちゃんが突然泣き出した。　아기가 갑자기 울기 시작했다.

□ ～をはじめ ～을 비롯하여

校長先生をはじめ、転退任される先生とのお別れの式である退任式が行われました。

교장 선생님을 비롯하여, 전퇴임 하시는 선생님과의 송별식인 퇴임식이 행하여졌습니다.

日本語には英語をはじめフランス語、ドイツ語などさまざまな外来語が使われている。

일본어에는 영어를 비롯하여 프랑스어, 독일어 등 다양한 외국어가 사용되고 있다.

□ ～てください ～해 주십시오

授業はできるだけ遅刻しないでください。　수업은 가능한 한 지각하지 말아 주십시오.

この薬は１日３回、毎食後に飲んでください。　이 약은 하루에 3회, 매 식후에 복용해 주십시오.

□ お/ご～ください ～해 주십시오

フリーWi-Fiをご利用ください。　무료 Wi-Fi를 이용하여 주십시오.

危ないですから白線の内側に下がってお待ち下さい。　위험하니까 흰 선 안쪽으로 물러나 기다려 주십시오.

□ お/ご～(になって)ください ～해 주십시오

ボールペンでお書きになってください。　볼펜으로 써 주십시오.

こちらに説明書がございますから、お読みになってください。　여기에 설명서가 있으니, 읽어 주십시오.

□ ～ていただける ～해 받을 수 있다(～해 주실 수 있다)

これ、贈り物にしたいんですが、包んでいただけますか。
이것, 선물로 하고 싶습니다만, 포장해 주실 수 있습니까?

先生、論文ができたんですが、ちょっと見ていただけませんか。
선생님, 논문이 완성되었습니다만, 잠시 봐 주실 수 없겠습니까?

□ ～させていただく ～하도록 해 받다(～하도록 하다)

出席させていただきます。　출석하도록 하겠습니다.

本日休業させていただきます。　금일 휴업하도록 하겠습니다.

□ お/ご～になる ～하시다

木村先生は１９８０年に東京大学をご卒業になりました。
기무라 선생님은 1980년에 도쿄 대학을 졸업하셨습니다.

弊社にお越しになってからお帰りになるまでの流れを簡単にご案内いたします。
폐사에 오시고 나서 돌아가실 때까지의 흐름을 간단하게 안내해 드리겠습니다.

□ お/ご〜します 〜해 드리겠습니다

ご注文の品をお届けしました。　주문하신 물품을 갖다 드렸습니다.

車を担保にご融資します。　차를 담보로 융자해 드리겠습니다.

□ お/ご〜致します 〜해 드리겠습니다

ご案内いたします。　안내해 드리겠습니다.

皆様のご要望に合わせて当社担当が最適なプランをご提案いたします。

여러분들의 요망에 맞추어 당사 담당자가 최적의 플랜을 안내해 드리겠습니다.

□ ます形＋たて 막(갓) 〜한 것

覚えたての外国語で話してみる。

막 외운 외국어로 이야기해 보다.

採れたてのオリーブを使用した焼きたてのパンを、ご家族皆様でお召し上がりください。

갓 딴 올리브를 사용해서 갓 구운 빵을, 가족 여러분들 함께 드시기 바랍니다.

□ 〜気味 〜하는 기색

彼女はすこし緊張気味だった。

그녀는 다소 긴장하는 기색이었다.

風邪気味なので、午前中で会社を終りにして帰ってきました。

감기 증세여서, 오전 중에 회사를 끝내고 돌아왔습니다.

□ ます形＋がち 〜일쑤, 경향

このごろ曇りがちの天気が続いています。

요즈음 자주 흐린 날씨가 계속되고 있습니다.

甘いものはついつい食べ過ぎてしまいがちなので、ダイエット中は気をつけましょう。

단 것은 무심코 과식해 버리기 일쑤기 때문에, 다이어트 중에는 주의합시다.

□ ます형＋やすい ～하기 쉽다

① ～하기 쉽다, ～하는데 용이하다
　　▶ 주로 플러스 평가를 나타냄

山田は覚えやすい名前だ。　야마다는 기억하기 쉬운 이름이다.

この本は読みやすい。　이 책은 읽기 쉽다.

引きやすい曲を教えてください。　연주하기 쉬운 곡을 가르쳐 주십시오.

② ～하기 쉽다, 자주 ～하다 「～がちだ」 표현으로 치환 가능한 경우가 많다.
　　▶ 주로 마이너스 평가를 나타냄

ここからは脱線しやすい区間です。
여기부터는 탈선하기 쉬운 구간입니다.

給水管が折れやすくなっている。
급수관이 꺾이기 쉽게 되어 있다.

私は病気になりやすい体質なんです。
나는 병 걸리기 쉬운 체질입니다.

□ ます형＋にくい ～하기 어렵다

いくら便利にできていても、その使い方などがわかりにくいと、結局使いにくい。
아무리 편리하게 되어 있어도, 그 사용법 등이 알기 어려우면, 결국 사용하기 어렵다.

消防士の服は燃えにくい材質で作られている。
소방사의 옷은 잘 타지 않는 재질로 만들어져 있다.

□ ます형＋がたい ～하기 어렵다

何故、政府がこんな決断をしたのか、私には理解しがたい。
왜, 정부가 이런 결단을 한 것인지, 나에게는 이해하기 어렵다.

そのような要求はとても受け入れがたい。
그와 같은 요구는 도저히 받아들일 수 없다(받아들이기 어렵다).

□ ます형 + づらい ～하기 어렵다

言いづらい転職理由なのですが、どう伝えればよいでしょうか。
말하기 어려운 전직 이유입니다만, 어떻게 전달하면 좋을까요?

先日、彼を怒らせてしまったから、会いに行きづらい。
요전에, 그를 화나게 했기 때문에, 만나러 가기 힘들다(어렵다).

□ ます형 + かねる ～하기 어렵다

相手が僕のことを好きなのか、判断しかねています。
상대방이 나를 좋아하는 것인지, 판단하기 어렵습니다.

私ではわかりかねますので、担当者に代わります。
저로서는 알 수 없기 때문에, 담당자를 바꾸겠습니다.

□ ます형 + かねない ～일지도 모른다, ～하기 쉽다

最近の円高は、日本経済に影響しかねない大きな問題だ。
최근의 엔고는, 일본 경제에 영향 줄지도 모르는 큰 문제이다.

風邪だからといってほうっておくと、大きい病気になりかねない。
감기라고 해서 내버려 두면, 큰 병이 될지도 모른다.

□ ～てまで ～하면서 까지

自然を破壊してまで、山の中に新しい道路をつくる必要はない。
자연을 파괴하면서 까지, 산 속에 새로운 도로를 만들 필요는 없다.

お金をかけてまで、小学生や中学生や先生らに競争させることが正しいとは思えません。
돈을 들여서 까지, 초등학생이나 중학생이나 선생님들에게 경쟁시키는 것이 올바르다고는 생각되지 않습니다.

□ ～てこそ ～해야만, ～이기에

この木は雨の少ない地方に植えてこそ価値がある。
이 나무는 비가 적은 지방에 심어야만 가치가 있다.

自分のやったことに責任がとれるようになってこそ、真の成人だ。

자신이 한 것에 책임을 질 수 있게 되어야만, 진정한 성인이다.

□ ～て間もない ～한 지 얼마 되지 않다

病院に運ばれてまもなく、彼女は男のあかちゃんを出産した。

병원에 옮겨져 얼마 되지 않아서, 그녀는 남아 아기를 출산했다.

まだ入社して間もないのに、どうして先輩はちゃんと仕事を教えてくれないんだろう。

아직 입사해서 얼마 되지 않은데, 왜 선배는 제대로 일을 가르쳐 주지 않는 것일까.

□ ～てからというもの ～하고 난 이후로 쭉, ～하고 부터는

退職してからというもの、何か心に穴が開いたようだ。

퇴직을 하고 나서부터는, 뭔가 마음에 구멍이 뚫린듯하다.

子供が生れてからというもの、生活自体は１８０度とまではいかないものの、やっぱり変わりましたね。

아이가 태어나고 나서부터는, 생활 자체는 180도까지는 아니지만, 역시 변했지요.

□ ～はずがない ～할 리가 없다

これは君の部屋にあったんだよ。君が知らないはずがない。

이것은 너의 방에 있었어. 네가 모를 리가 없다.

あの温厚な人がそんなひどいことをするはずがない。

그 온화한 사람이 그런 심한 짓을 할 리가 없다.

□ ～わけがない ～할 리가 없다

ここは海から遠いので、魚が新鮮なわけがない。

여기는 바다로부터 멀기 때문에, 생선이 신선할 리가 없다.

勉強もしないで遊んでばかりいて、試験にパスするわけがない。

공부도 하지 않고 놀기만 해서, 시험에 패스할 리가 없다.

□ 〜わけだ 〜인 것이다

▶ 추량의 가능성이 없는 기정(既定)의 사실 표현

「そんなに飲んだんですか。」「それでさっさと寝てしまったわけですね。」
'그렇게까지 마셨습니까?' '그래서 바로 자버린 것이네요'

「隣の山本さん、退職したらしいよ。」「そうか。だから平日の昼間でも家にいるわけだ。」
'옆집의 야마모토 씨, 퇴직한 것 같아' '그래. 그래서 평일 낮에도 집에 있는 것이네'

□ 〜わけではない 〜인 것은 아니다

魚を食べないからといって、嫌いなわけではない。
생선을 먹지 않는다고 해서, 싫어하는 것은 아니다.

ちょうど営業再開から１ヶ月ですが、まだ、すべての販売チャネルを元に戻したわけではないので、売上的には完全復活というわけにはいきません。
정확히 영업 재개에서 1개월입니다만, 아직, 모든 판매 채널을 원래대로 되돌린 것은 아니기 때문에, 매상으로는 완전히 부활이라고 할 수는 없습니다.

□ 〜だけに 〜한 만큼

１０年も日本にいただけに日本語が上手だ。
10년이나 일본에 있었던 만큼 일본어를 잘한다.

彼らは若いだけに徹夜をしても平気なようだ。
그들은 젊은 만큼 철야를 해도 아무렇지도 않은 것 같다.

□ 〜だけのことは 〜만큼은

調査期間はわずか１ヶ月でしたが、やれるだけのことはやりました。
조사기간은 불과 1개월이었습니다만, 할 만큼은 했습니다.

彼女は学校の先生をしていただけのことはあって、今も人前で話すのがうまい。
그녀는 학교 선생님을 하고 있었던 만큼은 있어서, 지금도 사람들 앞에서 말하는 것이 능숙하다.

□ 〜からこそ 〜이기 때문에, 〜이기에

これは運じゃない。努力したからこそ成功したんだ。
이것은 운이 아니다. 노력했기에 성공한 것이다.

愛が終わったから別れるのではなく、愛するからこそ別れるという場合もあるのだ。
사랑이 끝났기 때문에 헤어지는 것이 아니고, 사랑하기에 헤어지는 경우도 있는 것이다.

□ 〜たからには 〜한 이상

試合に出たからには、勝ちたい。
시합에 나간 이상에는, 이기고 싶다.

生れてきたからには一度は結婚し家庭を持つことも大事だ。
태어난 이상에는 한 번은 결혼을 하여 가정을 가지는 것도 중요하다.

□ 〜たうえで 〜한 후에

それを済ませた上であれをやろう。　그것을 끝낸 후에 저것을 하자.

一応ご両親にお話しなさった上で、ゆっくり考えていただいてけっこうです。
일단 부모님께 말씀을 하신 후에, 천천히 생각하셔도 됩니다.

□ 〜ついでに 〜하는 김에

買い物のついでに、図書館へ行って本を借りて来た。
쇼핑 하는 김에, 도서관에 가서 책을 빌리고 왔다.

仕事で東京に行ったついでに、ひさしぶりにおじさんの家を訪ねてみた。
일로 도쿄에 간 김에, 오랜만에 아저씨 집을 방문해 봤다.

□ 〜たきり 〜한 채

彼は日本へ行ったきり、帰らない。
그는 일본에 간 뒤로, 돌아오지 않는다.

星野君は、学校から帰ってきてから、自分の部屋に入ったきり、出てこない。
호시노 군은, 학교에서 돌아오고 나서, 자기 방에 들어간 채, 나오지 않는다.

□ 〜たまま 〜한 채

眼鏡をかけたままの証明写真はだめですか。
안경을 낀 채의 증명사진은 안 됩니까?

クーラーをつけたまま寝ると風邪を引きますよ。
에어컨을 켠 채 자면 감기 걸려요.

□ 〜たなり 〜한 채

座ったなり動こうともしない。
앉은 채 움직이려고도 하지 않다.

うつむいたなり黙りこんでいる。
고개를 숙인 채 입을 다물고 있다.

□ 〜ない限り 〜하지 않는 한

よほどのことがない限り、明日は会社を休めない。
어지간한 일이 없는 한, 내일은 회사를 쉴 수 없다.

絶対にやめようと自分で決心しない限り、いつまで経っても禁煙なんかできないだろう。
절대로 그만두겠다고 자신이 결심하지 않는 한, 언제까지 지나도 금연 따위 할 수 없을 것이다.

□ 〜ないまでも 〜하지 않더라도

予習はしないまでも、せめて授業には出て来なさい。
예습은 하지 않더라도, 적어도 수업에는 나오세요.

優勝とは言わないまでも、4強ぐらいはねらいたい。
우승이라고는 말하지 않더라도, 4강 정도는 노리고 싶다.

□ 〜なければいけない 〜하지 않으면 안 된다

▶ 개별적인 사정으로 의무와 필요성이 생긴 경우에 사용한다

明日区役所に行かなければいけない。　내일 구청에 가지 않으면 안 된다.

そろそろ、帰らなければいけません。　슬슬, 돌아가지 않으면 안 됩니다.

□ ～なければだめだ ~하지 않으면 안 된다

▶ 「～なくてはいけない」보다 회화체적인 표현한다

もっと自分を大切にしなければだめですよ。
좀 더 자신을 소중하게 하지 않으면 안 돼요.

もう彼は大人だからまじめにならなければだめだ。
이제 그는 어른이니까 착실해지지 않으면 안 된다.

□ ～なければならない ～하지 않으면 안 된다

▶ 사회상식과 내용의 성질로 봐서 그와 같은 의무나 필요성이 있음을 나타냄

▶ 누구에게나 그렇게 해야 할 의무나 필요성이 있다는 일반적인 판단을 진술함

▶ 필연적인 귀결을 나타냄

人はいつか死ななければならない。　사람은 언젠가 죽지 않으면 안 된다.
教師は、生徒に対して公平でなければならない。　교사는, 학생에 대해서 공평하지 않으면 안 된다.

□ ～てよかった ～해서 다행이다

あ、雨だ。傘を持ってきてよかった。　아, 비다. 우산을 가져와서 다행이다.
そんなつまらない映画、見なくてよかった。　그런 시시한 영화, 안 보기를 잘했다.

□ ～決まって ～면 으레

夕方になると決まって来る。　저녁때가 되면 어김없이 온다.
一言言うと決まって口答えする。　한마디 하면 으레 말대꾸를 한다.

□ ～ならまだしも ～라면 몰라도

あの事ならまだしも、これは困る。　그 일이라면 몰라도, 이것은 곤란하다.
さんざん待たせておいて、急いで走ってくるならまだしも、のんびりと歩いてきた。
실컷 기다리게 해놓고, 서둘러 뛰어오면 또 몰라도, 느긋하게 걸어왔다.

□ ます형 + 次第〜하는 대로, 하는 즉시

ご入金が確認でき次第、商品を発送いたします。　입금을 확인하는 대로, 상품을 발송해 드립니다.

息子が戻り次第お電話させます。　아들이 돌아오는 대로 전화하도록 하겠습니다.

□ 〜たとたんに 〜한 순간(찰나)

▶ 〜가 끝난 순간에, 바로 〜가 일어난다(놀람, 의외성)

▶ 처음부터 예정되어 있던 행동과 의도적인 동작에는 사용할 수 없다

授業のベルが鳴ったとたん、子供たちは本を閉じた。　수업 벨이 울리자마자 아이들은 책을 덮었다.

ドアを開けたとたん猫が飛び込んできた。　문이 열린 순간 고양이가 뛰어들어 왔다.

(○ 帰ったとたんに / × 帰るが早いか)、涙が出てきた。　돌아오자마자, 눈물이 나왔다.

□ 동사 기본형 + が早いか 〜하자마자

▶ 동작의 동시 발생을 강조하고, 자연현상과 상태발생에 사용하면 부자연스럽게 된다. 현실에 일어난 기정사실을 묘사하는 표현

チャイムが鳴るが早いか、彼は教室を飛び出した。　차임벨이 울리자마자, 그는 교실을 뛰어 나갔다.

彼女は大学を卒業するが早いか、結婚してしまった。　그녀는 대학을 졸업 하자마자, 결혼해 버렸다.

部屋に(○ 入るが早いか / × 入ったとたん)、テレビをつけた。　방에 들어오자마자, TV를 켰다.

□ 동사 기본형 + なり 〜하자마자

▶ 그 동작 직후이거나 그 동작 직후에 예기치 못한 일이 일어난 경우에 사용

▶ 동일 주어 문장에 사용

彼は横になるなりいびきをかき始めた。　그는 눕자마자 코를 골기 시작했다.

そう言うなり出て行った。　그렇게 말하자마자 나갔다.

昨日、彼女さ、(○ 会うなり / ○ 会ったとたん / × 会うや否や)、泣きだしてさ。　困っちゃったよ。

어제, 그녀 말이야, 만나자마자, 울기시작해서 말이야. 난처했어.〈의외성, 놀라움〉

□ **동사 기본형 + や/や否や ～하자마자(문어체)**

▶ **～가 끝난 순간에, 바로 ～가 일어나다(예상대로)**

彼は横になるや否や、漫画のようないびきをかきなじめた。 그는 눕자마자, 만화처럼 코를 골기 시작했다.

「どうして俺なんか生んだんだ」という兄のことばを聞くや、母は顔を真っ赤にしておこりだした。
〈고어적인 표현, 문어체〉
'왜 나 같은 것 낳은 거야' 라고 하는 형의 말을 듣자마자, 어머니는 얼굴을 붉히며 화를 내기 시작했다.

バスに(○ 乗るや否や / × 乗ったとたん)、財布を探したが、今朝は新しいスーツに着替えたせいで、忘れてきたのに気づいた。
버스를 타자마자, 지갑을 찾았지만, 오늘 아침에는 새 양복으로 갈아입은 탓에, 잊고 온 것을 깨달았다.

□ **～といっても ～라고 해도**

ビルといっても、2階建ての小さいものだ。 빌딩이라고 해도 2층 정도의 작은 것이다.

会社からもらうお金が多いといっても、物価が高いから、生活は楽ではない。
회사로부터 받는 돈이 많다고 해도, 물가가 비싸기 때문에, 생활은 편하지 않다.

□ **감정 형용사/동사 과거형 + ことに ～하게도**

嬉しいことに妻が妊娠したそうだ。 기쁘게도 처가 임신했다고 한다.

驚いたことに、彼女はもうその話を知っていた。 놀랍게도, 그녀는 이미 그 이야기를 알고 있었다.

□ **～ものだ ～하기 마련이다, ～하는 법이다**

人の心は、なかなかわからないものだ。 사람의 마음은, 좀처럼 알기 어려운 법이다.

子供はよく風邪を引くものだ。 아이는 자주 감기 걸리기 마련이다.

□ **～たものだ ～하곤 했다 〈과거 습관적 행위〉**

子供のころはよくいたずらをしたものでした。 어렸을 적에는 자주 장난을 하곤 했습니다.

小学生のころ毎日この広場で遊んだものだ。 초등학생 때 매일 이 광장에서 놀곤 했다.

□ 〜ものではない ～것은 아니다 〈어떤 주장이나 사고방식에 대하여〉

人の悪口を言うものではない。　남의 험담을 하는 것은 아니다.

有名な大学を卒業したからといって、それで幸せになれるというものではない。
유명한 대학을 졸업했다고 해서, 그래서 행복해진다는 것은 아니다.

□ 〜ものか・もんか ～할까 보냐(절대 ～않는다)

あんな所へ二度と行くものか。　저런 곳에 두 번 다시 갈까보냐.

一日ぐらい寝なくたって、死ぬもんか！ 하루정도 안 잔다고 해서, 죽을까 보냐!

□ 〜ものがある ～한 데가 있다

彼の音楽の才能には素晴らしいものがある。　그의 음악 재능에는 훌륭한 것이 있다.

日本の治安の良さには驚かされるものがある。　일본 치안이 좋은 것에는 놀라게 되는 것이 있다.

□ 〜ものなら ～하다면

父の病気が治るものなら、どんな高価な薬でも手に入れたい。
아버지의 병이 낫는다면, 어떤 고가의 약이라도 손에 넣고 싶다.

満員電車に赤ん坊を連れてベビーカーで乗り込もうものなら大変、周りから白い目で見られる。
만원전차에 아기를 데리고 유모차로 승차하려고 하면 큰일, 주변에서 냉담한 눈으로 쳐다본다.

□ 〜ものの ～지만, ～하기 했지만

冷凍食品は便利なものの、毎日続くといやになる。　냉동식품은 편리하지만, 매일 계속되면 싫증이 난다.

試験は受けたものの、風邪で頭痛がして、実力の半分も発揮できなかった。
시험은 치르긴 했지만, 감기로 두통이 나서, 실력의 반도 발휘하지 못했다.

□ 〜ものを ～것을, ～텐데

知っていれば、助けてあげたものを。　알고 있었다면, 도와주었을 텐데.

出来ないなら出来ないって言えばいいものを。　못 하면 못 한다고 말하면 될 것을.

□ よく〜ものだ 잘도 〜했다

そんな冷たいことがよく言えたものだ。　그런 냉정한 것을 잘도 말했다.

あんなに不況のときによく就職できたものだ。　그토록 불황인 때에 잘도 취직했다.

□ 〜ことだ 〜하는 것이 중요하다

自分でやってみることだ。　스스로 해 보는 것이 중요하다.

両国の関係改善のため、まずは個人的レベルの交流からスタートすることだ。

양국관계개선을 위해 우선은 개인적인 수준의 교류에서 시작하는 것이 중요하다.

□ 〜ものだから 〜이므로, 〜하기 때문에 〈이유를 말하거나, 변명을 할 때〉

あまり悲しかったものだから、大声で泣いてしまった。

너무 슬펐기 때문에, 큰 소리로 울어버렸다.

出がけにお客が来たものだから遅れてしまった。

외출하려는데 손님이 왔기 때문에 늦고 말았다.

□ 〜のことだから 〜이니까 〈개인적인 습성, 성격에 관련된 상황〉

彼のことだからどうせ時間どおりには来ないだろう。

그 사람이니까 어차피 시간대로는 오지 않겠지.

金に細かいあいつのことだから貸してくれないと思う。

돈에 궁색한 저 녀석이니까 빌려 주지 않을 것으로 생각한다.

□ 〜というものだ 〜라고 하는 것이다 〈기능 및 내용 설명, 주장〉

この研究は、生産量を6年のうちに2倍にするというものだ。

이 연구는, 생산량을 6년 동안에 2배로 한다고 하는 것이다.

この忙しいのに休みを取るなんて、自分勝手というものだ。

이 바쁜 와중에 휴식을 취하다니, 제멋대로인 것이다.

□ 〜というものではない 〜라고 하는 것은 아니다 〈주장 등에 대한 완곡한 부정〉

何でも安ければそれでいいというものではない。　무엇이건 싸면 그것으로 좋은 것은 아니다.

人には自由があるからといって、何をしてもよいというものではない。
사람에게는 자유가 있다고 해서, 무엇을 해도 좋다고 하는 것은 아니다.

□ 〜ということだ 〜라고 하는 것이다 〈전문〉

佐藤さんは、近く会社をやめて留学するということだ。
사토 씨는 멀지 않아 회사를 그만두고 유학한다는 것이다.

この店は当分休業するということで、私のアルバイトも今日で終りになった。
이 가게는 당분간 휴업이라고 하니, 나의 아르바이트도 오늘로 끝이 되었다.

□ 동사 기본형(〜する・〜す)＋べきだ 〜해야만 한다, 할 필요가 있다

▶ 당위성을 나타내며, 상대방의 행위에 대해서 이용할 경우에는, 충고/추천/금지/명령 등이 된다.
　문장체적인 표현

学生なら、勉強す(勉強する)べきだ。　학생이라면, 공부해야만 한다.

どんな場合でも約束は守るべきだ。　어떠한 경우에도 약속은 지켜야만 한다.

□ 동사 기본형(〜する・〜す)＋べきではない 〜해서는 안 된다

先生のお宅に、こんな夜中に電話するべきではない。
선생님 댁에, 이런 한 밤중에 전화를 해서는 안 된다.

他人の私生活に干渉す(干渉する)べきではない。
타인의 사생활에 간섭해서는 안 된다.

□ 〜恐れがある 〜할 우려(염려)가 있다

工場が増えると、川の水が汚くなる恐れがある。
공장이 늘면, 하천의 물이 더러워질 우려가 있다.

今夜から明日にかけて津波の恐れがある。
오늘 밤부터 내일에 걸쳐서 해일의 우려가 있다.

☐ 동사 기본형 + 一方だ ～하기만 하고 있다

最近甘いものばかり食べているので、体重が増える一方だ。

최근에 단 것만 먹고 있기 때문에, 체중은 늘기만 한다.

仕事は忙しくなる一方で、このままだといつかは倒れてしまいそうだ。

일은 바쁘기만 하고, 이대로라면 언젠가는 쓰러져 버릴 것 같다.

☐ 동사 기본형 + までもない ～할 필요도 없다(～할 것 까지는 아니다)

小泉さんは軽傷ですぐ退院するそうだから、みんなでお見舞いに行くまでもない。

고이즈미 씨는 경상으로 바로 퇴원한다고 하니까, 모두 병문안 갈 필요도 없다.

改めてご紹介するまでもありませんが、木村先生は世界的に有名な建築家でいらっしゃいます。

새삼스럽게 소개드릴 필요도 없습니다만, 기무라 선생님은 세계적으로 유명한 건축가이십니다.

☐ 동사 기본형 + ことはない ～할 필요는 없다

心配することはない。 걱정할 필요는 없다.

一応客としてサービス受けているんだし、客として失礼な態度じゃないなら謝ることはないよ。

일단 손님으로 서비스를 받고 있고, 손님으로서 실례되는 태도가 아니라면 사과할 필요는 없어.

☐ 기본형 + に限る ～하는 것이 최고다(제일이다)

ヨーロッパを旅行するなら電車に限る。

유럽 여행을 한다면 전차가 제일이다.

疲れた時も体調が悪い時も、寝るに限る。

피곤할 때도 컨디션이 좋지 않을 때도, 자는 것이 제일이다.

☐ ～につれて ～함에 따라서

成長するにつれて、娘は無口になってきた。

성장함에 따라서, 딸은 말수가 적어졌다.

世の中が便利になっていくにつれて、体を動かす機会が減っているのが現代の特徴だ。

세상이 편리해짐에 따라, 몸을 움직이는 기회가 줄고 있는 것이 현대의 특징이다.

□ ～ば～ほど ～하면 ～할수록

この説明書は、読めばむほどわからなくなる。　　이 설명서는, 읽으면 읽을수록 알 수 없게 된다.

酒は飲めば飲むほど強くなるって聞いたことがあるのですが、真実ですか。

술은 마시면 마실수록 강해진다고 하는 것을 들은 적이 있습니다만, 진실입니까?

□ ～ば～だけ ～하면 ～하는 만큼

動物は世話をすればするだけなついてきます。

동물은 돌보면 돌본 만큼 따르게 됩니다.

当社はやればやるだけ実績が認められる実力主義が徹底しています。

당사는 하면 하는 만큼 실적을 인정받을 수 있는 실력주의가 철저합니다.

□ ～ばこそ ～하기 때문에, ～하기에

あなたを信頼していればこそ、お願いするのですよ。

당신을 신뢰하기에, 부탁드리는 거예요.

相手を思えばこそ、あえてきつい言い方をするのも思いやりでしょう。

상대방을 생각하기에, 굳이 심한 말투를 하는 것도 배려겠지요.

□ ～さえ～ば ～만 ～하면

大丈夫です。薬を飲みさえすれば、安心です。

괜찮습니다. 약만 먹으면, 안심입니다.

あなたさえそばにいてくだされば、ほかには何も要りません。

당신만 곁에 있어 주시면, 그밖에는 아무것도 필요 없습니다.

□ ない形＋ざるを得ない ～하지 않을 수 없다

先生に言われたことだからせざるをえない。

선생님이 말한 것이니까 하지 않을 수 없다.

これだけはっきりした証拠がある以上、罪を認めざるをえない。

이토록 확실한 증거가 있는 이상, 죄를 인정하지 않을 수 없다.

□ ~を禁じ得ない ~을 금할 수 없다

この不公平な判決には怒りを禁じえない。　이 불공평한 판결에는 분노를 금할 수 없다.

殺人は決して許されるべきことではないが、殺された人物があくどい人物だと判明すると、犯人に同情を禁じ得ない。

살인은 결코 용서 받을 수 없는 것이지만, 죽은 인물이 악랄한 인물로 판명되면, 범인에게 동정을 금할 수 없다.

□ ~を余儀なくされる 어쩔 수 없이 ~하게 되다

長時間の交渉の結果、妥協を余儀なくされた。　장시간의 교섭 결과, 어쩔 수 없이 타협하게 되었다.

学校をかなり休んでしまったので、その生徒は退学を余儀なくされた。

학교를 꽤 쉬었기 때문에, 그 학생은 어쩔 수 없이 퇴학을 하게 되었다.

□ ~を余儀なくさせる 어쩔 수 없이 ~하게 되다

思いがけないゲリラの反撃が政府軍の撤退を余儀なくさせた。

난데없는 게릴라 반격이 어쩔 수 없이 정부군의 철퇴를 하게 되었다.

五十年代の人口政策の誤りが八十年代以降の一人っ子政策を余儀なくさせた。

50년대의 인구 정책의 잘못이 80년대 이후의 독자 정책을 하게 되었다.

□ ~をもって ~으로, ~로써

これをもって、挨拶とさせていただきます。

이것으로, 인사를 대신 하겠습니다.

奨学金の支給は辞退した年月をもって終了します。

장학금의 지급은 사퇴한 연월로 종료합니다.

□ 동사 의도형 + が + 동사 まい형 + まいが ~거나 ~말거나, ~하든 ~말든

パーティは参加しようがしまいが、皆さんの自由です。　파티는 참가 하든 말든, 여러분의 자유입니다.

明日は雨が降ろうが降るまいが、ドーム球場なんで関係なし！

내일은 비가 오든 말든, 돔 구장이니까 관계없어!

□ ～まい

연결형태

1G동사는 기본형　예　行くまい

2G동사는 ない형이 일반적　예　見まい (◯) / 見るまい (△)

3G동사는 다양하게 연결　예　来るまい / 来まい / 来まい / するまい / すまい / しまい / せまい

의미(용법)

① 부정 의지

▶ '~하지 않겠다/말아야지' 의미로, 말하는 사람의 부정적인 의지를 나타낸다. 회화체에서는 「～ないようにしよう」「～ないつもりだ」사용한다. 문장체적이고 딱딱한 표현이다.

酒はもう二度と飲むまい。　술은 더 이상 두 번 다시 마시지 말아야지.

あんなまずい店二度と行くまい。　저렇게 맛없는 가게 두 번 다시 가지 않겠다.

行こうか行くまいかと迷う。　갈까 말까 망설이다.

② 부정 추량

▶ '～않겠다/않겠지' 의미로, 말하는 사람의 추량을 나타낸다.
　회화체에서는 「～ないだろう・～ないでしょう」를 사용하며 문장체적이고 딱딱한 표현이다.

税金を減らすのに反対する人はまずあるまい。　세금을 줄이는데 반대하는 사람은 우선 없을 것이다.

彼は若く見えるが、本当はかなりの年輩なのではあるまいか。

그는 젊게 보이지만, 사실은 상당한 중년인 것은 아닐까?

何とか頼んでやってもらえまいか。　어떻게든 부탁해서 해 줄 수 없을까?

외국어 출판 40년의 신뢰
외국어 전문 출판 그룹
동양북스가 만드는 책은 다릅니다.

40년의 쉼 없는 노력과 도전으로 책 만들기에 최선을 다해온 동양북스는
오늘도 미래의 가치에 투자하고 있습니다.
대한민국의 내일을 생각하는 도전 정신과 믿음으로 최선을 다하겠습니다.

동양북스

📖 동양북스 추천 교재

일본어 교재의 최강자, 동양북스 추천 교재

회화 코스북

일본어뱅크 다이스키
STEP 1 · 2 · 3 · 4 · 5 · 6 · 7 · 8

일본어뱅크
좋아요 일본어 1 · 2 · 3 · 4 · 5 · 6

일본어뱅크 도모다찌
STEP 1 · 2 · 3

분야서

일본어뱅크
좋아요 일본어 독해 STEP 1 · 2

일본어뱅크
일본어 작문 초급

일본어뱅크
사진과 함께하는
일본 문화

일본어뱅크
항공 서비스 일본어

가장 쉬운 독학
일본어 현지회화

수험서

일취월장 JPT
독해 · 청해

일취월장 JPT
실전 모의고사 500 · 700

일단 합격하고 오겠습니다
JLPT 일본어능력시험
N1 · N2 · N3 · N4 · N5

일단 합격하고 오겠습니다
JLPT 일본어능력시험
실전모의고사 N1 · N2 · N3 · N4/5

단어 · 한자

특허받은
일본어 한자 암기박사

일본어 상용한자 2136
이거 하나면 끝!

일본어뱅크
좋아요 일본어 한자

가장 쉬운 독학
일본어 단어장

일단 합격하고 오겠습니다
JLPT 일본어능력시험
단어장 N1 · N2 · N3